中国期货业协会 编

中国
期货业发展创新与风险管理研究 ❾

Research on Innovation Development and
Risk Management in China Futures Industry

中国期货业协会联合研究计划（第十一期）研究报告集

中国财经出版传媒集团
中国财政经济出版社

图书在版编目（CIP）数据

中国期货业发展创新与风险管理研究.9/中国期货业协会编.—北京：中国财政经济出版社，2017.6
ISBN 978-7-5095-7523-9

Ⅰ.①中⋯　Ⅱ.①中⋯　Ⅲ.①期货市场-经济发展-研究-中国②期货市场-风险管理-研究-中国　Ⅳ.①F832.5

中国版本图书馆CIP数据核字（2017）第139756号

责任编辑：贾延平　　　　　　责任校对：李　丽
封面设计：田　晗

中国财政经济出版社 出版

URL：http://www.cfeph.cn
E-mail：cfeph@cfeph.cn

（版权所有　翻印必究）

社址：北京市海淀区阜成路甲28号　邮政编码：100142
营销中心电话：010-88190406　北京财经书店电话：010-64033436　010-84041336
北京财经印刷厂印刷　各地新华书店经销
787×1092毫米　16开　29印张　583 000字
2017年7月第1版　2017年7月北京第1次印刷
定价：52.50元
ISBN 978-7-5095-7523-9
（图书出现印装问题，本社负责调换）
质量投诉电话：010-88190744
打击盗版举报热线：010-88190414　QQ：447268889

编委会

编委会主任 王明伟

编委会委员 郑小国 陈东升 党剑 吴亚军

执行主编 王春卿

责任编辑 贾燕

中期协联合研究计划（第十一期）
专家评审委员会委员

王化栋　　中国期货业协会研究发展委员会　主任委员
张宜生　　中国期货业协会　非会员理事
李　强　　中国期货业协会　非会员理事
马险峰　　中证金融研究院　副院长
史光伟　　中国金融期货交易所技术公司　董事长
孙大鹏　　北京大商所期货与期权研究中心有限公司　总经理
朱　立　　上海期货交易所技术公司　执行经理
冯　轶　　大连商品交易所　高级执行经理
郑仕辉　　交通银行数据中心　副总经理
冯永昌　　微量网科技（北京）有限公司　董事长
王颖生　　中国钢铁工业协会　副秘书长
李拥军　　中国钢铁工业协会　综合部副主任
陈建威　　中原期货豫新投资公司　总经理助理
马文胜　　新湖期货有限公司　总经理
朱　斌　　南华期货股份有限公司　副总经理

前　言

中国期货业协会会长　王明伟

2016年是中国全面建成小康社会决胜阶段的开局之年，供给侧结构性改革主线的提出以及"一带一路"战略的实施给期货市场功能深化、创新发展提出了更高的目标和要求。在中国证监会"依法、从严、全面"监管的要求下，期货行业坚守合规经营和风险防范的底线，围绕供给侧结构性改革，扎实推进监管转型、制度供给、市场建设、对外开放等各项工作，期货市场整体规模稳步扩大，市场功能日益发挥，服务实体经济的能力和资源配置的效率进一步提升。

期货市场的发展离不开理论研究。行业的创新发展更加凸显了前瞻性、基础性的期货市场理论和实务研究的重要性。不断加强期货市场的基础理论研究，积极探索适合我国国情的期货市场发展路径，努力解决创新发展中遇到的困难和问题，是促进期货市场功能有效发挥的重要保障，同时也是引导社会各界更加客观深入地了解期货市场，为期货市场健康发展创造更加有利的社会舆论环境的重要手段。

长期以来，中国期货业协会秉持"自律、服务、传导"的理念，坚持积极、正面地引导社会舆论，宣传期货市场，加强期货市场研究。当前，我国期货市场正处于快速发展的时期，新情况、新问题不断涌现。深入分析问题产生的根源，努力探索市场发展的规律，提升期货市场服务实体经济的能力，是我国期货行业研究人员的责任和使命。自2003年开始，中国期货业协会启动了"中期协联合研究计划"，希望通过联合行业和社会力量，共同推动期货市场理论和实践方面的研究工作。自启动之日至今，"中期协联合研究计划"受到业界和学界的广泛关注，参与申报的单位超过 405 家，前十一期项目共形成课题 119 项，取得了一批有价值的研究成果。

本书包含了第十一期"中期协联合研究计划"的 10 篇课题研究报告，内容涉及"保险+期货"、风险管理公司服务小微企业、期货市场服务钢铁行业、算法交易、区块链等金融科技应用等期货行业普遍关注的热点问题。现将课题集结成书，旨在将研究成果向社会各界传播推广，以达到提升期货行业研究水平，共同推动期货市场发展的目的。由于我们科研管理经验和行业研究水平所限，不足之处在所难免，也请读者批评、斧正。衷心希望在行业各方的努力下，在社会各界的关注和支持下，我国期货市场的研究工作能够取得更丰硕的成果，为业内同仁提供更多的视角和启迪，为行业建设奉献更多、更具有建设性的建议，为期货市场创新发展提供更加有力的理论支持。

2017 年 7 月

前　言

中国期货业协会会长　王明伟

2016年是中国全面建成小康社会决胜阶段的开局之年，供给侧结构性改革主线的提出以及"一带一路"战略的实施给期货市场功能深化、创新发展提出了更高的目标和要求。在中国证监会"依法、从严、全面"监管的要求下，期货行业坚守合规经营和风险防范的底线，围绕供给侧结构性改革，扎实推进监管转型、制度供给、市场建设、对外开放等各项工作，期货市场整体规模稳步扩大，市场功能日益发挥，服务实体经济的能力和资源配置的效率进一步提升。

期货市场的发展离不开理论研究。行业的创新发展更加凸显了前瞻性、基础性的期货市场理论和实务研究的重要性。不断加强期货市场的基础理论研究，积极探索适合我国国情的期货市场发展路径，努力解决创新发展中遇到的困难和问题，是促进期货市场功能有效发挥的重要保障，同时也是引导社会各界更加客观深入地了解期货市场，为期货市场健康发展创造更加有利的社会舆论环境的重要手段。

长期以来，中国期货业协会秉持"自律、服务、传导"的理念，坚持积极、正面地引导社会舆论，宣传期货市场，加强期货市场研究。当前，我国期货市场正处于快速发展的时期，新情况、新问题不断涌现。深入分析问题产生的根源，努力探索市场发展的规律，提升期货市场服务实体经济的能力，是我国期货行业研究人员的责任和使命。自2003年开始，中国期货业协会启动了"中期协联合研究计划"，希望通过联合行业和社会力量，共同推动期货市场理论和实践方面的研究工作。自启动之日至今，"中期协联合研究计划"受到业界和学界的广泛关注，参与申报的单位超过405家,前十一期项目共形成课题119项,取得了一批有价值的研究成果。

本书包含了第十一期"中期协联合研究计划"的10篇课题研究报告,内容涉及"保险+期货"、风险管理公司服务小微企业、期货市场服务钢铁行业、算法交易、区块链等金融科技应用等期货行业普遍关注的热点问题。现将课题集结成书,旨在将研究成果向社会各界传播推广,以达到提升期货行业研究水平,共同推动期货市场发展的目的。由于我们科研管理经验和行业研究水平所限,不足之处在所难免,也请读者批评、斧正。衷心希望在行业各方的努力下,在社会各界的关注和支持下,我国期货市场的研究工作能够取得更丰硕的成果,为业内同仁提供更多的视角和启迪,为行业建设奉献更多、更具有建设性的建议,为期货市场创新发展提供更加有力的理论支持。

2017年7月

目　录

风险管理公司如何为小微涉农客户提供多样化风险管理服务

引　言 ………………………………………………………………………（ 2 ）
一、研究综述 ………………………………………………………………（ 2 ）
　（一）国外研究综述 ……………………………………………………（ 2 ）
　（二）国内研究综述 ……………………………………………………（ 6 ）
二、我国小微涉农企业情况分析 …………………………………………（ 8 ）
　（一）小微涉农企业的调研现状 ………………………………………（ 8 ）
　（二）小微涉农企业面临的经营困境 …………………………………（ 9 ）
　（三）小微涉农企业风险管理的必要性分析 …………………………（ 10 ）
三、风险管理子公司现状分析 ……………………………………………（ 12 ）
　（一）期货风险管理子公司现有业务模式分析 ………………………（ 12 ）
　（二）风险管理公司服务"三农"的现状分析 ………………………（ 14 ）
　（三）风险管理子公司服务小微涉农企业的优势分析 ………………（ 15 ）
　（四）实践案例：风险管理子公司服务饲料行业 ……………………（ 16 ）
四、风险管理公司服务涉农企业合作模式探寻 …………………………（ 17 ）
　（一）直接对接模式 ……………………………………………………（ 17 ）
　（二）引入第三方保险公司合作模式 …………………………………（ 18 ）
　（三）互联网平台牵线模式 ……………………………………………（ 20 ）
五、风险管理公司服务小微涉农企业工具分析 …………………………（ 22 ）
　（一）传统金融工具运用限制 …………………………………………（ 22 ）
　（二）创新金融工具简介 ………………………………………………（ 23 ）
　（三）案例分析——"保险＋期货＋融资" ………………………（ 26 ）
六、构建多样化的农业风险管理服务体系 ………………………………（ 30 ）
　（一）国际农业风险管理体系 …………………………………………（ 30 ）
　（二）我国农业风险管理体系建设 ……………………………………（ 32 ）
　（三）农业风险管理体系构建的问题与难点分析 ……………………（ 35 ）

（四）国内农业风险管理中衍生品运用的可行性分析 …………（36）
七、问题及政策建议 ……………………………………………………（37）
　　（一）涉农企业多数生产规模较小，需要发展专业合作社 ………（37）
　　（二）涉农企业风险管理意识淡薄，需要加强知识培育 …………（38）
　　（三）涉农企业风险管理经验不足，需要量身设计产品 …………（38）
　　（四）农产品期货缺乏宣传，需要促进信息流畅 …………………（39）
　　（五）国家临储政策逐步取消，需要丰富避险产品 ………………（39）
　　（六）天气风险管理严重缺失，需要加强天气避险产品 …………（40）
　　（七）风险管理产品推广受限，需要配套政策支持 ………………（40）
　　（八）尚需发展资源及专业人才，需要加大市场培育 ……………（41）
八、结论 …………………………………………………………………（41）
参考文献 …………………………………………………………………（42）

风险管理公司如何为小微涉农客户提供多样化风险管理服务
——聚焦于服务小微企业的模式探索

引　　言 …………………………………………………………………（44）
一、研究背景 ……………………………………………………………（44）
　　（一）小微企业在经济发展中的地位与作用 ………………………（44）
　　（二）小微企业发展中面临的问题 …………………………………（46）
二、课题研究意义 ………………………………………………………（47）
　　（一）风险管理公司的基本情况 ……………………………………（47）
　　（二）风险管理公司服务小微企业的意义 …………………………（50）
三、国外扶持小微企业的经验 …………………………………………（50）
　　（一）政府方面对小微企业的扶持 …………………………………（50）
　　（二）国外场外衍生品市场业务的发展经验 ………………………（51）
四、国内服务小微企业的模式概述 ……………………………………（53）
　　（一）传统金融行业服务模式 ………………………………………（53）
　　（二）互联网金融服务模式 …………………………………………（53）
　　（三）多方合作服务模式 ……………………………………………（54）
五、区域小微企业调研情况分析 ………………………………………（56）
六、风险管理公司服务小微企业的模式 ………………………………（58）
　　（一）新模式的介绍 …………………………………………………（58）
　　（二）可行性分析 ……………………………………………………（65）
　　（三）风险管理公司自身风险控制手段 ……………………………（69）
七、总结 …………………………………………………………………（71）
　　（一）设立违约担保基金 ……………………………………………（72）
　　（二）设立小微企业资信系统 ………………………………………（72）

（三）完善税收制度 …………………………………………（72）
　　（四）提高风险管理子公司员工的素质 ……………………（72）
　　（五）建立集中的清算平台 …………………………………（73）
　　（六）丰富场内期货交易品种 ………………………………（73）
　　（七）完善相关法律制度 ……………………………………（73）
　　（八）提高风险自控能力 ……………………………………（73）
　　（九）确定好风险管理公司的定位 …………………………（73）
　参考文献 …………………………………………………………（74）

基于"保险+期货"的农产品目标价格管理实务研究

引　言 ………………………………………………………………（78）
　一、"保险+期货"模式介绍 ……………………………………（79）
　二、经验：新湖瑞丰广西白糖"保险+期货"项目总结 ………（80）
　　（一）项目背景 ………………………………………………（80）
　　（二）项目开展情况 …………………………………………（81）
　　（三）项目补贴效果 …………………………………………（83）
　　（四）项目中政府补贴的合理性和有效性 …………………（84）
　　（五）项目亮点及后续推广可提升空间 ……………………（86）
　三、过去财政对农业生产的补贴政策和现在"保险+期货"
　　　模式的对比性研究 …………………………………………（88）
　　（一）过去财政对农业生产的补贴政策介绍 ………………（88）
　　（二）实例研究：过去粮食补贴政策与"保险+期货"
　　　　　模式的补贴效果对比（玉米）…………………………（92）
　　（三）农民和政府对于保费的合理承担比例测算（玉米）…（94）
　四、结论及建议 …………………………………………………（95）
　　（一）"保险+期货"模式在提高政府财政资金的补贴
　　　　　效率方面成效显著 ……………………………………（95）
　　（二）在复制推广"保险+期货"模式中可改善的建议 ……（96）
　　（三）基于"保险+期货"的农产品目标价格管理的推广意义……（98）
　参考文献 …………………………………………………………（99）

基于"保险+期货"的农产品目标价格管理实务研究
——农业"保险+期货"嫩江模式研究

　一、绪论 …………………………………………………………（102）
　　（一）研究背景 ………………………………………………（102）
　　（二）研究意义 ………………………………………………（102）
　　（三）研究思路 ………………………………………………（102）

（四）研究方法 …………………………………………………（104）
　　（五）研究创新 …………………………………………………（104）
二、文献综述 …………………………………………………………（104）
　　（一）对价格支持政策的研究 …………………………………（105）
　　（二）对直接补贴政策的研究 …………………………………（105）
　　（三）对农产品保险及期货的研究 ……………………………（105）
　　（四）综述小结 …………………………………………………（107）
三、嫩江县大豆价格保险项目的实践情况 …………………………（107）
　　（一）"嫩江模式"总结梳理 …………………………………（107）
　　（二）"嫩江模式"有效性论证 ………………………………（113）
　　（三）期货公司盈利模式分析 …………………………………（117）
四、"嫩江模式"遭遇的问题及解决方法 …………………………（119）
　　（一）农户层面的问题及解决方法 ……………………………（119）
　　（二）政府层面的问题及解决方法 ……………………………（121）
　　（三）保险公司层面的问题及解决方法 ………………………（122）
　　（四）期货公司层面的问题及解决方法 ………………………（123）
五、嫩江县大豆价格保险项目对政府补贴资金的应用 ……………（126）
　　（一）嫩江县农业补贴资金的利用情况 ………………………（126）
　　（二）"嫩江模式"中政府补贴资金的实施效果评析 ………（127）
六、结论及前景展望 …………………………………………………（129）
　　（一）研究结论 …………………………………………………（129）
　　（二）"嫩江模式"发展的政策条件及空间 …………………（130）
参考文献 ………………………………………………………………（134）

大数据和机器学习在衍生品业务中的趋势与应用

引　言 …………………………………………………………………（138）
一、国内外研究现状 …………………………………………………（139）
　　（一）国外衍生品市场发展现状 ………………………………（139）
　　（二）国内衍生品市场发展现状 ………………………………（141）
　　（三）机器学习概述 ……………………………………………（143）
　　（四）机器学习算法在投资中的应用现状 ……………………（145）
　　（五）大数据架构在投资中的应用现状 ………………………（152）
二、机器学习在算法交易中的应用 …………………………………（153）
　　（一）传统的算法交易方法 ……………………………………（153）
　　（二）强化学习 …………………………………………………（154）
　　（三）基于强化学习的算法交易 ………………………………（156）
三、机器学习在波动方向预测中的应用 ……………………………（160）

（三）完善税收制度 …………………………………………（72）
　　（四）提高风险管理子公司员工的素质 ……………………（72）
　　（五）建立集中的清算平台 …………………………………（73）
　　（六）丰富场内期货交易品种 ………………………………（73）
　　（七）完善相关法律制度 ……………………………………（73）
　　（八）提高风险自控能力 ……………………………………（73）
　　（九）确定好风险管理公司的定位 …………………………（73）
　参考文献 …………………………………………………………（74）

基于"保险+期货"的农产品目标价格管理实务研究

引　言 ………………………………………………………………（78）
一、"保险+期货"模式介绍 ……………………………………（79）
二、经验：新湖瑞丰广西白糖"保险+期货"项目总结 ………（80）
　　（一）项目背景 ………………………………………………（80）
　　（二）项目开展情况 …………………………………………（81）
　　（三）项目补贴效果 …………………………………………（83）
　　（四）项目中政府补贴的合理性和有效性 …………………（84）
　　（五）项目亮点及后续推广可提升空间 ……………………（86）
三、过去财政对农业生产的补贴政策和现在"保险+期货"
　　模式的对比性研究 …………………………………………（88）
　　（一）过去财政对农业生产的补贴政策介绍 ………………（88）
　　（二）实例研究：过去粮食补贴政策与"保险+期货"
　　　　模式的补贴效果对比（玉米）…………………………（92）
　　（三）农民和政府对于保费的合理承担比例测算（玉米）…（94）
四、结论及建议 ……………………………………………………（95）
　　（一）"保险+期货"模式在提高政府财政资金的补贴
　　　　效率方面成效显著 ………………………………………（95）
　　（二）在复制推广"保险+期货"模式中可改善的建议 ……（96）
　　（三）基于"保险+期货"的农产品目标价格管理的推广意义 …（98）
　参考文献 …………………………………………………………（99）

基于"保险+期货"的农产品目标价格管理实务研究
——农业"保险+期货"嫩江模式研究

一、绪论 ……………………………………………………………（102）
　　（一）研究背景 ………………………………………………（102）
　　（二）研究意义 ………………………………………………（102）
　　（三）研究思路 ………………………………………………（102）

（四）研究方法 …………………………………………………（104）
　　（五）研究创新 …………………………………………………（104）
二、文献综述 ………………………………………………………（104）
　　（一）对价格支持政策的研究 …………………………………（105）
　　（二）对直接补贴政策的研究 …………………………………（105）
　　（三）对农产品保险及期货的研究 ……………………………（105）
　　（四）综述小结 …………………………………………………（107）
三、嫩江县大豆价格保险项目的实践情况 ………………………（107）
　　（一）"嫩江模式"总结梳理 …………………………………（107）
　　（二）"嫩江模式"有效性论证 ………………………………（113）
　　（三）期货公司盈利模式分析 …………………………………（117）
四、"嫩江模式"遭遇的问题及解决方法 …………………………（119）
　　（一）农户层面的问题及解决方法 ……………………………（119）
　　（二）政府层面的问题及解决方法 ……………………………（121）
　　（三）保险公司层面的问题及解决方法 ………………………（122）
　　（四）期货公司层面的问题及解决方法 ………………………（123）
五、嫩江县大豆价格保险项目对政府补贴资金的应用 …………（126）
　　（一）嫩江县农业补贴资金的利用情况 ………………………（126）
　　（二）"嫩江模式"中政府补贴资金的实施效果评析 ………（127）
六、结论及前景展望 ………………………………………………（129）
　　（一）研究结论 …………………………………………………（129）
　　（二）"嫩江模式"发展的政策条件及空间 …………………（130）
参考文献 ……………………………………………………………（134）

大数据和机器学习在衍生品业务中的趋势与应用

引　言 ………………………………………………………………（138）
一、国内外研究现状 ………………………………………………（139）
　　（一）国外衍生品市场发展现状 ………………………………（139）
　　（二）国内衍生品市场发展现状 ………………………………（141）
　　（三）机器学习概述 ……………………………………………（143）
　　（四）机器学习算法在投资中的应用现状 ……………………（145）
　　（五）大数据架构在投资中的应用现状 ………………………（152）
二、机器学习在算法交易中的应用 ………………………………（153）
　　（一）传统的算法交易方法 ……………………………………（153）
　　（二）强化学习 …………………………………………………（154）
　　（三）基于强化学习的算法交易 ………………………………（156）
三、机器学习在波动方向预测中的应用 …………………………（160）

（一）深度置信网络 …………………………………………… (161)
　　（二）基于 DBN 的波动方向预测 ……………………………… (164)
四、大数据架构对衍生品交易风控的解决方案 ……………………… (168)
　　（一）国内场内衍生品交易风控的现实问题研究 ……………… (169)
　　（二）大数据架构对衍生品交易风控的系统设计及实现 ……… (171)
五、大数据架构在策略研发和回测的应用 …………………………… (176)
　　（一）处理框架 …………………………………………………… (176)
　　（二）Storm 的机器学习算法库介绍 …………………………… (181)
六、总结 ………………………………………………………………… (183)
　　（一）课题的创新点 ……………………………………………… (183)
　　（二）未来工作 …………………………………………………… (183)
参考文献 ………………………………………………………………… (184)

区块链技术在场外衍生品市场的应用场景设计

一、研究背景及意义 …………………………………………………… (190)
二、研究理论 …………………………………………………………… (190)
三、研究方法 …………………………………………………………… (190)
四、课题研究目标 ……………………………………………………… (191)
　　（一）数据发布 …………………………………………………… (191)
　　（二）信息采集 …………………………………………………… (191)
　　（三）协议签署 …………………………………………………… (192)
　　（四）交易结算 …………………………………………………… (192)
　　（五）最终目标 …………………………………………………… (192)
五、区块链技术的特点及类似应用案例分析 ………………………… (192)
　　（一）区块链历史发展 …………………………………………… (192)
　　（二）区块链技术特点和适用场景 ……………………………… (194)
　　（三）区块链应用场景 …………………………………………… (195)
　　（四）区块链应用现状和分析 …………………………………… (196)
六、场外衍生品市场业务类型及业务分析 …………………………… (196)
　　（一）场外衍生品市场现状 ……………………………………… (196)
　　（二）业务分析 …………………………………………………… (201)
七、区块链技术与场外衍生品市场业务结合场景的研究 …………… (203)
　　（一）区块链技术在场外衍生品市场的运用 …………………… (204)
　　（二）区块链场景中的角色设置 ………………………………… (205)
　　（三）区块链技术在场外衍生品市场中的应用限制 …………… (205)
八、场外衍生品应用场景的技术路径 ………………………………… (206)
　　（一）场外市场与区块链技术契合点 …………………………… (206)

（二）应用场景设计 …………………………………………………（207）
　　（三）业务架构设计 …………………………………………………（208）
　　（四）技术架构设计 …………………………………………………（209）
　　（五）应用中可能存在的难点 ………………………………………（212）
九、区块链应用的风险及应对措施 …………………………………………（213）
　　（一）信用风险：身份认证 …………………………………………（213）
　　（二）监管风险：数据交互中心 ……………………………………（214）
十、区块链应用所需的行业支持 ……………………………………………（215）
　　（一）机构间交易，扩大市场规模 …………………………………（215）
　　（二）区块链的交易法律地位 ………………………………………（215）
十一、区块链技术在海外的应用案例 ………………………………………（216）
参考文献 ………………………………………………………………………（216）

算法交易（程序化交易）在期货市场中的应用及监管

引　言 …………………………………………………………………………（220）
一、程序化交易概述 …………………………………………………………（220）
　　（一）程序化交易兴起必然性 ………………………………………（221）
　　（二）程序化交易及高频交易在期货市场应用现状 ………………（228）
　　（三）程序化交易及高频交易含义和判断标准 ……………………（234）
　　（四）高频交易的交易策略 …………………………………………（248）
　　（五）高频交易的影响 ………………………………………………（255）
　　（六）高频交易有利于经济基本逻辑 ………………………………（266）
二、程序化交易引发的风险及对监管挑战 …………………………………（268）
　　（一）境外程序化交易风险事件 ……………………………………（268）
　　（二）境内程序化交易风险事件 ……………………………………（269）
　　（三）境外程序化交易及高频交易监管法律及政策的趋势 ………（270）
三、程序化交易监管体系构建 ………………………………………………（289）
　　（一）监管理念 ………………………………………………………（289）
　　（二）监管体制 ………………………………………………………（290）
　　（三）监管对象 ………………………………………………………（290）
　　（四）监管方式 ………………………………………………………（290）
　　（五）监管标准 ………………………………………………………（291）
　　（六）风控责任 ………………………………………………………（291）
　　（七）法律责任 ………………………………………………………（291）
　　（八）监管与司法的协调 ……………………………………………（291）
四、程序化交易的法律法规体系 ……………………………………………（292）
　　（一）境外程序化交易的法律法规体系及内容 ……………………（292）

（二）我国程序化交易的法律法规体系 …………………………………（292）
　　（三）我国程序化交易法律法规的主要内容 ……………………………（295）
　　（四）对《证券期货市场程序化交易管理办法（征求意见稿)》的
　　　　　建议 ………………………………………………………………（296）
参考文献 ………………………………………………………………………（298）

算法交易（程序化交易）在期货市场的应用及监管

一、算法交易概要介绍及其在中国的发展现状 ……………………………（304）
　　（一）算法交易概念 ………………………………………………………（304）
　　（二）算法交易在国内期货市场的发展历史 ……………………………（304）
　　（三）国内期货市场上算法交易应用现状 ………………………………（306）
二、算法交易在国内期货市场的应用 ………………………………………（307）
　　（一）算法交易的分类 ……………………………………………………（307）
　　（二）算法交易的交易策略 ………………………………………………（309）
　　（三）算法交易的执行策略 ………………………………………………（311）
　　（四）算法交易的应用受限制如何影响国内期货市场 …………………（312）
三、算法交易的风险和监管 …………………………………………………（336）
　　（一）算法交易的风险 ……………………………………………………（336）
　　（二）国外对算法交易的监管 ……………………………………………（338）
　　（三）针对不同市场主体提出的监管建议 ………………………………（341）
参考文献 ………………………………………………………………………（342）

期货经营机构"了解你的客户"操作指引研究

一、引论 ………………………………………………………………………（348）
　　（一）研究背景及意义 ……………………………………………………（348）
　　（二）KYC 的必要性和起源 ……………………………………………（349）
　　（三）KYC 相关概念和理论综述 ………………………………………（349）
二、国际发达国家和地区 KYC 现状及分析 ………………………………（350）
　　（一）KYC 制度在国际上的发展现状 …………………………………（350）
　　（二）国际 KYC 先进经验总结及分析 …………………………………（359）
三、国内金融行业 KYC 情况 ………………………………………………（362）
　　（一）国内各金融子行业 KYC 发展情况 ………………………………（362）
　　（二）国内各金融子行业 KYC 比较分析及借鉴 ………………………（366）
四、国内期货市场的现状和存在的问题 ……………………………………（367）
　　（一）国内期货行业现状 …………………………………………………（367）
　　（二）国内期货行业存在的问题 …………………………………………（369）
　　（三）国内投资者适当性制度带来的影响 ………………………………（370）

五、国内期货行业 KYC 改进建议 …………………………………（372）
　　　（一）完善立法，加强期货经营机构执行力的监管 ………………（372）
　　　（二）KYC 具体做法上的改进建议 …………………………………（374）
　　　（三）KYC 成果运用上的分析和建议 ………………………………（377）
　　六、国内期货行业 KYC 操作指引 …………………………………（379）
　　　（一）期货经营机构"了解你的客户"操作指引 ……………………（379）
　　　（二）操作指引相关附件 ……………………………………………（386）
　参考文献 …………………………………………………………………（403）

钢铁产业利用期货市场的现状与问题分析

　　一、课题概述 ……………………………………………………………（406）
　　　（一）课题背景 ………………………………………………………（406）
　　　（二）课题结构 ………………………………………………………（406）
　　　（三）创新点及意义 …………………………………………………（407）
　　二、国内主要钢铁产业链品种定价模式及影响机制 …………………（408）
　　　（一）钢铁产业链主要品种定价模式 ………………………………（408）
　　　（二）产业链各品种间价格影响机制 ………………………………（409）
　　三、国际黑色金属衍生品市场发展情况及启示 ………………………（410）
　　　（一）国际钢材衍生品市场发展情况 ………………………………（410）
　　　（二）国外铁矿石掉期的发展情况 …………………………………（415）
　　　（三）国外黑色金属期货市场发展启示 ……………………………（418）
　　四、有色金属定价模式发展过程研究 …………………………………（420）
　　　（一）有色金属期货定价模式的形成及发展 ………………………（420）
　　　（二）有色金属期货市场对产业升级的作用 ………………………（421）
　　五、国内钢铁企业参与衍生品市场情况调研及相关问题分析 ………（423）
　　　（一）钢铁企业衍生品市场总体参与情况 …………………………（423）
　　　（二）钢铁企业参与交易品种及交易类型分析 ……………………（424）
　　　（三）钢铁企业参与期货交易的深度分析 …………………………（426）
　　　（四）国内钢铁企业参与期货交易的案例与分析 …………………（427）
　　六、钢铁企业参与期货交易的风险分析 ………………………………（430）
　　　（一）存在的风险分析 ………………………………………………（430）
　　　（二）期货套保利大于弊 ……………………………………………（433）
　　七、黑色金属期货市场对钢铁产业健康发展的作用分析 ……………（434）
　　　（一）有利于规避价格风险，促进钢铁行业平稳发展 ……………（434）
　　　（二）优化库存管理，合理安排生产，提升钢铁企业产品质量 …（434）
　　　（三）优化企业规模，助于化解我国钢材产能过剩困境 …………（435）
　　　（四）有助于对冲钢铁上下游周期性波动风险 ……………………（436）

八、黑色金属期货市场发展路径研究 …………………………………… (436)
 （一）我国有色金属期货的发展路径分析 ………………………… (436)
 （二）有色金属与黑色金属期货市场发展的异同点分析 ………… (438)
 （三）我国黑色金属期货的发展路径借鉴 ………………………… (439)

九、关于促进国内钢铁产业期货市场发展的意见和建议 ……………… (441)
 （一）对钢铁企业开展全方位、多层次的期货市场
    宣传、教育与培训活动 ………………………………………… (441)
 （二）合理扩充期货上市品种，以吸引各环节钢铁企业共同参与 … (442)
 （三）完善现有上市品种合约设计，提高期现结合的便利性 ……… (443)
 （四）政策建议的分工与落实 ……………………………………… (443)

十、结论 ……………………………………………………………………… (444)

参考文献 ……………………………………………………………………… (444)

中期协联合研究计划（第十一期）项目

风险管理公司如何为小微涉农客户提供多样化风险管理服务

课题研究单位：浙江南华资本管理有限公司
课题研究编号：GT201601
课题负责人：朱　斌

引　言

农业是一个特殊的国民经济部门，尽管它对国民收入的贡献率随着经济发展水平的提高而逐渐萎缩，但它在保证人民生活水平、稳定国民经济运行、国家自立等方面的基础效应是不容忽视的。第六次人口普查数据显示，2010年我国总人口为13.4亿，其中农村人口6.74亿，这表明虽然我国城镇化率在逐年上升，但农村常住人口依然多于城镇人口，农业发展的好坏直接关系农民的切身利益，农民获益对稳定农村生活和构建和谐农村意义重大。另外，在农业生产过程中，自然风险和市场风险始终存在。

小微企业是小型企业、微型企业、家庭作坊式企业、个体工商户的统称，其在经营规模、人员配备、营业收入上体量较小。相比于大型企业的成熟完善，小微企业在管理体系、人才配置和资本方面存在较大差距，这些成为企业发展壮大的主要障碍。

涉农企业是指直接或间接地从事农业生产、加工、流通业务或为农业生产提供服务的企业，其生产经营规模和市场占有份额均比较小，在农产品产量、产品市场价格、行业政策、农业技术、农业信贷等方面往往面临诸多的不确定性。小微涉农企业在经营过程中一直处于较为弱势的地位，虽然国家对其有一定的政策扶持，但力度有限，与实际发展需求不匹配。本课题的研究重点是希望借助期货风险管理公司的平台，为小型涉农企业（以下也称小微涉农企业）的稳健有序经营保驾护航。

随着我国金融衍生产品市场的不断发展，期货风险管理公司运用衍生产品通过仓单服务、合作套保、基差交易、定价服务等方式为企业提供多样化、个性化的风险管理创新服务。深入探索、研究和总结风险管理公司的业务在农业生产中的创新运用，对改善农业经营、增强小微涉农企业风险应对能力，以及发挥金融服务"三农"的作用将具有重要意义。

一、研究综述

（一）国外研究综述

目前，欧洲、美国、日本等国家和地区现有的农业风险管理体系主要由政府补贴、农业保险、农业期货三部分构成。其中，农业期货和其他金融衍生品在国外被广泛运用于农业产量风险控制和价格风险控制，另外还用于降低我国涉农贷款中的信贷风险。

1. 涉农衍生品控制产量风险

与农业生产相关的金融衍生产品一直被广泛地运用于涉农企业的风险管理环节。

例如，加拿大研究显示，天气变化与农产品产量波动之间存在一定的联系，而且某一天气现象对农产品产量的影响是可以预测的。运用基于天气的衍生品可以帮助企业对冲天气变化带来的农产品产量风险，弥补农业保险在自然风险领域承保能力的不足。期货风险管理公司可以考虑创新场外涉农衍生品业务（例如天气衍生品）为涉农企业更好地控制产量风险。全球已经有数个交易所提供天气期货合约。

（1）英国

伦敦国际金融期货交易所（LIFFE）于 2001 年推出 Euronext.liffe 天气期货交易。该交易所推出的天气期货合约依据该交易所的每月和冬季指数结算交割。指数的计算基础是伦敦、巴黎和柏林三地日平均气温。通过 Euronext.liffe 的天气期货合约来化解天气风险的使用者包括能源公司、保险和分保险公司、零售企业、农业生产者、农产品的经营者、食品制造商和农产品贸易商。

（2）美国

1999 年，芝加哥商业交易所（CME）发起第一个天气指数期货合约。目前，CME 的天气指数期货包括制热日指数期货、制冷日指数期货、制冷季节指数期货和制热季节指数期货四种。

（3）日本

东京国际金融期货交易所将于春季开始交易天气期货合约，价格以日本四大城市的历史月均气温为基础计算。东京海上保险公司向娱乐业推销台风期货合约，以免其举办的活动因暴风雨蒙受损失。日本损保公司也向高尔夫球俱乐部销售降雨期货合约，向滑雪场和轮胎业销售降雪合约。针对碰到雨天销售量会下降的饮料商，三井住友保险还提供了阳光期货合约。

（4）芬兰

2002 年 8 月 30 日，芬兰赫尔辛基交易所（Helsinki Exchange）开始交易天气类衍生金融产品，依据的基础是赫尔辛基机场气象站测量的日平均气温以及气象机构发布的天气数据形成的指数。

2. 套期保值控制经营风险

套期保值是常见的风险管理方式之一。涉农企业在生产经营中面临原料价格上涨和产品价格下跌的风险。风险管理公司可以根据企业不同的经营状况为涉农企业制定农产品期货交易策略或是进行场外期权交易锁定市场价格，达到降低企业经营风险、增强盈利稳定性的目的。

（1）世界银行

世界银行在给发展中国家发放援助性的农业、工业原材料等贷款和境外商业银行对企业贷款前，都要求接受贷款的国家或企业参与期货市场对相关的大宗商品进行保值以降低银行贷款的风险。

（2）美国

美国社会公认套期保值对农业的重要性，银行利用其特殊地位通过提供资金、建议等多种方式协助农业合作社利用期货市场进行价格风险管理。

运用套期保值控制经营风险的瓶颈有两个：一是我国小微涉农企业生产规模化、机械化程度较低，订单农业和合约生产能力弱，"期货/期权+订单农业"模式存在门槛偏高的问题。二是小微涉农企业整体风险意识弱，对创新型衍生产品如场外期权了解有限，风险管理以规避为主，缺乏主动性。

3. 国外小微涉农企业风险管理概述

（1）管理业务模式

农业风险，一般可根据风险来源分为自然类风险与市场类风险两大类。对于不同风险，各国采取的风险管理模式也不一样。对于自然类风险管理，综观世界各国，普遍采用的模式为农业保险与农业救济。市场类风险的风险程度不亚于自然类风险，所以各国小微涉农企业在对农业自然类风险采取管理措施的基础上，对市场类风险也进行了管理，主要采取农产品保护价格制度、期货市场和期权市场、信息服务、补贴信贷和其他风险管理措施。

①美国。美国作为世界上农业最发达的国家，经过多年的探索和发展构建了最先进的农业风险管理体系，形成了政策支持、开发市场风险管理工具、农户和第三方积极参与的农业生产风险管理基本体系（见图1）。总体而言，美国农业风险管理体系可以概括为三个层面：政府管理和政策支持、以政策性农业保险为主的市场管理工具的综合运用，以及第三方（Third Party Administration，TPA）的积极参与。

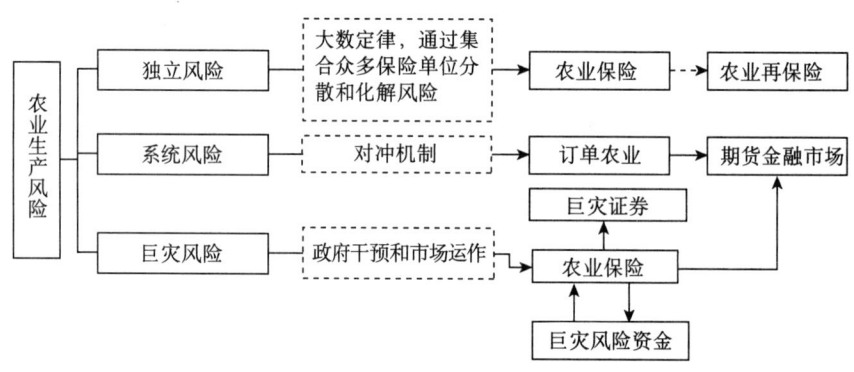

图1 美国农业生产风险管理基本体系

②日本。日本农业风险管理体系也主要由政府手段和市场手段组成。日本农业政策补贴全面，额度较高，涉及面广，农业生产和经营的方方面面都有着政策补贴的身影，能最大限度地稳定小微涉农企业的生产，规避农业风险。

③印度和菲律宾。印度和菲律宾都属于亚洲发展中国家，两个国家的农业现代化水平不高，小微涉农企业收入水平低，并有大量的剩余劳动力，与我国有很多相似之处。这两个国家主要采用强制保险和自愿投保相结合的方式来管理农业风险。参加贷款的小微涉农企业的贷款申请书本身就是农作物保险的投保单。参与农业巨灾保险后，小微涉农企业不仅可以得到银行的支持，还可以得到政府的直接补贴。

(2) 常用风险管理策略及工具总结

在应对农业风险时，国外小微涉农企业采用正规的或非正规的策略，但他们对于正规策略的依赖程度逐渐上升。非正规策略定义为："包括单个农户或农户自发采取的策略"，而正规策略定义则为："基于市场的行为和政府提供的策略"。发达国家涉农企业常用风险管理对策可以总结成以下四方面。

①生产经营。一是小微涉农企业通过农产品的远期价格以及劳动用工合约等控制生产成本，二是避免或降低暴露于风险的机会，三是进行多元化经营来分散风险。针对巨灾风险，在市场和政府的共同作用下，通过诸如建立巨灾风险基金、发行巨灾风险证券等举债风险证券化的策略，在期货金融市场上将巨灾风险转移给全国或全球的投机者，从而有效规避或转移农业生产经营中的巨灾风险。

②市场策略管理策略。市场策略管理策略主要是签订销售合约，包括固定远期价格合约、延迟价格合约、延迟支付合约、最小化价格合约、基准合约、短期期货合约、成本附加合约以及期权购买合约等。市场策略对应的几大市场工具主要有以下几个：一是农业保险。小微涉农企业针对独立风险，依据大数定律，通过农业保险和再保险集合众多保险单位分散和分解该风险。二是天气衍生品。三是第三方管理。第三方管理，主要是指农业保险经营过程中利益相关第三方的参与情况，对整个农业分线管理体系起到了提纲挈领的作用，在维护小微涉农企业和政府的公平利益及分享保障等方面也起着积极的作用。四是农业期货、期权、互换。农产品期货、期权、互换主要关注农产品的市场风险，是分散农业市场风险的有效工具，可以对现货市场价格风险进行套期保值。五是订单农业和合约生产。针对系统风险，依据对冲原理，通过订单农业将小微涉农企业面临的系统风险分散和转移给订单企业，进而通过期货金融市场将包括小微涉农企业在内的风险转移和分散给期货市场投机者，从而实现对农业生产系统风险的有效管理。只需具备订单农业和合约生产的基本条件，小微涉农企业足不出户就能将农场的农产品按照既定的价格销售出去，能够最大限度地稳定农户的收入水平。虽然减少市场风险和降低收入波动是生产者使用生产合约的主要原因，但也有其不利的一面，即减少了自主性，缔约双方缺乏透明度，存在信息不对称等问题。

③财务策略，主要有保有现金提高资产流动性信用储存、资产变现信贷杠杆、牲畜保险、农作物产量和收入保险等。

④政府支持，如灾害补贴、土地休耕补贴、农业生产资料补贴、价格支持、收入支持项目以及税收优惠等。在20世纪30年代，美国政府对农业加大了重视力度，农业补贴政策在此期间逐步形成。到20世纪50年代，由于农产品市场供过于求，农产品价格开始大幅下跌，为了保障农民的利益，稳定市场，美国政府全面提升了农业补贴幅度，并实现了"目标价格—价差补贴系统"措施。之后，美国的农业补贴政策总是因地制宜、与时俱进地不断修订、补充以及完善。出台了一系列农业补贴法案，例如《农业安全与农村投资法案》《联邦农业促进与改革法案》《食品与农

业贸易保护法案》等。美国政府依据农业发展的要求、市场行情的变化、政治因素的变动，采取了一系列的补贴措施和手段，建立了一套完整的农业补贴政策体系。这些政策工具主要有直接收入补贴、贷款差额补贴、反周期补贴、农产品贸易补贴等。

总体而言，目前国外小微涉农企业可以采取的规避风险措施有生产合同、销售合同、期货保值、期权保值、产量保险、作物收入保险等。此外，合作社、市场信息收集、分阶段销售、手头保留现金等也是国外小微涉农企业可用于风险管理的非常重要的手段。

尽管小微涉农企业有多种可以选择的风险管理策略，但由于不同的策略有其适宜的范围和目标，当面临风险状况时，国外小微涉农企业会根据自己的风险偏好来选择适合的管理策略，采用合适的风险管理方式和类型，这取决于相关成本、风险大小、风险之间的交互作用、获取赔偿的渠道、对于自然风险的认知，以及企业自身的收入和财富状况。

（二）国内研究综述

1. 研究现状

随着市场化和国际化进程的加快，我国农业生产和经营过程中所涌现出来的风险不断增多并日益复杂化，为了促进我国农业发展，提高小微涉农企业的收入，对农业风险进行合理规避就显得非常重要。目前，我国农业风险管理已取得了一定的成绩，但在风险管理体系建设方面和发达国家相比还存在一定的距离，例如存在管理效率低下和资源浪费等问题。风险管理策略分为政策工具和市场工具两大类，政策工具主要是指政府支持，包括价格保护、灾害救济以及制定相关法律等，市场工具主要指运用市场的手段来规避农业风险，包括农户风险自留、运用农业保险、多样化经营、订单农业、农产品期货和天气衍生品等。

我国农业面临的天气风险比较大，天气风险对农业的影响也日益增大。天气指数保险与天气衍生品是转移农业天气风险的有效工具。但是，我国的天气衍生品市场仍处于探索阶段，还没有成型的天气衍生品，一方面是由于国内衍生金融市场相对落后，暂时不具备承载天气衍生品开发的基础；另一方面是由于国内对天气情况的监测数据建设尚不完善，仅具备开展天气衍生品的基本条件和预测天气情况的基本设施。金融市场经过改革开放之后的发展已经逐渐成熟，我国开展天气衍生品也只是时间的问题。

国内目前并无从事天气期货的交易所。2015年4月，国务院印发的《中国（广东）自由贸易试验区总体方案》提出，在广东自贸区研究设立以碳排放为首个品种的创新型期货交易所。不同于国内现有的四家期货交易所，这家创新型期货交易所发展的方向可能是天气期货等创新型品种。虽说涉农衍生品的研发并不容易，特别是在缺少场内市场的前提下，其风险对冲较为不易，但可以从国外的发展经历吸取经验和教训，未来其必然成为帮助涉农企业市场化管理自身风险的有效工具。

2. 存在问题

小微涉农企业大多处于起步或快速扩张阶段,自身积累少,资金需求缺口大,不仅需要短期的流动资金贷款,还需要技术改造、基本建设等中长期贷款,而这类企业的盈利能力往往不稳定、信贷规模小、次数频繁、抵押担保资质差,导致涉农信贷风险高。因而融资难是制约我国小微涉农企业发展的重要因素。期货风险管理子公司可以通过套期保值和仓单质押帮助企业提高抵押资产质量,解决资金短缺问题,降低融资成本,从而降低我国涉农信贷的整体风险。

可以发现,目前我国期货风险管理子公司对农业风险管理市场比较认可的产品是农产品期货,而国际比较先进的是天气衍生品和农业期权产品。农产品期货为小微涉农企业拥有农产品而面临的市场风险起到了保驾护航的作用。考虑到农产品期货交易对实体经济的影响,我国逐步开始对农产品期货市场进行规范化。

3. 风险管理公司服务情况

风险管理子公司服务小微涉农企业的业务模式主要有仓单服务、合作套保、基差交易、定价服务、境外业务和场外业务。

(1) 仓单业务

目前,我国期货风险管理子公司以提供仓单质押、回购等比较传统的服务方式为主,因为此类服务技术含量不高,收益较为稳定。在这个业务模式下,风险管理子公司将提供小微涉农企业仓单购销、串换、回购平台,为小微涉农企业解决仓单分配地区性与个性化不匹配之间的矛盾,增加仓单流动性,降低小微涉农企业的购销成本,满足其对仓单的个性化需求,并且起到释放资金流的作用。

(2) 合作套保

模式一:双方共同套保,损益共担:适合的市场机会,客户负责现货相关采购、销售、物流、仓储等现货相关业务,子公司负责套保并承担由此产生的期货保证金和期货配套资金、期货相关保值策略制定、风险管理等业务。

模式二:客户将套保操作外包给子公司:由客户提出具体保值目标,子公司通过期货或者现货工具,来帮助客户完成保值目标。所有进行风险管理的具体套保操作和所需要的保证金,都由子公司执行和承担。

模式三:子公司为套保客户提供投资咨询服务。但现今为止,国内尚未出现较为成熟的合作套保业务模式。

(3) 基差交易

为稳定小微涉农企业的功效关系,扩大销售网络,风险管理子公司提供基差交易操作平台。

(4) 点价交易

风险子公司在基差交易的基础上为小微涉农企业提供点价交易、均价交易、远期和互换等个性化定价和风险管理工具。

(5) 定价服务

通过现货采购或期货交割建立现货库存,并在期货上卖出保值以规避价格风险,在向企业销售现货的同时平仓期货合约。

二、我国小微涉农企业情况分析

(一) 小微涉农企业的调研现状

近年来,随着我国农业产业的发展,小微涉农企业的数量逐渐增加,规模也不断扩大,出现了扶植一个企业、带活一片经济、富裕一方农民的景象。这些"起连带"枢纽作用的企业,一头连接着市场,一头连接着分散度大的农户,大大提高了农民的生活水平。小微涉农企业在我国国民经济中的地位也愈发重要,但这些都仅限于发达地区的小微涉农企业。在欠发达地区,由于小微企业自身独有的特质,规模小、产品单一、发展缓慢等很少得到应有的关注。小微涉农企业规模都不是很大,一直以来都面临不同程度的困难,在生产经营过程中产生的风险日益增加,却一直得不到相应的风险管理对策,很多企业不得不面临倒闭的危险。

新疆地区的水、光、热资源相对丰富,特别适宜棉花的生长,新疆农民的人均收入中,棉花收入所占比重较大,因此,棉花在新疆经济中的重要地位日益突出。整个棉花产业更是为新疆百万以上的人口提供了就业创业的机会,成为新疆农民和企业的重要经济途径。

为了进一步了解新疆小微涉棉企业的现状,我们课题小组深入新疆调研了当地的多家涉棉企业,主要是处于产业链中游的加工棉花的轧花厂。在调研的多家企业中,根据对期货等金融衍生品认知程度的不同,我们将调研对象企业分为对棉花期货等金融衍生品有一定认知的和完全不了解棉花期货等金融衍生品的,并分别选取其中的一家企业作为代表进行调研(见表1)。

表1　　　　　　　　　调研对象列表及简介

调研对象	新疆×××棉业有限责任公司	喀什×××棉业有限责任公司
调研时间	2016年10月31日	2016年11月1日
调研目的	作为对棉花期货等金融衍生品有一定认知的企业代表类型,了解轧花厂在生产经营过程中遇到的问题	作为完全不了解棉花期货等金融衍生品的企业代表类型,了解轧花厂在生产经营过程中遇到的问题
企业规模	100~200人	50~100人
对期货等衍生品认知程度	有一定认知度和参与意愿	完全不了解期货等金融衍生品
主营业务	主要经营棉花、棉短绒及其他农副产品、机电产品、五金交电化工、棉麻制品、针纺织品、包装材料、干鲜果品、建材的销售、棉花轧花的技术咨询	棉类,以加工棉花为主

	续表	
经营现状	1. 新疆资源多、价格竞争较为激烈,企业之间为了收购棉花会相互抬价 2. 具有较为稳定的棉花销售渠道,轧花厂收购棉农的籽棉,加工成皮棉,然后由兵团的棉业公司负责销售 3. 棉花轧花厂在收购相当数量的棉花之后将面临巨大的库存压力和库存贬值的风险。如果能快速销售,加快周转速度,充分利用资金,能有效提高利润率	1. 目前企业经营困难,棉花价格较低,但是收购较困难 2. 现在资金压力大,价格风险也比较高 3. 加工利润比较稳定,加工毛利基本在1 000元/吨左右

(二) 小微涉农企业面临的经营困境

在深入调研涉棉企业的过程中,我们了解到涉棉企业在生产经营过程中遇到了很多困难和问题,经过整理,主要表现以下几个方面:一是轧花厂从棉农手中购入籽棉后,承担棉花价格下跌的风险;二是作为加工厂,加工利润是核心,如果能尽快锁定利润,加速资金周转,加工厂的利润就能大幅增加;三是当棉花期货价格出现机会时,轧花厂卖出套保是不合适的,因为锁定的期限太长,资金压力大;四是经过几年的不景气,目前轧花厂的资金压力比较大;五是随着价格的下降,种植棉花的农户变少,棉花现货也少了;六是由于缺乏抵押品,银行融资较难。

在对涉棉企业的调研总结及结合其他的论文资料的基础上可以得出,小微涉农企业在生产经营过程中遇到的问题主要有以下几方面。

1. 加工原料的供应缺乏稳定性

小微涉农企业正常运转需要稳定的原料供应,农户是其原料的最大供应商之一。然而,长期以来在缺乏有效管理制度体制下,每逢市场价格升高,农户不愿履约,出现严重的惜售现象,哪个企业价格高,农户就只卖给价格较高者,企业之间容易出现随意出价的抢收现象。由于小微涉农企业自身特征所限,没有符合自身条件而创建的生产基地。加之,农业经营具有季节性的显著特点、长期受自然灾害等因素影响,农副产品的生产和供应具有一定程度的不确定性,使得小微涉农企业普遍存在"原料荒"现象。这种供给困境的长期存在,严重影响了企业的有效发展。

2. 存在成本风险和市场价格风险

在生产经营过程中,原料收购之前小微涉农企业往往会担心原料价格的上涨,但是当拥有大量的原材料库存与产品时又担心价格的跌落,这就是因价格波动而产生的成本风险。在销售环节中,产品价格问题至关重要,市场价格的波动直接影响企业的效益。

3. 面临农业产业链风险

农业产业链风险,是指由于各种事先无法预测的不确定因素带来的影响,使产业链接环节中农业企业(或农户)实际收益与预期收益发生偏差,从而有遭受损失的可能性。依据风险的性质、归属、程度以及新旧不同,农业产业链风险可以划分为以下四类：农业产业链的自然风险（如干旱、洪水等自然风险）、农业产业链的市场风险、农业产业链的效率风险和农业产业链的信息风险。农业产业链的自然风险直接导致农业产量和质量下降，从而影响市场供求平衡，导致产品的价格波动，市场风险加大。

4. 产品创新不足，缺乏适合产品

近年来，县域内国有商业银行为防范金融风险，大规模撤销基层网点，面对风险最简单和最直接的反应便是"惜贷"或是干脆"不贷"，充当着"抽水机"的角色，对风险较大的涉农小微企业信贷产品缺乏创新的积极性。而农村信用社一直处于农村金融的垄断地位，缺乏市场竞争的外在压力，同时由于其资金实力薄弱，大量的储蓄资金又让国有商业银行瓜分，部分农村信用社支持农业生产已显得力不从心，从而失去了信贷产品创新的原动力，更谈不上对涉农小微企业信贷产品的创新。

5. 中介服务体系建设滞后

一是信用担保机构建设滞后。一般涉农企业都位于比较偏远的地区，缺少担保公司，且担保规模小、实力弱，担保能力和覆盖面有限，缺乏后续资金补偿机制，人员素质低，风险把握能力不强，再担保机构尚未成立。担保机构提供的担保不能满足广大小微涉农企业的需求。二是缺少能为农户、小微涉农企业提供城镇房屋、农村宅基地等抵押登记的专门机构。

6. 筹资渠道不畅，融资环境需要改善

小微涉农企业的融资状况不容乐观，贷款"被边缘化"是农业经营的自身特点，抵御自然灾害和市场风险能力相对脆弱引起的。商业银行追求利润最大化的原则，使其在小微涉农企业的贷款问题上积极性并不高。但对于绝大多数资金并不雄厚的小微涉农企业来说，有效资金需求无法满足，成为制约小微涉农企业发展的瓶颈。

7. 库存管理缺乏合理性，不确定性较强

小微涉农企业所需要的原材料占成本的比重高，一般要达80%以上，但其风险意识淡薄，全局观念不强，库存管理方法随意且缺少章法，容易导致库存过量囤积的问题。库存管理主导思想是降低不确定性，而不确定性是一切风险的基本特征。

（三）小微涉农企业风险管理的必要性分析

通过对调研企业的调研分析，得出小微涉农企业在生产经营过程中存在众多问题和不确定性，其中的主要问题比如价格风险等是可以通过一定的风险管理进行规避或者降低的。小微涉农企业对风险进行管理有非常重要的意义。

1. 企业稳健运营的必要条件

对于整个社会来说，农业是一个特殊的国民经济部门。一方面，尽管它对国民收入的贡献率随着经济发展水平的提高而逐渐萎缩，但它在保证人民生活水平，国民经济的稳定运行，甚至国家自立等方面的基础效应是不容忽视的。已是国民经济重要支柱的小型微型企业的数量庞大，已为经济持续增长打下坚实基础。但自2008

年世界金融危机以来，不乏有一些小型微型企业难以摆脱困境，扶持其走出困境，健康发展，有利于增强整个经济社会的活力，意味着创造社会就业岗位，解决民生问题和推进经济的增长。

2. 社会经济全面发展的基本条件

小微涉农企业作为从事农副产品加工、经营的小型微利企业，其发展受到自然条件、市场、经营规模以及资金等因素的影响，其作用往往得不到应有的发挥。破解涉农小微企业目前所面临的一系列难题，不仅可以保障企业自身可持续发展，而且也将为我国经济社会的全面发展注入新的生机和活力。

中国农业现代化的进程越来越快，农业集中生产和集中经营的步伐在逐步迈进，这些举措在推进农业发展的同时也将农业置于更大的不确定性之中，所面临的风险也越来越多，越来越复杂。制度风险、技术风险、政治风险、政策风险、自然风险、市场风险等风险互相交叉融合，使得农业的生产和经营面临巨大的不稳定性。

3. 谨防风险传导和放大的主要措施

农业风险管理是一门新兴的学科，主要致力于农业风险发生规律以及针对农业风险进行控制的研究工作。从国家的层面来说，农业风险管理是中央政府以及各级地方政府相关机构通过一系列风险管理程序的实施，同时运用各种恰当的风险管理工具及技术，综合应对农业生产和经营过程中所面临的各种风险。

基于产业链的农业风险管理的有效实施要通过科学、合理的风险管理方式的创新体制来保障，如现有风险管理方式的创新组合。复杂的关联性是农业产业链风险的一个重要特征，表现为风险在各个产业链环节之间相互传导和放大，即小微涉农企业的风险可能不仅危害自身，更可能会将自身的风险转移到大型涉农企业，在此情况下，可通过农产品期货市场来转移农业企业的风险。根本原因在于，期货市场主要功能是转移风险和价格显示。在期货交易中，小微涉农企业为套期保值者，能有效地锁定成本和收益。虽然他们失去了获得最大利润的机会，但避免了遭受损失的风险。

4. 对涉农企业的发展意义重大

小微涉农企业通过参与期货、场外期权等金融衍生品市场，进行风险管理，具有重大意义。一是锁定利润，防范价格风险，在期货等金融衍生品市场上对冲现货价格风险，锁定一定的利润，有利于企业的长期经营；二是通过与风险管理子公司合作，提早卖出存货，释放存货价值，激活存量的资金，加快资金周转；三是稳定原料供应，在原料播种甚至生长阶段就与农户签订价格协议，然后通过期货、场外期权等金融衍生品锁定价格，防止价格的大幅度波动影响原料供应和正常生产；四是涉农企业进行风险管理，稳定生产经营，有利于从银行获得贷款；五是有效规避小微涉农企业面临的天气、温度风险，天气、温度在农业生产过程中影响非常大，在播种阶段就进行防范极端天气风险的操作，能有效规避天气或温度变化带来的不确定性。

基于以上分析,不管是对于整个社会还是对于企业本身,对涉农企业进行风险管理意义重大。

三、风险管理子公司现状分析

近年来,我国经济进入调整时期,政府一直着手于产业结构调整,金融市场监管部门亦积极响应政府的方针政策,积极推动金融市场创新,协调促进产业结构调整。在此背景下,中国期货业协会于2012年发布《期货公司设立子公司开展以风险管理服务为主的业务试点工作指引》,中国证监会于2014年发布《关于进一步推进期货经营机构创新发展的意见》。这些文件的发布标志着期货公司可通过设立子公司的方式为实体企业提供仓单服务、合作套保、定价服务、基差交易等风险管理服务。这在一定程度上缓解了我国期货行业面临着的"大市场"与"小行业"的矛盾之苦,扩大期货公司的业务范围,增强其在行业的竞争力。在其发展过程中出现了融资难、法律税收限制、交易所相关规定受限等问题,也极大限制了子公司的发展。

(一) 期货风险管理子公司现有业务模式分析

1. 基础业务

风险管理子公司服务对象有商业实体、金融机构、投资机构和高净值自然人客户等。基础的业务主要包括仓单服务、合作套保、定价服务、基差交易等。

(1) 仓单服务

标准仓单服务业务,是指根据产业客户的不同需求,提供仓单销售、收购、串换等服务。仓单销售,是指帮助客户在现货市场组织货源,生成标准仓单销售给客户;仓单收购,是指在收购客户仓单后按照合同约定在一定时期后由客户购回;仓单串换,是指根据客户的特定需求在不同客户间进行仓单互换,由此获取差价收益或服务收益的业务模式。仓单的收购、购回、销售都是基于标准仓单的购销业务,是通过公司期现服务部与客户共同制定仓单业务协议书,并按照约定实现仓单的交割和购销。

此外,非标准的仓单质押、融资、期转现交割、展期等服务也在期货公司风险管理子公司的业务范围内。仓单业务不仅可以为企业提供短期的流动资金,还可以为企业降低运输成本,解决大量库存商品占压流动资金的问题。

(2) 合作套保

合作套保,是指两家企业签订合作协议,合作一方在另一方通过期货市场建立套期保值头寸时,提供部分资金支持和风险控制服务的业务模式,以减少实体企业资金压力,弥补其操作经验等方面的不足,有助于套期保值目标的实现。合作套保业务类型主要有三种:一是资金支持型业务,即客户负责套期保值操作,风险管理公司帮助客户把控风险;二是专业服务型业务,即风险管理公司不仅帮助客户提供部分资金支持,还为客户提供交易与风险控制指导;三是业务产品化型业务,即客户将套期保值操作整体打包给子公司来操作。

（3）定价服务

定价服务就是风险管理公司以现在的市场价格信息为参考，辅以数学模型而计算出的未来价格。在这方面，风险管理公司可以提供的定价服务包括点价交易、均价交易、远期和场外交易等，如原材料采购的定价、产品销售的定价以及废旧物资的定价等，以帮助客户获得对自己最有利的价格。定价服务的意义在于它可以将现货市场绝对价格的波动风险转化为基差波动的风险，降低了传统贸易模式和定价方式的风险值。同时，多种多样的金融服务也丰富了实体经济和产业客户的保值手段和价格选择余地。

（4）基差交易

基差交易，是指期货价格与现货价格的价差因一些特殊情况严重偏离，而这时便出现基差交易的机会。例如，因现货供应紧张或需求大增等因素导致近月合约的价格涨幅大于远月合约，这时就会产生期现货套利机会。基差交易业务包括跨期套利型、期现套利型、跨市套利型等。基差交易可以通过期货保值将商品的绝对价格波动风险转化为相对价格波动风险，利用期货市场规避风险，优化定价。

2. 做市业务

做市业务，是指风险管理子公司为特定的期货、期权等衍生品合约提供连续报价或者回应询价，并利用自有资金作为交易对手方提供市场流动性服务的业务行为。做市业务提供的衍生品报价在一定程度上给投资者提供了参考和指导，也起到了保持市场流动性、稳定衍生品价格的作用。

2016年8月，上海证券交易所发布了股票期权做市商业务指南，规定上交所可以在竞价交易制度下引入竞争性做市商的混合交易制度。做市商主要分为主做市商和一般做市商，主做市商承担连续的双边报价以及回应询价的义务和上交所规定的其他业务，一般做市商只需要回应投资者的询价同时做上交所规定的其他业务即可。

目前，期权的发展前景相比于期货的发展前景更被市场所看好，所以一部分期货公司风险管理子公司已经建立自有的期权做市团队。做市业务是一项非常庞大的业务，需要团队的协作，对交易人才的专业性及系统稳定性、自动化程度要求都非常高，风险管理子公司开展此项业务也是在不断摸索前进、总结经验的过程中。

3. 风险管理业务

期货风险管理子公司在风险管理业务方面，通过场外衍生品可为客户提供多种定制型服务，满足其不同风险管理需求，同时，在融资、促进企业资金流动性、价格和运营风险管理等方面也可以助企业一臂之力。目前，虽然众多企业对场外衍生品认识尚且不够，但是其发展空间非常大。风险管理公司场外衍生品业务不仅可满足个人投资理财避险需求，同时也可为实体企业提供精细化、针对性强的避险策略，在服务"三农"方面的模式更是创新不断，包括"期货+保险"模式、"订单+场外期权"模式和"二次点价+复制期权"模式等。

(二) 风险管理公司服务"三农"的现状分析

在期货市场日益成熟的情况下，期货风险管理子公司所涉猎的业务范围也更加广泛。"三农"发展问题一直是国家关注的重点，近两年风险管理公司逐渐涉足"三农"领域，不断进行业务模式创新，以期更好地服务"三农"。在"三农"企业中，绝大多数都是小微企业。"三农"企业的优势在于对价格的敏感性较强，现货丰富，处于生产的第一线，生产经营灵活；劣势在于对市场的运作规律不是很了解，风险管理的理念和手段较匮乏，抵抗风险能力相对较差，资金短缺，信息不畅。针对"三农"企业的特点，风险管理公司深入产业内部，在服务"三农"方面进行一定探索和创新，逐渐提高"三农"企业的抗风险能力，促进其健康快速发展。

1. "保险+期货"为主要服务模式

自期货公司风险管理子公司业务开闸以来，风险管理子公司业务不再仅局限于基础业务，如仓单服务、合作套保、基差交易等，而是逐渐向场外衍生品业务拓展。场外期权正逐渐被实体企业及大众投资者所知悉。目前，已有大部分期货风险管理子公司涉足"三农"领域，主要服务模式为"保险+期货"，即农产品价格保险与农产品场外期权配套策略。"保险+期货"模式涉及的主体主要包括农业经营主体、保险公司、期货公司风险管理公司和政府部门等。

从具体操作来看，对于保险公司来讲，与以往提供自然灾害、意外事故等风险不同，在此模式中，保险公司提供的是价格保险，即农业经营主体可向保险公司购买预防价格下跌的保险，在价格下跌时，农业经营主体可从保险公司获得一定补偿。同时，也可在价格上涨时获得价格上涨带来的收益，仅损失较少的保险费（权利金）而已。而保险公司可通过风险管理公司提供的场外期权进行规避风险。政府在此模式中的作用至关重要。在市场发展初期，各参与主体均处在探索过程中，急需相关政府部门的资金支持、信息传递及信用担保等。

从具体运用来看，虽然"期货+保险"模式可成功助力农业经营主体规避价格风险，但是，农业经营主体种类繁多，如棉花生产商、贸易商、加工商、零售商等，所处产业链的阶段不同，其所面临的风险也不尽相同。所以，风险管理公司服务涉农企业的发展空间巨大，应不断创新服务模式来满足不同涉农企业的风险管理需求。

2. 个性化服务模式蓬勃发展

期货公司风险管理子公司在服务"三农"方面，除了"期货+保险"模式外，也在积极探索适合涉农企业需求的个性化服务模式。

首先，在综合服务方面，某风险管理子公司确定"农产品专业化"的发展道路，通过了解客户需求，提供相应服务，如信息行情咨询，现货企业客户的采购、库存和销售等风险诊断及预警，深入产业链与农业合作社、地方龙头企业合作，以及搭建综合服务平台等。

其次，在短期融资方面，由于涉农企业的抗风险能力相对较差，价格波动会给企业带来极大风险。在此种情况下，企业很难在银行处获得贷款资格，最终造成企业资金运转不畅，经营陷入窘境。此时，风险管理公司可利用期货市场功能，将涉农企业手中存货进行贴现，即标准仓单的贴现服务，为企业解决部分资金问题。同时，涉农企业也可利用场外期权，为手中持有现货进行保值增值，进而调节库存，提高企业资金的使用效率。

最后，在与某机构单独合作方面，如与保险公司合作，联合开发价格保险产品，为涉农企业农产品提供价格保险；与农业合作社合作，通过其不同的需求，为其设计出针对性的保值方案。

3. 尚需发展资源及配套政策

我国期货公司风险管理子公司的业务发展尚未成熟，而风险管理子公司在服务"三农"方面也正处于不断探索和完善过程中，发展中所需人力、物力等资源及相关政策尚未及时匹配，在一定程度上也阻碍了风险管理公司服务"三农"的业务发展。

（1）缺乏中央清算机制

风险管理公司在开展场外衍生品业务中，信用风险暴露，各机构自行清算，估值存在误差，尚需引入中央清算机构进行集中清算。但目前清算机制的引入尚存在一定困难，由于现有场外业务规模不是很大，配套的法规、制度和协议等文本都还不足，加之场内对冲品种的限制，使得这一机制推出尚显困难。

（2）缺少专业经验型人才

期货公司风险管理子公司业务在我国发展尚处于初级阶段，而场外衍生品业务更是近几年才发展起来的，很多机构及个人也是在边摸索边积累经验，正在不断提升管理风险的能力和水平。

（3）缺少市场培育

风险管理公司在服务"三农"方面，需要不断发现需求，挖掘需求，最后来满足需求。涉农企业对风险管理的认识往往不够，对场外衍生品规避价格风险更是陌生。风险管理公司需要深入产业链内部，与涉农企业一起发现需求，解决问题，为其量身定制产品来管理风险。

（4）缺少税务相关配套政策

目前，我国现有税务法规、规则没有包括场外衍生品的相关内容。涉农企业参与此项交易时，财务税务处理上没有准则可依，使企业陷入困惑。

（三）风险管理子公司服务小微涉农企业的优势分析

小微涉农企业，顾名思义，就是小型的以农产品或农业生产资料为主要生产对象的一体化的微型企业。虽然近年来我国加大了对农村经济的扶持力度，鼓励自主创新，农业经济得到了一定的发展，为小微涉农企业发展带来机遇，但是小微涉农企业受自身规模和人员素质缺失的影响，导致许多小型涉农企业的抗风险能力不强，而且小型涉农企业又不知如何控制风险，也不知进行风险管理，因此，风险管理公司的作用显得尤为重要。风险管理公司不仅可以提供全方位特色化服务，设计出适合涉农企业的个性化风险对冲战略,实现套期保值,而且其专业性强,经验丰富,善于发现客户需求,在服务小微涉农企业方面具有很大的优势。

1. 可提供全方位特色化服务

风险管理公司场外衍生品业务可为处在不同产业链阶段的实体企业提供针对性、专业化的风险管理方案。例如调节企业原材料库存、活化资金使用效率,管理销售价格,库存保值,锁定订单利润,及抵押保险、仓单增值和低价预购等。服务囊括企业采购、制造及销售的整个生产链条。此外,风险管理公司可根据客户个性化的投资理财需求,设计不同收益率类型的产品,为其提供专业的理财方案。

2. 具有强大的产业带动能力

期货上市品种覆盖能源化工、农业、制造业等多个领域,风险管理公司作为期货公司的子公司,处在期货产业集群的核心位置,利用期货发现价格功能及场外衍生品风险管理功能,在各产业的发展中,具有强大的带动能力。风险管理公司可深入产业链内部,成为连接金融市场和实体市场的重要桥梁,推动和引导实体企业规避经营风险,助力实体经济和产业客户实现可持续发展。

3. 善于发现客户需求

风险管理公司重视发挥服务产业经济职能,培养了解产业链上下游企业经营细节的研发队伍,并且通过其期现交易服务平台,深入实体经济和产业客户的生产经营环节,开展与产业客户和实体经济全方位的合作。在信息咨询、套保方案、风险管理、制度设计、实物交割等方面,为客户提供专业化、个性化的风险管理服务,帮助产业客户和实体企业建立风险对冲机制,合理规避现货风险敞口带来的经营风险。例如,风险管理公司提供的仓单服务包括仓单收购、销售、回购及串换。仓单的收购是为了帮助客户形成仓单,销售是为了帮助客户处理仓单,回购是帮助企业解决短期流动资金,而串换是为了帮助企业获得自己需要的仓单等级等。这一系列的仓单服务都能很好地解释子公司在探究和了解客户需求方面的专长。

(四)实践案例:风险管理子公司服务饲料行业

当前,我国饲料行业处于规模分化阶段,竞争日益激烈。从中国饲料协会的数据来看,大企业强者恒强,未来的竞争优势越趋明显。此外,随着养猪场的规模化程度日益提高,大型养猪机构对饲料质量的要求也更高。生产工艺的优化和高新科技的引进,成为饲料企业需要考虑的主要问题。为在如此激烈的环境中脱颖而出,风险管理对饲料企业而言必不可少。但是,多数传统饲料企业对于如何运用场外衍生工具管理价格风险比较陌生,使得企业利润经常受到下游企业、周期、原料价格及气候变化等外围因素的影响而波动剧烈,无端增加企业的经营风险,不利于企业后续做大做强。此时,风险管理子公司针对饲料企业可以提出具有针对性、高效的风险管理工具,帮助企业利用科学、合理手段提高其竞争力,使其在面临大风大浪时也能立于不败之地。

影响饲料企业的利润主要有三块:生产、销售以及原料采购,其中原料采购对利润的影响高达70%，起到了决定性作用。而原料中占主要成分的是玉米和豆粕，所以适当地运用以其作为标的的期货期权就可以较好地进行原材料的价格风险管理。例如，买入看涨期权、卖出看跌期权、买入熊市价差期权等策略组合可以对冲原材料价格上涨的风险。当然，策略具体的数量、时点、价位的选择可以寻求经验丰富的风险管理子公司的建议，这也进一步验证了金融企业对实体经济发展的帮助。

如果饲料企业可以在原有经营模式的基础上配合场外衍生品，其不仅可以平滑收益，实现效益的稳步提高，还可以扩展原料采购渠道，摆脱外围周期性干扰，扩大市场份额，提高企业的议价能力，有效管理风险敞口，提升资金使用效率，从而增强企业综合竞争力。总之，传统饲料企业在风险管理子公司的协助下可以得到更加有益的发展。

四、风险管理公司服务涉农企业合作模式探寻

（一）直接对接模式

涉农企业与风险管理公司直接对接模式是最为直接与便利的合作形式（见图2）。由于涉农企业可能处于产业链的不同环节，例如生产者、贸易商、消费者，其需要管理的风险各不相同。如果风险管理公司可以直接对接涉农企业，就能够为其设计最贴近其经营特色的风险管理方案，降低风险在转嫁过程中的不确定性。

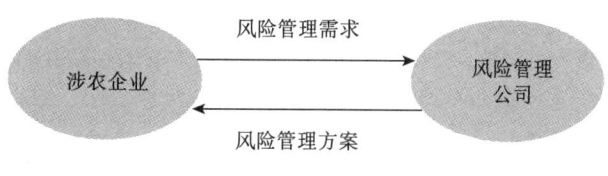

图2 直接对接模式图

该模式的执行难点在于信息的不对称。涉农企业虽说实务经验丰富，但其对金融工具的理解还不够深刻，对于各色金融工具的选择上稍显稚嫩。特别是一些小微涉农企业，由于其地理位置较偏僻，或是规模较小难以达到开户要求，那么这些企业较难进入当前的场外衍生品市场进行必要的套期保值。另外，风险管理公司受到人员以及技术等方面的制约，难以为如此众多的涉农企业服好务，在业务推广、投资者教育方面尚且存在些许不足。此时，如果能够引入第三方机构来填补这部分短板，做好涉农企业和风险管理公司的沟通桥梁，就能够较好解决这个问题。比较常见的合作模式有合作套保和点价服务。

1. 合作套保

合作套保业务，是指两家企业签订合作协议，合作一方在另一方需要通过期货市场建立套期保值头寸时提供部分资金支持和风险控制服务的业务模式。根据合作的程度可以划分为三种类型，即资金支持型、专业服务型以及业务产品化型。涉农企业与风险管理公司的合作一般为第三种形式，企业通过购买风险管理产品的形式，将套期保值操作整体打包给风险管理公司操作。意义在于，合作套保的方式可以为

涉农企业提供一定资金支持以帮助其完成套保，并对其进行交易、风险控制等方面的指导，弥补其操作经验方面的不足，有利于套期保值目标的实现。

2. 点价业务

涉农企业与风险管理公司签订协议，约定未来以某一特定时点的期货价格并加上一定升贴水幅度来交易现货，帮助企业锁定收益。风险管理公司在期货市场自行对冲风险。该模式对企业的资金要求较低，并能维持稳定的贸易流。

（二）引入第三方保险公司合作模式

1. 保险公司与涉农企业合作模式

保险公司的网点众多，遍布城镇各个角落，风险管理公司可以充分利用其营业布局的优势进行农作物保险的推广。保险公司的员工，可以通过上门介绍、联合村委、新闻媒体宣传等方式，让涉农企业了解农产品保险为其收入带来的保障，鼓励涉农企业主动到最近的营业网点进行农产品保险的购买。保险公司再根据实际销售情况，把风险汇总起来，通过向风险管理公司购买场外期权的方式来对冲风险。

（1）优点

该模式的直接好处在于，涉农企业可以直接得到该保险所带来的好处。目前，农产品从农户手中到国家的粮储库要经过好几道中转，包括收购小贩、烘干厂等。经手的环节越多，伴随的风险就会越复杂，涉农企业通过与保险公司直接签订保险合同，可以规避上下游企业间因为信用、价格等因素带来的额外风险，把精力集中在提高核心竞争力方面。

（2）缺点

该模式要得到真正的落实也是十分不易的。由于涉农企业缺乏相应的金融知识，前期的推广工作十分困难。有些涉农企业的风险管理意识不强，他们可能会对保险公司存在一定的抵触心理。即使保险公司可以与当地政府合作进行宣传，但要让其意识到农作物保险的重要性并积极主动找保险公司购买依旧困难重重。此外，相对较高的保费可能会打击一部分企业投保的积极性。所以，通过涉农政府机构直接牵头来购买报单会使得农产品保险的推广容易很多。

2. 保险公司与涉农政府机构合作模式

本模式中的涉农政府机构是指粮食产量集中区内与粮农最为直接接触的当地政府部门，此类部门有粮农种植面积的确切数据，了解粮农的实际种植情况。涉农政府机构可通过保险公司购买农产品价格保险产品，当农产品价格下降时，直接给予粮农一定的价格补贴，降低"粮贱伤农"给粮农带来的收入减少的幅度。但是，此模式中又可分两种方式运行。方式一是国家直接拨款给涉农政府机构，用来购买价格保险产品，当价格下降时，按照粮农实际产粮量，采取每吨粮食给予一定数额的补贴。方式二是国家并未向相关涉农政府机构拨付全额款项，只拨付部分款项，如保险产品金额的2/3，另外的1/3购买价格保险产品的款项来源于粮农，相当于粮农支付较少保险费即可锁住粮价下降的风险。

(1) 优点

方式一的优点是粮农无须付出资金成本，即可享受到价格补贴，可极大提高粮农种植积极性，稳定我国粮食产量及供给稳定；方式二的优点是虽然粮农需要付出一定资金成本购买保险，但由当地涉农政府部门出面直接与粮农对接，政府说服力较大，粮农可接受程度较高，实施的可能性较大，同时也可缓解国家一部分财政压力。

(2) 缺点

实行方式一目前主要面临以下问题：国家在拨付此购买农产品价格保险费时，具体落实可能存在一定问题，即何种部门拨付、对接涉农政府机构的落实及款项金额大小的确定等。实行方式二除了会面临国家层面拨付款项的问题外，在向粮农收取一定价格保险费时，粮农的接受程度和配合程度可能存在一定偏差，需要实际运行效果作为支撑。

3. 升级版合作模式

在调研过程中我们发现，已有保险公司向其农业地区的分公司提供了资金支持，帮助其分公司开展涉农小贷业务。传统的小贷业务主要是由农村合作社作为主体，保险公司想要进入这一块领域就需要对涉农企业的信用资质以及盈利能力有一定了解。为了降低农产品价格大幅下跌导致涉农企业无法支付贷款的可能，保险公司可以要求涉农企业提供担保，并对于担保品进行保价。较为普遍的担保品为农产品现货，涉农企业可以把农产品质押给保险公司以获得贷款。针对不同体量的涉农企业，其获得农产品保值的方式有两种。体量较大，并具有一定专业套保知识的涉农企业可以直接与风险管理公司开展场外衍生品业务，对其现货进行套期保值。而体量较小的涉农企业，通过向保险公司购买保价保险的方式对现货进行保值。保险公司可以在向企业提供融资服务的同时，附加保值条款，以加深与企业的密切合作。但无论涉农企业向哪个主体购买保价服务，最终的价格风险都会汇总到风险管理公司，由风险管理公司在期货市场上进行风险分散。

4. 参与主体及其分工

本模式涉及三大主体，分别为涉农企业、保险公司以及风险管理公司。其中，根据涉农机构的不同，还可以划分为涉农企业和涉农政府部门。保险公司的引入可以较好帮助风险管理公司推广金融保价工具，通过设计简单易懂的保险条款，让涉农企业更容易理解赔付条件，同时也降低了市场的准入门槛。该种模式比较符合当前国情，其运作流程参见图3。

(1) 涉农机构通过价格保险，稳定粮农家庭收入

为防止"粮贱伤农"的问题，并充分响应中央一号文件精神的号召，服务好"三农"。在粮农面临农产品价格下降的风险时，涉农机构在向粮农收购粮食时，可通过向保险公司购买农产品价格保险，来锁住价格下降风险，给予粮农相对较好的价格，大幅降低粮农由于价格下降而产生的收入减少幅度。这在稳定涉农企业进货

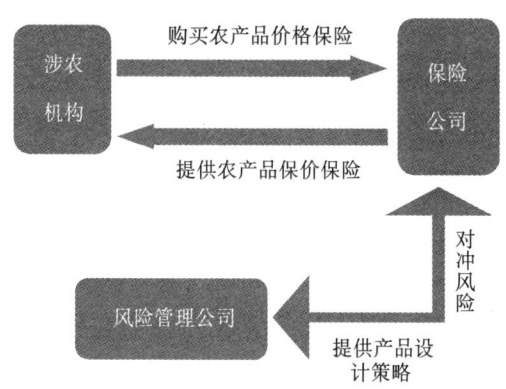

图3 引入保险公司合作模式

成本的情况下,也稳定了农民的收益,并确保来年供货渠道的通畅。

(2) 保险公司通过风险对冲,为涉农机构提供保险产品

我国场外期权市场尚处于发展阶段,目前保险公司的产品种类繁多,但几乎没有涉及农产品价格保险的产品。所以,保险公司涉足农产品金融领域是十分有意义的。农业保险承担了农业生产面临的诸多天灾风险,为农业健康稳健发展提供了有力保障。然而,风险不会凭空消失,只能由保险公司将其集中起来统一管理,通过为涉农机构提供保险产品,来间接为粮农锁住农产品价格波动的风险。而保险公司在提供农产品价格保险产品时,可通过风险管理公司在期货市场上进行风险对冲。

(3) 风险管理公司设计期权策略,为保险公司提供策略服务

农产品保险的品种多样,有些结构也比较复杂。保险公司缺乏设计和管理该类产品的经验。此时,就需要得到富有期权交易经验的风险管理公司的帮助。风险管理公司擅长于通过场外期权的方式,为企业量身定制个性化的风险管理方案,根据涉农企业产业周期的需要,设计不同类型的期权,来帮助保险公司制定更加贴近市场的保险条款,分散风险。风险管理公司利用自己专业知识,从期货市场复制出相应期权卖给保险公司,再把风险进一步转移到期货市场,不承担额外的风险。其本质上是风险管理工具的设计者以及提供者,是这个农产品保险项目得以实施的技术保障者。

(三) 互联网平台牵线模式

1. 京农贷合作模式

运用互联网思维服务"三农"实体经济,可将期权保值业务通过创新,应用到广大农村地区。未来还将根据农村经济发展和市场需求,探索将多元化、定制化金融服务带到农村。其可行的模式参见图4。互联网公司是连接各个主体的中介平台,风险管理公司通过互联网平台向涉农企业提供农产品保值服务,基于未来收入的稳定性,种子公司以及经销商事前为涉农企业进行种子或是货款的赊销,以帮助自有资金不足的企业顺利进行农产品的培育或流转。相关政府机构也能够在该模式中通过定向补助的方式进行指导或是监督,以确保流程的顺利开展,让各主体的利益得

以保障。

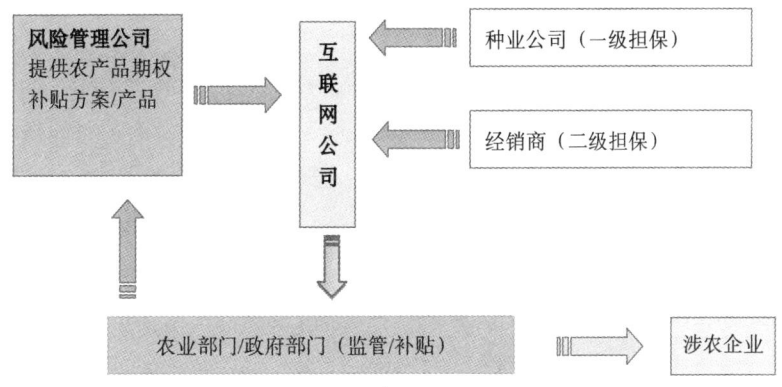

图 4 引入互联网公司合作模式

积极响应中央一号文件《关于落实发展新理念加快农业现代化实现全面小康目标的若干意见》，引导互联网金融、移动金融向农村规范发展。选择与互联网公司合作主要有以下优点：

第一，从农产品种植到收获，提供一体化互联网金融服务，借助日渐成熟的互联网公司与农村服务商/种子企业等渠道，弥补农作物收获到出售环节的价格保值空缺。

目前，京东金融和世界领先的种业公司杜邦先锋及其经销商合作，已开始为农民提供种植环节所需的生产资料的融资贷款服务。杜邦先锋是全球第一家也是最大的杂交玉米种子企业，在中国不断引领着农村生产的创新。京东希望通过"先锋京农贷"在山东的试点服务更多地区。风险管理公司可以提供相关期权农业贴补方案，与互联网公司合作解决作物出售的后端服务。

第二，借鉴互联网金融模式，有效控制农业保险的风险问题。以"先锋京农贷"为例，京东金融基于杜邦先锋及其经销商的数据了解农户信用，先锋种业与其经销商分别作为农户农资信贷的二级担保和一级担保。整个流程应实现两点：第一，农户可以先拿种子，丰收后再还款。第二，通过合作经销商严控资金使用场景，只能购买种子、化肥等农资产品，间接防范风险。

未来，这些互联网公司将会与更多涉农机构合作，基于合作伙伴、电商平台等沉淀的大数据信息，使用先进的风险识别和数据分析工具，了解涉农企业的信用水平，并给予相应的授信额度，从而控制风险。

2. 电商平台——以广西糖网为例

当前，风险管理公司可以在发展较为成熟的电商平台基础上，为客户提供多样化的保值合约，以扩大涉农企业的销售规模。具体运行流程参见图 5。涉农企业利用电商平台销售现货，下游客户在网站上下单交易现货，并签署电子版现货合同，达成交易，这是较为传统的交易模式。风险管理公司的加入可以丰富下游客户的点价方式，在原有现货合同的基础上，内嵌期权条款来锁定下游客户的进货成本，保障涉农企业的销售规模。

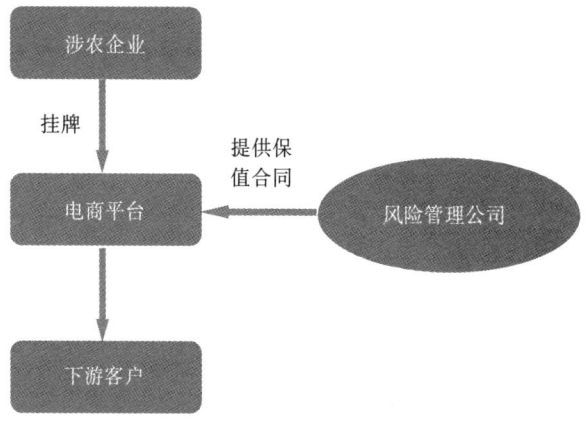

图 5　引入电商平台合作模式

当前，国内电商平台运营较为成功的网站也有不少，例如广西糖网。其成立于 2003 年 6 月 28 日，是我国第一家提出以现货交易和物流配送为发展方向的食糖批发市场。客户数从 2003 年的 510 户发展到现在的 2 200 多户，广西区内 95% 以上的制糖企业集团以及国内 80% 以上食糖经销商均已成为广西糖网的客户。广西糖网近年来通过食糖电子商务和现代物流的成功运作取得了良好的经济效益和社会效益。风险管理公司可以尝试与该类网站开展战略合作，充分利用"互联网+"的形式开拓场外衍生品业务的深度与广度。合作模式可以是在其官网上为网站客户提供单独的套保服务，也可以就某些特定的交易提供嵌套式的服务。合作的深度可以从初级的挂牌报价、战略咨询到高级的配套性风险管理。

搭上互联网的快车可以极大降低沟通与推广成本，提高交易效率，也将必然成为风险管理公司服务"三农"的新趋势。

五、风险管理公司服务小微涉农企业工具分析

（一）传统金融工具运用限制

传统金融工具主要有期货、远期和互换等。期货是以某种大宗产品如棉花、大豆、石油等及金融资产如股票、债券等为标的的标准化可交易合约。远期是指双方签订协议约定在未来以某一事先安排的价格交换某些商品。互换又称掉期，是交易双方签订在未来某一时期相互交换具有对等经济价值的某种资产的合约。

传统期现套保模式，主要是指企业为规避外汇风险、利率风险、商品价格风险、股票价格风险、信用风险等，利用期货市场的价值变动来抵消被套期项目全部或部分价值变动的交易活动。传统套期保值交易由于现货企业风险意识不足，以及在操作过程中风险控制不足等因素，导致目前现货企业利用期货市场套期保值来规避风险还存在一定风险。

1. "套保前"风险

"套保前"即套期保值交易前决策的风险管理问题，主要是指根据现货企业自身生产经营情况、市场变化、价格信息、公司经营目标、监管部门要求等，制定符合自身实际情况的套期保值方案，具有能够根据实际弹性需求，及时调整套期保值方案的风险管理能力，制定有效的季度、月度乃至当日的套期保值方案。现实中很少有现货企业能够做到套期保值方案的及时调整，并能够做到对市场信息的快速反应。据调研，大部分企业虽然制定了相应的套期保值方案，但很多现货企业年度乃至季度的套期保值方案基本上流于形式，仅对大的套期保值方案有一定的规定，具体操作上套期保值方案的用处不大。

在实际经营过程中，中小企业往往存在更多风险且风险承受能力较差。但是由于其经营规模和资金限制等，很多中小企业无法真正开展套期保值，当套期保值方案未能按计划和制度执行时，会给现货企业带来巨大的操作风险和经营风险。

2. "套保中"风险

"套保中"主要是指套期保值交易命令的执行和操作、盘中风险监控、资金情况、仓位控制、风险事件应急处置、名为套保实为投机、错单处理等环节或事件的管理，也可理解为交易过程中的风险管理。

套期保值方案从设计、仓位控制到最后的交割环节都具有高度的复杂性和专业性，需要具备相应的期货市场洞察力，这对实施套期保值方案的人员有高度的专业性要求。而企业一般仅具有管控企业经营的能力，无法胜任套期保值工作，使得企业里的套期保值方案流于形式，达不到预期效果。

3. "套保后"风险

"套保后"主要是指套期保值计划完成，在期货市场了结头寸时存在的风险。比如，交割结算风险反映在期货合约到期后是选择平仓还是实物交割。根据调研发现，一方面，部分现货企业存在现货已完成相应的销售，但期货头寸还继续持有并事后移仓的问题；另一方面，一些现货企业觉得实物交割手续繁琐，不愿意交割，即使实施了交割也存在商品品级不同的问题。

4. 现货企业过度干涉风险

现实中，一些加工企业为了提高套期保值的效果，会聘请专业的套期保值工作人员进行操作。但是由于套期保值的金额较大，并且对现货企业的经营活动具有关键性影响，且套保的比值往往也随着市场的变化而变化，现货企业会经常干涉套期保值人员的操作，使得专业的套期保值人员无法按照自身的判断进行处理，从而导致现货企业达不到预期的保值效果。

（二）创新金融工具简介

1. 期权类型

随着期权衍生品的发展，期权在价值投资、资产配置等方面发挥了重要作用，越来越多的企业开始选择期权作为套期保值工具。期权的非线性特征会给套保者带来不同的避险体验，但这并不意味着利用期权套期保值就完美无缺。下面在简要介绍期权套期保值概况的基础上，深入讨论期权套期保值在企业中的应用。

（1）欧式期权

期权主要可分为买方期权（Call Option）和卖方期权（Put Option），前者也称为看涨期权或认购期权，后者也称为看跌期权或认沽期权。具体分为四种，即买入买权（Long Call）、卖出买权（Short Call）、买入卖权（Long Put）和卖出卖权（Short Put）。

（2）美式期权

期权履约方式包括欧式、美式两种。欧式期权的买方在到期日前不可行使权利，只能在到期日行权。美式期权的买方可以在到期日或之前任一交易日提出执行。很容易发现，美式期权的买方"权利"相对较大。美式期权的卖方风险相应也较大，因此，同样条件下，美式期权的价格也相对较高。

（3）奇异期权

奇异期权有很多类型，如障碍式期权、亚式期权、百慕大期权。障碍式期权是指期权的回报依赖于标的资产的价格在一段特定时间内是否达到了某个特定水平（临界值），这个临界值就叫作"障碍"水平。亚式期权是当今金融衍生品市场上交易最为活跃的奇异期权之一。其最重要的特点在于其到期回报依赖于标的资产在一段特定时间（整个期权有效期或其中部分时段）内的平均价格。百慕大期权（Bermuda Option），是指可以在到期日前所规定的一系列时间行权的期权。如期权可以有 3 年的到期时间，但只有在 3 年中每一年的最后一个月才能被执行，它的应用常常与固定收益市场有关。

（4）巴黎期权

巴黎期权与障碍期权的不同之处在于其触发的条件更加苛刻，更加依赖于标的资产价格运动的路径。例如，对于上敲出巴黎期权，只有当到期日之前资产价格超过给定障碍达到一定程度时，上敲出巴黎期权才被敲出。巴黎期权是一种强路径相关的奇异期权。

（5）回溯期权

回溯期权的收益依附于标的资产在某个确定的时段（称为回溯时段）中达到的最大或最小价格（又称为回溯价），根据是资产价还是执行价采用这个回溯价格。

（6）打包期权

由常规的欧式期权、远期合约、现金和标的资产等构成的证券组合。

2. 期权套期保值的优劣势分析

期权套期保值，是指把期权市场当作转移价格风险的场所，在期权市场买进或卖出与现货商品相同或相关、方向相反、数量相等或相当、月份相同或相近的期权合约，从而在期权和现货两个市场之间建立盈亏冲抵机制，以规避价格波动风险的一种交易方式。基于期权非线性特征，期权套保与期货套保有较大差别。

(1) 期权套期保值的优势

一是期权套期保值可以对冲波动率风险。期权买方具有做多波动率的特征，卖方具有做空波动率的特征，如果标的资产波动率在套期保值期间增大，买方可以通过波动率增加得到额外收益。因此，利用期权套期保值不仅可以实现价格对冲，还可以实现波动率的对冲，套期保值效果更加全面，这是期货套期保值所不具备的。二是期权套期保值没有追加保证金风险。传统的期货套期保值中，一旦价格向期货相反的方向大幅波动，企业将面临追加保证金的风险，资金压力巨大，企业经常由于没能及时追加保证金而被强平，被迫结束保值，给企业正常的经营生产带来负面影响。买入期权套期保值则不然，无论后市标的资产价格如何波动，套保者最大损失就是固定权利金，没有交易所的追加保证金要求。三是期权套期保值能够赚取额外收益。买入期权风险仅限于权利金成本，但潜在收益无限。这说明买入期权套期保值在满足套保需求的同时，当价格向期权方向不利变动、现货方面的收益超过权利金成本时，能够赚取额外收益。

(2) 期权套期保值的劣势

期货套期保值需要付出保证金，套期保值结束后，保证金依然属于套保者。而买入期权套期保值是实际付出权利金，无论套期保值效果如何，该权利金都是实际付出的。也就是说，期权套期保值要付出一定的成本。此外，如果选择买入期权套期保值，若标的资产价格窄幅盘整，套保者很可能在期权头寸上白白亏损权利金，却无法在现货头寸上获得利润。

3. 期权套期保值的运用

一般而言，凡是可以利用期货套期保值的情形，都可以替换为期权套期保值。具体用哪一种套期保值工具，要根据企业的资金状况、风险承受能力以及对未来行情预期来决定。期权是较为复杂的衍生产品，合约数量较多。在实际的套期保值过程中应注意以下几方面问题。

(1) 期权套期保值策略多样化

期权本身以策略多样化著称，这也给套保者带来了困难。理论上，任何在套期保值方向上适合的期权组合都可以用于套保，而且每种方式都有其优势和劣势。对于买入套期保值而言，最常见的便是买入看涨和卖出看跌套保；对于卖出套期保值而言，最常见的是买入看跌和卖出看涨套保。一般而言，如果预期后市价格波幅较大，则适合利用买入期权保值；如果预期后市价格波幅小，则适合利用卖出期权保值。

(2) 套期保值期权合约的选择

期货套期保值往往会选择主力期货合约，不需要过多考虑。期权则不然，除了执行价格众多外，还要考虑合约期限的长短，这关系到权利金的成本付出。一般而言，执行价格应当基于企业财务状况、采购成本、权利金高低、合约流动性来确定。而到期月份则最好要长于套期保值期限，从时间价值贬值角度考虑，这是降低成本的有效途径。

(3) 套期保值比例的确定与调整

期权非线性特征决定了期权保值分为动态与静态两种模式。静态对冲，考虑最终会行权。只需要保证期权所标的的头寸数量与投资者需要保值的数量相同即可，适合于短期保值。例如，企业需要为 1 000 吨豆粕做买入套期保值，那么只需要购入 100 手豆粕看涨期权，后期耐心持有，不需要有太多调整，从操作上讲是比较简单的。动态套保，即 Delta 值对冲套保。在初始阶段，企业需要购入与现货 Delta 值相符合的期权量，后期随着价格的波动，不断调整期权头寸，以期权的波动来精确规避标的资产的价格波动风险，这对保值者的能力要求较高。

整体而言，期权作为套期保值工具的新选择，在适应度、风险控制等方面优于期货套期保值，但是操作难度却大于期货套期保值。企业具体利用期货还是期权进行套期保值以及如何保值，都需要因地制宜地进行全方面分析，进而得出结论。

(三) 案例分析——"保险+期货+融资"

1. 案例背景

2016 年 1 月 27 日，国务院发布了当年的中央一号文件《关于落实发展新理念加快农业现代化实现全面小康目标的若干意见》，这是国家连续 13 年聚焦 "三农" 问题，连续 4 年将主题定位农业现代化建设。作为立国之根本、强国之根基的农业发展问题，一直以来都受到决策层的高度关注。如何深入推进农村改革，提高农业质量效益和竞争力，促进农民收入持续较快增长将成为下一阶段工作的重点。在中央工作一号文件中，特别强调要把更多的金融资源向农村倾斜，让农户们享受到金融服务实体经济的好处，要加快构建多层次、广覆盖、可持续的农村金融服务体系，创设农产品期货品种，开展农产品期权试点。

中国一直都是一个农业大国，受到技术水平的限制，大部分农民的收入往往取决于当年天气状况，或是依靠于政府的补助。这不仅会带来巨大的财政负担，也使得农民的基本投入得不到有力保障，危害到农产品的稳定供给。另外，对于涉农企业，以棉花加工企业为例，为备足原材料，其往往要大量预售皮棉库存，占用企业大量资金，使企业资金运转不畅，影响企业正常运营。加之涉农企业抵抗风险能力差，向银行获得贷款相对比较困难，这使得其生产经营雪上加霜。本案例的模式探索预计达到的目标为：既可解决涉农企业融资难的问题，又可为其产品提供价格保险，促使其正常、稳定的发展。

2. 参与主体

(1) 棉花加工企业

新疆喀什是全国的产棉大区，而莎车县和巴楚县是喀什地区的优质棉产区，地处欧亚大陆中部、新疆维吾尔自治区西南部。全区总面积 1 620 万公顷，其中可耕种面积 57.5 万公顷。地属暖温带大陆性气候，四季分明，气候干燥，日照长，水分蒸发量大。年无霜期 220 天左右，年平均气温 11.4℃，年日照时数 2 965 小时，年平均降水量56.6毫米。由于喀什的日照时间长，积温较高，很适合棉花生长，是国际重要的优质棉种植基地。本案例选取当地某棉花加工企业。

（2）保险公司

据调研了解，某保险公司2017年欲提供20亿元专项资金用于涉农企业贷款。保险公司可提供相关农产品价格保险产品给农户或涉农企业，农户和涉农企业可将手中持有棉花抵押给保险公司，同时与保险公司签订棉花价格保险合同，锁定棉花价格下跌的风险。保险公司拟为转移承保农产品价格风险，可与风险管理公司约定，双方在保险产品风险对冲、标准仓单保险方面进行合作，通过购买复制期权等衍生品工具，利用期货市场规避过大的价格波动导致的赔付风险。

（3）风险管理公司

在本方案中，期货公司风险管理子公司在其中属于场外衍生产品的提供商，为保险公司设计产品及风险解决方案，并提供连续报价服务，满足保险公司对冲农产品价格大幅波动导致赔付涉农机构或农户的损失风险的需求。

（4）交易所

风险管理公司在复制场外衍生品时需要在期货市场进行风险对冲，对应品种的交易所可给予一定手续费优惠，鼓励并支持此类项目的开展。

3. 主要内容

（1）案例要素

品种：棉花

区域：新疆维吾尔自治区喀什地区

规模：700吨

周期：2016年9月~2017年2月

企业：某棉花加工企业（以下简称棉企）

贷款期限：6个月

贷款金额：1 000万元

（2）具体操作

具有资金需求及避险需求的棉企与保险公司签订信用贷款合同和价格保险合同，棉企可将手中持有预售皮棉1 000吨（按2016年11月8日期货收盘价计算，700吨×15 205元/吨＝1 064.35万元）作为抵押，用来向保险公司贷款1 000万元，贷款期限为半个月，保险公司贷款的前提是棉企手中的700吨棉花在贷款期限结束时，价值不会发生太大变化，以确保棉企可将贷款本金及利息足额、按时偿还。此时，需要棉企为其预售棉花进行价格保值来规避价格下跌风险，即可与保险公司或直接与风险管理子公司签署价格保险合同。"保险＋期货＋融资"模式见图6。

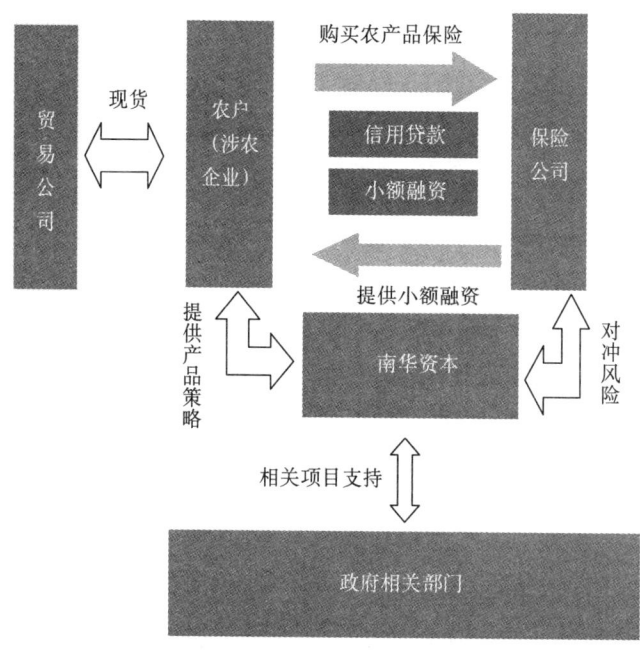

图6 "保险+期货+融资"模式

（3）保险产品要素设计

风险管理公司与保险公司组织开发棉花价格保险产品，并按规定向中国保监会报备。保险产品主要内容如下。

①保险标的，要符合当地普遍采用的种植规范标准和技术管理要求的棉花。

②保险责任。在保险期间内，由于市场价格波动致使保险作物每吨市场价格低于保险合同约定价格，保险人按照保险合同的约定负责赔偿。

③费率。棉花暂定为8%，上下浮动30%（准确费率根据承保出单时期货价格走势确定）。

④行权价。保险合同中载明期货合约，合同签署日期为T日，T+1日之后依棉企指定的棉花期货价格。

⑤到期结算价。按郑州商品交易所棉花约定合约约定时间段的棉花期货的收盘价价格为准。

⑥理赔的条件。保险到期时，郑州商品交易所棉花约定期货合约价格低于保单约定的价格时，视为保险事故发生，自动启动赔付。

⑦赔偿计算方式：

保险费 = 保险数量（700吨）× 每吨保险价格

赔偿金额 = 保险数量（700吨）× Max {（每吨约定价格 − 每吨到期日期货市场收盘价格），0}

（4）保险方案

保险方案一：全额补贴保险

欧式看跌期权图见图7。

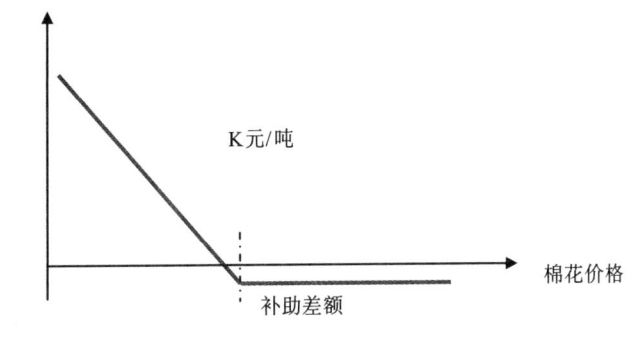

图 7 欧式看跌期权

$$payoff = \begin{cases} K-F, & if \quad F \leq K \\ 0, & if \; otherwise \end{cases}$$

假设实际案例中棉花1701合约的价格是14 600元/吨，则可用上面公式算出存续时间为2个月的看跌权利金（见表2）。

表 2　　　　　　　　　　　　　　看跌权利金

S = 14 600 元/吨	存续时间2个月
K = S 价平	1 158.47 元/吨
合约数量	700 吨
预估权利金	81.09 万元

保险方案二：均价补贴保险

本方案的结算价格采用保险期间的期货每日收盘价平均值，这种保险条款可以减少期初支付的保险金额。

假设保护价 K = 14 600 元/吨，期间的郑棉价格均价跌到 13 600 元/吨，农民可获得棉花的跌价补贴，保险公司就必须支付 14 600 元/吨 – 13 600 元/吨的价差。

如果棉花价格日均价上涨超出 14 600 元/吨，则保险没有行权价值，农民在现货市场直接卖出棉花即可。

假设实际案例中棉花1701合约的价格是14 600元/吨，则可用上面公式算出存续时间为2个月的亚式看跌权利金（见表3）。

表 3　　　　　　　　　　　　　　亚式看跌权利金

S = 14 600	存续时间2个月
K = S 价平	581.62 元/吨
合约数量	700 吨
预估权利金	40.71 万元

4. 实现效果

"保险 + 期货 + 融资"服务"三农"模式是继"期货 + 保险"模式的升级，此种模式可促进多方参与主体的健康发展。对于保险公司来讲，可丰富保险公司产品种类，获得保费及贷款利息收入；对于涉农企业（农户）来讲，不仅可解决融资难问题，而且可以规避价格风险；对于风险管理公司来讲，可推动场外衍生品业务发展，获得业务收入，丰富业务类型促进业务不断创新；对于交易所来讲，增加手续费收入，增加期货上市品种的交易量，实现上市促进相关经济发展的意义；对于相关政府部门及实体经济来讲，符合政府部门促进经济发展的目标，带动相关产业链及实体经济的真正发展。

六、构建多样化的农业风险管理服务体系

（一）国际农业风险管理体系

1. 美国农业风险管理体系

众所周知，美国是农业生产强国，但是农场主在农业生产中也面临着诸多的农业风险。因此，如何帮助农场主防范农业风险，保证收益，提高其生产积极性是美国政府长期思考的问题。为此，美国政府建立了一整套以政策补贴、农业保险、农业期货为主体、以灾害援助为辅的农业风险管理体系，并配以完备的自然灾害预警系统、即时的市场信息发布机制、有效的风险管理教育培训等体系。这一整套的体系既能稳定农业经济的可持续发展，又能避免农场主和消费者权益的受损提高其积极性。

（1）政策补贴

美国的政策补贴是其农业风险管理办法中的一个重要方面。它可以追溯到20世纪30年代，当时，为了提高提升农业生产力，保证粮食安全，政府加大了对农业的重视力度，农业补贴政策就此开始逐步形成。为了配合农业补贴的实施，政府出台了一系列的法规法案，包括：1933年《农业调整法》、1990年《食品与农业贸易保护法案》、1995年《联邦农业促进与改革法案》、2002年《农业安全与农村投资法案》。随着时间的推移，这一系列法规被修订并逐渐完善。

美国的农业补贴具有几大特点。第一，美国的农业补贴配额是与农产品的生产面积与产量挂钩的。也就是说，农场的规模越大、产量越大，得到的农业补贴相应的也就越多。数据显示，2000年，美国47%的补贴金额流向8%的大型集约生产农场。而到了2002年，75%政府补贴分配到了美国30%左右的较大规模的农场。第二，美国农业补贴范围广，包括玉米、大米、棉花、小麦、高粱、大豆、花生、油料、乳制品、水果、蔬菜、食糖、蜂蜜、羊毛、杂豆。第三，美国农业补贴金额大。从1995年的133亿美金到2007年的200亿美金，净增长了近50.4%。美国的农业政策补贴有四种方式，包括贷款差额补贴、直接收入补贴、反周期补贴，以及农产品贸易补贴。

①贷款差额补贴。贷款差额补贴，是指农民在播种前，以预期未来农作物的产量作为抵押品向政府贷款。等到农作物收获后，若是农产品价格高于农业部门的定

价，农民只需要偿还当初的贷款，多出来的利润属于农民自己。若是农产品的价格低于农业部门的定价，差额部分从农民贷款中扣除由政府承担，农民无须归还全额贷款。

②直接收入补贴。直接收入补贴是指政府对于愿意参与的农民预先确定补贴面积和产量，再对每一种补贴的农产品规定固定补贴率。这种政策的实施让农民自主决定种植类型和种植规模，部分克服了差额补贴时政府的政策影响到农业市场主体效率的弊端。但是，也正是因为自由度太高，道德风险扩大，使得美国财政支付压力大，撂荒面积增加，最终导致直接支付政策被淘汰。

③反周期补贴。反周期补贴实际上是贷款差额补贴和直接收入补贴的混合产物。农业部事先确定目标价格，若是市场价格加上直接支付的价格高于政府定价，则反周期补贴政策不实施；若是市场价格加上直接支付低于政府定价，则反周期补贴政策实施。

④农产品贸易补贴。美国政府部门大力支持农产品出口，并为美国农产品出口企业和有发展潜力的新兴市场提供汇款担保，以鼓励资本进入农产品市场。

（2）农业保险

农业保险在美国有 200 年左右的发展历史。从 1922 年起，美国政府注意到农业保险作为政策工具的重要性，就开始对农业保险进行深入的研究并制定相关的法律。例如，1938 年制定的《联邦农作物保险法》和在此基础上制定的《克林顿农作物保险改革法》。美国的农业保险均由风险管理局负责，其可以为超过 100 种的农作物提供相关保险政策支持，主要支持的保险种类有三种保险计划。

①对于产量损失的保险计划。一种是实际历史产量保险计划，主要针对自然灾害或者自然因素而导致的农作物的减产。通常情况下，农民生产经营者以以往平均产量的 50%~75% 甚至到 85% 进行投保，同时选择农作物的投保价格，通常是风险管理局公布的农作物价格的 55%~100%。另一种是产量保障保险计划。与实际历史产量保险计划的不同是，产量保障保险计划在于要使用预期价格计算保险总额，预期价格由特定期货合约的每日结算价格和商品交易所得价格条目决定。

②收入损失保险计划。实际历史收入保险计划，类似于实际历史产量保险计划，只是对历史平均收入进行投保。除此之外，还包括调整后总收入保险计划、区域风险保障保险计划、美元计划、收入保障保险计划和不考虑实际价格的收入保障保险计划。

③适用于巨灾损失的保险计划。这类保险的保险金由联邦政府承担，但是农业生产经营者必须为每一种参保的农作物向县级管理机构支付 300 美元的管理费。小规模农户可以免除 300 美元的费用。当农作物的损失超过 50% 时，此类保险项目将赔付风险管理局公布农作物的 55%。

（3）农业期货

美国农业期货市场具有以下几个特点：期货市场与现货市场联系紧密；农产品

期货品种丰富；价格应用广泛；市场主体结构合理；不断推出制度创新。对于美国农场主来说，具有较大规模的农场主在规避价格风险时直接选择进入期货市场进行套期保值交易，而那些具有小规模的农场主主要通过参与各类合作组织，并与其签订远期合约，间接利用期货市场来规避风险。

除了政策补贴与农业保险这两大对策之外，美国政府还为农业提供灾害援助，例如提供紧急贷款项目以帮助受灾农户尽快恢复正常生活和生产；灾难债务延期项目对于受灾农户无法按时偿还贷款的可以将期限延后一年。不仅如此，美国政府还为农户提供特定的援助计划，比如仅适用于农作物损失的灾害援助项目，仅适用于畜牧业养殖损失的灾害援助项目以及仅适用于农业资产损失的灾害援助项目。

2. 日本农业风险管理

日本政府对于控制农业风险主要从两个方面进行，分别是政策补贴、农业保险。

（1）政策补贴

日本政府为了稳定农业价格，实现稳健的价格机制，运用了市场化和政策化手段。具体来说，当农作物价格过高，政府就会卖出囤积的农产品来压低价格；反之，若是农作物价格过低，政府就会大量买入农作物来提高价格。这种市场化的方法虽然稳定了物价，防止价格暴涨暴跌，但是却抑制农业生产的发展。另外，日本政府也使用差额补贴的方式来稳定农业的发展。首先，对于在市场上流通的农业产品，政府会制定一个合理的目标价格，当农作物的价格低于此价格时，政府就会把低于部分以补贴的形式补贴给农户。日本政府也会对某些种类的农产品实行最低价格保护政策，主要是对一些农产品制定一个最低价格，以防止这些农产品跌破这个价格。

（2）农业保险

日本的地理位置特殊，处于板块交界处的活跃地带，气候分布差异较大，因此自然灾害频繁发生，比如地震、火山爆发、台风等。正因为如此，才促进完善了日本的农业保险。日本的农业保险是通过集体投保来分散风险的。日本的农业保险制度是一种互助会社的模式，在这种模式下，政府只对该制度提供资金、政策上的支持，而非农业保险的直接经营者。日本的互助会社包括农业保险合作社、合作社联合会、农业共济再保险会计处。因此，当灾害一旦发生，损失将会由共济联合、联合会、政府三级共担。但是，这三者承担的保险责任的保额比例不同，通常政府承担的比例较大。这种保险的方式大大提高了农业保险制度的运行稳定性。因为农业灾害的损失有时是巨大的，若责任负担过于集中，会不利于制度的可持续性。

（二）我国农业风险管理体系建设

1. 农业风险管理手段

中国政府主要通过两种手段进行农业风险的管理：政府手段和市场手段。

（1）政府手段

此种手段主要表现为农业补贴。1993年以前，国家对于农业处于"负保护"阶段，就是说，国家对于农业不仅没有足够的支持，还从落后的农业产业中取得价值，增加了农业生产负担和农业风险。可幸的是，从1994年开始，国家对农业政策的发展进行了调整，增加了农业补贴，取消了一些对于农业和农民不合理的税收，也就是从这一年开始，国家对于农业发展从"负保护"转化到了"正保护"。随着国家逐渐意识到农业产业的健康发展以及农业风险管理体系建设的重要性，从2001年开始，国家扩大了农业产业的补贴，补贴的额度也从2001年的2 415亿元增长到2010年的11 288亿元，增长了近4倍。

（2）市场手段

市场手段包括农业保险、天气衍生品、农业期货和农业期权等。中国农业保险发展历程可谓是一波三折。从1949年中国人民保险公司成立，在北京等地试点开办牲畜保险，经过一段时间的发展到1958年，人民公社化以后，人民群众的生老病死全靠国家负担，保险的作用也就不再需要，因此我国的农业保险全面停滞。这种状态一直延续到了1981年。从1982年开始，国家重新开始恢复和加强我国的农业保险制度，但是由于高赔付率，农业保费增长缓慢，导致保险公司的积极性降低，甚至出现收不抵支的现象。因此，在中国共产党十四届三中全会上，明确提出要对国有企业进行改革，要求保险公司自负盈亏，政府不在为亏损情况兜底。所以，保险公司也就从政策性国有企业转变到了以市场为基础的商业保险公司，保险公司为了实现盈利就开始考虑放弃不赚钱的农业保险市场，这直接导致了保险业务量的锐减。这一情况一直延续到2004年，也就在这一年，中国政府开始关注农业生产和发展问题，进而开展了政策性农业保险计划，因此农业保险得到了空前的发展。2013年，原保险总保费收入达到了17 222.24亿元，同比增长11.2%，其中，农业保险实现306.59亿元，同比增长27.43%，农业保险的发展速度是整个保险业发展速度的将近三倍。与农业保险和天气衍生品专注自然灾害风险不同的是，农产品期货专注的是市场上的风险。虽然农业保险也可以提供规避市场风险的产品，但其重心依旧还是在自然灾害风险上。农业期货在我国的发展也是从不成熟、不完善和不稳定逐渐过渡到较为成熟、较改善和较稳定的。成交量和交易额每年都在逐步提升。

2. 案例研究

对于农业风险管理的研究，我们以适当的例子来介绍和分析会更好。棉花作为重要的农业经济作物，直接影响着我国农民的利益、国民经济和社会稳定。在中国，大约有23个省、市和自治区参与棉花的种植、加工和纺织，棉花产业主要由三大市场主体和利益主体构成：种棉农民、棉花收购加工商和纺织企业。这三者都面临着风险困境。

（1）面临困境

①对于种棉农民来说，他们最关心的是天气和棉花未来的价格。棉花的种植需要干燥的气候和长时间的光照，如果气候变得湿润多雨，就会导致棉花的减产甚至绝产。因此，天气的变化是一个不可忽视的风险因素。另外，对于种棉农民来说，他们希望的是来年能够把棉花卖出去，并且卖一个比较理想的价格。可问题是，农

民无法判断来年的价格,只能依据前几年的情况来猜测来年的情况。但是,如果去年的价格高,农民会惜售,认为价格会持续走高,但最后价格又可能大跌;如果去年的价格比较低,农民会尽快卖出棉花,可能最后的结果是棉花价格不断上涨,农民又后悔不已。

②对于棉花收购加工企业来说,他们最在意的莫过于两头的价格,即籽棉的收购价格与皮棉的销售价格。更准确地说,是两者之差。正常来说,不仅仅是低价购进,然后高价售出可以盈利,高进高出和低进低出都可以盈利,只要这收购价格与销售价格之差保持在一定水平之上。这个差值越大,公司盈利越多。如果皮棉的销售价格低于籽棉的收购价格,则企业就会出现亏损。

③对于纺织企业来说,棉花原料的质量、价格和供应量是他们所关心的。棉花原料的充足供应保障了生产的有序进行,而短缺则会造成企业开工不足甚至停工,这是生产的基础。另外,棉花原料的质量与价格也是企业所关心的,但是原料的质量比价格更为重要。因为,对纺织企业来说,如果棉花的质量达不到要求,无论价格有多低,企业也无法使用。这跟大豆等其他一些农产品有所不同,因为无论任何等级的大豆,都可以榨油、做饲料,无非是影响销售价格的高低,对大豆加工后产品的影响不大。跟质量相比,价格的弹性则要更大一些,要是价格稳定,则纺织企业不会感到太大的问题。可要是价格波动剧烈,企业会面对一个艰难的选择:买完了或者买少了,可能发生原料短缺;买早了或者买多了,如果以后价格下降了,与其他的竞争者相比就会处于劣势。

(2) 补贴政策

①良种补贴政策。想要控制风险,就要从源头开始控制,切身考虑种棉农民的利益,提高他们种棉的积极性。2007 年,中央财政安排 5 亿元的专项资金用于棉花良种补贴,按每亩补贴 15 元的标准在 193 个县、市、农场落实补贴面积 220 多万公顷。实施两年之后,2009~2015 年,国家进一步改善良种补贴政策,从部分棉区享受政策补贴到全棉区享受政策的普惠制,这种补贴方式大大鼓励了种棉农民的积极性,更是提高了我国棉花的质量和品质。

②新疆棉移库补贴。2008 年,国家出台《出疆棉移库费用补贴管理暂行办法》,并开始具体实施。该政策规定,凡是获得政府出疆棉所有权的所有棉花收购加工企业、棉花经营企业以及内地纺织企业,都能拿到政府补贴。按照贴补方式,凡是符合相关部门规定标准的出疆棉,补贴标准是 400 元/吨。2011 年末,国家再次出台《出疆棉移库费用补贴管理办法》,即在原来的补贴标准之上再增加 100 元的补贴。补贴期限暂定为 2011~2015 年。

③棉花直接补贴政策。2014 年 1 月 19 日,经国务院批准,国家公布了 2014 年的棉花目标价格政策,决定从 2014 年开始,选择新疆作为唯一试点实行棉花收储目标价格。具体的实施办法是,如果市场价格比目标价格低,中央财政按差价补贴棉农;如果市场价格比目标价格高,中央财政将补贴棉纺织企业,通过这种方式保护

了棉农和棉花企业的利益。2016年国家继续在新疆实施棉花目标价格改革试点。综合考虑棉花市场供求、生产成本收益等因素，经国务院批准，国家发改委发布2016年新疆棉花目标价格水平为每吨18 600元。

④政策性保险。国家对棉花的保险标准是保险费18元/亩，保险金额是450元/亩。

⑤农具购置贴补政策。对除棉花政策性保险外的三种补贴政策，还有农具购置补贴政策。自2004年起，中央财政在一般农业机械补贴上限5万元/月的前提下，采棉机补贴上限上调为20万元。

（3）政策影响

以上政策的实施，既给棉花产业带来了积极影响，同时也带来消极影响。

①积极影响。一是从2007年开始，良种补贴品种逐渐增多，补贴的棉种总的来看，品种纯度、抗虫性、抗病性、丰产性等综合性状表现良好，棉农满意。二是棉农拿到了优惠的补贴棉种，得到了真正的实惠，增加了他们种棉的积极性。三是促进了品种布局优化，净化了棉种市场。四是稳定了棉花生产。

②消极影响。一是打击了已经形成的种子市场格局，市场需要重新洗牌，对原先信用好、经营良好，但不被列入棉种补贴供种的企业是一个挑战。二是政府部门干预市场，影响市场资源配置。比如，国家在选择棉花良种供种企业时会优先选择国有企业或者本地企业，对私营企业、外地企业是不公平的。

（三）农业风险管理体系构建的问题与难点分析

农业风险管理体系构建包括基础环节、参与主体以及运行机制三方面，当基础环节建设完备、各参与主体能自主有效地运用工具进行风险管理，该体系才能发挥预期作用。因此，构建农业风险管理体系的难点主要在于以下三点。

1. 基础环节

无论是农业保险，还是农产品期货的运用，均需要以相应的工具为基础。比如天气指数能否编制影响到天气指数保险的推出与应用。当工具变多，并且层次变得丰富多元，整个基础环节才会扎实。从多维度进行基础工具设计是构建农业风险管理体系的难点之一。

2. 参与主体

在基础环节完善的情形下，涉农企业不一定能理解这些工具、条款的意义，也未必能了解运用某种工具的前提条件；政府与中介机构等参与主体不一定能有效地发挥各自的作用。比如需要激发涉农企业的能动性，通过推广、培训等方式，使涉农企业在生产、经营过程中，对潜在风险争取做到事前识别、事中控制、事后评估。从当前状况看，这需要很长一段时间去积累。

3. 运行效率

目标构建完整的农业风险管理体系，系统建成后，其运行效率也是至关重要的。这其中涉及资源分配、多方合作、改善调整等内容，不论哪一方承担过重都会影响系统的运行效率。

（四）国内农业风险管理中衍生品运用的可行性分析

在发达国家，农民依靠的是通过农作物保险来规避自然风险，用订单农业和金融工具的套期保值作用来规避市场上的风险。从我国目前的情况来看，一方面，我国还未推出巨灾保险工具，农民对自然风险的规避和防范能力不强；另一方面，专业人才的缺乏导致农户及小农企在套保前期、中期以及后期的操作能力不足，对市场风险的识别与规避能力弱。不仅如此，我国目前以农业生产为主要经济来源的个体农户及小微涉农企业的基数依旧庞大，规模化和机械化程度不高，农民、中间商与较大型农企之间信息不对等因素，导致农户及小农企难以通过订单或者不完善的套期保值的方式转移价格风险。因此，如何利用风险子公司、保险公司、农户、小微涉农企业以及怎样通过互联网等各方面的优势更好地服务于"三农"，贯彻落实国家中央一号文件的精神成为公众的焦点。

1. 参与主体优势分析

涉农企业与涉农政府的优势在于二者是直接面向农户，对农户的实际情况和需求最为了解；保险公司的优势在于，规模大，网点众多，能够穿插进城市与农村的各个角落；风险管理子公司的优势在于它具有很多专业人才，能够设计出个性化的金融工具，满足不同人群的个性化需求；电子商务的优势在于能够提供一个庞大公共交易平台，为公众提供便利交易场所，充分发挥各个主体的优势。

2. 合作模式可行性分析

（1）模式一：保险公司与涉农企业合作模式

风险管理子公司通过保险公司强大的覆盖能力，将自身与保险公司共同设计出的农作物保险产品进行大范围的推广，使得农户与涉农企业能够清楚了解农作物保险给他们带来的保障，进而吸引他们去关注保险、了解保险、购买保险。涉农企业通过购买保险将风险转移到了保险公司，而保险公司可以把风险交付给风险管理子公司，让市场承担风险。

（2）模式二：保险公司与涉农政府合作模式

模式二与模式一不同的地方在于，模式一是吸引农户与涉农企业自行购买农作物保险产品，而模式二是涉农政府机构通过国家拨款为农户购买部分额度的保险或者全额保险，后续部分则与模式一相同，通过保险公司将风险转嫁给风险管理子公司进行风险对冲。这样一来，如果将来农作物价格下跌，农户可以从保险中获得相应的补贴。

（3）模式三：升级版合作模式

模式三将模式一改进得更加细致与现实化，主要是考虑到小微涉农企业欠缺资金实力，可能无法支付昂贵的保费与生产计划所需的资金。因此，涉农企业可以通过信用贷款的方式从保险公司预先得到未来生产所需的资金，将原有资金用来购买保险或者场外期权等金融产品，为农产品进行套期保值。如此一来，涉农企业不必担心农产品价格的波动给企业带来的不利影响，保险公司也收到了保费与利息，同时，风险子公司也通过帮保险公司和涉农企业对冲风险得到了相应的服务费。

(4) 模式四：互联网平台牵线模式

风险管理子公司的优势在于它的专业性，但是它却缺少保险公司强大覆盖于乡镇与城市的能力，因此可以通过互联网强大且便捷的交易平台将风险管理子公司与农户紧紧地连接在一起。具体做法是：风险管理子公司将农产品保值服务通过互联网销售给小微涉农企业，以确保小农企未来稳定的收入，基于此，小农企可以先向种子公司或者经销商进行种子或是货款的赊销，进而进行农作物的种植，来年再将货款及利息还给种子公司。但是，整个过程都需要在政府相关部门的监督下进行，这样才能确保各个环节的顺利与稳定。

七、问题及政策建议

我国风险管理子公司为涉农企业提供风险管理服务方兴未艾，目前已进行了一定服务模式的探索与创新。但是，由于受涉农企业的性质、风险管理公司场外业务的发展状况及诸多因素的限制，使得涉农企业利用场外衍生品进行风险管理尚未普遍，风险管理效果没有真正体现。本课题通过研究借鉴国外机构发展经验，并实地调研一些涉农企业的发展状况及风险管理现状，收集并总结调研信息，结合风险管理公司发展现状及服务现状，总结出风险管理公司服务涉农企业存在以下问题，并提出相应政策建议。

(一) 涉农企业多数生产规模较小，需要发展专业合作社

目前，我国的土地仍然实行家庭联产包责任制，分散化的小农经济仍然是主要的农产品生产方式，这就使得生产的规模较小，规模化生产很难实现，而小规模的生产方式使得小微涉农企业难以进行风险管理，进而稳定企业的收入，增加企业的效益。涉农企业管理自然风险和市场风险需要付出一定的成本，这方面具有一定的规模经济效应，由于小微涉农企业的规模较小，单位风险管理的成本较高，这对于本就利润微薄的小微涉农企业来说，放弃进行相应的风险管理措施是自然选择，这将使企业暴露在风险中。

再者，现有的土地制度虽然可以充分调动农户个人的生产积极性，但是随着现代农业的发展，分散化的小农生产模式的弊端已经逐步显现，与国外大型农场相比，生产效率较低，规模效应较差。如果要提高生产效率，必须要进行规模化生产经营，发挥机械化现代农业的优势，而要实现这个目标的前提是土地流转的顺利进行，使土地流转到少数涉农企业或者种粮大户手中，如此才能进行大规模的生产经营，发挥规模经济效应。我国土地流转的主要障碍在于土地制度，当前的制度实际上会导致土地的权属不清，导致流转困难，因此，政府需要进一步完善土地制度，使土地的权属更加清晰，流转更加顺畅。土地流转顺畅后，涉农企业或者种粮大户能够更好地利用土地资源，进行高效率的大规模生产经营，规模的扩大会使其更加重视风

险管理，提高生产经营的稳定性。

土地制度的完善需要一定的时间，在此之前，农民专业合作社是实现规模化生产以提高效率的较好选择。农民专业合作社既不改变农民现有的土地承包关系，也不改变农户一家一户的生产方式，它以专业化的生产、加工、销售等为基础，以某一类农产品为依托组织起来，集中采购生产资料、技术服务，统一进行产品销售，新产品引进，可以充分发挥规模化效应，提高生产效率。农民专业合作社是一个自愿的经济组织，具备法人资格，比单一的农户更了解生产技术和市场状况，信用度更高，能够更好地进行规模化生产和抵御风险。通过组建农民专业合作社，农产品可以实现较大规模的生产和销售，从而更利于其进行风险管理，积极参与金融衍生品的交易当中，提高生产经营的稳定性和持续性。

（二）涉农企业风险管理意识淡薄，需要加强知识培育

长期以来，我国小微涉农企业缺乏风险意识。在发生自然风险时，没有相应的风险应对措施，农产品的产量完全由天气决定，造成了生产中巨大的不确定性，小微涉农企业的收入因此波动较大，这与我国的农业风险管理体系匮乏有关，同时小微涉农企业在自然风险应对方面也缺乏相关的知识。虽然，我国目前已经建立了农产品期货市场，在郑商所和大商所已经有一定数量的农产品期货品种，这为涉农企业管理农产品、面对的市场风险提供了良好的金融衍生工具，但是，在实际中，小微涉农企业很少主动参与期货交易，对市场风险的管理意识较为薄弱。与此同时，参与期货市场交易需要较高的文化水平和期货专业知识，小微涉农企业缺乏专业的人才。

培育涉农企业的风险管理意识，需要加强相关宣传，只有让小微涉农企业充分认识到参与农产品期货市场，不仅可以规避农产品价格风险，而且随着衍生品市场的发展与完善，也可以规避自然风险，进而增加收入，稳定企业的生产经营，只有这样才能提高其参与期货交易积极性。多年来，国家某些部门对涉农企业的宣传和教育工作极为重视，但内容多偏重于技术或技能方面，应该增加市场知识方面的培训，增加其市场风险意识。近几年，郑州商品交易所和大连商品交易所开展了一系列活动来促进期货信息的传播，帮助小微涉农企业合理安排生产活动，但是相关的普及宣传力度需要进一步加强，同时，宣传教育活动应该结合小微涉农企业的实践活动，让小微涉农企业能够真切感受到参与期货市场对其生产经营的重要性。

（三）涉农企业风险管理经验不足，需要量身设计产品

从小微涉农企业角度来讲，大多数企业风险管理观念意识薄弱，风险管理相关金融衍生品运用经验不足，甚至完全没有经验，很多企业仍被动地接受市场价格的涨跌，忍受价格波动产生的损失而无能为力。

针对小微涉农企业这样的风险管理现状，风险管理公司应从涉农企业出发，为其量身打造专属其自身的个性化风险管理产品，并从其整个产业链出发，衡量其面临的上游和下游的风险。风险管理公司是由专业团队组成的风险管理产品提供者，

可将涉农企业的风险管理方案打包，为其提供集产品设计、开发和运用于一体的风险管理咨询，为涉农企业风险管理出谋划策，促使企业健康快速发展。

（四）农产品期货缺乏宣传，需要促进信息流畅

我国交易所的农产品期货价格是在期货市场通过竞价方式得到的市场化价格，代表所有市场主体对未来农产品价格的预期，能够比较准确地反映现货商品未来的供求状况和价格走势，为现货市场提供在未来一段时期内的价格信息，有助于涉农企业依据期货价格指导农产品的生产和销售，使市场调节变得更加有效。但是，在目前实际的运作模式下，没有建立有效的信息传播途径，对于期货市场的宣传还未到位，期货市场上的价格信息显然还没有被涉农企业广泛应用，期货市场的价格发现功能对涉农企业的生产和销售还没有产生直接的指导作用。

期货市场形成的价格信息市场化程度较高且高度透明，市场价格信息涵盖了播种意愿、销售意愿、播种面积、自然灾害、产品产量、加工消费、农产品贸易和农业政策等综合信息。因此，政府相关部门应在现有农业信息服务中加强期货信息的传播，建立期货和现货一体化的、全面多元化的网络信息服务体系，把各种农业信息迅速传递出去，让小微涉农企业学会利用期货信息指导生产和销售。与此同时，政府相关部门应当依托期货交易所，加强与期货公司的合作，在小微涉农企业汇集地建立网络信息站，引导其充分利用便捷、实时的网络资源，依据农产品期货市场和现货市场价格信息，科学调整农作物种植结构，从而使农产品供给与需求趋于平衡，优化资源配置。

（五）国家临储政策逐步取消，需要丰富避险产品

我国在2004年开始实行临储政策，对中晚稻实施托市政策，2006年又将小麦纳入托市范围，2008年又增加了大豆和玉米的临储政策。实施临储政策以来，农民的种粮积极性得到了显著提高，收入也逐步稳定增加，粮食产量也保持了较高速度的增长。对于涉农企业而言，在临储政策的庇护下，最低收购价保证了其较为稳定的生产经营利润，只要政策不变，企业就能较好地稳定发展。但是，我国在2014年取消了大豆的临储政策，2016年又取消了玉米的临储政策。政策的取消使得一些涉农企业的粮食生产和经营难以持续，市场价格的降低使得涉农企业利润减少，面临较大的市场风险。临储政策的实行使得我国的临储仓库储存了大量粮食，储存成本连年增加，政策的逐步取消是必然趋势，涉农企业一时难以适应价格的市场化。

我国的郑商所即将推出白糖期权，大商所即将推出豆粕期权，这对于丰富金融衍生品市场和增加避险工具具有重要意义。如果参与期货市场进行交易，小微涉农企业需要较高的保证金管理水平，保证金过多会占用较多的资金，保证金不足时会触发爆仓，导致套期保值失败，使其暴露于较大的市场风险中，遭受巨大损失，但是如果参与期权市场交易，通过买入看涨期权或者看跌期权，支付一定的权利金，小微涉农企业就无须担心爆仓，同时也可达到套期保值的目的。相比于期货市场，期权市场降低了涉农企业进行套期保值的难度，承担的风险也相对较小。目前，我国的农产品期权市场处于起步阶段，即将推出的也只有两个品种，需要不断丰富农产品期权品种，满足小微涉农企业多样化的风险管理需求。同时，期权市场的发展可以提高期货市场的流动性，促进期货市场的价格发现功能，为小微涉农企业提供更好的价格信息。

（六）天气风险管理严重缺失，需要加强天气避险产品

对于天气风险管理，我国目前还处于严重的缺失状态。天气风险会造成巨大的损失，但是小微涉农企业很少意识到这种风险能通过风险管理进行转移。近些年，气候异常变化频率不断增加，极端天气事件也频繁发生，这给农业经济带来了巨大损失，使得小微涉农企业开始重新认识天气风险，但是并没有主动去管理天气风险。一方面管理天气风险需要具备一系列专业性与技术性都很强的风险管理程序，而我国的农业天气风险管理还处于初级的风险控制阶段，天气风险管理体系严重缺失；另一方面我国农业天气风险管理的有效路径也存在缺失状况。国外发达国家的天气指数产品等金融创新工具是对冲天气风险的有效路径，而我国作为农业大国，虽然受天气风险的影响很严重，但是目前尚没有推出天气衍生品，天气指数保险也只是处于开发试验阶段，还没有大规模推广运用。涉农企业管理天气风险的有效路径严重缺失，只能自留天气风险，并不能很好地转移天气风险，使得农业生产经营的不确定性增加，导致涉农企业的稳定发展受到阻碍。

近些年来，金融与保险领域已经创造出了应对自然风险的金融工具，主要包括天气指数保险与天气衍生品。目前我国在天气指数保险的开发运用方面已经有所进展，但还是面临着诸多挑战，天气衍生产品还在筹划之中，并没有具体实施。我国政府相关部门应该从各个方面给予支持，在天气信息方面，提高气象技术水平和气象站覆盖率，为搜集长期、准确的历史数据，开发产品的研究提供有力的技术环境；在开发投入方面，天气衍生产品需要综合分析多个因素，需要有具备气象、金融、农业和数据分析知识的专业人才，这些都需要大量的前期投入，政府相关部门需要给予大量的资金支持，才能保证产品研发的顺利进行；在制度方面，天气衍生品涉及气象部门，同时其监管又涉及金融监管部门，目前由中国人民银行、中国证监会、中国银监会和中国保监会分业监管的模式可能不适用，可以考虑在监管机构中加入中国气象局，同时也需要协调好各个部门的分工协作。良好的制度环境可以较好地促进天气衍生品的研发和推广。

（七）风险管理产品推广受限，需要配套政策支持

本课题前述内容提到的诸多服务模式，单凭风险管理公司出发与企业对接，在信用及资金方面存在一定障碍。如诸多涉农企业风险管理观念不强，对金融衍生品的概念不是十分清楚，让其提供一定期权费为其产品购买价格保险，有一定难度。此外，即使企业有意向去规避价格风险，但出于资金成本等多方面因素的考虑，往往使其避险计划得不到真正的实行。

此时，需要相关政府部门起到牵线搭桥的作用，并提供一定的资金支持，不仅可促进涉农企业等实体企业的发展，进而促进实体经济的发展，而且可以扩大风险管理公司场外业务的发展，对整个金融经济发展也起到一定推动作用。

（八）尚需发展资源及专业人才，需要加大市场培育

前述风险管理公司的现状中有提到，风险管理公司正处于快速发展过程中，市场的投资者及专业从业人员比较缺乏。随着近几年的发展，市场的投资者及从业人员均有所成长，但整体上来看仍然不够。尤其是一些涉农企业的风险管理观念不强，相关风险管理理论知识不充足，若要成功运用场外衍生品进行避险比较困难。此外，从风险管理公司从业人员来讲，市场缺乏具有相关知识背景及经验丰富的人才，这也在一定程度上限制了风险管理公司的发展，放缓了其服务小微涉农企业的步伐。

此时，需要相关机构加强市场培育，应邀请相关理论及实战专家，定期举办针对不同群体的理论知识及实际案例培训，提升整个市场的风险管理水平和经验，推动场外衍生品市场的发展，从而促进经济的发展。

八、结论

本课题通过研究借鉴国外机构的发展经验，实地调研某些涉农企业的发展状况及风险管理现状，收集并总结调研信息，结合风险管理公司发展现状及服务现状，得出以下结论。

一是小微涉农企业的发展现状。加工原料的供应缺乏稳定性；存在成本风险和市场价格风险；面临农业产业链风险；金融机构产品创新不足，缺乏适合小微涉农企业风险管理的金融产品；中介服务体系建设滞后；筹资渠道不畅，融资环境需要改善；库存管理缺乏合理性，不确定性较强。

二是风险管理公司的发展现状。目前业务模式主要有仓单服务、合作套保、基差服务和定价服务，以及做市业务和场外衍生品风险管理业务；服务"三农"的现状是以"保险+期货"为主要服务模式，个性化服务模式蓬勃发展，发展中尚需资源及配套政策；服务涉农企业具有一定的优势，即可提供全方位的特色化服务，具有强大的产业带动能力，善于发现客户需求。

三是风险管理公司服务涉农企业的模式探寻。直接对接模式即合作套保和点价交易；引入第三方保险公司合作模式，即保险公司分别与涉农企业和涉农政府机构合作模式；保险公司升级版合作模式"保险+期货+融资"；互联网牵线模式。

四是风险管理公司服务涉农企业的工具。传统金融工具进行风险管理存在诸多限制及问题；创新金融工具场外衍生品的运用存在诸多优势；可不断进行模式创新，如"保险+期货+融资"。

五是多样化风险管理服务体系的构建。通过分析国际和我国农业风险管理体系，我国农业风险管理服务体系的构建存在极大的可行性。

总体而言，我国风险管理公司服务涉农企业尚处于蓬勃发展的阶段。在中期协、交易所、监管机构以及风险管理公司的共同努力下，场外衍生品市场会更加成熟，

可以更好地服务涉农企业!

参考文献

1. SAGAR S S M, 2012, Integrated risk management in agriculture: an inductive research.

2. SCHAFFNIT-CHATTERJEE C, 2010, Frankfurt am Main, Germany: Deutsche Bank Research.

3. TURVEY C G, 2001, Weather derivatives for specific event risks in agriculture.

4. 刘清馨:"基于期货市场的涉农企业信贷风险管理研究",吉林大学,2009年。

5. 刘学文:"中国农业风险管理研究——基于完善农业风险管理体系的视角",西南财经大学,2014年。

6. 陆彩霞:"农业产业链视野下的农业风险应对措施研究",《广西财经学院学报》,2008年。

7. 罗江华:"农产品期货在涉农企业风险管理中的运用",湖南省粮食经济科学学会,2010年。

中期协联合研究计划（第十一期）项目

风险管理公司如何为小微涉农客户提供多样化风险管理服务

——聚焦于服务小微企业的模式探索

课题研究单位：广州期货股份有限公司
课题研究编号：GT201602
课题负责人：严若中

引 言

小微企业个体规模不大,但是在中国经济中却发挥着无可替代的作用。他们为全社会提供了 60% 以上的就业岗位,是众多优秀企业家和创业者成功的摇篮。但是,由于自身力量薄弱和某些外部市场因素,小微企业在经营过程中困难重重:融资渠道少,门槛高,抗风险能力弱。目前,小微企业的融资困境已经愈发受到社会的关注。各级政府、银行、保险、互联网金融都在各自层面上给予小微企业一定的业务支持。作为期货公司控股的风险管理子公司,具有风险控制意识和风险处理的天然禀赋。风险管理子公司既具有期货公司的属性,又区别于期货公司,其主要业务有基差交易、仓单服务、合作套保、定价服务和做市业务。在服务小微企业融资的过程中,风险管理子公司如何把自身业务与小微企业的发展有机结合起来,为小微企业提供融资以及价格风险管理服务,是本次研究的主题。

一、研究背景

当下,小微以及涉农企业的发展已被列入国家经济发展的议事日程。小微企业在整个经济构成中发挥着不可替代的作用,国家也给予了减免所得税、印花税、增值营业税的优惠政策。在国家政策的进一步支持下,小微以及涉农企业将进入高速发展期。然而,小微及涉农企业在经营过程中又面临各种不同的经营风险,支持小微涉农企业发展,是金融机构践行惠民金融的重要举措。但是长期以来,受信息不对称、抵押担保不足等影响,金融机构发展小微、涉农企业贷款的意愿不足,其更愿意将贷款资源投向大企业、大项目。经济学界已有共识,从某种程度上看,小微企业的困局就是中国经济转型的困局,小微企业的生存环境能否改善与中国转变经济发展方式紧密相关。近年来,中央和地方密集推出扶持措施,帮"小微"摆脱成长的烦恼。经过各方面的共同努力,各地小微企业面临的诸多困难得到一定的纾解。

当下,不少公司对于涉农企业的服务模式已有很多探索与创新[①],并取得了不少成效,而对小微企业的模式探索相对较少,本课题将着力于小微企业方面的研究。

(一) 小微企业在经济发展中的地位与作用

附表 1 为工业和信息化部、国家统计局、发展改革委、财政部于 2011 年 6 月发布的《中小企业划型标准规定》对不同行业小微企业的划分标准。概括来讲,小微企业是小型企业、微型企业、家庭作坊式企业、个体商户的统称。

近年来,小微企业悄然兴起并迅速发展,成为技术进步中最活跃的创新主体。小微企业是市场经济的微观基础,是深化改革的主要推动力量。图 1 是工商总局于

---

① 陈方,2012 年。

2014年3月发布的小微企业的行业分布情况，小微企业涉及的行业领域主要包括批发零售业、工业、租赁商务服务业以及科技行业，可以看出小微企业所属行业相对集中。小微企业大多属于第三产业，贴近市场，贴近用户，活跃在市场竞争最为激烈的领域，是市场经济的主体和市场体制的微观基础。

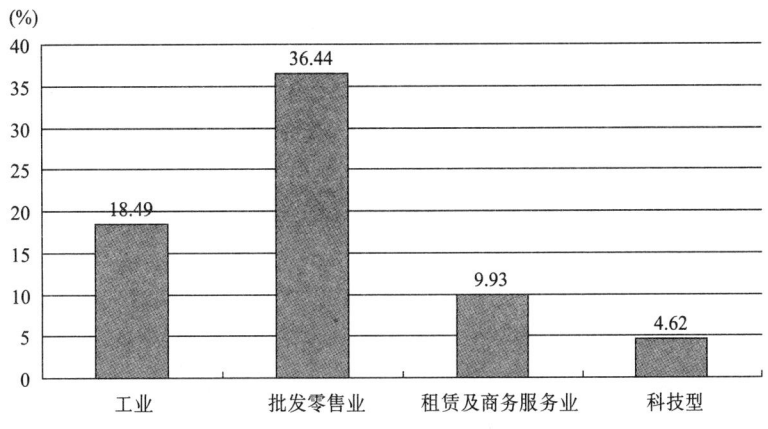

图1 小微企业行业分布

据国家工商总局的数据显示，目前我国西部10省市的小微企业超过160万户，占全国企业实有总户数的16.16%；中部9省市的小微企业超过220万户，占全国企业总户数的22.24%；东部12省市的小微企业超过600万户，占全国企业总户数的61.6%。约1 000万家小微企业集中在长三角地区、珠三角地区和福建省等5个省市。

中国小微企业是激励经济发展的"轻骑兵"，其工业总产值、销售收入、实现利税大约分别占中国经济总量的60%、57%和40%，提供了75%的城镇就业机会（见图2）。随着新设立的小微企业规模继续扩大，其吸纳就业能力也将随之不断提升。小微企业在社会和国民经济的发展中发挥着独特的作用。小微企业是缓解就业压力、保持社会稳定的基础力量，小微企业创业及管理成本低，市场的应变能力强，具有大企业无可比拟的优势。同时，小微企业蓬勃发展，是经济增长与社会进步的不竭动力，因而国家在财政资金、税收、金融等方面都为小微企业提供了支持，详情见附表2。

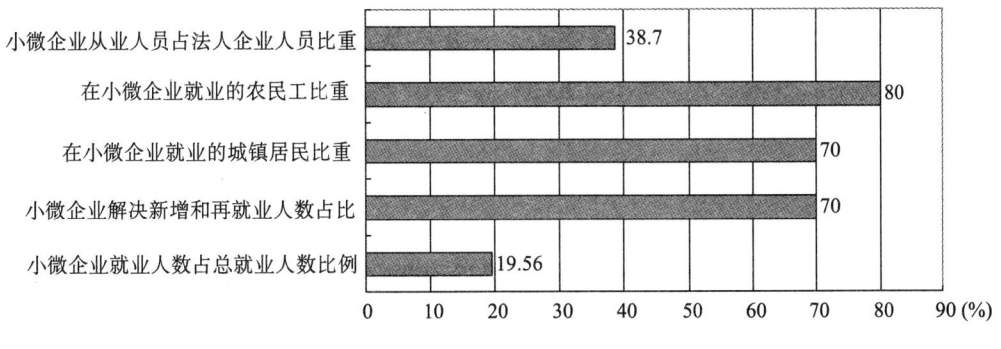

图2 小微企业就业人数情况

（二）小微企业发展中面临的问题

1. 文献综述

赵晓东（2013）在其研究报告中介绍了期货公司的风险管理子公司的业务范围与内涵、服务对象与模式。报告还介绍了风险管理子公司融资的具体案例，提供了风险管理子公司价格风险管理业务的具体开展模式、业务流程，最终汇总了风险管理子公司的盈利模式。

曹记森（2016）针对永安资本"云天化"模式研究了对冲策略下订单农业违约风险，分析了订单农业服务农户模式的违约风险主要源自信息不对称，没有产生相关主体利益保障机制。随着信息技术的发展以及期货市场的创新，永安资本的"云天化"模式给价格波动风险提供了新的规避途径与模式，在相当程度上缓和了违约风险。

徐雪桦（2016）从法律的角度介绍了仓单质押业务的法律属性，分别列举了美国、中国台湾、日本等国家和地区在仓单质押方面的现状，并对业务过程中的物权法律归属问题进行了介绍，为风险管理子公司的仓单质押业务的法律制度提供了参考依据。

隋航、李晶蕾等（2016）从电子商务为小微企业发展带来的机遇与挑战出发，指出当前小微企业融资渠道单一、信用等级低、商业性融资为主的三大现状，从企业自身、金融机构和政府三方面分析原因，提出了拓宽融资渠道、提升小微企业自身素质、建立健全信用担保体系、推动金融体制改革、加大政府扶持力度等对策。

高乐懿、潘煜双等（2016）分析了制约小微企业融资的内外部因素：小微企业组织形式受限，盈利水平低，财务信用低，担保抵押能力不足；外部法律环境有待改善、金融债权保全工作难度大，贷款机构了解企业信用状况渠道较少，合作金融对小微企业的服务能力相对较弱。他们提出，可以运用众筹模式对小微企业融资进行帮助。众筹具有融资门槛低、融资成本低、融资速度快、经营风险小等优点，但众筹带来的生产压力、创业指导缺乏、知识产权风险等问题需要进一步解决。

王志瑛（2016）简述了小微企业融资问题的三大困境——抵押质押标的物缺乏、融资需求各有差异、融资渠道多但成本高，简述了第三方支付、P2P、众筹等互联网金融的主要融资模式，并指出互联网金融具有融资成本低，信息披露及时，融资规模和放款时间适合小微企业融资需求等优势。

2. 小微企业的困境

中国经济开始步入低速增长与结构转型相结合的新历史时期后，作为中国经济最活跃的群体也是最脆弱的群体（相比于外资、国有企业），广大小微企业受用工成本大幅上升、原材料成本明显上涨、订单量减少以及资金链紧张等困扰，正处在"温水煮蛙"的艰难处境。由于多重因素叠加的影响，一些小微企业的利润空间收窄。当前，不同行业的小微企业的经营状况不尽相同，整体上呈现行业化、两极化的特性。行业化主要受宏观政策大环境的影响，不同行业的影响程度不同；两极化是同行业的企业因为各自行业地位和技术实力等因素，呈现出不同的发展趋势。

总而言之，随着小微企业的快速发展壮大，其在经济发展中的作用越来越明显，逐渐成为促进区域经济发展的主要力量之一。然而，受限于诸多因素的影响，小微企业的运行阻力日益增大，其发展陷入瓶颈。

首先是抵押担保难。由于大部分小微企业土地都出自租赁，没有合法有效证件，设备、厂房规模一般都不大，缺乏自我资产积累，抵押物不足，取得贷款支持较困难。

其次是小微企业技术水平低，自有资金少，偿还能力弱，经营效益不稳健，难以取得较高的信用评级。因此，信用等级低是造成小微企业融资难的主要症结。另外，当前大宗商品、原材料价格剧烈波动，小微企业还承受着巨大的原材料或者成品价格的波动风险。小微企业若要得到进一步发展，必须解决两方面的问题——融资及价格风险管理。当下，小微企业再发展最为急切的问题就是资金问题。鉴于风险管理公司是新的金融创新形式，社会认可度暂且不高，为撬开服务小微企业的业务缝隙，可将融资作为切入点，进而提供价格风险管理。

相对大企业而言，小微企业改革成本低，操作便利，社会震荡小，新机制引入快，因此，在改革进程中，小微企业往往是实验区，是突破口。小微企业的各项改革成果，为大企业的改革实践提供了有益经验，也为创造多种经济成分共同发展的大好局面做出了贡献。小微企业分布于各行各业，处于市场服务的前端，小微企业金融服务是重要的利润增长点，受融资渠道限制，小微企业通常也愿意承担较高的融资成本。另外，小微企业具有巨大的增长潜力和盈利机会，可以成为改善竞争格局的突破口，是各金融机构战略转型的重点领域之一。随着国家对小微企业扶持力度的加大，针对小微企业的风险管理服务将越来越重要，并将呈现出巨大的利润空间，所以，当下的小微企业是期货公司风险管理子公司未来潜在的优质客户。

二、课题研究意义

（一）风险管理公司的基本情况

截至 2017 年 1 月 25 日，共有 63 家期货公司的风险管理子公司进行了工商登记信息，平均注册资本 1.62 亿元（见图 3），其中，华信物产有限公司的注册资本最为亮眼，达到 18 亿元。在业务开展方面，七成左右的风险管理子公司开展了仓单服务、基差交易和合作套保业务，七成以上的风险管理子公司开展了定价服务业务。

自 2013 年风险管理试点业务开展以来，期货公司风险管理子公司已形成了仓单服务、合作套保、报价服务、基差交易等基本业务模式。

仓单服务包括为实业企业提供仓单买卖、仓单期转现、仓单串换、仓单质押等服务。这些服务的目的是为客户解决参与期货交割品质及交割地点不确定、运作资金短缺等问题。仓单期转现是解决客户参与市场的时间错配问题，提前完成交割，即子公司充当期转现的对手方，避免了寻找对手方的困难。仓单串换，是指针对仓

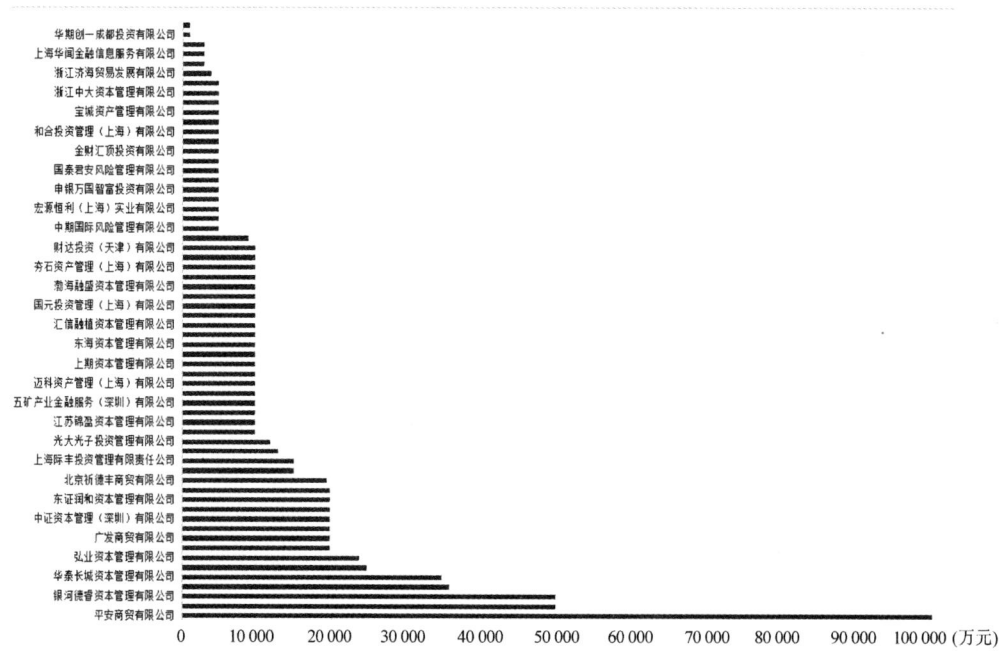

图 3 风险管理子公司资本注册情况

单区域不匹配、规格等级不适合、期转现无对手等难题而提供的解决方案。仓单质押，是企业融通资金的重要手段，企业将其拥有完全所有权的货物存放在指定仓储公司，并以仓储公司出具的仓单在风险管理公司进行质押，作为融资担保。企业可以通过质押标准仓单和非标准仓单进行融资，获得流动资金。

合作套保业务主要包括三种形式：一是资金支持型的合作套保，风险管理子公司主要提供部分资金支持，具体套保操作由客户自己决定；二是专业服务型的合作套保，风险管理子公司除提供部分资金支持外，还要负责具体套保方案的制定；三是套保打包外包型的合作套保，整个套保方案以及资金都由风险管理子公司来操作。

定价服务是风险管理子公司提供专业化的操作指导，主要包括期权、远期、互换等个性化的定价和风险管理服务。服务的客户既包括销售商，也包括采购商，期货公司在中间，承接企业转移过来的价格风险并通过期货市场交易进行对冲，以此赚取收益。

基差交易是利用期货市场价格来固定现货交易价格，从而将绝对价格波动风险转变为相对价格风险的一种保值策略。可以针对股指相关资产来做，也可以针对商品相关资产来做，与期限套利很类似。小微企业可以通过基差交易降低库存、现金流压力，稳定供销关系，扩大销售网络。

做市业务主要是针对即将上市的期权而言的。无论是股指期权还是商品期权，一旦挂牌上市交易，则同时交易的合约数量是巨大的，是同品种的挂牌期货合约数量的十几倍甚至几十倍。合约一多，就会导致某些合约成交不活跃，想交易时找不到对手方，这样的市场定价效率就低，发挥不了风险管理的作用，所以要引进做市商。做市商的主要业务是为期权合约连续地报出买价、买量和卖价、卖量。买卖价差和量都是要符合交易所的规定的，所以做市商不会乱来。有的做市商实力差一点，只回应客户的询价，而不是连续报价。

自2013年期货公司以风险管理子公司形式服务实体经济模式开闸以来，期货风险管理子公司业务本身就是一项试点和创新业务，可以说是摸着石头过河。为自身长远发展，需要努力构建和维护规范运营的行业环境，并在为实体企业管理好风险的同时实现自身盈利，为行业营造继续大力发展场外业务的良好环境。

在经济新常态下，现货产业链转型升级需求强烈，企业在大宗商品定价体系、融资模式、风险管理工具和运营模式方面，都需要金融工具的创新来应对宏观环境的转变。在这个过程中，期货风险管理子公司为期货市场服务实体产业提供了有效渠道。期货市场为满足管理物价波动风险的需求而产生，作为期货公司的子公司，风险管理子公司被赋予了风控意识和风险处理的天然禀赋。期货公司风险管理子公司致力于实现结合与风险管理业务，以服务实体产业客户为宗旨，以品种基本面研究为基础，依靠期货、现货各方面的渠道资源，结合场内交易和场外交易两个市场，综合利用期货、期权、互换等金融衍生工具，帮助实体企业降低生产成本，促进产业升级，不仅前景广阔，而且在促进供给侧改革方面能够发挥独特不可替代的作用[1]。因此，把握新常态、服务供给侧结构性改革既是期货公司风险管理子公司面临的难得的发展机遇，又是其不可推卸的行业责任担当。

为贯彻落实党中央、国务院的要求，适应当前市场发展形势，在中国证监会的指导下，期货行业已做了诸多新业务模式的探索，尤其是在服务农业发展这一国家战略方面，进行了深入的定价服务业务模式探索。例如，"龙头企业＋期货"模式参与主体主要是大商所、期货公司风险管理子公司、龙头企业和农户，试点项目主要包括"永安云天化""浙商订单保险"等。该模式的基本思路是：期货公司风险管理子公司依据期货价格，向龙头企业提供保价产品和服务，再通过场内期货复制期权的方式，对冲价格波动风险。

在"龙头企业＋期货"模式基础上，引入保险机构，探索出"期货＋保险"这一服务"三农"的新模式，为解决国家农产品价格补贴问题提供了新的方式和途径[2]，"期货＋保险"模式试点项目主要包括新湖瑞丰玉米场外期权试点、新湖瑞丰鸡蛋价格保险试点和美尔雅鸡蛋目标价格保值试点。这种模式的思路是农户或者涉农企业通过购买保险公司的保险产品进行价格保值，保险公司再通过与期货公司风险管理子公司签订场外期权，将自身承受的价格风险转移给风险管理公司。

保险公司主要的问题是保费难收、赔付率高、风险大，对比期货合约，期权交易更能有效节省保险公司风险对冲的准备金，更能有效控制最大的损失，风险管理公司可设计与开展场外农产品期权的报价，合理设计价格，与保险公司同步协助服

---

[1] 耿焱，2016年。
[2] 大连商品交易所，2016年。

务小微、涉农企业。

随着场外期权业务的发展，场外风险管理的业务模式也越来越多样。除了"期货+保险"，风险管理公司还在探索"期货+保险+信贷"以及"基差交易+场外期权"等业务模式。

此外，随着国内外对天气衍生品研究的进一步深入，该产品在场外为涉农企业应对天气变化进行价格风险管理提供了可行性，实际操作中可能遇到的问题在未来将会有更多探讨。

（二）风险管理公司服务小微企业的意义

风险管理公司基本能够满足企业的风险管理的需求，而以往风险管理公司主要服务的是大中型企业，较少涉及小微企业。风险管理公司基本业务模式中的仓单业务可以解决中小微现货企业资金匮乏的难题，合作套保可以帮助缺乏专业能力的小微企业进行价格风险管理，借助期货和场外期权为农户提供保底价格收入服务，基差业务可降低企业成本，优化库存管理。

小微企业在生产经营过程中有风险管理的需求，而风险管理公司能够提供风险管理的服务。如果能够搭建好小微企业与风险管理公司之间的桥梁，衍生品市场的服务范畴将得到进一步深化。当下，国家政策扶持小微企业，期货行业作为金融行业天然风险对冲市场，在小微企业风险管理方面有义不容辞的义务。另外，期货公司的风险管理子公司业务已经开展了3年多，风险管理业务发展参差不齐，业务的侧重点也各有偏向。在这种政策号召的背景下，其风险管理公司应该凸显自己在风险管理上的优势，其风险管理业务的进一步发展正当时。

三、国外扶持小微企业的经验

小微企业在各经济体制中占据着重要地位，是国家经济发展中的新鲜血液。但同时小微企业在各自领域所处位置比较弱势，前面已经总结出小微企业面临的两个主要问题是融资与价格风险管理。而小微企业毕竟具有高风险的性质，其发展离不开政府的扶持。另外，国外成熟场外衍生品市场的发展已有几百年的历史，其在风险管理工具的应用方面已经成熟，对于处于起步阶段的国内场外市场具有启示作用。

（一）政府方面对小微企业的扶持

实际上，各国政府都为小微企业顺畅发展提供了各种政策方面的绿色通道。下面以日本、德国、美国三国为例，列举他们在促进小微企业发展中提供的政策支持。

1. 日本政府方面扶持

管理方面，日本在通产省设立了中小企业厅，都、道、府、县也设立了中小企业局，在通产省各地的派出机构——通商产业局中设立中小企业科，形成了负责管理和指导中小企业活动的行政机构系统。受传统文化影响，日本融资机制具有"政府+市场"的双重特征，政策金融、商业金融和风险投资机构组成了日本中小企业融资体系，专门为中小企业提供长期低息贷款，支持中小企业贷款证券化以及提供信用保险。日本的风险基金较为完善,向新兴高技术中小微企业提供风险投资。日本的信用保证协会是为中小微企业提供公共信用保证的政策性金融机构。当保证业务发生实际代偿时,地方信用保证协会将承担30%的损失,国家保险公库承担70%的损失,保证了信用保证协会的正常运营。日本针对中小微企业融资的法律法规体系极为完善,从不同角度为中小企业融资提供了法规扶持。

2. 德国政府方面扶持

德国在小微企业减税力度方面是发达国家中力度相对较大的,在经济部设立了中小企业局专门促进小企业发展,并不直接干预管理小企业生产经营。其对小企业的管理主要体现在维护市场秩序、保护市场环境等方面。德国政府和银行合力出资组建企业发展基金,资金来源主要是财政补贴。中小微企业可在所属财政局申请贷款,评估检验通过后可得到基金的资助。政策性银行还可以参与私人股份制公司进行股本投资。政府还要求各证券交易所专门制定新的市场准入条例帮助小企业进入资本市场。德国的信用担保体系形式较为健全,政府融资担保占比较高。联邦政府和各个州都成立了担保银行,最高可提供贷款总额80%的担保。德国对大部分中小手工业企业免征营业税;对中小企业盈利用于再投资部分免交财产税;落后地区创立的中小企业5年内可以免交营业税;所得税的最高税额可降至53%的水平,最低税率降到19%。在法律支持方面,德国成立了反对限制竞争局,多次修订《反对限制竞争法》,致力于维护公平的竞争环境。

3. 美国政府方面扶持

早在20世纪50年代,美国就建立了小微企业援助制度,并于1985年专门成立了小企业管理局(SBA),专门负责为小微企业提供融资服务。美国政府用财政收入通过私人金融中介机构建立专门的政府金融机构向小微企业直接提供少量的优惠贷款援助,形成贷款基金,其主要形式有以低于市场利率进行的保证贷款、直接贷款、协调贷款和担保贷款。SBA在全美设立了近百个直属办公室,管理全国小微企业融资的网络系统。SBA与全国7 000多家商业银行合作建立实施贷款担保计划的业务关系。凡小微企业直接向银行申请贷款未果,政府可向符合条件但无力向一般金融机构借贷的小微企业提供金融帮助。另外,美国政府每年都会安排一定数量的预算用于小微企业的就业、出口、创业补贴;通过降低税率、税收减免、提高税收起征点和加速固定资产折旧等手段,减轻小微企业税收负担。在法律规范方面,美国建立了由20多部法律法规组成的较为健全的小微企业法律体系,为小微企业的发展提供了公平的竞争环境,为融资提供法律支持和援助。

(二)国外场外衍生品市场业务的发展经验

纵观国外成熟衍生品市场的发展状况,场外市场的成交量要远超过场内交易。美国和欧洲的场外衍生品市场的发展较为成熟,衍生品市场的发展源于对农产品价格风险的规避。发展至今,价格风险管理工具已经十分丰富,比如常用的远期、互换、期权等。巴西政府为其场外衍生品市场的发展提供了强大的财政支持,不仅促进了场外期权的普及，而且降低了政府农业财政补贴额度，一举两得。印度跟我国场外衍生品市场的发展情况类似，处于尝试摸索阶段，部分举措值得我们借鉴。

1. 美国场外衍生品市场的发展经验

美国场外衍生品市场由做市商主导，其场外市场主要发展的业务是远期和互换，以及做市商业务。远期市场比期货市场的发展历史更久，其交易规模、交易时间也比较灵活，为期货、现货市场的价格收敛提供了重要的市场作用。进入21世纪后，其金融衍生品的发展非常迅猛；美国整个场外衍生品市场交易成本低，监管束缚少，并且还能够提供较高的收益。例如，FC Stonez 是美国一家传统的期货公司，其场外衍生品做市商业务在2011年的利润中占比为48%。美国场外衍生品市场为更加贴合实体经济的需求，不断在产品个性化方面进行突破，期权产品出现了周周结算的情况，极大地丰富了投资者的选择。为规范场外衍生品市场，美国先后颁布了《商品交易法》《商品期货现代化法》。2008年金融危机之后，美国颁布的《多德—弗兰克法案》更是规定了场外衍生品交易在交易所内通过第三方进行集中清算。场外衍生品市场的集中清算是一种趋势，中央集中清算发展已近20年，不但能降低场外衍生品市场的系统风险，还能提升市场的公平性和运行效率。另外，中央集中清算可以通过设立违约基金、保证基金和财务资源来防止系统性风险，同时，中央集中清算可以预防大机构的垄断行为，为场外市场的和谐健全发展提供制度基础。

2. 巴西场外衍生品市场的发展经验

巴西是农业发展大国，其场外衍生品市场的发展主要体现在农产品方面。在发展之初，主要靠政府部门的财政支持，巴西才打开了期权交易的大门。巴西政府对期权业务的扶持持续了相对长的一段时间。一方面政府给参与期权交易的农户以直接补贴；另一方面政府还会给在期权交易中亏损的农户以额外的补助。政府这种补贴给农户提供了接触期权的机会，并使其以较低成本对期权有了充分的了解。农户学会如何利用衍生品工具来稳定自己的收入，而政府在农户培养成熟之后也省却了收购农产品的储备成本，是一举两得的举措。

3. 印度场外衍生品市场的发展经验

印度场外衍生品市场的发展始于20世纪90年代。由于长期处于严格的监管中，场外市场的交易规模较少，处于发展的初期阶段。印度衍生品的交易方需是央行监管的机构，部分衍生品仅限于银行、主交易商作为做市商。印度场外衍生品市场主要的业务是外汇衍生品以及利率衍生品。印度场外衍生品市场的交易量虽然较小，但其央行一直着力提高市场的透明性。2012年印度央行开始正式发布全行业交易数据，把所有的场外产品信息汇集一起，这些信息涵盖了远期、互换、期权等衍生品，建立起了一个中央数据库，可以获取所有衍生品合约的交易信息，为系统性风险的防控提供了数据参考。

总而言之，为使小微企业金融服务效力最大化，我国政府可借鉴国外经验，提升小微企业管理机构的政治地位，研究小微企业发展中面临的各种问题，有力地协调金融、财政、税务及其他相关部门，理顺小微企业政策事权关系，促进小微企业各项相关法律法规、扶持政策落实；给小微企业提供资金、技术的指导与监督，给小微企业融资提供协调等，有效实现金融与财政、税务等扶持政策的"联姻"，提升小微企业金融扶持效力，促进小微企业做大做强。我国政府可借鉴日本经验以行政力量全权推动。在风险管理公司发展初期，作为新兴业务模式，需要政府适度加以扶持与指引。

就风险管理子公司的长期发展来看，可以考虑规划发展机构间市场，逐步有目的、有计划地鼓励各类风险管理工具的应用与业务探索。待风险管理公司的业务发展到一定阶段后可进行中央集中清算。该平台的搭建绝非朝夕可成，所以，相关部门可早做准备，搭建行业数据库，提高行业信息的透明化，让各项交易明细公开化，这将有利于风险管理行业的均衡综合发展。

四、国内服务小微企业的模式概述

国内服务小微企业的主要途径还是体现在融资方面，服务小微企业主要是传统金融行业、互联网，以及政府主导参与的多方合作服务模式。

（一）传统金融行业服务模式

银行贷款作为小微企业的外部融资渠道，主要提供的是流动资金，银行很少提供长期信贷；小微企业对贷款的需求具有"短、频、快"的特点，但是往往因为缺乏合格的抵质押品，且借助专业担保公司提供担保的成本较高，较难获得有效的贷款。

绝大多数商业银行均把目标客户定位于大中企业，对小微企业的融资非常有限。从银行角度来说，银行不仅关心利率水平，而且关心贷款风险，银行一般都会选择在相对较低的利率水平上拒绝一部分贷款要求而不愿意在高利率水平上满足所有借款人的申请，这就造成了信贷配给不平衡。按照服务大企业的传统模式开展小微企业信贷，人工成本太高，再加之监管机构对于银行的不良贷款生成有严格要求，小微企业贷款的发展受到种种制约。

（二）互联网金融服务模式

在市场蛋糕重新划分的过程中，互联网金融的发展促使金融机构在经营模式、业务方式上向互联网金融靠拢，纷纷成立类P2P平台、电商网站等，充分利用这些平台将金融资源注入小微企业，服务实体经济。互联网金融推动金融体系重构与金融市场重组，构建有利于小微企业成长的组织形态和金融体系。互联网金融开启了一种专门针对小微金融服务的全新的商业模式，在金融体系中植入了小微企业的资金供给者与需求者双赢的基因，金融市场的风险点与需求点也开始重新组合，生态体系得以重构。在这种生态体系和市场结构下，金融机构发现小微企业市场具有巨大的利润空间，甚至是未来金融的主打方向和盈利的主要领域。

目前互联网金融主要有P2P借贷、阿里小贷和众筹等三种模式。互联网金融模式最大的特点是借助信息技术手段,单笔融资业务的运营费用得到显著降低,互联网金融发挥了无抵押担保的借贷模式,这正好契合了小微企业单笔借贷业务金额低、缺乏抵押担保条件的融资特点。

1. P2P 借贷

P2P(Peer to Peer)贷款,简单地说,就是拥有多余资金并且有理财投资想法的个人,通过有中介机构牵线搭桥,使用信用贷款的方式将多余资金借贷给其他有资金需求的人。其中,中介机构负责对借款方的经济效益、经营管理水平、发展前景等情况进行综合详细的考察,其主要的盈利点在于收取账户管理费和服务费等。这种操作模式的法律依据是《合同法》,这种模式实际上是一种民间借贷方式,只要贷款利率不超过银行同期贷款利率的4倍,均属于合法。

2. 众筹模式

从本质上看,众筹模式是营销模式与融资模式的组合体,在开展融资活动的同时,也对企业及其产品进行了相对低成本的推介,通过互联网平台在短时间内吸引投资者和消费者投资的行为。但"团购+预售"的众筹模式受所投资产品和服务的未知性太大的不确定性的限制,发起失败的概率相对较高,适用范围会有很大的局限性。

3. "阿里小贷"模式

阿里巴巴公司针对旗下的淘宝网、天猫平台商家提供的资金借贷业务。实施"阿里小贷"模式的前提是电商平台拥有大量的用户基础。拥有大量用户的平台会增加用户对平台的黏性,对平台业务的活跃性和稳定性会产生直接的影响。大量平台用户长期的交易数据积累为金融授信提供了参考基础,在此基础上提供的金融服务可以降低借贷风险。该模式的最大优点是将数据流作为资金授信的一个标准。由于小额借贷授信完全可以经过系统自动处理,单笔业务的交易成本极低,资金借贷期可以与经营业务的资金运动周期相匹配,这就使借贷业务参考业务流以短期、小额的方式进行。电商平台上经营的企业可以通过业务流和积累的信用来佐证企业的经营能力,使企业的资金流、业务流、物流、信息流得到更加充分的匹配,基于当前和以往业务能力的授信,风险度也可以大幅度被降低。

(三) 多方合作服务模式

1. 浙江"店小二"模式

浙江小微企业大概有417万多家,浙江97%以上的市场主体都是小微企业。政府牵头摸清全省小微企业的发展情况,为成长计划选好苗、育好苗,帮助小微企业生得快、活得好、做得强。重点走访、排查摸底和服务三类企业:一是信息、环保、健康、旅游、时尚、金融、高端装备制造等七大产业的小微企业;二是当地重点扶持发展的特色小镇、众创基地、科技孵化园区等重点区域内的小微企业;三是商事制度改革后新设的小微企业,含"个转企"企业。

目前很多小微企业在发展过程中都存在资金紧张、缺少担保等情况,股权中心充分运用"浙里投""浙里融"等平台,为小微企业发展提供资金。为引导推动小微企业提质扩面,萧山区市场监管局通过实体市场与网络市场融合机制等多项举措,成功引导个体工商户转企业 84 家,转企率达 100%;引导 34 家私营独资企业转型升级为个人独资企业。

以杭州市萧山区为例,小微企业是萧山民营经济里最活跃的细胞。在确保股权出质、动产抵押为常态化融资渠道的情况下,萧山区市场监管局丰富小微企业融资手段,创新推出商标质押和"以信换资"等融资渠道。数据显示,2015 年一季度小微企业融资总金额高达 640 162 亿元,其中股权出质被担保债权金额达 328 165 万元,动产抵押主债权金额 243 597 万元,融资能力大大增强。值得一提的是,有 707 家小微企业通过"以信换资"实现融资,金额达 68 400 万元。为加强服务针对性,萧山区市场监管局特别推出"点单式"自选搭配服务模式,打造注册登记、品牌培育、专业技术、政策送惠、知识产权和商业秘密保护、管理技能培训、法务指导、人才培养等各类服务产品,供小微企业及创客根据自身需求自主选择。另外,浙江省期货行业协会组织省内期货公司风险管理子公司,为遴选出的有风险管理需求的小微企业开展合作套保、仓单服务、定价服务、基差交易等提供专项风险管理服务。

2. 山东"政银保"模式

山东省财政厅联合泰山财产保险股份有限公司、信达财产保险股份有限公司山东省分公司以及 11 家银行,通过"政府+银行+保险""政银保"三方合作的形式,建立了三方参与、风险共担的小微企业贷款服务新模式,鼓励和引导金融机构加大对小微企业贷款的发放力度,合力解决小微企业、"三农"和城乡创业者融资难、融资贵问题。

山东省"政银保"贷款保证保险业务运行方式是,借款人在向银行申请流动性贷款时,由保险公司承保,银行按照不超过同期银行贷款基准利率上浮 30% 向借款人提供贷款,保险公司按贷款数额 3% 收取保费,保费总额财政补贴 50%;对保险公司开展该项业务发生的赔偿损失超过 150% 的部分,由财政按照 50% 的标准给予风险补偿;当贷款发生本金损失时,由财政、银行、保险公司按照 3:2:5 比例承担。

为解决小微企业"融资难"问题,山东省地税局从"银税互动"开始,逐步过渡到"财税银联动",将符合标准的小微企业推荐到银行系统的诚信名单。围绕企业"信用评定、授信额度、诚信发展"三大要素,地税部门与金融机构搭建银税互动平台,把企业贷款信用和纳税信用相关联,地税部门将纳税信用较高的企业名单推荐给商业银行,并为企业出具纳税信用情况证明,商业银行将企业涉税信息及纳税信用设定为银行授信的参考条件,结合企业经营发展情况,给予相应的贷款支持,创新以"信"授"信"、以"信"养"信"的信用结合机制。

建立"政府+银行+保险"三方参与、风险共担的小微企业贷款服务新模式,有利于更大限度地发挥财政资金效益,解决小微企业在创业初期的融资难问题,在全国范围内促进政府引导,银行、保险参与,三方联合创新、联袂支持实体经济发展。

综上，无论是传统的银行信贷，还是新兴的"互联网＋金融"，或者是"政府＋银行＋保险"的强强联合模式，都体现社会各方对小微企业在融资问题上的关怀，并且在一定程度上切实缓解了小微企业融资难的困境。然而，小微企业仍面临着巨大的原材料或成品价格波动的风险，针对这类涉及风险管理的问题，国内尚未形成成熟的业务模式。而风险管理公司利用其专业优势，可以有效针对这两个问题进行业务拓展。接下来，通过研究具体小微企业的现况来分析风险管理公司与小微企业这一全新合作模式的可行性。

五、区域小微企业调研情况分析

针对小微企业在运营过程中存在的风险构成情况，我们主要对广东省佛山市乐从镇的塑料和钢铁行业的聚集地区进行了市场调研，并对其行业协会进行拜访。乐从镇地处黄金路段、乐从南部商贸物流产业核心区，毗邻港澳，距广州市仅30公里，通过325国道、佛山一环、顺德快线、珠二环、广佛江珠城际轨道、地铁1号线、顺德水道等主要交通干道，半小时内快速通达港口、铁路、机场，直达珠三角主要城市，得益于便利的交通以及政府的政策扶持，塑料、钢铁以及家具成为乐从镇的三大支柱产业。

德富塑料城成立于2001年。随着时间的积累，经济发展的飞跃，德富塑料城的不断壮大，现已成为佛山乐从塑料市场的核心市场，是华南最大的塑料市场，乐从镇也被国家商贸部授予中国塑料商贸之都的称号。德富塑料城和佛山乐从塑料市场在10多年的经营发展过程中，累积了大量的现货供应商和贸易商，进驻市场的商家超过1 000多家，已成为华南地区最大的塑料材料交易中心、集贸中心、信息中心和物流中心，对华南地区的塑料产业产生深远影响。广东省是我国最大的塑料加工工业基地，塑料制成品产量一直居全国各省首位，塑料制成品的生产能力约占全国的1/3，珠江三角洲地区汇集了众多的塑料加工企业群体，形成了较为完整的产业链。

经调研了解，入驻乐从镇的企业八成以上属于小微企业，大多数是家庭经营，规模不大。经营模式主要分两种，一种是单纯的贸易商模式，上级代理商拿货再为下游塑料制成品商供货，另外一种模式是"贸易商＋厂商"模式，即自己工厂能够为上游的贸易环节提供销量。第一种模式的企业可赚取的利润比较薄，主要赚取贸易价差，由于销量没有很大、中间又间隔多重代理商，在提货价格方面不占优势。相对而言，第二种模式的企业在规模以及价格方面更占优势。经调研了解，到塑料城的小微企业在资金流方面的确有很大需求，且不同业务规模的企业对资金流有不同的需求，对于小规模的企业资金需求一般比较少，一般是几十万元，资金占用周期比较短，长则两三个月，短则几天，对于这类企业因为资信各方面达不到银行要求，所以主要通过亲朋好友来融通资金；对于规模稍大的企业一般通过抵押等方式在银行进行贷款,但是审核严格周期长,往往不能很好地解决自己的资金需求。乐从镇的塑料企业存在明显的融资难、融资贵,无法满足资金流需求等问题。

乐从德富塑料城基于自身资源于2002年创办了"中国德富塑料网"(原名"乐从塑料网"),该网站是华南地区起步最早、平台规模最大、客户群最广的涉塑行业电子商务B2B平台之一,十多年来为德富塑料城及乐从塑料市场集聚了大量的商流、物流、信息流,使其发展成为华南最大的塑料原料集散地和塑料原料销售中心、信息中心与价格中心,率先实现了有形市场与无形市场的无缝对接。中国德富塑料网包含了德富指数行情,供应商信息,塑料原料、塑料机械、塑料制品的供应销售信息,活跃企业基本信息,塑料行业资讯,以及塑料行业的招聘信息。此外,该网站还建立了手机App版本,真实精准的现货报价和现货资源,使行业参与者能够及时掌握行情变化。

乐从塑料协会于2016年6月打造了首个塑料贸易生态体系平台——中塑之都,开启了"互联网+塑料贸易"的全新业态。该平台是乐从镇终点扶持的"互联网+"项目之一,通过整合行业资源和公共资源、银行资源、民间资本以及仓储、物流等系统,提供现货交易、仓储服务、现代物流、金融贷款、全方位保险、搬运服务等行业多元一体化配套服务。"互联网+企业"的模式已经开始运营,塑料行业的交易、仓储、物流以及金融服务等都可以在这个中塑之都平台一站式实现,只要利用手机或电脑,通过App或网站就可以轻松简单地完成交易。

另外,我们还对乐从镇的钢铁世界进行了调研。乐从钢材市场是全国最大的钢材集散地,占地面积达4 000亩,拥有贸易商户2 700多家,年成交量达2 000万吨,年加工量超过1 000万吨。相比塑料城,钢铁世界的规模更大,规划更为规范,是全国最大的钢铁贸易集散地。整个钢铁世界被分为现货区、加工区、仓储区以及商务区,为钢铁的生产加工企业、经销商与采购商提供全方位的"一站式服务"(见图4)。

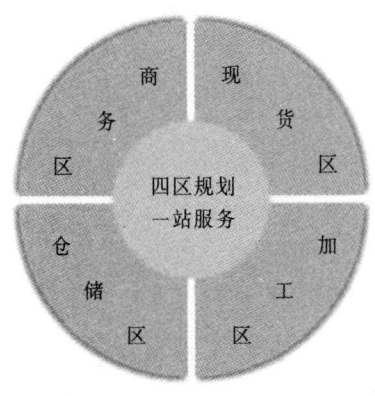

图4 乐从钢铁世界功能园区

从品种上看,乐从市场以板卷及各类型材为主,螺纹钢其次,全国各大钢厂牌号均有销售,下游企业主要为珠江三角洲地区各类制造工厂。从销售模式上看,简单的"低进高出"空间越来越小,线上线下销售一体化并整合供应链与金融服务是钢贸商的转型方向。乐从钢材市场聚焦"互联网+钢铁"模式,搭建钢铁现货O2O(Online To Offline)交易平台——钢铁世界网,使现货贸易与电子商务信息化完美结合,充分发挥集群优势,让商户对钢铁世界有了更清晰的了解,进一步巩固和提升了乐从钢材市场的行业龙头地位。

佛山市顺德区乐从钢铁贸易协会自1997年成立至今,带领全体会员,依托珠江三角洲的工业化进程,将乐从钢材市场建设成为全国最大的钢材集散地,同时积极推进行业内部沟通,先后与北京市金属材料行业商会、上海市工商业联合会钢铁贸易商会、东莞市钢铁流通行业协会建立友好关系,加强协会之间的信息沟通和区域协助。2012年,乐从钢协联合广东省内其他钢协,带头申请发起成立了"广东省钢铁贸易协会",协助政府从事钢铁贸易行业管理,建立全省钢铁贸易行业自律机制,规范钢铁贸易市场秩序,优化行业市场环境,推动了全省钢铁贸易发展,为会员提供包括信息、金融、法律、培训等各类支援服务,维护会员合法权益,发挥了积极领导作用。

2015年,在市场、成本、资金的"三重倒逼"影响下,钢铁企业和钢铁贸易商普遍经营困难,乐从钢贸企业与银行陷入互不信任的困境,乐从镇政府和乐从钢协都做了大量工作,不断约谈钢贸企业与银行进行对话,寻求资金流问题解决办法。

乐从镇的小微企业在生产经营过程中主要面临的还是资金流方面的问题,融资需求主要分两类:一类是短期周转性资金需求,其根源是资金在经营中需要经过"采购—销售"环节,从投入到收回要经过一个经营周期,在尚未收回上一经营投入的周转资金之前,如果需要开始新一轮投入,就客观形成了短期周转性资金的融资需求,这是正处于成长期的小微企业最普遍的资金需求;另一类融资需求是中长期的资本性质资金需求,其根源是企业的初始筹建或经营规模的扩大需要购置固定资产、无形资产等,此类资金投入需要较长的时期才能从经营收入中收回。当前,小微企业的初创资金以自有资金为主,资金总量较小,在面临经营规模扩大的资金需求时,则普遍面临外源性中长期资金需求。相对而言,短期融资需求与企业经营业务紧密关联,该区域小微企业的盈利模式主要还是赚取上下游价差,如果现货价格上升,则所需的资金流也将增大。

经调研发现,该区域的小微企业对风险管理的认识不是很强,对于期货交易涉足较少,即使有所涉足也主要是投机,套保意识并不强。另外,当地企业对于期货公司的风险管理子公司的情况了解不多,所以风险管理子公司如果想在服务小微企业这一领域上有所斩获,业务宣传方面的力度一定要做足。

六、风险管理公司服务小微企业的模式

(一)新模式的介绍

1. 现有模式——企业案例

集聚效应,是指各种产业和经济活动在空间上集中产生的经济效果以及吸引经

济活动向一定地区靠近的向心力，是一种常见的经济现象，最为典型的例子当数美国的硅谷。小微企业本身具有明显的集聚效应，使得行业和区域风险相对集中，而风险管理的核心在于客户是否具备稳健的现金流。小微企业大多是私营企业，企业经营者的素质不高。这是造成小微企业经营不规范、不被信赖的重要原因。因此，企业应建立与同类小微企业及中型、大型企业的合作意识，扩展合作项目，联合向市场、企业、政府以及融资渠道进行沟通，弥补规模劣势。小微企业抗风险能力弱，企业经营者要及时掌握市场信息，注意控制投资规模，避免盲目扩张，逐步建立金融机构对企业的信赖。

总之，当前小微企业出现的困难和问题，是经济结构调整过程和产业转型升级中必然要出现的"阵痛"，也是转型升级所带来的"倒逼"压力。企业的优胜劣汰是国际惯例，关键是要在大浪淘沙中成长出中坚力量，才能杀出一条血路，为我国下一步的经济发展打好基础。

互联网金融诞生于传统的经济和社会环境中，随着其进一步的发展，社会信用体系的建立，即时通信信息技术和云计算技术的发展，互联网金融模式有望改变目前各自为战的格局，实现多维信息的更大范围的共享，如果能够实现电商信息、供应链信息、企业动产信息、企业和个人信用信息更高效的传递和共享，当互联网金融服务与纵向的供应链和横向的网络社群相融合，则将为小微企业融资提供更广阔的空间。依托于互联网的金融模式将是未来发展的一个重要趋势。

（1）塑料企业

我们对广州市某家塑料行业的龙头企业进行了调研，对其组织构架、产业链、经营模式进行了了解。该企业主营改性塑料，拥有阻燃树脂、增强增韧树脂、塑料合金、功能母粒和降解塑料等产品，主导产品市场占有率稳居国内市场前列，在改性塑料行业中占据龙头地位。该企业旗下拥有30多家子（孙）公司，在南亚、北美、欧洲等海外地区设有办事机构，而且业务规模较大具有丰富的上下游资源。另外，该龙头企业具有自己完善的仓储管理体系，仓储数量充沛而且系统数据记录科学，货物存放安全。企业本身是上市公司，资信较好，有丰富的资金供应，其融资成本相对一般企业比较低。该企业为整合上下游资源，专门搭建了网络平台，进行产业链金融服务，其运营模式可概括见图5。

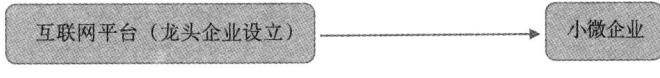

图5 现有模式——塑料行业

该网络平台是一家专做塑料相关产品的电商平台，该网络平台对卖方与买方的要求进行资格差异化准入管理。网络平台对卖方审核标准较为严格，入驻品牌一般都具备较大的规模和较好的口碑，从而在源头上对货物的质量有所保障；网络平台对买方零门槛要求，所以有意向进行采购的买方均可在平台内进行交易。因此，龙头企业通过互联网为小微企业提供了价格透明化的采购平台。

改性塑料行业的产业链如图6。从目前产业链结构可以看出，该行业企业面临着原材料价格波动风险，该产业链上游原料煤炭、聚氯乙烯（PVC）、聚丙烯（PP）等在期货市场上都有与之对应的商品期货，而且国内原油期货上市号角即将吹响，企业可以选择不同标的的期货产品，对抗原料价格的价格波动，达到避险目的。

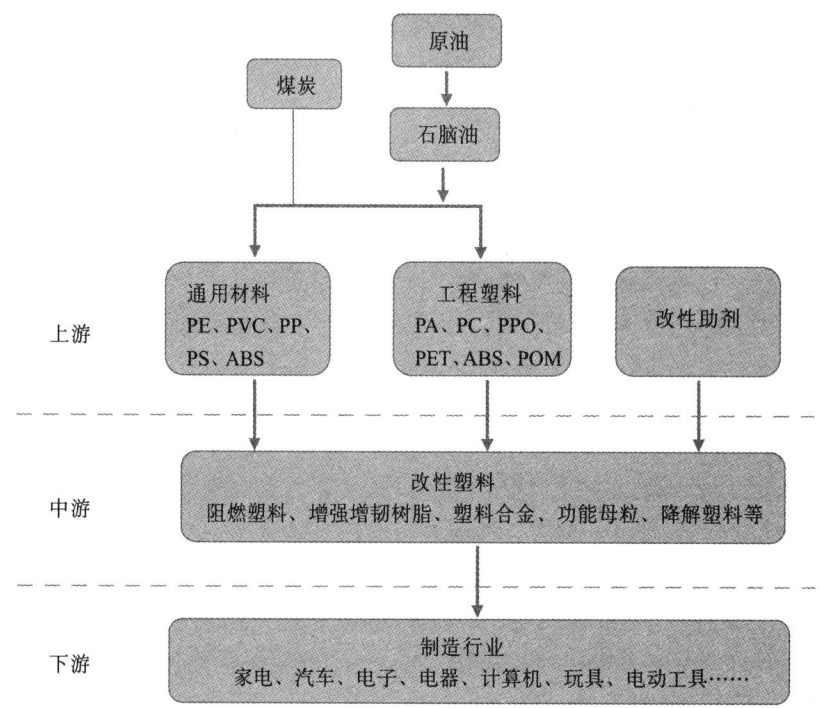

图6　改性塑料产业链

（2）矿山机械企业

中国矿山机械行业品牌文化的形成很大程度上得益于河南矿山机械企业的发展。我们通过网上调查的方式，对河南某矿山机械企业进行了了解。该企业主营砂石制砂设备、破碎机械设备等系列产品，是专业从事矿山机械和工业选矿设备研发与制造加工的有限责任公司。

该企业依托中国矿山机械网的 B2B 电子商务平台，实现产品推广、线上交易、形象宣传等活动，降低成本并提高利润。该企业的运营模式如图7。

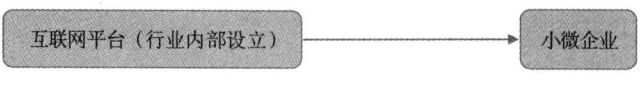

图7　现有模式——矿山机械行业

中国矿山机械网是国内规模最大、最权威的矿山机械网络媒体之一，主要栏目有供应、采购、产品库、企业库、行业资讯、矿山机械展会、人才交流、搜索引擎等版块。网站旨在为中国矿山机械行业企业降低参与电子商务成本、推广企业产品、提高销售额，使企业快速发展、高效传播，且帮助企业树立品牌形象，完成企业转型。

矿山机械制造行业的产业链如图8,可以看出,企业面临着原材料价格波动风险,该产业链上游原料有色金属和钢材在期货市场上都有与之对应的商品期货。企业可以选择多种金融工具,对抗原料价格的价格波动,并达到避险目的。

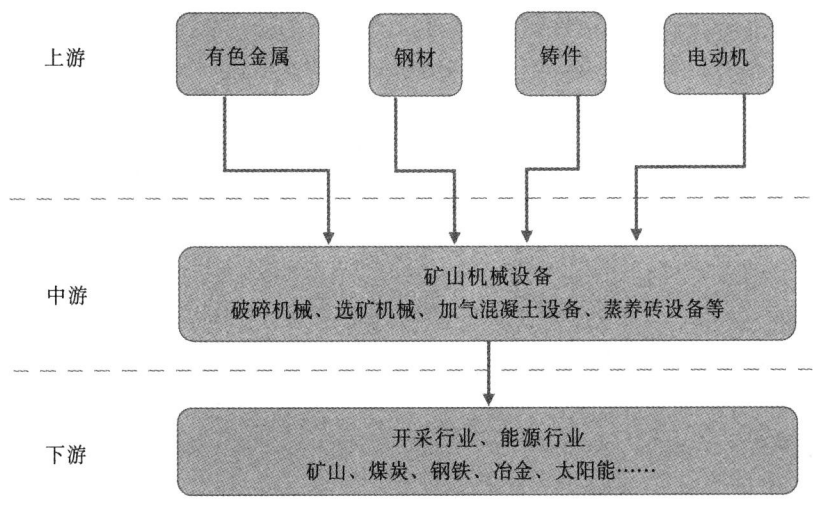

图8 矿山机械产业链

对于小微企业而言,互联网平台的作用主要包括两方面:一方面,随着卖方店家入驻的加多,网络平台的货物种类逐渐丰富,可选性比较大,卖方的相关参考信息透明化,买方可以通过对店铺的相关信息进行综合分析从而做出采购决定。相较之前的交易模式,买方能接触的卖方较为有限,往往会被动地选择交易对象。另一方面,提货具有灵活性,对于小微企业而言,本身的货物需求量不大,以往线下提货的话,或者间隔多级代理商,所以价格会被相应抬高,或者为达到上级代理商的最低提货标准,过多提货,导致需要更多的资金投入。为了更好地服务小微企业不同提货需求,互联网团队整合小微企业的需求化零为整从上游卖家提货再分销给下游小企业,充当中间买家。另外,在电商平台上的交易,价格更加透明化,可以省却之前多级代理商的价差成本,小微企业的采购成本可以得到降低。

在该模式下,小微企业进行采买的选择性增加了,从厂商到小微企业之间的多级代理商价差成本省却了,但是从整条产业链上来看,受大宗商品原材料价格波动影响的采购价格仍然会受市场价格波动影响,如果价格大幅增加小微企业的采购成本将随之加大,其生产经营的资金流压力也将相应增加,严重地话,将影响企业的正常资金流运营,所以,基于原材料价格波动的风险管理同样是非常重要的。

2. 拓展模式

基于上述已有的单纯的电商平台服务小微企业的模式以及小微企业的行业集聚效应,行业协会对本行业的小微企业的情况会有更全面的了解,我们拓展风险管理公司服务小微企业的新模式为"风险管理公司+互联网平台+行业协会",如图9

所示。

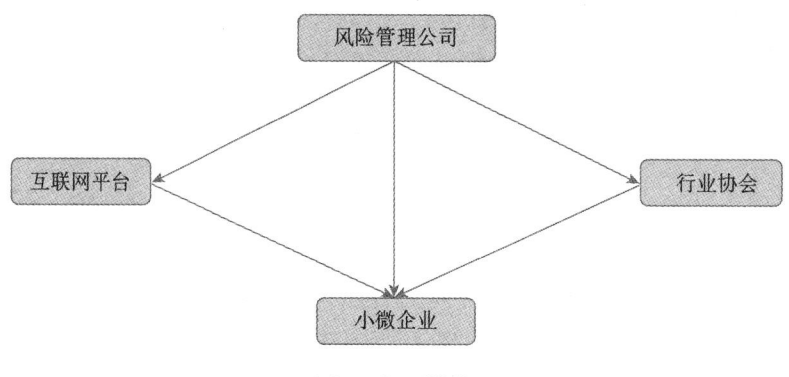

图 9　拓展模式

该模式的参与方主要包括互联网平台、风险管理公司、行业协会以及小微企业：互联网平台为小微企业的线上交易提供场所，使小微企业的选择多样化，成本减少化，利润空间增大化，并为小微企业的交易数据进行记录；风险管理公司根据小微企业的交易数据建立数据档案，并参考为小微企业提供融资以及价格风险管理；行业协会作为风险管理公司服务小微企业的中介环节，可以组织对小微企业的风险管理的相关培训，以及作为对小微企业资金贷后风险预警的补充环节。

（1）互联网平台

近年来，虽然互联网基础设施普及工作已基本完成，但根据企业开展互联网应用的实际情况来看，大部分企业尚未开展全面深入的互联网建设。互联网化仍存在很大的提升空间，这样一个崭新的阶段为小微企业带来了新的发展机遇，使得小微企业有机会与大企业站在同一起跑线上发展。

根据我们对市场调研的反馈情况，特定行业的电商平台主要分两类：一类是行业内龙头企业的电商平台，因为龙头企业市场占有率大，对行业信息比较敏感，电商平台的运行可观；另一类是区域行业内专门成立的单纯的电商品台。这类平台虽然没有行业背景支持，但其立足互联网，注重平台管理，所以部分平台同样具备良好的口碑。综上，服务小微企业在互联网平台的选择上可以有多个方向，即龙头企业的电商平台或者行业内运营较好的电商平台。

国内现有的综合类电子商务平台有阿里巴巴、慧聪网、中国制造网、敦煌网、环球资源网、百方网、中国供应商、世界工厂网等，行业类电商平台包括中国化工网、矿山机械网、装备制造网、现代农业网、纺织服装网、16988 农产品集购网等。以中国化工网为例，中国化工网建有国内最大的化工专业数据库，是国内第一家专业化工网站，也是目前国内客户量最大、数据最丰富、访问量最高的化工网站。该网站不仅提供企业网上推广和产品信息发布，而且提供专业及时的化工市场行情信息，还致力于产品供应、产品报价、产品求租求购等网上化工贸易信息撮合，在行业内具有领先权威地位。

小微企业从传统线下转为线上，建立或参与所属行业的互联网电商平台，内部运营、市场推广和产品销售等方面与互联网深度融合,以及互联网平台对信息筛选和披露,都大大提高了物流、资金流和信息流的有效传输和处理,使得交易更加透明化、信息化、快捷化,市场的公平性、公正性、广泛性和竞争性进一步提升。

(2) 风险管理公司

随着观念的更新,实体企业对利用金融工具管理风险的需求越来越迫切。小微企业规模不大,缺乏相关专业人才,更加需要通过风险管理公司协助管理风险。风险管理公司依托期货公司专业团队的研究能力,结合现货、期货两方面资源,利用场内、场外两类交易市场,为小微企业提供风险管理服务[①];通过仓单服务、合作套保、定价服务、基差交易、做市业务等场外衍生品业务方式为小微企业提供多种个性化服务,助力小微企业的融资、资金流动性、价格风险管理等多方面问题。

随着场外衍生品市场的逐步发展和完善,风险管理公司还可以开展场外衍生品设计、销售、定价等活动,为客户量身定制合适的风险管理工具。场外衍生品由于其个性化的特点,在国外衍生品交易份额中占有重大比例,但是绝大多数场外衍生品是基于实物或者场内资产合约创设而得,这就需要更好的场内标的资产进行配套完善。目前,多数期货风险管理子公司是通过场内的现货指数或者商品期货价格创设场外期权,其场外交易的风险敞口通过场内市场对冲释放。由此,场内市场品种的丰富和市场化程度将直接决定场外衍生品的创设、对冲和推广难度。近年来,场外衍生品尤其是场外期权受到金融界更多关注,场外期权是场内期权的重要补充,可以符合企业生产周期,提供更加个性化的组合投资。

风险管理公司为期货市场服务小微企业提供有效渠道,一方面,通过风险管理公司多种个性化定制服务,使期货市场的标准化产品可以与小微企业的多样化需求更好地对接;另一方面,在融资、促进小微企业资金流动性、价格和运营风险管理方面助小微企业一臂之力,充当了帮助小微企业在新常态下完成重重挑战的"贤内助"[②]。

自2015年4月中期协发布《期货公司互联网开户规则》,带期货公司站到了"互联网+"的风口上,一年多以来,有相当一部分公司已经将互联网作为辅助工具加载到期货业务前端。借鉴"互联网+期货"的模式,风险管理公司可以与互联网电商平台建立合作关系。

一方面,借助电商平台,集中发掘更多小微企业客户群,电商平台可以根据小微企业在风险管理公司的融资情况,增设企业信用评分,建立更加完整的评价体系,交易双方可以选择更加合适的对手进行合作。

另一方面,风险管理公司可以利用互联网平台收集的客户数据,形成庞大的数据库,利用基础数据分析挖掘客户潜在需求,并提供相应的产品服务来匹配客户的个性化需求;根据客户在互联网平台的买卖行为、资金数据和交易数据,分析客户

---

① 阙燕梅,2016年。
② 张田苗,2015年。

个体情况，筛选相匹配的产品，提供更精准化的金融服务。

（3）行业协会

行业协会作为市场价经济发展的必然结果，代表了本行业全体企业的共同利益，具有非政府性、自治性、中介性。行业协会是政府与企业之间的沟通媒介，同样也可以成为风险管理公司与企业之间的沟通桥梁。一方面，行业协会对本行业企业的基本情况了解全面，可以为风险管理公司提供信息数据支持；另一方面，行业协会可以与风险管理公司合作组织开展风险管理知识的相关培训，提升企业的风险管理意识。

综上所述，在新模式下，风险管理公司的加入能够对小微企业的原材料价格风险进行管理，使小微企业的资金流动性得到满足，有利于提升小微企业对该网络平台的黏性；而借助网络电商平台的小微客户群，可以使风险管理公司更加集中地开发小微企业；行业协会的加入，则使风险管理公司可以对小微企业的运营情况有更好的了解，而对于行业协会，该模式有利于增强行业协会在行业内的地位与作用。

新模式初期，鉴于调研反馈的小微企业对风险管理手段并不熟悉，而大中型企业对风险管理服务相对接受程度高的情况，风险管理公司可以与网络平台合作，为该平台的卖家提供期权、库存等方面的价格风险管理服务，从而从卖方角度稳定物价，从源头上将小微企业的买入价格进行了风险管理。由于交易的便利性，以及价格的相对稳定性，小微企业可以量需而购。对于融资方面，风险管理公司可以为小微企业提供基本的抵押贷款，还可以与网络平台合作，以小微企业的相关交易数据为信用贷款的审核指标进行参考，为小微企业进行信用融资服务。另外，对于融资前后风险管理公司可以通过行业协会获取当地小微企业的日常生产经营情况，作为风险预警的一个指标。借助网络平台和行业协会，风险管理公司可以为该模式下的买方卖方提供相关的风险管理培训活动，增强各类企业的模式拓展。对于母公司具有现货背景的风险管理公司也可以根据自己的实力情况开发自己的电商平台，从而为小微企业进行价格风险管理以及融资一体化的服务。

该模式发展成熟且小微企业的活跃度增加之后，风险管理公司可以从需求大的产品型号开始着手尝试提供较为规范的大众化价格保险，也可针对特定企业的特别的风险管理需求提供"量身定做"的个性化产品。

归总而言，该模式的开展主要分为两个阶段：初级阶段，受业务规模的限制，风险管理主要是借助电商平台为小微企业提供融资渠道，并进行相关风险管理知识的普及；成熟阶段，通过电商平台为小微企业提供融资、价格风险管理的多样化的风险管理服务。

依托小微企业所在的行业、商圈、产业链进行风险管理，是小微企业风险管理和长远发展的根本，其控制模式是将个体放入其所在的行业、商圈、产业链，通过产业环境、发展趋势、竞争形势、群体特征的综合分析，开发特定行业的金融风险管理服务方案，满足该行业小微企业的实际需要。整体开发有助于风险管理公司广泛运用交叉验证、确保信息的真实有效性，真实的信息是正确分析和降低风险的前提。

（二）可行性分析

1. 优势

（1）新合作模式适用性

2015年国务院提出积极推进"互联网+"行动，逐步形成了互联网平台与传统行业深度融合的社会新形态，成熟的发展模式也为其他企业做了表率。互联网平台使传统业务从线下到线上，实现了电子商务化和运营精细化。互联网平台提供了在线操作交易等服务，使商务化越来越精细。通过后台的大数据分析和整合，能够更加快速地获得交易信息、理清供求关系、判断行业趋势，并迅速对市场价格等问题做出反馈，提升效益。

近年来，以中国制造网为代表的综合类电商平台和以中国化工网为代表的行业类电商平台，整合业内资源，为国内企业采购商、制造商、供应商、出口商等提供行情信息、产品信息，帮助买家和卖家实现高效而便捷的在线商务活动，是国内著名的B2B电子商务网站，不仅树立了其行业内的领先权威地位，也为其他尚未开展互联网电商平台的行业树立了典范。实践证明"互联网+"模式适用于中国经济大环境。

互联网电商平台既是小微企业的交易聚集地，又是小微企业信息的信息聚集地，将分散、隐蔽、不对称的信息整合分析，转化为完整、真实、有时效性的信息。这些大数据信息是考量小微企业信用的重要指标，也是风险识别的基础。作为考量小微企业信用的重要指标，脱离了传统金融贷款严苛刻板的信用评价体系，互联网平台的大数据信息可以形成独特的更加适合小微企业的信用评价体系与记录机制，促使小微企业树立和强化履约意识和信用意识，更为风险管理公司开展融资业务提供了信息参考，便于风险管理公司识别并管理风险。

风险管理公司可以为小微企业提供资金支持，解决其融资难、融资贵、融资渠道少等问题。与传统商业银行贷款不同，风险管理公司通过仓单回购、仓单质押等业务，解决小微企业资金流问题，不受传统金融贷款业务的信用评价体系限制，不受小微企业资金规模、经营期限等条件限制。

与此同时，电商平台可以获得风险管理公司缴纳的征信引用费用，但是与网络电商平台的合作需要密切的沟通与联系，因而对风险管理公司的业务跟进程度有一个较高的要求。风险管理公司要进行长久的保持互动，通过电话、邮件、微信等方式加强日常沟通，采用实地拜访、召开咨询会等形式加强联系，可以选择座谈会或者大讲堂等形式，为客户提供价格风险管理等业务指导，开展咨询与讨论，拉近距离，更有效地为客户服务。

小微企业具有产权和经营权高度统一、产品或服务种类单一、规模和产值较小、从业人员较少、利润微薄或者处于创业成长阶段等特点，这些特点造成了专业人才的流失和专业技术的缺乏,并导致小微企业的平均存活率低,无法与市场价格大幅波动抗衡,发展受到制约。

风险管理子公司可以在为小微企业提供融资的同时提供相应的价格风险管理,从而间接地为小微企业的资金流的稳定性提供保障。风险管理公司开展基础业务和创新业务,解决资金临时周转不畅的问题,维持小微企业稳定性发展;解决仓单分配地区性的存在与客户需求个性化不匹配之间的矛盾,降低各类成本;为小微企业提供套期保值方案和实际操作,对抗原料或产品价格的剧烈波动;提供基差交易操作平台,引导小微企业期限套利赚取稳定收益。风险管理公司的参与,解决小微企业面临的财务风险和经营风险,大大提高其在行业内的竞争力。

同时,风险管理公司虽然没有"金融机构"之名,但却有金融监管之实,其会计审计都需要由具有证券资格的会计事务所进行审计,审计标准高于一般贸易企业。期货公司应当于每季度结束后 10 个工作日内,向中期协报送风险管理子公司的季度报告,包括主要财务状况、经营情况;期货公司应当于每年度结束后 4 个月内,向中期协报送风险管理子公司的年度报告,包括经审计的会计报表和审计报告、运营情况、自律规则执行及内部制度执行情况。如此强大的监管力度让参与风险管理公司业务的小微企业吃下一颗"定心丸"。

行业协会的加入,一方面能够维护企业权益,保护行业利益,充分发挥协调作用,小微企业与行业协会建立长期而稳定的合作关系能够提高其成长性;另一方面,给小微企业的风险管理认识的宣传提供了风险管理公司集中接触小微企业的途径,使风险管理公司对服务的小微企业的运营情况有更加全面与及时的了解,对小微企业的违约又多了一环防范环节。同时,各省市同类行业协会之间互访沟通和交流合作,更促进了协会之间的信息沟通和区域协助,在风险管理方面发挥积极领导作用。

(2)期货行业背景支持

价格是市场机制的核心要素,市场对资源配置的决定性作用取决于价格信号,期货市场通过公开、公正、高效、竞争的交易运行机制,形成了具有预期性、连续性、公开性和权威性的期货价格,从而引导企业通过套期保值规避风险,促进企业稳健经营。我国期货市场经过理论准备与初步试验阶段、试点发展阶段、规范与调整阶段、恢复与发展阶段四个阶段,软件设施日趋完善,形成了以期货交易所为核心的较为规范的市场组织体系。

风险管理公司大多都是期货公司的全资子公司,设立风险管理子公司的期货公司均是传统竞争中实力较强企业,风险管理公司的各项业务离不开期货交易市场,依托期货公司的业务经验、专业技术及人才、资金及客户储备,拓宽了期货公司的原有业务范畴,期货公司的品牌优势、客户资源为风险管理公司的各项业务打下坚实基础。期货公司对风险管理公司的绝对控股,使风险管理公司具有风控意识并能够合理处理自身风险。

期货行业协会作为期货行业的自律性组织,监督检查协会会员的执业能力,维护会员的合法权益。协会组织开展的期货研究，推动了业务创新，创造了更大的市场空间和发展机会。期货行业协会针对风险管理公司在不同行业开展的业务进行规范管理、监督检查，同时牵头并联合其他行业协会，开展期货市场知识宣传和投资者教育，有针对性地向不同行业的小微企业提供个性化、专业化的知识培训，让小微企业更快更全面地了解并掌握风险管理知识，合理利用期货市场规避风险。期货行业协会与其他行业协会之间的合作不仅为风险管理公司和小微企业搭建沟通桥梁，更促进实现"1+1>2"的共赢效应。

各省期货行业协会组织省内期货公司风险管理子公司，为遴选出的有风险管理需求的小微企业开展合作套保、仓单服务、定价服务、基差交易等提供专项风险管理服务。小微企业甚至可以考虑组团享受行业协会安排的会计师服务等，既能保证服务的专业性，也能节约小微企业成本。

三大期货交易所在期货合约设计时，要适当考虑到便于小微企业参与。在合约和制度的具体设计中，根据行业企业实际情况，有针对性地设计制度、流程和相关参数，体现对产业的服务。例如，鸡蛋期货合约设计中体现了贴近产业需求、保障食品安全、严控运行风险的原则，在充分考虑我国鸡蛋行业生产地域分散、平均养殖和贸易规模小等现实条件的基础上，形成便于"小微"企业参与的设计方案。

当前，国内宏观经济增长持续放缓，大宗商品、原材料价格剧烈波动，小微企业面临的发展环境比较困难，中国证监会稳步推进商品期货期权品种创新，近期推出了白糖期权、豆粕期权，为小微企业管理价格风险提供有效工具。

依托期货公司、期货行业协会的风险管理公司，在期货行业各成员的协作配合下，开展各项基础业务以及发展创新业务都具有强大的技术支持和业务支持，发展前景不容小觑。

相较于龙头企业服务小微企业的原有模式，新模式将拓宽服务对象的范围。另外，行业协会的加入将降低整个服务小微企业的风险，而风险管理公司对风险的管理更加专业化，不仅能够解决小微企业的融资问题，而且能够有效地为小微企业提供价格风险管理。

2. 劣势

银行等传统金融机构具有网络、客户基础优势，机构网点数量多，覆盖面广，有利于将触角延伸到周围的小微企业，而且贷款业务是银行的优势业务范畴，在长期的业务开展中已经积累形成了一套规范的流程体系，对服务小微企业过程中的风险了解得更加全面。与银行等传统金融机构相比，期货公司风险管理子公司还比较年轻，对小额贷款方面的经验毕竟不足，在资金实力以及服务小微企业的风险承受能力各方面优势也不突出，而且市场对风险管理子公司的认识并不足。想要打开服务小微企业这一市场，风险管理公司在提升自身的专业技能的同时还有许多的宣传准备工作要做。

风险管理公司在业务方面普遍处于摸索起步阶段，控股股东有商品现货贸易背景的公司不多，风险管理公司有成立时间短、贸易流量小、增信手段单一等问题，以及既熟悉期货又熟悉现货的跨界人才短缺、场内对冲风险工具相对缺乏、机构间市场活跃程度低、政策束缚和法律体系等问题①，依旧制约着期货风险管理公司的发展。不可否认的是，期货风险管理公司因为其交易形式多样，贴近实体企业个性化需求，未来的发展潜力不可低估。

互联网平台飞速发展，国家政策存在不确定性，未来可能面临着平台整合等因素，所以，借助互联网开展的模式也会面临很多政策上的不确定因素，会承担一定的法律风险。

行业协会是民间组织，所在合作的过程中会有不可控性，政府可以在这一合作模式中给予行业协会一些指引与约束，促进该模式的展开。

3. 机遇

国务院颁发的国发［2015］40号文件提出了"互联网+"普惠金融的新理念，指出要提升互联网金融服务能力和普惠水平，鼓励互联网与金融机构合作为大众提供丰富、安全、便捷的金融产品和服务，更好地满足中小微企业、创新型企业和个人的投融资需求，规范发展网络借贷和互联网消费信贷业务，利用大数据发展市场化个人征信业务，加快网络征信和信用评价体系建设。所以，互联网服务小微企业是未来的发展趋势。搭乘政策快车有利于风险管理子公司未来业务的开展，而且风险管理子公司已成立三年，具备了创新业务探索的能力，小微企业是一个高利润、高风险的蛋糕，涉足小微企业有利于风险管理公司自身业务范畴的拓展。

4. 挑战

小微企业业务交易频繁，适宜在网点和电子渠道进行，小微企业的信用评估体系不健全是影响其获得贷款的一项关键因素，互联网金融大数据可以逐步弥补小微企业信用不足的缺陷。互联网金融对大数据的高度利用可以弥补小微企业信用机制的不足，通过对小微企业的身份信息、交易信息、社交信息等海量数据的有效记录和抓取，对其真实交易需求、历史交易数据和关联数据进行深度挖掘和处理，形成有效的信用评估体系，做好信用风险的定价和信用风险的控制。虽然银行也对小微企业的信息进行了一定的记录，但银行掌握的小微企业数据较为割裂，形如孤岛，不能与小微企业深度融合，无法构建有价值的信用链条。因此，互联网金融能够有效解决小微企业的信用评估难题。另外，在价格风险管理方面，期货公司的风险管理公司更具优势，因而可以发挥融资及价格一体化服务的风险管理模式。金融活动中收益与风险相对应，越来越多的市场参与者认识到价格风险管理的重要性。风险管理公司可以通过仓单服务、合作套保、基差交易等业务，为交易者防范价格风险，这是其他金融机构无法代替的。在当前产能过剩的大背景下，供给侧改革力度不断加强，相关行业产品的宏观价格更加引人注目。风险管理公司形成融资和价格风险管理一体化的服务模式具有长远广阔的发展前景。

---

① 张秋娜，2015年。

综上，对风险管理公司来说，从战略方面高度重视小微企业金融业务，可以带来多重效应。最直接的效应是，小微企业金融业务能够给企业带来盈利水平的提升。

一方面，小微企业客户资源丰富，信贷需求旺盛，风险管理公司可以"成片开发、批量授信"，达到降低业务成本、控制信贷风险的目的。从长远来看，在利率市场化稳步推进、直接融资快速发展、大型企业客户对贷款依赖度降低的形势下，小微企业金融业务是一片广阔的"希望的田野"。重视潜力巨大的小微企业金融业务，是风险管理公司打造经营特色、奠定差异化竞争优势、加快转型发展的需要。

另一方面，积极主动服务小微企业，也是风险管理公司重视社会责任的需要。国际金融危机爆发以来，金融监管部门陆续出台了多项政策措施，小微企业金融服务逐渐成为一家金融企业树立社会形象、确立行业地位的重要筹码，还在一定程度上发挥了增色业绩报告的功效。服务小微企业，还可以让风险管理公司得到一定的政策"红利"。为鼓励增加对小微企业的有效信贷投入，有关部门提出了一系列具体的激励政策：对考核达标的商业银行，其小微企业贷款可不纳入存贷比考核范围，小微企业贷款不良率的容忍度适当放宽，小微企业贷款呆账核销程序简化，效率提高，同时还准予增设机构和网点以及发行专项金融债等。

（三）风险管理公司自身风险控制手段

1. 融资方面的风险控制

（1）控制贷前风险

小微企业是整个国民经济中风险暴露比较大的一个组成部分，因此风险管理公司拓展小微企业市场，应该选择国家产业政策支持、区域优势明显、经营周期相对稳定、与大众生活密切相关、日常认知度高的行业。另外，风险管理公司可以对小微企业自身的运营、盈利、管理情况给予适当的参考比重，对于小微企业的长期趋势综合做出评定。

（2）确定合理贷款金额

确定合理贷款金额需要确保贷企业不过度负债，具备足够的还款能力。在小微企业的贷款融资过程中，违约成本包括五个方面：失去抵押品、失去企业控制权、商圈声誉损失成本、失去融资的机会成本、风险管理公司的惩罚和诉讼成本。违约获利则为贷款本金。实践表明，小微企业贷款额度在200万元人民币以内，客观和主观违约的概率都较低。

（3）确定合理还款方式

风险管理公司可以采取分期还款模式，有助于及时监控客户的偿债能力和还款表现，及时了解客户资产和财务变动，引导企业更好地规划现金流，缓解还款压力。首次还款的最长期限可设置为放款后三个月，分期模式是控制和发现风险的重要手段，有助于降低小微企业的道德风险，有助于缓解风险管理公司与小微企业之间的信息不对称。

（4）加强贷后风险管理

面对数量众多的小微企业，有限的工作人员难以支撑庞大的传统的贷后走访风险监控工作。对此，风险管理公司可以对重点区域、行业、产品、客户群与行业协会建立合作模式，提高风险管理监测的效率和风险化解处置的针对性，对违约等不尊重融资条款的企业实行永久性拒绝提供融资服务。与行业协会的合作是"双赢"的模式，风险管理公司方面可以获得现货方面的信息以及区域性的内部信息，从而做出风险控制。在行业协会方面，在小微企业的融资过程中行业协会起到了辅助作用，有利于行业协会地位的提升、行业凝聚力的进一步提升。

2. 基差交易方面的风险控制

在基差贸易中，期货风险管理子公司面临的主要风险有以下三点：

第一，商品现货估值和定价问题。由于不同企业对于现货的生产差异和成本差异，导致现货价格的公允性较难判断。第二，商品期货价格的流动性管理。当交易不活跃期货合约或者交易的期货合约由活跃变成不活跃时，使得期货端交易的流动性成本显著增加。第三，现货交易物流环节风险。其中，包括交易对手的信用、道德风险、仓储及物流的多条线、多环节的管理风险以及现货标准不一的风险。

另外，基差交易风险的复杂性、放大性等特点决定了对传统业务的风险控制方法不能完全适应基差交易的风险管理要求，所以，针对基差交易的风险控制方面，我们应该赋予特殊的风险控制手段。

加强交易环节、交易员的控制。基差交易所涉及的期货交易具有一定的复杂性，需由专业人士来操作，而企业在专业人才有限的情况下，容易出现过度依赖个别人才的情况。所以，在基差交易的操作方面，风险管理子公司应该做好相关人员的配备，并且为确保相关人员保持所需的专业素质水准以及道德水平，可建立相关的考核机制，以此来判断相关员工的合格性。

加强对风险的实时监控。基差交易对期现价格的波动格外敏感，所以风险管理子公司应该加强对交易业务的实时监控，从而能够及时识别、评估和应对风险，针对不同的价格波动情况做出相应的应对措施。

3. 仓单服务方面的风险控制

仓单服务，是指期货风险管理子公司以仓单串换、仓单销售、仓单采购、仓单质押、约定购回等方式与客户提供的仓单融通的业务行为。实践中，仓单形式往往不统一、不固定，有的表现为入库证明，有的表现为货权凭证，有的甚至没有仓单凭证，这使得期货风险管理子公司在内部管理中需要更加关注财务凭证、物权凭证的真伪、有效性，满足存在需要的证明资料，确保仓单在流转过程中顺利实现。

仓单服务业务在我国的发展时间并不长，尚未形成统一的业务规范，尤其是非标准仓单由各家仓储企业开出，格式、操作等各方面不尽相同，所以，对于非标准仓单的真实性、有效性一定要做好确认工作。对于仓单质押业务，所质仓单出现大幅贬值的情况时，风险管理公司面临对方违约的概率加大，所以仓单业务在拟定合同的时候需要建立好追偿机制，确保好公司的合法权益。

4. 合作套保方面的风险控制

合作套保,是指期货风险管理子公司与客户以联合经营的方式,为客户在经营中规避市场风险所共同进行套期保值操作的业务行为。在合作套保的过程中,风险管理子公司主要负责设计套保流程、制度、制定并执行套期保值的动作,主要的盈利点是管理费和服务费,项目的盈亏主要由客户承担。

合作套保业务是一份涉及期货与现货两个市场的业务,期货市场的价格相对比较容易获得,所以对现货市场价格的把握需要真实及时。另外,当期货市场的建仓出现亏损的时候,应该做好平仓应对准备,为防出现客户违约现象,需要事前在双方签署的协议书里列明针对客户违约的相关处理条款。

5. 定价服务方面的风险控制

场外衍生品,是指在法定交易所之外进行交易的资产衍生合约,其价值取决于一种或多种标的资产的金融协议。金融协议的类型包括远期、互换(掉期)、期权以及具备其中一种或多种特征的组合。场外衍生品由于其个性化的特点,在国外衍生品交易份额中占有重大比例,但是绝大多数场外衍生品是基于实物或者场内资产合约创设而得,这就需要利用更好的场内标的资产进行配套完善。目前,多数期货风险管理子公司是通过场内的现货指数或者商品期货价格创设场外期权,其场外交易的风险敞口通过场内市场对冲释放。由此,场内市场品种的丰富和市场化程度将直接决定场外衍生品的创设、对冲和推广难度。

场外衍生品的定价对相关工作人员的专业素质有比较高的要求,定价模型的使用,相关风险的对冲都需要专业人士来完成,所以,定价服务方面的风险主要涉及专业人员方面的操作风险、道德风险。

综上所述,风险管理子公司服务小微企业的相关业务范围主要涵盖了融资、基差交易、仓单服务、合作套保、定价服务这几类业务。考虑到小微企业相较其他规模的企业风险更大,所以除了针对各项业务的风险控制外,风险管理公司在服务小微企业的时候还需要在整个服务系统上做相关的风险控制。行之有效的风险管理组织体系,可以客观上降低风险发生的概率。风险管理公司的风险管理体系可以分三级来建立。第一级为基层的相关业务部门,第二级为风险管理职能部门,第三级为经理层和董事会。三级风险控制体系分层对业务进行防控,履行全面风险管理职责,因为风险管理子公司所涉及的业务要比期货传统业务所涉及的风险更为复杂,所以对风险控制的相关工作人员的要求需要更为严格,事前应当做好实地考察、风险识别、资信调查和信用风险评估等预估工作;事中应当关注合同谈判细节、合同审核和履约以及自身的业务操作的跟进情况等;事后应当关注客户管理、账款催收、档案管理和业务归总报告的处置。

七、总结

相对于其他传统金融行业,期货风险管理公司服务小微企业起步的确有些晚,但是风险管理公司在价格风险方面的先天优势能够为小微企业全面发展提供融资及价格风险管理的一体化的服务。参考其他国家以及国内其他金融行业和区域服务小微企业的政策支持，风险管理公司若想要在服务小微企业这个方面占据可观的市场份额，政府、交易所，以及风险管理公司自身可参考以下几个方面的建议进行发展规划。

（一）设立违约担保基金

小微企业融资难主要还是因为金融机构不愿意承担高风险。针对这个问题政府可以牵头将部分税收成立基金作为小微企业违约的担保基金，同时行业协会参与其中，作为风险把控的一个环节，这样，更多的风险管理公司或者其他的金融机构将更加愿意为小微企业提供融资服务。另外，针对小微企业可以进行信用管理，建立和完善信用管理体系；开展资信、授信审核和评估，搭建评估模型开展信用评级和加强应收账款管理等。

（二）设立小微企业资信系统

针对小微企业可以进行信用管理，建立和完善信用管理体系，在风险管理公司服务小微企业的过程中注重小微企业系统内的资信情况，从源头上加强对风险和自身资信重要性的认识。

（三）完善税收制度

国家虽然对小微企业的提供了税收减免政策，但是小微企业的纳税起点比较低，因而部分具备发展潜力的小微企业仍然承担着税收压力，政府可以针对不同行业设置不同的税收标准，可有针对性地扶持重点行业的小微企业。另外，国家对服务小微企业的风险管理公司以及其他的金融机构也可以提供一些适当的税收减免的政策，这样，风险管理公司服务小微企业的积极性会被调动起来。另外，风险管理公司在业务开展过程中还面临着税收不明确的问题，随着风险管理公司这一新的金融公司形态业务的不断扩大，国家应进一步确认风险管理公司的法律地位，明确各项新业务的税收政策。

（四）提高风险管理子公司员工的素质

服务小微企业过程中，只有员工掌握了相关专业知识，才能有效理解和解答客户的问题。针对具有行业集聚的区域，可以行业协会为突破口开展合作，为小微企业提供定期的风险管理业务培训，强化小微企业的风险管理意识。在服务小微企业的新模式下，进行多方、跨行业合作，所以要求员工具备良好的沟通能力以及灵活有效的学习能力。再者，服务小微企业的一个方面就是融资，相对于传统行业，风险管理公司这方面经验并不丰富，所以公司应该在这方面进行相关培训。风险管理公司服务小微企业的另外一个层次就是价格风险管理，价格风险管理所涉及的仓单服务、合作套保、基差交易、定价服务复杂性较大，对员工的专业性要求较高，所以行业内的培训与经验交流机制应该建立起来，从而确保行业业务的发展具备健康活跃的血液。

(五) 建立集中的清算平台

场外市场目前缺乏统一的清算机构，交易过程的结算公允性以及交易完成时的清算公允性容易引起争议。随着风险管理公司的规模的扩大以及业务的拓展，如果各家公司各扫门前雪，容易出现发展两极分化的现象，不利于整个行业的发展。所以对风险管理公司可以针对不同的业务分类进行清算，并定期公布行业数据信息，促进行业健康全面发展。

(六) 丰富场内期货交易品种

风险管理子公司进行价格风险管理的主要途径是将客户的风险在期货市场进行对冲与转移，而当下场内交易的品种数量有限。如果场内期货市场没有相关的期货合约，风险管理公司则会暴露于价格风险之中，或者因为过不了内部风控而错失盈利良机，所以选择交易量大、流通性好的商品设计新品种合约可以拓宽风险管理公司的业务范围。

(七) 完善相关法律制度

风险管理子公司通过互联网服务小微企业的模式，需要国家在法律上给以确认，并给予相应的规范约束与保护，面对互联网多变的局势，给予参与方以法律上的行为参考。另外，鉴于风险管理公司还处于一个业务不断创新的阶段，需要为风险管理公司提供绿色通道，针对新业务的探索提供交流互动机制。

(八) 提高风险自控能力

在信用风险方面，对交易对手的风险控制能力有待进一步提升，对交易对手资质的甄别、针对不同类型的服务对象给予相匹配的交易额度和风险敞口，通过定期跟踪交易对手资质变化以及仓库定期检查等手段提升对客户端的风险把控。

(九) 确定好风险管理公司的定位

风险管理公司属于创新型公司，相对于证券、保险、实体企业等成熟的公司类型，其实力不足，资金流不够充分。期货市场被认为是高风险领域，风险管理公司又缺乏信用积累，所以银行对其信用评级较为谨慎。而期货母公司不得为子公司提供融资与担保，所以对于仓单业务服务、合作套保等涉及较大资金流时会因资金方面的问题错失良机，应给予风险管理公司明确的定位，同时在行业的发展上给予一定的政策扶持。

综上所述，期货风险管理子公司的发展受制于成立时间短、业务量小、增信手段单调、融资渠道缺乏，以及兼备期、现货跨市场业务的人才短缺、机构间市场活跃程度低等问题。但是，期货风险管理子公司因为其交易形式多样，贴近实体企业个性化需求，未来的发展潜力不可低估。从期货风险管理子公司层面来看，期货风险管理子公司要尽力保证自身在展业过程中贴合实体经济，实现对风险的可测、可控、可承受，达到对冲风险的目的。因为期货风险管理子公司相对其服务的实体企业的净资产体量较少，增信手段单一，所以自身风险管控能力要更加专业。只有切实把脉实体企业需求，深耕细作，方能赢得实体企业通过期货风险管理子公司对冲风险的信心,唯有来自市场的信任,方能使期货风险管理子公司扎稳脚跟,茁壮成长。

参考文献

1. 陈方:"关于为中小企业提供融资服务的探索",《和讯期货》,2012年。
2. 赵晓东:"浅析期货公司风险管理子公司的盈利模式",《科技信息》,2013年。
3. 曹记森:"对冲策略下订单农业违约风险研究",《商界论坛》,2016年。
4. 徐雪桦:"仓单质押的法律问题",《法律博览》,2016年。
5. 隋航、李晶蕾:"电商时代的小微企业融资问题及对策研究",《商场现代化》,2016年。
6. 高乐懿、潘煜双:"众筹模式下小微企业融资问题探究",《商业会计》,2016年。
7. 王志瑛:"互联网金融背景下小微企业融资问题研究",《山西高等学校社会科学学报》,第28卷,2016年第2期。
8. 耿焱:"金融业如何助力实体经济发展",《唯实》,2016年。
9. 大连商品交易所:"从'龙头企业+期货'到'期货+保险':大商所不断探索服务'三农'新模式",《中国期货》,2016年。
10. 阙燕梅:"服务企业,风险管理公司快些成长",《期货日报》,2016年。
11. 张田苗:"期货风险管理公司可做'贤内助'",《期货日报》,2015年。
12. 张秋娜:"浅谈期货风险管理子公司发展存在的问题及对策",《时代金融》,2015年。

附表1　　小微企业的划分标准

行业	小型企业	微型企业
农林牧渔	$50 \leq X < 500$	$X < 50$
工业	$300 \leq X < 2\,000,\ 20 \leq Y < 300$	$X < 300,\ Y < 20$
建筑业	$300 \leq X < 6\,000,\ 300 \leq Z < 5\,000$	$X < 300,\ Z < 300$
批发业	$1\,000 \leq X < 5\,000,\ 5 \leq Y < 20$	$X < 1\,000,\ Y < 5$
零售业	$100 \leq X < 500,\ 10 \leq Y < 50$	$X < 100,\ Y < 10$
交通运输业	$200 \leq X < 3\,000,\ 20 \leq Y < 300$	$X < 200,\ Y < 20$
仓储业	$100 \leq X < 1\,000,\ 20 \leq Y < 100$	$X < 100,\ Y < 20$
邮政业	$100 \leq X < 2\,000,\ 20 \leq Y < 300$	$X < 100,\ Y < 20$
住宿业	$100 \leq X < 2\,000,\ 10 \leq Y < 100$	$X < 100,\ Y < 10$
餐饮业	$100 \leq X < 2\,000,\ 10 \leq Y < 100$	$X < 100,\ Y < 10$
信息传输业	$100 \leq X < 1\,000,\ 10 \leq Y < 100$	$X < 100,\ Y < 10$
软件和信息技术服务业	$50 \leq X < 1\,000,\ 10 \leq Y < 100$	$X < 50,\ Y < 10$
房地产开发经营	$100 \leq X < 1\,000,\ 2\,000 \leq Z < 5\,000$	$X < 100,\ Z < 2\,000$

续表

行业	小型企业	微型企业
物业管理	500≤X<1 000, 100≤Y<300	X<500, Y<100
租赁和商务服务业	10≤Y<100, 100≤Z<8 000	Y<10, Z<100
其他未列明行业	10≤Y<100	Y<10

注：X：营业收入（万元）；
　　Y：从业人员数量（人）；
　　Z：资产总额（万元）。

附表2　　　　　　　　　　小微企业的政策支持分类

财政资金支持	降低住房转让手续费受理商标注册费等部分行政事业性收费标准
	取消、停征和免征一批行政事业性收费
	促进中小企业发展的政府采购政策
	就业见习补贴
	职业培训补贴
	社会保险补贴
	中小企业发展专项资金
	免征有关政府性基金
	社保补贴
	职业培训补贴
税收优惠	金融机构涉农贷款和中小企业贷款损失准备金税前扣除
	企业吸纳就业税收优惠政策
	中小企业信用担保机构免征营业税
	自主创业税收减免
	小型微利企业所得税优惠
	免征印花税
	免征营业税和增值税
	企业吸纳就业税收优惠政策
金融支持	全国中小企业股份转让系统挂牌
	家庭农场等新型农业经营主体金融服务
	创业担保贷款及财政贴息政策
	小额担保贷款
	小额担保贷款财政贴息

中期协联合研究计划（第十一期）项目

基于"保险+期货"的农产品目标价格管理实务研究

课题研究单位：上海新湖瑞丰金融服务有限公司
　　　　　　　中国人民财产保险股份有限公司
课题研究编号：GT201603
课题负责人：李北新

引　言

2016年1月27日，《中共中央国务院关于落实发展新理念加快农业现代化实现全面小康目标的若干意见》，简称"一号文件"发布。"一号文件"发布以来，在全国范围内引起巨大反响，各大期货公司及其风险管理子公司纷纷开展"保险+期货"试点工作，期货交易所也积极落实"一号文件"，促进试点的落地。其实，在"一号文件"发布之前，上海新湖瑞丰金融服务有限公司（以下简称"新湖瑞丰"）已经在探索"保险+期货"的道路上走了两年。

新湖瑞丰自2014年开始，在大连商品交易所支持下着手玉米"二次点价+复制期权"的农产品结合期货的模式探索，其"'二次点价+复制期权'订单农业新模式"项目荣获2014年度上海金融创新成果奖二等奖。2015年新湖瑞丰开始将这一探索进一步深化，在模式中引入保险公司，形成"保险+期货"的完善体系。这一探索也获得中国证监会、农业部等有关部门的高度评价，其"'保险+期货'探索农产品风险管理新模式"项目荣获2015年度上海金融创新成果奖二等奖。在国家政策的支持和鼓励下，利用"保险+期货"模式保障农民收入的探索得以孕育，而随着试点工作的展开以及取得的阶段性成果，又再度为政策制定提供了实证依据，已然形成良性循环体系。

2015年，新湖瑞丰与保险公司合作试点了三个农产品的"保险+期货"项目（两个鸡蛋项目，一个玉米项目），均产生赔付，且赔付额远高于保费支出，在保障农民收益及对冲保险公司价格波动带来的赔付风险方面效果显著。2016年，在国家政策的支持下，新湖瑞丰继续推进"保险+期货"项目并进一步探索如何形成可复制推广的"保险+期货"模式。先后与保险公司合作开展包括广西白糖价格保险、东北玉米价格保险项目。相比之前小规模试点的鸡蛋项目和玉米项目，在规模上扩大了很多——白糖8万吨，玉米接近2万吨。目前，两个项目均已结束并已完成对农民的赔付工作。这两个试点项目都得到了政府的财政支持。参照国家在农产品产量险上的补贴比例并结合自身试点经验，我们认为政府承担保费的80%以上，剩下的由农民自行承担，是"保险+期货"这一模式能够推广的重要保障，也符合国际上农业保险的操作惯例。"保险+期货"这一新型的金融创新服务，不仅对期货公司和保险公司突破传统业务模式有重要意义，更对推动农业补贴政策改革、实现农业产业化具有非凡意义。

长期以来，国家为了粮食安全，同时保护亿万农民的利益，建立了粮食宏观调控体系，推出了多种农业价格补贴政策，比如早期的水稻、小麦最低收购价政策，之后的玉米、大豆、棉花、油菜籽、白糖临时收储政策等。伴随农民收入的增长、农民种粮积极性的提高，粮食的连年丰产以及复杂的补贴流程也逐渐显现出弊端。

2016年初国家取消了施行多年的玉米临时收储政策，体现了对农业补贴政策改革的决心。那么，有没有一种新的补贴模式，既不影响市场价格的形成，又兼顾保障农民的收益，同时还能有效地推进农业产业化进程呢？可以说，本课题的研究目标"保险+期货"，就是探索国家涉农补贴政策进行市场化转换的一个尝试。

本课题旨在研究探索"保险+期货"模式的可复制推广的条件，并讨论国家的农业补贴政策如何利用这一模式进行市场化转换。文章第一部分详细介绍了"保险+期货"模式；第二部分总结了2016年的广西白糖价格保险项目，重点论述了政府补贴的合理性和有效性，并对该项目所达到的补贴农户效果与当地原政策补贴效果进行对比，最后总结了项目经验及后续推广可提升的空间；第三部分对我国历史上的农业生产性补贴政策和"保险+期货"模式做了对比性研究，并通过两个典型的价格补贴政策——临时收储政策和"市场化收购+补贴"（价补分离）政策，结合实际数据与"保险+期货"案例进行了补贴效果对比，同时还测算了农民和政府对于保费的合理承担比例。最后，结论及建议部分提出了"保险+期货"模式后续扩大推广中各方主体需要改善的方面以及基于"保险+期货"的农产品目标价格管理的重大意义。

值得一提的是，本课题的研究对促进国家农业补贴政策改革，加速农业产业化都有非常积极的意义。如果"保险+期货"模式可以复制并推广，将对传统的政府财政补贴农业方式起到重要的补充作用。一方面可以提高政府财政资金的使用效率，增强农民收益；另一方面，可以发展农业规模化经营，促进土地的流转集中，为农业产业化做出贡献。

一、"保险+期货"模式介绍

"保险+期货"模式的基本流程（见图1）是：保险公司基于期货市场上相应的农产品期货价格，开发农产品价格险；农户或涉农企业通过购买保险公司的农产品价格险，确保收益；保险公司通过购买期货公司风险管理子公司的期权产品进行再保险，以对冲农产品价格波动可能带来的风险；期货公司风险管理子公司在期货市场进行相应的对冲操作，进一步分散风险，最终形成风险分散、各方受益的闭环。下面我们将以2015年辽宁义县玉米试点案例详细描述整个模式的运转流程。

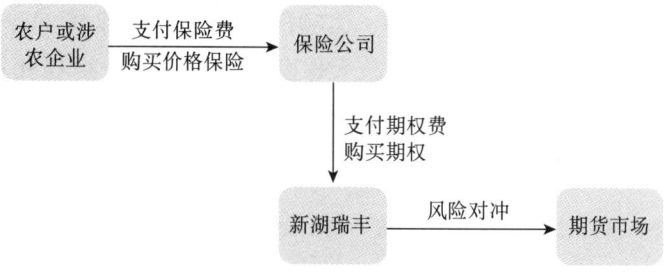

图1 "保险+期货"模式流程图

第一环节：农户或涉农企业通过购买保险公司开发的农产品价格险，确保收益

首先，保险公司根据投保农产品历史价格波动率、投保时间段、国家托市政策、地区价格差等要素，同时参考期货公司风险管理子公司的期权报价，设定阶梯形保险目标价及保费比例。以本次试点的玉米价格险为例，投保时间为 5~8 个月可选，目标价格范围为 2 060~2 360 元/吨（玉米期货 1601、1605 合约均可。选择这两个合约作为基准价格合约，是考虑到这两个合约均为新粮上市合约，能够较准确地反映新粮上市的价格波动状况），保费比例也相应地阶梯提升。

此次投保过程中，合作社经过综合考虑，最终选择在 2015 年 8 月购买玉米期货 1601 合约目标价格为 2 160 元/吨的玉米价格保险 1 000 吨，锁定了粮食的最终销售价格，并相应支付了 115 776 元的保费（115.776 元/吨）。而理赔结算价的计算，则是选取 1601 合约在 2015 年 9 月 16 日至 2015 年 11 月 16 日收盘价算术平均值，理赔金额计算公式为 Max（目标价 - 结算价，0）×1 000（元）。

第二环节：保险公司通过购买期货公司风险管理子公司的期权产品进行再保险，以对冲农产品价格波动可能带来的理赔风险

虽然保险公司收取了合作社的保费，但还是存在由于价格暴跌所带来的保费无法完全覆盖理赔金额的风险，即理赔结算价如果跌破 2 160 - 115.776 = 2 044 元/吨，则保险公司将面临亏损。实际上保险公司需要对价格保险进行再保险，至少是部分再保险，以分散风险。

在本次玉米价格险中，人保财险购买了新湖瑞丰的场外玉米看跌期权 1 000 吨产品，执行价为玉米期货 1601 合约 2 160 元/吨，到期日为 2015 年 11 月 16 日，支付了 96 552 元权利金，将其玉米价格保险的价格波动风险完全对冲（在价格险的实际运作中，保险公司也可以根据自身对风险、市场价格的判断，择时、分批地对其保单进行看跌期权对冲）。

第三环节：期货公司风险管理子公司在期货市场进行相应的对冲操作，进一步分散风险

接到保险公司的玉米看跌期权订单后，上海新湖瑞丰金融服务有限公司选择通过场内期货复制期权的方式进行对冲。具体操作过程为：通过买卖玉米 1601 合约来实现 Delta 中性的动态对冲。

该项目于 2015 年 11 月 16 日了结，C1601 在 2015 年 9 月 16 日至 2015 年 11 月 16 日收盘价算术平均值为 1 918.6 元，人保财险购买的场外期权获利 241 400 元，人保财险同时赔付给合作社 241 400 元，对比 115 776 元的保费，赔付率达到了 208%（见图 2）。

二、经验：新湖瑞丰广西白糖"保险+期货"项目总结

（一）项目背景

白糖兼具工业品和农产品特点，七成由甘蔗榨得，三成从甜菜提取。我国甘蔗

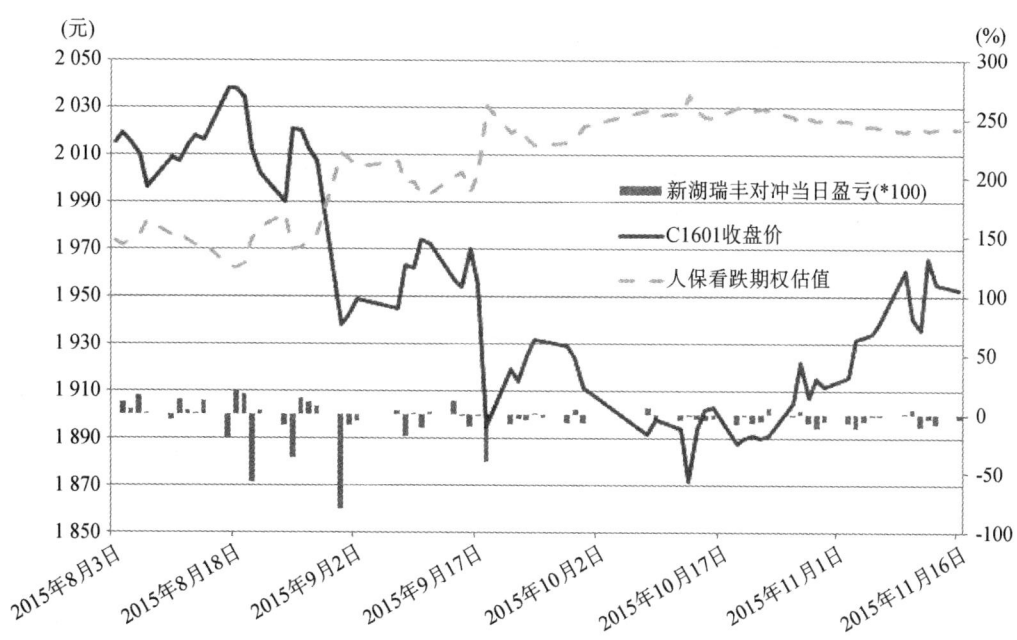

图 2　人保 C1601 看跌期权对冲效果

主要分布在广西、云南、广东等地,甜菜主要集中在内蒙古、河北等地。其中,广西甘蔗种植面积约 1 600 万亩,年均产糖量占全国的 67% 以上,是我国产糖第一大省。广西有 2 000 多万蔗农,每两人中就差不多有一人是蔗农。

在白糖基本面上,全球总体供大于需,累积了 7 000 万吨的库存。国内国储库存仍有 680 万吨,商业库存约 100 万吨,还有地方储备,所以市场供应将继续保持宽松格局。而需求面上,白糖需求通常与人口增长及 GDP 增长正相关。经济危机以来,世界经济低迷,白糖的食用需求也并不乐观。此外,白糖的价格还受到国内国际包括宏观及资金等多方面因素的影响,波动极为频繁,广大的制糖企业的经营状况存在极大的不确定性。同时,甘蔗的价格与白糖价格息息相关,白糖价格低迷导致糖厂收购甘蔗的价格大幅下降,广大蔗农的利益受到极大的损害,不得不在未来大幅减少甘蔗的种植面积,从而又助长了白糖价格的不稳定性。因此,价格风险在一定时期内是蔗农和糖厂无法有效规避的最大威胁之一。

郑州商品交易所推出了白糖期货品种,使得制糖企业有了通过金融市场规避价格风险的途径。然而,大多数蔗农缺乏金融市场的操作经验。为了更好地发挥市场力量,发挥期货的效应,依靠市场创新业务来为蔗农服务,新湖期货风险管理子公司——新湖瑞丰在开展玉米二次点价项目、玉米价格保险项目、鸡蛋价格保险项目的基础上,进一步向白糖拓展,与保险公司合作,为制糖企业、糖厂提供白糖价格保险,并由制糖企业确保甘蔗的最低收购价格,以期能够更好地服务"三农",服务实体经济。

(二) 项目开展情况

白糖目标价格保险项目的试点区域为广西,参与主体为新湖瑞丰和四家保险公司（分别为中国太平洋保险股份有限公司、上海安信农业保险有限公司、中国人民财产保险股份有限公司、北部湾财产保险股份有限公司），试点对象为广西地区糖厂和蔗农，具体为广西优质高产高糖糖料蔗基地内武鸣县、扶绥县、武宣县和自治区农垦局的蔗农以及相应的制糖企业，试点的总量为8万吨，因为现货与郑商所白糖期货有着非常高的相关性，所以选择期货合约作为标的，周期是2015年12月～2016年9月，共10个月。

具体的操作流程为：蔗农与制糖企业签订糖料蔗收购合同的同时，向保险公司购买白糖价格保险，若糖价上涨高于合同约定价格，则补贴蔗农低价卖蔗的收益损失；若糖价下跌低于合同约定价格，则补贴糖厂高价买蔗的损失。再由保险公司向新湖瑞丰金融服务有限公司购买白糖期货场外期权以对冲保险合约的部分风险，相当于对保险公司进行再保险。最后由新湖瑞丰利用较为熟悉的复制期权工具，将风险在期货市场上对冲，从而实现多方获利的局面（见图3）。

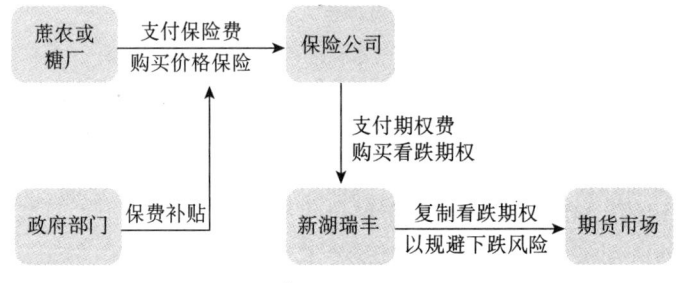

图3　白糖项目流程图

1. 保险公司与蔗农及糖厂签约及赔付情况

上文提过，保险公司与蔗农及糖厂签订保单。若糖价下跌，榨季均价低于5 400元/吨，糖厂获得赔付以保护下跌风险，价格每下跌一个档位，赔付额增加100元/吨，即价格处于5 400～5 300元/吨（含5 400元/吨）时赔付糖厂100元/吨，处于5 300～5 200元/吨（含5 300元/吨）时赔付200元/吨，依次类推。若糖价上涨，榨季均价高于5 500元/吨，蔗农获得赔付以分享上涨收益，价格每上涨一个档位，赔付额增加100元/吨，最高赔付300元/吨，即使榨季均价低于5 500元/吨，蔗农亦可获得至少60元/吨的补贴。期初，保险公司收取保费4 800万元，保费的80%由广西政府和农业部共同补贴，蔗农和糖厂分别负担10%。

保险期间广西糖网白糖平均销售价格为5 527元/吨，因此，2015/2016榨季保险公司向蔗农赔付6元/吨的糖料蔗（30元/亩除以亩均产量5吨）。我们的项目总共承保8万吨白糖，总计赔款800万元。保险公司对蔗农及糖厂每亩赔付金见图4。

2. 新湖瑞丰与保险公司签约及赔付情况

因保险公司与蔗农签订的保险条款约定了价格上涨时的赔付上限，与糖厂未约定赔付下限，留有无限下跌风险，且从基本面上来看，白糖供需稳定、偏利多，保险公司决定只对冲下跌风险，向新湖瑞丰购买看跌期权。新湖瑞丰给保险公司提供

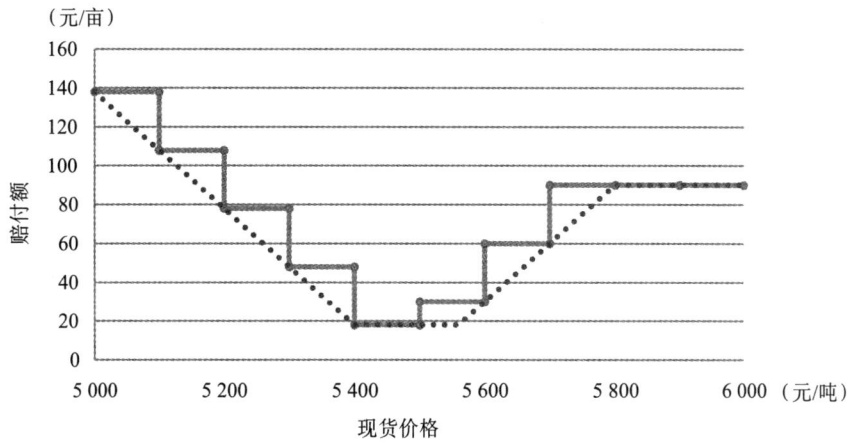

图 4　保险公司对蔗农及糖厂每亩赔付金（30 元/亩对应 100 元/吨）

的方案是一个阶梯式赔付的看跌期权，考虑期现价差以及保险公司自身意愿，行权价定为 5 250 元/吨，周期为 2015 年 12 月至 2016 年 9 月，共 10 个月，结算价格以周期内相应白糖期货合约的日平均收盘价为基准，到期时结算价低于行权价 100 元/吨以内（包括 100 元/吨）赔付 100 元/吨，结算价低于行权价 200 元/吨以内赔付 200 元/吨，依次类推。其中，价格标的以郑州商品交易所提供的白糖期货主力 1 月、5 月、9 月合约价格为参考依据。图 5 是期权方案的赔付图，横轴为白糖期货价格（元/吨），纵轴为赔付额。

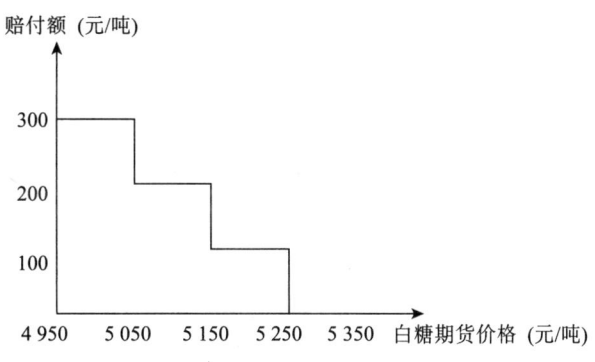

图 5　新湖瑞丰对保险公司赔付

目前，白糖项目已经结束。由于项目开始后，白糖期货一路上行，到期结算价格 5 653.48 元/吨，高于行权价格 5 250 元/吨，根据双方签订的看跌期权条款，新湖瑞丰对保险公司不发生赔付。

（三）项目补贴效果

本次白糖项目实现向参保的蔗农赔付 6 元/吨糖料蔗，累计赔付超过 800 万元。相比其他蔗农，参与糖料蔗价格保险的农户每亩获得额外 30 元的保险赔付，按照大户种植 50～80 亩测算，扣除 18 元/亩的保费，每户可增加净收益 600～960 元，按 2015 年广西壮族自治区农村居民人均纯收入 9 467 元、户均 3 人计算，可提高

2%~5%的家庭纯收入。此次试点项目在保障蔗农种植收益方面达到了良好的效果。

（四）项目中政府补贴的合理性和有效性

糖料蔗价格保险试点创新了"保险+期货"的风险分散模式，试点方案经自治区财政厅、农业厅、发改委、物价局、工信委、糖业局、双高办、保监局、4家保险公司等前后6次会议商讨。2016年1月，自治区唐仁健副主席主持召开了全区糖料蔗价格指数保险试点工作动员部署会议后正式启动该保险的试点工作。主要目标是通过该风险分散方式，为平抑糖价波动探索可持续的运作模式，化解糖价下跌对蔗农收益产生的影响，考虑在糖价上涨的情况下，通过保险补偿农民部分种植收益。试点项目中80%的保费来自中央及地方政府补贴，下面对补贴的合理性和有效性做进一步论述。

1. 合理性

对于政府补贴的合理性有以下几点理由。

（1）国家政策的支持

2014年，我国启动了东北和内蒙古大豆、新疆棉花目标价格改革试点，积极探索粮食、生猪等农产品目标价格保险试点，提倡"价格直补"的新政策。2016年又正式取消玉米临储政策，全力支持市场定价，主张"价补分离"的新型补贴模式。2016年发布的中央一号文件第25条提到"探索建立农业补贴、涉农信贷、农产品期货和农业保险联动机制""稳步扩大'保险+期货'试点"，对于"保险+期货"的扩大试点给予了政策支持。白糖项目就是对中央政策的积极响应。

（2）蔗糖业在广西壮族自治区的经济支柱地位

蔗糖业是广西壮族自治区经济的支柱产业，也是涉及本区"三农"的重要课题之一。蔗糖业涉及全区两千多万蔗农及56个县（市、区），且广西49个贫困县中有36个县是靠种植甘蔗解决农民的温饱问题的。因此，从国家层面到自治区政府层面都非常重视蔗糖业以及蔗农的收益情况。白糖的价格和农民的收益直接相关，因此，平抑白糖价格波动对于保障蔗农和糖厂的收益是非常关键的。

（3）金融工具的运用能消除糖价波动对农民收益的影响

此次糖料蔗价格保险试点是平抑白糖价格波动的一个尝试。我国白糖是市场定价导向，平抑糖价波动对于期货公司和保险公司来讲无法实现，这需要国家政策的干预。那么，既然无法左右糖价波动，又要保证农民和制糖企业的收益，期货公司和保险公司能做的就是，通过使用金融工具，结合保险和期货这两种金融产品，帮助农民和糖厂规避糖价的波动风险，保障他们的收益。

（4）中央及地方政府财政对农业保险保费补贴的固有预算

一直以来，我国对于农业保险的补贴标准并不低，虽然不同的地域补贴有所差别，但一般不会少于保费的60%。据查，根据《广西壮族自治区2014年预算执行情况和2015年预算草案的报告》，2015年广西计划安排农业保险保费补贴资金预算为3亿元，其中，作为广西农业龙头的蔗糖业保费补贴必然占据不小的份额。当然，传统农业保险补贴多是以灾害险实现。但是，价格险的推出也是国家政策和市场发展的必然趋势。2016年1月24日广西壮族自治区第十二届人民代表大会第五次会议，公布了2015年自治区实际筹措保费补贴金额是6.68亿元，用于支持政策性农业保险创新发展。毫无疑问，此次试点的糖料蔗价格保险符合政策性农业保险创新，而我们新湖瑞丰运用期货对糖料蔗价格险进行再保险则避免了保险公司推出价格险的后顾之忧。此次试点项目保费的80%由中央和地方财政补贴，体现了中央和地方对于价格险和"保险+期货"模式的大力支持。

（5）蔗农种植收入微薄，政府补贴是项目落地的重要基础

蔗农的收益受种植成本、土地成本、甘蔗产量以及市场价格等多方面因素影响。据调查显示，广西2015/2016榨季甘蔗亩均净利润为260.69元/亩，1吨白糖对应3.33亩蔗田，也就是说1吨白糖蔗农盈利868.1元。但是，上榨季亩均亏损28.06元，亏损约93.44元/吨。事实上，蔗农的收益盈亏不稳定且收入微薄。白糖项目是2015年12月开始启动的，根据行情及波动率测算，保险公司购买期权需要支付的权利金是339元/吨，再加上保险公司其他经营成本，保费将超过蔗农的平均种植利润，让蔗农独立承担保费是不现实的。因此，政府补贴的加入铸就了项目落地的基石，也侧面保障了农民的收益。

2. 有效性

（1）政府补贴保障了白糖价格保险的顺利推出

白糖项目中政府补贴的一个核心作用就是使项目得以顺利落地。此前，虽然国家层面已经意识到农产品价格保险的重要性，而且中国保监会也在积极推动保险公司创新，但在我们的实际操作环节中，迟迟难以落地，其中一个重要原因就是，对保险公司而言，存在由于价格暴跌导致保费完全无法覆盖理赔金额的风险，特别是价格险的理赔概率要远远高于其他险种。这一点，在2015年部分地区试行的生猪价格保险由于猪肉价格暴跌出现大面积巨额理赔、保险公司生猪价格保险业务大量亏损的情况中有很深刻的体现。所以，保险公司需要对价格保险进行再保险，至少是部分再保险，以分散风险，而期货公司风险管理子公司则正好通过期货市场可以给保险公司提供再保险平台。

既然保险公司的赔付风险可以找期货公司风险管理子公司来对冲，那么理论上讲他们可以无后顾之忧地推出价格保险险种了。但是，保险的直接购买者是农民，上文也提过，他们无力独立承担价格保险的保费支出，根据国外发达国家的经验，农产品保险是一种国家补贴型保险，即国家补贴农民大部分保费。政府补贴保费为白糖价格保险的推出提供了最后的保障，也顺应了传统农业补贴模式改革的大趋势。

（2）保险方案完全覆盖农户风险且达到增强收益的效果

让我们回顾一下农民与保险公司签订的保单。农民对于卖糖时机把握不准，不卖担心将来白糖价格下跌面临损失，提前卖又害怕未来糖价上涨错失收益机会。通过与保险公司签订糖料蔗价格保险，提前以市价5 400元/吨卖掉白糖库存，未来如

果糖价下跌,则有最低18元/亩(60元/吨)的赔付,糖价上涨有最高90元/亩(300元/吨)的赔付。期初保险公司收取保费4 852.6万元,承保8万吨白糖,每吨保费606.6元,政府补贴485.28元/吨,农民支付60.66元/吨,正好等于农民能获得的最低赔付,相当于农民没有支付任何保单费用。

　　下面我们看看606.6元/吨的保费给农民带来了什么样的保护。假设农民没有签订保单,糖价下跌将给农民带来巨大损失。据统计,在糖价服从正态分布情况下,根据其平均波动率20%计算,白糖价格一年内下跌10%、20%、30%的概率分别为25.76%、10.87%、2.89%。而正态分布实际上还低估了这种极端事件发生的概率。根据我们观察过去10年白糖价格的数据,以上的概率分别为30%、12.7%和1.4%。以签约时市价5 400元/吨为基准,对于政府补贴485.28元/吨、糖价不同下跌幅度下农民收到补贴效率见表1。

表1　　　　　　　　糖价下跌不同幅度对应补贴效率

	下跌幅度(农民损失)		
	10%(约540元/吨)	20%(约1 080元/吨)	30%(约1 620元/吨)
下跌概率(正态分布)	25.76%	10.87%	2.89%
补贴效率	111.28%	222.55%	333.83%
下跌概率(历史数据)	30%	12.7%	1.4%

　　如表1,当糖价下跌10%、20%、30%时,农民将遭受540元/吨、1 080元/吨、1 620元/吨的损失。假设糖价服从正态分布,农民遭受上述损失的概率分别为25.76%、10.87%、2.89%,而根据白糖历史数据来看,农民遭受超过500元甚至上千元损失的概率还要更大。通过签订保单,这些风险得到了规避,相比政府支出的补贴485.28元/吨,糖价下跌10%时补贴效率为111.28%,且下跌幅度越大,补贴效率成倍增加。

　　另外,糖料蔗价格保险不仅为农民覆盖了下跌风险,还能在糖价上涨的情况下增强农民收益。考虑到保险产品主要目的是保障农民的基本种植收益,同时从节省保费的角度出发,保险合约设计为价格上涨赔付封顶的结构。从前文可知,行情上涨时农民可获得最多90元/亩也就是300元/吨的收益。相比政府补贴485.28元/吨,农民所受补贴效率最高可达61.82%,也是相当高的补贴程度了。

　　实际白糖项目结束时,糖价略微上涨,为5 527元/吨,农民得到101元/吨的赔付款项。值得关注的是,我们不能单单以这个数据来衡量白糖保险项目的价值,而要综合看其是否解决了农民的卖糖烦恼,保护了农民存糖可能存在的巨额下跌风险,同时也保留了价格上涨时农民的获利空间。整体来看,白糖保险项目在糖价上涨的条件下,基本实现了补偿农户种植收益的目标。

(五)项目亮点及后续推广可提升空间

1. 亮点——增加了保险的受益主体

　　我们之前所做的农产品价格保险试点,包括保险公司推出的农产品险种等,受益方一直是单一的,即农户。而这次我们与太平洋保险合作的糖料蔗价格保险,则是对白糖价格波动造成的损失给予的赔偿。通过设置合理的糖料蔗目标价,保障了蔗农基本的种植利益,提高了蔗农的种植积极性。同时,对糖价有一定的托底机制,确保糖厂能持续经营,从而维护整个产业的平稳发展,这种方式是以前没有出现过的。

这种模式是值得推广的,因为其建立了白糖平均销售价格与糖厂支付蔗农糖料蔗收购价格的联动机制,既规避了糖价大幅下跌时造成糖厂巨额亏损因而无法支付蔗农糖料蔗收购款的风险,又让糖厂提前锁定成本,蔗农提前确保了种植收益,实现了糖厂和蔗农的双赢局面。

2. 障碍及建议

(1) 保险目标价格制定

农产品价格保险的目标价格是保险产品的核心要素之一,也是农民或合作社在购买保险时最为关注的要素之一。目标价格的设定,在美国实行的是可变价格,即利用未来期货合约在某个月份的均价作为目标价格;在中国,目前较为可行的应该是固定价格,这个价格应该将农民的种植成本及基本收益考虑入内,同时兼顾国家的相关收储政策。在本次试点项目中,由于农民投保时已处于白糖榨季期内,目标价格依据投保时白糖现价确定,未能充分地保护蔗农从种植季到压榨季期间的价格波动风险。因此,目标价格的制定还需要更进一步探索,应该说,如果能在甘蔗种植季之前公布收储政策,将更有利于目标价格的合理制定,从而更好地保护农民利益,并能够起到通过价格机制调控农民的种植品种选择的作用,希望国家有关部门能够考虑。另外,我们希望政府在农村农业互联网和农业大数据方面能有所推进,进而提供一个实时现货价格采集的来源,这样能对目标价格的制定起到关键的指导作用。

(2) 保单签订与期权购买的衔接

本次试点项目中,由于监管审批涉及金融衍生品而周期拉长至 5 个月、财政补贴资金 9 月下旬才实际到账等原因,场外期权实际购买时间较保单签订时间晚了约 5 个月,其间保险公司承担了巨大的价格风险。所幸,在此期间内糖价震荡上行,使得期权购买成本大幅下降,使目前保险公司赔付成本及经营成本较预期有较大幅度降低;反之,若糖价一路下跌,期权购买成本亦将大幅上涨,甚至远远超过保险公司收取的保费总额。因为期权价格与标的价格紧密相关,而保费价格又建立在期权价格的基础之上,所以从签订保单到期权购买之间仍存在一定的风险,如何使二者更紧密的衔接,从而最大限度地降低风险,还需要进一步的探索。

我们建议可将某一地区、某一品种的价格保险做法模式化,方案报中国保监会通过后持续运作 3~5 年,除非期间出现重大变更不需要每年向监管部门申报。这样可以提高效率,避免错过合适的入场时机。

三、过去财政对农业生产的补贴政策和现在"保险+期货"模式的对比性研究

（一）过去财政对农业生产的补贴政策介绍

1. 农业生产性补贴历史

按照时间来看，我国农业支持和农业补贴政策发展大体可以分为三个阶段。

第一阶段，1949~1978年，高度集中的农业生产管理阶段。总体上，财政对于农业生产支持的政策资金投放渠道固定，国家严格管控农产品价格，在20世纪50年代，对国营拖拉机站点实行"机耕定额亏损补贴"，是这段时期农业补贴政策的一个尝试。

第二阶段，1978~2003年，逐步放开农产品市场的阶段。国家改革开放后，在家庭联产承包责任制的刺激下，大幅度调动了农民生产积极性。这段时期的农业补贴政策以流通环节补贴为主，如补贴粮食收购、储备企业等。20世纪80年代后期，开展了耕地占用税。

第三阶段，2004年至今，国家全面放开粮食收购和销售市场，逐步形成农民直接补贴和价格补贴结合的补贴体系。逐步设立了种粮直补、农资综合补贴、良种补贴、农机购置补贴等生产性补贴政策，出台了水稻、小麦最低收购价政策及玉米、大豆、棉花、油菜籽、白糖临时收储政策。此外，设置了农村最低生活保障补助、农村医疗救助补助、农村危房改造试点补助资金等困难救济补贴政策。另外，还有家电下乡补贴、汽车摩托车下乡补贴等多种多样的保障补贴。

同时，财政方面在全国范围内推行税费改革，取消农业税、屠宰税、牧业税、农业特产税等，减轻农民负担。

2014年，全国取消棉花临时收储政策；2016年，国家发展改革委在东北三省和内蒙古自治区将玉米临时收储政策调整为"市场化收购+补贴"的新机制，实行9年的玉米临时收储政策被取消。

2. 农业生产性补贴的成效

2010年以来，中央持续加强各项支农惠农政策，"三农"支出方面，涉及层面较广，包括以"粮食直补""良种补贴"为代表的农业生产性补贴。总体来看，农业生产性补贴的成效有以下几点：

（1）农林牧渔业总产值不断提高

在各类强农惠农补贴政策的支持下，进一步调动了农民种粮积极性。

（2）保证了农业生产面积，促进了农业增产

数据显示，全年粮食种植面积11 334万公顷，继续保持稳步增长。近几年，我国粮食种植面积非常稳定，处于缓慢上涨的状态（见图6）。

2015年全年粮食产量62 144万吨，比2014年增加了1 441万吨，增产2.4%（见图7）。其中，夏粮产量14 112万吨，增产3.3%；早稻产量3 369万吨，减产0.9%；秋粮产量44 662万吨，增产2.3%。全年谷物产量57 225万吨，比2014年

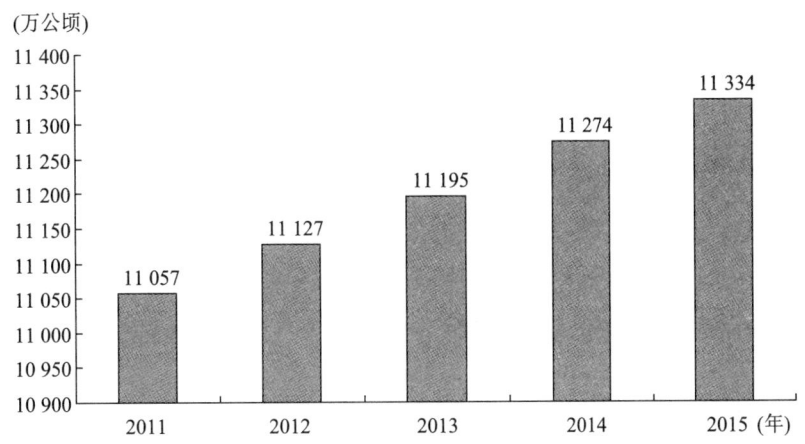

图 6　2011~2015 年我国粮食种植面积情况

资料来源：国家统计局。

增产 2.7%。其中，稻谷产量 20 825 万吨，增产 0.8%；小麦产量 13 019 万吨，增产 3.2%；玉米产量 22 458 万吨，增产 4.1%。

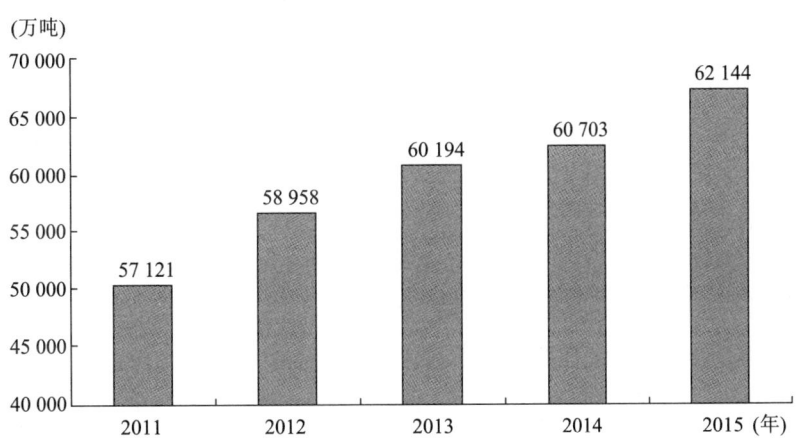

图 7　2011~2015 年我国粮食产量情况

资料来源：国家统计局。

(3) 增加了农民收入

在增加农产品产量的同时，提高农民收入水平是体现农业生产性补贴成效的重要方面。2001~2009 年，从农村居民人均年收入来看，从 2001 年的 3 307 元增至 2009 年 7 116 元，9 年时间，人均年收入翻了一番。全国农村居民人均纯收入来看，2009~2015 年，农村居民人均纯收入自 2009 年的 4 761 元，增至 2015 年的 11 422 元，增长率超过 130%（见表 2）。

表 2　　　　　　　　　2009~2015 年农村居民纯收入情况　　　　　　　单位：元

年份	农村居民人均纯收入
2009	4 761
2010	5 919
2011	6 977
2012	7 917
2013	8 896
2014	10 489
2015	11 422

资料来源：国家统计局。

（4）提高了农业现代化程度

农业生产性补贴的实施，推动了农业现代化和机械化的发展。以农机购置为例，补贴政策的实施，大幅度降低了农民购买和使用农业机械的成本，激发了农民购买和使用农用机械的热情，也带动了农民增加投入，从而提高了农业综合生产能力。

3. 农业生产性补贴的弊端

因本课题主要研究的是基于"保险+期货"的农产品目标价格管理，这里主要讨论农产品价格补贴的一些弊端，最典型的农产品价格补贴就是临时收储政策。以下列举了临储政策运行以来积累的问题。

（1）扭曲市场价格

我国 2004 年和 2006 年起对稻谷和小麦在主产区实行最低收购价政策，在 2008 年对玉米、油菜籽、棉花等大宗农产品实行临时收储政策。在几乎逐年上涨的托市收购和临储价格支撑下，国内农产品价格与国际上出现了"倒挂"现象。

（2）进口替代品大量涌入

据海关统计，2014 年我国累计进口高粱、DDGS 和大麦分别为 578 万吨、541 万吨和 541 万吨，合计 1 660 万吨，比 2013 年增长 919 万吨，增幅 124%。这三种原料均可替代玉米作为饲料原料。同时，作为玉米深加工的竞争产品——木薯的进口量是 856 万吨，同比增加 18%。

（3）增加下游企业的用粮成本

国家给予收储企业巨大补贴，收购费 50 元/吨，保管费 86 元/吨·年，烘干费用约 100 元/吨（通过扣量），仓储利息约 120 元/吨·年，仅上述费用合计约 350 元/吨，占粮食成本的 15% 以上。此外，国家在拍卖环节还要顺价销售。据测算，国家从收购农民玉米开始到拍卖，最终到加工企业的成本增加，最高能达到 700 元/吨以上，占企业用粮成本的 30%。

（4）加剧了产业的不均衡，阻断了产业链

国家托市政策只倾向于储备环节，将玉米加工行业排除在外；面对执行国家收储任务的中小粮库，玉米加工企业明显是弱者，承受着成本上的巨大压力，多次出现国储玉米库存高企、企业加工无粮可用的难堪局面。2014年1月《华夏时报》报道过黑龙江规模以上88家大豆加工企业中，因无粮可用已有超过九成的企业停产。

（5）库存压力巨大

近几年，玉米临储收购接近"天量"，临储库存压力持续增强。7年内临储累计收购总量在22 695.76万吨，2014年临储拍卖成交量2 594.5075万吨，2015年，截至9月，临储拍卖成交量在557.4138万吨。2009年玉米跨省移库192.96万吨，定向销售576万吨，2010年跨省移库1 152.4万吨，定向销售60万吨，2012年跨省移库量927万吨，2013年跨省移库量950万吨，2014年跨省移库量950万吨。从以上数据来看，预计我国临储玉米库存剩余量约为15 685万吨，库存压力不言而喻。

高粱、大麦、酒糟蛋白进口数量见图8、图9、图10。

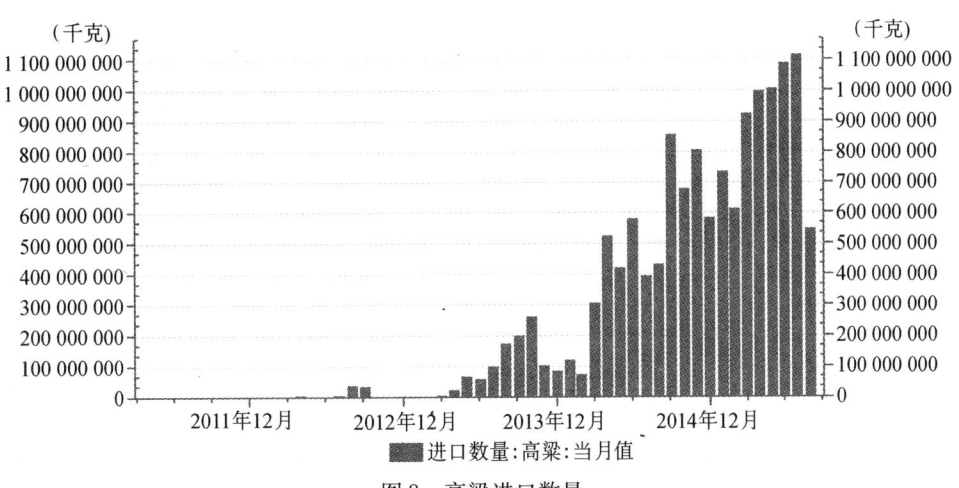

图8　高粱进口数量

资料来源：Wind资讯。

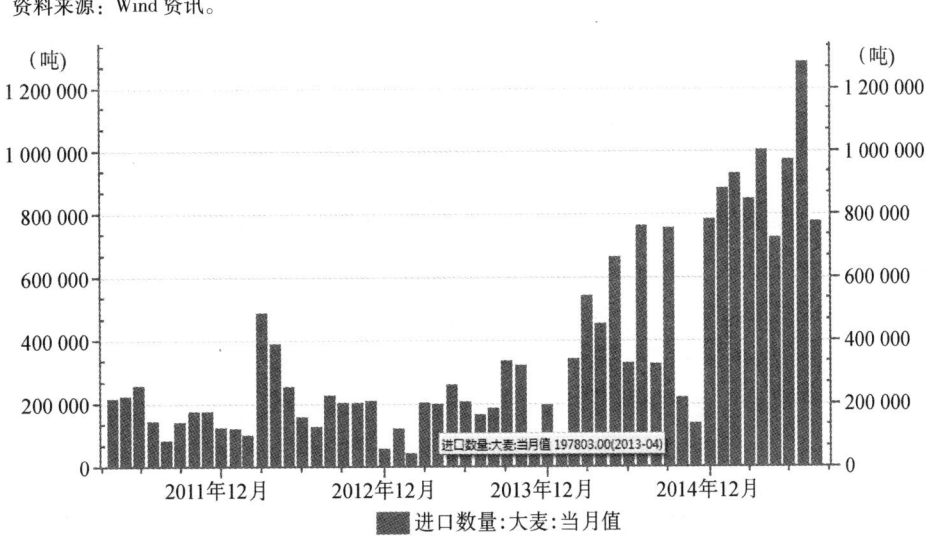

图9　大麦进口数量

资料来源：Wind资讯。

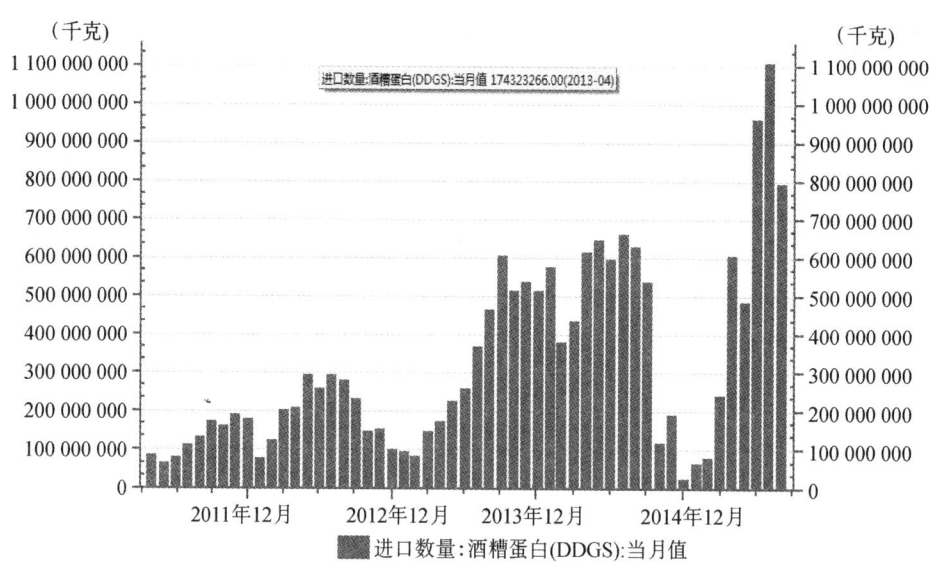

图10 酒糟蛋白进口数量

资料来源：Wind 资讯。

（二）实例研究：过去粮食补贴政策与"保险+期货"模式的补贴效果对比（玉米）

"保险+期货"模式的核心是规避价格波动的风险，以实现帮助农民对农产品目标价格进行管理。因此，在本部分针对"保险+期货"模式与过去地方财政的农产品补贴政策的对比研究，将侧重于比较两者对于农民的受惠程度。

1. 粮食收储政策

2007年以来，国家在东北三省和内蒙古自治区实行玉米临时收储政策，在保障农民利益提高其种粮积极性、保护国家粮食安全方面发挥了重要作用。但是，随着市场供需结构的变化，这一政策逐渐显现出弊端。考虑到对于农民的实际补贴效果，似乎不是非常乐观。

我国之前的粮食价格补贴是由国营粮食购销企业按规定的、高于市场价的保护价敞开收购农民的余粮，再由政府对国营购销企业给予补贴。这种通过国营粮企间接性补贴农民的补贴效率比较低。根据财政部测算，我国价格补贴的效率仅为14%（发达国家为25%），即国家投入1元钱，农民仅能受益0.14元。据北京大学国家发展研究院徐远副教授撰文，粮食补贴真正到达农民手里只有很少部分，以人均按2亩地计算，稻谷、玉米、小麦一年补贴分别为126元、620元、220元。即使补贴最多的玉米，三口之家的劳动力一年受惠也仅仅不到两千元，比不上去城镇打工一个月的收入。这种形式的补贴由于中间环节损耗没有很好地达到保障农民收益、提高其种粮积极性的目的。不管是民营的粮食加工企业还是种粮的农户，普遍认为补贴的差价大部分惠及国营购销企业，他们受惠甚微。

2. "市场化收购+补贴"（价补分离）模式

2016年初国家取消了玉米临时收储政策，改为"市场化收购+补贴"（价补分离)的形式,这种改革对于玉米价格市场化和提高补贴效率作用明显。临储政策取消后,往年虚高的玉米价格得到回落,且直接把补贴款通过惠农"一卡通"系统打入农民存折账户,简化补贴流程,降低补贴款项在中间环节的损耗,提高了补贴效率。2016 年财政部拨付给辽宁省玉米生产者补贴资金共 599 108 万元,要求全省各县财政部门于 10 月 31 日前完成补贴发放工作。据辽宁财政厅公布数据,截至 2016 年 10 月底,全省 111 个实施玉米生产者补贴政策的县区,已下达县区资金 50 亿元,占财政部拨付资金的 83.33%,其中,除了部分未完成补贴金额核算地区,其他地区补贴资金兑付额占已下达资金的 99.5%,基本上下达到县区的资金能够完全落到农户手里。这种直接补贴农户的方式很好地提高了补贴效率,可达到 83%。

但是,这种直接补贴玉米生产者的方式还是存在实际操作的问题,主要有两方面。首先,按规定补贴对象应为合法耕地上的玉米实际生产者,也就是实际种植者或承包人。一般乡镇的做法是通过土地流转合同来界定谁是承包户,但农村的土地承包现状是超过九成是口头协议,并没有签订土地流转合同,如果没有合理的裁决方式,很容易引起农户和承包人之间、农户与发放补贴的区县政府之间的纠纷,且有可能最终补贴款没有到达真正种植者的手中。其次,补贴面积的准确核算也存在困难。补贴面积采取由玉米实际种植者自行申报,政府核查确认的方式,类似于过去目标价格补贴的面积核算。农民往往为了能多拿补贴而多报种植面积,过去屡屡出现农民上报的补贴面积大于政府核算面积的情况。

总而言之,在"价补分离"补贴模式下,玉米价格可以充分市场化,同时,农民能拿到一定数额的补贴款。这种模式通俗地讲起到了"锦上添花"的作用。在市场价格比较好的时候,农民一方面能以较高价格卖粮,同时又能收到补贴款增加收入。这与国家政策希望保护农民种粮的积极性的意图是分不开的。

3. "保险+期货"模式

以前文提到的辽宁省义县玉米试点为例。2015 年 8 月农村合作社向人保财险购买 1 000 吨玉米下跌价格保险,周期 3 个月,共支付 115 776 元保费。同时,人保财险以同样条款向新湖瑞丰进行再保险,支付权利金 96 552 元,完全对冲赔付风险。2015 年 11 月 16 日到期赔付时,因玉米价格下跌,新湖瑞丰赔付人保财险 241 400 元,人保财险赔付合作社 241 400 元。假设该试点的保费由政府财政全额补贴,可以计算补贴效率为 208%(241 400/115 776),补贴效果非常好。

以上为实例对比,虽然效果很好,但存在偶然性,为了使结论更具普遍性,下面我们将从价格分布的角度对补贴效率进行情景分析。上例中玉米期货入场价为 2 060 元/吨,行权价 2 160 元/吨,项目周期内波动率为 16%,假设玉米期货价格服从正态分布(见表 3)。

表3　　　　　　　　　　　玉米案例的赔付额分布情况

到期玉米价格（元/吨）	概率（%）	赔付额（元）	赔付额期望值（元）
下跌超过入场价	50	100 000	
下跌至少 σ（329.6）	15.87	429 600	118 780
下跌至少 2σ（659.2）	2.28	759 200	
下跌至少 3σ（988.8）	0.13	1 088 800	

如表3，正态分布假设下，玉米案例的赔付期望值为118 780元，可以计算补贴效率为102.59%（118 780/115 776），补贴效果依然非常好。

另外，"保险+期货"模式产生的赔付是保险公司通过最初与农户签订的保单进行针对性赔付，保单是耕种土地的农户或合作社根据自身规避价格风险的需求签订的，同时保险公司会对购买保险的农户资格进行限定（实际种植者才能投保），所以最终是实际生产者获得赔付款保障自身收益。

总而言之，"保险+期货"模式对农民来讲可以起到"雪中送炭"的效果，它的价值更多地体现在市场价格极端不利于农民的时候。当遭遇极端风险时，农民卖粮难或者说亏本卖粮，如果他们投保了农产品价格险，市场价格和投保价格之间的差额可以得到赔付，这对于农民来说意义重大。

（三）农民和政府对于保费的合理承担比例测算（玉米）

2015年，辽宁省玉米种植面积是3 441万亩，2016年全省调减玉米种植面积200万亩，为3 241万亩。辽宁省玉米常年亩均产量为448.76公斤/亩，可以计算2016年辽宁省玉米总产量为1 454万吨。2016年国家财政部拨付给辽宁省玉米生产者补贴资金为599 108万元，除以当年全省玉米总产量，相当于412元/吨。

全国各省玉米种植面积及产量见表4。

表4　　　　　　　　　　　全国各省玉米种植面积及产量

地区	2015年单产（吨/公顷）	2014年单产（吨/公顷）	同比增减（%）	2015年播种面积（万亩）	2014年播种面积（万亩）	同比增减（%）	2015年总产量（万吨）	2014年总产量（万吨）	同比增减（%）
山东	6.72	6.16	9.09	4 500	4 440	1.35	2 016	1 823	10.59
河北	5.2	5.65	-7.96	4 800	4 755	0.95	1 664	1 791	-7.09
河南	5.8	4.05	43.21	4 982	4 932	1.00	1 926	1 332	44.59
黑龙江	6.27	6.58	-4.71	8 569	8 183	4.71	3 582	3 590	-0.22
辽宁	6.13	6.13	0.00	3 441	3 362	2.36	1 406	1 374	2.33
吉林	7.58	8.63	-12.17	5 250	5 177	1.42	2 653	2 978	-10.91
其他	5.623	5.41	3.88	23 598	23 243	1.53	8 846	8 388	5.46
全国	6.01	5.90	1.86	55 140	54 092	1.94	22 093	21 276	3.84

资料来源：天下粮仓网。

据测算，三个月的玉米价格保险保费如表5（取到期前一个月均值为结算价格）。

表 5　　玉米保费测算

目标价格/入场价（%）	保费（元/吨）
85	2.85
90	10.52
100	61.85
110	172.95
115	243.84

如表5，以平值为例，三个月的玉米价格保险的保费为61.85元/吨，为2016年财政部拨付给辽宁省的玉米生产者补贴的15.01%，约为1/5。当然，如果从补贴农民这个政策出发点来考虑，价格险的目标价格往往比较高，此时保费相对较贵，比如上表中目标价超过入场价的15%，保费为243.84元/吨，约占补贴资金的59.18%。可以说，在节省政府的财政支出方面，"保险+期货"模式是"价补分离"政策的一个比较有效的补充方式。玉米生产者补贴政策是2016年国家取消玉米临时收储政策后的代替政策"市场化收购+补贴"中的直接补贴部分，是为了补贴农民可能因为玉米价格市场化后遭受价格下跌的损失。而我们的"保险+期货"模式正好可以帮助农民在市场经济中规避价格下跌风险，只需要付出一定的保费。可见，如果政府拿出一部分玉米财政补贴预算投入到玉米价格保险中，利用金融市场去消化价格波动风险，既节省了财政支出，又能达到补贴农民的效果。

如上文所言，由于市场价格受多方面因素影响，持续不断变动，农民购买价格保险的时候期货市场的价格可能低于目标价，此时保费会比较多，我们认为保费补贴由中央财政和地方政府（包括省市县区）共同承担比较合适。同时，为了使整个生态更健康，农民也应该自担一小部分。我们过去的试点项目，包括其他风险子公司的项目，一般是农民自担保费的三成左右，剩下的由政府补贴。而其他的农业保险，比如玉米种植保险，农民自担部分为20%。为了维护农民的利益，同时扩大规模，我们认为农民及合作社应承担保费的10%~15%，剩下的由中央财政和地方财政共同补贴，采取中央补贴、省市配套，以及农户自缴的方式是比较合理的。

四、结论及建议

"保险+期货"是一种市场化的新型农业补贴模式，在不影响国际贸易公平的情况下，能起到稳定农业生产和农民收入，促进合作社农技推广和规模经营，最终推动农业产业化进程的积极作用。通过总结对比，我们得出"保险+期货"模式在财政资金利用效率和农民受益程度以及对整个农业产业化发展都成效显著的结论。可以说，该模式是目前已显现出弊端的农产品价格补贴政策的一种有效的补充。当然，在我们对这一模式进行探索的过程中，也遇到了一些困难。下文将提出在"保险+期货"复制推广中存在的障碍和改善建议。

（一）"保险+期货"模式在提高政府财政资金的补贴效率方面成效显著

农业保险支持政策是国家农业补贴政策的重要组成部分，虽然存在各种各样的原因，农产品价格险目前在我国基本处于缺失状态，但不可否认，农民在生产经营过程中面临着相当大的价格波动风险。另外，目前我国价格补贴政策存在一些问题，比如近两年退出历史舞台的棉花、玉米临时收储政策以及价格补贴政策改革在持续发酵中，发展创新型的价格补贴模式很有必要。

本课题通过总结新湖瑞丰与保险公司合作的白糖价格保险项目，对过去及现行的价格补贴政策与"保险+期货"实际案例进行对比性研究，发现"保险+期货"模式确实在提高政府补贴效率方面成效显著。通过对白糖项目进行情景分析，我们看到了"保险+期货"模式对于价格风险管理的价值，它真正做到了对冲掉各环节参与主体的风险，同时还保留了农民获得额外收益的可能性。最后，我们希望各方共同努力创造条件，稳步扩大"保险+期货"试点，通过期货市场来分散农产品价格风险，推动农业补贴政策向市场化转换。

（二）在复制推广"保险+期货"模式中可改善的建议

1. 国家政策层面

（1）国家政策中明确对价格保险的保费补贴比例

首先，近年国家政策方面逐渐加大了对农产品保险支持力度。2015年农业部提出鼓励保险机构开展特色优势农产品保险，2016年中央一号文件在第25条中提到"探索建立农业补贴、涉农信贷、农产品期货和农业保险联动机制""稳步扩大'保险+期货'试点"。有了政策支持，"保险+期货"模式的各个环节参与主体才能积极大胆地参与进来。而新湖瑞丰作为"保险+期货"模式探索推广的先锋者，一路上得到了包括农业部以及地方政府的全力支持，各个试点项目的成功落地也为政策方面提供了实证依据，起到了良性循环作用。但是，包括2017年最新发布的一号文件，虽然继续鼓励推进"保险+期货"试点，国家政策方面还没有一个明确的针对农产品价格保险的补贴预算，或者明确的保费补贴比例。正如前文讨论过，农民作为微收入群体没有能力自担全额保费，要保证"保险+期货"模式稳步扩大推广，可能需要国家出台相关政策进行补贴支持。以我们的试点经验，结合农民收入的实际情况，建议农民自担10%~15%，剩下的由中央财政和地方政府进行补贴。

（2）构建政府—保险公司—期货公司之间有效的沟通机制

价格保险的保险条款中关键一条就是承保价格，它关系到保费金额以及农民获得赔付的条件。合理设计承保价格非常重要：承保价格过高，则赔付概率非常大，变成了直接补贴，因此失去了利用金融工具管理农产品价格风险的意义；承保价格过低，产生赔付的概率很小，无法做到保障农民收益这一基本出发点。而设计出合理的承保价格需要得到国家政策的指导，目前国家粮食政策发布时间基本都在收获粮食及卖粮阶段，而保险公司设计保险条款、期货公司风险管理子公司设计期权方案则要在播种之前，因此我们希望国家能考虑提前给保险公司及期货公司以指导，帮助其设计出最合理的保险条款以惠及农民。另外，新的保险险种需要报中国保监会审批，因此也希望相关监管部门与保险公司能就"保险+期货"模式形成有效的沟通机制，避免审批流程过长，错过合适的项目开展时间。

2. 交易所层面

(1) 推出更多农产品期货品种

农产品价格波动风险要借金融工具实现风险转移和分散，必须有合适的标的。以白糖为例，要管理白糖现货价格波动风险，需要借白糖价格保险和白糖期货期权（期现价格高度相关）来进行风险转移，最后在期货市场把风险分散给众多投资者，所以可交易的白糖期货是关键。期货价格是设计保险产品的重要参照物。目前，我国期货市场的农产品品种有限，比较活跃的农产品期货品种有棉花、菜粕、白糖、玉米、豆粕、豆油、棕榈油，部分有风险管理需求的农产品和农副产品还没有对应的期货品种，比如生猪等。因此，如果交易所上市新品种，将使"保险＋期货"模式可以推广到更多农产品品种上。

(2) 推出农产品场内期权

由于项目开展的时候还没有农产品场内期权，我们试点都是选择利用期货复制期权进行风险对冲。这在一定程度上提高了操作成本，同时期货合约的总容量以及交割月的流动性也对复制期权构成了影响，而这些问题通过场内期权都能得到有效改善，因此农产品场内期权的推出，将为服务"三农"，解决我国价格补贴政策问题贡献力量。

(3) 推出农产品期货指数

根据我们试点的经验，农民对期货了解程度低，大部分农民没有听说过期货，更不要说同一种期货品种有不同月份合约，不同时间主力合约不同等细节。这些不熟悉都造成我们同农民以及保险公司同农民之间的沟通障碍，进而影响"保险＋期货"项目的推进。因此，如果交易所能编制出某一品种的期货指数，农民更容易接受，将大大节省沟通成本。当然，这种期货指数最好是可以交易的，如果不能交易的话，则希望其编制方法是公开的，这样我们可以自行配比进行风险对冲。

(4) 交割制度创新促进期现走势趋同

"保险＋期货"模式作为农产品目标价格管理的一种新模式，效果跟期货和农产品现货价格走势是否相同关系密切。只有期现价格走势大体相同，才能达到用期货市场完全对冲现货价格波动风险的目的，否则存在基差风险。目前，期货市场交易的品种有些期现相关度很高，像我们的试点项目白糖达到95%，但有些品种由于现货的特殊性没有很高的期现相关度。如果交易所在交割制度上有所创新，则对促进期现走势趋同起到积极作用。

(5) 对"保险＋期货"项目提高限仓额度

目前，交易所对交易者的品种持仓进行了限额，但是考虑到"保险＋期货"扩大试点后的体量可能超过交易所的限制，因此，交易所是否能针对"保险＋期货"项目做一些限仓上的调整，比如提高限仓额度，或者将"保险＋期货"项目头寸认定为套保头寸等。

3. 参与主体层面

(1) "保险＋期货"各参与主体的培训

"保险+期货"作为一种较新的风险管理模式,市场认知度还不高。各参与主体对于这一模式的熟悉需要一个过程。同时,作为"保险+期货"的最终受益者,农民因为不了解这种市场化风险管理方式而对其有所畏惧甚至抵触的心理。因此,如果将保险、期货等市场风险管理工具及"保险+期货"模式纳入新型农民教育内容中,并对产粮大县的合作社及种粮大户进行相关知识的培训,将对"保险+期货"的推广有良好的推进作用。

(2) 建全"保险+期货"项目效果的评估体系

虽然我们过去做的"保险+期货"试点项目都实现了赔付,但实现赔付并不完全说明项目效果。同理,正如我们在白糖项目中分析的,所谓的补贴效率也不是衡量补贴效果的唯一指标。因此,如果能建立并完善"保险+期货"项目效果的评估体系,对整个项目流程中的风险管理、资金流转、参与各方受益程度等进行综合评估,将对"保险+期货"模式的健康发展有积极作用。

(3) 风险管理子公司信用风险

相对来讲,风险管理子公司的资本实力是比较弱势的,在承接"保险+期货"项目时对手方可能存在对其信用风险的担忧,这将成为推广"保险+期货"模式的又一障碍。我们建议建立中央清算平台,给风险管理子公司提供信用支持,或者其交易对手方也可以在清算平台上获知其对冲获利金额以增强对手方信心。

(三) 基于"保险+期货"的农产品目标价格管理的推广意义

以"保险+期货"为基础的农产品目标价格管理,除了能在有效规避国家价格托市政策对市场的行政干预影响的同时,为保险公司进而为农户管理价格波动的风险,保障农户种植收益之外,还有更加深远的推广意义。

1. "保险+期货"模式不受国际贸易反补贴规则约束

世界贸易组织(WTO)于1994年发布了《乌拉圭回合农业协议》,要求成员逐步开放农产品市场并减少对农业的补贴,但对与农业生产相关的农业保险则不予限制。很明显,"保险+期货"模式实际上就是一种目标价格类保险,类似于我国目前在大豆上推行的目标价格补贴。然而,目标价格补贴属于"黄箱"政策受到约束,而农业保险则归属于被提倡的"绿箱"政策,是市场经济和经济全球化条件下政府对农业经济的正常干预,符合国际贸易规则。因此,把我国目前施行的部分价格补贴政策适当地转化为价格保险的方式是值得探索的。

2. "保险+期货"模式能放大保障水平同时降低财政风险

我们的模式中,保险公司提供给农户的农产品价格保险的保费一般占保额的5%左右,这样看来放大了保障水平,同时减少了财政风险。以目标价格补贴政策为例,政府在农民种植前就公布目标价格,当市场价格低于目标价格时,政府补贴农民差额。由于市场价格的不稳定会导致政府补贴资金数额不稳定,今年补贴金额可能很大而明年又不需要补贴了。这样政府财政变动会非常大,而财政预算又是刚性的,因此容易造成很大的财政风险,对财政的冲击也非常大。

3. "保险+期货"模式促进土地要素的流转集中

小农户对风险的认识不够，对新型的避险工具接受程度低，因此，价格风险来临时其抗风险能力弱，可能遭受较大亏损，降低其种粮的积极性；而合作社或者承包大户对风险认识能力高，可以利用"保险+期货"模式抵抗风险，保存实力。这样就可以逐渐促进土地的流转，小农户可以选择通过转包、转让、入股、合作、租赁、互换等方式出让经营权，发展农业规模经营。这对于合作社的跨省跨镇发展也有非常积极的意义。另外，合作社通过价格保险锁定了卖粮价格，农户就会积极参与合作社组织的"统一"作业，有利于合作社进行农技推广。据辽宁义县桂勇合作社社长商桂勇介绍，他们的合作社计划两年内通过"保险+期货"模式，培养300带头人，每户流转100亩土地；会员达到1 000人，辐射面积6万亩。

4. "保险+期货"打开保险行业扶持农业的新思路，促进稳固产业链条发展

原有扶持农业的思路是从抵御农业的自然风险和意外事故的角度解决农户生产过程中自然风险的问题，帮助农户解决灾后恢复再生产能力的问题，从而实现供给的稳定，进而保障价格的稳定。这个模式理论上可行，但实际运行过程中并没有解决实质性问题，没有形成农户收入的保障机制，也就没有保障供给的内在机制。"保险+期货"，通过基本保障配合后续国家的补贴政策，发挥市场化利益激励机制的作用；通过保障农户的基本收入，来真正实现农产品的可持续稳定供应问题，真正做到了服务产业结构调整、保障农户利益的重要作用。

5. "保险+期货"构建了金融行业服务"三农"的新格局

农产品期货价格保险解决了传统价格保险缺乏风险对冲机制，导致其"越走越窄"的先天缺陷，能够更广领域、更大规模、更深层次地打开保险业的风险敞口，有效对接我国农业生产不断涌现的规模性风险管理需求。同时，"保险+期货"通过将保险产品与期货功能融通起来，将保险市场与期货市场对接起来，形成了从自然疫病风险到市场价格风险的多方位保障体系，为我国农村农业加快生产方式转变、加快现代化进程，提供了控险新工具。在金融行业合作服务社会上，从传统的"点"关注发展到"面"关注，真正形成金融服务"三农"发展新格局。

参考文献

1. 鲍仁："农村改革顶层设计出台　完善农产品收储政策"，2015年，来自 http://money.163.com/15/1103/08/B7FVSCKA00252895.html。

2. 财政部："2016年中央财政第二批玉米生产者补贴分配结果"，2016年，来自 http://jjs.mof.gov.cn/zxzyzf/mbjgbt/201610/t20161028_2445902.html。

3. 财政部："2016年中央财政第一批玉米生产者补贴资金分配结果"2016年，来自 http://jjs.mof.gov.cn/zxzyzf/mbjgbt/201607/t20160719_2363803.html。

4. 陈娇、蒋卫华、毛一凡、王玮："临时收储改革最全脉络梳理"，2015年，来自 http://mt.sohu.com/20151017/n423491256.shtml。

5. 董书权："辽宁省2015年度玉米种植成本与收益情况调查分析",《农业科技与装备》,2016年第2期,总第260期。

6. 广西壮族自治区财政厅:《广西壮族自治区2014年预算执行情况和2015年预算草案的报告》,2015年。

7. 广西壮族自治区财政厅:《广西壮族自治区2015年预算执行情况和2016年预算草案的报告》,2016年。

8. 广西壮族自治区物价局："广西2015/2016榨季甘蔗收购价公布",来自http://www.gxgg.gov.cn/news/2015-12/106620.htm。

9. John Hull:《期权、期货及其他衍生产品（第8版中文）》。

10. 郝小眉："我国农产品价格财政补贴支出思考",《合作经济与科技》,2009年1月号上,总第360期。

11. 黄宪、胡胜沪、许安群:"2015/2016榨季广西甘蔗种植成本收益分析及发展对策",《市场论坛》,2016年第6期,总第147期。

12. 辽宁省财政厅："我省玉米生产者补贴资金兑付工作进展顺利",来自http://www.fd.ln.gov.cn/zxzx/czxw/201612/t20161216_2621915.html,2015年。

13. 农业部:"农业部2016年农业补贴政策大全",来自http://www.tuliu.com/read-19656.html,2015年。

14. 沈士辈："对财政农业补贴政策的思考",《当代农村财经》,2015年第9期,2015年。

15. 石头："中国粮价补贴弊端",来自http://www.shengyidi.com/news/d-1905054/,2015年。

16. The Complete Guide to Option Pricing Formulas (2006 2nd ed. Haug).

17. 天下粮仓网:"2015年中国主产区玉米产量田间调查报告",2015年。

18. 王玉帅："WTO框架下中国农业补贴法律和政策研究"。

19. 徐远："粮食高度自给的代价",来自http://www.thepaper.cn/newsDetail_forward_1273525,2014年。

20. 杨伟鸽："美国农业保险发展历程及运作式",来自http://www.agri.cn/V20/ZX/sjny/201410/t20141024_4115216.htm,2014年。

21. 于海涛:《健全农业生产性补贴制度研究》。

22. 张团图："美国农业保险制度演进研究",辽宁大学,2011年。

23. 张雯："农产品价格：改革补贴政策 用高效率提高竞争力",来自http://www.nbd.com.cn/articles/2015-10-19/954325.html,2015年。

24.《中国农业保险发展报告》。

25.《中共中央国务院关于落实发展新理念加快农业现代化实现全面小康目标的若干意见》。

26. 钟春平："中国农业税与农业补贴政策及其效应研究"。

中期协联合研究计划（第十一期）项目

基于"保险+期货"的农产品目标价格管理实务研究

——农业"保险+期货"嫩江模式研究

课题研究单位：浙商期货有限公司
课题研究编号：GT201604
课题负责人：胡　军

一、绪论

（一）研究背景

国内农业政策趋向供给侧改革，价补分离，农产品价格市场定价，意味着价格波动加大，各利益主体，特别是种植户承受更大风险，利益难以得到有效保障。而如果采取传统的目标价格补贴，则财政负担将会很重。

以大豆为例，嫩江县是全国最大的非转基因大豆生产县，县域大豆年均种植面积接近700万亩，产能在105万吨水平，占到全国大豆产量的近1/10，而且黑龙江西北、内蒙古东部是当前国内非转基因大豆的主要产区，2016年大豆播种面积预计能达到3 000万~3 500万亩，产量近全国的1/3，嫩江正处于该区域的核心位置。近年来，受进口大豆的冲击，加上国储退出，国产大豆的种植收益较低，且出现了卖粮难问题，农民对种植大豆信心不足，积极性不高。

虽然当前采取了4 800元/吨的目标价格补贴政策，但对财政压力没有减轻，补贴价格与种植户实际售粮成本不符，且部分补贴没有落实。浙商期货和嫩江县政府对于"保险+期货"嫩江模式（下称"嫩江模式"）已经进行了4年的摸索：2012年提出设想，2013年模拟运作，2014年开始实际操作，2015年为2 000吨大豆提供了保护，最终为11户农户提供了近10万元的赔付，取得了良好的社会效益和经济效益，已经得到了广大种植户的积极响应。

2016年，贯彻中央一号文件关于"保险+期货"试点的精神，浙商期货和黑龙江省农委、嫩江县政府、阳光农业相互保险公司合作，获得了农业部2016年度金融支农服务创新试点项目500万元专项财政资金支持，大豆"保险+期货"试点保护规模扩大到1.45万吨，继续深入探索金融企业服务"三农"的模式。

（二）研究意义

国内农业政策改革，各方都在探索一种财政压力小、保障水平高的政策：既提高农户收入，提高大豆种植积极性，又不对财政构成太大压力。2016年中央一号文件明确指出，要把农业保险作为支持农业的重要手段，稳步扩大"保险+期货"试点。"保险+期货"模式下的价格保险试点，可以有效整合金融市场资源，将期货行业和保险行业有机结合起来，形成大金融服务于实体经济的形式，实现多赢的局面：农户能够通过参保获得价格风险保障，保险公司通过期货公司降低风险敞口，期货公司通过保险业务拓展业务领域。新试点业务的开展，为农业保险拓宽了产品线，在农业灾害保险基础上，形成了价格保险机制，农民可以多项参保，多项受益，降低了合作社的经营风险。

如果嫩江大豆能利用"保险+期货"作为手段，创新出更合理的农业补贴政策，将很容易推广到其他地方及其他品种，具有很高的可复制性和推广价值。

（三）研究思路

本课题的总体研究框架见图1。

基于"保险+期货"的农产品目标价格管理实务研究

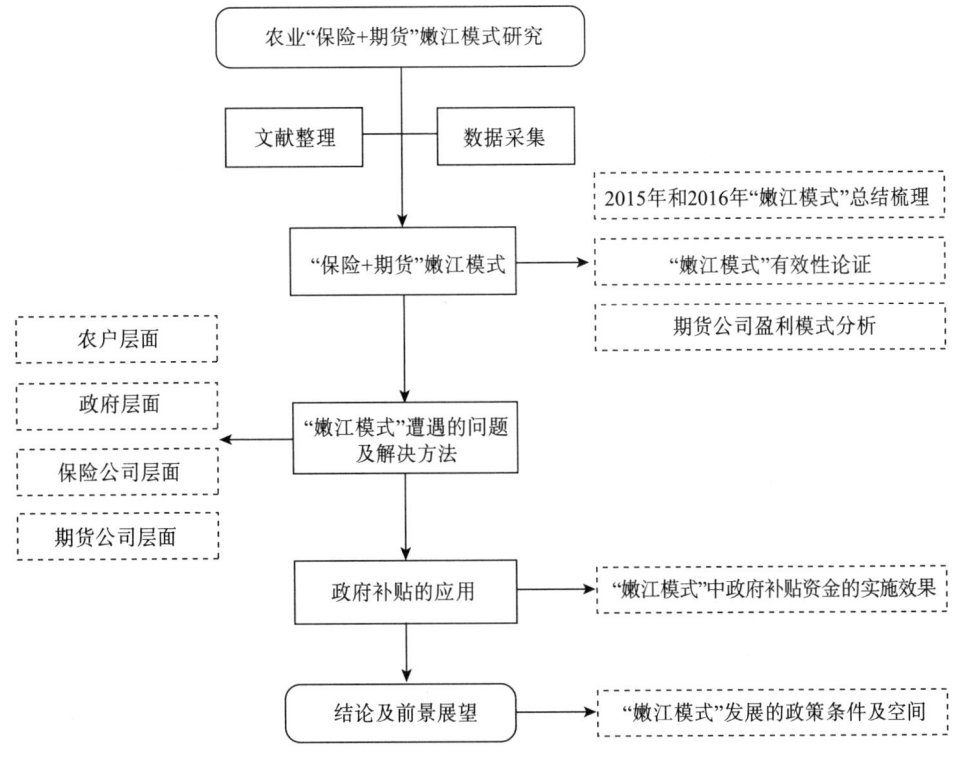

图 1 课题研究框架

对农业"保险+期货"嫩江模式的研究,本课题组将遵循以下研究思路:

在对以往文献研究进行收集整理和实地、数据库数据采集之后,课题组将主要做四个方面的研究工作。

第一,课题组将对 2015～2016 年在嫩江县的探索工作进行总结梳理,制作"保险+期货"嫩江模式的具体流程图,明确农户/合作社、政府、保险公司、期货公司、期货市场各自在"保险+期货"嫩江模式中所扮演的角色及具体作用。此外,考虑到价格风险在"农户/合作社—保险公司—期货公司—期货市场"路径上的转移,本报告将利用 VEC 模型分析当前大豆现货和期货价格的联动情况,作为对"保险+期货"嫩江模式有效性的补充。

第二,课题组还将详细剖析在两年实践经验中遭遇的一些问题及相应的解决方法,为以后更进一步的工作做好准备。

第三,在 2015 年"嫩江模式"中,嫩江县政府出资 30 元/吨作为保费补贴;在 2016 年,政府出资 121 元/吨(农业部补贴 115 元/吨,嫩江县政府补贴 6 元/吨)作为保费补贴。课题组将在先前政府补贴利用的基础上,对政府补贴的实施效果做出评析。

第四,课题组将提出严谨的研究结论,并对"嫩江模式"发展的政策条件及空间做初步探讨。

（四）研究方法

1. 调研分析法

课题组在嫩江县政府的支持下已经对"嫩江模式"进行了4年探索。课题组已经赴嫩江县调研近10次，走访当地大豆农户或合作社数十家，积累了珍贵的第一手资料。课题组将继续采取实地调研的方式，在合理设计和充分准备的基础上，选取若干典型农户、合作社、企业，通过访谈、调查问卷以及统计数据采集的方式，争取掌握更加实际、有效的研究案例和数据。

2. VAR/VEC等时间序列模型的建立

向量自回归模型（VAR模型）由Sims（1980）所提出，可以将多个时间序列变量作为一个系统进行预测。假设有两个时间序列变量 $y_t = (y_{1t}, y_{2t})'$，分别作为两个回归方程的被解释变量，而被解释变量为这两个变量的P阶滞后值，构成一个二元的VAR（P）系统。

如果这两个时间序列之间具有协整关系，则可以得到误差修正模型（VECM）：

$$\Delta y_t = \nu + \prod y_{t-1} + \sum_{i=1}^{p-1} \Gamma_i \Delta y_{t-i} + \varepsilon_t \tag{1}$$

其中，$\Delta y_t = (\Delta y_{1t}, \Delta y_{2t})'$ 是一阶差分向量，$\nu = (\nu_1, \nu_2)'$ 是截距向量，$\prod$ 和 Γ_i 是系数矩阵，$\varepsilon_t = (\varepsilon_{1t}, \varepsilon_{2t})'$ 是误差向量，可以假设误差具有正态分布，根据协整关系的表示定理（Mills，1999），存在系数矩阵 $\phi = (\phi_1, \phi_2)'$ 和 $\beta = (\beta_1, \beta_2)'$，使得：

$$\prod = \phi \beta'$$

β 是协整向量，$\phi = (\phi_1, \phi_2)'$ 是方程的误差修正系数，模型（1）可以表示为：

$$\Delta y_t = \nu + \phi[\beta' y_{t-1}] + \sum_{i=1}^{p-1} \Gamma_i \Delta y_{t-i} + \varepsilon_t \tag{2}$$

模型（2）将是本课题研究期现价格联动的主要方法。

3. 模拟分析法

本课题拟利用模拟分析法，分析在保护同等数量大豆的情况下，嫩江县实施"嫩江模式"和目标价格补贴政策各自所需财政资金，以及各自达到的效果，从而量化比较"嫩江模式"对于国家财政资金的利用效率。

（五）研究创新

实践操作和理论研究相结合：课题组自2012年开始设计保护大豆价格的场外期权产品，2013年开始模拟运行，2014年与嫩江县政府合作，实盘试点，2015年开始小范围推广，2016年扩大试点。在理论研究的基础上进行"保险+期货"模式实践操作，可以得到切实可靠的研究结果和可操作性强的政策建议。

二、文献综述

目前，中国以保障国家粮食安全为重点，初步构建了以价格支持为基础、直接补贴为主体的农业支持保护制度（程国强，2011）。价格支持政策包括目标价格补贴、最低收购价收购、临时收储政策三类政策（胡冰川，2015），直接补贴政策包括粮食生产直接补贴、良种补贴、农机具购置补贴、农业生产资料综合直接补贴四类补贴（林万龙、茹玉，2014）。当前，学界对价格支持政策和临时收储政策研究较多，针对政策所导致的效果也有诸多结论。

（一）对价格支持政策的研究

最低收购价和临时收储等各类"托市"政策无疑对保护农民利益和稳定市场起到了重要作用（贺伟，2010；王士海、李先德，2013），但多年的"托市"政策干扰了市场的价格形成机制，削弱了农产品的市场竞争力（徐志刚等，2010）。不断抬高的农产品价格也提高了下游加工业的生产成本，国内价格相比国际价格持续倒挂，"托市"政策到了难以为继的局面（黄季焜，2014）。胡冰川（2015）认为中国针对粮食、大豆、棉花等各类农产品的价格支持政策在2004～2011年期间基本有效，但该类政策的核心问题在于无法应对长期的农产品整体价格下跌与低迷，进而导致库存不断增加的局面，影响了农产品市场的稳定。黄季焜等（2015）采用分层随机抽样法对棉花目标价格改革政策情况做了分析，认为财政成本和风险巨大，容易滋生腐败现象及引发社会不稳定。

（二）对直接补贴政策的研究

农业补贴作为农业政策的重要组成部分，对其合理性及有效性的评价一直得到关注（Olga Melyukhina，2002；柯炳生等，2002；林毅夫，2003）。作为中国政府新"三农"发展战略中的一项重要政策，已有大量研究对直接补贴政策的效果展开了评估（辛翔飞、王济民，2011；种甫宁等，2008）。

周应恒等（2009）利用GTAP模型模拟了农业税的取消和"四补贴"政策的实施，发现中国粮食可以增产，农民可以增收。Vercammen（2007）的研究表明，农业补贴缓解了农民所面临的信贷约束，促使他们增加农业生产投入，从而提高产出水平（Fan et al.，2008；Gohin and Latruffe，2006）。刘克春（2010）运用Logit模型和中介变量检验，发现政府施行的直补政策提高了农户生产粮食的积极性。王欧、杨进（2014）则对贫困和非贫困地区受补贴效果做了区分，发现贫困地区受到的正向影响更大。顾和军、纪月清（2008），陈慧萍等（2010），吴连翠、蔡红辉等（2010）则从农业税减免对种植面积和化肥施用量的刺激方面得出结论。

不过，也有学者认为中国的农业补贴政策影响不显著。黄季焜等（2011）通过对6省1 064个农户的调查，认为农业补贴对粮食生产并没有产生显著影响。张淑杰、孙天华（2012）则从农业补贴效率的角度做了分析，认为中国农业补贴的效果不明显（叶慧、王雅鹏，2006；张红玉、李雪，2009）。林万龙、茹玉（2014）对2001年以来中国农民直接补贴政策体系与投入状况进行了梳理，发现中央财政对农民直接补贴的范围和投入力度日益扩大，对农民增收起到了积极效果，但其中支出挂钩型补贴所占比重较大，对于缩小农村内部农户间收入差距有着不利影响。

（三）对农产品保险及期货的研究

当前对农产品保险及期货范畴的研究主要分为两部分：一是对保险制度的探索，

以定性分析为主；二是对保险效率的研究，以定量分析为主。

1. 对农业保险及期货制度的研究

关于农产品保险及期货制度的发展，美国等西方发达国家一直走在前列。目前，美国已经建立了系统和完备的农作物保险体系：团体风险保险、多种风险农作物保险、实际产量历史保险、收益保险和单产保险。每类保险还有更加具体的险种（Dismukes，2002；张兆义等，2008）。董婉璐等（2014）论述了 2012 年美国遭遇 50 年不遇的旱灾，玉米产量大幅降低，但美国农民玉米收入显著提高的现象（Walsh，2012；Abbott，2012；Jordon，2012）。从美国现行的农业保险制度和农产品期货市场两个方面进行分析，发现在作物收益保险下，美国农民的平均玉米收入不会低于预期收入的 80%，而延迟定价合同（点价）、最低卖价合同（出售产品并买入看涨期权）、远期交易合同等各类套期保值工具的存在，为美国农民锁定较高农产品价格、稳定和提高农业收入提供了有效途径（Hanson and Pederson，1998；刘岩，2008）。张兆义等（2008）、赵长保、李伟毅（2014）剖析了美国农业保险的发展历程，论述了美国农业保险体制与框架，发现美国农业保险模式呈现以下特征：商业性保险与政策性保险相结合；农作物保险成为农业补助的主要手段，减轻了政府支出及财务负担；由商业性保险公司提供较高水平的额外保险，政府补贴部分保费。

当前，中国农业保险保费规模从 2008 年起已稳居全球第二（庹国柱、朱俊生，2014），中国农业保险与期货制度方面的研究，国内学者也给予了较多关注。庹国柱（2012）认为，当前农业保险的经济补偿作用、再分配功能得到了有效发挥，但同时制度性缺陷也逐步显露：道德风险、财政补贴大量浪费。黄延信、李伟毅（2013）则指出，当前我国农业保险存在覆盖面窄、保障水平低、赔付水平低、农民参保积极性低、政府积极性低等各类问题，认为问题的根源在于政策设计不完善、农业风险产品设计不合理、保费补贴分摊不合理，调整农业保险的政策思路、设计与时俱进的保险产品、完善保险制度应当是中国农业保险未来应当改革的要点（张兆义等，2008）。

2. 对农业保险效率的研究

Goodwin（2001）认为，不断加大农业保险补贴力度会导致政府陷入沉重的财政负担，最终不利于农业保险的发展，也不一定符合社会福利最大化原则（孙香玉等，2008），这也是中国政府近期积极开展农产品价格保险试点的原因（胡冰川，2015）。

相关研究指出，提高农民参保率不能过分依赖保费补贴比例的提高，保障水平与补贴比例的有效配合能够使保费补贴发挥最大效用（Hanson et al，2003；O'Donoqhue et al，2009；Huang et al，2013；余洋，2013）。郑军、朱甜甜（2014）通过构建生产函数模型，发现各地区政府对农业保险补贴额占当地农业产出的比率为 8.25% 时，财政补贴效率最大。

农业保险补贴的福利经济问题同样是关注热点（庹国柱，2004；费友海，2005；Glauber，2007），农业保险的财政补贴可能带来社会福利的净增加（孙香玉、种甫宁，2008；俞雅乖，2008），聂荣等（2013）从微观角度评价了政策性农业保险的福利意义及经济绩效，发现其有利于提高产出水平，但对于低收入农户的扶持效果并不明显。吴东立、张广胜（2006）和邓俊锋（2011）从农产品价格风险管理、农户与期货市场对接方面提出了相关建议。

（四）综述小结

当前，国内外对于农业保险的研究已经有诸多结论，如农业直接补贴政策的影响（刘克春，2010；黄季焜等，2011；林万龙、茹玉，2014）、农业保险及期货制度的研究（Dismukes，2002；赵长保、李伟毅；2014）、农业保险效率的研究（Goodwin，2001；孙香玉等，2008）等，但还存在以下不足。

尽管当前农业价格支持政策和直接补贴政策存在着较多弊病（张红玉、李雪，2009；张淑杰、孙天华，2012），农业保险也存在参保率低、补贴效率低等问题（黄延信、李伟毅，2013），但学界给出的解决方法以定性分析为主，从定量角度考虑给出解决方法的还较少。此外，随着2016年中央一号文件特别提出"保险+期货"模式的扩大试点，政府补贴与"保险+期货"业务相结合的具体方法的研究应该成为学界、商界研究的重要补充，这也是课题组的研究重点。

三、嫩江县大豆价格保险项目的实践情况

（一）"嫩江模式"总结梳理

浙商期货从2012年开始设计大豆场外期权产品，2013年模拟运作，2014年与嫩江县政府合作，实盘试点。2015年，经过嫩江县政府、种植合作社、浙商期货等多方的努力，"嫩江模式"得以建立，大豆价格保险项目在小范围内推广，真正实现了收费及赔付。2016年，通过与黑龙江省农业委员会、阳光农业相互保险公司合作，"嫩江模式"得到了进一步发展，大豆价格保险规模进一步扩大。

1. 2015年"嫩江模式"介绍

（1）市场推广和考察

2015年4月20日~4月23日，浙商期货课题组在大连商品交易所的支持下在黑河市嫩江县进行了为期一天的考察讲解活动，通过和嫩江县政府的接触及实地调研，课题组了解了当地农户已经参与的农业保险的实际缴费情况以及当地农户、合作社参与农业保险的积极性和对保险价格的看法。课题组还向农户、合作社、政府人员详细介绍了浙商期货"2015年大豆价格保护项目"的产品要素，商讨引导当地政府将农业补贴资金介入"大豆价格保护项目"的可行性及效果。

2015年7月6日~7月10日，浙商期货课题组在大连商品交易所、嫩江县农业局的支持安排下邀约农户，开展"大豆价格保护项目"讲解讨论会，在第一次市场推广和考察的基础上，浙商期货对嫩江县大型种植合作社负责人开展了解释交流专

场会议并与意向农户签署项目协议,确定了2 100吨的大豆价格保值数量。此外,课题组还与嫩江县政府确定了补贴资金发放的相关细节。

(2) 2015年"嫩江模式"介绍

2015年"嫩江模式"主要由政府、参保合作社、浙商期货三个主体参与运作(见图2):

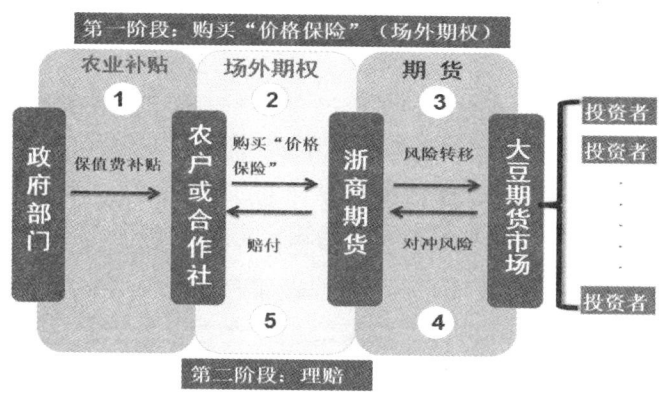

图2　2015年"嫩江模式"流程

项目操作主要分为两个阶段:

第一阶段:购买"价格保险"(场外期权)。

第一步:嫩江县政府为合作社提供保值费补贴,即采取补贴保值费的形式支持其加入市场化的价格保护项目,但不直接参与该项目。

第二步:浙商期货和参保的合作社签订实质为场外看跌期权的大豆价格保值协议:双方约定大豆保值价格。大豆种植合作社支出保值费,得到大豆价格保护。如果合作协议到期之前,期货市场价格低于保值价格,合作社可以进行点价,申请协议提前了结,浙商期货按照期货市场价格和保值价格的差价给予现金补偿;如果期货市场价格始终高于协议保值价格,则浙商期货无须向合作社进行赔付,大豆现货由合作社自行处理,协议到期自动终止,双方不涉及现货往来。

第三步:浙商期货按照协议保值价格在大豆期货市场上复制期权对冲风险,盈亏由浙商期货自己承担。

第二阶段:实现理赔。

第四步:在协议有效期内,大豆期货市场价格低于大豆保值价格,浙商期货在期货市场获利。

第五步:根据保值协议约定,浙商期货给予合作社差额价格赔付,通过购买大豆"价格保险",大豆种植合作社成功避免了大豆价格下跌带来的损失。

项目参与主体及各自职责:

"嫩江模式"项目共涉及三个主体:政府部门、农户或合作社、期货公司。

嫩江县政府负责项目统筹协调及落实保费补贴,动员大豆种植合作社参与大豆价格保护项目,介绍项目的进展情况,组织培训;农户或合作社缴纳保费,参与价格保值,以较小的代价保证了预期保值价格收入水平,避免了大豆价格下跌的巨大风险;期货公司借助期货市场完成了在服务"三农"领域的有益尝试:为合作社提供量身定制的场外期权产品,帮助合作社有效管理价格波动风险,同时利用自身的专业能力在期货市场进行风险对冲,将风险转移给期货市场投机者,规避了价格赔付风险。

(3) 2015年"嫩江模式"相关主体盈亏效果分析

2015年嫩江大豆价格保护项目要素见表1。

表1　　　　　2015年嫩江大豆价格保护项目要素

标的名称	大连商品交易所黄大豆一号合约(A1 601合约)
保值价	4 250元/吨(平值),3 700元/吨(虚值)
保值期	2015年7月8日~11月30日
保值数量	2 100吨
保值费	40元/吨,嫩江县政府补贴30元/吨,合作社自付10元/吨;3 700元/吨保值价的合同免收保值费。保值费总计收取2.4万元
理赔价	在保值期内由合作社点价确定

理赔情况:2015年8月25日~11月9日,参保合作社陆续行权,最终获得的赔付价格的算数平均价为4 129元/吨,即保值价为4 250元/吨(平值)的合同可得到平均赔付121元/吨;而保值价为3 700元/吨的合同在协议期间不产生赔付,总计赔付金额7.26万元(见表2)。

表2　　　　　浙商期货嫩江大豆场外期权试点项目情况

类型	标的合约	执行价格(元/吨)	现货规模(吨)	产品类型	赔付价格(元/吨)	权利金(元/吨)	行权日期	赔付金额(元)
平值期权	A1601	4 250	600	美式看跌	4 129	40	2015年8月25日~11月9日	72 600
虚值期权	A1601	3 700	1 500	美式看跌				未产生赔付

对参保的合作社而言,共付出了2.4万元保费,其中自付0.6万元,嫩江县政府补贴1.8万元,但获得了总计7.26万元的赔付。2015年8月24日,浙商期货提供点价窗口,开始报价服务。8月25日即出现首例合作社点价,点价价格为4 200元/吨,赔付50元/吨,60吨保值量获赔0.3万元。之后,随着A1601价格的下跌,各合作社陆续点价行权。11月9日,最后一家合作社在3 890元/吨的价位点价行权,赔付360元/吨,60吨保值量获赔2.16万元。

对浙商期货而言,收入2.4万元保费,同时通过对冲获利4.69万元,总计赔付7.26万元,因此整体略亏1 723元,考虑交易所手续费减免,略亏1 190元,整体项目保持大致盈亏平衡。浙商期货卖出看跌期权后,到期货市场进行滚动操作对冲场外期权头寸风险。其中,期货对冲手数360手,为期权头寸210手的1.71倍。

2. 2016年"嫩江模式"介绍

在2015年嫩江大豆价格保护项目成功运作的基础上，嫩江县政府和浙商期货在农业部、黑龙江省农业委员会的支持下，引入了阳光农业相互保险公司。

（1）项目进度情况

2016年3月，项目组完成2016年对冲交易团队、风控团队、市场推广团队、协调支持团队的组建，并赴嫩江县筹备2016年嫩江大豆价格保险项目。期间，项目组和阳光农业相互保险公司接洽，确定了项目合作意向。

2016年4月，项目组向黑龙江省农委递交2016年嫩江大豆价格保险项目材料并对项目做讲解，并赴北京，参与农业部金融支农服务创新试点申报及答辩。

2016年5月，项目组赴大连，参与大连商品交易所2016年"保险＋期货"试点项目申报及答辩。通过答辩，成为12个试点项目之一。

2016年6月，项目组相关成员赴嫩江县，走访当地农户并对2016年嫩江大豆价格保险项目做宣传和讲解，最终和当地22户大豆种植合作社签订项目合作意向书。6月24日，22户种植合作社与阳光农险签订保单；阳光农险和浙商期货签订场外期权协议；浙商期货开始进行项目对冲。

2016年10月，浙商期货前往大连参加2016年黑龙江省嫩江县"保险＋期货"试点项目座谈会，和黑龙江省农委、嫩江县政府、阳光农险相关负责人、嫩江县参保合作社进行了项目沟通。会议上，课题组总结了当前嫩江大豆价格保险项目的运作情况，并提出了项目运作时遇到的一些问题，如项目工作的提早准备、择价机制的引入等，还指出了今后"嫩江模式"发展前景。

2016年11月，项目到期，理赔价格确定为3 809.7元/吨，高于目标价格3 750元/吨，不产生赔付。

（2）2016年"嫩江模式"介绍

项目操作同样分为两个阶段（见图3）。

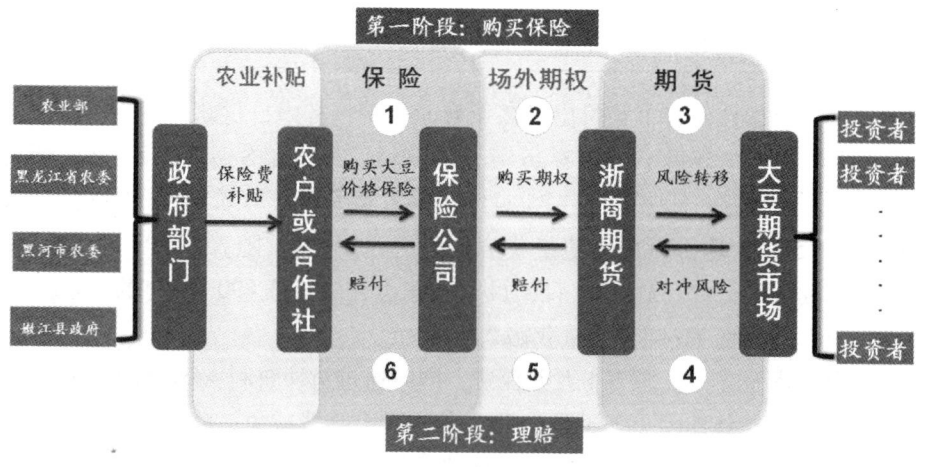

图3 2016年"嫩江模式"介绍

第一阶段：购买保险。

第一步，农户或合作社向保险公司购买保险，支付保险费，当农产品价格低于农民预期保险价格时获得补偿。

第二步，保险公司与浙商期货签订场外期权协议，向期货公司购买看跌期权，转移风险。

第三步，浙商期货利用期货市场复制期权对冲风险。

第二阶段：实现理赔。

第四步，在价格保险有效期内，大豆价格下跌，市场价格低于大豆保险价，浙商期货在期货市场获利。

第五步，浙商期货支付参与保险公司补偿，数值为市场价格低于保险价格的差额。

第六步，保险公司支付参保农户相应现金补偿。

项目参与主体及各自职责：项目参与共涉及四个主体，即政府、农户或合作社、保险公司、期货公司。政府负责项目统筹协调及落实保费补贴，动员农户参与保险，介绍项目的进展情况，组织培训；农户购买保险，以较小的代价保证了预期保险价格收入水平，避免了农产品价格下跌的巨大风险；保险公司负责提供农业保险产品，按农民预期保险价格理赔，并将风险转移给期货公司；期货公司通过在期货市场复制期权对冲风险，将风险转移给期货市场的其他投资者。

（3）2016年"嫩江模式"相关主体盈亏效果分析（见表3）

表3　　　　　　　　　　2016年嫩江大豆价格保险项目要素

标的名称	大连商品交易所黄大豆一号合约（A1701合约）
目标价	3 750元/吨
保险期间	2016年6月24日~11月30日
承保数量	14 500吨
保费	171元/吨，其中农业部补贴115元/吨，嫩江县补贴6元/吨，农户自付50元/吨；保费共247.95万元
权利金	156元/吨，共226.2万元
市场价	3 809.7元/吨（A1 701在11月份每个交易日的收盘价的算术平均价）

理赔情况：市场价高于目标价，浙商期货不对阳光农业相互保险公司进行赔付，阳光农业相互保险公司亦不对参保合作社进行赔付。

对政府而言，共支付保费补贴175.45万元，其中，农业部补贴166.75万元，嫩江县政府补贴8.7万元，组织了大豆种植合作社参与价格保险项目。

对参保合作社/种植户而言，共付出了247.95万元保费，其中，自付72.5万元，农业部补贴166.75万元，嫩江县补贴8.7万元，完成了对大豆现货的保险，积累了场外期权工具的运用经验。

对保险公司而言，支出权利金226.2万元；收入保费247.95万元，未对合作社产生赔付。

对浙商期货而言，收入权利金 226.2 万元；期货对冲亏损 124.6 万元，手续费 1.3 万元，未对保险公司产生赔付。

3. 2015 年和 2016 年"嫩江模式"的比较

在 2015 年"嫩江模式"成功运行的基础上，浙商期货、阳光农业相互保险公司、黑龙江省农业委员会及嫩江县政府在 2016 年构建了新的"嫩江模式"。2015 年和 2016 年，课题组在嫩江县大豆价格保险项目中进行两种"嫩江模式"实践，以更好地探索金融服务"三农"的模式。相较而言，2016 年的"嫩江模式"有如下两点不同。

(1) 保险公司加入，发挥前端对接优势

阳光农险是课题组在 2016 年嫩江大豆价格保险项目实践中新加入的一环，保险公司利用其行业公信力，负责前端客户对接，期货公司则负责后端的风险对冲，两者相结合，达到相互呼应的局面。从 2007 年中央财政开始实施农业保险费补贴政策以来，全国农业保险得到飞速发展，2015 年全国农业保险保费收入 375 亿元，同比增长 15.1%，提供风险保障 1.9 万亿元，受惠农户达到 2 290 万户次。由此可见，经过 10 年的发展，保险公司在农户前端对接方面有着天然的优势。在当前期货市场高度专业化、农户参与积极性低的前提下，保险公司的加入无疑对农产品价格保险规模的扩大有着巨大的推进作用。

(2) 期权策略改变，亚式期权导致无法提前行权

2015 年"嫩江模式"中，农户购买的价格保险实质上是美式期权：在保险协议有效期内，如果大豆市场价格低于保值价格，农户可以申请协议提前了结。2016 年"嫩江模式"中，农户购买的价格保险实质上是亚式期权：以 2016 年 11 月份 A1701 收盘价的算术平均价作为大豆市场价格，如果该价格低于保值价格，则农户可以得到差额补偿。美式期权的优点在于农户可以在协议有效期内任何时刻选择对自己最有利的价格了结协议，获得赔付，但缺点在于权利金较高。亚式期权的优点在于权利金比美式期权价格要低，为农户参与价格保险节省成本。此外，亚式期权定价符合保险公司的保险产品定价机制，便于保险公司加入农产品价格保险中。亚式期权的缺点在于双方的价格保险协议必须到期了结，出现有利于农户的市场价格时，农户无法提前获利。

在 2016 年嫩江大豆价格保险项目中，因为保险条款的限定，保险公司必须在协议到期后才能给予参保农户赔付，这导致出现有利于农户的市场价格时，农户无法提前了结协议，同时也使期货公司的对冲成本提高很多。

如图 4 所示，对冲标的 A1701 在项目运行期间，在目标价格 3 750 元/吨附近来回波动。如果按照 2015 年的操作模式（农户购买的价格保险实质为美式期权），则农户可以灵活点价，选择协议提前了结（例如，农户在 2016 年 9 月 5 日选择点价，按照当日的 A1701 的收盘价 3 585 元/吨，则农户可以获得 165 元/吨的赔付）。但是

如果按照 2016 年的操作模式，选择 11 月份 A1701 收盘价的算术平均价作为赔付价格，则在获利机会出现时农户无法获得收益，而且项目组的对冲操作需要从 6 月 24 日一直持续到 11 月 30 日，在耗费人力、物力的同时，对冲成本也提高了很多。

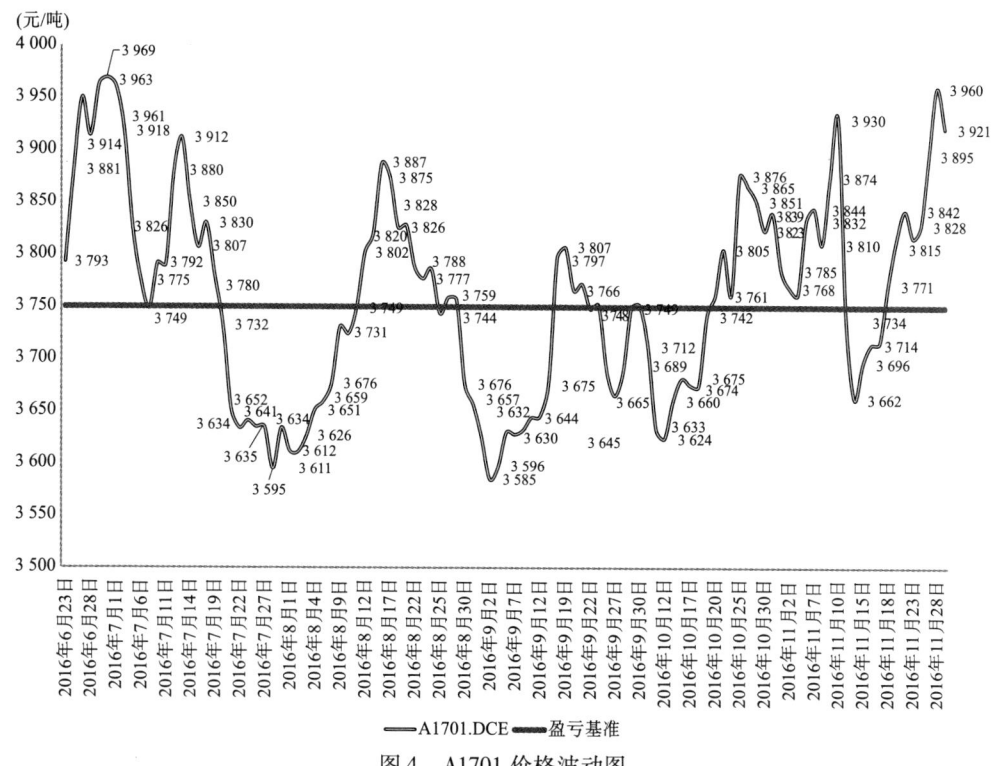

图 4　A1701 价格波动图

课题组在接下来的工作实践中将继续探索各类情况下的"保险 + 期货"模式对项目参与方的利弊（政府部门、参保农户、保险公司、期货公司），探索更加实际、更加符合各方利益的"保险 + 期货"模式，更好地开展金融服务"三农"、服务实体经济的工作。

（二）"嫩江模式"有效性论证

1. 中国大豆期货和现货价格联动性分析

课题组选取 2009 年 1 月①~2016 年 11 月的大豆期货价格和现货价格的日度数据作为联动性分析的样本。其中，大豆期货价格选取大连商品交易所黄大豆一号的期货收盘价（连续），大豆现货价格选取全国大豆现货价格的平均价。

如图 5 所示，自 2009 年以来，中国大豆期货价格和现货价格均呈现出显著的波动特征。从时序图的波峰与波谷来看，两个价格序列的趋势性表现出高度一致。其中，2013 年 3 月 12 日和 2016 年 3 月 1 日是大豆期货价格的峰点和谷点，两个时点对应的价格分别为 5 139 元/吨、3 199 元/吨。大豆现货价格的峰点和谷点分别出现

---

① 选取 2009 年 1 月作为价格联动性分析的时间起点是因为大豆现货价格的日度数据是从 2009 年 1 月开始采集的。

在 2012 年 10 月 9 日和 2016 年 4 月 15 日，各时点对应的价格分别为 4 845.79 元/吨、3 376.32 元/吨。

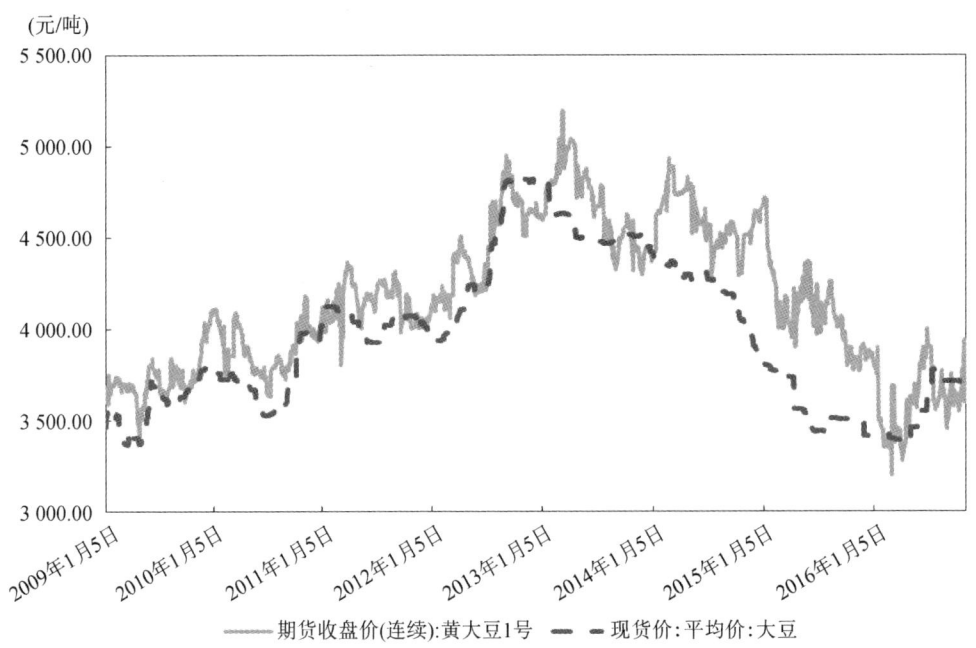

图 5　中国大豆期货价格和现货价格波动情况

数据来源：Wind。

按照波谷—波谷法①（方晨靓，2012），2009 年以来，中国大豆的期货和现货价格的波动都可以被划分成四个波动周期，两类价格序列不同周期内价格波动的起止时间、周期长度和波动幅度上均存在相似性。

表 4 给出了中国大豆期货价格和现货价格的四个波动周期。可以发现，各周期的起止时间均十分接近。从周期长度来看，大豆期货价格的四个周期长度分别为 288 天、348 天、1 039 天、141 天，大豆现货价格的四个周期长度分别为 304 天、372 天、1 033 天、137 天，周期长度基本相同。从波动幅度来看，大豆期货价格在四个周期的波幅分别为 1.22、1.20、1.62、1.20，大豆现货价格四个周期的波幅为 1.13、1.17、1.44、1.12，趋势变化和幅度大小相接近。

表 4　　　　　　　中国大豆期货价格和现货价格波动周期分析表

大豆期货价格			大豆现货价格		
起止时间	周期（天）	波幅	起止时间	周期（天）	波幅
2009 年 4 月 27 日 ~ 2010 年 7 月 8 日	288	1.22	2009 年 3 月 16 日 ~ 2010 年 6 月 21 日	304	1.13

---

① 波谷—波谷法，即通过找出时序图中两个相邻的波谷来划定一个周期的方法。

续表

大豆期货价格			大豆现货价格		
2010年7月9日~2011年12月15日	348	1.20	2010年6月22日~2011年12月30日	372	1.17
2011年12月16日~2016年4月8日	1 039	1.62	2012年1月4日~2016年4月15日	1 033	1.44
2016年4月11日~2016年11月7日	141	1.20	2016年4月18日~2016年11月7日	137	1.12

注：波幅=峰值/谷值。

上述分析表明了，在2009~2016年，中国大豆期货和现货价格存在协同波动，两类价格存在联动性，这是本课题进一步研究"嫩江模式"有效性的基础。

2. 中国大豆期货和现货价格VEC模型构建

一般分析两个变量间的相关关系时，构建一元线性方程并采用OLS估计得出回归系数是最常用的方法。但该类回归模型是建立在稳定数据变量基础上的，Engle和Granger（1987）指出，对于非稳定变量，不能使用经典回归模型，否则会出现伪回归的问题。通常，很多经济时间序列都是非平稳的，比如价格序列，那么再使用OLS估计则会使得结果有偏（陈强，2014）。

对于非平稳时间序列，可以通过差分的方法将其化为稳定序列（李子奈，2003），进一步构建向量误差修正模型（Vector Error Correction Model，简记为VEC模型），采用MLE方法做系数估计，在观察变量间长期均衡关系的同时考察短期效应，则估计更加准确有效（陈强，2014）。这是本课题构建中国大豆期货和现货VEC模型的原因，国内外诸多学者亦纷纷通过VEC模型考察各市场价格间的联系（Krolzig et al.，2002；华仁海、刘庆富，2002；方晨靓，2012）。

本课题分别对中国大豆期货价格和现货价格取自然对数，得到lx（期货价格取对数）和ly（现货价格取对数）。首先，进行单位根检验确定各自时间序列的平稳性并构建协整方程，在协整方程的基础上建立ly和lx的VEC模型，根据VEC模型的系数结果分析中国大豆期货和现货价格之间的关系。

（1）平稳性检验

根据华仁海，刘庆富（2007）、Götz et al.（2013）等人的研究方法，本课题对中国大豆期货和现货价格及其差分序列进行ADF检验（见表5）。

表5　　中国大豆期货和现货价格及其差分序列的ADF检验

时间序列	t值	1%临界值	结论
lx	-2.579	-3.430	不平稳
D.lx	-50.912***	-3.430	平稳
ly	-1.041	-3.430	不平稳
D.ly	-39.165***	-3.430	平稳

注：***，**，*分别代表在1%，5%，10%显著水平下拒绝原假设。

期货价格序列（lx）和现货价格序列（ly）均为非平稳过程，而各自的一阶差分序列都为平稳过程，由此可以认为，中国大豆期货价格序列和大豆现货价格序列都为 I（1）过程，可以构建协整方程。

（2）协整检验

非平稳经济变量间存在长期稳定的均衡关系称作协整关系，前文两类变量均为 I（1）过程构成了构建协整方程的基础，本课题选取 Johansen 检验法对中国大豆期货和现货价格做协整检验（见表6）。

表6　　　　　中国大豆期货和现货价格的 Johansen 协整检验

	H_0	迹统计量	5%临界值	最大特征值统计量	5%临界值
ly – lx	Rank = 0	23.3714	15.41	21.9542	14.07
	Rank = 1	1.4173	3.76	1.4173	3.76

包含常数项的协整秩检验结果表明，只有一个线性无关的协整向量。最大特征值检验也表明，可以在5%的水平上拒绝"协整秩为0"的原假设。由此表明，中国大豆期货和现货价格存在一个协整关系，可以构建 VEC 模型。

（3）VEC 模型构建及系数估计

经过前文对大豆期货和现货价格序列的检验，本部分构建大豆期货—现货 VEC 模型，如下所示：

$$\begin{cases} \Delta ly = \alpha_1(ly_{t-1} - \beta_{11} - \beta_{21}lx_{t-1}) + (\gamma_{11} + \gamma_{21}\Delta ly_{t-1} + \gamma_{31}\Delta lx_{t-1}) + \varepsilon_{1t} \\ \Delta lx = \alpha_2(lx_{t-1} - \beta_{12} - \beta_{22}ly_{t-1}) + (\gamma_{12} + \gamma_{22}\Delta lx_{t-1} + \gamma_{32}\Delta ly_{t-1}) + \varepsilon_{2t} \end{cases}$$

再使用 Johansen 的 MLE 方法估计该系统（陈强，2014），可以得到（表7的估计结果）

表7　　　　　中国大豆期货-现货 VEC 模型估计结果

	系数	标准误	Z 值	P > | Z |
ly	1			
lx	-1.1936	0.1321	-9.04	0.000
常数项	1 003.522			

表7中协整方程所代表是中国大豆期货和现货价格的长期均衡关系，根据表7中信息，可以将估计的大豆期货和大豆现货之间的关系写为：

$ly = -1\ 003.522 + 1.1926lx$

就是说，中国大豆期货价格每变动1%，大豆现货价格要变动1.1926%，且在1%的水平上保持显著。由此可见，中国大豆期货和现货价格是存在显著的联动关系的。下面检验中国大豆期货—现货是否存在自相关（见表8）。

表8　中国大豆期货—现货 VEC 模型自相关检验

滞后阶数	Chi2	df	P > chi2
1	10.3331	4	0.03517
2	14.0076	4	0.00727

注：原假设为模型无自相关。

结果显示，可以接受"无自相关"的原假设，进一步检验 VEC 模型系统是否稳定（见图6）。

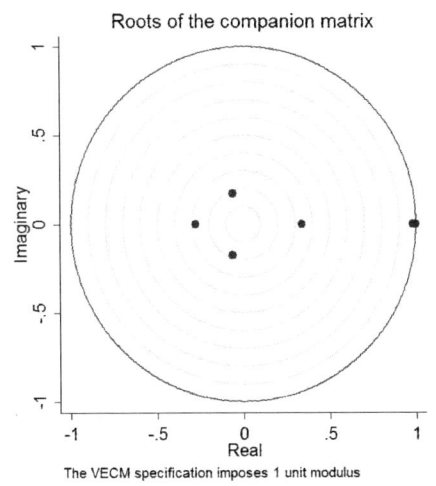

图6　中国大豆期货—现货 VEC 模型稳定性检验

结果显示，除了 VEC 模型本身所假设的单位根之外，伴随矩阵的所有特征值均落在单位圆之内，故该 VEC 模型是稳定的。

由此可见，通过上述中国大豆期货—现货 VEC 模型的构建，本课题组认为中国大豆期货价格和现货价格间存在显著的相关关系，证明了通过"嫩江模式"——采用场外期权工具为大豆现货在大豆期货市场上做套期保值，是有效的。

（三）期货公司盈利模式分析

2015年和2016年嫩江模式中，浙商期货的盈亏情况见表9。

表9　浙商期货盈亏情况分析　　　　　　　　　　　　　　　单位：元

	2015年	2016年
期权出售获利	24 000	2 262 000
行权赔付	-72 600	0
期货对冲盈亏	46 877	-1 259 145
交易手续费减免	533	0
总盈亏	-1 190	1 002 855

从目前的盈利情况来看，浙商期货2015年亏损1 190元，2016年盈利100.3万

元,总体而言,在项目正常运行的基础上,取得了良好的收益效果。

项目组认为,场外业务的核心是对期权波动率的研究,这体现了期货公司的竞争优势:通过各项场外业务的不断实践,对期权的定价、波动率的研究持续深入,场外业务项目就会产生利润,而非依靠政府及交易所的补贴资金。"嫩江模式"的成功实践,表明了农民在政府的补贴支持下购买看跌期权对现货进行价格保值的方法是完全可行的,期货公司则在这个过程中通过在期货市场上的对冲,实现了价格风险的规避。随着接下来场外业务涉及的品种越来越多,规模越来越大,是可以实现利润增长的,不仅有类似保费的收入,还有通过动态调整的收益。

盈利模式一——权利金收入。权利金收入是"保险+期货"业务收入的主要来源,2015年和2016年"嫩江模式"中分别收入权利金2.4万元和226.2万元,用于支付行权赔付和期货对冲损失。

事实上,权利金作为期货公司场外期权业务收入的主要来源,在定价方面不仅需要预测保险期间波动率的变化,还需要考虑未来的行情趋势、标的品种的基本面情况等,合理的期权定价意味着期权的买卖双方都能接受,通过对冲可以达到双赢的效果。

嫩江大豆价格保险项目已经实践了两年,从这两年的实践经验来看,如果要带动种植户/合作社加入价格保险项目,需要财政给予保费补贴(政府的保费补贴比例在70%左右)。当前,各期货公司及风险管理子公司开展"保险+期货"业务还在试点阶段,耗费的补贴资金较少,主要依靠交易所和地方财政的补贴资金。但随着价格保险规模的扩大,仅仅依靠上述补贴资金显然不够,需要国家层面的财政支持。

农业价格保险作为市场化的风险管理和社会管理手段,不仅可以稳定农民收入,提高生产者种植积极性,而且可以提高财政资金的利用效率,因此应考虑将"保险+期货"业务纳入国家财政补贴的范围,这显然是值得尝试的。

盈利模式二——期货动态对冲,即一方面通过量化技术测试,对交易关键参数进行优化选择,另一方面通过和项目组研究人员的紧密配合,调整对冲计划,适当增加或减少期货敞口,节省对冲成本。

传统的 Delta 中性策略对期权风险进行对冲,可以最大化地规避期货公司的赔付风险,但同时也意味着昂贵的交易费用,"买高卖低"的对冲方式在标的剧烈波动时期需要很高的对冲成本。相比较,项目组在2016年嫩江大豆价格保险项目中采用了期货动态对冲方法,在预判行情上升空间有限时减少对冲频率并保留一定空头敞口,在预判行情即将触底反弹时保持了适当的正敞口,并增加盘中对冲频率,由此节省了大量的对冲成本,约占净收入的63%。

盈利模式三——保险公司和期货公司合作推出收入险。收入险的推出应该是未来"保险+期货"业务发展的一个方向。当前,收入险在美国已经得到了很大的发展,2015年美国农业收入险的保费金额占总保费的比例达82%。我国目前的价格保险还是一种应对价格下跌的单方向保险,相对于国外发达的农业收入保险,还有巨大的发展空间。

四、"嫩江模式"遭遇的问题及解决方法

在经历了2015年和2016年"嫩江模式"实践后,课题组在操作过程中克服了诸多阻碍,各参与方在项目运行前后各有利益的同时也各有顾忌,课题组将从农户层面、政府层面、保险公司层面和期货公司层面四个角度做剖析。

(一)农户层面的问题及解决方法

1. 农户对农产品期货等金融工具的不理解——做好宣传工作和项目试点

在2015年嫩江大豆价格保护项目实践操作中,由于农户的文化水平较低、思想相对保守、农村的信息渠道不畅等因素的存在,导致农户对农产品期货期权等金融工具的接受程度仍然很低。为了解农户对农产品期货期权认知的实际情况,课题组对白云乡白云村、前进镇永胜村与保胜村、霍龙门乡迎丰村与新立村等五个村子进行实地调研,并采用随机抽样法进行调查。表10是五个村子的基本情况。

表10　　　　　　　　　调研乡村基本情况表

调研乡村	户数(户)	总人口(人)	耕地面积(亩)
白云乡白云村	508	2 096	25 734
前进镇永胜村	711	2 167	15 734
前进镇保胜村	415	1 545	16 009
霍龙门乡迎丰村	199	738	40 968
霍龙门乡新立村	260	1 000	40 000

资料来源:嫩江县县政府网站。

课题组在每个村子随机选取50户村民,采用面对面交流的方式了解农户对农产品期货期权等金融工具的认知情况,并将获得资料整理如图7所示。

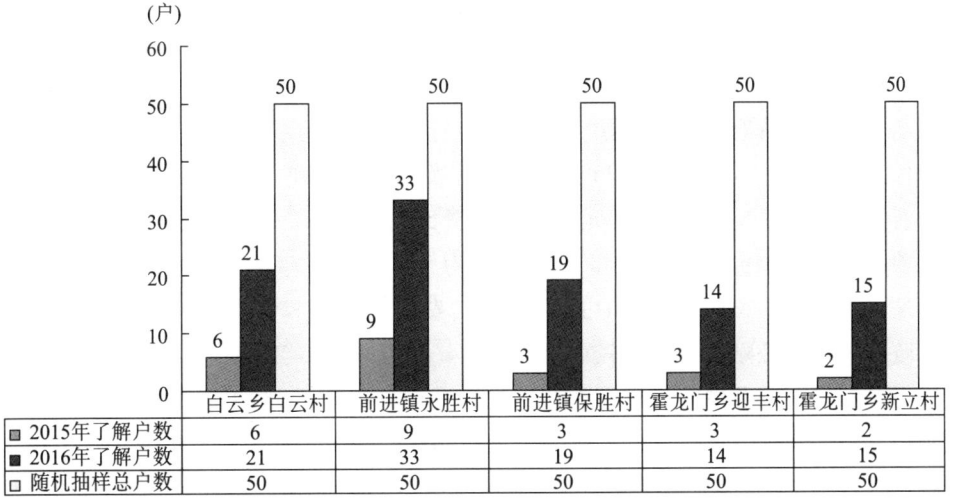

图7　嫩江县农村农产品期权期货普及程度调查

由图 7 可知，2015 年嫩江县农村农产品期货期权的普及程度较低。调研发现，对农产品期货期权有了解的农户只有 23 户，比例仅为 15.3%，其中，保胜村、迎丰村、新立村对农产品期货期权有了解的农户数量最低，比例分别为 6%、6%、4%。

面对这样的情况，课题组在嫩江县进行了大量的农产品保险、期货、期权等金融工具的宣传和讲解工作：邀约农户，开展大豆价格保险项目讲解讨论会；在嫩江县农业局的支持下，对大型种植合作社负责人开展解释交流专场会议，由负责人向下宣传，起到以点带面的宣传效果。在 2015 年嫩江大豆价格保险项目工作结束后，参保农户获得的实际收益是最好的宣传，在当地起到了极大的示范效应，也带动了一批农户参与大豆价格保险项目。

经过课题组在项目实施中的培训以及与嫩江县县政府的合作宣传，嫩江县农村中农产品期货期权的普及程度有了显著的提升。通过 2016 年的抽样调查，课题组发现：上述五个村子中已经有 102 户农户对农产品保险、期货、期权知识有了解，比例达到 40.8%，嫩江大豆价格保护项目的培训和宣传工作效果明显。相信随着中央以及地方政府对"保险+期货"模式的进一步支持，农产品价格保护规模的进一步扩大，对农户的培训和知识普及工作的进一步深入，将会有更多的农户参与到"保险+期货"项目。

2. 农户参保积极性较低——政府进行保费补贴

课题组在嫩江县的初期工作中，农户的参保积极性低是项目推进过程中的一个难题。据课题组在嫩江县的调研及查阅相关文献资料，当前农户参与价格保险积极性低的原因有以下几点。

一是农户对价格保险不理解，参保意识不强。在以往农业保险的推广中，灾害险是保险公司推广的主要险种，此次大豆价格保险在当地是第一次推广，农户对价格保险的理解并不充分，很多农户认为没有必要投保险。

二是农户认为参保成本较高，不愿意参与。在调研时课题组发现，很多农户明确表示如果没有政府的财政补贴，则不会参与该价格保险项目。在 2015 年嫩江大豆价格保险项目中，保值价为 4 250 元/吨的保费为 40 元/吨，其中当地政府补贴了 30 元，农户只需要承担其中的 10 元，农户自费比例为 25%；在 2016 年嫩江大豆价格保险项目中，保值价为 3 750 元/吨的保费为 171 元/吨，其中农业部和嫩江县政府共补贴了 121 元，农户承担其中的 50 元，自费比例为 29.2%。显然在保值费的承担上，政府的财政补贴需要承担较大部分。

三是农户对农业保险的理解存在偏见。在以往的农业险的实践中，农户普遍存在着侥幸心理，认为风险发生的概率不大，而在保险发生赔付时只能弥补部分损失，对农户收入增长的正向作用较弱（张照新等，2003；陈薇，2006），这导致农户存在"农业保险作用不大"的偏负向理解，无形中增加了嫩江大豆价格保险项目推广的难度。

针对农户参保积极性较低的问题，课题组从多个方面进行了努力：除了开展大豆价格保险项目讲解讨论会和对大型种植合作社负责人开展解释交流专场会议以外，课题组还通过一对一的重点农户走访，宣传大豆价格保险保护的是农户的收入。嫩江县政府作为课题组的一员，在其中也起到了巨大的推动作用，并在项目初期提供了75%的保费补贴，带动了农户参保。课题组认为，农户参与农业保险的积极性较低是长期的观念性问题，需要通过政府和机构持续性的普及宣传以及保险公司和期货公司不断的实践来转变，这亦是课题组对未来农业保险发展的展望。

（二）政府层面的问题及解决方法

1. 地方政府对期货期权市场的负面理解——项目方的利益一致性

不同于农户对期货期权市场的不了解，课题组在初期接触嫩江县政府时，嫩江县相关领导干部对期货的概念是清楚的，明白在期货市场上利用套期保值等工具规避农产品的价格风险。但由于缺乏对期货市场更加深刻的理解，嫩江县一些工作人员在项目合作前期对期货期权市场存在较多的负面理解，认为参与期货期权市场的结果往往会导致巨额亏损。

这个问题是浙商期货和嫩江政府就价格保险项目合作达成共识所必须解决的。为此，浙商期货为嫩江政府的相关领导干部组织了一次价格保险项目座谈会，详细介绍了大豆价格保险项目的运作模式、项目要素、项目参与各方所承担的责任和义务、项目的定价机制、风险对冲方法、浙商期货的综合实力以及项目履约能力。同时，浙商期货指出了期货公司利益和农户利益的一致性：如果标的价格大跌，农户获得赔付，但期货对冲同样能获得很大盈利，对冲成本反而更低；如果标的价格大涨，农户无赔付，但期货对冲同样亏损很大，对冲成本反而更高。

由此可以，双方在大豆价格保险项目上达成了共识，开始了2014年的实盘试点以及2015～2016年的产品推广工作。在当前2016年中央一号文件明确指出要稳步扩大"保险+期货"试点的背景下，相信浙商期货和嫩江县政府的合作会更加紧密。

2. 相关领导对"保险+期货"模式的顾虑——阐明项目发展意义和前景

课题组在汇报嫩江大豆价格保险试点项目的成果时，相关领导在了解项目的具体情况后，对"保险+期货"提出了更深层次的顾虑：依照中央政府目前施行的目标价格补贴政策，只要是符合政策规定的大豆种植户，均可以获得大豆价格补贴，由各级政府由上而下直接发到大豆种植户手里。而如果实行"保险+期货"模式，保费由农户支付一部分，余下的大部分由国家财政以保险费补贴的方式发放，这意味着收取保险费的保险公司及期货公司获得了国家发放的补贴，农户并没有直接受益于财政补贴，只有当标的价格低于保值价格的时候，投保的农户才能凭借保值协议获得补偿。

针对这个顾虑，课题组从以下两个方面对"保险+期货"项目做了诠释，回答了相关领导的疑惑。

一方面，在各类价格支持政策难以为继的现实情况下，"保险+期货"模式是一条新道路。对于各类价格支持政策的实施效果，学术界已经做了诸多研究，认为多年的"托市"政策干扰了市场的价格形成机制，提高了下游加工业的生产成本，削弱了农产品的市场竞争力（徐志刚等，2010；黄季焜，2014；胡冰川，2015）。在这样的情况下，"保险+期货"业务是金融服务"三农"、服务实体经济的一条新道路。政府以保险费的形式进行市场化补贴，丰富了支农惠农体系，提高了财政补贴转化率，具有重要的实践意义。

另一方面，发达国家农业收入保险与期货结合的模式已经发展得较为成熟，给农户带来了巨大收益。美国于1966年开始探索农业收入保险，并且在期货市场上进行风险对冲。由于农产品收入保险的风险覆盖范围从自然风险扩展到市场风险，受到普遍认可和接受，发展十分迅速。美国农作物收入类保险的保费占总保费份额从1996年的8%迅速增长到2015年的82%。2012年美国玉米产区出现严重旱灾，玉米大幅减产，但通过购买收入保险，农户实际收入较之于年初预期收入高出18.6%~20.8%。由此可见，发达国家的成功现状表明"保险+期货"业务是具备发展空间的。

（三）保险公司层面的问题及解决方法

1. 保险公司的参与度不够——进一步推出收入险

在"嫩江模式"运行过程中，保险公司相关人员指出，在当前"嫩江模式"下，保险公司的核损部门和精算部门参与度不够，发挥的作用并不明显。据了解，核算部门的主要职责是核定事故的损失，明确损失的数量品种和对应品种的价值；精算部门的主要职责是针对保险产品进行设计及定价，跟踪各类保险指标，计算准备金及保单现金价值。而在当前"保险+期货"的运作模式下，以农产品期货价格作为赔付依据，保险公司只发挥了前端的对接作用，参与度显然不够。

有学者指出，今后保险公司的发展方向应是收入保险的推出（安毅、方蕊，2016）。当前"保险+期货"模式，仅根据确定好的投保农产品规模和价格变化确定保险赔付额度，是一种简洁的价格保险。农业收入保险则是一种以收入为基础的农产品价格保险产品，是一种价格双向变动的保险，只要农户收入下降就可获得保险。具体看，农业收入保险以农业收入为保险标的，是针对当保险责任范围内因素导致的农作物产量减少或价格波动，使投保人实际收入低于保障收入水平时的一种保险。由于农产品收入保险的风险覆盖范围从自然风险扩展到市场风险，被发达国家农业参与者的普遍认可和接受，发展十分迅速。

我国目前对价格保险的探索还是一种应对价格下跌的单方向保险，相对于国外发展迅速的农业收入保险，还有巨大的发展空间。由此，课题组认为，简单的价格保护可以由农户和期货公司直接签协议，灵活配置；而保险公司和期货公司合作，推出更重要的收入保险，以更好地发挥保险公司的作用。

2. "保险+期货"模式的合理定价问题——进一步推出收入险

在"保险+期货"模式中保险公司遇到了定价风险的问题。保险公司在开发新产品时,一般通过纯风险损失率进行定价:根据历年的有效索赔数额,计算平均保额损失率,再估计未来单位保额的有效索赔额,进而确定保费费率。可见,保险公司在推广保险产品的时候,实际上是相对固定的模式,即保险公司的保额费率或者价格在向监管部门报备的时候是相对固定的,短期内不能调整(一般为一年)。但"保险+期货"模式期权定价的时候,期权价格是随行就市的,这种不断变化的定价要求和保险的相对固定的定价特点难以匹配。现在保险公司主要是通过罗列的方式来解决这个问题,通过尽量多的进场时候价格的预测来解决问题,但这只是个权宜之计。

关于此类定价问题,课题组认为未来"保险+期货"模式的定价有一个调整和优化的空间,推出收入保险应是未来的发展方向。保险公司的保险产品定价是一个静态的过程,而期货价格波动则是一个动态过程,动态和静态定价如何匹配、期权定价如何创新,需要在实践中摸索。目前的试点工作可以看作是保险的"1.0时代",后期风险对冲方式等方面仍需探索。比如保险公司以现货价格定价保险产品,在期货市场与期货公司或其风险管理公司进行风险对冲。在价格保险基础上,向收入保险推动,保险公司把收入保险中的一部分价格波动风险与期货公司或其风险管理公司进行对冲,走向"2.0时代"。在"2.0时代",保险公司将通过产品创新更贴合种植户需求。

(四) 期货公司层面的问题及解决方法

1. 缺乏高效的场外期权报价、成交、结算平台——多方共同构建

在2015年嫩江大豆价格保险项目的实践操作中,采用的是先付款确定协议成立,而后由浙商期货提供保值价报价,农户确认的方式点价。在实际操作中,因为农户的分散性和非专业性,确定保值价格比较困难,十分耗时耗力。

首先是报价(不管是保值报价还是点价报价)和成交需要做大量工作。本次项目中采取了短信提醒和电话提醒两种方式,而起效果的都是电话,如果规模扩大,工作量将更大,且电话数量在短期内大增,将有可能使得客户无法即时接通。在点价时,这可能意味着每吨几十元的差价,容易带来纠纷。

其次是缺乏具备公信力的结算平台的问题。目前各类场外业务刚刚开始发展,场外期权的结算只能由期货公司及风险管理子公司自己结算,则客户及期货公司的每日权益、行权权益等结算单均由期货公司自己出具,公信力较弱。

如果能有一个具有公信力的,能够方便提供场外期权报价、成交、结算等功能的平台,将在很大程度上解决这一问题,这需要政府、保险公司、期货公司共同的努力。

2. 2016年无法提前行权——和中国保监会及保险公司协商,完善择价机制

在2016年"嫩江模式"中浙商期货公司采用的价格保险类型为亚式期权。这就限定了双方的价格保险协议必须到期了结,出现有利于农户的市场价格时,农户无法提前获利,同时也使期货公司的对冲成本提高很多。

保险公司的保险产品必须执行至协议到期,这是中国保监会出具的条款规定。

但从农户的实际利益角度出发,如果能够和中国保监会以及保险公司进一步协商,在市场价格有利于参保农户的时候通过各方沟通,提前点价行权,终止保险协议,则不仅农户可以提前获利,保险公司、期货公司的运营成本也可以进一步降低。

此外,还需考虑更完善的择价机制,比如采取分批择价的方式,争取获得更好的保险价格。2016 年嫩江大豆价格保险项目保险期从 6 月 24 日持续到 11 月 30 日,但能否产生赔付主要看 11 月份的收盘价均价。如果能够引入分批择价机制,在 7 月、8 月、9 月、10 月、11 月分别做一个月的价格保险,这样做为农民带来赔付的可能性很大,对农民也有利。

3. 农户未获得赔付——价格险和产量险的共同推出

2016 年 11 月 30 日,2016 年嫩江大豆价格保险项目到期,理赔价格确定为 3 809.7 元/吨,高于目标价格 3 750 元/吨,农户支付 72.5 万元保费,未获得赔付。

从 2016 年的操作经验来看,农户与保险公司签订保单的日期为 6 月 24 日,当日标的 A1701 的收盘价为 3 793 元/吨(见图 8)。而受到厄尔尼诺现象的影响,夏季干旱,2016 年黑龙江新季大豆净粮水分较高,蛋白含量较低,质量较差,导致市场上优质大豆供应紧张,由此 A1701 的价格也一直保持在高位,最终导致了农户未能获得赔付。

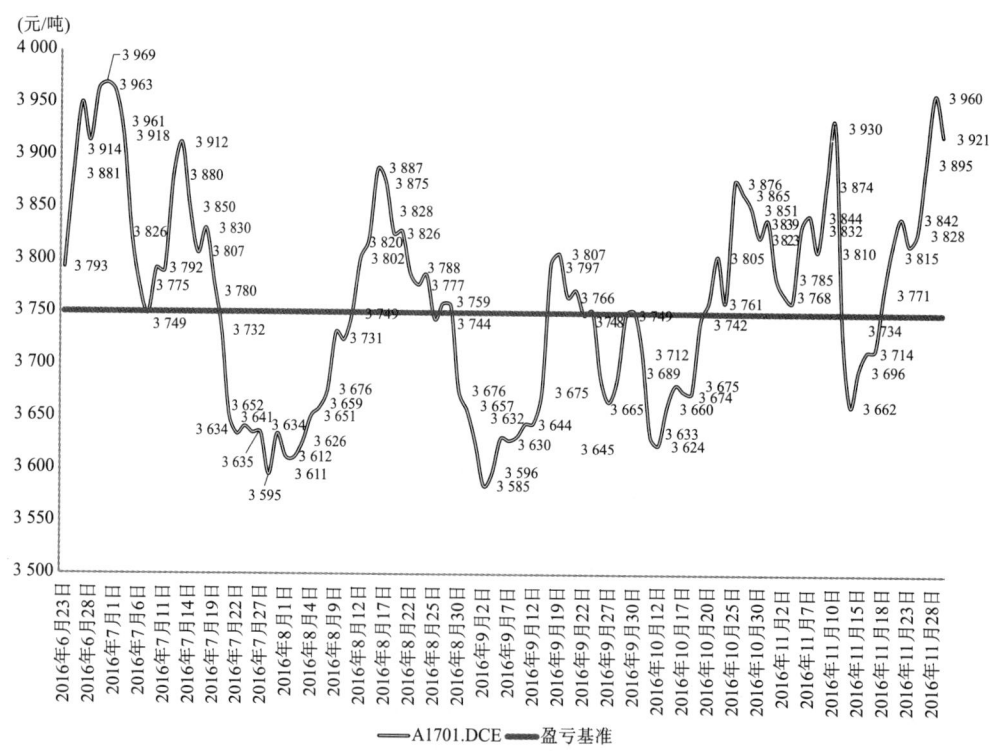

图 8　A1701 价格波动图

针对上述问题,为了达到更好的价格保险效果,项目组认为价格险和产量险的结合推出是解决方法之一。2016 年大豆价格维持在高位的部分原因在于灾害的发生导致产量下降。在今后的价格保险项目中可以考虑将价格险和产量险结合起来,在给农民提供价格险的同时也保大豆产量,则无论产量增加导致价格下降还是产量下降导致价格上涨,都可以达到对农民收入进行综合保护的效果。

4. 对冲标的流动性缺乏——推进场内期权市场的构建

在"保险+期货"模式中,保险公司主要负责前端对接,期货公司主要负责后端的风险对冲。期货公司在向保险公司卖出农产品看跌期权后,需要在期货市场上复制期权进行风险对冲。

以"嫩江模式"为例:浙商期货与保险公司签订大豆场外期权协议后,如果大豆价格下跌,浙商期货面临赔付。为对冲大豆价格下跌的风险,浙商期货在协议签订后随即在大豆期货市场上卖出 A1701;如果大豆价格上涨,则需要买入 A1701 进行平仓。课题组在进行对冲时发现,当前大豆期货市场上 A1701 的日均成交量只有 30 万手左右,流动性较差。期货公司为保持风险中性,需要频繁地进行买入卖出交易,而当前 A1701 的流动性趋弱,意味着期货公司可能无法以预期价格成交,产生敞口风险。更进一步,目前"保险+期货"模式尚处于试点阶段,期货公司对冲风险对市场的影响较小,随着今后农产品价格保险规模的不断扩大,大规模将农产品价格保险导入期货市场是可以预期的,显然当前农产品期货市场还不具备这样的承载能力。

业内学者及参与人员对流动性缺乏制约"保险+期货"业务发展的问题已经做了诸多探讨。当前已有两点解决策略成为业内的共识:一是从工具角度,加快推出农产品期货期权工具,更好与期货价格保险进行匹配对冲;二是从合约角度,针对期货市场近月合约不活跃及流动性在 1 月、5 月、9 月集中等问题,通过完善合约设计和相关制度安排逐步增加相关月份的市场活跃程度。

课题组认为,"保险+期货"模式试点的加速对目前风险分散机制的建立有了更高的要求。如果场内期权能够建立,则一方面流行性风险可以得到解决,另一方面通过场内期权,期货公司面临的 Delta 风险、Gamma 风险、Vega 风险都可以进行对冲。推进场内期权市场的构建应是未来的发展方向之一。

5. 项目的对冲成本过高——"技术量化+基本面研究"的组合

课题组目前采用 Delta 中性策略对期权风险进行对冲。保持项目的 Delta 中性,可以最大化规避期货公司的赔付风险,但同时也意味着昂贵的交易费用:采用 Delta 对冲机制,等价于构造出一个期权多头方的交易,从而与所持的期权空头相互抵消。课题组需要每天将头寸重新平衡一次,以达到 Delta 中性。以"嫩江模式"为例,对空头进行的对冲会造成在 A1701 价格下跌时卖出 A1701,在 A1701 价格上涨时买入 A1701,称之为"买高卖低"。在 A1701 剧烈波动时期,为保持 Delta 中性需要很高的对冲成本。

课题组认为,"保险+期货"项目的本质就是通过动态调整期货敞口复制一个看跌期权的过程。虽然在定价过程中,预测保险期间波动率是主要考量的因素,但是在实际交易过程中,对冲成本还跟实际标的路径、跳空、标的流动性有着密切的关系。因此,课题组充分发挥"技术量化+基本面研究"的组合的优势,在降低对冲成本方面做了多方面的努力。

量化技术分析:经过通过量化技术测试,对交易关键参数进行优化选择,这些交易参数包括对冲频率、对冲阈值和对冲波动率模型选择等。

基本面分析:跟期货品种研究员对接,研究员提供标的品种的基本面和技术面的专业分析,对行情进行一定的预判,交易员根据这些预判调整原来的对冲计划,提前对冲或者减少对冲数量,降低 Gamma 和 Vega 风险的冲击,达到降低对冲成本的目的。

6. 项目的准备时间不足——做好筹备工作

课题组于 2016 年 4 月初正式结束了 2015 年嫩江大豆价格保险项目,在做完项目的相关总结汇报后,于 2016 年 5 月开始筹备 2016 年嫩江大豆价格保险项目,并于 6 月 23 日与阳光农险签订了场外期权合作协议,开始了新项目的运作。期间,项目的准备时间不足,对项目的运行造成一定压力。

课题组认为,在当前大豆价格保险项目运作的经验上,应为 2017 年度项目提早做好准备,课题组的参与各方——政府部门、保险公司、期货公司,应在 2016 年度项目运行结束后,立刻进行当年度的项目总结工作,并于下一年度 3 月前完成项目筹备工作,为后续作价和项目运行进行充足的准备。

五、嫩江县大豆价格保险项目对政府补贴资金的应用

在 2015 年"嫩江模式"中,嫩江县政府出资保费补贴 30 元/吨;在 2016 年,政府出资保费补贴 121 元/吨(农业部补贴 115 元/吨,嫩江县政府补贴 6 元/吨),课题组将在先前政府补贴利用的基础上,对政府补贴的实施效果做评析。

(一)嫩江县农业补贴资金的利用情况

2015 年,嫩江县国民生产总值 187 亿元,全县总人口 49 万人,耕地面积 431 776 公顷,城镇居民人均可支配收入 20 703 元,农民人均纯收入 11 249 元。2015 年县财政支出占国民生产总值的比例为 16.8%。

从表 11 可以看出,嫩江县 2014 年和 2015 年财政收支保持一定的增长,其中 2015 年实现财政收入 61 906 万元,同比增长 0.27%;2015 年的财政支出达到 314 626 万元,同比增长 18%;上级补助收入合计 259 359 万元,同比增长 25%,其中,省补助收入 130 706 万元,专项转移支付 128 653 万元。

表 11 嫩江县财政收支情况分析

	2014 年	2015 年
财政收入(万元)	60 278	61 906
财政支出(万元)	266 632	314 626

资料来源:嫩江县政府网站。

由表12可以发现，2015年嫩江县农业局总支出为6 239.5万元，相较2014年降低了2 670.06万元，但2015年嫩江县农业补贴资金总体达到了2 957.79万元，较2014年增加了531.16万元。具体到项目，2015年嫩江县农业生产资料与技术补贴金额为266.63万元，增长140%，农业生产保险补贴金额为2 691.16万元，增长16%。

表12　嫩江县农业补贴资金情况分析

	2014年	2015年
农业生产资料与技术补贴（万元）	111.12	266.63
农业生产保险补贴（万元）	2 315.51	2 691.16
农业局总支出（万元）	8 909.56	6 239.5

资料来源：嫩江县政府网站。

依照黑龙江省政府下发的《关于做好2015年度大豆目标价格补贴资金发放工作的通知》，2015年黑龙江省大豆目标价格补贴标准为每亩130.87元（见表13）。此标准既是省对市（地）、县（市、区）、单位拨付大豆目标价格补贴资金的标准，也是市县向大豆合法实际种植面积的实际种植者兑付补贴资金的标准。2015年的大豆补贴标准较2014年的补贴标准60.5元/亩大幅提升了116%，这也导致了2015年嫩江县目标价格政策总补贴金额达到50 647万元。

表13　嫩江县目标价格政策利用的财政资金（大豆）

	2014年	2015年
补贴标准（元/亩）	60.5	130.87
补贴面积①（万亩）	378	387
总补贴金额（万元）	22 869	50 647

数据来源：嫩江农业局。

（二）"嫩江模式"中政府补贴资金的实施效果评析

1. "嫩江模式"中政府补贴资金的实施效果

在2015年"嫩江模式"中，嫩江县政府提供了30元/吨的保费补贴，总计财政支出1.8万元，占全部保费的比例为75%，为参保合作社取得了7.26万元赔付。嫩江县政府此次动员大豆种植合作社参与大豆价格保护项目，落实保费补贴，是政府部门运用财政资金支持农户或合作社参与市场化价格保护的一次宝贵尝试。1.8万元的财政支出带来了7.26万元的实际赔付，极大地提高了财政资金的利用效率。

在2016年"嫩江模式"中，农业部提供了115元/吨的保费补贴，嫩江县政府提供了6元/吨的保费补贴，政府保费补贴合计121元/吨，总计支出175.45万元，

---

① 嫩江县大豆种植主要由两部分构成：嫩江县大豆种植和农垦九三局大豆种植。本课题组在分析时仅考虑前者。

占全部保费比例的70.8%（见表14）。2016年项目尽管未给参保农户带来赔付，但这也意味着农户可以以更高的现货价格卖出。2016年11月，嫩江当地的大豆现货价格总体保持在3 650元/吨，农户在规避风险的同时实现了销售收益。

表14　"嫩江模式"保费支出情况

	2015年	2016年
保费（万元）	2.4	247.95
政府保费补贴（万元）	1.8	175.45
农户保费支出（万元）	0.6	72.5
赔付额（万元）	7.26	0
政府保费补贴比例（万元）	75%	70.8%

当前，农产品目标价格改革面临着核心价格的形成难题和补贴模式的确定难题，"嫩江模式"的成功实践，意味着能有效化解这两个难题：一是保值价格以期货市场价格波动为依据，不仅能够准确反映真实市场供求及未来发展趋势，而且形成的价格也具有独立、公开、透明、连续、预期等特点；二是国家的保费补贴可以由保值价格确定，同时农户可根据自身实际自愿自费补充商业保险，国家财政资金得到更充分的利用。

2. "嫩江模式"和目标价格补贴政策的模拟分析

前文对"嫩江模式"中政府补贴资金的实施效果进行了分析，进一步，课题组将通过对"嫩江模式"和目标价格补贴政策进行模拟分析，论证"保险+期货"模式对于目标价格补贴政策的优化。

2015年黑龙江省的大豆补贴价格是130.87元/亩，按每亩产量约为300斤换算，政府大豆价格补贴约为872.47元/吨（见表15）。在2015年"嫩江模式"中保费补贴为30元/吨，仅占大豆价格补贴的3.4%。

表15　2015年"嫩江模式"与目标价格补贴政策模拟分析

分析要素	2015年		
	目标价格补贴政策	"嫩江模式"	目标价格补贴政策+"嫩江模式"
大豆面积（万亩）	387		387
大豆产量（万吨）	58.05		58.05
补贴标准	130.87元/亩	30元/吨	781.47元/吨
农户收益（元/吨）	872.47（折算）	121	872.47
耗费财政资金（万元）	50 647	1 741.5	45 364.33
农户的总收益（万元）	50 647	7 024	50 646.88

由表15可看出，2015年嫩江县大豆价格补贴财政支出为50 647万元，农户的补贴收益为138.87元/亩（约为872.47元/吨），农民因此得到补贴收益50 647万

元。相对应的，如果在 2015 年施行"嫩江模式"，对 58.05 万吨的大豆产量都进行价格保护，那么耗费 1 741.5 万元的财政资金将为农户带来 7 024 万元的收益。

我们再把"嫩江模式"和目标价格补贴政策相结合进行模拟分析。目标价格补贴是直接对农户发放 130.87 元/亩（872.47 元/吨）的财政补贴，假设我们对 2015 年嫩江县大豆的全部产量 58.05 万吨都进行一个价格保险，政府补贴的保费价格为 30 元/吨，耗费的财政资金为 1 741.5 万元，最后为农户带来的保费赔付为 121 元/吨。若要使农户的收益与直接使用目标价格补贴政策达到一样的效果，政府还需要对农户直接补贴 751.47 元/吨，总耗费的财政资金为 45 364.33 万元。因此，假设通过目标价格补贴政策和"嫩江模式"相结合的方式，只需要 45 364.33 万元就能达到与直接使用目标价格补贴政策一样的效果，耗费的财政资金减少了 5 282.55 万元，占总的财政资金的 10.43%。

经过上述分析，我们发现，通过"保险+期货"模式对目标价格补贴政策的优化，可以提高财政补贴资金的利用率，在保证农户利益不降低的同时也减轻了政府的财政负担。

六、结论及前景展望

（一）研究结论

本课题是对 2015~2016 年嫩江大豆价格保险项目的一次综合性总结，并对"保险+期货"业务中的相关问题及发展前景做了探讨，主要结论如下：

1. 完成了对嫩江县大豆价格保险项目模式的总结

制定"嫩江模式"的运作流程，明确政府、农户、保险公司、期货公司在项目的作用：政府负责项目统筹协调及落实保费补贴，动员农户参与保险，介绍项目的进展情况，组织培训；农户购买保险，以较小的代价保证了预期保险价格收入水平，避免了农产品价格下跌的巨大风险；保险公司负责提供农业保险产品，按农民预期保险价格理赔，并将风险转移给期货公司；期货公司通过在期货市场复制期权对冲风险，将风险转移给期货市场的其他投资者。

比较了 2015 年和 2016 年"嫩江模式"的不同：在 2016 年"嫩江模式"中，保险公司加入，发挥了前端对接优势，但是期权产品类型改为亚式期权导致出现获利机会时无法提前行权，期货公司的对冲成本也提高很多。

分析了期货公司的盈利模式：权利金收入、期货动态对冲收入、合作推出收入险。

论证了"嫩江模式"的有效性：对中国大豆期货价格和现货价格做了联动性分析，然后通过构建 VEC 模型来验证"嫩江模式"的有效性，发现中国大豆期货价格每变动 1%，大豆现货价格就会变动 1.1 926%，且在 1% 的水平上保持显著，证明了通过"嫩江模式"——采用场外期权工具为大豆现货在大豆期货市场上做套期保值是有效的。

2. 总结了"嫩江模式"遭遇的问题及解决方法

课题组针对在"保险+期货"模式运作过程中遇到的一些问题，结合实践从农户层面、政府层面、保险公司层面和期货公司层面四个角度对"嫩江模式"遭遇的问题进行了分析。具体问题和解决方法如表16所示。

表16 "嫩江模式"遭遇的问题及解决方法

角度	问题	解决方法
农户	农户对农产品期货等金融工具的不理解	做好宣传工作和项目试点
	农户参保积极性较低	政府进行保费补贴
政府	地方政府对期货期权市场的负面理解	项目方的利益一致性
	相关领导对"保险+期货"模式的顾虑	阐明项目发展意义和前景
保险公司	保险公司的参与度不够	进一步推出收入险
	"保险+期货"模式的合理定价问题	
期货公司	缺乏高效的场外期权报价、成交、结算平台	多方共同构建
	2016年保险条款限制，无法提前行权	和中国保监会及保险公司协商提前行权，且完善择价机制
	农民未获得赔付	价格险和产量险的共同推出
	对冲标的流动性缺乏	推进场内期权市场的构建
	项目的对冲成本过高	技术量化+基本面研究
	项目的准备时间不足	做好筹备工作

3. 评析了嫩江县大豆价格保险项目对政府补贴资金的应用情况

通过对目标价格补贴政策和"嫩江模式"的模拟分析，发现目标价格补贴政策与"嫩江模式"相结合的方式比单独的目标价格补贴政策的资金利用率更高，以2015年嫩江县的大豆价格补贴为例，采用目标价格补贴政策与"嫩江模式"相结合的方式比单独的目标价格补贴政策节省了5 282.55万元，占2015年嫩江县大豆目标价格补贴财政支出的10.43%。通过"保险+期货"模式对目标价格补贴政策的优化，可以提高财政补贴资金的利用率，在保证农户利益不低于目标价格补贴政策的同时也减轻了政府的财政负担。

此外，本课题组对"保险+期货"业务发展的政策条件及空间进行了探讨，认为"保险+期货"业务对当前的目标价格补贴政策在核心价格确定以及补贴模式上进行了优化，需要在国家层面为"保险+期货"业务提供财政补贴，需要中国证监会和中国保监会给予政策支持以及场外期权的尽快推出。

(二)"嫩江模式"发展的政策条件及空间

近两年，我国的"保险+期货"业务取得了较大的进展，在我国政府部门的鼓励和支持下，国内农业保险与农产品期货的运用发展迅速，在服务"三农"的过程中切实发挥了积极作用，有效地规避了农产品价格风险，同时保障了农民的根本经济利益。浙商期货和嫩江县政府，从2012年开始探索，2013年开始模拟运作，

2014年实际操作，2015年开始尝试小规模试点推广大豆价格保护项目，也就是尝试"嫩江模式"，2016年扩大试点。从我国目前的农业政策以及"嫩江模式"的运作效果来看，"嫩江模式"的发展空间巨大。

李华（2016）指出，当前，中国农产品目标价格改革面临核心价格的形成难题和补贴模式的确定难题。一是目标价格补贴政策的核心价格——目标价格、参考价格，难以确定。目标价格由生产成本加基本收益的方法确定，为差价补贴是否启动的触发点，参考价格由采价期内全省（区）到厂（库）价格的平均值来确定，为决定差价补贴程度的参照点。事实上，确定的目标价格难以代表广大农户的利益，实际操作中不可控因素较大；对于参考价格，到厂（库）价格的来源并不一定能代表真实的市场情况，且存在人为干预和操作的空间，有关部门的价格核定是否具有符合生产经营实际的科学依据亦有待商榷。黄季焜等（2015）指出，当前的目标价格政策财政成本和风险巨大，政策执行成本高昂，容易滋生腐败现象和引发社会不稳定。

二是难以确定客观有效的补贴模式。从补贴标准看，目标价格补贴额与种植面积、产量或销售量挂钩，实行多种多补、少种少补、不种不补的原则。面积还能相对准确核定，单个农户的产量或销售量准确核定实施起来则太过困难。从补贴方式看，目标价格制度采取先由中央财政按照目标价格与参考价格的差额核定并向试点省区拨付补贴总额，再由试点省区根据实际情况将补贴资金及时足额发放给农户的形式。这种"两步走"方式在实际操作上会大大降低补贴效率。

通过"保险+期货"融合创新的农产品期货价格保险在两个方面表现出对当前农产品目标价格制度改革的优化。

一是解决了价格选取的科学性问题。由于农产品期货价格保险的参考价格以期货市场价格波动为依据，期货市场本身具有的交易主体多元性、交易对象同质性以及交易信息集中性等优势，决定了其更接近完全竞争的市场结构，不仅能够比较准确地反映真实市场供求及未来发展趋势，而且形成的价格也具有独立、公开、透明、连续、预期以及权威等特点，由此，避免了目标价格改革中以现货市场价格作为补贴依据的诸多局限，解决了当前农产品目标价格制度改革中的核心价格困境。

二是解决了政府补贴的有效性问题。如果政府对农产品期货价格保险进行相应的补贴支持，参照当前政策性农业保险保费补贴的形式，能够达到简单易行、节约高效的效果。从补贴标准看，因为农产品期货价格保险实行的是以基础价格为准绳的阶梯保价，而且投保户的种植面积可以根据统计部门的统计信息确定，所以国家对于农产品期货价格保险的保费补贴可以采取补贴价格由基础价格而定、补贴数量根据全国固定的平均单位面积产量由投保面积而定的方式。同时，农户可根据自身实际自愿自费对基础价格之上的阶梯保价及基础保险数量之上的富余数量进行补充商业保险。由此，解决了当前目标价格改革补贴标准确定难的问题。

从保障农户收益、控制运作成本和市场价格波动等方面来看，"嫩江模式"具有可持续运行的条件。为了加快"嫩江模式"发展,下一步的工作重点应该是继续扩大试点范围并建立"保险+期货"模式的长效机制,使农民、参与企业都能获得收益,这需要国家在资金和政策方面提供支持,以及保险公司和期货公司的共同努力。课题组认为"保险+期货"模式发展的政策条件从以下几个方面做突破。

1. 政府——提供财政补贴及政策支持

(1) 在国家层面为"保险+期货"业务提供财政补贴

嫩江大豆价格保险项目已经实践了两年,从这两年的实践经验来看,如果要带动种植户/合作社加入价格保险项目,需要财政给予保费补贴(政府的保费补贴比例在70%左右)。当前各期货公司及风险管理子公司开展"保险+期货"业务还在试点阶段,耗费的补贴资金较少,主要依靠交易所和地方财政的补贴资金。但随着价格保险规模的扩大,仅仅依靠上述补贴资金显然不够,需要国家层面的财政支持。建议国家有关部门能够将农产品期货价格保险纳入推动国家农产品价格改革的整体方案中,并从国家层面对试点地区主要粮食作物期货价格保险实施政策补贴。其中,农户承担的保费比例不能过高,经过两年试点经验来看,在2015年和2016年的"嫩江模式"中,农户承担的保费比例分别为25%和29.2%。但是从课题组走访调研的情况来看,农户可以接受的保费承担比例为10%~20%。目前试点定在30%左右,需要研究调整。

对于农户来说,用市场化的手段实现大豆目标价格补贴,保证种粮户收入水平不低于农民预期保险价格水平。农业价格保险作为市场化的风险管理和社会管理手段,不仅可以稳定农民收入,提高生产者种植积极性,而且可以提高财政资金的利用效率,因此考虑将"保险+期货"业务纳入国家财政补贴的范围,显然是值得尝试的。

(2) 中国证监会和中国保监会的政策支持

由于"保险+期货"对接模式尚处试点阶段,在许多环节的具体操作上并没有明确的监管意见,也没有统一的操作规则及标准,保险部分归中国保监会管,期货部分归中国证监会管,两个部门分管一块,在一定程度上影响了该模式的推进。应整合监管的力量,制定与完善相应的结算、交割、财务和税务等制度,整合农业、期货、保险等相关行业的数据信息和系统。更深一步的期待则是,专设一个职能部门,负责统筹引导与农业相关的保险和期货品种的开发设计,以及与相关部门甚至是上层部门进行协调沟通。保险公司在购买期权的具体操作层面上应该说还是有很多障碍和内部流程问题的,建议相关部委能够明确"保险+期货"的操作规则。建议中国证监会和中国保监会为参与试点的金融机构提供宽松的政策环境。

2. 保险公司——开展农业收入保险

农业收入保险是一种以收入为基础的农产品价格保险产品。具体看,农业收入保险以农业收入为保险标的,是针对当保险责任范围内因素导致的农作物产量减少或价格波动,使投保人实际收入低于保障收入水平时的一种保险。农产品收入保险的风险覆盖范围从自然风险扩展到市场风险,因而受到普遍认可和接受,发展十分迅速。当前,收入险在美国已经得到了很大的发展,2015年美国农业收入险的保费费额占总保费的比例达到82%。我国目前的价格保险还是一种应对价格下跌的单方向保险,相对于国外发达的农业收入保险,还有巨大的发展空间。因此,简单的价格保护可建议农户和期货公司直接签协议,灵活配置;而保险公司和期货公司合作,推出更重要的收入保险,以更好地发挥金融机构运用金融工具助力"三农"发展的作用。

3. 期货公司及风险管理子公司——紧跟扶贫战略、探索期现对接

(1) 紧跟国家精准扶贫战略

2016年中国证监会《关于发挥资本市场作用服务国家脱贫攻坚战略的意见》(以下简称《意见》)出台,推动了期货业内各方利用自身的行业特色实现精准扶贫和专业扶贫的热潮。根据《意见》指导,针对贫困地区资金、金融服务、金融人才匮乏的现状,期货公司及风险管理子公司在政策的调节支持下,进行资本流入和业务创新,激发贫困地区的金融潜力,促进贫困地区经济社会发展,提升贫困地区利用资本市场的能力。

从"保险+期货"业务的角度来看,期货公司在贫困地区开展"保险+期货"试点,一方面提高了贫困地区新型农业合作经营主体利用资本市场的能力和化解市场风险的能力,另一方面在政府、交易所、行业协会的大力支持下(如政府补贴、手续费减免、课题经费支持等),"保险+期货"对于实体经济、"三农"发展的促进作用也可以得到正面的展示,从而继续带动社会各界对"保险+期货"业务的政策及资金支持,形成一个正向反馈循环,这对于尚处于襁褓之中的"保险+期货"业务是大有裨益的。

当前,通过各期货公司的积极对接以及中期协举办的"期货行业服务县域产业研讨会",已经有20家期货公司与新疆柯坪县、黑龙江省桦川县、陕西省延川县等贫困地区相互对接成功。浙商期货已联合浙江省援疆指挥部,在阿克苏地委农村工作办公室、柯坪县人民政府、阿瓦提县人民政府的支持配合下,在新疆阿克苏地区贫困县开展棉花价格保险扶贫项目。通过该项目的开展,"保险+期货"的业务规模继续扩大。

(2) 发挥风险管理子公司的现货对接作用

从前文分析来看,国内大豆现货和期货间存在较强的联动性,但从现实市场行情来看,短期内出现现货价格和期货价格的背离的情况还是存在的。从"保险+期货"业务的角度出发,如果发生期货价格一路走高,而现货价格保持平稳甚至下跌,那么一方面参保农户在保险业务上不能获得赔付,损失保费;另一方面在现货销售上可能遭遇亏损,这种情况会极大地打击农户参与"保险+期货"业务的积极性,不利于期货公司后续业务规模的扩大。

针对上述情况,课题组认为,可以把期货公司风险管理子公司现货业务与农业

保险相结合，发挥风险管理子公司的现货对接作用：如果期货价格和现货价格不回归，则通过风险管理子公司收购现货，保证农户能够按照保险价格卖出现货，实现预期收益。需要指出的是，在风险管理子公司现货对接中还存在一些实践操作的具体问题，相信通过接下来的不断探索，逐渐完善各个细节，进而发挥风险管理子公司的作用，继续扩大"保险+期货"业务规模。

参考文献

1. Abbott, C., 2013, Despite Severe Drought, working paper in US Farm Income May Hit Record High.

2. Dismukes, R., 2002, Crop Insurance in the United States, working paper in International Conference of Agricultural Insurance and Income Guarantees.

3. Fan, S., Gulati, A. and Thorat, S., 2008, Investment, Subsidies and Pro - poor Growth in Rural India, in *Agricultural Economics*, Vol. 39, No. 2.

4. Gohin, A. and Latruffe, L., 2006, The Luxembourg Common Agricultural Policy Reform and the European Food Industries: What's at Stake?, in *Canadian Journal of Agricultural Economics*, Vol. 54, No. 1.

5. Hanson, D. and Pederson, G, 1 998, Price Risk Managementby Minnesota Famers, University ofMinnesota.

6. Huang, J., and Wang, X. and Rozelle, S., 2013, The subsidization of farming households in China's agriculture, in *Food Policy*, Vol. 41, No. 1.

7. Jordon, S., 2012, Crop Insurance Payments, High Grain Prices Set to Boost Farm Income, working paper.

8. Melyukhina, Olga, 2002, The Measurement of The Level of Supported in Selected Non - oecd Countries, Agricultural policies in China after WTOaccession.

9. Vercammen, J., 2007, Farm Bankruptcy Risk as a Link between Direct Payments and Agricultural Investment, in*European Review of Agricultural Economics*, Vol. 34, No. 4.

10. Walsh, B., 2012, Win - Win: How Farmers Benefit from the Drought, working paper.

11. 董婉璐、杨军、程申、李明："美国农业保险和农产品期货对农民收入的保障作用——以2012年美国玉米遭受旱灾为例"，《中国农村经济》，2014年第9期。

12. 刘克春："粮食生产补贴政策对农户粮食种植决策行为的影响与作用机理分析——以江西省为例"，《中国农村经济》，2010年第2期。

13. 张淑杰、孙天华："农业补贴政策效率及其影响因素研究——基于河南省360户农户调研数据的实证分析"，《农业技术经济》，2012年第12期。

14. 刘祚祥、黄权国："信息生产能力、农业保险与农村金融市场的信贷配给——基于修正的S—W模型的实证分析"，《中国农村经济》，2012年第2期。

15. 聂荣、闫宇光、王新兰："政策性农业保险福利绩效研究——基于辽宁省微观数据的证据"，《农业技术经济》，2013年第2期。

16. 黄季焜、王丹、胡继亮："对实施农产品目标价格政策的思考术——基于新疆棉花目标价格改革试点的分析"，《中国农村经济》，2015年第5期。

17. 胡冰川："中国农产品市场分析与政策评价"，《中国农村经济》，2015年第4期。

18. 林万龙、茹玉："2001年以来中国农民直接补贴政策体系与投入状况的初步分析"，《中国农村经济》，2014年第12期。

19. 周应恒、赵文、张晓敏："近期中国主要农业国内支持政策评估"，《农业经济问题》，2009年第5期。

20. 庹国柱、朱俊生："完善我国农业保险制度需要解决的几个重要问题"，《保险研究》，2014年第2期。

21. 余洋："基于保障水平的农业保险保费补贴差异化政策研究——美国的经验与中国的选择"，《农业经济问题》，2013年第10期。

22. 庹国柱："我国农业保险的发展成就、保障与前景"，《保险研究》，2012年第12期。

23. 费友海："我国农业保险发展困境的深层根源——基于福利经济学角度的分析"，《金融研究》，2005年第3期。

24. 赵元凤、柴智慧："农户对农业保险赔款作用的评价木基于内蒙古500多户农户的问卷调查"，《中国农村经济》，2012年第4期。

中期协联合研究计划（第十一期）项目

大数据和机器学习在衍生品业务中的趋势与应用

课题研究单位：广发证券股份有限公司
课题研究编号：GT201605
课题负责人：顾 娟

引 言

(一) 课题研究背景

人工智能作为一门汇集了多种学科相互渗透发展起来的交叉学科，与基因工程、纳米科学被列为新世纪三大尖端技术。进入 21 世纪，IBM 公司的 Waston 超级计算机与 DeepMind 公司的 AlphoGo 将人工智能的关注度推到了前所未有的高度。随着人工智能技术的高速发展，现代几乎各种技术的发展都涉及了人工智能技术，人工智能已经广泛应用到各行各业的众多领域，在金融领域的应用又称为金融科技。

金融衍生品市场正在变得更加快速、更加庞大、更加复杂、更加全球化、联系更加紧密，同时对人工的依赖更少。金融科技已经开始与金融衍生品业务紧密结合，大数据、机器学习等金融科技正逐渐应用在金融衍生品业务的风控、交易、清算等前中后台各个领域。

首先，本课题试图通过机器学习算法深度挖掘衍生品市场中隐藏的信息，构建合适的模型，把市场中被当作是噪音的数据变得有规律，从中提取出有用的信息，识别市场状况，从而减少衍生品的交易成本。同时，通过研究基于机器学习算法的交易策略，从模式识别的角度去研究衍生品投资策略。

其次，本课题基于衍生品业务交易与风控对于海量数据高速计算的需求所遇到的瓶颈，探讨利用大数据中流式数据实时处理并行架构，为衍生品交易与风控的发展提供技术支撑。

最后，我们探讨将大数据流计算并行架构与深度学习算法库结合，利用 Kappa 架构设计的策略框架能够方便高效地进行策略研发和回测。

1. 衍生品业务特点

金融衍生产品是建立在基础产品或基础变量之上，其价格随着基础金融产品的价格变动的派生金融产品。金融衍生品业务主要有以下三个特点：

（1）场内衍生品交易速度较快，交易过程复杂，对交易算法要求高；

（2）衍生品业务风险管理计算过程复杂，对实时风控的依赖性越来越高，传统的风控架构已经无法满足现有的衍生品业务要求；

（3）衍生品业务大规模清算需要大量的数据读写与存储。

2. 机器学习算法的特点

机器学习是一门多领域交叉学科，涉及概率论、统计学、逼近论、凸分析、算法复杂度理论等多门学科。机器学习专门研究计算机怎样模拟或实现人类的学习行为，以获取新的知识或技能，重新组织已有的知识结构，使之不断改善自身的性能。机器学习主要有以下特点：

①机器学习尝试模拟与实现人的行为，在交易决策中反应比人更快，动作执行

比人更加迅速，同时机器学习又能有效地避免人的情绪化行为。

②机器学习具有强的泛化能力，学习效率高，能够快速处理大规模的数据。

所以基于机器学习的交易策略，相比传统的交易策略更加令人期待。除此之外，使用机器学习算法的交易程序能够更加快速地对市场行情的变化进行响应，及时优化交易算法，调整交易策略，以适应市场状况。

③利用机器学习算法的交易系统能够更高效地执行一篮子资产的下单命令，机器学习交易程序能同时跟踪成百上千只不同的证券标的，并实时反馈订单执行情况，因而跨市场或者跨品种的定制化交易需求能够轻松地实现。

④机器学习算法能够深度挖掘市场中的隐藏信息。通过构建合适的模型，算法能够把市场中被当作是噪音的数据变得有规律，从中提取出有用的信息，更加准确有效地识别市场状况。

3. 大数据架构的特点

与传统的数据进行比较，除了其绝对容量的增加，大数据也表现出其独特的特点。例如，大数据通常是非结构化的，需要更高效的实时分析。这种发展需要新的系统架构进行数据采集、传输、存储，以及大规模数据处理机制。

Hadoop 是大规模数据集的并行计算的软件架构，包括数据的键值映射、归纳操作，以及大数据背后的可扩展集群，把数据分发到不同的机器上进行并行处理，并通过预设时间、周期节点状态报告来及时反馈数据处理的集群结果的工作状态和可靠性。Spark 系统框架和 Hadoop 相比，Spark 使用了内存分布数据集，可以把中间输出结果存储在集群的内存中，不需要读写分布式文件系统 Hdfs，所以在性能上更优。可用来构建大型的、低延迟的数据分析应用程序。Spark streaming 为类似行情数据的流式数据的实时处理提供了强有力的技术支撑。

(二) 课题研究意义

本课题以大数据与机器学习在衍生品业务中的应用与趋势为研究主题，通过研究大数据与机器学习的经典理论、最新发展、优越性和应用范围，了解此类技术对衍生品市场发展所起到的推动作用；通过研究衍生品市场的新特性、新需求和新状态，了解衍生品市场的变化对大数据与机器学习的发展所起到的促进作用；通过研究主要发达经济体衍生品行业对金融科技前沿的最新实践与探索，结合我国实际再加以借鉴和改造，从而提升我国衍生品行业的整体科技水平。

一、国内外研究现状

(一) 国外衍生品市场发展现状

欧美发达国家金融衍生品市场历史悠久，发展较为成熟，集中了全球绝大部分的交易所金融衍生品交易。另外，中国、日本、韩国等亚洲新兴市场也在崛起。

各类衍生品在全球各市场的发展已经较为成熟，品种也较为丰富完善。目前，股指期权和股指期货是上市交易所最多的两个品种。截至 2015 年末，约翰内斯堡证券交易所（Johannesburg Stock Exchange，JSE）拥有15个衍生品品种，成为全球金融衍生品上市品种最多的交易所。全球金融衍生品交易所主要形成了16个品种（见图1）：

股票期权、期货（Single Stock Options and Futures）；
股指期权、期货（Stock Index Options and Futures）；
ETF期权、期货（Exchange Traded Funds Options and Futures）；
短期利率期权、期货（Short – Term Interest Rate（STIR）Options and Futures）；
长期利率期权、期货（Long – Term Interest Rate（LTIR）Options and Futures）；
外汇期权、期货（Currency Options and Futures）；
商品期权、期货（Commodity Options and Futures）；
其他期权、期货（Other Derivatives Options and Futures）。

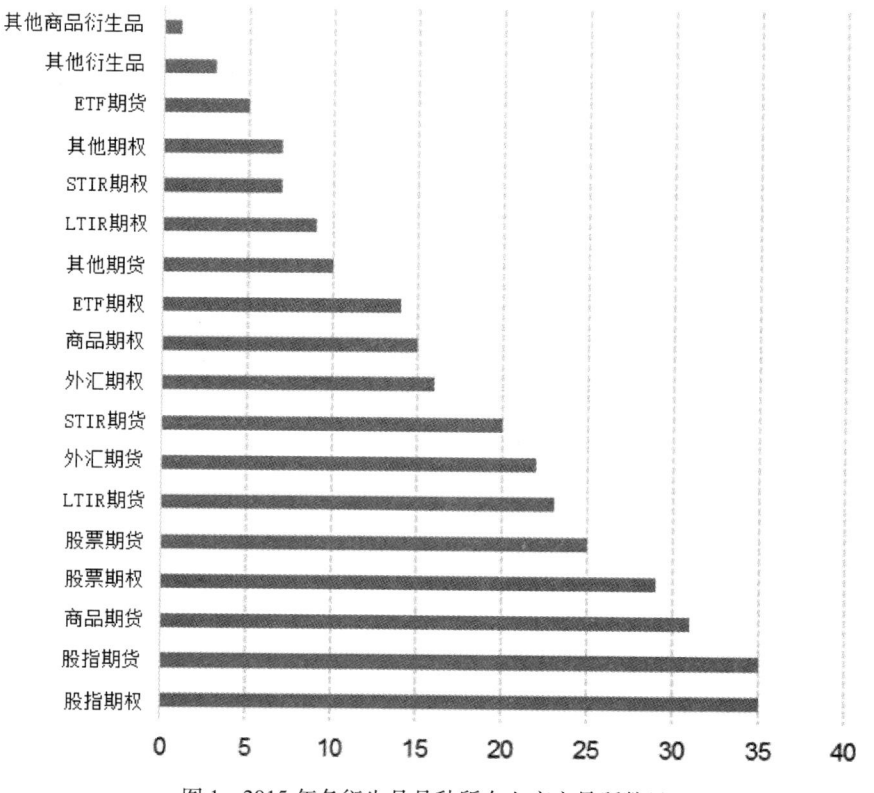

图1　2015年各衍生品品种所在上市交易所数目

资料来源：WFE。

期货期权成交量比例见图2。

根据世界证券交易所联合会（WFE）统计数据，2015年全球衍生品总成交量增长12%，成交总合约数达到234亿手。在品种方面，权益类衍生品依然是交易最活跃的品种，而外汇和商品衍生品成为交易量增长最快的衍生品，增长率分别达到37%和26%。在地区分布方面，北美市场（主要是美国）是全世界衍生品发展最成

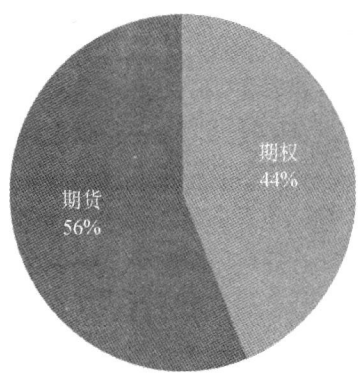

图2 期货期权成交量比例

资料来源：WFE。

熟的市场，占全球成交量41%，而亚太市场成交量增长速度最快，占全球成交量36%（见图3）。另外，交易所排名总体变动不大，美国期货业协会（FIA）数据显示，2015年交易量排在前5位的分别为美国芝加哥商业交易所集团（CME Group）、印度国家证券交易所（NSE of India）、欧洲期货交易所（Eurex）、洲际交易所（ICE）和莫斯科交易所（Moscow Exchange），除洲际交易所的交易量有所下降，其他4家交易所均实现了增长，其中印度国家证券交易所交易量增幅达61.2%。

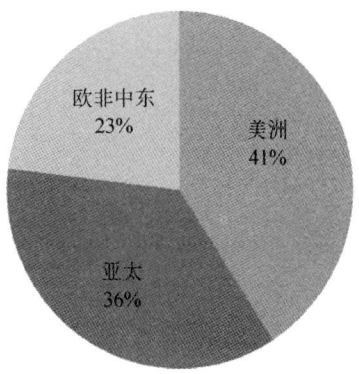

图3 衍生品交易地区分布

资料来源：WFE。

（二）国内衍生品市场发展现状

我国金融业正处在蓬勃发展期，由于金融衍生品复杂性、行业监管、市场成熟度等原因，金融衍生品市场的发展速度较为滞后，阻碍了资本市场的进一步成熟。我国衍生品市场经过早期曲折的探索，目前处于积极推进衍生品市场发展的良性环境，国内衍生品市场也已取得了长足的发展。目前国内的金融衍生品合约种类正逐步增加，但与欧美以及中国香港等发达国家或地区相比还有较大的发展空间。我国金融衍生品市场在探索中稳步前行，随着市场创新机制转变和规范发展，未来衍生品种类也会逐渐丰富。

目前，我国上市金融衍生品期货及期权品种52个，其中金融期货5个、商品期货46个、金融期权1个，具体有股指期货（3个）、国债期货（2个）、商品期货（46个）、上证50ETF期权（1个）。另外，银行间市场等场外市场交易金融衍生品也逐渐丰富。

1. 股指期货（IF、IH、IC）

2010年4月16日，我国沪深300股指期货（IF）正式在中金所挂牌交易，于2015年4月16日年再推出上证50股指期货（IH）和中证500股指期货（IC）。

2015年股指期货市场成交量高开低走，沪深300指数期货的交易活跃度与成交规模都有一定程度的放大，持仓量有一定程度的下滑。从成交量上来看，沪深300股指期货所有合约全年成交量增长25.91%至2.77亿手；从持仓量上来看，沪深300股指期货所有合约2015年的日均持仓量下跌16%至13.8万手。2015年股灾后，监管层对股指期货实施开仓限制、保证金提高及日内平仓手续费提高等限制性政策，三大指数期货成交量和持仓量缩水，且基差一直维持大幅贴水。

2. 商品期货

我国商品期货历史悠久，发展迅速，种类繁多，较为成熟，国内三大商品期货交易所的上市品种包括了能源化工、黑色、有色金属和农产品四大类，覆盖了农产品、金属、能源、化工等国民经济主要产业领域。商品期货中，不同品种流动性和活跃度差异较大。从成交额来看，CU、RB、I、RU、SR、M等合约流动性较好；从成交持仓比来看，MA、BU、RU、PP等合约交易较活跃。近年来，我国商品期货市场发展非常火热，成交量已连续7年位居世界第一，主导了全球商品期货交易的大方向。一些较为成熟品种如铜、铁矿石、PTA等期货价格已经成为国内外贸易的重要定价参考。

根据美国期货业协会（FIA）统计，2015年全球成交量排名前20的农产品和金属期货中，我国各占11个和8个。从交易量来说，我国已经发展成为全球最大的油脂、塑料、煤炭、黑色建材期货市场，在农产品、有色金属期货交易市场发挥主导作用。其中，农产品成交量排名前20的合约中，一半合约在我国的期货交易所上市交易，且前5名最活跃的合约均出自中国。豆粕期货交易量高居全球农产品合约首位，商品期权及期货第二位；螺纹钢期货持续强势，成为全球交易最活跃的商品衍生品。2016年以来，商品期货总成交金额激增，市场流动性充裕，商品期货已成为国内投资者期货投资主要品种。

3. 国债期货（利率期货）

1992年12月18日，上海证券交易所首先向券商自营推出了国债期货交易，而1995年发生了震惊中外的"327"国债事件后暂停了国债期货的上市交易。2013年9月6日重新上市交易，5年期国债期货（TF）在中国金融期货交易所正式挂牌上市。2015年3月20日，10年期国债期货（T）正式挂牌交易。上市以来，合约规则多次修改，成交持仓不断放大。目前，10年期合约已成为国债期货主力。

国债期货交易逐渐活跃,2015年国债期货市场全年行情偏强震荡。2015年是5年期国债期货完整运行的第二个年度,从全年的情况来看,5年期国债期货的震荡偏强,2015年所有合约的日均成交量超1.57万手,日均成交金额达246.20亿元,较2014年有大幅增加。10年期国债期货从上市截至2015年年末,交易量在震荡中稳步上升,2015年所有合约的日均成交量为7 361手。

4. 上证50ETF期权

2015年2月9日,以华夏上证50ETF为标的资产的上证50ETF期权正式上市,中国金融市场迎来历史上首只场内期权合约,市场期待已久的"期权元年"终于在2015年的年初开启。场内期权的推出有助于丰富投资者的交易策略和投资工具,也有助于提升标的流动性和推动证券期货经营机构的创新发展。

综合而言,期权交易量稳步上升。2015年作为期权元年,见证了场内期权市场从2万手的日成交量到35万手日成交量的成长。自从50ETF期权上市交易至2015年年末,累计成交量为2 326.99万手,其中,认购期权1 320.95万手,认沽期权1 006.04万手。

5. 商品期权

中国证监会批准了郑州商品交易所和大连商品交易所分别开展白糖、豆粕期权交易,交易准备工作预计需要3个月。白糖、豆粕期权交易的开展,将进一步完善我国金融衍生品系列,积极推动国内衍生品。

随着金融衍生品市场的不断完善、相关制度流程的不断改革,《期货法》立法进程的不断推进,未来更多符合实体经济需要、市场条件具备的期货新品种将稳步推出上市,预计将来不久将推出原油期货、碳排放权期货,股指期权、个股期权等衍生品也已进行仿真测试。

(三) 机器学习概述

1959年,机器学习领域的先驱Arthur Samuel将机器学习定义为:在不直接针对问题进行编程的情况下,赋予计算机学习能力的一个研究领域。1998年,国际机器学习年度会议(International Conference on Machine Learning)的创始人Tom Mitchell定义机器学习这门学科所关注的问题是:计算机程序如何随着经验积累自动提高性能。

机器学习的本质是重现人认识世界的过程。机器学习模型的使用都要经历建立模型、训练模型、反馈和应用的过程。这个过程跟一个婴儿认识世界,获取知识的过程是一样的。所以培养机器建立人的认识的过程,就是机器学习。

机器学习涉及特征选择、特征工程、模型选择、数据预处理、结果的验证和分析等一整套建模流程。根据数据类型的不同,对一个问题的建模有不同的方式。以输入数据为基准来决定学习模式,机器学习算法可以分为有监督学习、无监督学习、半监督学习、强化学习和深度学习等五个类别。特别的,深度学习是近年来机器学习算法的重大突破,迅速风靡机器学习学术界和实务界。

1. 监督学习

在监督学习下，输入数据被称为训练数据，每组训练数据有一个明确的标识或结果。在建立预测模型的时候，监督式学习建立一个学习过程，将预测结果与训练数据的实际结果进行比较，不断地调整预测模型，直到模型的预测结果达到一个预期的准确率。监督式学习的常见应用场景有分类问题和回归问题。常见算法有逻辑回归（Logistic Regression）、反向传递神经网络（Back Propagation Neural Network）和支持向量机（Support Vector Machine）等。

2. 非监督学习

在非监督式学习中，数据并不被标识，学习模型是为了推断出数据的一些内在结构。学习的结果是数据的隐含规律，表现形式是数据按相似性分组、数据的分布、数据分量间的关联规则。常见的应用场景包括关联规则的学习和聚类。常见算法包括 Apriori 算法和 K – Means 算法等。

3. 半监督学习

监督学习只利用标记的样本集进行学习，非监督学习只利用未标记的样本集进行学习。但在很多实际问题中，只有少量的带有标记的数据，因为对数据进行标记的代价有时很高，这就促使能同时利用标记样本和未标记样本的半监督学习技术迅速发展起来。

半监督学习综合利用有类标的数据和没有类标的数据，来生成合适的分类函数。一般而言，半监督学习侧重于在有监督的分类算法中加入无标记样本来实现半监督分类，增强分类效果。常见的应用场景包括半监督分类、半监督回归、半监督聚类和半监督降维。常见的算法包括协同训练算法（Co – Training）和转导支持向量机（Transductive Support Vector Machine）等。

4. 强化学习

强化学习是从动物学习、随机逼近和优化控制等理论发展而来，是一种在线学习技术。从环境状态到动作映射学习，其目的是利用观察到的回报来学习针对特定环境的最优或接近最优策略。

在这种学习模式下，输入数据作为对模型的反馈，区别于监督模型中输入数据仅仅是作为一个检查模型对错的方式。在强化学习中输入数据直接反馈到模型，模型根据反馈立刻做出调整。常见的应用场景包括动态系统以及机器人控制。常见算法包括 Q 学习（Q – Learning）以及时间差学习（Temporal Difference Learning）等。

5. 深度学习

深度学习又深层神经网络，是机器学习领域的重要分支和技术突破。深度学习本质上是多层人工神经网络，而人工神经网络的研究和应用在最初提出时曾经风靡一时后陷入沉寂。直至 2006 年，著名的学者 Geoffrey Hinton 在《科学》上发表了一篇论文，给出了训练深层网络的新思路，特别是增加神经网络隐层的层数，即深度，所以被称为深度学习。深度学习更适用于大数据且在算法效果上得到很大的提升，从此深度学习得到了关注,这个被视为深度学习的开端。近年来,特别是深度学习三大巨头(LeCun、Bengio 和 Hinton)在 2015 年《自然》上发表了深度学习综述论文,深度学习迅速风靡机器学习领域,在语音识别、图像分类、文本理解、机器人等众多领域得到广泛应用。

(四)机器学习算法在投资中的应用现状

机器学习算法可通过系统的数据分析证实过去模糊不定的经验,将未曾被察觉的规律得以被挖掘。目前,机器学习是人工智能发展最成熟、最重要的技术,机器学习与人工智能已经在人脸识别、无人驾驶等领域的研究与应用上开展得如火如荼,也产生了巨大商业价值和应用前景,进而促使人们对机器学习技术在金融投资领域的应用前景愈加期待。在金融领域最先获得应用的技术会是人工智能中最成熟的技术,机器学习在金融投资领域的应用主要有量化投资、智能投顾、证券研究、投资组合管理、风险管理等,近年来也得到了快速发展,且每个细分应用发展趋势良好,都具有非常好的发展前景。

1. 方法研究综述

机器学习擅长数据处理和数据分析,数据是其血液,而金融领域产生海量高价值数据,两者搭配得恰如其分。随着大数据和人工智能(AI)热潮的掀起,机器学习算法如何在金融领域的应用得到了人们的广泛关注,机器学习方法在投资中应用的研究成果也如雨后竹笋迅猛发展。目前,机器学习算法在股票市场的应用已经很多,而衍生品市场和债券市场还较少。特别的,机器学习算法在价格预测、选股、择时、投资者情绪、投资组合等方面出现了大批研究成果和应用实践,比如广发、国信、国泰君安等国内大型券商出品的一系列研究报告。其中,支持向量机(SVM)、文本挖掘等技术得到了最为广泛的应用,另外还涉及但不限于自然语言处理、文本挖掘、模式识别、知识图谱等技术。Trippi 和 Jae(1995)是较早将人工智能应用在选股和投资组合等金融投资领域的研究成果,经过近几年的快速发展,国内外学术界研究成果和实务应用实践不胜枚举,下面对其中部分较为重要的成果进行梳理。

(1)基于机器学习方法的价格预测研究

预测是机器学习算法擅长功能之一,也是其核心,所以应用机器学习算法于投资领域最先想到的应该是其应用于资产价格的预测。Grudnitski 和 Osburn(1993)提出在期货价格随机游走的假设下,通过实证分析证明使用神经元网络预测 S&P 500 股指和黄金期货的价格是有可行性的。Tay 和 Cao 在 2001 年证明了 5 种金融时间序列数据是可以用支持向量机进行预测,并指出支持向量机在标准均方误差,均方绝对误差,趋势正确率,加权趋势正确率标准下优于人工神经网络。另外,Cao 发表了数篇关于利用 SVM、神经网络等机器学习算法在预测金融时间序列的论文,证明了 SVM 在股票、期货等金融资产预测上的可行性。Lee(2001)研究了强化学习应用于股票预测上。Kyoung – jae Kim(2003)、HUANG(2005)、Zhang(2009)等人用支持向量机对股市指数的运动趋势进行预测。Zac Harland（2002）验证了 SVM 算法在期货预测上的有效性。在国内方面，汪东、吴文锋（2003）应用 SVMs 研究了上证综合指数的预测问题；张丹等（2002）、卞国兴等（2005）、欧阳林群（2006）、张吉刚等（2008）等众多成果都研究了神经网络对我国股票市场进行预测的有效性。张玉（2012）等针对石油期货价格随机性强且影响因素复杂的特点，提出了一种改进的支持向量机模型以对石油期货的价格进行预测。在国内应用实务方面，国信证券利用支持向量机探讨了股票价格预测方面的应用；广发证券构建了基于深度学习的股指期货价格高频预测模型，提出了一种基于股指期货高频行情数据的日内交易策略。

（2）基于机器学习因子选股方法研究

传统因子选股是通过股票众多因子精选出优质股票进行投资，而 Logistic Regression、SVM、遗传算法等机器学习算法的分类作用可应用于因子的选择和股票质地等的预测，其中 SVM 用以选股最为广泛。FAN 等（2001）较早地利用 SVM 模型进行选股，且得到了较好的超额收益率。随后，国内外涌现了大量利用机器学习、遗传算法等机器学习算法选股的研究成果。比如，Huang 等（2012）利用遗传算法和 SVM 构建了混合股票选择模型；Tan 等（2011）利用适应神经模糊推理系统和增强学习建立了选股和交易系统；张玉川（2008）、全林（2009）、苏治等（2013）利用了机器学习在国内股票市场进行选股研究。在国内应用实务方面，国信证券构建了 Logistic 因子选股模型；国信证券还将股票池里的股票按照未来一个月的预期回报分为表现好和表现差的两类，视为二分类问题和股票各类因子历史数据作为训练数据，利用 AdaBoost 算法和 SVM 算法构建多空策略进行因子选股，选股效果较为有效；国泰君安运用文本挖掘，通过机器学习算法量化分析投资者情绪和主题热度，并据此选择冷门个股投资，可取得较好的超额收益；广发证券通过深度学习算法对股票市场数据进行挖掘，建立起通过股票市场数据预测股价短期内走势的模型，通过该预测模型的预测得分，可以筛选出股票组合并且获得超额收益。

（3）基于机器学习的交易择时研究

股票的涨跌预测本身是一个比较适合的二分类问题，而 SVM、遗传算法、神经网络等机器学习算法擅长处理分类问题，所以可通过对股票未来涨跌走势的预测进行择时。Korczak 等（2002）利用遗传算法构建了买卖择时模型，并对法国股票市场的重要个股进行了实证，表明了遗传算法择时模型的有效性；O'Connor（2006）利用神经网络捕抓买卖信号进行择时；Hirabayashi 等（2009）利用遗传算法优化了外汇交易择时规则。汪东（2007）利用支持学习算法构建了择时系统。在国内应用实务方面，中信建投证券利用文本挖掘技术对非结构化数据通过机器学习算法构建了根据新闻热度择时的多空策略，并得到了较好的收益；广发证券基于统计语言模型（SLM）研究择时交易；光大证券通过采集股指期货信息，分析股指期货隔夜持仓数据，建立了期指持仓集中度择时模型，把握市场知情者动向。

(4) 基于文本挖掘和机器学习的数据收集、处理及分析技术的策略研究

通过爬虫和文本挖掘技术，可突破传统金融数据局限于财务报表、交易行情等结构化数据，收集财经网站、股吧、新闻、社交平台、券商研报、上市公司公告、音频、视频等的非结构化金融数据，极大地扩大了金融数据的容量和分析方法，并通过自然语言处理机器学习领域算法，结合行为金融学来分析投资者情绪和热点主题，进而用以预测证券价格、选股或择时来进行投资，目前已成为一大量化金融研究方向和热点。

金融、会计领域的顶级期刊上已经有很多利用文本挖掘、自然语言处理、语音识别等技术来从文本、音频等非结构化数据中提取信息，用以预测上市公司财务舞弊、预测股价、构建投资组合等的研究。Schumaker 等（2009）较早地使用文本挖掘技术对财经新闻进行处理并运用机器学习算法对股票价格进行预测，得到了较好的收益。Bollen 等 2011 年发表的《Twitter mood predicts the stock market》则较早使用文本挖掘对社交平台 Twitter 的舆情数据进行收集和处理，并通过机器学习算法对股票市场进行预测。随后，出现了 Rao（2012）、Hagenau（2013）、Sprenger（2014）等大批研究成果。对于国内文献，张继德（2014）基于百度指数研究了普通投资者关注与股票交易的量价影响；俞庆进、张兵（2012）较早开始了利用百度指数研究投资者优先关注与股票收益的相关性；在国内应用实务方面，广发证券、国泰君安证券、光大证券、中信建投证券等券商的一系列研究报告都已经探讨了用文本挖掘技术处理网络信息并通过机器学习算法进行选取热门主题、择时及选股等。

(5) 机器学习在其他方面的应用

机器学习已经广泛应用于金融领域，除了上述预测、选股、择时等方面的应用，在投资组合、投资者情绪、衍生品定价、高频交易等其他方面也有极强的渗透和应用价值，并开始积极探索股票市场以外的债券市场、衍生品市场等。

比如，在投资组合方面，Lee 等（1989）利用机器学习算法构建了智能股票投资组合管理系统；李斌发表了一系列关于基于机器学习构建投资组合算法交易策略的研究成果；国信证券利用机器学习中的 SVM（支持向量机）通过对股票收益和股票波动的分类预测实现了投资组合优化。在投资者情绪方面，广发证券研究了基于大数据挖掘和舆情分析的概念轮动策略；国泰君安运用文本挖掘对非结构化数据通过机器学习算法量化分析了投资者情绪和主题热度，并据此进行主题投资，取得了较好的超额收益。在金融衍生品方面，Kolind（2009）、Grassl（2010）、Chan（2012）、Hahn（2013）、Sharang（2015）等已将强化学习、神经网络等机器学习算法应用于股指期货、国债期货等金融衍生品的定价及交易中。另外，广发证券基于大数据挖掘构建 Smart Beta 策略，实证结果表明，在历史回测期内基于热门网站个股关注度选股策略表现优异。Kishore（2013）思考了将机器学习算法应用于固定收益市场。Nevmyvaka 等（2006）、Kearns 等（2013）开始研究将强化学习等机器学习的方法分别应用于限价订单交易数据和高频交易。

2. 国内外应用实务现状

到目前为止，机器学习在金融投资中得到了广泛应用，很多公司和研究单位已经开始以机器学习为核心技术或利用机器学习算法进行量化投资、设计，并研发交易系统（智能量化交易）。大数据时代下，不仅国内外传统投资机构开始在其量化投资或交易系统中引入机器学习算法，而且以运用机器学习算法为核心技术进行量化投资的主动投资基金也逐渐增多。在国外，不仅像对冲基金桥水（Bridgewater）这样的传统知名大型投资机构应用了机器学，很多如 Aidyi、Two Sigma 等也设立了应用机器学习算法专门投资机构。国内大型投资机构涉足机器学习的还比较少，小部分业务涉及了机器学习算法的应用。近两年国内也出现了部分以机器学习为工具的新型私募投资基金。机器学习在金融投资领域方兴未艾，在国内，它面对的是一片蓝海。

（1）国外应用现状

近些年，机器学习崛起，国外出现了众多以机器学习为主要技术的投资机构，不仅知名大型对冲基金在投资策略中涉足机器学习、人工智能技术，高盛、摩根大通等知名投资银行也纷纷领投以机器学习、人工智能为主要技术的投资机构。另外，众多以机器学习为主要技术的投资机构也如雨后春笋。机器学习的应用可以使数据快速海量地进行分析、拟合、预测，人工智能与投资及交易联系得愈发紧密。根据机器学习应用于金融投资的发展进程，国外投资机构将机器学习（见表1）或者说人工智能应用于金融投资主要可分为三个阶段。

①利用传统机器学习算法预测交易策略，从数字推测模型，利用回归分析等传统机器学习算法预测交易策略。分析员对财务、交易数据进行建模，分析其中的显著特征。

桥水基金（Bridgewater Associates）。全球最大的对冲基金桥水早在 2013 年就成立了一个的人工智能团队。该团队专门设计机器学习交易算法，通过历史数据和统计概率预测未来，让系统能够自动学习市场变化并适应新的信息。他们的核心数据根据市场的变化而变化，其程序不断适应新的信息，而不是遵循静态指令。该团队约有六名员工，由曾经供职 IBM 并开发了认知计算系统 Watson 的 David Ferrucci 领导。桥水基金的创始人曾公开表示，其旗下基金持有大量多仓和空仓，投资 120 种市场，持仓组合高达 100 多种，并且以人工智能的方式考虑投资组合。

Rebellion Research，运用机器学习进行全球权益投资的量化资产管理公司，总部位于纽约。Rebellion Research 在 2007 年推出了第一个纯人工智能（AI）投资基金。该公司基于机器学习中的贝叶斯方法，建立了可以自我学习全球 53 个国家股票、债券、外汇和大宗商品交易数据的人工智能交易系统，结合预测算法、新信息和历史经验从而不断演化，有效地通过自学习完成了在股票、债券、大宗商品和外汇上的交易。该系统成功地预测了 2008 年的股市崩盘，并在 2009 年 9 月给希腊债券 F 评级。

Alpaca，成立于日本的初创公司，旗下的交易平台 Capitalico 利用基于图像识别的深度学习技术，允许用户很容易地从存档里找到外汇交易图表，并做好分析结果，辅助中小投资者做出决策。模拟普通直到明星交易员的交易策略和方法，从他们的经验中学习并做出更准确的交易。Alpaca 声称其核心算法是深度学习。

Aidyi，是位于中国香港的人工智能公司，致力于用人工智能分析美股市场。Aidyi 利用基于包括遗传算法（genetic algorithm）、概率逻辑（probabilistic logic）等多种人工智能算法混合的交易系统，分析大盘行情以及宏观经济数据，借此进行市场预测，并对最好的行动进行表决。它推出的第一天，封闭的基金池收益率就达 2%，收益率在所有对冲基金中排名前 20%。

Two Sigma，是 2001 年在纽约成立的专门以机器学习方法为主的对冲基金。它遵循技术与创新的原则，公司运用人工智能、机器学习、分布式计算等科技前沿方法构建策略进行投资决策，并始终在投资之外研发最新的技术，用以做出更好的决策。公司结合海量数据、世界级的电脑系统和金融专家来完成高端的交易模型，同时也用科技的眼光来优化投资、管理风险。2015 年管理资金已达 320 亿美元，旗下两只基金年化收益率为 15%。另外，类似公司还有 Point72 Asset、Renaissance Technologies 等。

除此之外，旧金山的 Cerebellum Capital 以及爱丁堡的 Level E Capital 自 2009 年以来一直运行着他们基于机器学习的交易程序。伦敦的 Castilium 也发行了自己的机器学习对冲基金。DE Shaw 和文艺复兴一直在使用机器学习技术来提高他们的投资和风险模型。

另外，一些从事高频交易的投资公司也较多涉及机器学习算法，它们利用机器学习对高频金融数据进行处理和挖掘，采用人工智能自动交易。其中，较为知名的有 Jump Trading、Citadel HFT 等。

②在原有数字推测模型基础上，引入新闻、政策、社交网络中的丰富文本并运用自然语言处理技术分析，对非结构化数据进行结构化处理，并从中探寻影响市场变动的线索。

CommEq 是在伦敦新设的一支率先使用自然语言处理技术的人工智能对冲基金，使用的投资方法结合了定量模型与自然语言处理（NLP）技术，使计算机能够同人类一样通过推断和逻辑演绎理解不完整的和非结构化的信息。

Kensho 是一家致力于量化投资大众化的人工智能公司，号称可以"取代投行分析师"的投资机器人。它是 Kensho 结合自然语言搜索、图形化用户界面和云计算，将发生事件关联金融市场，提供研究辅助，智能回答复杂金融投资问题，从而加速交易时间，减少成本，用动态数据与实时信息，及时反映市场动态。它也可以利用 AI 回答一些关于深度关系的问题。它开发出一套全新的数据分析工具 Warren，被称为金融投资领域的"问答助手 Siri"，能够回答约 100 万种关于全球事件对股价影响的复杂金融问题。Kensho 种子轮获得 1 000 万美元融资。2015 年 8 月，Kensho 获得高盛领投4 780万美元融资。

Sentient是一家由李嘉诚与塔塔通讯投资的采用自然语言处理技术的金融科技公司。它运用自然语言处理、深度学习（Deep Learning）等多种AI技术，进行量化交易模型的建立。它企图发现市场变化的线索，利用自然语言处理将非结构化的数据结构化，希望机器可以像人类一样开始进行智能交易。

表1　　　　　　　　部分机器学习在金融投资中的国外应用实务

机构名称	应用时间地点	介绍
Bridgewater Associates	2013年/美国	设计机器学习交易算法，通过历史数据和统计概率预测未来，让系统能够自动学习市场变化并适应新的信息
Rebellion Research	2007年/美国	基于机器学习中的贝叶斯方法，自我学习全球53个国家股票、债券、外汇和大宗商品交易数据的人工智能交易系统
Alpaca	2015年/日本	基于图像识别的深度学习技术，允许用户很容易地从存档里找到外汇交易图表，并做好分析结果辅助中小投资者决策
Aidyi	2016年/中国香港	多种人工智能算法混合的交易系统，分析大盘行情及宏观经济数据，借此进行美股市场预测，并对最好的行动进行表决
Two Sigma	2001年/纽约	专门以机器学习方法为主的对冲基金，运用人工智能、机器学习、分布式计算等科技前沿方法构建策略进行投资决策
CommEq	2016年/伦敦	投资方法结合了定量模型与自然语言处理，通过推断和逻辑演绎理解不完整和非结构化的信息
Kensho	2013年/美国	结合自然语言搜索、图形化用户界面和云计算，将发生事件关联金融市场，提供研究辅助，智能回答复杂金融投资问题
Sentient	2014年/美国	运用自然语言处理，深度学习（Deep Learning）等多种AI技术，进行量化交易模型的建立

资料来源：文因互联。

③引入知识图谱技术，减少小概率异常事件对预测的干扰。机器学习算法基于历史数据或事件学习，识别出模式，而对一些意外事件（如"黑天鹅"事件）的处理效果较差，会使预测失败，例如熔断机制和卖空禁令等。针对此类个别异常事件，知识图谱开始被引入投资领域。知识图谱本质上是语义网络，一种基于图的数据结构，根据设计的规则与不同的实体连接所组成的关系网络。知识图谱从"关系"的角度去分析问题，梳理投融资关系与逻辑、公司行业关系等，从而进行更深入的知识推理。

最早应用知识图谱在金融领域的Garlik就是这一代表。这家公司2005年成立于英国，主要从事个人信用记录、信用盗窃的分析。

Dataminr，是基于Twitter及其他公开信息的实时风险情报分析公司。该公司从社交网络平台获取精简且有价值的风险情报，挖掘关键信息，如舆情热点、金融相关的非交易信息等。

Wealthfront，传统的代表性智能投顾平台，借助机器与量化技术，将现代投资组合理论（MPT）分散风险，最大化投资回报，提供一个自动化的投资管理服务。

Palantir，是由硅谷投资教父、Paypal 的创始人 Peter Thiel 创立的金融科技公司。它旗下的基于知识图谱的金融数据分析平台——Palantir Metropolis，可以整合多源的量化资料，并提供一套方便易用的分析工具进行复杂搜索，可视化编辑与分析，并可结构化客户内部数据，关联相关数据，让客户自己创立分析规则整合并优化模型，量化处理数据，从而为客户最大化地降低不确定风险以及风险带来的损失。

（2）国内应用现状

2012 年以来，随着大数据技术的逐渐成熟，以机器学习为核心的智能量化投资技术在证券投资领域的应用在国外特别是美国得到了认同和快速发展，不仅知名大型资产管理公司运用机器学习技术进行证券投资，众多以机器学习为核心技术的智能金融公司也不断创立。以机器学习为核心的智能量化投资技术在我国也开始兴起，大型知名金融或 IT 公司也开始涉足，但发展尚无规模。另外，在我国以机器学习为方法进行证券投资的主动投资管理私募机构或量化平台也开始有所发展。随着我国金融衍生品的品种发展多样化和相关交易限制的逐渐放开，机器学习算法在量化投资领域也将得到较大发展和广泛应用。

国内在人工智能金融方面尚处于起步阶段，目前已经有少部分公司推出智能投资产品。按照研发主体可以大体分成三类：一是以蓝海财富、理财魔方、弥财等为代表的独立第三方智能投顾平台，主要为用户解决如何建立与风险匹配的分散化投资组合的问题，并可投资海外资产；二是以京东智投、百度股市通为代表的互联网公司研发的智能投顾平台；三是以平安一账通、嘉实基金为代表的传统金融公司研发的智能投顾平台，主要依托机构自身的产品资源和客户优势发展智能财富管理平台[1]。传统券商也开始探索这一模式，广发证券、华泰证券、申万宏源、中信建投等传统金融公司也正通过收购、自建和合作等方式开始布局智能投顾领域。华泰证券收购了全方位服务统包资产管理项目平台 Asset Mark；2016 年 6 月 23 日，广发证券推出智能投顾产品。多只传统金融机构和互联网公司开发的大数据基金也随着市场热度不断升温，比如广发百发 100、南方大数据 100、东方红京东大数据混合等。

同花顺人工智能投资实盘账户自 2014 年以来累计回报率为 470.2%。长信量化先锋混合作为市场上较早的主动量化基金之一，该基金通过模型智能选股，在量化产品里表现亮眼。截至 2016 年 9 月 30 日，长信量化先锋混合近一年的收益率为 64.39%，高居同类 1 146 只基金的第三位。2016 年 9 月，百度金融宣布将与易方达基金展开战略合作，共同探索人工智能及机器学习技术在资产管理领域中的前沿应用，双方通力合作成功将人工智能技术引入量化投资模型，并将共同推出一只主动量化基金。2016 年 7 月 8 日，蚂蚁金服和嘉实基金共同宣布将进一步加深战略合

---

[1] 智能投顾："科技金融领域的一匹黑马"，http：//mt.sohu.com/20 161 201/n474 623 659.shtml。

作,蚂蚁金服战略投资嘉实基金旗下"金贝塔"平台。

另外,应用机器学习进行量化投资在券商自营部门、公募基金得到了一定的应用,在国内私募机构中也得到了一定的发展,多数量化类私募基金的投资策略或多或少涉及机器学习算法,或以之为核心技术。在涉及机器学习进行证券投资的量化私募基金中较为优秀的有幻方科技、博煊资产、明汯投资、进化论资产、易善资产等,其中机器学习算法在 CTA 策略中应用较为广泛,收益较好(见表2)。

表2　　　　　　部分机器学习在金融投资中的国内应用实务

	产品名称	机构	特色
传统金融机构	平安一账通	中国平安	用户设计个性化、智能化的财富管理方案和理财自尊服务
	AssetMark	华泰证券	可提供资产管理产品、第三方和自有托管服务记忆投资策略师产品
	贝塔牛	广发证券	智能选股买卖、一键跟单
互联网公司	京东智投	京东金融	定制个性化投资组合
技术类公司	弥财	弥财	根据用户不同的风险偏好和投资目标定制化地智能地制订投资方案
	I策略	同花顺	利用深度学习构建资本动态图谱,对市场进行判断以筛选投资机会和制定投资策略
私募	易善资产	易善资产	跨资产、跨市场的多策略量化对冲基金公司,其 CTA 策略结合机器学习和人工智能的方法,对期货品种进行量化策略的交易
	明汯投资	明汯投资	面向多市场、多品种、多策略的程序化交易系统和资产管理平台
	幻方科技	幻方科技	量化对冲基金,使用深度学习等人工智能前沿科学优化传统量化策略研究方法

资料来源:36氪、云天使研究院、中信证券。

(五)大数据架构在投资中的应用现状

在衍生品业务交易与风控层面,对于场内衍生品市场,传统的交易与风控架构已经无法满足现有的需要。现有的交易与风控系统有两种计算模式,设置定时器,周期性地进行扫描;或者在产生委托的时候,把委托相关的衍生品种的行情数据、盘口数据,以及如期权 Greeks 的各项指标从硬盘上的数据库文件读取如内存中,进行各项指标的更新,再写入硬盘数据库中。由于对衍生品市场未来品种增加的巨大空间,以及多策略自动化并行交易的考虑,产生了如下所述的问题:数据量大,无法把所需的数据全部放入单个计算内存中,并且把数据存储硬盘上的传统数据库,对于大量数据的读取时间慢,造成衍生品业务交易委托与风控的滞后性。

近几年互联网金融发展,基于大数据分布式集群提供了对大量数据的高速运算和存储的分布式系统架构。同时，应运而生的是更为高效的内存分布数据集，海量数据检索和计算框架，以及构建在此数据框架上的实时处理流式数据的框架。基于海量流式数据的实时分布式处理，以及轻松应对数据统计分析、机器学习和数据挖掘、高效查询分析等，已经被使用在互联网金融的多个领域和应用场景，例如电商平台防欺诈、银行客户的用户分析、征信系统等。对于海量实时数据，高效存储和计算，完全符合我们对场内衍生品交易的交易与风控系统的要求，而国内外都少有此技术相关应用的详细的成功案例分析。

二、机器学习在算法交易中的应用

算法交易（Algorithmic Trading），又称黑盒交易（Black-box Trading），是指交易员在交易模型中加入一个算法，这个算法包含了既定的算法目标，在一些特定条件下，根据算法算出最佳的交易时机、交易价格和交易额，由系统自动执行交易指令。具体来说，交易者需要进行较大规模交易时，若一次性单笔交易规模较大，容易对市场产生冲击，使交易价格波动对自身不利。为了减少市场冲击成本，通常会进行订单拆细，即将大规模交易拆分为若干小规模交易，并寻求合适的时机分别对其进行分散交易，同时也防止交易过于分散，时间拖太久，导致市场价格向不利的方向变动，即交易等待风险。因此，算法交易实现大规模交易的拆分并对拆分后的小单进行择时择量交易，使得整个交易的价格能够达到最优水平，并提高交易执行的效率。

算法交易的优点体现在：降低市场冲击成本；提高交易执行效率；降低佣金率；减少人力雇佣成本；增加投资组合收益；使复杂的交易和投资策略得以执行；订单执行的隐蔽性。

（一）传统的算法交易方法

算法交易方法繁多，其中最为流行的算法交易方法有 TWAP 算法、VWAP 算法、VP 算法和 IS 算法等。

TWAP（Time Weighted Average Price）算法：时间加权平均价格算法，是一种最简单的传统算法交易策略，主要适用于流动性较好的市场和订单规模较小的交易。该模型将交易时间进行均匀分割，并在每个分割节点上等量拆分订单进行提交。例如，可以将某个交易日的交易时间平均分为 N 段，TWAP 策略会将该交易日需要执行的订单均匀分配在这 N 个时间段上去执行，从而使得交易均价跟踪 TWAP。

VWAP（Volume Weighted Average Price）算法：成交量加权平均价格算法，是目前市场上最为流行的算法交易策略之一，也是很多其他算法交易模型的原型。该模型是将一段时间内证券价格按成交量加权得出的加权平均值，即 VWAP 是对一段时间市场上所有交易活动平均价格的衡量。

VP（Volume Participation）算法：交易量参与算法，同样也是市场上广泛流行的交易算法之一，是 VWAP 模型的一个改进，都是跟踪市场真实成交量的变化，从而制定相应的下单策略。该模型以实际成交量作为指标,确定一个固定的跟踪参与比例,根据市场真实的分段成交量,按照该固定比例进行下单。VP 策略的交易持续时间取决于交易者设定的固定比例高低和市场的实际成交情况,当所需要成交的订单规模较小时,可能会在交易时间结束之前提前完成所有交易,不同于 VWAP 策略有固定的交易期限。

IS(Implementation Shortfall)算法:执行差额交易算法,指按交易者个人偏好,综合权衡优化交易的市场冲击与市场风险,尽量减小最终实际交易价格与目标交易价格之间的差距,即执行落差最小化。其中,目标交易价格可以是开盘价、收盘价,或者是到达价,即交易指令下达时的市场价格。一般来说,IS 策略都允许交易者设置买入(出)时的最高(低)容忍价格,并根据交易速度的要求选择积极、中性和保守的交易风格,以最大限度地贴近特定目标交易价格。

各算法的优缺点见表 3。

表 3　　　　　　　主要传统算法交易模型优缺点比较

算法	优点	缺点
TWAP 算法	简单易于操作;在分时成交量无法准确估计时,能较好地实现目标	若订单规模很大,拆分订单依然较为可观,还可能对市场造成一定的冲击
VWAP 算法	按市场真实成交量分时按比例提交拆分订单,可及时反映实时交易情况	需要对市场分时成交量进行预测,若预测有误有可能造成订单无法全部成交
VP 算法	克服 VWAP 预测交易量的误差,及时反映实时交易情况,较好跟踪市场均价	若订单规模较小,提前完成所有交易存在对市场均价跟踪偏离的风险
IS 算法	综合权衡各种交易成本和目标,较符合最优交易的目标和对交易过程的优化	模型较为复杂,需要考虑参数较多

(二)强化学习

强化学习(Reinforcement Learning)又称为增强学习、加强学习、再励学习或激励学习,是一种从环境状态到行为映射的学习,目的是使动作从环境中获得的累积回报值最大,从而得到连续决策过程中的最佳算法。近几年,强化学习被成功运用到多个领域(例如无人直升机驾驶、机器人步态运动、手机网络路由、市场算法选择、网页索引等)。

与传统的有监督学习算法有两点主要区别:首先,增强学习是试错学习,由于没有直接的指导信息,智能体要不断与环境进行交互,通过试错的方式来获得最佳算法;其次,是延迟回报,强化学习的指导信息很少,而且往往是在事后(最后一个状态)才给出的,这就导致了一个问题,就是获得正回报或者负回报以后,如何将回报分配给前面的状态。为了解决这两个问题,人们提出了马尔科夫决策过程(Markov Decision Processes,即 MDP)来具体作为强化学习的研究框架。

马尔科夫决策过程包含三个元素:状态 s、行为 a、奖励 r。其中,状态 s 由一个或多个变量构成,随着变量值的改变而改变。行为 a 作用在状态 s 上,是引起状态改变的原因。奖励 r 是在状态 s 处采取 a 行为所获得的奖励,是 s 和 a 的函数,实际上应写为 r(s, a)。例如,在自动直升机驾驶的研究中,一个状态 s 代表着直升机所在的位置和面向的方位,而 S 是所有这些可能状态 s 的集合。假设直升机只能进行 6 个方向的运动,那么动作 a 就有 6 种可能的取值:上、下、前、后、左、右。可用图 4 表示这 3 个元素与环境及研究对象(Agent)的关系。

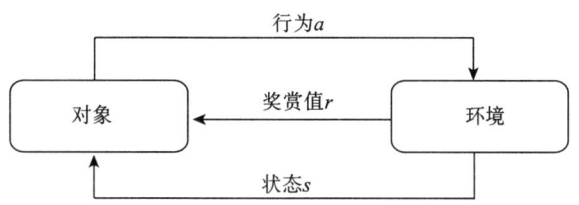

图 4 强化学习框架图

一个 MDP 过程的动态变化可以描述如下:从一个初始状态 s_0 开始,采用某一个行为 a。作为选择 a 的结果,状态会从 s_0 转移到新的状态 s_1,同时产生瞬间的奖励 r(s, a)。值得注意的是,在很多实际应用中,在 s_0 处采取行为 a 并不一定会以确定的方式转移。例如,在人机围棋对战中,当计算机在当前棋局下做出选择执行 a 后,人类选手的应对是未知的,因此,引入转移概率 P_{sa} 来表示在状态 s 下进行行为 a 转移到不同状态的概率。同样的,在 s_1 处选择行为 a_1 随机转移到新的状态 s_2。反复进行这个过程,我们就可以得到下面的一个状态转移路径:

$$s_0 \xrightarrow{a_0} s_1 \xrightarrow{a_1} s_2 \xrightarrow{a_2} s_3 \xrightarrow{a_3} \cdots \tag{1}$$

在这条路径上的奖励之和为:

$$r(s_0, a_0) + \gamma r(s_1, a_1) + \gamma^2 r(s_2, a_2) + \cdots \tag{2}$$

注意,在这里用到了折现因子 $\gamma \in [0, 1]$,作用是反应奖励的时间价值,离当前状态越远,奖励的折扣越大,突出了即时奖励的重要性。为了方便,我们把上式简写为:

$$r_0 + \gamma r + \gamma^2 + \cdots \tag{3}$$

增强学习的目标就是要在各个时间点找到最佳的行为来使得总奖励的期望值达到最大:

$$E(r_0 + \gamma r + \gamma^2 + \cdots) \tag{4}$$

在这里定义算法 $\pi : S \rightarrow A$ 为从状态到行为的映射。具体来说,执行一个算法 π 意思是在所有状态 s 上都以这个既定算法来执行行为 a。给定一个算法,就定好了在所有状态上要执行的行为。这样,强化学习中最核心的值函数(Value Function)就可以定义如下:

$$V^\pi(s) = E(r_0 + \gamma r_1 + \gamma^2 r_2 + \cdots | s_0 = s, \pi) \tag{5}$$

值函数 $V^\pi(s)$ 即为给定初始状态和算法 π 的时候,未来所有奖励加权和的期望值。容易看出，值函数等价于如下形式：

$$V^\pi(s) = r_s + \gamma \sum_{s' \in S} P_{\{s\pi(s)\}}(s') V^\pi(s') \tag{6}$$

这里有两点需要说明：第一，每个状态对应的值函数包含两个部分，第一个部分 r_s 是在当前状态执行行为的即时奖励，第二个部分是在未来的状态执行算法 π 带来的奖励。因此，每个状态的执行算法和整体算法互相影响；第二，上式满足贝尔曼方程，可以采用动态优化的方法得到最优算法，在下文中会详细说明。

最优值函数定义如下：

$$V^*(s) = \max_\pi V^\pi(s) \tag{7}$$

自然的，其仍然满足贝尔曼方程：

$$V^*(s) = r_s + \max_{a \in A} \gamma \sum_{s' \in S} P_{\{sa(s)\}}(s') V^*(s') \tag{8}$$

定义一个算法 π^* 如下：

$$\pi^*(s) = \max_{a \in A} \gamma \sum_{s' \in S} P_{\{sa(s)\}}(s') V^*(s') \tag{9}$$

这个算法使得每一个状态 s 对应的 $V^*(s)$ 达到最大，这样的算法就是全局最优算法。

在本部分的最后，给出一个在有限状态的 MDP 模型中得到 π^* 的有效算法：值迭代算法（Value Iteration）。算法的流程如下：

（a）对所有状态 s 进行初始化，令 $V(s) = 0$，$\forall s \in S$。

（b）重复以下步骤直到收敛。

$$V(s) = r_s + \max_{a \in A} \gamma \sum_{s' \in S} P_{\{sa(s)\}}(s') V(s') \tag{10}$$

经过有限步之后，循环迭代的值会最终收敛到最优值函数，对应的算法就是最优算法。强化学习的过程可以总结如下：对象（Agent）选择一个动作 a 作用于环境，环境接收该动作后发生变化，同时产生一个强化信号（奖或罚）反馈给对象，对象再根据强化信号和环境的当前状态 s 再选择下一个动作，选择的原则是使受到正的奖赏值的概率增大。选择的动作不仅影响立即奖赏值，而且还影响下一时刻的状态及最终强化值。强化学习的目的就是寻找一个最优算法，使得对象在运行中所获得的累计奖赏值最大。

（三）基于强化学习的算法交易

传统的算法交易模型都未能充分根据盘口的变化去最小化交易成本。为了最优化交易路径，进一步减小交易成本，在研究传统算法交易模型的基础之上，本部分使用强化学习实现算法交易。区别于有监督学习算法，强化学习基于状态的统计优化控制，通过时间差分算法对马尔科夫决策过程的行为函数进行迭代，从而寻找到最优路径。在算法交易中，学习的状态代表了某一时间点的情况，包括时间、需要交易的衍生品的仓位、订单簿等。

在量化投资领域，一个普遍且重要的问题是如何寻找最优交易执行方法。在这个问题中，要在给定的时间期限 H 内卖出（或买入）V 个头寸的指定金融资产（如股票、期货合约、期权），目标是最大化最终的收益（或者最小化交易成本）。例如，某一交易算法判断 a 资产在未来会贬值从而决定卖空 V 头寸的该资产，但是从这一决定到具体实施，显然中间还缺少了一个重要的环节，那就是如何在规定的时间期限内卖出这 V 头寸的 a 资产。最终得到的收益受很多因素影响，比如执行交易的速度和资产的成交价格。因此，寻找一个最优算法来综合考虑这些影响因素，从而最大化收益就显得尤为重要了。

最简单的交易方法是在这段期限的开始时刻立即以市场价格卖出全部头寸 V，但显然这种算法会有很大风险。如果头寸过大，在初始时刻不能全部以市场价格交易，那么剩余的头寸将会陆续以更低的价格成交从而承受很大的冲击成本。更好的做法是使用 S&L 算法（Submit and Leave），在初始时刻以限价价格 p 卖出所有头寸，在 H 分钟后，以市场价格卖出剩余未被执行的部分。这个算法虽然简单，但一定程度上避免了冲击成本。然而，S&L 算法只是在初始时刻和期限结束时管理头寸，在中间的任意时刻不能及时根据市场实际情况动态修改交易方式，因此，在实际交易中会完全受市场波动影响并且存在逆向选择的风险。

为了避免上述问题的发生并且提出一个可以连续监督修改的交易算法，我们考虑一种基于状态的算法。这个算法包含三个基本要素：状态 s、行为 a 与奖励 r。它的想法是根据当前的市场环境和接下来可能的交易行为以及这种行为带来的奖励来找出最优的交易执行算法。可以发现，这个想法与前文所述的强化学习的想法完全符合。

每个状态 $s \in S$ 是一个包含若干个状态变量的向量，它用来描述当前交易所处的环境。这里我们引入两个重要的变量：消逝时间 t 和剩余存量 i，分别代表了在期限 H 内经过了多长时间 t 和还剩多少头寸 i 未被交易。为了将连续变量离散化，我们引入分辨率的概念，令 I 和 T 分别为变量 i 和 t 的分辨率。其中，I 代表了在算法中变量 i 的离散程度，表示将 V 头寸的资产平均分割为 4 份，形成 4 个头寸区间，例如 $V = 10\,000$，$I = 4$，那么 1 单位 i 表示 $V/I = 2\,500$ 头寸的资产。同理，我们把时间区域 $[0, H]$ 平均分割成 T 份，这同时也是算法允许观察状态和采取行动的频率。例如，$H = 2$ 分钟并且 $T = 4$，那么我们可以每隔 30 秒钟修改一次执行价格。这样就人为地确定好了所有可能发生的状态，每个状态 s 是时间 t 和存量 i 组成的二维向量。例如，$V = 10\,000$、$I = 4$ 和 $H = 2$ 分钟、$T = 4$，此时状态空间为 $S = [i, t]$。

其中：$i \in \{4: (0, 2\,500], 3: (2\,500, 5\,000], 2: (5\,000, 7\,500], 1: (7\,500, 10\,000]\}$

$t \in \{1: (0, 30], 2: (30, 60], 3: (60, 90], 4: (90, 120]\}$

正如我们前文所述，行为 a 导致状态 s 发生改变从而转移到下个状态。定义行为 a 是在上个时刻提交的限价订单价格基础上的改变量。我们还是以要卖出 V 个头寸股票为例说明，行为 a 对应的是在状态 s 处给出一个新的价格 bid − a，其中，bid 为当前状态给出的买一价。

此外，在某个状态 s 上采取特定行为 a，会产生奖励 r。这个奖励在最优交易执行算法问题上就是以 bid – a 为价格成功交易的部分头寸资产得到的现金流回报，正负取决于我们是买入还是卖出资产。值得说明的是，在期限结束时间点 H 时刻全部剩余头寸立即以市场价格交易，无论最终成交的价格有多差，因为我们已经耗尽了时间没有了选择，所以，这样定义的奖励函数综合考虑了买卖价差、市场冲击和机会成本。

在强化学习算法中一个普遍且十分重要的假设是马尔科夫性（Markovian Nature）：在某个给定时间点上的最优行为与之前全部时间点上的行为独立。遵循这个假设，最终时刻 $t = T$ 对应的状态上的最优算法也应该与之前的行为完全独立。事实上，当时间耗尽时，我们强制以市场价格交易剩余的全部头寸，无论之前在 $t = 0$ 与 $t = T - 1$ 之间做过什么，这正好符合马尔科夫性。正因为如此，我们可以用迭代的方法大大地简化问题的求解。首先，找到 $t = T$ 时刻对应的所有状态上的最优行为，这样我们就拥有了全部信息来决定 $t = T - 1$ 时刻各个可能状态的最优算法。之后，到上一个时刻，依次类推直到初始时刻 $t = 0$。

本文采用 50ETF（510 050.SH）的历史数据进行强化学习算法的训练，以说明机器学习在算法交易中的应用。我们选取的交易头寸和时间期限分别为 V: 1 000 000 股和 H: 2 分钟，因此，目标是在 2 分钟内卖出 100 0 000 股的 50ETF。我们把时间更加精细地划分成 4 等份，每份时间长度为 30 秒，因此 $T = 4$。同样的，把总头寸等分成 4 份，每份为 250 000 股，因此 $I = 4$。这里的 T 和 I 就是上文状态变量 t 和 i 的分辨率，决定了算法的精细程度。明显的，更加高的分辨率会使算法更加精细，得到的准确度和适应性也相应地会更强。

本文收集了 2015 年 4 月 13 日到 2017 年 1 月 11 日共计 431 个交易日 50ETF 的历史交易数据，并将其按 8:2 的比例分割为训练集和测试集。其中，训练集使用了 2015 年 4 月 13 日到 2016 年 8 月 31 日共计 344 个交易日的历史交易数据，测试集使用了 2016 年 9 月 1 日到 2017 年 1 月 11 日共计 87 个交易日的历史交易数据。一个样本的时间长度仅为 2 分钟，因此，训练集和测试集的样本量分别为 41 280 和 10 440，在统计上属于大样本，充分大的样本量是高频数据的一个优势，这种优势较好地方便了机器学习算法的使用。图 5 直观地显示了强化学习训练后得到的结果。

图 5 表示了各个状态 s 对应的结果，即算法执行 5 种可选行为中值函数 V 最大的行为。这里的行为我们用数字 1 到 5 表示，突出了行为的激进程度。行为 5 表示以比当前市场买一价（bid）高两个 tick 的价格下单，即选择 bid + 0.002，是最为激进的价格；行为 4 对应的价格为 bid + 0.001；即数字每减少 1，对应的价格就减少 0.001。特别的，在行为 1 处采取的价格就是 bid – 0.002，是最为保守的价格。由图 5 可以看出，随着消逝时间 t 增大即剩余交易时间（Time Left）的减少，算法越来越保守，例如，在交易时间还剩 30 秒的时刻（即 $t = 4$，Time Left 为 1 时），在全部状态上的都是采取较为保守的行为 2 或行为 3 以保证最大可能成交。同理，i 越小即存

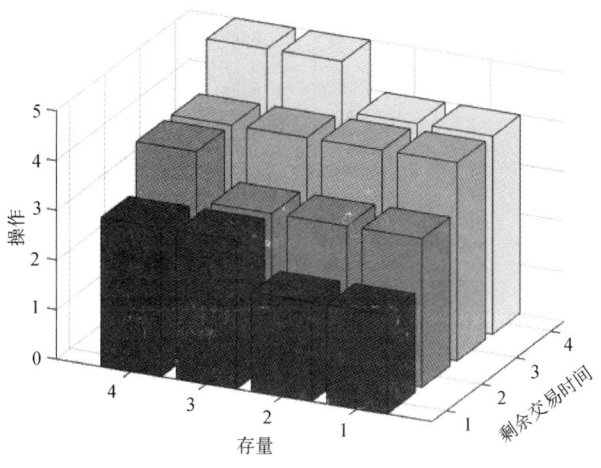

图 5　强化学习得到的结果

量（Inventory Left）越多，采取的行为也越为保守。例如，对比 $t=3$（time left 为 2）、$i=4$（inventory left 为 4）时与 $t=3$（time left 为 2）、$i=3$（inventory left 为 3）时这两个状态的算法，可以看到前者的订单价更高。

图 6 表示分别利用强化学习（RL）方法与利用 S&L 方法卖出 50ETF 后得到的现金回报的对比，可看出强化学习算法具有较好的效果，说明了强化学习应用于算法交易的有效性。图 7 和图 8 表示了行为对值函数的影响，从图中可以直观地看出不同状态下行为的选取，且与图 5 中执行算法相对应。在给定的状态上，即确定的时间 t 和存货 i，有不同的行为可以选择，每个行为有一个值函数衡量这个行为的当前回报和后续回报之和，因此在值函数上寻找使得其最大的行为，也就是算法得到的结果。例如，图 7 中当 $t=1$（time left 为 4）、$i=2$（inventory left 为 2）时结果是行为 4，图 8 中 $i=2$（inventory left 为 2）、$t=4$（time left 为 1）时结果是行为 2，分别与图 5 中的算法相对应。

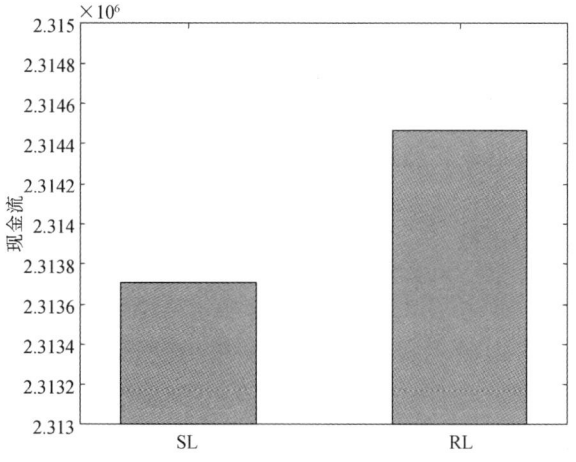

图 6　RL 和 S&L 方法交易得到现金回报

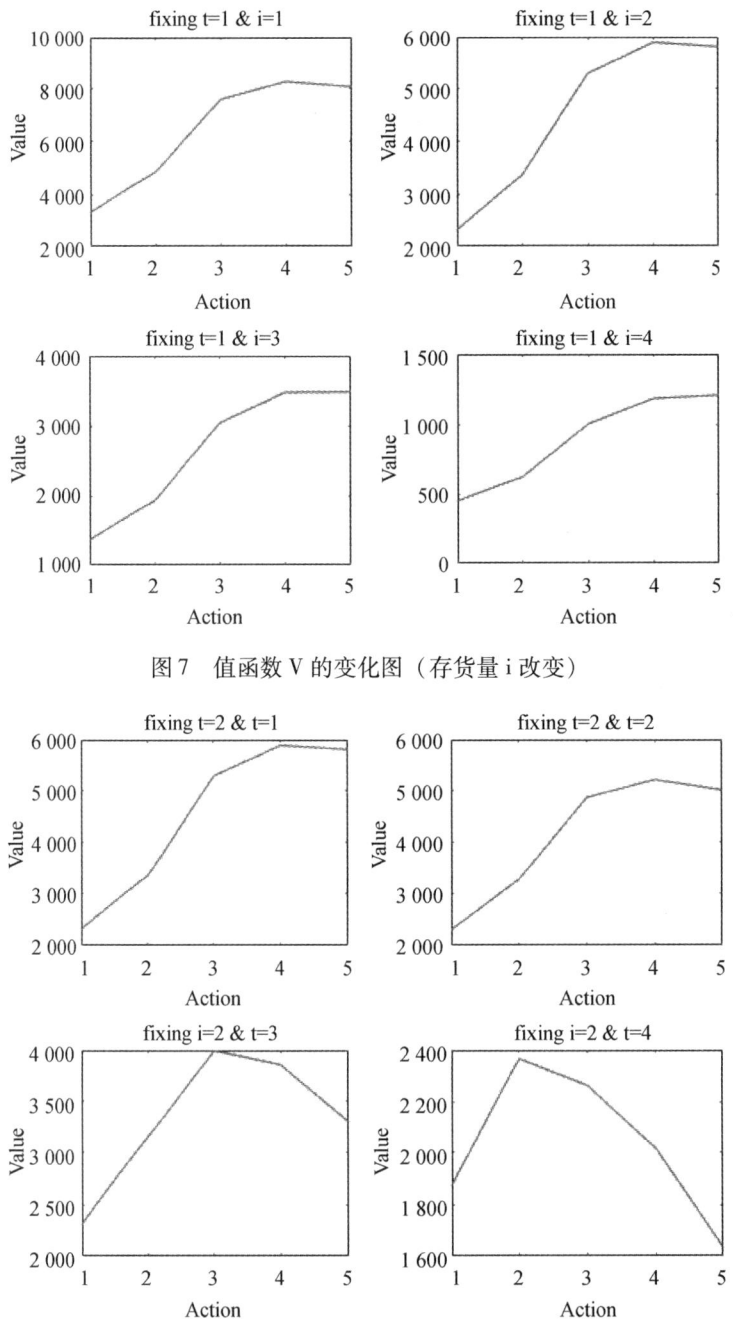

图7　值函数 V 的变化图（存货量 i 改变）

图8　值函数 V 的变化图（消逝时间 t 改变）

三、机器学习在波动方向预测中的应用

在市场交易活动中，价格起到了关键的职能作用。宏观经济中的价格表示市场供需平衡时的均衡价格，主要反映了市场的供求关系和其自身的价值。但在市场微观结构中，研究者更加关注这个价格具体是如何形成的。而在价格形成的过程中，

其变动将会受到市场日内其他市场微观交易指标的综合影响。从这个意义上讲，交易过程可以被认为是价格及其相关所有变量的信息载体，交易者可以从交易过程的各类交易指标中挖掘外部信息并调整各自的交易策略。而与传统日数据观测值不同，高频数据记录交易信息的频率更高，包含的市场信息更多，反映市场动态的能力更强。因此，对高频市场行情数据的挖掘有可能获得对未来价格走势的有预测能力的模式。

本部分尝试利用深层模型强大的特征表达能力和对复杂任务建模的能力，从大量高频的历史行情中学习到能决定未来价格走势的特征因子，从而形成对价格波动的预测能力。

（一）深度置信网络

1. 深度置信网络的基本概念

本课题采用的深度置信网络（DBN）模型由包含多个隐含层和大量神经元的神经网络组成。该模型能够克服传统深度神经网络模型由于层数增加而造成的收敛缓慢或者不收敛的情况，并且通过对多隐含层神经元的预训练来获取更有效的预测特征，从而提高模型预测能力。

DBN 由多层神经元构成，这些神经元又分为显性神经元和隐性神经元（以下简称显元和隐元）。显元用于接受输入，隐元用于提取特征。因此，隐元也有个别名，叫特征检测器（Feature Detectors）。最顶上的两层间的连接是无向的，组成联合内存（Associative Memory）。较低的其他层之间有连接上下的有向连接。最底层代表了数据向量（Data Vectors），每一个神经元代表数据向量的一维。

DBN 的组成元件是受限玻尔兹曼机（Restricted Boltzmann Machines，即 RBM）。训练 DBN 的过程是逐层训练 RBM 的过程。在每一层中，用数据向量来推断隐层，再把这一隐层当作下一层（高一层）的数据向量（见图9）。

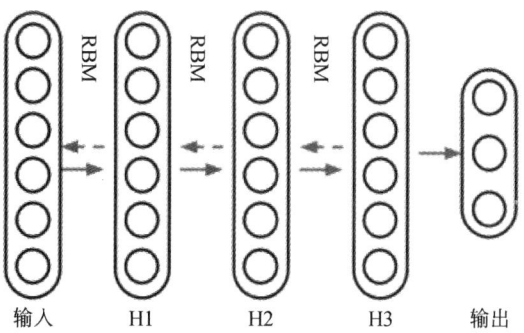

图9　DBN 模型结构

受限玻尔兹曼机（Restricted Boltzmann Machines，RBM）是一类具有两层结构、对称连接且无自反馈的随机神经网络模型，层间全连接，层内无连接，如同图 10 所示。RBM 由 Smolensky 通过改进根植于统计力学的随机神经网络玻尔兹曼机（Boltzmann Machines，BM）而得来。RBM 具有很好的性质：在给定可见层单元状态（输入数据）时，各隐含层单元的激活条件独立；反之，给定隐含层单元，可见层单元的激活亦条件独立。因此，RBM 本身就是一个很好的聚类方法。DBN 在 RBM 的基础上发展起来要归功于 Bengio 和 Hinton，他们分别证明了 DBN 对复杂分布的拟合能力和快速学习算法。

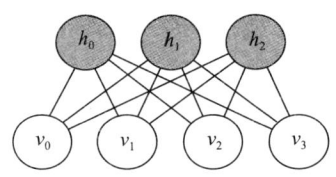

图 10　RBM 结构表示，层内单元之间无连接

2. 深度置信网络模型的构建

具体地说，DBN 的训练主要可以分为两大步。第一步，要分别单独无监督地训练每一层 RBM 网络，确保特征向量映射到不同特征空间时，都尽可能多地保留特征信息；第二步，要在 DBN 的最后一层设置一个 BP（Back Propagation）神经网络，接收 RBM 的输出特征向量作为它的输入特征向量，有监督地训练实体关系分类器。因为每一层 RBM 网络只能确保自身层内的权值对该层特征向量映射达到最优而非对整个 DBN 的特征向量映射达到最优，所以反向传播网络还将误差信息自顶向下反向传播至每一层 RBM，从而对整个 DBN 网络进行微调。换言之，RBM 网络训练模型的过程可以看作对一个 BP 网络权值参数的初始化，使得 DBN 克服了传统 BP 神经网络由于随机初始化权值参数而容易陷入局部最优和训练时间长的缺点。

上述训练模型中第一步在深度学习的术语叫作预训练，第二步叫作微调。最上面有监督学习的那一层，根据具体的应用领域可以换成任何分类器模型，而不必是 BP 网络。

（1）预训练

RBM 的作用是提取输入特征，在将输入向量（即可见层，记作 v）映射到另一特征空间（即隐藏层，记作 h）的时候能够尽可能多地保留特征信息。比如，有一组三维的特征向量 v，其第三个元素是第一第二个元素之和，那么我们在提取特征的时候只需提取其第一和第二个元素即可组合出所有输入特征。因此，利用 RBM 求解网络实际上就是要找到适当的权重以及偏置项，从而使 v 获得最大的似然函数。

最常用的求解 RBM 的算法是 CD 算法（Contrastive Divergence Algorithm），其步骤如下：

① 取一个训练样本 v，计算隐藏单元的概率 $P(h=1|v)$，如公式（11）所示。并且利用该概率进行取样，得到相应的隐藏层激活状态 h；

② 计算 v 和 h 的外积，记为正梯度；

③ 利用 h 求出 $P(v'=1|h')$，如公式（12）所示。并利用该概率分布取样，得到相应的可见曾激活状态 v'，再利用公式（11）中同样的方法得到 h'；

④计算 v' 和 h' 的外积，记为负梯度；

⑤更新权重：利用学习速率乘上正负梯度之差得到梯度，并利用该梯度更新权重；

⑥更新偏置：计算 v 与 v' 的差值，并乘以学习速率得到显层偏置项的梯度。同理可得隐层的梯度。

由于 RBM 的结构是完全二分图，对于含有 m 个隐藏层节点以及 n 个可见层节点的 RBM，其条件概率 $P(h=1|v)$，$P(v=1|h)$ 的计算公式如下所示：

$$P(h = 1 | v) = \prod_{j}^{m} P(h_j = 1 | v) \tag{11}$$

$$P(v = 1 | h) = \prod_{i}^{n} P(v_i = 1 | h) \tag{12}$$

$$P(h_j = 1 | v) = \sigma\left(b_j + \sum_{j}^{m} v_i W_{ij}\right) \tag{13}$$

$$P(v_i = 1 | h) = \sigma\left(a_i + \sum_{i}^{n} W_{ij} h_j\right) \tag{14}$$

$$\sigma(x) = \frac{1}{1 + e^{-x}} \tag{15}$$

本文的实验所用的 CD 算法是 CD-1 算法，即对于每个样本，上述训练过程只进行一次。若对结果又更加严格的要求，可采用 CD-K 算法，即对于每个训练样本，都将上述过程重复 K 次，以得到更加严格的权重。将多个 RBM 叠加，即可得到 DBN 网络。

（2）微调

如前所述，DBN 网络中，每一层 RBM 网络只能确保自身层内的权值对该层特征向量映射达到最优而非对整个 DBN 的特征向量映射达到最优，因此还需要利用 BP 算法对网络进行微调。

BP 算法的本质是求输出的误差对网络权重以及偏差项的偏导数，然后再计算梯度并且更新梯度以弥补误差。BP 算法的主要步骤如下所示：

①进行前馈传导计算，利用前向传导公式，得到 $L_2, L_3, \cdots, L_n$ 的激活值。

②对输出层（第 n 层），计算残差：

$$\delta^{(n)} = -(y - a^{(n)}) \cdot f'(z^{(n)}) \tag{16}$$

③对于 $l = n-1, n-2, n-3, \cdots, 2$ 的各层，计算残差：

$$\delta^{(l)} = [(W^{(l)})^{(T)} \delta^{(l+1)}] \cdot f'(z^{(l)}) \tag{17}$$

④计算最终需要的偏导数值：

$$\nabla_{W^{(l)}} J(W, b; x, y) = \delta^{(l+1)} (a^{(l)})^T$$
$$\nabla_{b^{(l)}} J(W, b; x, y) = \delta^{(l+1)} \tag{18}$$

⑤计算梯度（注意，$\Delta W^{(l)}$ 和 $\Delta b^{(l)}$ 初始值为零）：

$$\Delta W^{(l)} := \Delta W^{(l)} + \nabla_{W^{(l)}} J(W, b; x, y) \tag{19}$$

$$\Delta b^{(l)} := \Delta b^{(l)} + \nabla_{b^{(l)}} J(W, b; x, y) \tag{20}$$

⑥更新梯度（其中，α 为学习速率，m 为样本数量）：

$$W^{(l)} = W^{(l)} - \alpha \left[\left(\frac{1}{m} \Delta W^{(l)} \right) + \lambda W^{(l)} \right]$$

$$b^{(l)} = b^{(l)} - \alpha \left(\frac{1}{m} \Delta b^{(l)} \right) \tag{21}$$

以上步骤就是BP神经网络一次迭代的过程，只需重复上述步骤直至收敛，即可得到所需的网络参数。通常，BP网络的最后一层可以接入不同的分类器。本课题选用的是Softmax分类器。

（二）基于DBN的波动方向预测

本部分基于开源深度学习工具包Deep Learn Toolbox构建深度置信网络模型，并选取上证50ETF价格的3秒钟高频数据，通过样本内大量历史交易数据对深度学习预测模型进行训练，然后对价格涨跌情况进行预测。

在深度学习模型应用于价格波动方向预测的实验中，数据的重要性在一定程度上要胜过模型的选取。好的数据特征能反映有用的市场信息，而不恰当的数据特征（尤其是过多地使用了市场噪声的特征）即使采用最前沿的技术也不会产生多么实用的效果。

预测模型的输入数据基于基础盘口数据进行重新构建。基础盘口数据见表4。

表4 　　　　　　　　　模型输入的基础数据

last	volume	amount	high	low
ask1	ask2	ask3	ask4	ask5
asize1	asize2	asize3	asize4	asize5
bid1	bid2	bid3	bid4	bid5
bsize1	bsize2	bsize3	bsize4	bsize5
...	...	...	...	...

模型输入数据选择的是基于上述基础盘口数据及利用其设计的新特征量，例如买卖盘价差、委卖委买的量差、短期价格变化方向等。本文分别采用不同的三组特征组合训练模型，以对比不同特征下预测模型对价格波动方向的预测效果。文中最后采用的特征集三组特征组合如表5所示。

如前文所述，RBN会对特征进行降维，并且尽可能多地保留原始特征，因此选取的三组特征组合包括：

①特征组合一，包含六个相对独立的特征，分别是买卖差价、买单挂单量、卖单挂单量、带符号的成交量、价格导数以及当前价格变化的方向。

②特征组合二，在特征组合一的基础上加入了当前价格相对于过去20Tick平均价格的偏移量、买卖挂单加权量比，这两个特征也是独立的特征，不能利用其他六个特征进行组合得到。

③特征组合三，在特征组合二的基础上加入了买卖挂单量的加权量差、成交量导数和价格导数的乘积，这两个特征并非独立的特征，可以利用带符号的成交量以及价格等特征求出。

表5　　　　　　　　　　　　　　模型输入特征集合

特征组合一	特征组合二	特征组合三
Bid – Ask Spread	Bid – Ask Spread	Bid – Ask Spread
Bid Volume	Bid Volume	Bid Volume
AskVolume	AskVolume	AskVolume
Signed Transaction Volume	Signed Transaction Volume	Signed Transaction Volume
Smart Price	Smart Price	Smart Price
Trade Sign	Trade Sign	Trade Sign
…	Offset Degree of Ma20	Offset Degree of Ma20
…	Volume_Proportion	Volume Proportion
…	…	Bid – Ask Volume Imbalance
…	…	Volume – Price Change

利用这三组特征组合进行实验，可以看出特征的选择与实验结果的关系。具体结果可参考实验结果分析，整个实验使用 Matlab 实现。

本实验分别利用上述三组特征组合，使用不同频率（20、25、30Tick）的历史数据分别预测未来 1~20 个 Tick 的价格波动情况。由于训练深度学习模型的计算量极大，需要耗费时间较多，而基于我们的软硬件配置（CPU4 核、内存 12G、无 GPU、Matlab2016a），我们尽可能大限度地分别使用了 20 和 60 个交易日的高频数据作为训练集。由于样本数据是每 3 秒 Tick 数据，则训练集 20 和 60 个交易日的历史交易数据的样本量分别大约为 96 000 和 288 000。同理，由于本文按 8:2 的比例将样本数据分割为训练集和测试集，则测试集的样本量分别大约为 24 000 和 72 000。

日内部分历史交易数据见图 11。

实验结果如图 12 和图 13 所示，为使用归一化数据训练深度学习预测模型的实验结果。比较不同特征组合的预测准确率可看出，特征组合二与特征组合三的结果略好于特征组合一，而特征组合二与特征组合三的结果相差无几。这是由于特征组合二和特征组合三相对于特征组合一分别增加了两项独立且有意义的特征，利用了更多有用信息，特征组合二和特征组合三的预测准确率都要高于特征组合一的准确率。而特征组合三比特征组合二增加的两个特征可以由其他特征组合得到，因此，特征组合三与特征组合二的结果相差较小。其次，对比图 12 和图 13 可看出，训练集为 60 个交易日的预测准确率比 20 个交易日的更好，说明了在一定程度上增加训练集，可利用的有用信息增加，模型预测准确率也将有所提高，价格波动预测更加准确。因此，预测模型用于投资交易时，在条件允许的情况下，进一步提高计算机

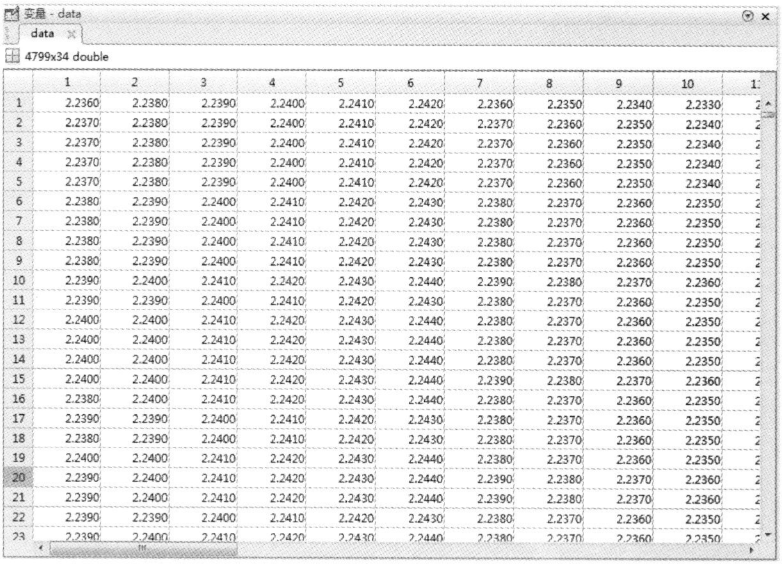

图 11　日内部分历史交易数据展示

软硬件配置和适当增加训练集，可一定程度上提高预测准确率。此外，从各组特征组合的准确率曲线可看出，预测较短周期内价格波动的准确率要高于预测较长周期价格波动的准确率。这是因为高频信号受到市场随机性的影响很大，预测时间跨度较长的价格波动受到噪声的影响也较大。

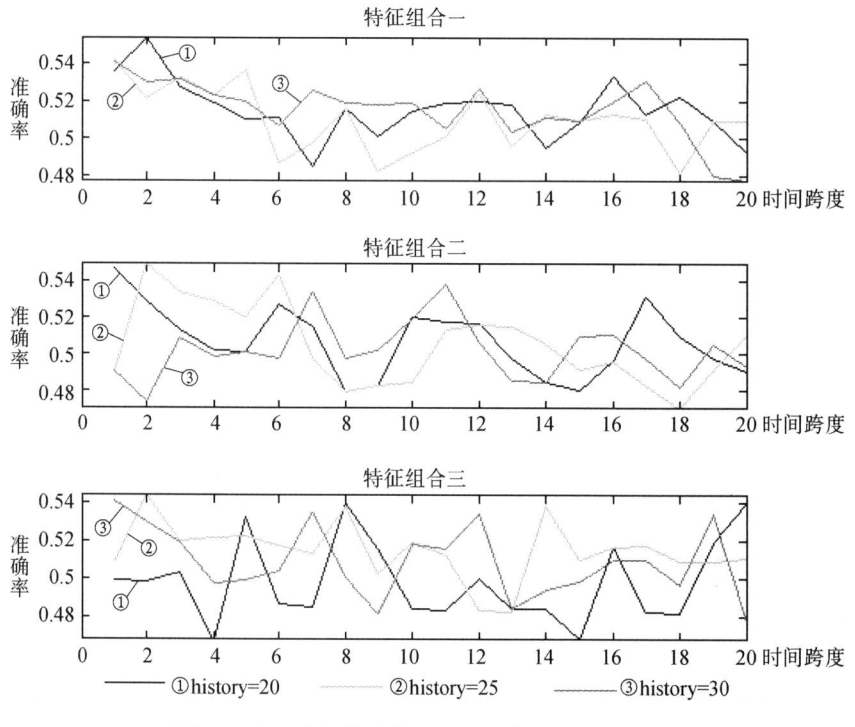

图 12　归一化的实验结果（训练集 20 个交易日）

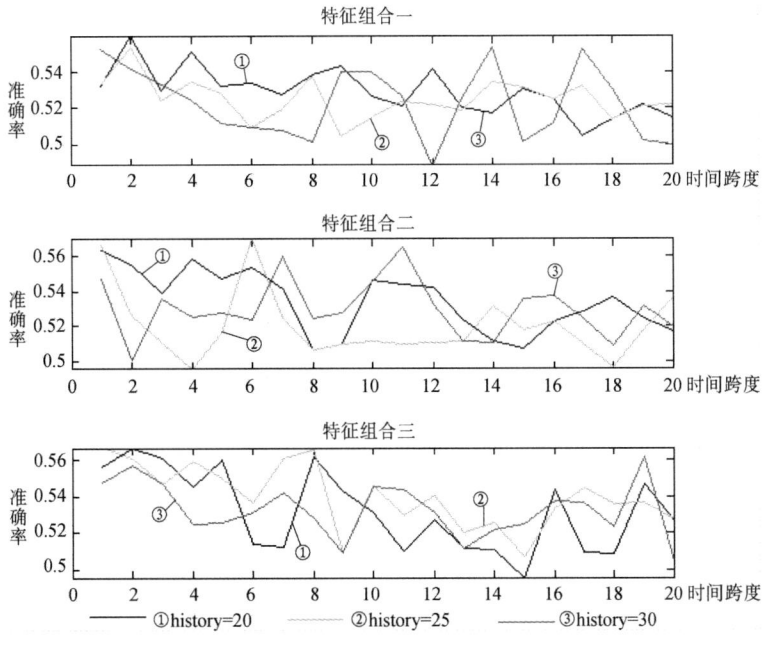

图 13 归一化的实验结果（训练集 60 个交易日）

图 14 和图 15 是未对数据进行归一化的实验结果。可以发现，整体预测准确率有所降低，但特征组合二和特征组合三的实验结果依然好于特征组合一的结果，且使用较大训练集（60 个交易日）的预测准确率依然比较小训练集（20 个交易日）的准确率更高。另外，准确率受预测周期长短的影响减小，说明未进行归一化的数据中噪声的信息显著增加。

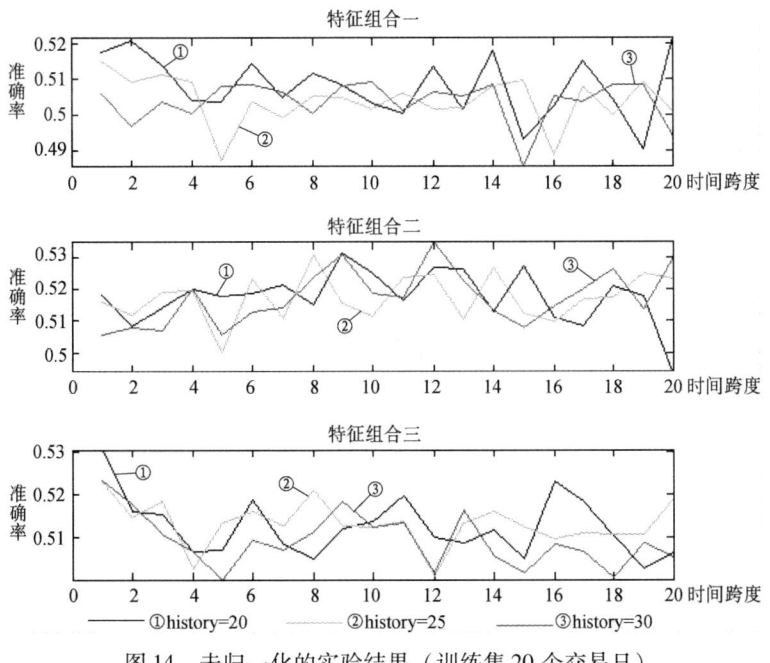

图 14 未归一化的实验结果（训练集 20 个交易日）

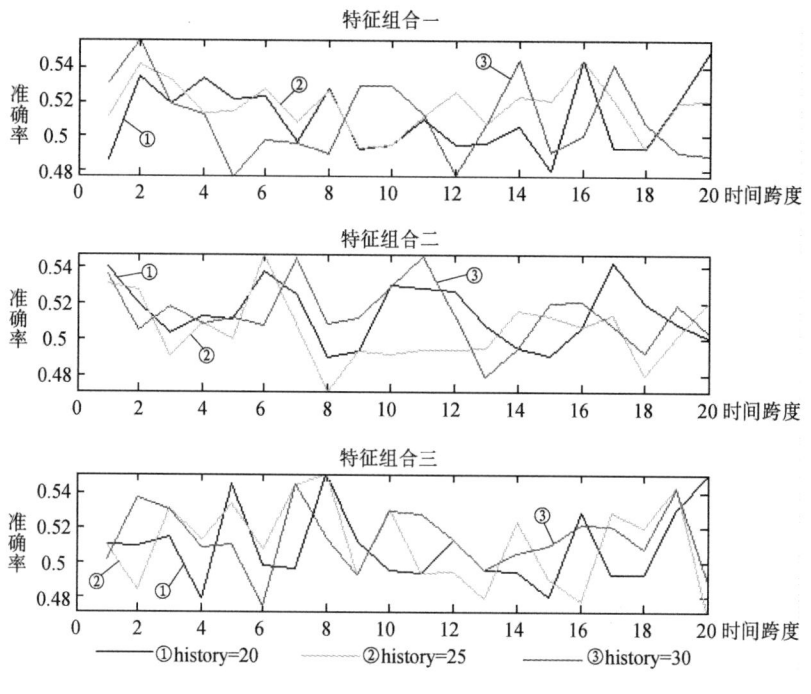

图 15　未归一化的实验结果（训练集 60 个交易日）

根据本节实验结果分析，得出以下结论：

（1）信噪比不稳定，采用可靠的去噪方法对提高结果有意义

金融时间序列往往具有很强的非平稳性和非线性特征，其统计特性随时间而变化，在某个时域内可能为噪声，而在另一个时域内则可能包含了有用信号。当信噪比较小时，市场的随机性较强，多呈现出震荡形态；而信噪比较大时，市场趋势更为显著。高频数据虽然包含了更多的市场信息，但同时也囊括了更多的噪声。如果能把握信噪比更大的市场阶段，则可能更有利于提高模型预测能力。

（2）高频数据在短周期内价格变动有限，提取到的特征变化不明显

预测模型的输出是未来短期内的涨跌方向。如果价格波动过小，就会导致模型提取的特征几无变化，预测结果呈现一边倒的趋势。在考虑与交易相关的涨跌时，选取未来涨跌幅度较大的样本作为深层模型的训练样本可能更有意义。另外需要注意的一点是，高频下的价格波动有限，持仓时间很短的交易很难带来超额的回报。

（3）深层模型超参数需要多次实验才能找到更好、更稳定的结果

本质上，深层模型仍然是一个神经网络模型。因此，模型结构中的参数，如网络层数、隐含层神经元个数等，以及训练算法的参数，如优化方法、每个训练 Batch 大小、训练步长等，这些超参数都将对模型泛化能力产生影响。在固定的交易产品和数据集上，需要经过长时间的调试以及前人的经验才可能得到比较稳定的参数。

四、大数据架构对衍生品交易风控的解决方案

衍生品交易风控不仅需要满足交易所和中国证监会的各种合规要求，而且需要

最小化各类交易品因自动化交易带来的巨大交易风险。由于合规方面要求的指标繁多，衍生品在进行交易时候风控指标也丰富多样，在传统的交易与风控体系模式下，会导致在很多场景中下单的性能指标严重下降，无法满足套利、做市等自动化快速交易的需求。在当前市场追求最高的交易性能的应用场景下，各种快速交易系统应运而生，将普通委托在毫秒级别提升到了微秒量级。但如果在交易上面增加风控检查，性能则会急剧下降，把快速交易系统带来的性能优势磨灭殆尽。本系统正是实现满足各种合规要求、风控指标、识别并控制交易风险的快速风控系统，服务于快速交易系统。

（一）国内场内衍生品交易风控的现实问题研究

1. 国内场内衍生品交易风控的内容

衍生品的交易过程包含了很多阶段：①前端输入委托信息点击触发下单；②下单消息路由到快速交易系统生成订单；③报盘模块从订单队列扫描出订单报送给交易所；④交易所撮合成功回送成交结果，包括成交价格、成交数量等信息；⑤快速交易系统修改订单状态为已成并通知前端下单成功；⑥收市后进行清算结算。

交易不同阶段的特点是不同的，对于一致性和交易延迟的要求也有很大不同。风控是渗透在交易过程所有阶段的，不同阶段的风控由于业务特点的差异，在设计实现时所考虑的原则就会不同。因此，我们有必要将风控分成不同的阶段，在基本术语表中，事前、事中、事后即是对风控阶段最常用的划分方法。但由于不同系统和业务场景对"事"的定义不同，对三者的划分就没有一致的标准。在这里我们将阶段1、阶段2定义为事前，阶段3、阶段4、阶段5定义为时中，阶段6定义为事后。而本次研究主要集中在事前风控，通过引用大数据的实时计算框架来提高事前风控的效率，进而提升交易速度。

风控的本质是对交易行为的检查，判断这个交易行为是否合规，是否不符合投资者的风险承受能力，是否符合投资模型的原则。交易行为最终通过一系列的数据表达，我们称之为风控因子。风控规则是对合规准则、投资模型的表达。风控阈值是投资者风险承受能力和投资模型监控值的表达。将风控因子、风控规则、风控阈值表述为业务场景就称为风控指标。拿风控指标对交易行为进行风控检查得到风控结果，是整个风控的过程。具体要素见表6。

表6　　　　　　　　　　　衍生品交易风控要素

中文术语	英文术语	定义
风控规则管理服务	RMIndicator Management Service	负责风控规则的增删改查
风控规则计算服务	RM Indicators Exec Service	负责风控规则的快速计算
风控策略服务	RM Strategy Service	负责风控结果的处理，通知交易系统，写入大数据分析，实时告警

续表

中文术语	英文术语	定义
数据加载服务	Data Load Service	负责风控系统的初始化,将风控指标需要的各种数据加载到内存数据化、生成 Repository 对象
数据更新服务	Data Update Service	在风控指标计算后相关数据发生变化时对数据进行快速更新
风控因子对象	RM Factors (Repository)	风控指标的对象化表示
复合事件处理	CEP	复杂事件处理框架
规则引擎	Rule Based Engine	风控规则使用规则引擎进行进行处理
领域专用语言	Domain Specific Langauge (DSL)	风控规则的定义及表达

2. 国内场内衍生品交易风控的现实问题

我们结合传统风控的逻辑规则和风控策略,同时发现传统风控架构在性能瓶颈上的劣势,以及在分布式计算引擎的高效计算架构上做新的尝试。

传统的风控设计方案(如图16),可以归结为对规则管理、规则计算、风控因子和阈值的加载更新、风控结果的使用策略这四方面的实现。

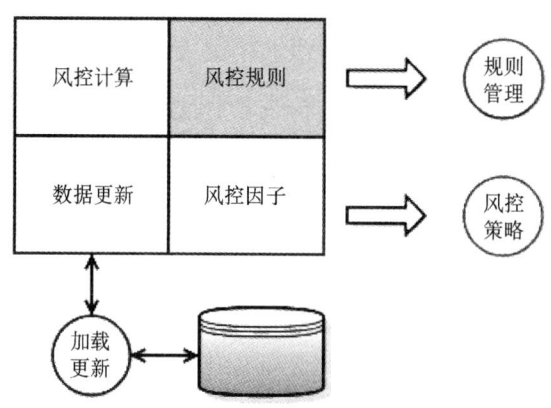

图16 传统的风控设计方案

传统风控的缺点在于,规则计算通常是按业务通过大量代码片段或者通过存储过程实现;风控规则的表达通常是提取出与或非这类有限的原子性逻辑原语,表达力较弱;对风控因子等数据的更新是通过定时扫库实现,不及时并且效率低,对风控结果的策略也通常只是交易通过与拒绝。

传统风控设计方案明确展示了风控系统的四个要素:规则计算、规则管理、数据更新、风控策略。这四个要素同样是我们设计新型风控系统需要重点思考解决的。在我们的设计中采用表达力强的领域专用语言表示风控规则,使用 CEP 流式处理框架接收交易消息、数据更新消息、风控策略更新消息,将规则引擎植入 CEP 计算引擎简化风控规则计算逻辑。

（二）大数据架构对衍生品交易风控的系统设计及实现

1. 系统设计概述

我们设计的快速风控系统主要在保留了上述原有的风控系统要素，即风控规则和策略计算的核心下，采用了大数据的云计算并行处理架构，在保证了风控数据的安全和完备性的同时，使得风控指标的计算性能大大提高。

在大数据实时处理的架构上，主要是采用流处理。流处理的意义在于，对于类似于行情的时间序列数据，可以像流水一样输入到我们的大数据架构，这套架构拥有并行处理的分布式集群，也就是我们所说的计算机服务器，机器有不同的分工和职责，可以达到高效的互联互通的同时输入的行情流水可以迅速地放在集群机器的内存中，进行快速实时计算。而后面我们所要叙述的具体采用的流式计算这个架构理念的实际框架是 Storm。Storm 架构的解释和优点下文会说明。

我们的快速风控设计，主要是抓住了传统的结构化数据库存储和读取的性能瓶颈，用一种新的技术架构来让我们的风控效率大大地提升。我们可以在架构搭建了以后，并且通过符合我们自己的设计要求的修改代码，采用这种流处理架构和规则引擎来简化开发工作，其中，流处理选型 Storm 计算引擎来进行海量数据的实时处理，用业界权威的 Rete 算法实现的规则引擎 Clara Rules 来对风控指标和规则进行实现并嵌入流处理的计算框架中。

2. 技术选型

首先我们先对流处理框架进行介绍。详细介绍两个方面：第一，对于大数据的实时计算的技术解决框架，那就是流处理框架的介绍和说明；第二，在流处理框架的基础上，我们采用的 Storm 引擎这个具体的一个被广泛运用的流处理框架作为我们的技术实现方案的详细介绍。

（1）流处理框架

分布式流处理是对无边界数据集进行连续不断地处理、聚合和分析。这类系统一般采用有向无环图（DAG）。DAG 是任务链的图形化表示，相当于一个拓扑结构，一般用它来描述流处理作业的拓扑。拓扑结构的物理意义是，多个机器通过网络互联互通的状态。工作被细化拆分以后，通过一定的协同规划机制，来自动分配给不同的机器做并行处理和计算。这样原本庞大的工作内容，不再是采用一个机器超负荷的读写数据和运算，而是通过把庞大的工作细化成小的子任务，分配给不同的机器做处理。

结合了风控所需要的条件，当选择不同的流处理系统时，有以下几点需要注意。

①运行时和编程模型：这样可以让我们的风控模型，不管在不同的交易品种、交易账户、交易类型等的维护，还是风控本身的策略和规则上都有可扩展性，即方便的添加和配置。平台框架提供的编程模型决定了许多特色功能，编程模型要足够处理各种应用场景。这是一个相当重要的点。这个条件定义了表达方式、可能的操作和将来的局限性。因此，运行时和编程模型决定了系统的能力和适用场景。这

是一个系统最重要的特质。

②函数式原语：流处理平台应该能提供丰富的功能函数，方便我们的风控指标作并行计算。比如，提供类似于 Map 或者 Filter 这类易扩展、处理单条信息的函数，处理多条信息的函数 Aggregation，跨数据流、不易扩展的操作。Map（键值对映射）的步骤主要是把庞大的数据拆分成不同的小部分，并对不同的小部分做标记，然后分发给不同的机器做处理；Filter（过滤选择）主要是对数据做一定的筛选，比如，我们需要对期权的品种做选择，那么就会使用到 Filter 的步骤，最后不同的小作业会需要 Aggregation 的步骤集合在一起，把最后的处理结果、当前操作是否符合风控要求的结果做出汇总输出。

③状态管理：大部分应用都需要保持状态处理的逻辑。流处理平台应该提供存储、访问和更新状态信息。这个意思是，我们的集群会因为风控模块的增大需要更庞大的集群，对机器集群的维护我们需要一个统一的"监控"，即可以通过一台机器或者一个子集的一台机器方便地监控集群中的机器的状态，方便地得到集群中每个节点的工作状态信息、数据传输正常与否的链路信息，便于我们对整个分布式架构集群的正常运行状态的管理。

④消息传输保障：消息保障的机制在风控模型中非常重要，因为大量的数据在传输的时候，我们需要保证数据不能丢失。因为不管是我们的行情数据传输过程的丢失，还是说风控策略计算的中间值的丢失，都会对我们的风控模型结果的影响很大，所以我们需要在这个流处理架构上维护可靠的消息传输保障机制，使得我们的风控计算指标正确。消息传输保障一般有三种："at most once"、"at least once"和"exactly once"。"at most once"的消息传输机制是每条消息传输零次或者一次，即消息可能会丢失；"at least once"意味着每条消息会进行多次传输尝试，至少一次成功，即消息传输可能重复但不会丢失；"exactly once"的消息传输机制是每条消息有且只有一次，即消息传输既不会丢失也不会重复。

⑤容错：容错的能力是，在我们的分布式处理集群的任何一个机器节点出现问题的时候，我们能很快恢复或有快速切换到正常运行的其他备份机器子节点的机制，保证在某个部位出错时，我们能快速地做出应对，让我们的风控还能正常运行，像没有出错的状态。流处理框架中的失败会发生在各个层次，比如，网络部分、磁盘崩溃或者节点宕机等。流处理框架应该具备从所有这种失败中恢复，并从上一个成功的状态（无脏数据）重新消费。

⑥性能：延迟时间（Latency）、吞吐量（Throughput）和扩展性（Scalability）是流处理应用中极其重要的指标。这也是我们想要把风控系统进行大数据流处理架构的基本原因所在。

实现流处理系统有两种完全不同的方式：一种是称作原生流处理，意味着所有输入的记录一旦到达即会一个接着一个进行处理，有点像水龙头流水那样源源不断地流入我们的处理系统。

第二种称为微批处理。把输入的数据按照某种预先定义的时间间隔（典型的是几秒钟）分成短小的批量数据，然后把小的 Batch 输入处理系统。类似于我们把柴火储存好，一捆一捆地放进火炉里面。

而我们的风控应用比较适合运用第一种方式，数据是原生态流的方式源源不断地留向我们的系统，我们可以低延迟，高容错的处理大量的有时序依赖关系的数据，比微批处理方式（速度是毫秒到秒的级别）更高效，提升到微秒到毫秒的处理速度。所以，我们选择了原生态流处理方式的一种实践方案，Storm 引擎作为我们的技术架构。

（2）Storm 引擎

Storm 集群是一个分布式架构的集群。核心的拓扑结构处理消息会永远保持（或直到你杀了它），所以有快速恢复和回滚机制。Storm 集群有主要有计算机节点的分工：主节点和工作节点。主节点是类似于"管理者"的功能，把任务分配给下面的工作节点。这样实现的方式是，主节点上运行一个叫作"Nimbus"的守护进程。Nimbus 负责在集群分发的工作内容，将任务分配给其他机器，和进行检验工作的职责，即故障监测。每个工作节点会保持时刻待命的状态，即运行一个叫作"Supervisor"的守护进程。Supervisor 监听分配给它任务的机器，听从 Nimbus 的委派，并在必要时启动和关闭工作进程。Supervisor 类似于群组经理，下面会有自己的专门处理计算的节点，即"worker"，工作者，按照 Supervisor 的指示来具体进行不同的工作内容。每个工作进程执行整个拓扑结构大集合的一个子集，所以，一个运行中的风控系统，是一个大的拓扑结构，并且由很多运行在很多机器上的工作进程组成。

Nimbus（管理者）和 Supervisors（群组经理）之间所有的协调工作是通过一个 Zookeeper 集群，它的职责相当于工作传达者，这种避免了管理者和工作者在处理工作时候互相干扰。让他们保持相对的独立性，由传达者做消息和消息状态的处理，便于工作的状态的维护和记录，让所有不同职责的节点能高效稳定的运作。此外，Nimbus 的守护进程和 Supervisors 守护进程是无法连接和无状态的；所有的状态维持在 Zookeeper 中或保存在本地磁盘上。这意味着你可以进行 kill－9 Nimbus 或 Supervisors 进程，它们不需要做备份。这种设计导致 Storm 集群具有令人难以置信的稳定性。

（3）规则引擎

介绍了流处理架构，以及我们采用的 Storm 流处理架构的物理结构，和在这个物理架构上消息的传输和处理方法，我们下面具体说明一下，我们的风控指标的计算逻辑的实现方式，即运用规则引擎，嵌入在 Storm 中作为风控策略的逻辑实现。我们采用的规则引擎是 Clara Rules。

我们的风控指标主要包含了如下的几种，包括了单向双向开仓、持仓限额和敞口的限制，每日和单次报单实价、报单数量和额度的限制，做市商的总持仓和保证金监控，和期权 Greeks 和期权二阶风控指标等等。可以想象的是，我们定义风控规则的过程是一种逻辑推理的过程,我们判断一个交易是否可行的时候,会经过一系列的判断,如果进行了这个交易,是否满足持仓量的条件,开仓的条件,以及敞口指标和其他的指标的要求,而这些风控规则的定义和组合用技术的实现方式就是——规则引擎。风控指标的计算规则都会通过我们下述的叫作"Clara Rules"的规则引擎进行规则定义和逻辑实现。

Clara Rules 使用的是一种演绎法(Forward – Chaining)推理方式,它的核心是 Rete 算法(Rete 算法其实就是对逻辑推理的规则和对命题判断是否成立的研究方法)来进行推理计算。推理计算具体的实践语言是由 Clojure 语言实现定义规则。

从使用者角度看 Clara Rules 包含几个部分:Rules(规则库)、Expressions(表达式)、Accumulators(辅助函数,用来处理命题和规则计算)、Queries(查询,就是模式匹配的过程)、Facts(事实,也就是命题)、Session(规则集合,可以向里面添加或者移除规则,如果满足所有规则的 Fact 就可以添加到规则集合中,变成了一条规则)、Working memory(每个 Fact 需要通过 WM 来建立,就是 Fact 的类型)这些要素相当于某个组件,共同合在一起来完成整个风控所有指标的逻辑实现。

3. 系统应用案例

我们知道期货交易采用保证金制度,为了防止违约,买卖双方需要交保证金,一般保证金额度是合约价值的一个百分比,比如%5 或 10%。期货交易采用当日无负债制度,当日保证金账户会重新调整计算。一般我们在做交易时会对开仓数做限制,比如开仓不超过 10 手,对期货价格进行监控,超过开仓数或行情价超限时进行风控预警。这个业务场景在我们设计的风控系统中很容易实现,大概步骤包括如下所述:

步骤1:定义持仓预警线和价格预警线;

步骤2:创建 DSL 风控规则语句;

步骤3:对订单和账户按照账户 ID 进行匹配;

步骤4:获取期货实时行情对象,取最新价格;

步骤5:判断账户持仓、期货实时价格是否触碰预警线;

步骤6:生成风控结果报告。

把风控规则逻辑写成脚本,上传到 Storm 集群中即可对期货账户的持仓和价格进行监控。对于复杂的风控规则,可以拆分成小的规则写成多条规则。通过我们这种设计方案对其他交易品种和其他风控场景去实现风控方法,都类似开仓管理这个例子。

4. 系统性能测试

下面是我们的硬件配置:

硬件:Cpu32 核,内存64G。

软件:Ubuntu14.04。

单节点 Storm:3 个 Zookeeper、1 个 Nimbus、1 个 Supervisor(12 个 executor)、1

个 Storm – ui。

数据库：Postgress（这个是为了存储数据对象，即账户信息、合约信息，以及我们的风险指标，在系统启动开始，这些数据将会从数据库中加在到内存中）。

压测环境：开发机 1、开发机 2 以及 Staging 预发布环境。

我们在 Storm 上开发的风控引擎系统启动了 12 个 Executors（线程）占用内存 832M。Topology Stats 展示了运行不同时间段所接收、处理转发的消息数及耗时毫秒数（<1ms 记为 0）。

Bolts 里的 Rule – engine – bolt 是风控计算节点，占用了 10 个执行算子，Acked 表示完成处理的消息数目，Process latency 小于 1ms。

开发机 1 和开发机 2 是虚拟机，而 Staging 环境是物理机。并且开发机 1 上是除了有我们风控的模块，还有其他应用程序正在运行着，就是机器不只是用来做风控。而开发机 2 是只有风控模块运行着。Staging 环境的物理机是在物理机上就只有风控模型在运行。

从表 7 中可以看出，我们部署在单节点的 Storm 下，可以达到亚毫秒级的处理速度，每秒请求数可以达到 6 000 多，具备低延迟、高性能的要求，并且通过部署多套可以很容易扩展来提高并发支持度。

表 7　　　　　　　　　　　　　压力测试数据

环境	QPS（一秒请求数）	平均延迟	发送数量	接收数量
开发机 1	413.0	351us	10 000	9 999
开发机 1	754.7	332us	10 000	9 999
开发机 1	3 230.4	495us	10 000	9 999
开发机 2	4 989.3	161us	1 860 000	1 859 925
Staging 环境	6 235.67	135us	301 000	300 958

5. 业内横向对比

为了充分验证基于 Storm 设计框架的有效性，我们选择恒生柜台、PB 投资管理系统的风控方案来进行横向对比，其中，PB 投资管理系统我们选取金证 pb 和讯投 pb 来进行比较（见表 8）。

表 8　　　　　　　　　　　　　系统横向对比

系统名称	技术方案	性能数据	扩展性	易用性
恒生柜台	Oracle 存储过程	100ms +	扩展性受限	存储过程难维护及更新，仅实现简单的交易风控
金证投资管理系统	基于消息队列的中间件服务	20~50 ms	内嵌到交易系统，扩展需要开发新插件及服务	风控没有独立的抽取出来进行表达

续表

系统名称	技术方案	性能数据	扩展性	易用性
迅投资产管理平台	C++与lua混合开发，非标准化并行方式	5～10 ms	多进程方式扩展需重新编译、发布及重启	风控规则使用lua表达，新增需要重新开发、打包
本文方案	Storm + Clara Rules，采用标准的分布式并行计算及规则引擎技术	≤1 ms	分布式集群，可以热加载，易扩展	Dsl语言表达规则，表达力强，可动态加载新规则，便于自定义风控场景规则

近年来，投资主体从个人投资者转向专业化、机构化投资者的趋势明显；投资方式从趋势投资转向量化对冲投资，资金规模越来越大，投资品种变得更加多元，这些变化导致风控规则更加复杂化，但对风控实时性的要求反而更高了。在这种新的投资环境下，传统的技术方案在扩展性、易用性、实时性方面表现出不足，经过对比我们基于Storm框架设计的风控系统，由于其分布式扩展性、并行化低延时性、DSL规则表达力强等特点，能够非常贴切地满足当下这种投资环境特点。

五、大数据架构在策略研发和回测的应用

在上面我们主要用了大量的篇幅介绍了两项研究：第一是机器学习算法在交易策略上的应用，第二是大数据的实时流式引擎Storm在前端风控上的应用。下文我们将探讨如何利用大数据的架构把上述的交易策略研究和前端风控都集合在一起，即大数据架构不仅可以用来改进实时性较高的前端风控，同时也可以满足非实时却需要大量历史回测和运算性能较高的策略研究。

在本部分里，我们着重讲述大数据架构上的Storm流式引擎和规则引擎在前端风控上的运用，在下面的篇幅我们将探讨大数据架构对于策略开发以及回测提供的可能性和便利性。我们将分成两个部分介绍，第一，是大数据的架构在策略开发和大量历史数据回测上的应用；第二，结合上文机器学习在交易策略的应用，我们探讨在大数据的架构上策略算法开发的便利性，我们会重点介绍Storm上的开源机器学习算法库，例如Trident_ml以及Deeplearning4j。现在，我们首先介绍大数据的非实时性处理框架。这个框架是在基于高性能高扩展并行处理集群，在Storm引擎上引入新的架构进行拓展，满足在策略开发中，对于大量的历史数据的快速运算的需求。解决研究员在单个机器对策略进行历史数据回测的性能瓶颈，大大提高了开发策略的效率。

（一）处理框架

首先，在谈论大数据处理框架之前，我们要对数据处理系统的本质进行理解，数据处理系统可以简化为"数据"和"查询"。数据是系统的基础，同时，我们需要对数据进行快速检索，来为其他系统或者应用提供数据支持。

基于这个概念我们可以引申出数据的本质、数据的存储、数据的查询三部分。下面是对这三个部分一一做描述。

1. 数据的本质

从"数据"的本身特性来说，它是一个不可分割的单位，包含两个关键的性质："when"和"what"。

"When"是指数据是与时间相关的，数据一定是在某个时间点产生的。比如交易流水就隐含着按照时间先后顺序产生的数据，前面的交易请求流水数据一定先于后面的交易流水产生；消息系统中消息的接受者一定是在消息的发送者发送消息后接收到的消息。相比于数据库，数据库中表的记录就丢失了时间先后顺序的信息，中间某条记录可能是在最后一条记录产生后发生更新的。对于分布式系统，数据的时间特性尤其重要。分布式系统中数据可能产生于不同的系统中，时间决定了数据发生的全局先后顺序。比如对一个值做算术运算，先加2，后乘3，与先乘3，后加2，得到的结果完全不同。数据的时间性质决定了数据的全局发生先后，也就决定了数据的结果。对于基于时间序列分析的量化交易来说，时序性是尤为重要的。

"What"是指数据本身。因为数据跟某个时间点相关，所以数据的本身是不可变的（Immutable），过往的数据已经成为事实（Fact），不可能回到过去的某个时间点去改变数据事实。这也就意味着对数据的操作其实只有两种：读取已存在的数据和添加更多的新数据。在我们策略回测的应用中，历史的交易或者行情数据是确定的，不需要修改的。策略回测只需要在这样的确定的历史数据上进行快速读取和高效运算。

2. 数据的存储

根据上述对数据本质特性的分析以及在策略回测的应用，对数据的存储更好的方式是：数据不可变，存储所有数据。

通过采用不可变方式存储所有的数据，有如下两个好处。

（1）简单

采用不可变的数据模型，存储数据时只需要简单地往主数据集后追加数据即可。相比于采用可变的数据模型，为了Update操作，数据通常需要被索引，才能快速找到要更新的数据去做更新操作。

（2）应对人为和机器的错误

人和机器每天都可能会出错，如何应对人和机器的错误，让系统能够从错误中快速恢复极其重要。不可变性（Immutability）和重新计算（Recomputation）则是应对人为和机器错误的常用方法。采用可变数据模型，引发错误的数据有可能被覆盖而丢失。相比于采用不可变的数据模型，因为所有的数据都在，引发错误的数据也在。修复的方法可以很简单地通过遍历数据集上存储的所有的数据，丢弃错误的数据，重新计算。重新计算的关键点在于利用数据的时间特性决定的全局次序，依次顺序重新执行，能得到正确的结果。

3. 数据的查询

Storm的作者Nathan Marz对查询给出如下简洁的定义：

Query = Function(All Data)

该等式的含义是：查询是应用于数据集上的函数。该定义看似简单，却几乎囊括了数据库和数据系统的所有领域：RDBMS、索引、OLAP、OLTP、MapReduce、EFL、分布式文件系统、NoSQL 等都可以用这个等式来表示。

我们在下面介绍的架构，是基于大数据架构的扩展，可集成我们上述的 Storm 引擎，同时可以对大量数据进行高效查询。

4. Lambda 架构

基于以上对数据系统本质的研究，Lambda 大数据流处理架构是由 Nathan Marz 提出的，且设计目的在于提供一个能满足大数据系统关键特性的架构，包括高容错、低延迟、可扩展等。其整合离线计算与实时计算，融合不可变性、读写分离和复杂性隔离等原则，可集成 Hadoop、Kafka、Spark、Storm 等各类大数据组件。Lambda 架构可分解为三层 Layer，即 Batch Layer、Real – Time（Speed）Layer 和 Serving Layer。

（1）Batch Layer：存储数据集，在数据集上预先计算查询函数，并构建查询所对应的 View。Batch Layer 可以很好地处理离线数据，但有很多场景数据是不断实时生成且需要实时查询处理，对于这情况，Speed Layer 更适合。

（2）Real – Time Layer：Batch Layer 处理的是全体数据集，而 Speed Layer 处理的是最近的增量数据流。Speed Layer 为了效率，在接收到新的数据后会不断更新 Real – time View，而 Batch Layer 是根据全体离线数据集直接得到 Batch View。

（3）Serving Layer：Serving Layer 用于合并 Batch View 和 Real – time View 中的结果数据集到最终数据集。

综上所述，Batch layer 是非实时性的数据处理层，Real – time layer 是实时性数据的处理层，而 Serving layer 属于数据经过运算后的结果查询层。

标准的 Lambda 框架如图 17。总结下来，Lambda 架构可以用伪代码表示为：

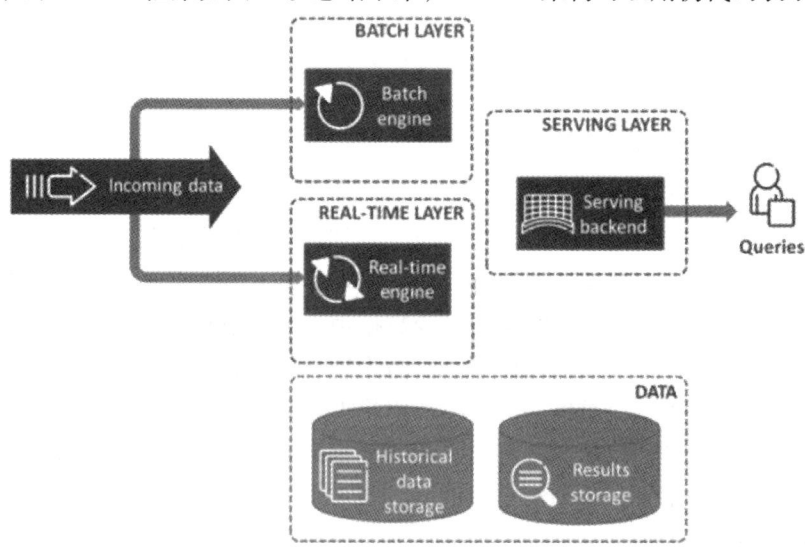

图 17 Lambda 数据处理架构

batch view = function (all data)
realtime view = function (realtime view, new data)
query = function (batch view, realtime view)

5. Kappa 架构

Lambda 架构是比较早提出来的融合了非实时和实时数据处理的框架思路，引入了两个重要的思想：数据不可变存储和基于历史数据的重新计算。Lambda 框架满足实时大数据系统关键的特性如高容错、低延时和可扩展等，但也存在一个明显的问题：它需要维护两套分别跑在批处理和实时计算系统上面的代码，而且这两套代码需要产出一致的结果，这明显增加了开发的难度和运维的复杂性。为什么不能改进流计算系统让它能处理这些问题？为什么不能让流系统来解决数据全量处理的问题？流计算天然的分布式特性注定其扩展性比较好，能否加大并发量来处理海量的历史数据？基于 lambda 架构问题的考虑，LinkedIn 的 Jay Kreps 结合实际经验针对 Lambda 架构进行深度剖析，提出了 Kappa 架构，如图 18。

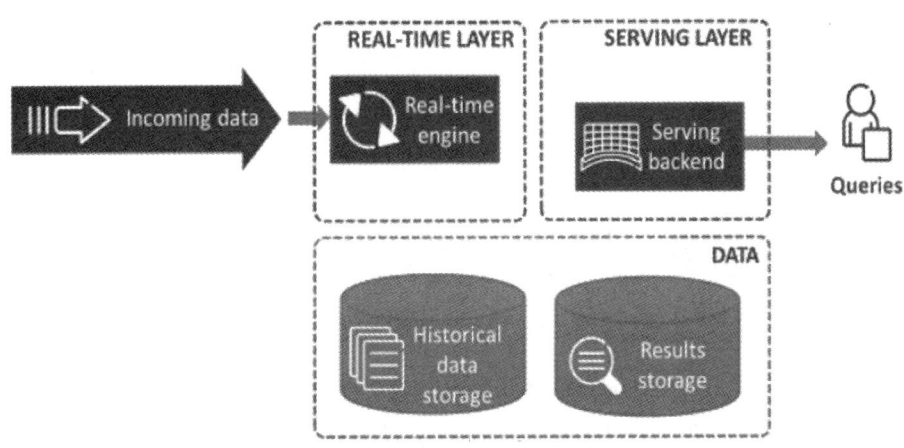

图 18　Kappa 数据处理框架

这个架构也是我们后面在此课题上进行探讨而引入和研究的架构。Kappa 架构的核心思想包括以下三点：

（1）用分布式队列系统保存数据，需要几天的数据量就保存几天。

（2）当需要全量重新计算时，重新起一个流计算实例，从头开始读取数据进行处理，并输出到一个新的结果存储中。

（3）当新的实例做完后，停止老的流计算实例，并把老的一些结果删除。

前文中我们将风控按交易时间段分为事前、事中、事后三阶段。基于 Storm 流计算引擎我们可以方便快速地处理事前风控，本部分通过对大数据处理系统本质及 Lambda 和 Kappa 这两个大数据处理框架的研究比对，我们采用 Kappa 架构作为对 Storm 流处理引擎的扩展，通过对历史数据的回溯，将需要的历史数据通过消息队列转化为流，启动新的流处理任务来处理事中、事后风控。利用 Kappa 架构，我们将实时流数据和历史数据的处理通过同一种方式和算法实现，简化了系统的复杂度，提高开发和运维的效率。

6. 策略回测框架设计

有了上面对数据本质及数据处理系统特性的理解，以及 Lambda 框架和 Kappa 框架的特点对比，我们倾向采用 Kappa 框架，它更适合于我们的策略交易场景，在 Kappa 框架上做策略回测会是很轻松的事，见图 19。举一个在做交易策略回测时的常见例子，我们在基于机器学习算法或者其他思路完成了交易策略研发后，首先需要在历史行情数据上进行回测，来判断策略的有效性，对历史行情数据的截取可以是近一周、近一个月或者近一年，将这些数据转换到分布式消息队列中接入 Kappa 框架，Kappa 框架会把这些消息当作实时消息一样，执行交易策略。这里还有一个好处，因为历史行情数据和实盘行情数据都作为消息流无区别的执行同一套交易策略，历史行情数据和实盘行情数据在时间上就连贯起来了，在进行策略验证时就可以很方便地将回测和实盘测试连起来，策略验证的效果更接近真实的交易市场环境。

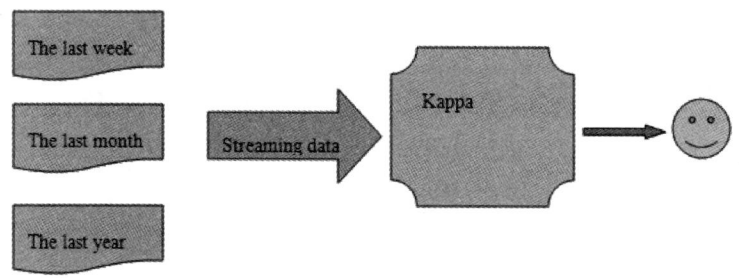

图 19　利用 Kappa 框架进行回测

对于多策略的执行，Kappa 架构也具有高效的性能，如图 20。策略需要的多品种属性信息、行情信息、资讯信息和其他信息通过数据流的形式注入 Kappa，数据流按主题（Topic）划分，不同的策略订阅不同的消息主题进行处理，这样消息流可以共享给多策略使用，节省了消息流量。多策略在 Kappa 系统上共享 Kappa 集群的算子（Executor）进行运算，Kappa 系统的管理者（Supervisor）会动态调度集群算子的数目和分配情况，给予计算度密集或优先权高的策略分配更多的算子来提高策略执行的并行度以提升策略的执行速度。多策略虽然共享算子，但在执行过程中是独占算子的，这样也将策略间的执行做了资源隔离互不影响。

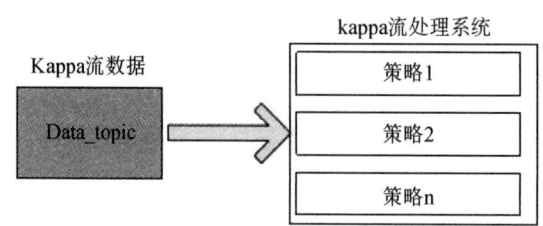

图 20　多策略执行

（二）Storm 的机器学习算法库介绍

前文我们将 Storm 分布式流计算引擎与 Clara Rule 规则引擎进行结合，设计出了适合于实时衍生品交易风控系统，那么是否可以将 Storm 与机器学习算法库进行结合呢？这种结合其实已经是分布式策略框架的雏形了。机器学习算法库很多，基于 JVM 系的都可以与 Storm 进行整合，本部分我们介绍两个：Trident ML 和 DeepLearning4j。

1. Trident ML

Trident ML 是 Apache Storm 的一个衍生开源项目，它运行在 Storm 集群之上，支持横向扩展，它所包含的算法设计用于有限的内存和有限的计算时间的场景，目前支持以下算法：

- 线性分类（Perceptron, Passive – Aggresive, Winnow, AROW）；
- 线性回归（Perceptron, Passive – Aggresive）；
- 聚类（KMeans）；
- 特征缩放（standardization, normalization）；
- 文本特征提取；
- 流统计（mean, variance）；
- 经过训练的 Twitter 情绪分类器。

Trident ML 主要针对有监督分类和无监督分类提供了类接口及 API 实现，Storm 允许 Trident – ml 以分布式来处理一批元组（数据集会在几个结点上计算）。这意味着 Trident – ml 可以对负载进行水平伸缩。对于分布式学习和深度学习这类算法的支持开源社区的后续版本会进行支持。

2. DeepLearning4j

虽然大数据技术和机器学习算法飞速发展，但是大规模机器学习在计算上依然有三个比较大的困难。

磁盘 IO 开销大因为几乎所有的机器学习算法都需要多次扫描数据，对于大规模数据无论在什么平台上，如果不能全部存储在内存中，就需要反复从磁盘存储系统中读取数据，带来巨大的 IO 开销。在很多情况下，IO 开销占到整个训练时间的 90% 以上。

网络通信开销大，即使有足够的资源将所有数据都放到内存中处理，对于分布式的计算系统，模型训练过程中对模型更新需要大量的网络通信开销。无论是同步更新还是异步更新，庞大的数据量和特征数都足以使得通信量爆炸，这是大规模机器学习的另外一个瓶颈。

单点瓶颈大规模的模型使得无法在一个节点上存储整个模型，如何将模型进行分布式的管理也是一个比较大的挑战。

机器学习领域较为活跃成熟的算法库大多是基于 Python 实现的，例如 Google 的 Tensor flow，而大数据技术生态圈 Hadoop、Spark、Storm 都是在 JVM 体系语言上实现的,这就很难解决上面的三个困难。DeepLearning4j(以下简称DL4J)算法库的出现解决了这一困境,Deeplearning4j(简称DL4J)是为Java和Scala编写的首个商业级开源分布式深度学习库。DL4J与Hadoop和Spark集成,支持分布式CPU和GPU,为商业环境(而非研究工具目的)所设计。Skymind是DL4J的商业支持机构。它可以运行在CPU、GPU、Spark上,当然也可以运行在Storm分布式集群上,通过与Storm的结合,将数据从磁盘加载到Storm拓扑内存节点减少了磁盘开销,Storm的Pacemaker数据共享机制可以帮助减少网络通信开销,分布式的集群架构解决了单点瓶颈问题。

DL4J提供强大的机器学习算法支持,开源社区更新迅速,目前已支持的功能如下:

- 深度神经网络;
- 多层神经网络;
- 递归神经网络和LSTMs;
- 深度置信网络;
- 卷积网络;
- 受限玻尔兹曼机;
- 深度、降噪、堆积降噪自动编码器;
- 自然语言处理;
- 科学计算。

此外,Deeplearning4j在多种芯片上的运行已经被优化,包括x86、CUDAC的GPU。DL4J的并行是自动化的。也就是说,对工作节点和连接进行了自动化,在Storm上建立大规模并行的时候,能对库进行分流。Deeplearning4j最适合于解决特定问题,而且速度很快。DL4J已经被NASA喷气推进实验室里团队采用。随着开源社区的发展,DL4J将会支持更多功能,这也是我们设计过程中采用DL4J的原因。

3. 策略研发框架设计

通过采用简易的算法库Trident ML和高级的算法库DeepLearning4j,结合Storm流计算引擎,我们可以实现有人工干预的监督学习算法交易策略,也能实现不需要人工干预的无监督深度学习算法交易策略。在回测时监督算法通过调优参数来不断优化算法的效果。对于无监督深度学习算法,可以截取不同时间周期、不同数据表达粒度的历史数据,将这些数据以流形式注入Storm,来训练深度学习算法,通过不同数据层级的训练,深度学习算法取得自动优化的效果,这里我们可以根据需要调整数据层级来不断优化策略算法。通过将这两个机器学习算法库与Storm的结合,我们实际上设计出了一套策略研发框架,在这套框架上,我们编写基于算法库的交易策略,以拓扑的形式提交到Storm集群,Storm集群接收历史数据消息流来训练策略。由于Storm可扩展的特性,对于多个策略可以通过调整机器并行度来提升执行效率,策略执行在不同的Storm算子当中,是相互隔离的,不会相互影响,这对于我们研发中的策略与已上线策略来说，可以共用集群，通过这套策略框架可以大大提升研发、回测交易策略的效率。

六、总结

（一）课题的创新点

本课题在国内外相关案例研究的基础上，做了一些尝试性的探索，本文的创新之处如下：

第一，从选题上，本课题开创性地探讨大数据和机器学习在衍生品业务上的趋势与应用，通过详尽的规范分析揭示衍生品业务与金融科技结合方面未来可能的发展模式和方向，对中国衍生品业务发展有一定的参考作用。

第二，本文将两个非常有代表性的机器学习算法与金融高频交易策略相结合，研究的对象是上证50ETF，因此对所有以ETF作为标的的衍生品来说都有一定的参考意义，目前可以服务于ETF期权做市和ETF做市。随着我国金融市场的发展，未来的衍生品市场的交易种类将会越来越多，包括深交所在准备的ETF期权以及在仿真的股票期权，这些衍生品都需要大量的ETF或者股票进行对冲。因此，这里选用的50ETF是非常有代表性的。

第三，本文尝试将机器学习算法应用在衍生品的交易上，能够避免交易员在交易执行过程中受情绪的影响，对衍生品市场正常发展具有较好的促进作用。

第四，本文成功将Storm流处理架构与衍生品交易风控做了结合，将市场信号变化、风控策略调整这类数据更新业务与交易请求同等对待处理，都是通过Storm消息源接收并经过拓扑节点更新到拓扑内存对象中，并进一步更新到内存数据库，不再采用定时从磁盘数据库同步数据这种低效的方式，提高了业务效率。

第五，本文经过调研对比采用Kappa大数据处理框架，结合深度学习算法库Deeplearning4j，设计出了方便易用且高效的策略回测及研发框架，有助于对于交易策略算法的研究和发布上线。

（二）未来工作

在本文中，我们将强化学习和深度学习应用在50ETF盘口数据上。未来，在提升算法效率的同时，将算法交易用在股指期货和期权交易中。无论是流动性、成交量和灵活性，它们与50ETF有着很大的区别，如何利用交易特点来改进现有算法是难点也是机遇。同时，支持向量机（SVM）是在机器学习中非常成熟和应用广泛的分类器，如何在衍生品交易中使用SVM或者其他机器学习算法预测价格走向将会是未来值得考虑的问题，如何将现有算法加以调整使其适应金融市场和实际问题将会是问题的核心。

在解决了风控计算、策略研发问题后，我们将进一步研究Storm流处理架构下提高衍生品交易速度和降低衍生品投资策略计算时间方面的先进风控指标、机器学习算法库。

参考文献

1. Bao Y K, Liu Z T, Guo L, et al. , 2005, Forecasting Stock Composite Index by Fuzzy Support Vector Machines Regression, in Proceedings of 2005 International Conference on Machine Learning and Cybernetics, Vol. 6.

2. Bin Li, Steven C. H. Hoi, 2014, Online Portfolio Selection: A Survey, in ACM Computing Surveys, Vol. 36, No. 3.

3. Bin Li, Doyen Sahoo, and Steven C. H. Hoi. , 2016, OLPS: A Toolbox for On – Line Portfolio Selection, in Journal of Machine Learning Research, Vol. 2016.

4. Bin Li, Steven C. H. Hoi, Doyen Sahoo, and Zhiyong Liu. , 2015, Moving Average Reversion Strategy for On – Line Portfolio Selection, in Artificial Intelligence, Vol. 222.

5. Bollen J, Mao H, Zeng X. , 2011, Twitter mood predicts the stock market, in Journal of Computational Science, Vol. 2, No. 1.

6. Bollerslev, T. , 1986, Generalized autoregressive conditional heteroskedasticity, in Journal of Econometrics, Vol. 31, No. 3.

7. Chan A. , 2012, Pricing Financial Derivatives with Multi – Task Learning, in working paper.

8. Clark, C. L. , 2010, Controlling risk in a lightning – speed trading environment, in Policy Discussion Paper.

9. Dixon, M. F. , Klabjan, D. , Bang, J. H. , 2016, Classification – based financial markets prediction using deep neural networks, in Social Science Electronic Publishing.

10. Fan A, Palaniswami M. , 2001, Stock selection using support vector machines, in Neural Networks, 2001. Proceedings. IJCNN'01. International Joint Conference on. IEEE, Vol. 3.

11. Fletcher, T. , Hussain, Z. , Shawe – Taylor, J. , Fletcher, T. , 2010, Multiple kernel learning on the limit order book, in Journal of Machine Learning Research – Proceedings Track, Vol. 11.

12. Freund, Y. , Haussler, D, , 1999, Unsupervised learning of distributions on binary vectors using two layer networks, in Advances in Neural Information Processing Systems, Vol. 4.

13. Gould, J. H. , 2004, Forex prediction using an artificial intelligence system, US, Oklahoma State University.

14. Grassl T. , 2010, A reinforcement learning approach for pricing derivatives, in working paper.

15. Grudnitski G, Osburn L. , 1993, Forecasting S&P and gold futures prices: an ap-

plication of neural networks, in Journal of Futures Markets, Vol. 13, No. 6.

16. Hagenau M, Liebmann M, Neumann D., 2013, Automated news reading: Stock price prediction based on financial news using context – capturing features, in Decision Support Systems, Vol. 55, No. 3.

17. Hahn, T., 2013, Option pricing using artificial neural networks: an australian perspective, in Bond University Computational Finance Research Group.

18. Han, K., Mun, H., Shon, T., Yeun, C. Y., & Park, J. J., 2012, Application of artificial intelligence and data mining techniques to financial markets, in Acta Vsfs, Vol. 6, No. 6.

19. Harland Z., 2002, Using support vector machines to trade aluminium on the LME, in Market Technician, Vol. 44.

20. Hinton G E, Salakhutdinov R R., 2006, Reducing the dimensionality of data with neural networks, in Science, Vol. 313, No. 5786.

21. Hinton, B. G. E., Sejnowski, T. J., 2010, Learning and relearning in boltzmann machines, in parallel distributed processing.

22. Hinton, G. E., 2002, Training products of experts by minimizing contrastive divergence, in Neural Computation, Vol. 14, No. 8.

23. Hirabayashi A, Aranha C, Iba H., 2009, Optimization of the trading rule in foreign exchange using genetic algorithm, in Proceedings of the 11th Annual conference on Genetic and evolutionary computation. ACM, Vol. 2009.

24. Huang C F., 2012, A hybrid stock selection model using genetic algorithms and support vector regression, in Applied Soft Computing, Vol. 12, No. 2.

25. Iqbal, Z., Ilyas, R., Shahzad, W., Mahmood, Z., & Anjum, J., 2013, Efficient machine learning techniques for stock market prediction, Vol. 3, No. 6.

26. Juricek, J., 2014, The use of artificial intelligence in building automated trading systems, in International Journal of Computer Theory & Engineering, Vol. 6, No. 4.

27. Kearns M, Nevmyvaka Y., 2013, Machine learning for market microstructure and high frequency trading, in High Frequency Trading – New Realities for Traders, Markets and Regulators, David Easley, Marcos Lopez de Prado and Maureen O'Hara editors, Risk Books, Vol. 2013.

28. Kim K., 2003, Financial time series forecasting using support vector machines, in Neurocomputing, Vol. 50, No. 1.

29. Kim, A. J., Shelton, C. R., Poggio, T., 2002, Modeling stock order flows and learning market – making from data, in SSRN Electronic Journal.

30. Kishore A., 2013, Machine Learning and Algorithmic Trading: In Fixed Income Markets, Available at SSRN 2305886, Vol. 2013.

31. Kolind J M, Harris J, Przybytkowski K., 2009, Hedging and Pricing Options – using Machine Learning, in working paper.

32. Korczak J, Roger P., 2002, Stock timing using genetic algorithms, in Applied Stochastic Models in Business and Industry, Vol. 18, No. 2.

33. Krauss, C., Xuan, A. D., & Huck, N., 2016, Deep neural networks, gradient – boosted trees, random forests: statistical arbitrage on the s&p500, in Fau Discussion Papers in Economics.

34. Larsen, J. I., 2010, Predicting stock prices using technical analysis and machine learning, in Institutt for datateknikk og informasjonsvitenskap.

35. Le, R. N., Bengio, Y., 2008, Representational power of restricted boltzmann machines and deep belief networks, in Neural Computation, Vol. 20, No. 6.

36. LeCun Y, Bengio Y, Hinton G., 2015, Deep learning, in Nature, Vol. 521, No. 7553.

37. Lee J K, Kim H S, Chu S C., 1989, Intelligent stock portfolio management system, in Expert Systems, Vol. 6, No. 2.

38. Lee J W., 2001, Stock price prediction using reinforcement learning, in Industrial Electronics, 2001. Proceedings. ISIE 2001. IEEE International Symposium on. IEEE, Vol. 1.

39. Li, X., Huang, X., Deng, X., Zhu, S., 2014, Enhancing quantitative intra – day stock return prediction by integrating both market news and stock prices information, in Neurocomputing, Vol. 142, No. 1.

40. Martinsky, O., 2010, Intelligent trading systems: applying artificial intelligence to financial markets.

41. Marwala, L. R., 2010, Forecasting the stock market index using artificial intelligence techniques.

42. Moody, J., Saffell, M., Liao, Y., Wu, L., 1998, Reinforcement Learning for Trading Systems and Portfolios: Immediate vs Future Rewards, in Decision Technologies for Computational Finance.

43. Nevmyvaka Y, Feng Y, Kearns M., 2006, Reinforcement learning for optimized trade execution, in Proceedings of the 23rd international conference on Machine learning. ACM, Vol. 2006.

44. O'Connor N, Madden M G., 2006, A neural network approach to predicting stock exchange movements using external factors, in Knowledge – Based Systems, Vol. 19, No. 5.

45. Oliveira N, Cortez P, Areal N., 2013, On the predictability of stock market behavior using stocktwits sentiment and posting volume, in Portuguese Conference on Artificial

Intelligence. Springer Berlin Heidelberg, Vol. 2013.

46. Othman, A. , 2012, Automated market making: theory and practice. Dissertations & Theses – Gradworks.

47. Rao T, Srivastava S. , 2002, Analyzing stock market movements using twitter sentiment analysis, in Proceedings of the 2012 International Conference on Advances in Social Networks Analysis and Mining (ASONAM 2012). IEEE Computer Society, Vol. 2012.

48. Schumaker R P, Chen H. , 2009, Textual analysis of stock market prediction using breaking financial news: The AZFin text system, in ACM Transactions on Information Systems (TOIS), Vol. 27, No. 2.

49. Setty, D. V. , Rangaswamy, T. M. , Subramanya, K. N. , 2010, A review on data mining applications to the performance of stock marketing, in International Journal of Computer Applications, Vol. 1, No. 3.

50. Sharang A, Rao C. , 2015, Using machine learning for medium frequency derivative portfolio trading, in arXiv preprint arXiv: 1512.06228.

51. Sirignano, J. , 2016, Deep learning for limit order books. Social Science Electronic Publishing.

52. Smolensky, P. , 1986, Information processing in dynamical systems: foundations of harmony theory, in Parallel distributed processing: explorations in the microstructure of cognition, Vol. 1. MIT Press.

53. Sprenger T O, Tumasjan A, Sandner P G, et al. , 2014, Tweets and trades: The information content of stock microblogs, in European Financial Management, Vol. 20, No. 5.

54. Straßburg, J. , Gonzàlez – Martel, C. , & Alexandrov, V. , 2012, Parallel genetic algorithms for stock market trading rules, in Procedia Computer Science, Vol. 9, No. 11.

55. Tan Z, Quek C, Cheng P Y K. , 2011, Stock trading with cycles: A financial application of ANFIS and reinforcement learning, in Expert Systems with Applications, Vol. 38, No. 5.

56. Tay F E H, Cao L. , 2001, Application of support vector machines in financial time series forecasting, in Omega, Vol. 39, No. 4.

57. Trippi R R, Jae K. , 1995, Artificial intelligence in finance and investing: state – of – the – art technologies for securities selection and portfolio management, McGraw – Hill, Inc.

58. Vanstone, B. , & Finnie, G. , 2009, Financial trading systems using artificial neural networks, in Encyclopedia of Information Science & Technology Second Edition, Vol. 3.

59. Xiong, R., Nichols, E. P., & Shen, Y., 2016, Deep learning stock volatility with google domestic trends. Papers.

60. Zhang Y, Wu L., 2009, Stock market prediction of S&P 500 via combination of improved BCO approach and BP neural network, in Expert systems with lications, Vol. 36, No. 5.

61. 卞国兴、郑鑫、陈天仑："基于对称 Levy 函数的径向基函数神经网络用于股市预测"，《南开大学学报》，2005 年，第 38 卷第 2 期。

62. 欧阳林群："GA 神经网络在证券市场预测中的应用研究"，《武汉理工大学学报》，2006 年，第 28 卷第 11 期。

63. 全林、姜秀珍、赵俊和等："基于 SVM 分类算法的选股研究"，《上海交通大学学报》，2009 年，第 9 期。

64. 苏治、傅晓媛："核主成分遗传算法与 SVR 选股模型改进"，《统计研究》，2013 年，第 30 卷第 5 期。

65. 孙丹、张秀艳："基于人工神经网络的股市预测模型"，《吉林大学学报》，2002 年，第 20 卷第 4 期。

66. 汪东：《基于支持向量机的选时和选股研究》，上海交通大学，2007 年。

67. 张吉刚、梁娜："基于 som 网络—主成分—BP 网络的股价预测"，《统计与决策》，2008 年，第 6 期。

68. 张玉、何佳、尹腾飞："改进的支持向量机石油期货价格预测模型研究"，《计算机仿真》，2012 年，第 29 卷第 3 期。

69. 张玉川、张作泉、黄珍："支持向量机在选择优质股票中的应用"，《统计与决策》，2008 年，第 4 期。

中期协联合研究计划（第十一期）项目

区块链技术在场外衍生品市场的应用场景设计

课题研究单位：鲁证期货股份有限公司
　　　　　　　永安期货股份有限公司
　　　　　　　恒生电子股份有限公司
课题研究编号：GT201606
课题负责人：康明涛

一、研究背景及意义

为提升期货公司服务实体经济的能力，为广大的产业客户提供个性化的风险管理、价格管理服务，场外衍生品业务逐渐成为期货公司当前重要的业务模式。作为一个国内新兴的业务，场外衍生品业务依托期货公司风险管理子公司来开展，是跨期货、现货的业务种类，在监管法规、自律规则方面的建设相对滞后，业务参与主体也比较复杂，因此，在一定程度上存在着规范、信任方面的问题。同时，为了扩展业务渠道，提高市场的流动性，场外衍生品机构间市场也应运而生，由于没有核心机构的参与，这种松散的业务联盟的运行效率相对较低。

区块链是分布式数据存储、点对点传输、共识机制、加密算法等计算机技术在互联网时代的创新应用模式。区块链技术被认为是继大型机、个人电脑、互联网之后计算模式的颠覆式创新，很可能在全球范围引起一场新的技术革新和产业变革。联合国、国际货币基金组织，以及美国、英国、日本等国家对区块链的发展给予了高度关注，并积极探索推动区块链的应用。目前，区块链的应用已延伸到物联网、智能制造、供应链管理、数字资产交易等多个领域。

区块链技术从根本上改变了传统的中心化信用创造方式，运用一套基于共识的数学算法，在机器之间建立"信任"网络，从而通过技术背书而非中心化信用机构来进行信用创造。由于当前场外衍生品业务刚刚起步，尚没有成熟的中心化的管理模式，交易对手也更加复杂。在这种背景下，区块链技术与场外衍生品业务的结合更加急迫，更加具有实践价值。两者的结合，将极大地推动国内场外衍生品业务的开展，使之逐步走向成熟。

二、研究理论

区块链技术，也被称为分布式账本技术，是一种互联网数据库技术，其特点是去中心化、公开透明，让每个人均可参与数据库记录。它是一个由参与者共同维护的公开账本，账本上记载所有交易记录，所有参与者都可以对里面的记录进行校验，确保其正确性，所有操作环节记录区块链之后不可篡改、可公开审计，形成一个可以信任的分布式账本。

区块链技术从根本上改变了传统的中心化信用创造方式，运用一套基于共识的数学算法，在机器之间建立"信任"网络，从而通过技术背书而非中心化信用机构来进行信用创造。换句话说，区块链技术是人类社会信用创造的一次革命，理论上，在技术识别能力足够的情况下，它能让交易双方在无须借助第三方信用中介的条件下开展经济活动，实现全球低成本的价值转移，从而大幅提高交易的效率，降低交易成本，并由此改变传统的交易模式。

三、研究方法

当前区块链仍主要处于研究阶段，尚无规模化的应用案例，我们认为本次课题研究更偏重于应用方面，因此，本次研究将主要参考当前国内外权威机构发布的研究报告、可以获得的国内外应用案例以及恒生公司规划部门在区块链应用方面的阶段性成果，依托课题研究的相关单位开展场外业务及区块链结合的联合研究。

第一，我们将从区块链的原理出发，了解区块链这一技术的实质，理解其所具有的特点和优势。通过对当前区块链技术的实际应用案例"比特币"的研究以及恒生之前在区块链应用方面的成果，深入理解区块链应用场景"比特币"在发行、交易、支付、结算等环节的业务特点，并与法币发行的特点进行比较，进一步明确法币在发行流通结算过程中存在的问题，以及如何利用区块链的优势去解决这些问题。

第二，我们将对当前以及今后一段时间的场外衍生品业务进行梳理，明确场外衍生品业务的参与者、业务流程、业务特点以及存在的痛点。同时，处于起步阶段的国内场外衍生品业务，在境外已经是非常成熟的业务，通过对境外场外衍生品发展的研究，了解其运行模式和业务模式，同时了解对其使用区块链技术的情况。

第三，结合恒生电子之前在区块链技术上的积累，设计一套有效的区块链技术与场外衍生品的结合应用场景，可通过对以上两个方面的研究，进一步明确场外衍生品业务中各业务环节的业务场景，明确当前业务场景中的痛点和待优化问题，并对区块链技术在各场景中的应用提出具体的解决方案。

第四，结合区块链技术与衍生品业务流程，将场外衍生品业务与区块链技术有机结合，建立场外衍生品交易联盟，建设以区块链技术为基础的联盟链，逐渐推广以场外衍生品交易联盟区块链的交易模式。

四、课题研究目标

（一）数据发布

信息发布要保证的第一条就是客户识别（KYC）。在传统方式下，客户识别是非常耗时的流程，缺少自动验证消费者身份的技术，因此，无法高效地开展工作。在传统金融体系中，不同机构间的用户身份信息和交易记录无法实现一致、高效的跟踪，针对信息数据的核对效率极低。区块链技术可实现数字化身份信息的安全、可靠管理，在保证客户隐私的前提下提升客户识别的效率，并降低成本。

同时，利用区块链系统的分布式账本平台及时高效地发布场外衍生品实时交易价格，并进行最大限度的广播，降低了交易前的人工协调成本。

（二）信息采集

区块链技术可进行数字化身份信息的安全、可靠管理，同时区块链技术具有数据不可篡改和可追溯特性，场外衍生品部工作人员可在保证客户隐私的前提下提升客户识别的效率，并降低成本，及时有效地采集准确的成交信息，在一定程度上解决了交易过程中的信任问题，提高了效率，降低了成本。

区块链技术的数据不可篡改特性及可追溯特性，可以用来构建监管部门所需要的、包含众多手段的监管工具箱，以利于实施精准、及时和更多维度的监管。基于区块链技术能实现点对点的价值转移,通过资产数字化和重构金融基础设施架构,可达成大幅度提升金融资产交易后清算、结算流程效率且降低成本的目标,为监管部门提供足够的数据支撑,更有利于其履行职责。

(三) 协议签署

金融资产的交易是相关各方基于一定的规则达成的合约,区块链能用代码充分地表达这些业务的逻辑,如期权买卖、回购协议、各种掉期交易以及资金借用等,进而实现合约的自动执行,并且保证相关合约只在交易对手之间可见,而对无关第三方保密。基于区块链的协议签署能通过相应机制确保其运行符合特定的法律和监管框架。

在区块链交易网高度透明、高度安全的保障下,为交易双方最大限度地规避信用风险问题,并提高交易速度,降低交易成本。

(四) 交易结算

区块链技术的核心特质是能以准实时的方式,在无须可信的第三方参与的情况下实现价值转移。金融资产的交易涉及两个重要方面:支付和证券。通过基于区块链技术的法定数字货币或者是某种"结算工具"的创设,与前文所述的链上数字资产对接,即可完成点对点的实时清算与结算,从而显著降低价值转移的成本,缩短清算、结算时间。在此过程中,交易各方均可获得良好的隐私保护。

同时,在区块链交易网高度透明、高度安全的保障下,为交易双方最大限度地规避信用风险等问题。

(五) 最终目标

结合区块链技术与衍生品业务流程,将场外衍生品业务与区块链技术有机结合,可建立场外衍生品交易联盟,建设以区块链技术为基础的联盟链,逐渐推广以场外衍生品交易联盟区块链的交易模式。

五、区块链技术的特点及类似应用案例分析

(一) 区块链历史发展

区块链技术起源于化名为"中本聪(Satoshi Nakamoto)"的学者在2008年发表的奠基性论文《比特币:一种点对点电子现金系统》。比特币通过一种链式数据结构,并以密码学和多参与节点的全网共识算法的方式构成一个不可篡改和不可伪造的分布式账本,构成一个无中心央行的发行、存管和流程的电子货币。

电子货币本身可圈可点,但是它的核心技术——区块链技术,被很多大型机构称为是彻底改变业务乃至机构运作方式的重大突破性技术,因为它提供了交易的核心问题——信任问题一个全新的技术解决方案,引起了全球机构的广泛关注和深入研究。

区块链技术大致经历了三个发展阶段(见图1)。

图 1　区块链技术发展阶段

电子货币：以比特币为代表的数百种电子货币/代币。

数字资产：货币是一类资产，既然可以将货币数字化，那也可以将其他类型的资产数字化形成数字资产，持有者可以通过公开账本进行交易。其中比较有代表性的是比特股，用户可以自己发行资产并在市场中交易。

智能合约：不仅将持有的资产及其交易记录到共享账本，更可以将业务逻辑在交易者之间达成共识并且记入区块链，在收到特定消息时按照既定逻辑执行。代表是以太坊，他提供了一个无中心的虚拟服务器 EVM，提供将商业逻辑以智能合约方式定义并发布，交易各方通过接口对合约进行操作，所有的操作均会由区块链保证不可篡改和不可伪造的特性。

狭义理解，区块链技术就是通过组合密码学、数据结构、P2P 网络、多个参与节点之间的共识机制形成一个不可篡改的共享数据库（共享账本），见图 2。

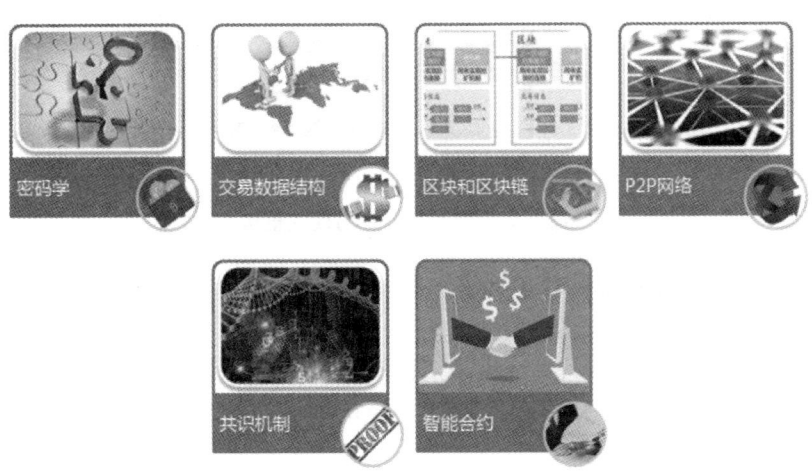

图 2　区块链技术示意图

与传统数据库不同，这个账本只能添加，不可修改历史或删除，对账本的操作需要获得链上其他节点的共识和认可。这样即使有个别恶意节点，只要大部分节点是好的，他也无法发起不合法的交易。从而形成一个参与人可以信任的共享数据。

技术上看似简单，但是这对业务的影响是深远的。

从人类交易的历史发展可知，交易必须首先解决信任问题，所以我们的信息系统有大量的代码和投入是在数据的交互和一致性校验上的。随着交互的量级和复杂度的提高，机构之间直接 P2P 交互已经无法进行，因此衍生出来各种中心——交易各方公信的场所，提供资产和账户的登记托管、结算清算，交易各方只需要与中心进行数据交互和对账处理。但是，这样又增加了一个交易环节，影响了交易的时效，同时增加了交易成本，而且交易参与方还是需要投入大量资源开发和维护数据交互和校验代码。

尤其是现代的交易越来越多涉及多个机构参与的多环节操作，各方一般都有自己的信息系统处理各自部分的业务，但是涉及其他机构的业务就无法直接连续操作，必须要等结算中心结算完毕并且对账成功才可以继续下一个环节，大大增加了交易成本，降低了交易效率。

而区块链技术提供了一个由机器提供的公信平台，通过共享账本将交易各方连接起来，实现了交易即结算，业务的各个环节形成一个有机体，可以连续稳定执行，大大提高了效率。区块链带来的交易模式重构见图3。

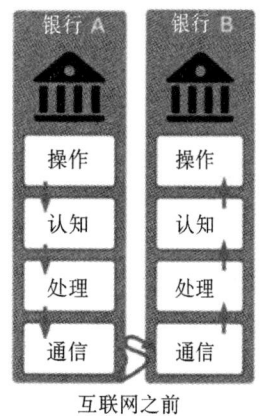
互联网之前

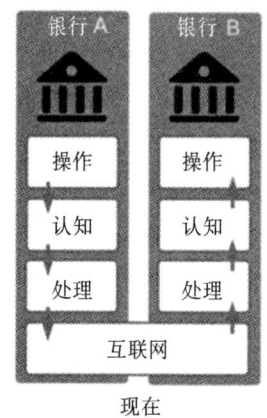
现在

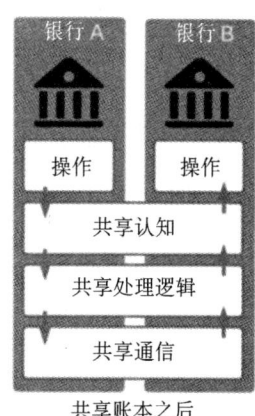
共享账本之后

图3　区块链带来的交易模式重构

（二）区块链技术特点和适用场景

1. 防篡改

防篡改是区块链的基本特性，也是信任的基本要素。区块链通过全网共识机制，实现区块链上数据的写入无法回退，可以广泛应用于交易及证据的存在性证明、数据的可信任交互等各个方面。

2. 防伪造和真实性

区块链深度使用密码学的技术，通过数据结构、加密算法、杂凑算法等保证只有合法的资产持有者才可以对资产进行处置或者让指定的授权人对合约指定接口进行操作。交易需要通过共识算法在全网多个节点进行验证，确保交易的真实性。

3. 去中心

去中心有两个层面，技术上和业务上。

在技术层面上，共享账本由全网节点共同维护，在有足够参与度的区块链上，个别节点中断不会影响共享账本完整性和服务提供的连续性。这样与传统集群模式不同，区块链共享账本不会因为入口被攻击而影响服务连续性。

在业务层面上，由于共享账本提供了信任的数据交互将交易各方连接起来，提供了业务重构的解决方案,就可以将原有业务流程中的一些环节进行重构,提高交易的整体效率,降低成本。

4. 灵活展业

由于共享账本直接连接了交易各方,而且交易存在于公信的共享账本,参与方可以很方便地将自己的信息系统通过共享账本与合作机构进行信任的交互,从而实现整个业务链的一体化。更进一步,基于业务数据和共享账本,机构可以灵活方便地进行业务创新。

5. 全网共识

共识机制是区块链的核心机制,要保证账本的一致性,必须通过一个合理的共识机制在全网得到一致性认可。

由于网络传输和多方交易确认需要时间,区块链的交易处理速度有较大的影响,不适用于集中撮合类似对交易频率很高的业务模式。

6. 透明性和匿名性

传统的公有链账本数据是全网透明的,任何人都可以查看并检查交易,这就是区块链的透明性。

在区块链上记录的参与人是一串数字表示的地址,任何人都可以按照密码算法生成一个合法的地址进行交易,其他人只能看到地址数据而无法知道具体的人员。

传统区块链的透明性和匿名性在金融区块链应用中有双面性:一方面,实际金融应用中要求交易各方必须实名认证;另一方面,又不希望交易无关方能够查看交易详情。

(三) 区块链应用场景

利用区块链构成的信任共享账本,可以广泛应用于存在性证明和信任问题的各种场景(见图4)。

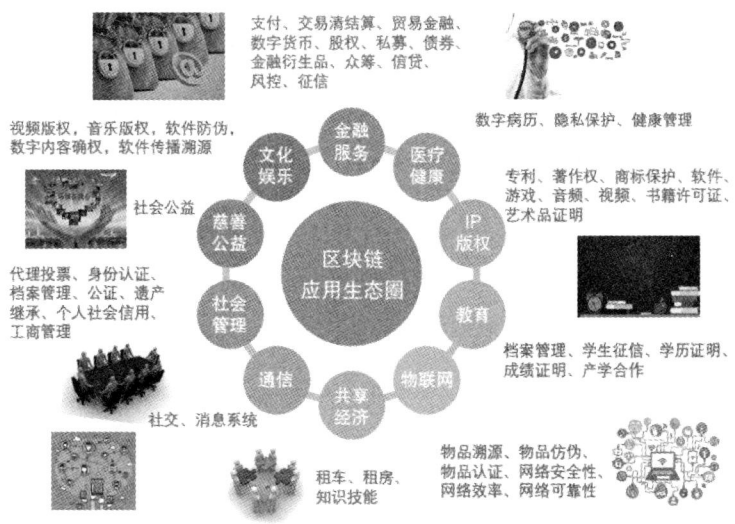

图4 区块链应用生态圈

（四）区块链应用现状和分析

随着区块链技术的演进，越来越多的机构开始重视并参与到区块链技术的探索中来。从最初的以比特币、以太坊等公有链项目开源社区，到各种类型的区块链创业公司、风险投资基金、金融机构、IT 企业及监管机构，区块链的发展生态也在逐渐得到发展与丰富。

随着区块链技术的发展，其在各行业的应用潜力开始受到参与者的关注。为了协调推进区块链技术的应用发展，国内外先后成立各种类型的区块链产业联盟。例如：美国银行、花旗银行、纽约梅隆银行、德意志银行、法国兴业银行、摩根士丹利等国际大型金融机构参加的 R3 区块链联盟；万向控股、乐视金融、上海矩真等发起成立的分布式总账基础协议联盟（简称 Chinaledger）；微众银行、平安银行、招银网络、恒生电子等共同发起成立的金融区块链合作联盟（简称金链盟）。

2016 年 2 月，中国人民银行行长周小川在谈到数字货币相关问题时曾提及，区块链技术是一项可选的技术，并提到人民银行部署了重要力量研究探讨区块链应用技术。他认为，目前区块链存在占用资源过多的问题，不管是计算资源还是存储资源，还应对不了现在的交易规模。2016 年 9 月 9 日，中国人民银行副行长范一飞在 2015 年度银行科技发展奖评审领导小组会议中提出，各机构应主动探索系统架构转型，积极研究建立灵活、可延展性强、安全可控的分布式系统架构，同时应加强对区块链等新兴技术的持续关注，不断创新服务和产品，提升普惠金融水平。

六、场外衍生品市场业务类型及业务分析

（一）场外衍生品市场现状

1. 场外衍生品市场发展情况

20 世纪 90 年代以来，全球范围内金融衍生品在场内和场外两个市场均取得了长足的发展，而场外市场无论在发展速度还是规模上都远远超过了场内市场。国内期货公司通过人才引进以及内部建设，已经逐步在定价、交易、风控等环节建立了较为完整的业务流程，为场外业务的开展提供了必要的条件基础。然而，目前国内场外衍生品交易尚未实现规模化发展与产品多样化发展，基础设施建设尚未完善，缺少有实力的中央清算方与资金托管方，机构间交易尚不活跃，且未制定场外衍生品市场监管条例，这些给交易双方带来了信用风险，限制了市场规模的发展。

2. 场外市场的参与主体

场外市场的参与主体包括监管方、产品发行方、产品需求方及合作参与方。监管方指中国证券业协会、中国期货业协会及中国证券投资基金业协会这三家协会，产品发行方主要指各期货公司的风险管理子公司，产品需求方涵盖范围较广。

（1）监管方

中国证监会负责整个证券、期货市场的监管，对于场外衍生品业务实施指导工作，鼓励期货经营结构开展场外衍生品业务，服务实体经济发展。2014 年 8 月，为

促进证券期货市场场外衍生品交易业务发展,中国证券业协会、中国期货业协会、中国证券投资基金业协会相继推出了"中国证券期货市场场外衍生品交易主协议(2014年版)"及补充协议、"中国证券期货市场场外衍生品交易权益类衍生品定义文件(2014年版)"、"中国证券期货市场场外衍生品交易商品定义文件(2015年版)"及配套交易确认书,其中包括"中国证券期货市场场外商品期权交易确认书(2015年版)"。

(2) 产品发行方

2014年8月,中国期货业协会发布《期货公司设立子公司开展以风险管理服务为主的业务试点工作指引(修订)》,进一步指导期货公司作为金融机构如何落实新"国九条"等创新指导文件所要求的服务实体经济发展,开展场外创新。各期货公司相继成立风险管理子公司,进而成为场外期权业务开展的平台。有别于期货公司传统经纪业务,风险管理子公司试点开展的几项业务包括仓单服务、基差交易、合作套保、定价服务,涉及期货、现货两个市场,专业含量更高,对于人才、资金、风控等各方面要求更高,利用场外期权为商业实体、金融机构、投资机构以及高净值自然人客户提供风险管理、增值服务是期货公司服务实体经济的创新亮点。同时,风险管理子公司也运用场外期权产品进行针对期现业务的风险对冲,取得了良好的效果。

(3) 产品需求方

①"三农"。在国内,农村、农业和农民三个问题统称为"三农"问题。因"二元经济"等历史原因及中国特殊国情,"三农"问题关乎经济增长、社会发展、国家安定等一系列问题。目前,解决"三农"问题的关键仍是增加农民收入。对于农户来说,种植收益仍是其收入最主要来源,保障农户的种植收益成为解决"三农"问题的首要之选。而农户的种植收益主要面临成本与销售价格出现不利变动的风险。为了规避价格波动的风险,稳定农户的收益,场外期权业务提供了有效的解决之道。作为专业的风险管理工具,场外衍生品经过产品化的包装以更为简单易懂的形式面向农村客户,及时帮助农户有效地管理价格风险,降低成本,提高利润。

②实体企业。场外期权的推出,一方面是紧紧围绕期货公司服务实体经济这一核心思想,为实体企业提供创新型风险管理服务与产品,寻找新的增值点;另一方面是金融机构参与场外衍生品市场,增加自身盈利,对冲风险。现货期货市场的主要参与者主要集中在大宗商品领域,其中各个产业链以有色金属、黑色能源、农产品、化工品等最为活跃,从上游至下游各个环节集中了大量不同性质的实体企业,从生产商、加工商到贸易商以及下游需求方都面临不同情况下的风险敞口,其中以价格风险最为显著。他们对风险管理工具的需求尤其明显,现有的期货市场能够提供一定范围内的套保以及投机服务,但随着市场的快速发展,实体企业避险需求的新变化,对于场外衍生品的利用逐步增多,成为参与场外衍生品市场活动的主体,是金融机构提供的新型场外期权产品的主要接收方。

③金融机构。除实体企业之外，银行、证券、期货以及各类私募基金等对于场外期权也有一定的需求，不管是出于对冲风险或者增值、盈利的目的，均可被划分为一定程度上的场外衍生品服务和产品的需求方。银行理财产品的结构化产品中可以嵌入场外期权来进行收益结构的调整和优化，配合一定的行情为客户提供多样的财富管理方案，可挂钩金融指数、贵金属等标的。各类投资公司本身也可以通过场外期权进行对冲或增值，在期货行情不好操作的情况下，多出了一种投资的工具，选择操作期权来规避某段行情的风险或获取收益。当场外期权交易双方都是专业金融机构时，对于市场规则和风险的认识都比较容易达成深入的共识，操作也都更加规范，合作的开展有利于创造互利共赢的局面。

3. 场外期权类型

期权是一种选择权，是指买方向卖方支付一笔权利金之后，拥有在未来某一特定日期以事先规定好的价格向卖方购买或出售一定数量特定资产的权利。按照期权的复杂程度可以划分为简单期权和复杂期权。在我国场外衍生品市场中，简单期权仍占主导地位，复杂期权则多应用于结构化产品，交易相对活跃的复杂期权包括障碍期权（又称鲨鱼鳍期权）、亚式期权、价差期权和篮子期权等。

（1）简单期权

简单期权可分为看涨期权和看跌期权（见图5），看涨期权的持有者有权在未来一定时间按照一定价格购入标的物，看跌期权持有者有权在未来一定时间按照一定价格卖出标的物；按照期权风格分类，又可分为欧式期权和美式期权，欧式期权的持有者只有在到期日才可以执行期权，美式期权则在到期日前任意时间都可以行权。

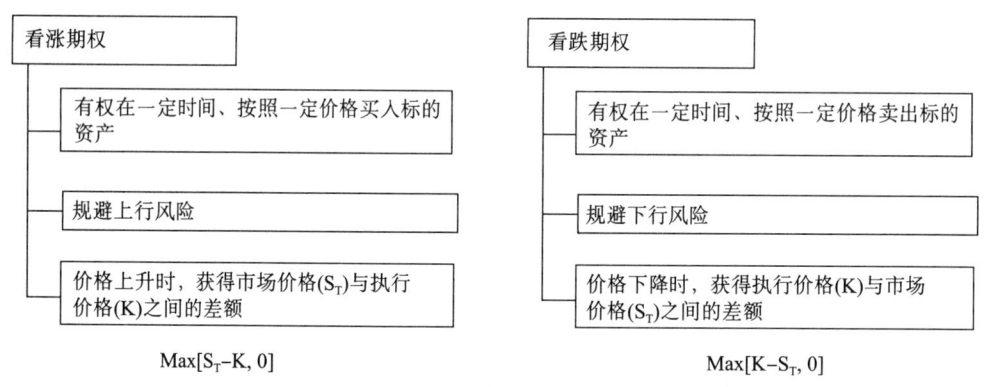

图5 简单期权介绍

（2）复杂期权

在场外市场中，主要交易的期权产品除了简单期权以及期权组合之外，还有特征各异的复杂期权，可以为不同风险管理需求的产品需求方提供定制工具。复杂期权根据不同的特征也可以进行分类，大致可分为以下几类。

①障碍期权。障碍期权的期权回报依赖于标的资产价格在一段特定时间内是否触及在期初设定好的某个障碍价格，明显受到标的变量所遵循路径的影响。一般按

照生效和失效分为两类：敲入障碍期权和敲出障碍期权。敲入障碍期权，是指当标的资产价格碰触到某个障碍价格时该期权开始生效；敲出障碍期权则相反，当标的资产价格碰触到某个障碍价格时该期权失效。

②亚式期权。亚式期权的期权回报决定于标的资产一段时间之内的平均价格。根据平均价格不同使用部位，可分为两类：平均资产价格亚式期权和平均执行价格亚式期权。亚式期权的强式路径依赖性质说明了它的平均价格的引用在定价过程中成为新的独立状态变量，类似的期权还有回溯期权。

③篮子期权。篮子期权是多标的资产类期权——彩虹期权的一种，期权的回报取决于一篮子资产的价值，根据多标的不同比重计算回报。多标的期权涉及的一个问题就是各个标的之间所具有的相关性对期权价格会产生一定的影响，相关性越高期权价格会随之升高，这是因为篮子期权的多个标的并不是完全相关的，所具有的多元波动率结构和普通期权相比在实际波动率较大的时候降低了影响。

4. 期权清算方式

美国和欧洲的场外期权市场发展相对完善，市场参与者职能划分明确，清算机构包括交易所清算机构、独立的清算机构以及具备清算能力的交易商或经纪商。境外场外衍生品市场的清算模式经历了非标准化双边清算、标准化双边清算、中央对手方清算三种不同模式的根本性变革。在 2010 年以前，中央对手方清算模式与标准化双边清算模式分别占据了场外衍生品市场的半壁江山。自 2010 年以来，以美国《多德弗兰克法案》为代表的监管法律对场外衍生品合约的清算模式提出了强制性要求。受此影响，短短两年的时间里，场外衍生品市场的结构发生了翻天覆地的变化，形成了中央对手方清算模式占绝对优势的"场外交易，场内结算"新格局。传统的双边清算模式虽然仍在许多场外产品上继续沿用，但其份额不断下降将是未来趋势所在。

我国场外期权主要有以下两种清算方式：一是清算所集中清算，二是期货公司的风险管理子公司与客户一对一协商清算。场外商品期权主要采用后一种方式。

（1）清算所集中清算

2012 年，中国人民银行完成了中国场外金融衍生品集中清算方案和实施路线图的顶层设计。上海清算所同步完成了针对国内最为活跃的场外金融衍生品之一——人民币利率互换交易的集中清算业务规则制定和系统开发。2014 年 1 月，上海清算所开始为人民币利率互换提供集中清算服务，实现了人民币利率互换强制集中清算，并在 8 月份推出了铁矿石、动力煤掉期的中央对手清算业务。

对于这些可集中清算的合约，上海清算所作为中央对手方（CCP）继承交易双方的权利及义务，并按照多边净额方式计算市场参与者在相同结算日的利息净额，建立相应风险控制机制，保证合约履行，完成利息净额结算的处理过程，有效地控制了相应产品的风险。

（2）风险管理子公司与客户一对一协商清算

现阶段进行交易的场外期权产品种类繁多,大多数还未纳入集中清算系统,因此,绝大多数场外期权品种仍需通过期货公司的风险管理子公司与客户进行一对一协商,确定最终的清算方案。

期货公司与客户签订期权合约后,客户可以选择行权、对冲平仓和持有期权到期三种方式。期权的买方自主选择是否行权,若期权价格变动对买方有利,买方选择行权后,期权卖方支付行权盈亏。对冲平仓则需要交易双方协商确定。随着时间的推移,签订的期权合约的价值也会变化,若交易双方都认可即时的期权报价,则交易双方可签订一份头寸方向相反、其他要素完全相同的期权合约,对冲了结原有合约。

一对一协商清算是现阶段应用最广泛的清算方式。为避免期权卖方的信用风险,一般情况下,卖方需向买方支付一定的保证金,期货公司要求的保证金水平为期货合约保证金的一半加上期权费。正常情况下,客户购买的期权为虚值状态,大部分期权的 Delta 值小于 0.5,因此收取的保证金能够覆盖未来可能出现的风险。支付保证金后,客户需关注标的合约行情的变化,这主要是为了把握行权机会或对冲平仓机会。而期货公司关注标的合约的行情变化,主要是出于对冲的需要。期货公司在期货市场上对冲期权的 Delta 风险,在期货市场上实现对冲盈亏。实际应用中,若交易双方互相了解,期货公司作为期权卖方时,也可不支付保证金,此时期货公司自备保证金可进行对冲操作。当行情剧烈波动时,期货公司根据行情的波动不断调整期货头寸,保证金风险较小。当出现单边行情时,对保证金要求较高,此时为了降低风险,期货公司需与客户探讨行情,及时平仓或行权,将风险敞口限制在可控范围内。

5. 典型场外业务流程

以鲁证期货场外衍生品部为例,典型的场外业务流程可分为五个阶段(见图6):①业务推广阶段;②客户需求分析阶段;③产品设计阶段;④协议签署阶段;⑤结算阶段。

6. 场外市场未来发展展望

进入 2016 年以来,国内场外市场发展突飞猛进,以鲁证期货为例,本年完成场外衍生品交易超 200 笔,客户权益达 16 亿元。尽管市场对场外衍生品有极大的需求,大量期货公司、券商也跃跃欲试,但目前场外衍生品市场也存在不少客观问题。

拓展与银行、大型现货企业的合作是未来场外业务发展的一项可行路径。通过与各方的合作实现商品的仓储、物流、融资、期货、期权的统一结合,共同为各个产业链实现多类型服务。同时,应加强与银行、证券等金融机构的合作,加快设计嵌入场外衍生品的结构化产品,实现期货公司向财富管理方向的发展。

除上述期货公司应该做的努力外,市场本身也需要持续改进,尽早建立场外衍生品机构间市场,统一询价和报价标准,提高机构间交易的效率和质量;制定场外衍生品市场监管监督方案,降低场外市场违约概率和信用风险等。

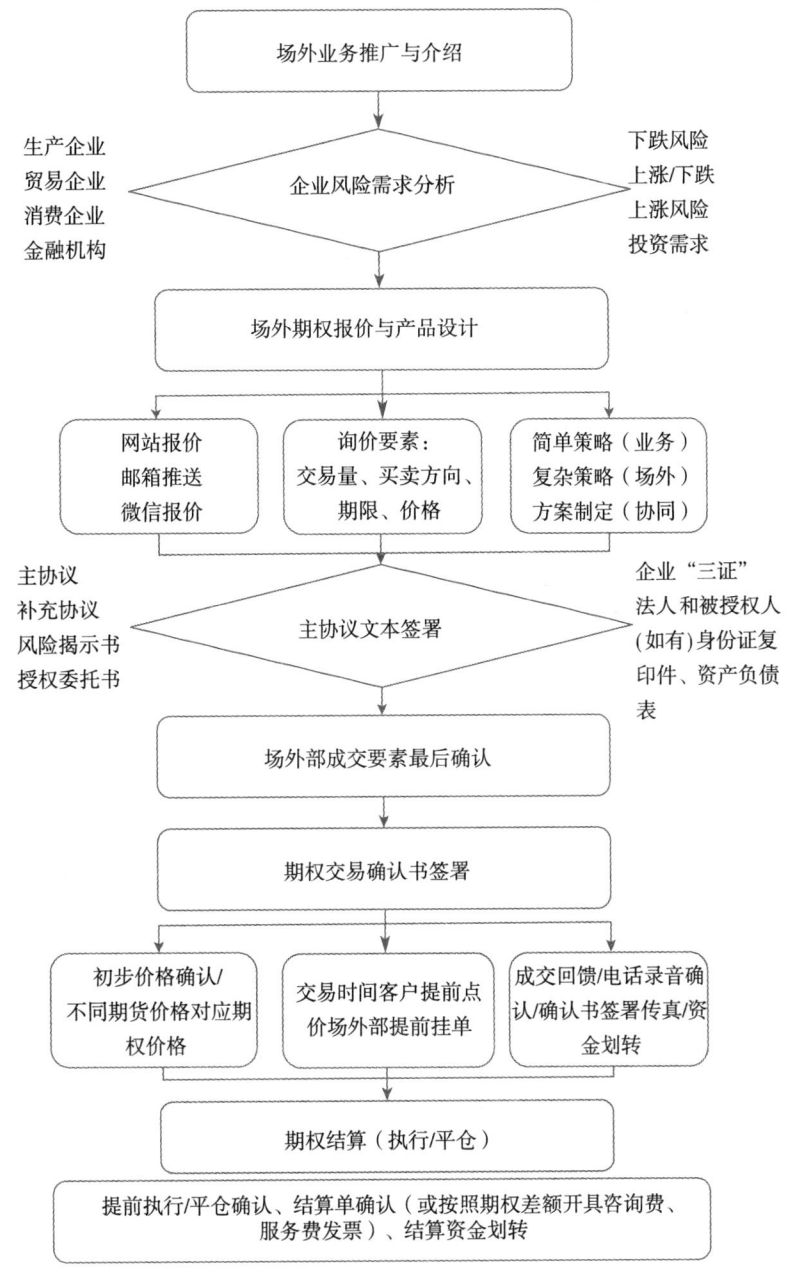

图6 场外典型业务流程

(二) 业务分析

1. 场外业务遇到的问题

当前，期货行业已有超过20家期货公司开展了场外衍生品交易，业务上均取得了一定进展，但整体依然处于起步阶段，还难以实现规模化、效益化发展。随着场外期权市场的发展，实体经济对商品资产、金融资产价格的风险管理需求逐步增加，鲁证期货在开展场外期权业务过程中遇到了一些问题，在一定程度上反映了当前场外期权市场的发展现状。

（1）交易效率低

目前，国内期货公司均采取一对一的形式与客户进行场外期权交易，从询价、成交、确认到清算的全过程以人工操作为主，耗时耗力，且存在一定错误率。在询价过程中，每家期货公司询价、报价格式及标准上都稍有差异，客户若需了解多家期货公司报价，必须逐个询问，沟通成本极高。另外，在交易员下单成交与客户确认交易之间存在时间差，若短时间内标的价格巨幅波动导致期权价格变动较大，可能引发客户违约的情况。

（2）清算不统一

场外期权市场清算一般通过电话、传真等方式人工进行，交易数据捕捉、交易对盘确认、担保品管理、资金交收以及到期执行等后续业务处理通常也以人工方式进行。随着合约规模扩大，处理速度和精确度难以满足市场的发展需求。

另外，场外期权市场双边交易的特点使得只有交易参与人了解该笔交易及其持仓信息，信息的不透明导致相关监管机构对市场的总体持仓风险难以进行有效监管。当出现风险事件时，市场参与人普遍要求对手方追加担保品，进而造成其他对手方违约的连锁反应，使其陷入恶性循环，加大系统性风险。

（3）流动性不足

期货公司作为交易平台承担了实体企业转嫁来的场外期权风险，而目前阶段这些场外期权很难在金融机构之间进行流转，且流转时买卖价差较大。因此，企业转嫁到期货公司的场外期权只能通过期货市场的对冲交易实现复制和避险；而期货动态对冲交易占用了较多的资金成本，产生了较大的手续费成本以及冲击成本等，这些成本将进一步被反映到场外期权买卖价差上。

（4）信用风险高

场外期权清算时，合约的履行依赖于交易对手方的履约，当市场价格剧烈波动时，交易对手可能因巨额亏损而被迫违约，也可能因主观恶意而主动违约。同时考虑到场外期权采取保证金交易的方式，若保证金和权利金不足以弥补交易对手违约造成的风险，则被违约方会面临风险敞口。若期权合约的一方同时与多方签订期权合约，一方违约可能导致与其签订合约的多家金融机构违约，进一步导致更多与这些金融机构有合约的机构违约，风险不断传递和积聚，最终市场总体风险难以衡量，整个市场受到严重冲击。

2. 可行的解决方法

（1）建立自动化系统

各期货公司已逐渐意识到人工操作在很大程度上限制了场外期权的大规模发展，难以做到量和速度上的同步提高。目前，包括鲁证期货、永安期货在内的数家期货公司已着手开发适用于场外衍生品交易的自动化系统，以计算机代替人工完成报价、交易、结算等过程，以期大幅提高交易效率。另外，期货公司普遍面临系统建设能力不高及预算资金不足等问题。

(2) 交易所尽快推出清算服务

现有的场外期权清算大多是由期权交易双方完成,通过平仓或者行权等方式完成清算。随着场外期权市场的发展、合约数量的增多,这种非标准化的双边清算方式急需改进。借鉴欧洲和美国场外期权市场发展经验,在交易所内集中清算可有效降低清算风险,提高清算效率和透明度。

(3) 建立场外市场机构间合作组织

场外衍生品机构间市场有利于形成场外期权风险缓释池,使得各种类型的参与机构可根据各自风险敞口通过机构间市场释放风险,从而有效地降低场外期权买卖价差,发挥各机构在某一产品业务上的相对优势,提高场外衍生品市场流动性。我国场外期权市场刚刚起步,参与的机构和企业数量有限,各机构联络不够紧密,缺乏交流平台是导致场外市场流动性较低的主要原因。

自 2014 年以来,鲁证期货已经连续举办了三届"中国大宗商品场外衍生品机构间合作会议",会议为各期货公司提供了场外经验分享及问题讨论的渠道,并积极促进场外衍生品机构间市场的建设。2016 年 12 月 2 日在深圳举办的第三届会议上,鲁证期货与国泰君安风险管理有限公司、华泰长城资本管理有限公司、浙江永安资本管理有限公司及申银万国智富投资有限公司签订了机构间场外衍生品业务合作备忘录,在交易、结算及保证金互免等方面达成了框架性约定,标志着场外衍生品市场机构间合作的一大进步。

(4) 加强监管力度

目前,中国证券业协会、中国期货业协会及中国证券投资基金业协会等监管机构主要通过制定框架性文件的形式对场外市场进行管理。由于场外衍生品双边交易、信息不透明及非标准化等特点,监管机构难以对交易过程中的各个细节实施统一监督,建立交易所统一清算制度也是加强管理力度的一种方式。

七、区块链技术与场外衍生品市场业务结合场景的研究

前文讨论了目前国内场外衍生品市场所面临的问题及其可行的解决方法,利用区块链技术可以从另一个角度尝试解决这些问题,下面将场外衍生品市场存在的问题及用传统方法和区块链技术的解决路径总结如下(见表1):

表 1   传统方法与区块链技术对比

场外市场存在的问题	传统解决方法	区块链解决方法
交易效率低	建立自动化系统	创建行业询价平台与智能合约
清算不统一	交易所尽快推出清算服务	共享账本,即时清算
流动性不足	建立场外市场机构间合作组织	拆单逻辑
信用风险高	加强监管力度	行业统一台账

下面将详细讨论如何使用区块链技术解决限制场外衍生品市场发展的瓶颈。

(一) 区块链技术在场外衍生品市场的运用

1. 交易效率低

(1) 询价问题

与撮合模式不同，场外衍生品市场中的交易更多的是定向询价和协议成交，询价过程更类似一个商务谈判。如果能将询价操作统一到一个行业询价平台上，向交易各方提供一个交互渠道，实现公开询价，将大大提高整个场外期权市场的活跃程度。同时，由于价格变得公开透明，竞争愈发激烈，将促使各期货公司缩小期权买卖价差。询价本身不是区块链的强项，但是，比特股以及基于 HyperLedger 的 Intel Sawtooth Lake 也支持询价交易模式。

(2) 协议签署问题

目前的协议签署工作大多是由人工完成，效率较低。针对此交易环节，可将商务合同信息化成区块链的智能合约，对合约及其签署记录通过区块链进行公证。交易各方对协议的操作均记录到不可篡改的区块链上，防止过程不透明带来的风险。

另外，还可通过区块链连接交易各方，例如可以将期货公司的风控系统、资管系统与智能合约对接，交易各方可以实时了解合约进展情况。如果今后结算银行也作为合约的参与人之一，还可以将资金冻结、划转等操作连接进来，形成一个完整的业务链条。

交易过程中的一些关键记录和证据也可以利用区块链的特性进行留痕操作。如客户是否阅读风险揭示书，客户提交的资料是否确实是客户本人操作等，可以要求客户在上传文件或阅读风险揭示书之后使用本人私钥进行签名并记录到区块链上，防止抵赖及其他潜在的风险。

2. 清算不统一

区块链有不可篡改、不可抵赖的特点，实现交易即结算。如果将整个协议的生命周期都纳入基于共享账本的智能合约，通过可信任的数据和操作记录共享，清算将变得非常容易。

有集中清算业务时，清算中心可以实时收到需要清算的交易记录并执行清算业务，实现实时清算，而不需要维护大量的复杂清算脚本，每天跑批执行。对于目前绝大多数没有集中清算的业务，可以将清算流程固化到智能合约内部，在合约需要执行清算时即自动执行，大大提高清算效率。对于对冲头寸，也可以将其他系统与共享账本互连，实现一步清算。

3. 流动性不足

如果存在一个行业统一的期权业务机构间平台，可以支持拆单等业务操作，即可提高场外衍生品市场中的流动性。

类似众筹合约，将拆单逻辑固化到智能合约内部，多方可共同参与一个业务，而且各方的签署记录保存在公信的区块链上，当合约整体签署成功时，还可自动分配份额并利用共享账本来做资产管理。这样既能提高业务效率,也大大降低了交易风险。

4. 信用风险高

针对场外衍生品市场固有的信用风险问题,利用区块链技术建立一个行业间的共享账本,形成全行业的统一资产管理台账。各期货公司可以基于此台账进行风险评估,监管机构也可通过台账及时了解市场情况并进行有效监管。

对于监管机构,未来还可以进一步将监管规则连接到智能合约的每一个业务环节中,并作为特权机构拥有对所有合约的否决权,实现实时监管。

(二) 区块链场景中的角色设置

前面反复提到了"共享账本"一词,由于场外衍生品市场特有的非标准化与私密化,在该市场中运用共享账本时需注意平衡公开性与隐私保护,深度使用密码学及盲签、群签等技术手段。针对这一问题,将对区块链场景中的使用者进行角色划分,不同角色具备不同权限,角色具体包括普通使用者、交易者以及监管者。

每个角色在区块链场景中都拥有一个唯一的 ID,此 ID 对他人不可见。在每次交易中买卖双方 ID 将被随机编码代替,同一 ID 在不同交易中分配的编码不同,每个编码使用过一次后即作废。区块链系统通过编码可锁定每个 ID 的每一笔交易,而普通使用者则无法通过编码对应的交易追溯到交易者的身份。

表 2 为每笔场外衍生品交易中涉及的交易字段。

表 2 场外交易字段

买方	标的物	标的物价格	期限	看涨/看跌	保证金
卖方	执行价	看涨/看跌	成交量	期权价格	是否履约

普通使用者:可以查看所有交易的所有字段,但买卖双方由随机编号替代,无法查阅买卖双方的具体信息。

交易参与者:除交易字段外,还可查看对方具体信息。

监管者:可以查看所有信息,主要对每个 ID 的持仓、是否履约等信息进行监控,监管者还可通过统计 ID 下所有编码对应交易的履行情况对该用户进行信用值评估。

(三) 区块链技术在场外衍生品市场中的应用限制

虽然区块链技术在场外衍生品市场中可大展身手,解决大多数的技术困境,但面对场外衍生品市场固有的一些问题,区块链技术在应用中也会受一定的限制。

1. 联盟链的建立

区块链技术在场外衍生品市场中的应用基于场外机构间联盟的建立。从 2014 年开始,鲁证期货等金融机构一直致力于机构间市场的发展,但由于缺乏中央机构的参与,该组织相对松散,难以形成应用区块链技术的市场基础。

2. 参与机构数量有限

目前共有二十余家期货公司设立了风险管理子公司并开展场外衍生品业务,加上有此类业务的券商及投资公司，市场上可加入区块链联盟的机构不足百家，由于参与节点较少，可能影响区块链的安全性及稳定性。

3. 区块链技术与场外衍生品的固有矛盾

区块链技术与场外衍生品的固有矛盾主要表现在两个方面：标准化与定制化的矛盾，以及透明化和私密化的矛盾。场外衍生品的一大优势是可提供奇异期权、期权组合等定制化产品，而将产品要素镶嵌到智能合约中，要求合约条款相对标准化；另一方面，大多数场外交易的参与者并不希望自己的交易被市场知晓，然而区块链技术的透明化特点是公开市场中的所有交易。

4. 监管模式改变

利用区块链技术监管机构可实时获取市场中的所有交易信息，减少监管难度，但监管模式同时也不再是过去的中心化监管，而变成了一个去中心化的过程。在中心化监管模式下每个交易机构仅需向监管中心发送自己的交易数据即可，而在点对点的交易模式下，交易对手众多，监管机构需主动进行数据挖掘，该过程的工作量将随着交易者的数量增加呈几何倍增长。

八、场外衍生品应用场景的技术路径

（一）场外市场与区块链技术契合点（见图7）

根据对场外期权存在的问题与区块链技术的结合分析，建议应用区块链技术，在交易各方之间建立一个信任的共享账本。

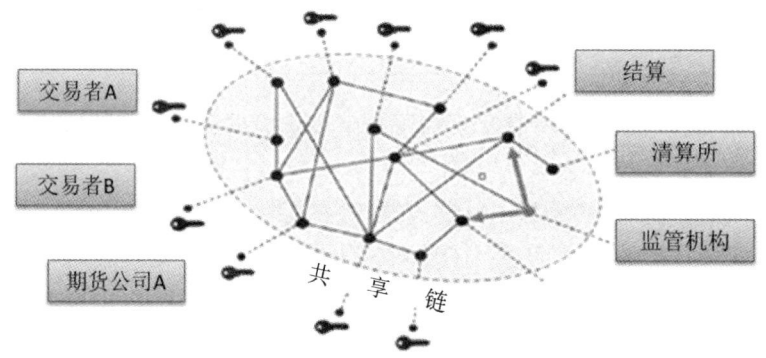

图7　场外市场区块链契合点

交易各参与方共同维护一个信任共享账本，实现以下功能：

1. 存在性证明

记录过程中有可能产生风险的各项操作或对关键证据进行摘要计算并记录到区块链来实现防止篡改和抵赖。

在实际交易过程中，有很多数据或操作会引发其他风险。例如，在开户和签约过程中，客户是否阅读并签署了风险揭示书，授权委托书是否真是授权客户提供，并且有无篡改等。可以将这些关键的操作或客户提供的数据进行摘要计算提取的数字指纹，要求客户进行数字签名并记录到区块链，以备后期查询和验证使用，降低潜在风险。

2. 协议签署电子化

将期权协议信息化为一个智能合约，交易双方通过共享账本对合约进行签署，实现实时成交回馈，并且增加协议签署过程的透明度，降低风险。

下一步可以将机构业务系统以及跨机构交互的环节纳入智能合约，银行可以作为签约过程中的资金结算方，在资金冻结成功后对合约进行背书，背书成功后合约才正式生效。而资金可以实现实时划转，提高资金利用率。

3. 统一存管

行业共同使用基于区块链技术的共享账本登记存管，配合密码学应用，实现监管方、授权机构和交易参与方可以查看详情，其他机构可以验证交易行为。

4. 自动清算

将清算规则固化到智能合约，在达到清算条件时，自动执行固化在智能合约中的清算规则，并与外部业务系统对接，实现自动完成对冲盘平仓，做到一步清算。

对于集中清算的产品，也可以简化清算所的清算逻辑，实现实时清算。

5. 统一询价平台

询价本身虽然不是区块链的特长，但是作为一个基本交易场所还是很有必要性的，而且涉及多方的交易模式，需要有对应的信用解决方案。

可以基于传统技术或区块链技术，构建一个交易各方的公共交易场所，并且可以把拆单等多方交易模式的规则固化到智能合约，由多方共同参与，自动执行，提高交易达成的效率。

（二）应用场景设计

1. 询价

普通交易者在询价平台发起交易询价，选择标的、询价交易对手范围、交易策略和交易要素。其中，交易对手方可以是指定一个或多个期货公司，也可以全部公开。

期货公司可以在询价平台查看公开的询价请求和被交易者选择为对手方的询价请求，并通过平台进行沟通交互。

可以设计为发起询价即在共享账本上创建一个智能合约，根据选择的标的和询价模式选择预定义的合约模板。协议要素可作为合约属性保存在合约中，创建后处于未签署状态。

2. 签约

在前期达成初步意向后，交易各方使用各自持有的密钥发起对合约指定的签名接口的调用，签署操作本身的行为记录到区块链。签署之后合约的协议要素将不允许修改。

资金划转可以通过约定的结算银行作为交易的一个环节，在资金冻结成功后对智能合约进行结算方签署并设置合约生效,再执行资金划转。另外一个可选方案是资金划转线下操作,期货公司在资金划转确认后,对智能合约签署资金划转成功接口,改变合约状态。

对于分拆需求的协议,可以有多家期货公司作为交易对手方,调用合约接口,提交参与的份额并签名,在满足合约规则后自动分配各方持仓数量。

3. 账户存管和清算

由机构间共享的账本维护交易者的账户和持仓。在期权协议签署确认后,自动调整交易者持仓。监管机构、清算中心和授权的期货公司可以查看账户的持仓情况,进行必要的风险评估和清算处理。

4. 结算和平仓

在期权协议到期后,系统自动执行预定义的结算规则,修改持仓并触发外部系统进行资金结算和对冲盘平仓。

对于允许提前平仓的合约,交易者使用自己的私钥签名对指定合约调用平仓接口。

5. 监管

通过共享账本,监管机构可以及时了解和分析市场情况,并做出响应的准确决策。

基于共享账本的智能合约还可以将监管规则固化到智能合约,通过合约前置处理进行实时监管。

(三) 业务架构设计

1. 业务联盟

区块链的核心优势是解决机构间信任协作。要将区块链有效使用起来,业务相互协作的机构之间需要首先形成一个联盟,就相关基础规则达成一致,包括(不限于):制定联盟章程;定义联盟组织架构;定义联盟链运营机制;定义会员加入、退出规则及角色权限。

2. 联盟链

由联盟成员共同提供节点,共同维护一个共享账本(见图 8)。

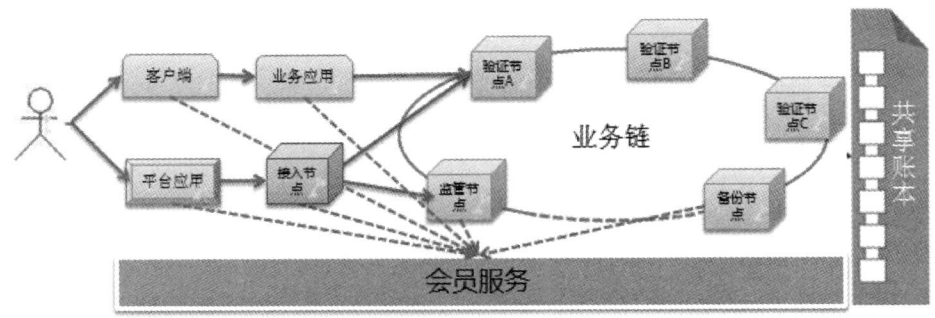

图 8 共享账本业务架构

每个节点由 RPC 服务、P2P 网络、本地账本存储、授权管理、共识管理和智能合约引擎组成。

根据节点角色不同，可以将其功能进行组装，成为不同作用的节点（见图9）。

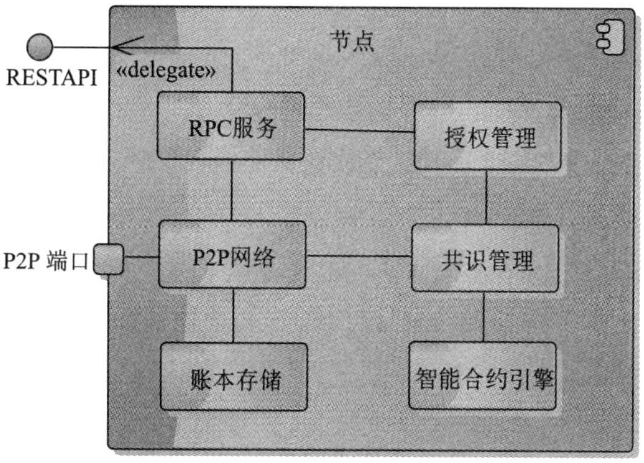

图9 单节点模块设计

①接入节点。由RPC服务和P2P网络组成，不生成区块，只用于接入网络，接收和保存共识节点广播的区块，提供业务应用接入和消息路由功能。一般业务链本身运行在安全专网内，由防火墙进行隔离；接入节点可以部署在防火墙之外提供服务接入。根据实际部署可以将接入节点功能直接合并到验证节点。

②验证节点，即参与共识算法过程的节点，对业务链上的交易按照共识算法进行验证、记账（构建区块），并对所生成的区块数据签名，再广播区块；场外期权业务链采用保护隐私的共识算法，非交易参与方只验证交易行为和公开的数据，无权查看受保护的数据。

③监管节点，即根据联盟章程同意授权接入的监管机构的特权节点。特权节点可以查看所有交易详情；特权节点在共识算法中可以有一票否决权，以支持以后实时合规监管。

④备份节点。备份节点一般不对外提供服务，由联盟运营机构维护的全账本记录节点，提供其他节点和新加入节点数据同步功能。

交易者可以通过期货公司的业务应用、客户端C/S应用或第三方平台（需代理授权）访问共享账本服务。

（四）技术架构设计

1. 分层基础架构（见图10）

①用户可以通过多种途径访问共享账本服务。

②接口APIs。接口APIs提供应用层连接和访问区块链服务，包括：

SDK：SDK提供应用方便调用和二次开发；

REST API和RPC Server：接入节点提供远程RPC服务，通过REST API方式提供调用；

钱包：钱包提供客户端/应用安全管理和保存密钥/证书功能。

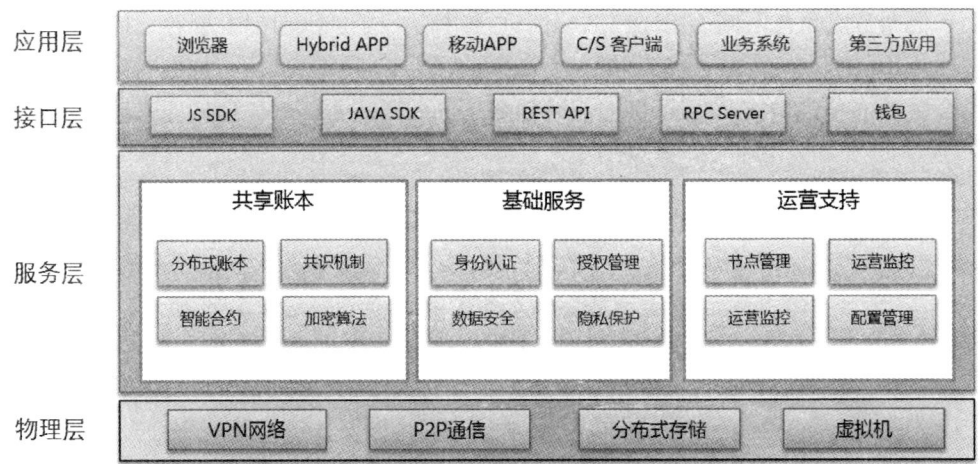

图 10　分层基础架构图

③服务层：提供区块链和相关服务。

共享账本（区块链服务）：包括分布式账本、共识机制、智能合约、加密算法等区块链服务服务。

基础服务：提供在金融领域必须保证的基础服务，包括身份认证、角色和授权管理、数据安全和隐私保护。

运营支持：提供联盟链正常运营必要的支持服务和应用。

④物理层：负责提供区块链的基础物理架构服务，包括网络通信、数据存储、虚拟机环境等，提供物理设施、节点通信、运行环境等服务。

2. 拓扑结构（见图11）

联盟链的拓扑可呈现多种形式，保障链上交易的高效性、安全性、可审计，并易于运维。

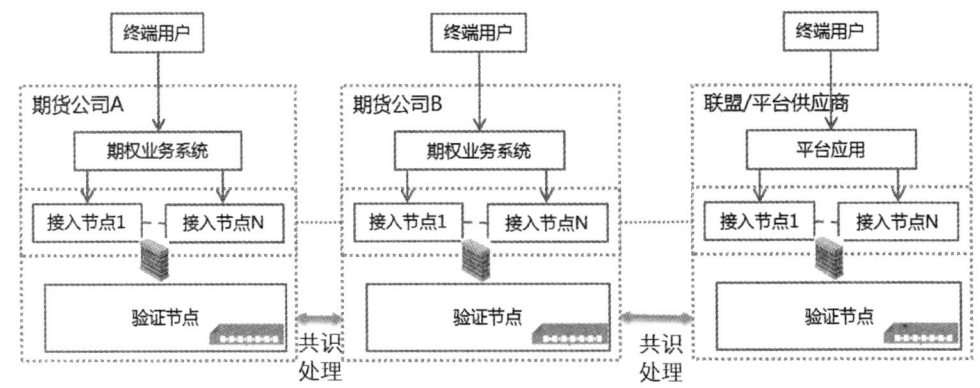

图 11　拓扑结构

参与联盟链的机构可根据需要配置接入节点、验证点；终端用户可以通过期货公司的业务系统无缝接入。

联盟或授权的平台供应商可以作为组织加入,提供公共的平台应用;用户对平台供应商授权后可以从平台应用接入。

用户在业务应用或平台应用上发起签名的交易操作,将交易请求发送给接入节点,接入节点收到交易请求后应验证用户身份,验证不通过拒绝交易,验证通过后将交易在区块链上广播。

验证节点收到交易请求后,进行交易验证和共识处理。

3. 核心设计—共识机制

联盟链采用两阶段拜占庭容错算法。共识机制算法见图12。

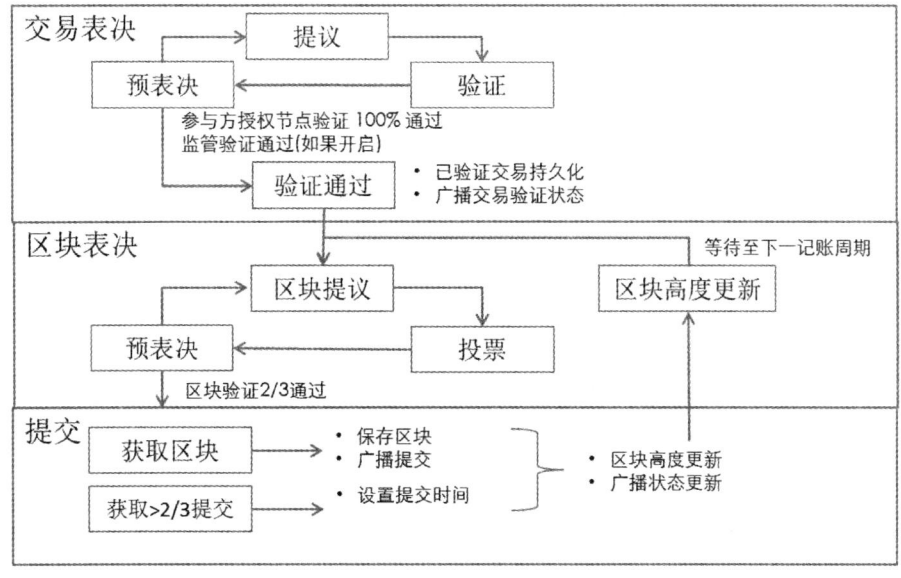

图12 共识机制算法

(1) 提交交易需要明确指定交易对手方(可多个)、结算行(可选)等交易参与人。

(2) 提交的交易需要通过所有参与方的验证节点或其授权节点验证通过。

(3) 交易提交行为的签名验证需要在所有节点3/3验证通过。

(4) 如果存在监管节点并且在配置管理上设置了该类型的交易,需要执行实时监管,还需要得到监管验证的通过签名。

(5) 交易验证通过后会进入预表决提议池,并在全网广播。

(6) 记账节点(一般为验证节点)构建区块并广播。

(7) 各验证节点对区块提议进行表决。

(8) 2/3验证节点投票表决通过则区块提交成立。

(9) 记账节点再验证一次交易,看看当前账本,是否满足交易在提议阶段执行时的条件,每个节点单独验证。

4. 核心设计——智能合约

智能合约提供现实商务过程中的资产、交易规则、证明等逻辑的信息化实现；类型包括（不限于）：

（1）存证类智能合约：业务流水、关键证据证明、身份数据、资产数据存证等的智能合约，一般不涉及多方，也可以使用无合约简单交易记录结合业务系统提供存在性证明。

（2）资产管理类智能合约：用于保存持仓信息等资产账本，并提供其他合约进行结算交割。

（3）交易类智能合约：涉及多方资产交易和商务合同的智能合约。

智能合约由三部分组成（见图13）。

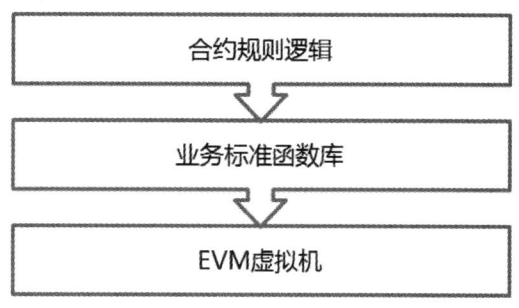

图13 智能合约组成

①EVM虚拟机，提供安全隔离的执行环境。

②业务标准函数库，为保证安全减少可能的异常，场外期权联盟链使用联盟统一定义的标准函数库，智能合约是基于标准函数库进行组装业务逻辑而构建的。

③业务规则逻辑，具体是与商务合约业务规则对应的逻辑代码。

（五）应用中可能存在的难点

1. 统一会员注册

会员注册不是区块链的特点，但是对于金融业务交易，身份认证是基本的核心服务，也是后期交易的前提。

目前会员是各期货公司各自注册的，还会涉及期货公司本身的利益。

初步思路是普通交易者注册依然由各期货公司执行。共享账本提供基础会员服务，期货公司在开户成功后为其在共享账本上注册普通交易会员，并颁发身份证书。

2. 产品发行和标准化

将交易规则固化到智能合约，要求规则相对标准化，但是场外期权并不一定适合。另外一个方案是在智能合约的规则线下执行，合约仅保存最终状态和过程签署记录。

3. 法律文书锚定

智能合约不可能将协议所有规则固化，而且作为非标产品，场外期权协议本身存在多样性。另外，商务合同本身也会存在漏洞或可能的争议，需要将实际拥有法律效力的确认书及其相关附件与电子合约进行技术锚定，提供电子合约法律保障。

4. 隐私和透明

需要深度使用密码学技术，平衡共享账本的公开透明性与私密性保护，包括：

只有账户的持仓和必要要素公开，并且只有期货公司、监管机构、清算机构等授权参与者查询；

参与协议的交易对手方（或多方）有权限查看和验证交易要素详情，其他机构只能验证交易行为本身；

随着大数据分析的进展，传统区块链仅通过数字地址来验证的方法已经不能包含用户的私密性，需要采用更有效的防探测分析技术。

5. 纠错机制和升级机制

即使是现实的法律文本也会存在漏洞，或出现意外的错误异常情况。必须有恰当的后续处理机制。电子化的智能合约也是一样，法律文书的锚定提供了法律支持，但还是必须有技术方法在授权的情况下对合约进行纠错和升级处理。

九、区块链应用的风险及应对措施

（一）信用风险：身份认证

身份认证是整个系统运行的基石，为了保证在整个联盟体系中身份认证的可靠、可信。我们计划引入监管部门作为身份认证的核心参与其中，主要在两个业务节点处，设计首次认证及交易认证。

1. 首次认证

身份申请流程（见图14）：

由监管机构牵头，建立交易机构身份资料库，用于识别联盟中各机构的身份。

交易机构身份确认后，由监管机构统一发放交易证书。

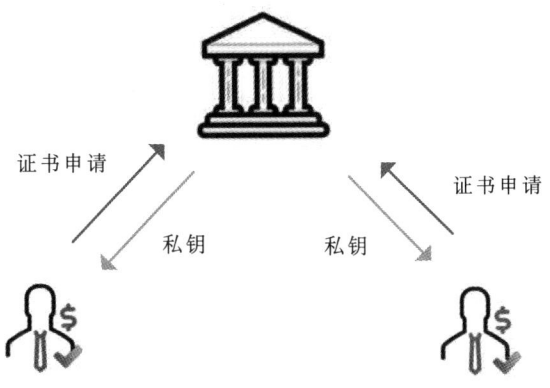

图14　机构证书申请流程

2. 交易认证

交易流程（见图 15）：

交易机构 A 与交易机构 B 达成交易意向后，由交易结构 A 向监管中心申请交易机构 B 的公钥。

监管机构对交易机构 A 提交的申请进过验证通过后，下发交易机构 B 的公钥。

交易机构 A 使用机构 B 的公钥对数据进行加密后，将数据发送至机构 B。

交易机构 B 使用预先向监管中心申请的私钥进行数据解密及存储。

对于非认证的交易对手，交易机构向监管中心发送申请后，由监管中心给出拒绝原因。

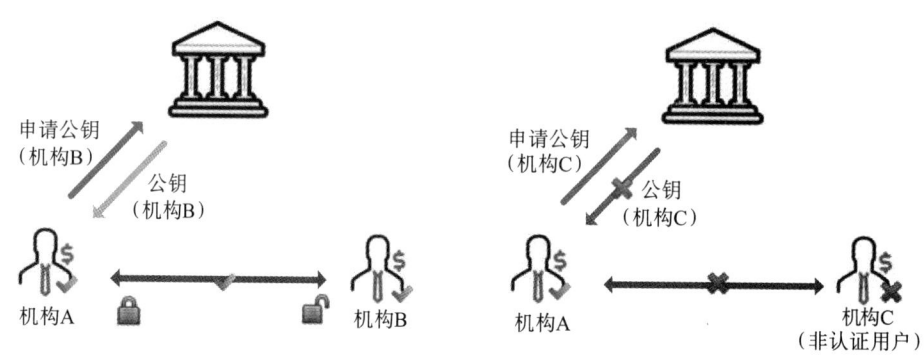

图 15　机构交易流程

（二）监管风险：数据交互中心

1. 数据管理

传统的监管采用的是中心化的监管模式，每个交易机构仅需要向监管中心发送或收取与本方相关的交易数据即可，监管者仅需要根据监管要求向每个交易机构索取指定的交易数据即可。而在区块链交易模式下面临的是一个去中心化的交易模式，每个交易机构都作为整个交易中心所存在。因此，每个交易机构上都需要保存整个交易市场上的完整的交易数据。同时，作为监管者将不再是被动的索取数据，而需要主动对交易数据进行挖掘，监管者在面对庞大的交易数据时，需要像大海捞针一样寻找每笔交易链条和对应的密钥信息。这个过程随着交易机构数量的增加，工作量也会呈几何倍数增加。

2. 监管控制

区块链交易模式下交易是发生在两个交易机构之间，点对点的交易模式导致交易对手众多且分散（见图 16）。由于没有统一的交易监管机构，一旦发生信用违约，风险的传播速度与影响范围将远大于中心化的交易模式。点对点的交易特性使监管者面临的一个很大的问题是作为一个中心化的机构如何处理去中心化后的交易行为。由于区块链技术具有不可逆性，当风险发生需要监管机构采取强制措施（如限制交易、账户冻结或撤销交易等操作）时，都需要相应区块的授权。

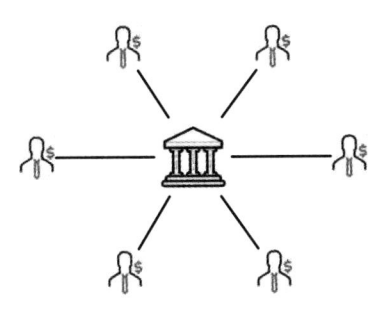 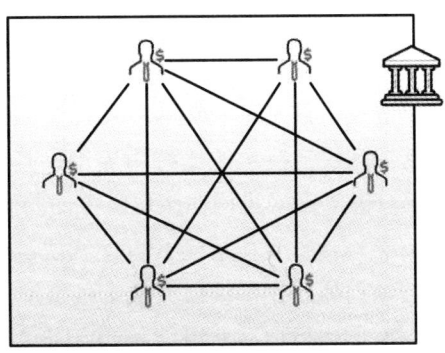

图 16 现在交易模式与区块链交易模式

十、区块链应用所需的行业支持

(一) 机构间交易,扩大市场规模

新技术从出现到实际应用是一个不断探索的过程,会遇到很多问题和风险,区块链技术目前正处于这样一个阶段。本次的区块链金融实践是一次金融行业和互联网技术深度融合的大胆尝试,一旦找到切入点将具有快速扩散和交叉感染的特性。从另一角度来说,这种尝试虽然具有巨大的应用前景,但是一旦爆发风险,容易造成严重损失,影响金融体系的安全。因此,我们建议监管机构能够尽早介入联盟链的建设,从一个更高的层次来指导联盟链的整体设计和技术架构工作。监控机构的介入会带来下面几方面的益处。首先,监控机构从业务安全角度把握实践的推进方向,尽可能地避免风险的发生。其次,监管机构牵头组织能够吸引更多的机构共同参与联盟链的建设,推进联盟会员技术成果的共享,加强证券期货经营机构在金融领域内整体的竞争力。最后,监控机构能够从标准的层面,进一步推进区块链在金融领域的健康发展。

同时发挥区块链技术透明、共享的特性,规范机构间场外衍生品交易,鼓励场外市场发展,允许场外市场进行多样化竞争,提高场外市场的透明度。

(二) 区块链的交易法律地位

现行法律法规体系并不完全适用于"互联网+"的模式。"电子证据"这一种类的可采性及其认定仍然是审判实践中的难点之一。互联网上的数据、信息量大,并且经过一定技术处理的"电子数据"仍然可能出现"失真"的现象,因此区块链技术的不可篡改特性将可以缓解民事诉讼"电子证据"所面临的这一困境。另外,目前在民事诉讼领域出现的一些举证定责难的情况,可以利用区块链技术记录下每个步骤,帮助司法机关认定具体的责任人。

区块链技术构建出的互信机制是基于技术架构层面建立的,但是传统共识机制下可信度仍然受到51%的运算力约束。理论上如果一方掌控的运算能力达到全网的51%即可控制全网的数据。如何保护少数人的正当权利,特别是中小型的机构的利益,是需要在实践中不断探索和思考的。

十一、区块链技术在海外的应用案例

区块链技术目前尚不成熟,从全球的区块链研究和应用发展来看,除了2009年诞生的基于区块链技术的比特币应用,其他尚无称得上成熟的区块链应用。这里,列举了部分海外金融机构在区块链方面的研究和POC项目:

(1)全球银行合作搭建Ripple区块链支付网络;

(2)渣打银行用区块链完成十秒跨境支付;

(3)富国银行、澳新银行和SWIFT(环球银行金融电信协会)已经共同完成了一个原型,提高跨境代理银行支付对账和结算的效率和速度;

(4)美国银行和汇丰银行公开区块链供应链项目,复制信用证交易流程;

(5)美国银行开展区块链贸易融资试验;

(6)日本银行等建区块链货币交易所;

(7)花旗、瑞士信贷和汇丰等银行采用Axoni、Digital Asset和Symbiont等初创企业的区块链技术,探索共享交易参考数据的新途径;

(8)R3联盟成员中的十家银行测试了区块链注册管理系统,旨在让银行在共享系统中创建并管理数字身份,并模拟使用第三方KYC数据和身份证明来建立法人和个人身份。

参考文献

1. 周平、杜宇等:《中国区块链技术和应用发展白皮书(2016)》,2016年10月18日。
2. 巴比特执行翻译:《比特币:一种点对点电子现金系统》。
3. 《The Great Chain of Being Sure About Things》The Economist.
4. 《Block Chain Technology Beyond Bitcoin》Michael Crosby、Nachiappan、Pradhan Pattanayak、Sanjeev Verma、Vignesh Kalyanaraman.
5. 《Regulating Bitcoin and Block Chain Derivatives》Houman B. Shadab.
6. Block Chain:Putting Theory into Practice,《高盛报告》。
7. Digital Disruption:How Fin Tech is Forcing Banking to a Tipping Point,《花旗报告》。
8. 区块链——银行业游戏规则的颠覆者,《麦肯锡大中华区报告》。
9. Block Chain:Enigma. Paradox. Opportunity,《德勤报告》。
10. 详解区块链——颠覆式创新技术,《申万宏源报告》。
11. 区块链和数字货币系列报告之一,《申万宏源报告》。
12. 区块链:互联网的诗和远方,《安信证券报告》。
13. 智能合约将使我们未来不需要银行和律师,来自http://haogetalks.baijia.baidu.com/article/505826。

14. "拜占庭将军问题深入探讨",来自http://www.8btc.com/baizhantingjiangjun。

15. On Public and Private Block Chains：https://blog.ethereum.org/2015/08/07/on-public-and-private-block Chains.

16. Mastering Bitcoin：Unlocking Digital Cryptocurrencies：O'Reilly Media.

17. 《Corda：分布式账本》,Corda技术白皮书。

18. Whitepaper On Distributed Ledger Technology,HKMA香港金融管理局。

19. The Digital Asset Platform-Non-technical White Paper,DAH.

20. Fabric 0.6：https://github.com/hyperledger/fabric/blob/master/docs/protocol-spec_zh.md.

21. Hyperledger Fabric V1.0,《开发者快速入门》,https://zhuanlan.zhihu.com/p/25070745。

22. Introduction to Cryptography Principles and Applications,2015.

23. MultiChain Private Blockchain White Paper.

24. Distributed Ledger Technology in Payments,Clearing and Settlement,2016,Fed美联储。

25. Fast forward,IBM.

26. The Impact and Potential of Block Chain on the Securities Transaction Lifecycle,SWIFT.

中期协联合研究计划（第十一期）项目

算法交易（程序化交易）在期货市场中的应用及监管

课题研究单位：同济大学
课题研究编号：GT201607
课题负责人：刘春彦

引　言

程序化交易（也可称算法交易、自动化交易）及新型形态高频交易，通过增加流动性、缩短交易流程的周期、降低买卖差价、促进价格发现、提高市场效率和降低金融资产的波动性等方式提高了市场的质量和效率。通过降低交易成本，提供了投资回报率和资产价格，改变了资本市场结构。然而，程序化交易尤其是高频交易对不同参与者的成本收益影响却不是中性的，引发了质疑。这些质疑主要包括：一是高频交易是否提供了虚假的流动性（幽灵流动性）；二是高频交易是否造成了"闪电崩盘"等风险事件；三是程序化交易及高频交易是否造成市场不公平；四是高频交易是否具有掠夺性和操纵性；五是高频交易是否造成了市场的系统性风险；六是相关质疑高频交易是否改变了"市场生态"。这些争议对监管政策取向有重要的影响。

程序化交易引发了多起风险事件，如美国闪电崩盘、骑士资本事件，在我国由交易系统软件设置错误引发的光大"8·16"事件，2015年我国的股市异常波动中高频交易被舆论认定为元凶。这些事件均促使国内外监管部门不断完善监管政策，甚至采取了极端的监管措施。美国的司法机关以及我国的司法机关也对涉嫌违法的高频交易者采取了刑事措施。

算法交易特别是高频交易在我国尚处于起步和尝试阶段，近几年使用者逐渐增多，在我国的应用情况有待于监管机构、学界和业界深入调查研究，中国市场对于高频交易的监管政策取向取决于高频交易能否为改变市场质量、提高市场效率带来实质性的好处，这需要监管机构、学界和业界的实证研究。本报告仅为宏观层面的描述，未有严格意义上的实证研究。报告在分析了美国和澳大利亚、荷兰等国家的一些研究和经验基础上，提出了一些框架式建议。由于美国的资本市场结构与我国有较大的不同，这些建议是否具有针对性也需要检验。毕竟程序化交易特别是高频交易在我国属于新鲜事物。另外，国外的文献更多注重股票市场的研究，单独对期货市场的研究较少，这也是课题组研究面临的困境之一。除了少有的公开数据，我们无法获得重要的一些数据。

一、程序化交易概述

利用信息差进行交易，可以追溯到17世纪罗斯柴尔德家族利用信鸽中传递消息，借此在不同的国家进行交易。有人称程序化交易始于此。

程序化交易是电子信息技术和计算机技术等技术革命与美国金融市场基础制度变革、资本市场参与者创新交织的产物。一方面，科学技术进步推动了金融市场发展；另一方面，金融市场发展反过来要求进行金融市场基础制度变革，规范技术在金融市场的运用。资本市场参与者创新动力是程序化交易发展的原动力。技术进步是程序化交易及高频交易发展主要推动力,而促进竞争的监管政策也起了重要的推动作用。20世纪60年代美国取消了股票市场交易的印花税,降低了交易成本,也促成了后来程序化交易及高频交易的快速崛起。

(一) 程序化交易兴起必然性

1. 全新的科学技术进步引发程序化交易

程序化交易及高频交易是几十年来交易电子化的必然过程。随着20世纪70年代电子信息技术和计算机技术的迅猛发展,开始迅速地应用于全球资本市场。技术进步改变了股票和其他金融工具的交易,绝大部分资本市场放弃了人工场内喊价和电话报单交易,取而代之的是电子化(自动化)交易系统。20世纪90年代,全球各大交易所开始由公开喊价交易向电子化交易转变①。电子化交易非常成熟,不仅提高了交易速度,降低了交易成本,而且实现了全球的交易。1987年美国股市危机爆发使公众意识到资本市场的交易开始了计算机代替人力。在美国,2007年之前,交易大多是由人操作的,经人手实现,交易的执行速度受限于人的因素。2007年后,交易完全是由计算机处理,交易速度不再受限于人。交易员可以在纽约和芝加哥同时进行交易,订单数据在两地之间进行传输一个来回只需要12毫秒,价差由此产生。2010年,纽约—泛欧交易所集团(NYSE Euronext)允许其高频交易客户每37微秒发乎一条指令,其连接纽约和伦敦的新电缆,从一端到另一端的订单循环仅需60微秒,即0.037毫秒②。2010年年末,美国宽带服务商Hibernia Altlantic启动了"光线电缆计划"(PE)。该计划令伦敦和纽约之间的交易信号传播速度快了5秒。这些交易信号从伦敦到纽约之间往返传播一次只需要不到60毫秒。

电子信息技术及计算机技术的发展是程序化交易、高频交易赖以生存的根本。尤其是2000年以来,高性能计算机、高速网络的发展为高频交易的可行性奠定了基础。同时,程序化交易的发展本身也促进了技术系统的发展。程序化交易的迅猛发展,使得小额订单交易变得越来越盛行,订单规模变小、订单数量成倍增加成为趋势,也对交易系统提出更高的要求。为了适应程序化交易、吸引客户、吸引订单,各交易所及交易市场都激励优化、升级技术系统,保证交易信息传输的实时性以及订单执行过程的高效性,将更多资源用于提升交易系统路由、网络传输、容量、存储等功能。

技术的进步也推动了暗池交易的发展。暗池交易是以匿名方式进行证券撮合交易的另类交易系统(Regulation Alternative Trading Systems,),其主要功能在于保护机构投资者在大宗交易中免于信息泄露的利益侵蚀。自20世纪60年代开始,机构

---

① [美]迈克尔·戈勒姆、尼迪·辛格著,王学勤译:《电子化交易所—从交易池向计算机的全球转变》,中国财政经济出版社2015年版。

② [美]费雷德里克·勒雷艾弗、弗朗索瓦·比雷著,李宇新、刘文博译:《高频交易之战》引言第5页,机械工业出版社2015年版。

投资者在美国市场上成为主要的参与者，他们买卖的交易量较大，对市场能够形成较大的影响。为了避免交易信息的外泄，以及搭便车的高频交易机构对其交易的侵蚀，机构投资者开始陆续选择场外的暗池进行交易。根据美国证监会 2009 年的统计数据，在美国市场上，纳斯达克的交易量占 19.4%，位列第一，其次为纽约证券市场的 14.7%，第三为经纪自营商的 17.5%，都没有超过 20% 的交易量。截至 2015 年 7 月，美国能够进行暗池交易的另类交易系统达到 40 多个，交易量从 2008 年占证券总成交量的 4% 增长到 16% ~ 18%。从暗池产生的背景来看，其快速发展与机构投资者匿名进行大宗证券交易的需求密切相关。通过构筑匿名交易磋商的机制，暗池能够帮助交易的买卖双方在不披露交易机构名称的情况下，对证券订单进行数量和价格上的匹配，从而能够尽量避免交易信息的外泄，降低机构投资者面临的高频交易机构带来的交易风险。

2015 年金融科技（Finance + Technology，简称 FinTech）开始出现，智能投顾（Robo - Advisor）作为其重要的分支，开始介入程序化交易。关于智能投顾，监管机构、学界和业界还没有一个统一的权威的定义。根据维基百科的定义，智能投顾是提供在线投资组合管理服务的一个理财顾问，由计算机通过现代投资组合理论等投资分析方法，自动计算并提供组合配置建议，把人为干预因素降到最低。金融词典 Investopedia 的定义是，智能投顾是指在线自动提供以算法为基础的投资组合管理咨询的财富管理服务，而不以人作为财务规划师。

智能投顾的服务从广义上可以分为三个层次：第一个层次是最为简单的，通过大数据分析提供一般意义上的投资建议，不会因人而异；第二个层次，根据服务对象的特征及偏好，给出个性化的投资建议，但不进行交易；第三个层次是在第二个层次的基础上，为服务对象提供交易服务，包括完全自动化交易、人工投资顾问协议交易和自执行交易。有研究者认为，通常理解的智能投顾，一般是提供第二到第三层次服务的智能投顾。智能投顾与算法交易、量化交易、程序化交易之间有交叉，但是没有明确的界限。量化交易主要是相对于定性判断而言，通过计算机程序把投资策略用模型固化，强调的是某种特定的投资方法，比如期现套利、基于基本面指标或技术分析指标的量化选股。程序化交易则是设计人员将交易策略系统化，强调的是自动下单的交易方式。智能投顾的核心是算法设计，包括证券投资组合理论、组合优化、技术分析、模式识别等机械学习和人工智能的理论方法，其与量化投资的主要区别在于其个性化和多样性。智能投顾的服务层次如果延伸到交易层面，在投资组合建立和风险控制环节，均会涉及程序化交易。比如在满足止损规则的情况下，投资者可以选择智能自动下单[①]。

2. 放松的监管政策变化促进程序化交易

程序化交易起源于美国的"股票组合转让与交易"，即经纪人和专业投资经理

---

① 姜海燕、吴长风："智能投顾的发展现状及监管建议"，《证券市场导报》，2016 年第 12 期。

可以通过计算机与证券交易所直接联机来实现股票组合的一次性买卖交易，股票市场的订单开始实现了电脑化。电子信息网络（Electronic Communication Networks，ECN）在 20 世纪 70 年代迅速兴起，极大地提高了交易速度。

美国证券市场呈现出"金字塔"形结构，分为场内市场及场外市场，场内市场包括全国性的交易所及区域性的证券交易所，场外市场则包括纳斯达克、OTCBB 市场等。由于宽松的注册背景，美国场内市场和场外市场的数量都很多，这导致了证券产品广泛地分散在不同的交易市场上。市场分割加剧使各交易所价格不同步，为解决碎片化的交易格局对证券价格形成机制所带来的潜在危害，美国国会在 1975 年通过了《证券法修正案》，授权证券监管部门建立全国市场系统（National Market System，NMS）。全国市场系统建立的目的是使市场信息能够有效地传递给经纪商、交易者及投资人，从而使得证券交易的买卖双方不论其交易地点在哪，都能够执行最优的交易价格。基于这一目的，鼓励更多的通信及信息传递技术应用于证券市场，以促进全国市场系统的发展。

美国证券交易委员会（Securities and Exchange Commission，简称 SEC）从 20 世纪 70 年代初开始陆续出台相关法律及监管规则以推动全国市场系统的建立。《证券法修正案》的颁布更是促使美国证券交易委员会开始寻求建立一个全国市场系统，旨在促进交易和价格同步。在这样一个系统上，通过跨市场数据流动的帮助，能够促使分布在不同地理位置上的交易所之间、证券订单之间以及经纪商之间互相竞争。1978 年，SEC 通过法令催生了市场间交易系统（Inter‐market Trading Systerm，ITS），ITS 以电子网络为基础，让股票交易下单在全美各个交易市场之间。同时，纳斯达克（National Association of Securities Dealers Automated Quotations，简称 NAS-DAQ）立即响应，为 ITS 提供与 NASDAQ 互联的计算机辅助执行系统（Cumputer Assisted Execution Systerm，CAES）。ITS/CAES 及各个 ECN 组成了全美国的电子交易网络平台。电子技术以及计算机技术、网络平台的建立给程序化交易创造了条件。1983 年，彭博社发明了史上第一台实时数据电脑系统，并且可以进行金融计算和统计。1987 年纳斯达克引入电子交易系统，1992 年芝加哥商业家交易所（CME）启动了其第一个电子交易平台（Globex）。

1998 年 12 月，美国证券交易委员会（SEC）制定另类交易系统规则（Regulation Alternative Trading Systems，简称 ATS），正式授权允许电子化交易，另类交易系统规则（Regulation ATS）开始生效，这一证券监管规则主要规范了另类交易系统的设立及注册，允许推出"另类交易系统（Regulation Alternative Trading Systems）"为电子交易平台与传统的大型交易所展开竞争打开了大门。2000 年后，美国市场开始采用十进制报价，最小报价单位从原先的 1/16 美元缩小为 1 美分，导致买卖报价价差进一步缩小。国际证券交易所（International Securities Exchange，Inc，简称 ISE）建立了第一个完全电子化的美国期权交易所，实行了电子化做市商制度。在上述政策背景下，美国证券市场出现了包括 Electronic Communications Networks（ECNs）在内的众多的另类交易系统（Alternative Trading Systems，简称 ATS）。在这些电子化的另类交易系统上，投资者能够交易包括股票在内的证券产品。在另类交易系统规则实施 3 年后的 2001 年，交易所开始允许股票价格以小数报价替换分数报价，这一规则的变化增加了市场上的流动性，并导致高频交易的出现及算法交易的繁荣[①]。

到 2008 年中期，已有 7 个交易所施行了完全的电子化，或者是电子化与交易大厅相结合的期权交易平台。截至 2014 年，全球许多交易所实现了电子化交易。

3. 创新的市场竞争加速了程序化发展

直接市场接入（Direct Market Access，简称 DMA）、小单成交交易（Small Order Execution System Trading，简称 SOES Trading，亦称细盘撮合系统）、日内交易（Day Trading）的产生都是交易成本下降、效率提高过程的显现。直接市场接入（DMA）起源于 20 世纪 90 年代的证券市场，是指客户的指令不经过中间商即毫不迟延地直接进入交易所的一种接入技术。随着 ECNs 发展和全球金融市场从公开喊价交易进入电子化竞价交易[②]，21 世纪第一个 10 年，全球主要证券交易所和期货交易所电子化步伐加快并迅速普及，至 2014 年均已实现了电子化交易。直接市场接入（DMA）越来越得到广泛运用，并扩展到期货和外汇等金融衍生品市场，成为高频交易的助推器，因为其能够确保客户获得实时的交易数据并实时向市场发出交易指令。在没有采用直接市场接入（DMA）技术之前，美国证券市场的订单都是间接送到市场中进行撮合，NYSE 股票依然采用手工撮合。1987 年的"黑色星期一"事件充分暴露了这种"间接成交"的弊端。在市场崩盘中，众多的散户无法直接发送订单到市场，NYSE 的场内做市商（Specialist）和 NASDAQ 的做市商又忙着处理大单子，或者不接电话，众多散户损失惨重。这次风暴过后，SEC 经过调查认为必须加强对散户的保护，其中一项措施便是在 NASDAQ 市场中设立 SOES Trading，这也是美国第一个自动成交系统，速度更快，成本更低，促使交易商之间的竞争也逐渐从策略转移到技术设备方面。1989 年以后，各个交易所开始以最接近 1 美分的单位而不是以 1/16 美元为单位报价，从而造成买盘报价和卖盘报价之间的价差进一步缩小，原来的日内交易员盈利大不如从前，并迫使靠这些价差赚钱的交易商寻求其他交易方式。许多交易员成立了自己独立的高频交易公司。为了抢到单子，许多交易商和高频交易公司开始了技术创新，突破了许多旧有的技术框架。传统的华尔街交易，经纪商协商并规定了所有的成员在执行客户订单时都按照 0.25% 的固定比例收取佣金，并控制着市场的买卖价差，备受投资者诟病。1994 年两名金融学教授 Bill Chiristie 和 Paul Schultz，同 SEC 和司法部合作开展了美国历史上最广泛的一次调查。SEC 和司法部于 1996 年 8 月公布的陈述意见表明，上述交易行为是无法接受的。这项调查显

[①] See Michael J. Mcgowan, The Rise of Computerized High Frequency Trading: Use and Controversy, Duke Law&Technology Review, No. 2016, pp. 6 – 7.

[②] ［美］迈克尔·戈勒姆、尼迪·辛格著，王学勤译：《电子化交易所——从交易池向计算机的全球转变》，中国财政经济出版社 2015 年版。

示了美国证券市场结构中，存在严重的基本技能的缺失，需要在其组织内部进行重大变革。2004 年，SEC 宣布在金融市场中引入更充分的竞争决定。

2005 年 6 月，美国 SEC 通过了《全国市场系统规则》（Regulation NMS，简称 Reg NMS）。全国市场系统规则废除了此前保护人工报价的交易规则，要求经纪商有义务为其经手的交易在全国范围内寻找最优的价格，并鼓励设立更新、更快的电子交易中心。这一规定直接为电子交易的革命铺平了道路，推动了交易制度和交易系统的大发展，客观上为程序化交易创造了条件。从高频交易的发展历程来看，2005 年 NMS 的实施无疑具有里程碑的意义。此后仅用了 5 年时间，高频交易就完成了从边缘到主流的转变，有效地激活市场成交量的作用。尽管在 2008 年金融危机中高频交易没有被指责为是造成市场的主要帮凶，但是在闪电崩盘后，高频交易开始被认为是幕后推手，对高频交易的监管成为热门话题，高频交易已经走过野蛮成长期，进入规范发展阶段。

当然，美国全国市场系统规则所包含的增加信息披露以减少市场分割的规定，使得公开市场上的机构投资者非常容易在大宗交易过程中遭到高频交易机构的掠夺侵蚀。

2007 年美国全国市场系统（Reg NMS）正式实施，其要求所有发往交易所的订单必须同发往其他交易所订单相比较，须在全国公示而不再只是在各个交易所内公示，从而使订单以最佳的可成交价格成交，这被称为全国最佳买卖价（National Best Bit and Offer，简称 NBBO）。全国市场系统（Reg NMS）建立的目的是使市场信息能够有效地传递给经纪商、交易者及投资人，从而使得证券交易的买卖双方不论其交易地点在哪，都能够执行最优的交易价格。

美国全国市场系统（Reg NMS）的建立及其后续电子化交易技术的发展，促进了订单在全美交易市场的竞争，自动化成交为另类交易系统获得了更好的发展机会，市场份额扩大。这迫使传统交易所开始提高交易自动化程度，加大了在技术系统层面与 ECNs 等另类交易系统的竞争力度，使电子化自动交易成为市场发展的主导趋势，自动撮合变得越来越多，高度自动化的交易制度成为市场主流，改变了美国证券市场结构。

但是，这也产生了新的问题，高度自动化也使得各交易场所的订单能够更快、更全面地为投资者所知晓。在这样的背景下，机构投资者的大宗交易信息非常容易被市场所察觉，机构投资者越来越难以在公开市场上逃避包括高频交易机构的"猎杀"。在这样的背景下，服务于机构投资者大宗交易目的的暗池开始逐步发展壮大。为了躲避这些自动交易程序的"追捕"，这些受害者只能转向暗池做交易。暗池，也被称为暗流动资金（Dark liquidity），属于美国非公开的交易市场，也是美国另类交易系统（Alternative Trading Systems，简称 ATS）的一种。暗池的最大特点是在交易信息的保密上，暗池内的买卖双方并不知道对方的身份、报价及交易的证券数量，而订单一般通过交易系统自动进行配对撮合。

暗池交易是以匿名方式进行证券撮合交易的另类交易系统（Regulation Alternative Trading Systems），其主要功能在于保护机构投资者在大宗交易中免于信息泄露的利益侵蚀。自 20 世纪 60 年代开始，机构投资者在美国市场上成为主要的参与者，他们买卖的交易量较大，对市场能够形成较大的影响。为了避免交易信息的外泄，以及搭便车的高频交易机构对其交易的侵蚀，机构投资者开始陆续选择场外的暗池进行交易。

关于机构投资者大宗交易的交易需求与暗池之间的关系，美国证监会官员 Luis A. Aguilar 特别指出："近几年暗池兴起的最大的催化剂可能是机构投资者越来越强烈地对进行大宗交易而不引起市场反应的需求。这样的需求并不是新的，但随着算法交易策略的出现等各种情况，让这样的需求变得更为强烈。暗池通过提供匿名的，且在交易完成前无须显示具体订单信息的交易方式，正好回应了这样的需求①。"

4. 美国股票市场结构的特殊性推动高频交易的发展

SEC 在《股权市场结构的概念公告（Concept Release on Equity Market Structure）》的报告指出，过去几十年间，美国股票市场发生了重大变革，突出变现在交易市场由手工交易为主转向自动交易为主。1975 年，当国会立法要求建立全国市场体系时，美国股票市场的交易主要发生在设有手工交易大厅的交易所，而现在，股票交易早已不再是把订单传送到股票挂牌交易的某一交易大厅那么简单。SEC 认为，市交易场结构可以概括为分散的和复杂的（Dispersed and Complex）。所谓"分散"是指交易量分散在多个高度自动化的交易中心，他们相互竞争同一股票的订单流；所谓"复杂"，是指各交易中心提供了范围很广的服务，旨在吸引交易需求迥异的不同类型的市场参与者。美国股票市场结构的变迁极大地改变了上市股票交易，尤其是 NYSE 上市股票的交易情况。NYSE 上市股票的总市值曾占美国股票市场的 80% 左右，而且与 NASDQ 市场股票很早就开始在多个交易中心进行自动化交易不同，NYSE 上市股票一直在 NYSE 的交易大厅以手工方式进行交易，直到 2006 年 11 月。NYSE 上市股票开始采取自动化交易的主要推动力是 2005 年开始实施的 NMS 条例，该方案取消了对手工报价的穿透交易保护。以此推动自动化报价的发展，正是高频交易发展的重要背景。因此，研究 NYSE 上市股票的交易结果变化，可以发现高频交易多大程度上改变了交易市场结构。

美国股票交易市场结构的重大变化见表 1。

美国程序交易化发展见表 2。

综上所述，基于通信技术的发展和监管政策的放松而产生的"股票组合转让与交易"采用、小单成交交易（SOES Trading）、日内交易（Day Trading）和直接市场接入（Direct Market Access，DMA）、另类交易系统（ATS）建立、全国市场系统（Reg NMS）的建立等一系列的变革，加上 1975 年 SEC 颁令禁止固定交易佣金，使证券交易从奢侈品进入寻常百姓家，加上之前美国 20 世纪 60 年代中期取消印花税

---

① Commissioner Luis A. Aguilar, Shedding Light on Dark Pools, U. S. SEC Public statement, available at: https://www.sec.gov/news/statement/shedding-light-on-dark-pools.html.

表1　　美国股票交易市场结构的重大变化①

项　目	2005年	2009年
NYSE上市股票总成交额中NYSE占比	79.1%	25.1%
NYSE执行小额立即成交订单的平均数度	10.1秒	0.7秒
NYSE上市股票的日均总成交量	21亿股	59亿股
NYSE上市股票的日均总成交笔数	290万笔	2 210万笔
NYSE上市股票的单笔成交平均规模	724股	268股

表2　　程序交易化发展时间简表

时段	阶段	市场特征
1997年前	统一的市场	专家与做市商赚取较大的买卖报价价差
1997年	订单处理规则	客户的限价订单必须被揭示，ECNs开始崛起
1998~1999年	ATS规则、采用1/16美元进制	有利于ECNs与纽交所、纳斯达克竞争，有利于跨市场套利
2001年	采用1美分进制	报价价差和订单规模下降，做市商无法获利，甚至消亡
2002~2005年	算法交易开始大规模出现	机构投资者、经纪商采用算法交易，自动将大额订单拆分为小订单
2005~2007年	NMS规则实施，效果显现	订单在市场间路由，纽交所对上市证券实现自动化交易
2007~2009年	程序交易成为主流	市场运作规范高效，交易成本低，但必须对所需交易策略进行调整
2010年	推进市场公平性，控制风险	骑士资本事件后，监管部门着力控制系统性风险和市场公平。2010年11月，SEC发布了市场接入规则，要求经纪商和交易商在向交易场所提交订单前进行风控
2013年	避免发生意外事故	2013年5月CFTC发布《反市场扰乱操作指引》；纳斯达克交易瘫痪后，2013年9月CFTC发布《自动化交易环境中的风控和交易安全》征询意见
2014年	建立交易系统综合完成的对策和程序	2014年9月15日，CME开始实施新的575号规则：禁止集中高频交易的典型行为：晃骗（Spoofing）、报价填充（塞单，Stuffing）、收盘时制造混乱（Disorderly）成交 2014年11月，SEC实施系统合规与完整性规则，要求另类系统、自律监管组织、豁免清算机构等对于交易系统要有总额和完整的对策和程序，对系统进行定期检查，建立汇报流程，形成书面报告

---

① 资料来源：《Concept Release on Equity Market Structure》SEC，2010年1月，截至2009年第3季度。

续表

时段	阶段	市场特征
2015 年	监管规则系统化、体系化	2015 年 3 月 FIA 发布《自动化交易系统的开发与运营指引》，提出风险控制措施包括最大订单规模限制、最大日内头寸限制、重复自动执行限制、交易所动态价格波动带、交易所交易暂停及信息节流等。FIA 还提出了自动识别自动化交易系统、订单执行后潜在信用风险识别等 2015 年 4 月 SEC 通过规则加强对自营公司的监管，要求其成为 FINRA 的会员 2015 年 11 月 24 日，CFTC 通过了《自动化交易监管规则提案》（Reg. AT 提案） 2015 年 12 月 17 日，CFTC 通过了《自动化交易监管规则提案》的补充规则

（在 1914～1966 年曾开征证券交易税，当时美国联邦政府曾对一级市场的股票发行征收 0.1% 的联邦税，对二级市场交易征收 0.04% 的转让税）、这些因素共同促成了程序化交易（Program Trading）及高频交易（High Frequency Trading，HFT）的发展。

（二）程序化交易及高频交易在期货市场应用现状

高频交易的成交比例是衡量高频交易对市场流动性贡献的一个重要的标准。

1. 程序化交易及高频交易在境外的应用

（1）程序化交易及高频交易市场份额

程序化交易及高频交易在不同国家或地区占市场成交总量的比例各不相同。由于没有权威数据，学者统计不完全一样。

2012 年，美国期货市场中 91.5% 的交易量都是电子下单执行的；E-mini 标普 500 股指期货合约交易量中约 51%、Eurox 期货交易量中约 69% 是算法交易（高频交易计入算法交易）；芝加哥商业品交易所集团（CME）35% 的交易量都是高频交易贡献的。根据 CFTC 可得的数据表明，80% 的外汇期货、67% 的利率期货、62% 的权益类期货都是自动化交易系统生成，约有 60% 的期货合约交易是由自动化交易系统完成的[1]。也有数据表明，在美国股市，高频交易占市场总成交量的一半以上。自动化交易占美国当期国债（on-the-run）交易商间平台业务量的一半，约占外汇市场三大配对货币交易量的 70%[2]。

2014 年 12 月，美国资本市场监管委员会（Committee on Capital Markets Regula-

---

[1] 韩冰洁："从 CFTC 自动化交易监管趋势看全球程序化交易监管趋势"，《内部报告》，2016 年 3 月 22 日。

[2] Dr. Stephen Kirchner 著："高频交易：臆断与事实——是否该用金融交易税的大棒惩治高频交易"。瑾蓓、沙石译，《内部报告》，2016 年 8 月。Dr. Stephen Kirchner, Policy: A Journal of Public and Ideas, Vol. 31 No. 4, Summer 2015～2016。

tion)① 发表了题为《什么是高频交易》研究报告。该报告认为高频交易者日均交易占了美国股票市场总交易量的50%（约为62亿笔交易），与在外汇以及大宗市场的参与度相似。

在澳大利亚，高频交易所占的市场成交额逐年上升，现在约占股票市场交易总额的27%，约占国债期货的14%。在欧洲，高频交易占有约30%的市场份额。这个数据最近一年来一直比较稳定，原因可能是相关规定仍存在不确定②。

（2）程序化交易及高频交易使用者

随着高速数据处理和服务的广泛运用，大量不同类型的机构投资者开始使用高频交易策略，甚至一些零售和机构客户都可以通过他们的经纪自营商介入一些高速订单系统。

一般来说，从事高频交易的公司是那些将计算机科技运用到金融市场的小型公司，一般使用自己进行交易。这些公司被称为自营交易商（PTFs），因为它们主要从事自有资金的交易而非代理交易或经纪业务。和传统的做市商一样，这些高频交易公司通常在场内提供股票买卖双边报价，通过买卖价差获利，其交易活动有助于缩小买卖价差。其他高频交易公司进行跨市场套利或者统计套利，通过金融产品之间或不同市场之间的可预期的价差获利。高频交易的相关技术也被其他市场参与者广泛使用。大型金融机构，例如证券经纪商、基金管理人也会频繁使用算法交易技术（Trade Execution Algorithms）作为自营交易的一部分，或者为了减少交易成本。算法交易技术可以自动判断下单的最佳时间、场所及订单量。这些算法通过将大订单拆分成大量小额订单，以减少大额订单对价格的影响、降低交易成本，并使经纪商和投资者获益。

2. 程序化交易及高频交易在中国的应用

（1）早期交易所研究报告（2010）

根据深圳证券交易所研究报③，我国高频交易主要表现是：

①股票市场最早的高频交易是自动化的ETF套利交易。自动化的ETF套利交易是最初的股票市场高频交易的主要方式。在ETF推出初期，ETF价格和净值间存在套利空间。因此，通过同时买卖一篮子股票及申购赎回相对应的ETF，即可获得其中的价差。在不考虑订单执行过程中的不利价格变化情况下，这种套利交易是无风险的。

②商品期货市场套利交易等高频交易更为常见。套利交易商品期货市场的主要交易方式，与套期保值和投机并列为期货市场的三大交易方式。一般认为，商品期

---

① Committee on Capital Markets Regulation 是一个独立的、非党派研究机构。委员会致力于提高美国资本市场的竞争性和稳定性，并为美国国会和监管机构提供基于严谨实证研究的政策咨询。

② 费雷德里克·勒雷艾弗、弗朗索瓦·比雷著，李宇新、刘文博译：《高频交易之战》，机械工业出版社2015年版，第45页。

③ 深圳证券交易所综合研究所："国内外高频交易发展现状、挑战与应对研究"，《内部报告》，2010年12月。

货市场有四维套利：期现套利、跨期套利、跨品种套利与跨市场套利。其核心交易策略是发现一对品种（期货与现货、近期期货品种与远期期货品种、相邻期货品种以及不同市场的相关品种）的价格异常变化，随后进行反向的一对买卖行为，从价格正常的市场将流动性贩卖到流动性较差的市场，从而获得价差。

③股指期货和融资融券进一步活跃了高频交易，股票市场异常波动引起了各界怀疑。股指期货将期货市场与现货市场有机地结合起来。除了期货市场本存在的股指期货跨期套利外，还产生了另一类的套利模式，即股指期货和股票现货之间的套利，具体操作方式包括：买入股票现货卖出股指期货、基于可融券交易的融券卖出股票现货买入股指期货、"股指期货—ETF—成分股"之间的套利。

（2）监管机构报告（2013年）

2013年，监管机构总结了国内四家商品交易所分别对各自交易所2012年程序化交易的相关情况进行了总结，具体结论如下。

①程序化交易基本情况。

A. 客户情况。目前，国内对于程序化交易客户采用两个定义：一是按要求在交易所进行程序化交易备案的报备客户，另一个是根据交易特征指标筛选出来的认定客户。2012年，各期货交易所的报备客户数量分别是：上期所52 416户，郑商所240 000户，大商所62 732户。其中，报备客户在开户总数中占比分别为：上期所占7.16%，大商所3.99%，郑商所无数据。各交易所的认定客户数量分别为：上期所970户，郑商所905户，大商所762户，中金所875户。其在报备客户中占比分别为：上期所1.85%，郑商所0.38%，大商所1.21%，中金所无数据。

B. 程序化交易的规模。由于认定客户在报备客户中所占比例不高，同时相当一部分报备客户仅开通了相关功能，却未进行程序化交易，或者只是阶段性进行程序化交易，因此报备客户的交易规模无法反映整体的程序化交易情况。因此，仅对认定客户的交易规模进行计算。

a. 认定客户的总体交易情况。各交易所认定客户的总交易量分别为：上期所6 745万手，郑商所5 322万手，大商所5 769万手，中金所736万手；认定客户的总交易量在全市场交易量中的占比分别为：上期所9.23%，郑商所7.65%，大商所4.5%，中金所3.5%。

b. 认定客户的程序化交易情况。各交易所认定客户通过程序化交易方式的交易量分别为：上期所336.11万手，大商所230.21万手，中金所160.90万手；认定客户通过程序化交易方式的交易量在认定客户总交易量的占比分别为：上期所4.98%，大商所3.99%，中金所21.85%，郑商所未提供数据。

c. 交易所认定客户符合认定标准的交易量最高品种及程序交易量占最高的品种（见表3）。

d. 异常交易行为相关情况（见表4）。

②程序化交易现状分析。

表3　交易所认定客户符合认定标准的交易量最高品种及程序交易量占最高的品种

	符合认定标准的交易量最高的品种	符合认定标准的交易金额最高的品种	程序化交易量占比最高的品种	程序化交易金额占比最高的品种
上期所	螺纹钢（144.46万手）	螺纹钢（538.14亿元）	铝（1.21%）	铝（1.20%）
郑商所	白糖（3 153万手）	白糖（17 000亿元）	白糖（10.69%）	白糖（10.1%）
大商所	豆粕（108.44万手）	豆粕（390.22亿元）	棕榈油（0.34%）	棕榈油（0.34%）
中金所	股指期货（160.90万手）	股指期货（11 500亿元）	股指期货（0.77%）	股指期货（0.76%）

表4　异常交易行为相关情况

	发生异常交易客户数（户）			
	上期所	郑商所	大商所	中金所
异常交易客户总数	53	41	43	63
自成交	19	—	10	—
频繁报撤单	28	—	5	—
大额报撤单	2	—	0	—
关联账户合并持仓超限	0	—	0	—
关联账户自成交	4	—	28	—

A. 程序化交易对市场的影响尚不明显。

a. 从客户数量上看，与2011年相比，除中金所的认定客户数有所增加外，其他交易所的认定客户却所有下降，并且在总开户数中的占比仍然较低，说明程序化交易客户在当时还未成为主流。

b. 从交易规模上看，2012年认定客户的交易量和交易金额在全市场的交易量和交易金额中占比依然较低，说明当时程序化交易还未称为主流交易方式。

c. 从对市场交易情况影响看，异常交易行为所有增多，但总体不是很频繁，并没有对市场造成较明显的影响。

B. 程序化交易软件发展平缓，自主开发软件有所增加（见表5）。

表5　程序化交易软件

	使用客户数（户）			
	上期所	郑商所	大商所	中金所
文华财经	18 792	72 272	24 250	90
金仕达	20 109	39 347	12 032	57
澎博	20 464	110 933	23 871	78
上期技术	3 397	218	798	—

续表

	使用客户数（户）			
	上期所	郑商所	大商所	中金所
交易开拓者	3 020	3 473	1 535	81
恒生	3 383	3 708	2 328	31
快期交易终端	—	2 004	—	250
易盛	—	5 033	643	26
大赢家	—	1 486	317	—
金字塔	—	188	372	18
其他	5 331	485	302	180
自主开发	—	428	241	208

　　a. 相比 2011 年，客户使用程序化交易的比例仍然不高，并且使用的厂商相对集中，主要是文华财经、澎博、金仕达等。

　　b. 市场中当时的程序化交易主要有辅助人工快速下单以及智能止赢止损、组合逃离、算法交易、控制头寸、保证金管理、账户风险管理功能，呈现多元化发展。

　　c. 相较 2011 年自主开发软件数量有所增长。

　　C. 程序化交易对技术系统的影响较为有限。

　　D. 各交易所进一步完善程序化交易的监管手段。

　　a. 在程序化交易客户管理方面，各交易所完善加强了程序化交易报备工作。加强了客户数据分析，对根据制定的程序化交易认定标准筛选出的认定客户进行了重点关注。

　　b. 在程序化交易监管方面，一是从委托、成交、持仓和盈亏等指标变化情况，对程序化交易客户进行实时监控，同时加强对高频交易报撤单的监控，加大对重点实际控制关系账户程序化交易情况的跟踪。二是对客户频繁报撤单、日内开仓量的控制，设置会员席位流量、限制行情刷新速度等手段，抑制了可能影响市场平稳的高频交易，切实保障了市场运行秩序。三是加强交易系统检测，对交易系统进行性能和容量的压力测试。

　　基于 2012 年数据分析，总体上由于我国期货市场投资者结构依然是散户为主与机构投资者相比，散户对程序化交易的研究开发能力和投入相对有限，因此程序化交易对市场运行质量的影响也并不明显。但是仍然需要密切关注程序化交易对技术系统可能造成的风险，该风险主要体现在：一是程序化交易软件一旦出错，可能会扰乱交易所技术系统的正常运行；二是过量的无效指令可能会增加系统运行成本，降低系统性能。

　　综上分析，程序化交易及高频交易在我国还没有大规模出现。究其原因是因为我国的市场基础设施还存在限制，市场结构与美国存在较大差异，较高的印花税将使高频交易的成本非常高。但是，目前由于股指期货可以实现 T+0 交易，存在用

"买入现货拉高指数,然后高位做空期指"的模式进行获利情形,这里面有程序化交易及高频交易的影子。我国股指期货市场上符合海外市场定义的高频交易并不多,但接近高频交易的"类高频"交易比较多,需加强监管。由于我国股票实行 T+1 的交易机制,缺乏做市商制度,交易成本高,批量挂单撤单不合法,我国个股市场上并不存在高频交易。目前,国内讨论的高频交易主要集中于金融期货、商品期货、ETF 等市场中。有学者研究从量价两个方面对中国证券市场是否存在高频交易进行了实证分析。从交易量的角度观察,股指期货推出前后沪深 300 指数和沪深 300 股指期货的交易频率分布曲线,实证分析表明,沪深 300 股指期货从 2010 年正式交易至今,以 5 分钟为周期的交易量显著多于其他频率的交易量,并且在 2011 年、2012 年相比成立之初的 2010 年更为显著,这可能与市场参与者交易策略有关,尤其是程序化交易大多基于 K 线形态触发下单。从沪深 300 指数交易量的分析可知,A 股市场的高频交易还不显著,各个频率的交易量占比较为均匀,但从频域图中我们还可以看出 2010 年、2011 年、2012 年的 5 分钟周期的交易相比其他频率的交易更为显著,而这一现象在 2008 年、2009 年是没有的[①]。

股指期货市场由于具备高频交易所要求的高流动性、杠杆性、低交易成本等,近年来高频交易在股指期货市场中规模增长较快,2015 年股票市场异常波动,高频交易已经展示在公众面前。目前,尽管我国市场内短线较快速的交易策略可以实现一定规模,但离海外市场所定义的高频交易、高速交易还差距较大,更多的是"类高频交易"。同时,在证券市场上,我国尚处于单一交易中心的格局,亦即还有证券交易所从事证券交易,不存在投资者将订单送至哪个交易场所成交的问题,也不存在股票在哪个交易场所报价最优以及多交易场所报价是否存在"穿价"或套利的问题,因而由多交易场所而导致的高频交易在我国股票市场并不会存在。但是,在股票及其衍生品股指期货之间、股票及 ETF 之间存在一些套利交易。这些套利交易对成交速度等要求相对较高,初步具备高频交易的基本特征。

这要求我国监管机构制定法律及相关监管规则时应当从我国市场实际情况出发,既要制定出考虑市场前沿发展趋势的法律及相关监管规则,又要符合我国资本市场的实际情况,防止立法超前、监管过度,坚持司法中立,防止司法滥用。2012 年时任美国期货业协会(FIA)主席及首席执行官的沃特·卢肯认为,虽然算法或高频类交易已经出现过几次事故,但监管者如果阻止或限制此类高科技运用,那将是严重的错误。美国高盛集团副董事长麦克·埃文斯则认为,今后一两年高频交易进入中国市场也许是不成熟的、匆忙的,但他相信高频交易迟早会进入中国的。

③高频交易在我国应用的小结。鉴于程序化交易投资在私募领域应用较多,目前尚无法获得的公开数据。根据公开的信息和课题组的调研,在中国内地单一股票市场,由于 T+1 交易制度以及高昂的印花税与交易手续费成本,高频交易使用较

---

① 上海证券交易所、复旦大学联合课题组:《高频交易及其在中国市场应用研究》,2012 年 12 月。

低。但在商品期货、金融期货（2015年股市异常波动）、ETF（交易型开放式指数基金）等允许T+0交易方式且交易税费成本比较低的领域，高频交易已经很多。除了伊世顿贸易公司涉嫌特大操纵期货市场犯罪案外，中国证监会2015年拟对东海恒信操纵市场案和2016年已对江泉操纵市场案做出了行政处罚（中国证监会行政处罚书［2016］71号），这两个案例均具有高频交易的特征。

高频交易在我国引起社会关注是2015年的股市异常波动。股市发生异常波动过后，监管层于7月底连续两天宣布总计限制34个存在重大异常交易行为的证券账户交易，中金所也采取相关措施抑制过度投机交易，加大了异常交易行为的监管力度。此次被暂停交易的证券账户中不乏高频交易者，分析其交易行为，我们发现确实存在部分追涨杀跌的高频交易策略，在市场下跌时进行同向卖出操作，从而加速市场下跌过程。然而也有不少高频交易者即使在市场大幅下跌的几个交易日，也并未从事带有明显趋势性判断的交易策略或通过高频交易打压股价，相当一部分账户反而仍坚持实施做市策略、套利策略等能够在股市异常波动期间为市场提供流动性的高频交易策略。另一些异常账户主要从事沪深300指数期货现货套利交易或量化对冲策略，其异常行为源于在跌停板上反复对股票下单撤单卖出指令。然而，分析其原因，此类账户之所以出现该现象，可能是因为采用了程序化交易中的订单拆分策略，以降低交易执行过程中的市场冲击成本。订单拆分策略一般要求在划分的时间片期初下限价单，如果时间片内未成交，则撤单并调整价格重新下单。但是在股市异常波动的极端时期，大规模个股跌停从而丧失流动性，算法交易因跌停板难以卖出而采取机械的下单撤单行为。如果下单撤单都发生在跌停板上，那么理论上对当时的股票产生价格波动的影响也比较小[①]。当然是否产生误伤有待研究。

课题组认为，我国期货市场的微观结构与美国有所不同。第一，交易所异常交易管理制度使得交易者（商）不能进行频繁大额报撤，多次违反会直接被采取监管措施；第二，国内交易系统的行情发布频率远低于国外市场，如果交易者（商）的报单不能被其他投资者看到，也就不存在诱导交易，而如果交易者（商）的报单持续时间过长，又容易被动成交。通过幌骗等放肆操纵市场行为在我国期货市场尚不明显。但随着市场与技术的发展，不可排除类似操纵行为滋生的可能。

（三）程序化交易及高频交易含义和判断标准

1. 程序化交易及高频交易含义

（1）程序化交易早期应用及争议

20世纪80年代，程序化交易最初被定义为在纽约股票交易所（NYSE）市场上同时买卖超过15只以上的股票组合。因此，有时其也被称为篮子交易（Basket Trading）。早期的程序化交易主要是机构用于指数套利以及组合保险（Portfolio Insurance）或配对交易（Paired Trading）。1987年美国股灾后，美国成立了以财政部

---

① 清华大学国家金融研究院（课题牵头人/吴晓灵、李剑阁、王忠民），"高频交易对市场的影响"，《清华金融评论》2016年第2期。

长布雷迪为首的总统工作小组,最终发布了影响深远的《布雷迪报告》(Brady,1988)。《布雷迪报告》的主要内容是,1987年10月的股市崩溃主要是由指数套利(一般设计为程式交易,"程式交易"早期翻译用语)和组合保险这两类交易在股票指数期货和现货市场相继推动而造成的。为了避免股票下跌的风险,几家机构交易商在期货市场卖出股票指数期货合约进行组合保险,导致股票指数期货合约下跌。由于期货价格下跌,期货价格与现货价格之间偏离了正常的比价关系,于是指数套利者入市,买入期货同时在股票市场抛出股票,导致股票现货价格下跌。而股票价格下跌刺激了更多的组合保险交易,又引起新一轮股票指数期货抛盘,如此循环最终导致股市崩溃。但事后有其他学者分析,《布雷迪报告》将股灾原因归结于期货市场的看法并不符合事实,甚至有人指责《布雷迪报告》是对股票市场稳定的威胁。其主要问题是对于期货市场在维持市场机制下的财务完整性作用认识不清。特别是《布雷迪报告》忽略了CME作为NYSE的一个重要的风险管理工具。尽管对于组合保险与指数套利的过程分析并没有错,但其结论却错了。《布雷迪报告》将期货和现货两个市场联系起来,并且认为是一个市场引导另一个市场下跌,由此提出了一些改进措施,建议将期货和现货的保证金水平拉到一致水平。《布雷迪报告》认为应当通过提高期货市场的保证金来减少期货市场的投机,并且限制个人投资者在期货市场的杠杆比例。《布雷迪报告》提出了"熔断机制"措施以阻止另一次股灾,是针对被认为引发的助涨助跌作用程序化交易和保险组合导致的瀑布效应(一致性)采取的主要措施。

"监管部门将1987年崩盘归咎于国家市场系统(于1975年施行)中汇总式通信和用于同步报价的数据处理网的失败。但事实是一系列混合因素(包括联储和国会政策、人为失误和技术故障)导致了定价困难,最终引发了这次崩盘[1]。"

《布雷迪报告》发布后,纽约股票交易所颁布了限制程序化交易的规则80A后,组合保险交易就停止了,从1988年开始要求成员公司每天报告各自详细的程序化交易的数据。2007年11月1日,纽约股票交易所将程序化交易的有关规定从规则80A调整到规则132B,其程序化交易被重新定义为买卖15只或15只以上股票的指数套利交易或者其他交易策略。2007年废止80A规则后,在NYSE市场上程序化交易每天的成交量达到7.78亿股,到了20世纪90年代,程序化交易已经从股票市场延伸至期货期权、外汇衍生品市场。

(2) 程序化交易及高频交易含义

①基本概念使用。从域外的监管实践来看,自动交易系统(Automatic Trading,AT)、程序化交易(Program Trading)、量化交易(Quantitative Trading)、算法交易(Algorithm Trading)、高频交易(High Frequency Trading)等术语均有涉及,且互有交叉。2012年3月29日,美国商品期货交易委员会(Commodity Futures Trading

---

[1] Holly A. Bell,载《金融市场研究》,2015年第6期。原文编译自卡托研究所 http://www.cato.org/publications/policy-analysis/beyond-regulation-cooperative-approach-high-frequency-trading-financial。

Commission，简称 CFTC）的技术咨询委员会（TAC）自动化及高频交易附属委员会[1]举行公开会议，其中一个议题即是"自动交易和高频交易（HFT）：交易所的监管及相关定义"。2013 年 9 月 13 日，美国商品期货交易委员会（CFTC）发布征询意见《自动化交易环境中的风控和交易安全》（Risk Controls and System Safeguards for Automated Trading Environments），采用 Automated Trading，亦即自动化交易的称谓。2015 年 11 月 24 日，CFTC 通过了《自动化交易监管规则提案》（Regulation Automated Trading，以下简称 Reg. AT 提案）。2015 年 12 月 17 日，CFTC 通过了《自动化交易监管规则提案》的补充规则（Supplemental Notice of Proposed Rulemaking，以下简称补充规则），皆以 Automated Trading 自动化交易称谓。自动交易系统强调的是建立在计算机算法指令基础上的交易。

②算法交易。历史上最早使用算法交易的例子可以追溯到 1949 年。对冲基金之父阿尔弗雷德·琼斯，利用空对多 3∶7 的比例进行配对交易（Parised Trading），1955~1964 年，综合回报率高达 28%。到了 20 世纪 60 年代早期，投资者开始利用计算机通过分析股票的周线和月线来预测价格运动方向。配对交易（Parised Trading）逐渐成熟，发展成后来的算法交易。随后，算法交易策略慢慢在华尔街流传开来并被广泛使用，同时也带来了非常可观的盈利。随着计算机的广泛普及，华尔街各大交易平台都开始执行算法交易，对 IT 技术人员的需求不断攀升。各种数量化研究人才进入华尔街工作，改变了交易大厅传统的交易习惯，公开喊价的交易员逐渐被算法交易员所取代，算法交易从此在华尔街开始蓬勃发展。现在，无论是股票、商品、期货以及外汇市场，算法交易已成为市场中不可或缺的组成部分。2009 年花旗集团的报告显示，超过 50%的股票交易都是通过算法进行自动交易的。而其他银行的报告指出这一数字甚至达到 75%。市场之所以青睐算法交易，其原因在于它能够快速有效地降低交易成本，控制市场冲击成本和具有较高的执行概率。除此之外，它还能提供隐藏交易意图等传统交易方法不具有的交易方式：冲击驱动型算法、成本驱动型算法、机会导向型算法。

冲击驱动型算法是由简单的指令分割策略演化而来的。通过将大订单分拆成小订单进行发送，试图降低交易对资产价格的影响，达到最小化市场冲击成本的目的。成本驱动型算法的主要目的是降低总体交易成本，除了佣金和价差之外，冲击成本和时机风险等隐性成本都是成本的重要组成部分。虽然将大订单进行分割并将其分散到相当长的一段时间内进行交易可以最小化市场冲击，但这样做会把订单暴露在更大的时机风险下，对波动性大的资产尤其如此。因此，成本驱动型算法也需要同时降低时机成本。机会导向型算法是从一系列交易算法中演化而来的，其本质都是利用有利的市场条件，包括价格、流动性或其他因素。其中，盯住价格算法是以成

---

[1] 2012 年 CFTC 投票决定建立新的技术顾问委员会（TAC）附属委员会，致力于高频交易的规范研究。对高频交易的定义和规范，将是对高频交易现状和影响的初步评估，以帮助 CFTC 在日常工作中给出适当监管和政策回应。

交量加权平均价格算法、参与率算法等策略为基础，与它们不同的是添加了对价格的敏感指标，并且能够基于当前市场价格是否有利来修正算法的交易风格。因此，许多看重市场冲击成本的算法都会更多采用机会导向型策略。在欧洲，算法交易在期货和期权交易中的应用可以追溯到十几年前，当时的期货交易商开始在德国期货交易所（欧洲期货交易所的前身）的交易中引入计算机程序化交易。

近年来，期货与期权交易中算法交易运用越来越多，成为一种趋势交易工具。美国期货业协会（FIA）的年度会议议题代表全球衍生产品行业发展的最新趋势，在其2007年技术年度会议中，有四项议题是关于算法交易的。算法交易有助于促进市场提高流动性，降低冲击成本，提升交易效率，对市场有着诸多的积极影响。除了在美欧市场已被广泛应用，亚洲地区的应用也越来越多。比较而言，算法交易者更多的是机构投资者，利用自动化的方法为客户服务。一般来说，算法交易者提升计算能力并不只是为了达成更快的执行速度，更多的是为了优化大型投资组合的配置、决定买卖股票的时机以及最小化委托单的市场冲击成本等。与高频交易不同，算法交易既可以是高频的，也可以是低频的。

所谓算法程序，是通过计算机解决某个问题或实现某种目标的程序，算法的核心是创建问题抽象的模型和明确求解目标，之后根据具体的问题选择不同的模式和方法完成算法的设计。自动交易环境的主要特点，一是高速，二是通过程序和信息科技实现下单、风险管理、传输指令、匹配指令和交易，通过高速信息网络确认交易、处理市场数据与相关系统等。

2012年10月26日，欧洲议会（European Parliament）全体会议批准了欧洲金融市场工具指令（Markets in Financial Instruments Directive，简称 MiFID II，该指令2014年6月12日获得通过）。草案中对算法交易（Algorithmic Trading）特别是高频交易打出一套"组合拳"。MiFID II 草案第四条中，欧盟对于算法交易、高频交易以及与之密切联系的市场直接介入给出了自己的定义。

MiFID II 草案第四条中，欧盟给出的算法交易的定义是：在金融工具交易时通过计算机自动确定报单的各个参数，如是否生成保单、报单的时间、价格或者数量，及在报单提交后的管理等，在此过程中没有或只有有限的人工干预。同时，MiFID II 草案也将承担某一类特殊功能的计算机系统明确排除在算法交易之外，包括：第一，仅用于将报单路由到一个或多个交易场所的系统；第二，仅用于报单确认系统；第三，仅用于执行客户报单系统；第四，仅用于再决定报单某个参数过程中履行法律义务的系统；第五，仅用于处理已执行交易的系统。

③程序化交易及自动化交易。一般而言，程序化交易指的是运用电脑程序来进行市场状态分析、投资策略选择、投资时机判断以及报单指令传送等，在一定时间内买入、卖出或者同时买入、卖出一定数量证券的交易技术和交易行为。程序化交易是指利用计算机自动化系统，进行交易决策和执行的一系列交易策略的统称，它是将人类的交易逻辑，利用计算机软件转换成买卖讯号的一种交易方式。纽约证券

交易所最初将程序化交易量化为：指数套利或者任何买入或卖出一篮子股票（股票总数不少于 15 只且总金额不少于 100 万美元）的交易策略。韩国交易所对程序化交易的定义与纽约证券交易所类似，其程序化交易包括两类，即所有的指数获利策略（Index Profit Trading），以及通过同一个人下达的同时交易 KOSPI 的 15 只成分股以上的非指数获利策略（Index Non-profit Trading）。

2015 年 11 月 24 日，CFTC 通过的《自动化交易监管规则提案》（Regulation Automated Trading，以下简称 Reg. AT 提案）中对自动化交易的定义为：一是一个或多个计算机程序决定是否发出、修改、取消订单，或者对订单做出以下决定（包括但不限于）：交易的产品、交易的市场、订单类型、订单发出的时间、是否发出订单、订单的发出顺序、订单的价格、订单的数量、订单拆细、订单提交后的管理等。二是这些订单的修改或取消都是由电子化方式完成的。如果订单的修改或取消过程中都是由自然人手工决定，计算机程序不能参与的即不能视为自动化交易。

在 CFTC 的 Reg. AT 提案对自动化交易的定义中，有三点需要注意：一是 CFTC 对自动化交易中不仅包括发出订单的程序化交易系统，还包括仅对订单路由进行自动化处理的订单路由系统（即并不决定订单变量），因为 CFTC 认为这类系统也会导致市场不稳定，而欧盟 MiFID II 对自动化交易的定义不包括订单路由系统，其对自动化交易的定义为"由计算机程序决定订单中的变量，如是否发出订单、发出时间、订单的价格与数量、订单提交后如何管理等，该过程中没有人为干预或者人为干预很少，但自动化交易不包括仅进行订单路由而不对订单变量做出决策的系统，也不包括进行订单确认或进行已完成订单交易后处理系统[①]"。二是如果在订单提交或者执行各阶段中存在有限的人为干预，CFTC 仍将这种交易视为自动化交易。三是 CFTC 排除了一些非自动化交易的情况，比如计算机程序只为投资者提供了市场数据、只是作为投资者业务中一部分而非提交交易订单等。

发展至今，程序化交易及自动交易系统实际上已经演化成为机器人，能够运用多个算法程序，设定数以千计的参数和影响因子，实现复杂繁多的功能。复杂、动态以及自我提升成为程序化交易及自动交易系统的重要特征。

中国证监会颁布的《证券期货市场程序化交易管理办法（征求意见稿）》第二条称，本办法所称程序化交易是指通过既定程序或特定软件，自动生成或执行交易指令的交易行为。

④高频交易。程序化交易按交易频率可以简单分为高频和低频两个领域。高频交易指的是通过电脑程序或数学模型，实现实时的、自动的、不需人为干预的交易买入与卖出的交易技术。高频交易是自动交易系统的一种。传统的交易模式分为基本面模式和技术模式，而高频交易无法简单地归入其中任何一类。"如果说传统的

---

① ESMA Technical Advice Final Report note 78 at 318.

交易技术关注的是水面上的波涛汹涌，那么高频交易关注的则是水面下的丝丝涟漪①。"

IOSCO 技术委员会在 2011 年 10 月份一个报告中指出"定义高频交易是很困难的，还没有一个大家公认的定义"。对于高频交易，基于其处于飞速发展阶段，期望不同的定义者不同的视角和立场给出一个定义是比较困难的，但是一些国家监管机构及国际组织（包括 IOSCO）仍进行了很多尝试。

IOSCO（2011）经过征询各方意见后，给出了识别高频交易的几个特征：一是高频交易会用到复杂的技术手段，会使用从做市到套利等多种交易策略；二是高频交易是一种高级的数量工具，会在市场数据分析、选择交易策略、最小化交易成本、执行交易等整个投资过程中用到算法；三是日内交易频繁，与最终成交的订单相比，大部分订单都会取消；四是隔夜头寸数量很低甚至没有隔夜头寸，以便于规避隔夜风险，降低占用的保证金，即使是日内头寸持有时间也不超过几秒钟甚至不到一秒钟；五是使用高频交易的多数是自营交易商；六是高频交易对交易速度要求较高，都会利用直连（Direct Electronic Access）或邻近服务（Co - location）。

IOSCO 还指出，高频交易公司利用微小价格变动进行频繁交易获益。交易执行速度与投资组合周转率（Portfolio Turnover）是高频交易区别于其他算法交易的主要特征②。

美国证券交易委员会（SEC）对高频交易的定义是：由专业交易者使用，在日内交易多次的交易策略。高频交易商利用数量化方法和算法系统，快速获取、处理交易指令信息并生成和发送交易指令，在短时间内多次买入卖出，以获得利润。极度频繁的交易和微小的价差是盈利的来源。

使用高频交易的自营交易公司还具备以下的特点：第一，使用相当高速和复杂的计算机系统进行指令的形成、传递和执行；第二，使用交易所或其他场所提供的邻近服务（Co - location）和个别数据传输服务来减少网络和其他形式的延迟；第三，建仓与平仓的时间非常短暂；第四，大量的交易指令会在提交后很短的时间内取消；第五，尽量在平仓期结束交易，即不会隔夜持仓③。

欧盟证券监管委员会（Committee of Europe Securities Regulators，简称 CESR）将高频交易定义为，高频交易是自动化交易的一种形式，并以速度见长。利用复杂的计算机和 IT 系统，高频交易员以毫秒级的速度执行交易并日内短暂持有仓位，通常高频交易员每日结束后不持有新增仓位。高频交易员以自有资本进行交易而不以客户利益为目的。高频交易有很多策略，但主要是通过超高速交易不同交易平台之间

---

① ［美］艾琳·奥尔德里奇著，谈效俊等译：《高频交易》，机械工业出版社 2011 年版，罗旭峰推荐序，第 1 页。

② IOSCO（International Organization of Securities Commission Organization）2011 年 10 月：《Regulatory Issues Raised by the Impact of Technological Changes on Market Integrity and Efficiency》（Final Report）。转引自韩冰洁："高频交易认定标准及最新监管趋势"，衍生品研究网，2016 年 2 月 3 日发布。

③ SEC（2010）（The Securities and Exchange Commission）：《Concept Release on Equity Market Structure》.

的金融工具来获取利润①。

美国 CFTC 针对高频交易，其技术顾问委员会（TAC）附属委员会的主席 Scott D O'Malia 在 2011 年归纳了高频交易的七个特征：

第一，使用超高速的交易指令提交、取消、修改系统；

第二，使用计算机程序或算法来自动化决策下单；

第三，通过主机托管、直接市场进入等方式，最大限度地减少网络和其他类型的延迟；

第四，在极短的时间内建仓并平仓；

第五，每日高成交额以及（或）当日高比例盘中交易；

第六，在大量下单后立即或在提交后毫秒内取消订单；

第七，在交易日结束前尽可能平仓（不保留仓位过夜）。

CFTC 在 2013 年 9 月 13 日发布《关于自动交易环境下风险控制与系统安全的概念》征询意见稿，提出了高频交易的概念及认定标准，征询市场各方对于这些标准的具体数值标准。CFTC 对高频交易的定义是"由专业交易者使用，在日内交易多次的交易策略。高频交易商利用数量化方法和算法系统，快速获取、处理交易指令信息并生成和发送交易指令，在短时间内多次买入卖出，以获得利润。" CFTC 认为，高频交易的主要特征包括由机器做出投资决策、充分利用低延迟技术、与交易系统高速连接、高信息率（High Message Rates）等。迄今为止，CFTC 技术咨询委员会还没有对高频交易的定义及认定标准给出最后的决定。

2012 年 10 月 26 日，欧洲议会（European Parliament）全体会议批准了欧洲金融市场工具指令（MiFID II）草案中第四条对是高频交易的定义是：报单发送、取消或者修改的物理时延成为指令至交易场所通信或者执行所需时间决定引述的高速算法交易。为算法交易的一种的高频交易定义具备以下特征：

一是利用邻近服务等基础设施降低延迟；

二是订单的发起、生成、执行等都由机器完成，不受人为因素影响；

三是日内高信息率（High Message Intraday Rates）。

原定于 2017 年 1 月而有可能延迟一年生效的欧盟《金融工具市场指令》（Markets in Financial Instruments Directive，简称 MiFID II）中引入了对高频交易的监管规则，将高频交易定义为算法交易的一种，并具备以下三个特征：

第一，利用邻近服务等基础设施降低延迟；

第二，订单的发起、生成、执行等都由机器完成，不受人为因素影响；

第三，日内高信息率（High Message Intraday Rates）。

MiFID II 要求 ESMA 给出高频交易更详细的定义。在 ESMA 所发布的两篇征询性质的报告中，ESMA 给出了两种高频交易识别方法，供交易商自行选择（并给出

---

① CESR (2010) (Committee of Europe Securities Regulators)：《CALL FOR EVIDENCE Micro – structural issues of the European equity markets》。CESR 后来演变为 European Securities and Market Authority (ESMA)。

选择的理由)。在 ESMA 发布的后续关于高频交易的报告中，ESMA 判定高频交易的标准有两个：

一是根据交易商在监管机构的备案、公司主页上的主营业务、公司所做的宣传等认定是否为高频交易商；

二是如果交易商在特定股票上最快的订单修改和订单取消前 10%，速度快于 100 毫秒的，即被认定为高频交易商。

学术界对于高频交易的界定与监管层所下的定义差别不大，主要通过特征来描述高频交易。Ferber（2012）认为至少要满足六个给定标准中的四个，才可认为是高频交易。这六个给定标准是：

- 使用邻近服务；
- 日内交易的价值至少是投资组合的一半以上；
- 订单执行率小于 25%；
- 订单取消率高于 20%；
- 超过半数的头寸都只是日内交易；
- 一半以上交易或订单都收到退款[①]。

Gomber 等（2011）认为高频交易具有以下特征：

- 大量订单；
- 快速的订单取消；
- 自营交易；
- 通过买入卖出获益（作为中间人）；
- 日终不持有较高头寸；
- 头寸持有时间短暂；
- 每次交易只赚取微利；
- 需要低延迟；
- 充分利用邻近服务，需要数据的快速反馈；
- 只交易高流动性投资标的[②]。

综合海外监管机构和学术界对于高频交易所下的定义及特征描述，高频交易应具备以下主要特征：

- 基于某种交易策略，排除人为干扰，利用计算机以极高的频率关注相关信息，进行决策、生成委托单、执行成交程序等；
- 要求延时很短，高速连接市场，目的在于最小化反应时间；
- 短线交易、快速买进卖出，头寸持有时间很短，每次赚取微利，不会持有隔

[①] Ferber, M. [2012] "DRAFT REPOERT on the proposal for a directive of the European Parliament and of the Council on markets in financial instruments repealing Directive 2004/39/EC of the European Parliament and of the Council (recast)" EUROPEAN PARLIAMENT.

[②] Gomber. P, rndt. B, Lutat. M., Uhle. t [2011] "High – Frenquency Trading" Working Paper.

夜头寸；
- 快速交易过程中，伴随频繁的撤单。高频交易还可能包括的特征包括：都是交易商的自营交易、使用主机托管、系统直连、邻近服务等。

AT 与 HFT 交易特征的比较见表 6。

表 6　　　　　　　　　　AT 与 HFT 交易特征的比较①

特征	交易	AT	HFT
预先设定交易策略	依据时间和市场来分配指令	√	—
专业交易商使用	大量指令	—	√
观察即时行情数据	迅速撤单	—	√
自动指令	自有资金交易	—	√
自动指令管理	通过买卖价差获利	—	√
没有人为干涉	日内没有显著头寸（扁平头寸）	—	√
使用直接市场接入	持有期间非常短	—	√
代理交易	每笔交易利润很小	—	√
最小化市场影响（大单）	低延时要求	—	√
目标是获得一个特定的标准	使用主机托管/邻近服务和单独数据输入	—	√
持有时间通常是几天/星期/月	专注于高流动性工具	—	—

2. 程序化交易及高频交易认定标准

对于高频交易的认识不仅需要研究其定义，也要研究其基本特征。当然，难题在于很难将定义界定与基本特征区分开来。

（1）监管机构给出的认定标准

由于高频交易的定义随着技术进步而发生迅速，各国监管机构在相关法案中都没有给出具体的高频交易认定标准，而只是从定性的角度进行描述，借此加强对高频交易的监管。但很多监管机构和交易所采取发布的研究报告的形式明确的高频交易判别标准，可为确定高频交易认定标准的设定提供借鉴。

①美国。美国 CFTC 的技术咨询委员会（TAC）在 2013 年 9 月发布《关于自动交易环境下风险控制与系统安全的概念》征询意见稿，提出了高频交易的概念及认定标准，征询市场各方对于这些标准的具体数值标准。CFTC 认为，高频交易的主要特征包括由机器做出投资决策、充分利用低延迟技术、与交易系统高速连接、高信息率（High Message Rates）等。对于高信息率，CFTC 提出三个具体的测度方式：订单取消率（Cancel-to-fill Ratios）、投资者占市场的信息比率（Participant-to-marketmessage Ratios）、投资者占市场的交易量比率（Participant-to-markettrade Volume Ratios）。

经过两轮征询意见后，CFTC 技术咨询委员会曾于 2014 年 2 月召开会议对收到

---

① 韩冰洁："高频交易认定标准及最新监管趋势"，《衍生品研究网》，2016 年 2 月 3 日发布。

的意见进行总结,并继续听取各方意见。部分市场机构提出,由于技术不断在进步,难以对高频交易给出严格定义,CFTC应该更注意强化针对自动化交易的风险控制措施。到目前为止,CFTC技术咨询委员会还没有对高频交易的定义及认定标准给出最后的决定。

SEC关于高频交易的功能特征概括:

- 使用超高速且精密的程序性生成报单、传递报单和执行报单;
- 使用主机托管和交易所数据传递专线或其他手段以减少网络或者其他因素导致的延时;
- 开仓和平仓时间极短;
- 以极快的速度大量撤单;
- 每日闭市前仓位尽量维持在较低水平(即尽量不持有隔夜未对冲头寸)。

根据2012年10月份的草案,CFTC对于高频交易的认定流程图可以用图1表示。

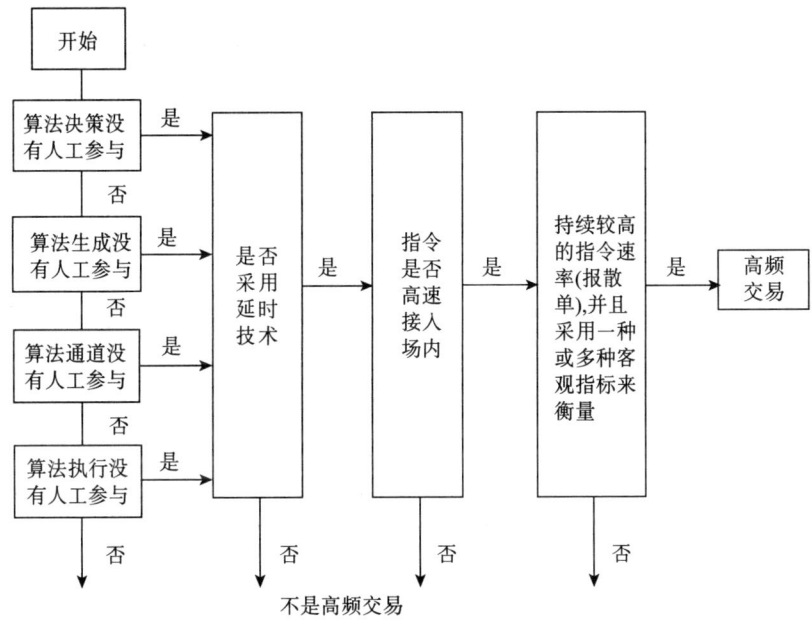

图1 CFTC对于高频交易的认定流程图①

②欧盟。欧盟《金融工具市场指令》(MiFID II)中,将高频交易定义为算法交易的一种,并具备以下特征:

- 利用邻近服务等基础设施降低延迟;
- 订单的发起、生成、执行等都由机器完成,不受人为因素影响;
- 日内高信息率(High Message Intraday Rates)。

---

① 陈建平、卢庆杰:"CME程序化交易监管研究",《期货日报》,2013年7月3日。

MiFID II 要求欧洲证券及市场管理局（European Securities and Markets Authority，简称 ESMA）给出高频交易更详细的定义。在 ESMA 所发布的两篇征询性质的报告中①，ESMA 给出了两种高频交易识别方法，供交易商自行选择（并给出选择的理由）。第一种方法更注重高频交易商的低延迟和数据处理能力，分别通过以下几个指标衡量：

- 高频交易商交易系统与交易所的地理距离；
- 与交易所网络传输速度超过 10G 等标准衡量；
- 交易频率：每秒两笔信息的就可认定为算法交易。这里的信息（Message）是指交易商发出的新订单或报价、成功对现有订单或报价进行的修改、成功对现有订单或报价的撤销等。在最近的 250 个交易内进行移动平均，得到的日内价格信息量超过 7.5 万条的被认定为高频交易。由于第一种方法过于数量化，容易被高频交易商规避，且会随技术进步而落后，ESMA 所提出的第二种方法强调动态的认定标准，将"日内修改/取消订单生存周期中位数"（the Median Daily Lifetime of all Submitted Orders that Have Beenmodified or Cancelled）作为指标，该指标值低于全市场的交易商被认定为高频交易商。欧盟范围内，只要交易商在一个市场上被认定为高频交易商，其他市场上均被认定为高频交易商。在 ESMA 发布的后续关于高频交易的报告中②，ESMA 判定高频交易的标准有：一是根据交易商在监管机构的备案、公司主页上的主营业务、公司所做的宣传等认定是否为高频交易；二是如果交易商在特定股票上最快的订单修改和订单取消在前 10%，速度快于 100 毫秒的，即被认定为高频交易商③。

③德国。德国先于欧盟于 2013 年 5 月实施了限制高频交易的法案《高频交易法》（The frequency Trading Act；Hochfrequenzhandels – gesetz），关于该法案的问答（Q&A）中 BaFin 明确，同时符合三个条件的就可被认定为高频算法交易（High – frequency Algorithmic Trading Technique）：第一，利用邻近服务（Co – location）、市场直连（Direct Market Access）、接近主机（Proximity Hosting）等方式追求低延迟，允许交易商在 1 秒钟之内发出多次交易指令。判断交易商是否追求低延迟有两个标准：地理距离与每秒钟能够传输的最大数据量（与交易所主机连接的数据传输速度超过每秒 10G）。第二，机器做出订单生成、订单执行等决策，操作不受人为干扰。第三，日内价格信息率（Message Intra – day Rate）高。日内价格信息率是通过将每日的信息加总后，在最近的 250 个交易内进行移动平均，得到的日内价格信息率超过 7.5 万条的被认定为高频交易。

---

① ESMA Consultation Paper [ESMA/2014/548] 和 ESMA Discussion Paper [ESMA/2014/549] . http：//wwwesma，europa. eu/system/files/2014 – 548_ – _ consultation_ paper_ mifid – ii_ mifir. fdf；http：//wwwesma，europa. eu/system/files/2014 – 549_ – _ consultation_ paper_ mifid – ii_ mifir. fdf.

② European Securities and Markets Authority（ESMA），2014. 11：High – frenquency activity in EU equity markets.

③ 韩冰洁："高频交易认定标准及最新监管趋势"，《衍生品研究网》，2016 年 2 月 3 日。

④澳大利亚。澳大利亚证券和投资委员会（ASIC），在其2013年3月对高频交易影响市场质量的评估报告中，考察了从2012年1月1日到9月30日期间内股票市场上的交易者。报告首先将每个交易日中订单数量少于1 000、全部金额少于1 000澳元、平均持有时间高于3个小时的投资者排除在外。从以下几个维度对余下的交易者进行打分。

订单成交比率：即用全部提交的订单（包括成交的、撤销的、修改的）数量除上成交的订单数量，高频交易商这一比例应较高。

日内交易周转率：计算方法为：1－（日终头寸/全天各种证券的总头寸），目的是测度高频交易商隔夜持仓的比例。

每日总周转率：即总买入价值加上总卖出价值，由于高频交易者需要大量买入和卖出，高频交易者的这一指标较高。

快速信息数量：40毫秒内订单取消或订单修改的数量，主要反映高频交易者对订单簿的管理，有的是提交后不断修改，有的是不断提交后取消。

持有时间：以交易量加权的头寸持有时间，通常高频交易者的持有时间都很低。

最优订单比例：定价最优订单及与市场定价保持一致订单占全部订单的比例，高频交易商定价能力较强，因此最优订单比例也较高。

根据打分结果对这些投资者排序，排在得分前15%的交易者就是当日的高频交易者。之所以选择15%作为分界点，是因为研究者发现每个交易日前15%的交易者几乎贡献了这些交易者绝大部分的交易量。

（2）学术研究对高频交易的认定标准

相对于监管机构及交易所，学者对高频交易的研究兴趣更加广泛，采用的认定标准也更加多样。但学者在数据可得性方面有所欠缺，他们判定高频交易的标准也显得相对单一。学术研究对高频交易的认定标准，包括：直接法、头寸持仓管理、订单存续时间、信息量、成交订单数量与撤单数量、高频交易策略、其他指标。

①直接法。直接法即直接利用高频交易公司所提供的公司信息（是否利用高频交易）、是否利用交易所提供的临近服务、直连等服务作为判断该交易公司是否为高频交易商的标准。被判定为高频交易商的所有交易都被认定为高频交易。

Brogaard等（2013）[1] 就利用交易商的主营业务信息作为标准判定是否为高频交易。Benos和Sagade（2013）[2] 就是利用媒体报道和公司主页上的信息，看这些文本中交易商是否将自己描述成为"高频交易商""低延迟交易者""电子做市商"

---

[1] Brogaard, J., B. Hagstromer, L. Norden, and R. Riordan, 2013, Trading Fast and slow: Colocation and Market Quality.

[2] Benos, Evangelos and Sagade, 2013, High-frenquency trading behavior and its impact on market Quality: evidence from the UK quality market, working paper.

等。Bershova 和 Rakhlin（2013）① 以是否利用超低延迟的交易基础设施作为认定标准。

②头寸持仓管理。头寸持仓管理包括日内头寸持仓管理和日间头寸持仓管理。日间头寸持仓管理是指高频交易商尽管每日交易量很大，但在每日日终持有的隔夜头寸都非常低。Baron 等（2012）判断是否为高频交易商的标准之一是 E-Mini 标普 500 期货合约日终头寸不超过日内交易量的 5%；采用相同数据库的 Clark-Joseph（2013）这一标准是 6%。Kang 和 Shin（2012）对韩国证券交易所 KOSPI200 期货合约的研究中，标准之一是日终头寸持仓不超过日交易量的 3%。

很多高频交易商也非常注重日内头寸管理，只有日内净持仓总是接近于零的交易商才被认定为高频交易商。Baron 等（2012）认为日内头寸不超过日交易量 10% 的为高频交易商，Clark-Joseph（2013）认为这一数据是 20%。

③订单存续时间。Eun Jung Lee（2013）利用韩国证券交易所的 Kospi 200 股指期货主力合约交易数据，判定账户是否为高频交易商的标准之一就是订单存续时间不能超过 1 秒钟。

④信息量。信息量（Message）包括两方面内容，一方面是欧盟等所采用的日内高信息率（High Message Intraday Rates）等指标；另一方面就是高频交易商的高交易量。

日内高信息率方面，Malinova 等（2012）的标准之一就是将提交信息量前 5% 的交易商视为高频交易者。Kang 和 Shin（2012）的研究中标准为每日信息数量大约相当于每个正常交易日中每两秒就发生一个信息。以 Kospi 200 股指期货为研究对象的 Eun Jung Lee（2013）参考 Kearns 等（2010）的研究，认为高频交易商头寸持有时间通常为 10 毫秒到 10 秒钟，据此计算高频交易商日提交的报价（包括订单修改和取消）应不低于 2 190 次。

高交易量方面，Baron 等（2012）的判断标准就是 E-Mini 标普 500 期货合约的成交量超过 5 000 份（对应 2010 年 8 月的名义金额就是超过 3 亿美元）。Baron 等（2014）同样利用 E-Mini 标普 500 期货合约作为研究对象，首先将交易量作为高频交易商的必要条件，只有交易商日交易量大于 1 000 份期货合约的才被认为是"活跃的"交易商，交易商活跃交易日的交易量中值大于 5 000 份的才成为潜在高频交易商，这些潜在高频交易商还要满足活跃交易日的日间头寸持仓率（日终持有头寸/当日交易总量）中值低于 5%、日内头寸持仓率〔（当日最大持仓 - 当日最小持仓）/当日交易总量〕中值低于 10%，才可被认定为高频交易商。

⑤成交订单数量与撤单数量。由于高频交易商的常见交易行为是频繁的撤单与修改订单，真正成交的订单数量较少。因此，订单成交比例（Order-to-trade Ratio）、信息成交比例（Message-to-traderatio）等是研究者常用的判断标准。订单成

---

① Bershova, Nataliya and Dimtry Rakhlin, 2013, High-frenquency trading and long-term investors: a view from the buy-side, Journal of investment, Strategies, 2（2），25-69.

交比例（Order – to – trade Ratio）方面，Aldridge（2009）、Brogaard（2010）都将订单成交比作认定高频交易商的重要标准，认为该比率越大，越有可能是高频交易商。信息成交比例（Message – to – trade Ratio）方面，Malinova 等将信息成交比例最高的前 5% 交易商视为高频交易商。

Kang 和 Shin（2012）不但注意到了订单撤销的数量，还注意到了订单撤销的时间，因此，他们将撤销限价单的时间中位数小于 2 秒作为判定是否为高频交易商的标准之一。

⑥高频交易策略。Hagströmer and Nordén（2013）根据交易策略将高频交易商分为高频做市商和投机高频交易（套利和趋势策略等）。利用美国 Nasdaq 等市场数据的 Brogaard（2010）和 Hendershott 等（2011）也是利用交易策略来认定高频交易商的；利用欧洲 Chi – X/Euronext 数据的 Menkveld（2012）同样根据交易行为判定是否为高频交易商。

⑦其他指标。Kirilenko 等（2011）定义了所谓的"中间人账户"。这些账户的净头寸只在很窄的数量区间（如日终头寸的 1.5%）内变动，且日终头寸也很小（不超过日交易量的 5%）。Kirilenko 等按中间人账户的日交易频率排序，前 7% 的账户被认定为高频交易商。

高频交易的定义及判断标准见表 7。

表 7　　　　　　　　　　　　高频交易的定义及判断标准①

主要变量	具体指标	采用指标的学者与机构
1. 信息量	a. 高成交量	Baron（2012）：E – mini 股指期货成交大于 5 000 份
		Baron（2014）：首先，E – mini 股指期货日成交量大于 1 000 份，被认为是"活跃的"；其次，日成交量大于 5 000 份的为"潜在高频交易商"
		澳大利亚 ASIC：日订单数大于 1 000 份
	b. 高信息量	Malinova 等（2012）：信息量前 5%
		Kang&Shin（2012）：日信息量前 10%
		Eun Jung Lee（2013）：日信息量大于 2 190 份（认为高频交易商头寸持有时间通常为 10 毫秒到 10 秒钟，据此计算）
		欧盟 MiFID 及德国：信息量每秒 2 笔为"算法交易"；250 个交易日内移动平均，日内超 7.5 万条信息为高频交易；
		澳大利亚 ASIC：40 毫秒内的信息量作为指标之一
	c. 投资者占市场的信息比率	CFTC

---

① 韩冰洁："高频交易认定标准及最新监管趋势"，衍生品交易网，2016 年 2 月 3 日。

续表

主要变量	具体指标	采用指标的学者与机构
2. 头寸持仓管理	日终持仓/日交易量	Baron 等（2012）：小于 5%
		Clark – Joseph（2013）：小于 6%
		Kang 和 Shin（2012）：小于 3%
3. 成交（或撤单）比率	a. 订单量/成交量	Aldridge（2009）、Brogaard（2010）：越大
		加拿大 IIROC：大于 11.2
		日本 JPX：成交量/订单量≤25%
	b. 信息量/成交量	Malinova 等：最高前 5%
	c. 撤单数量	Kang 和 Shin（2012）：撤销限价单的时间中位数小于 2 秒
	d. 订单取消率	日本 JPX：大于 25%
	e. 投资者占市场的交易量比率	CFTC
	f. 最优订单比例	澳大利亚 ASIC
4. 订单存续时间		Eun Jung Lee（2013）：小于 1 秒钟
		澳大利亚 ASIC：平均持仓时间小于 3 小时
5. 高频交易硬件	a. 物理距离	德国：邻近服务、市场直连、接近主机
	b. 与交易所的连接速度	MiFID：大于 10G
		德国：大于 10G

（四）高频交易的交易策略

通过研究高频交易策略有助于进一步认识高频交易的本质。

2012 年 10 月 26 日，欧洲议会（European Parliament）全体会议批准了欧洲金融市场工具指令 MiFID II 草案对高频交易策略进行了定义：进行金融工具自营交易时涉及高频交易并且至少具有以下两种行为特征的一种交易策略：

①使用了主机托管设施（Co – location facilities）、直接连接（Direct Market Access）；

②每日资产组合周转率至少达到 50%；

③报单撤销比例（含部分撤销）比例超过 20%；

④大部分持仓头寸日内结清；

⑤在对提供流动性报单给予折扣或返还的交易场所中的超过 50% 报单或交易有资格获得返还。

2014 年 12 月，美国资本资本市场监管委员会（Committee on Capital Markets Regulation）[1] 发表了题为《什么是高频交易》的研究报告，该报告是研究高频交易的权威报告。报告从介绍高频交易策略的基本特征、做市策略和套利策略入手，分

---

[1] Committee on Capital Markets Regulation 是一个独立的、非党派研究机构。委员会致力于提高美国资本市场的竞争性和稳定性，并为国会和监管机构提供基于严谨实证研究的政策咨询。

析了高频交易策略与现行股票市场传统策略之间的关系。报告认为，高频交易策略与证券市场中长期存在的很多交易策略是一致的。通过高速数据链接、快速分析数据的算法亦即相应调整报单能力，高频交易使传统的交易策略在全新的技术平台上得以应用[①]。高频交易策略主要包括：

①正式或非正式的做市策略；

②高频相对价值交易策略；

③方向性交易策略。许多高频交易策略并不是新策略，仅是利用自动化交易对已有交易策略进行了升级。例如高频交易做市商与传统做市商的做市模式是一样的，但是由于自动化交易使得其做市成本更低；其他策略如跨市套利策略的基本做法也未改变，只是之前是人工交易员执行，现在改为由计算机以更快的速度和更低的成本来执行。

1. 做市商策略

做市策略指在电子订单簿买卖两侧同时报出限价保单的策略，该策略的目的是赚取买卖差价。

做市商策略在高频交易中占了很大比例。证券交易所一般都会有做市商，其基本职责是满足无法直接相互交易的基本面买卖双方（投资者）的流动性要求。为了保证交易的立即执行，做市商必须作为中介使交易得以进行。必须对特定股票提供连续报价，以买入报价从投资者处买入股票，以卖出报价将股票卖给投资者。如果投资者愿意接受做市商报价，做市商必须遵守约定与其成交。最终，投资者得以以市场最优报价及时开仓或平仓。做市商根据其对市场上每只证券即时供需的判断进行报价。通过买卖价差获利，而不是对股价长期走势进行预判。因为股票的供给和需求不断变化，即做市商的报价无法即时执行，所以做市商需要根据最新的公开信息不断更新其买卖报价。此类策略容易遭受知情交易者的对手方交易风险，因此做市报价需要及时对当前的所有相关信息做出反应，包括快速的指令提交、修改和撤销。由于信息更新的过程是连续的，高频交易做市场商每完成一笔交易都通常需要报送和撤销大量的指令。高频交易做市商已经完全取代了传统的做市商。

机构或者个人投资者买卖股票的交易成本在很大程度上取决于买价和卖价之间的差，即价差。做市商买卖报价的价差是由做市商因持有股票头寸而产生的市场风险决定。某只股票的流动性强，那么做市商的买卖价差就会很小。原因是做市商持有的头寸的时间会很短，因价格波动带来的损失的可能性也很小。同样，如果某只股票价格平稳，股价波动性低，则做市商在持有头寸期间因价格波动导致的风险也比较低，因此，做市商能够为市场提供更小的买卖价差。做市商之间通过提供最小的买卖价差进行竞争，而做市买卖最小价差的能力取决于其能否及时获得股票市场最新的供需情况的信息，并以此做出相应的价格调整。

---

① 崔熹、姜涵、沙石译："什么是高频交易"，载《内部报告》。

做市商可以高频做市。现在高频交易做市商利用高速数据专线获取全部未成交的买卖报价信息和场内外的交易执行信息。高频交易做市商通过算法程序对每个报价进行分析并以此进行撤单和交易执行等操作。此外，高频交易商还可以通过高频程序实时更新自己的报价。高频交易商能通过降低已过时价格（Stale Prices）成交的概率从而能够比传统的做市商更有效地管理交易风险。至于高频交易做市商是否能够提高市场流动性目前仍存在争议。一些人认为高频交易商在正常情况下提供了市场流动性，而在极短行情时却降低了市场流动性，加剧了市场的不稳定性；另一些人则认为，在极端行情时高频交易商是市场流动性的唯一提供者，因此高频交易商有助于促进市场的稳定性。

机构和零售投资者能否最大限度地降低交易成本，与他们能否以最快速度获取交易执行信息、未成交买卖报价信息、快速生成订单并完成交易执行有关。美国SEC规定交易所必须以合理、统一的价格为所有的投资者提供快速数据服务和主机托管服务。目前，超过90%的投资者已经介入了交易所高速专线即时信息以免在迟延的价格上成交。

尽管高频交易商做市模式日渐成熟，但还会经常出现交易亏损的情况。这种情况一般发生在做市商刚刚完成一笔交易后，市场价格立即发生了对其不利的变化，迫使他们不得不平仓止损。这种情况即使在市场正常波动时也经常发生。另外，高频做市商产生亏损还与其经常与大型机构投资者进行交易有关。这些大型机构投资者知道自己的报单在短期内会对股价产生影响，因此通常利用算法交易程序将大额订单拆分成若干随机的难以察觉的小额报单以隐藏其实际的报单规模。隐瞒报单规模可以减少机构投资者的交易成本。高频交易做市商通常会设定一个足够大的买卖价差，从而补偿由于价格可能反向变动而产生的风险。但是，当高频交易做市商与小型的个人投资者进行交易时，他们知道个人投资者不太可能有大单拆小的情况。因此，高频交易做市商提供给零售投资者的买卖价差往往小于其他投资者。当零售经纪商报给零售投资者的订单直接发给大型经纪商，大型经纪商作为零售投资者做市商可以立即以最优价与其成交。

当然，据有关研究，高频交易策略的盈利概率可能仅有51%，但是由于每天开展成百上千笔交易，这种策略仍然能够获得持续盈利。Hendershott 和 Riordan（2011）对于纳斯达克25家最大的高频交易公司2008~2009年的交易进行分析，发现它们平均每天每只股票获得2 351美元的毛利，这与15年前专家做市商（Specialist）和其他做市场所户的利润水平相比小很多。

2. 套利策略

套利策略同样也是证券市场的一个重要组成部分。当同一资产在多个市场以不同的交个交易时，或是当两个相关的资产以不同的价格交易时，就会出现套利机会。当同一资产或者相关资产的价格偏离，套利者即通过买入低估资产同时卖出高估资产进行交易直至价格收敛获利。套利策略提供了市场的价格发现功能，因为它使得证券资产的价格与基本面保持一致，套利者通过获取市场信息并通过套利交易平复价格差异，从而获取相应的回报。在实践中，执行套利策略并不是完全无风险操作。持有套利空头需要有充足的资金，并且价格调整的时间无法预测，甚至价格可能进一步偏离。套利者必须管理短期价格进一步偏离的风险。与做市商一样，套利者风险管理的能力受限于市场对某一证券的基本供给和需求。

（1）统计套利

虽然统计套利本质上不同于传统的套利策略，因为其并不是通过相同资产之间的价差进行的套利。但是统计套利也提高了证券市场的功能，并且在高频交易之前就已经存在了。统计套利通常是指基于市场数据统计分析交易一个或多个证券产品。统计套利者主要是寻找历史数据中呈现较强相关性的证券（如相对价差在某特定区间波动），或某些价格呈现一定规律性变化的证券进行交易。当实际价格与历史价格或与基本交易模式预测的价格偏离时，统计套利者会评估这个与历史价格间的偏离是暂时的还是永久的。例如，如果某一个暂时性的价格变化是由于整个市场的波动造成的，而并不是由于对资产本身未来现金流预期的变化而导致的，那么统计套利者可以通过逆向交易，期望资产价格最终收敛于其历史区间，并在此过程中赚取价差收益。这些套利策略有助于价格发现。统计套利者耗费资源、挖掘和分析证券价格中更多的信息内涵，并通过买入或者卖出相关证券，使这些有价值的信息反馈在实际价格上。因此，证券价格也得以反映更多的市场信息。这也有益于资本市场，因为更具有信息价值的股票会促进经济资源的有效配置。

（2）高频套利

高频套利与传统套利、统计套利的交易行为相似，都试图通过捕捉不合理价格差异而获利。不同的是，高频套利者的套利能力得到了提高，这主要通过更快的订单和交易执行信息的传输速度，而此类信息是所有投资者可以获得的。另外，高频套利者还可以通过获取并处理大量其他相关资产价格的信息以提高套利能力，如高频套利者可以开发更加复杂的算法交易，并应用了最先进的系统以更快地分析和处理数据。同时，高频套利者与市场间的高速链接使得其可以比以往更快地完成开平仓操作，高频套利者也因此可以降低其持有资产由于价格偏离扩大而产生的潜在的交易风险。

从交易制度的基本原理看，高频交易很大程度上起到了做市商的作用。SEC认为，某些专有机构所采取的特定策略，已经取代了许多交易中心的专家（Specialist）和做市商的角色，但不享有类似的专家的特权，也不像做市商那样与投资者直接成交，而是通过交易中心与投资者成交。在消极做市时，它们主要是流动性提供者，旨在获取交易市场提供的流动性补贴；在套利时，它们主要是流动性的贩卖者，即将流动性从流动性较高的市场贩卖到流动性较低市场，从中获得两个市场对流动性定价的价差收益。特别是以套利方式向市场提供流动性，与传统的做市商通过双向报价提供流动性有很大差别，主要在于高频交易者从不同空间甚至不同时间上贩卖流动性并从中获利。空间上的价差收益主要来于不同交易场所之间的不同报价，或者基础资产和衍生品之间价格关系的偏离。从理论上说，如果高频交易者能够获得这种价差收益，那么与高频交易者成交的对手应该可以直接成交，如同做市商的参与一样，高频交易者的参与实际上使得该双方的成交交割恶化。但是，高频交易者在其中的作用是和做市商一样的，即通过提供即时成交来获取收益。换句话说，高频交易者通过两笔交易，将某一交易场所的流动性贩卖到另一个交易场所，使得双方可以立即成交。这种套利行为在理论上没有风险，仅在执行过程中存在不能同时完成两次交易的风险。时间上价差收益基本类似，基本区别在于收益不仅来源于空间，还必须来自于时间。例如，在某些交易中，高频交易者并不能直接一对一买卖两个品种进行完全的对冲，这时可以考虑买卖另一个与所交易对象高度相关的品种，从而实现统计意义上的"零头寸"，期待未来价格回复后，再进行反向交易，实现套利过程。与空间套利不同，通过借助一个高度相关的品种，高频交易者在统计意义上将"未来"的流动性贩卖到"现在"，卖给急需流动性、愿意对流动性支付更高价格的对手方，从中受益。

典型跨期套利策略及其对市场流动性的影响见表8。

表8 典型跨期套利策略及其对市场流动性的影响①

	一个基于统计的典型跨期套利交易策略
1	实时监测高频行情，当某两个月份价差偏离了套利者认为的合理价格区间时，卖出相对高价合约、买入相对低价合约形成对冲跨期持单
2	一般情况下，在流动性低的次合约上使用限价单在合理价差区间边缘等待成交，成交后再在流动性好的主力合约上反向对冲
3	套利者会在一个或两个最小变动单位利润空间的驱动下去纠正不合理价差偏离
	该策略对市场的影响
1	价差的突然变动一般是由于市场波动突然增大、不同合约月份价格没有及时协同运动，跨期套利者的反向对冲头寸有平滑价格波动的作用
2	由于价格变动的突然性，套利者会在不活跃的月份保留限价单，从而提供非主力合约的流动性
3	套利者的交易使得非主力合约与主力合约的价差保持稳定，必然减少套保移仓机构的风险和成本
4	套利交易者通过其套利交易，维系着不同市场、不同品种的价格关系，传导价格信息，是抑制盲目价格投机、纠正价格偏离的核心力量。从其交易策略看，高频交易者很大程度上是套利交易者

综上所述，做市商提供的流动性来源于时间上的搬运和品种上的转移。因此，高频交易的拥护者称，这种交易能够提供市场的流动性，有利于确保有人想在交易时能够随时找到买主和卖主。沃顿商学院金融学教授马歇尔·布卢姆（Marshall

---

① 任品：《程序化交易与交易监管》，2010年7月，转引自"国内外高频交易发展现状、挑战与应对研究"，深圳证券交易所综合研究所内部报告，2010年。

E. Blume）认为，"一般而言，经济学家们认为这种交易行为能够促进价格的回归。如果这种交易能给市场带来流动性，同时能使价格更精准，那么，这就是很好的交易方式。可现在让我们担心的是交易商以此操纵市场。如果是这样，这种交易方式就很糟了。"曾担任美国期货业协会首席交易员小组顾问的经济学家詹姆斯·奥夫哈尔在谈到高频交易的主要作用时表示，所有的学术研究都表明，"大部分市场适量标准，如溢价、波动性等都因高频交易而改善①。"高频套利者在挂钩证券的交易中（如交易所交易基金或 ETF）十分普遍。另一个套利交易的十分普遍的产品是期货。如标准普尔 500 迷你股指期货，其价格来源于标准普尔指数。由于 ETF 和期货与其标的资产是独立交易的，价格出现较大偏差的情况时常发生。在这种情况下，套利者一般会认为当前的价格偏离是暂时的，因为这些资产的基础价格必须是相同或者一致的。高频套利者会据此捕捉交易机会。此类套利策略对投资者是有利的，因为它保证了 ETF 以及期货的价格能够准确反映标的资产的价格，从而确保投资者可以随时在证券的价格上进行交易。

总之，高频套利者使得套利者以比之前更快的速度发现和捕捉市场价差。因此，高频套利策略缩短了相同或相关资产价差存在的时间，从而确保了投资者可以以准确的价格进行交易。

高频交易策略由于部分高频交易者能够维持每日获得盈利而被公开批评。这些盈利是高频交易者从每笔交易中搜刮微小价差获利的证据，并因此增加了机构和散户投资者的交易成本。然而，对最成功的高频交易者而言，持续的正收益并不等于期货取得的净利润。执行这些超高速策略的成本是极其高的，包括量化专家的薪水及高昂的技术基础设施支出等。虽然高频交易者日均交易占美国股票市场总交易量的 50%，但如此之巨大交易量下，高频交易者的盈利率却低得难以置信。2013 年高频交易行业在美国权益类市场的总盈利仅为 13 亿美元。高频交易行业的高度竞争使得高频交易者无法从投资者身上获得超额的"经济租金"。

高频交易者并不能保证在每笔交易上都能获利。高频交易者目标是在其每天的大量交易中平均获得盈利的次数比亏损多。

SEC 提出的高频交易主要策略见表 9。

3. 非法交易策略

高速数据传输以及主机托管服务给高频交易者提供了相较于其他机构和散户投资者更多的信息和交易执行上的优势。批评者认为，这些优势使得高频交易者能够先于投资者看到场中的订单和交易情况，它们的交易方式与过去股票经纪人在为其客户处理订单前自己"抢跑交易"的非法策略类似。批评者无法回避的事实是高频交易中只是在利用市场公开的信息进行交易，这没有什么不合法。

---

① 深圳证券交易所综合研究所：《国内外高频交易发展现状、挑战与应对研究》，《内部报告》，2010 年。

表 9　　　　　　　　　　SEC 提出的高频交易主要策略①

策略	特征	主要收益来源
消极做市	提供不可立即执行的双向订单，从而向市场提供流动性；提交大量订单，且订单可撤销率达到 90% 以上；订单存续期极短，如果未成交，则通常在不到 1 秒内即被撤销	获得买卖报价价差；获得交易市场支付给流动性提供订单的流动性补贴
套利	寻求捕捉相关产品和市场间的定价失效，包括同一股票在不同的交易场所的价格差异；典型如 ETF 价格及一篮子基础股票价格间的套利；通常是流动性索取者，而非提供者；可持有在不同产品和市场间被大致对冲的头寸，持续数天或更久；时延对此类套利交易至关重要	获得一买一卖相关产品的价差；收益受延时交易的影响较大
结构性	发掘市场或市场参与者的结构性脆弱性，如通过主机托管或者单独数据专线来获取行情数据的最快发布，识别出提供过时报价的市场参与者并从中获利	某些获利方式涉及市场操纵等，在市场公平性方面受到较多质疑
方向性	1. 基于对特定方向的日内价格变化预期，建立大量的、未对冲的头寸；头寸持续时间较短，策略多样性 2. 订单抢先（Order Anticipation）策略：发现大额订单并抢先进行同向交易，但价格变动后再进行反向平仓；存在是否实质上类似于抢先交易（Front Running）的质疑；关键在于如何提前识别大单的存在 3. 动量触发（Momentum Ignition）策略：借助正在扩散的谣言等，通过发起一系列订单和交易，试图引发更大价格变动，如触发某些程序交易或止损单的阈值等。存在是否实质上类似市场操纵的质疑	1. 来自对价格变动方向判断的正确性 2. 价格变动收益：即使价格向不利方向变动，大单的交易策略意向仍被视作一个免费的期权，可进行反向平仓 3. 价格变动收益

事实上，美国 Reg. NMS 的目的就是通过确保报价、订单和交易信息在相同时间发布给所有市场参与者，并使市场参与者能够对所公布的数据做出及时的反映。高频做市和套利策略正是基于这些公开的数据和高速传输以及主机托管服务来增强其合法策略的交易执行的，而这些策略一直以来都对股票市场的合理运行有突出的贡献。再者并不是只有的高频交易者在使用高速数据服务和主机托管服务，90%的市场参与者同样在使用这些服务，因为交易所必须将这些该服务以同等的、合理的价格提供给所有市场参与者。

一些高频交易者的操作的确试图利用非法交易策略操纵市场价格，但是这些策略与传统市场中的操纵策略没有什么差别，而且没有证据表明高频交易的兴起导致

---

① 资料来源：《Concept Release on Equity Market Structure》（SEC，2010 年），转引自深圳证券交易所综合研究所，"国内外高频交易发展现状、挑战与应对研究"，《内部报告》，2010 年。

市场操纵更加频发,因为这些策略仅占高频交易者所执行交易的极小部分。实际上,利用高频交易进行的市场操纵与"老式"的市场操纵如幌骗、炒作销售等相比,发生的概率更低。

操纵者实施违法策略需要利用与市场的高速链接来操纵股价,目的是欺骗市场上其他的参与者。这些交易策略有抢跑交易、幌骗交易(Spoofing)、分层交易(Layering)、惯性激发(Momentum Ignition)等。操纵者的违法策略通常是通过虚假报单等欺骗市场上其他参与者。例如,一个交易者报单买入大量股票可能只是为了在短期内引诱该股票价格上升。实际上,他想要卖掉这只股票,操纵者通常利用高速链接迅速地取消虚假的买入报单,并以较高的价格卖掉这只股票。由于高频交易做市算法高速自动地进行买卖报单和交易,高频技术也容易为操纵者的违法策略所利用。美国SEC和CFTC近年来发现并查处了一些使用非法策略的交易者。综合审计跟踪系统(CTA)投入使用后,他们的执法能力进一步提升。综合审计跟踪系统(CTA)会成立一个数据仓库,记录所有订单、取消指令、修改指令,以及美国市场中所有交易所挂牌的股票及股票期权的成交记录。它能让监管者看到所有高频交易者的全部下单记录。

(五)高频交易的影响

事物都有两层性,一是有利于市场发展;一是对市场也产生负面影响。高频交易也是如此。

1. 高频交易为市场带来的好处

(1) 降低交易成本

技术创新与监管的放松,导致各种金融市场交易成本逐年降低。金融中介机构和投资者无疑是这一趋势的受益者。自动化交易的好处不仅仅局限于交易的执行,后台功能和盘后服务的自动化,如交易确认、交易清算等均受益。不通过经纪商,而直接向交易所提交电子订单,是降低交易成本的重要创新。金融中介早期的存在是为了解决市场信息不对称,现在完全可以不需要中介,实现"去中介化"。在美国,随着电子交易的增加,股票市场的质量和流动性都得到了大范围的提升。高频交易占美国股市成交额的70%,这是美国机构投资者大盘交易全球成本最低的原因。同时,其他国家如澳大利亚,机构数量和交易费率也均呈现下降的趋势。

高频交易公司作为市场中介,通过做市业务提供流动性以及套利策略获取收益,从这个意义上讲,他们与其他市场中介机构,如经济交易商、服务交易商,如包括清算和结算在内的其他盘后服务商没有任何区别。在金融市场上都充当了服务者的角色,提供服务,获得利益。

高频交易公司的利润经常被错误地认为是其他市场参与者的成本,但这些利润和其他金融市场服务商所赚取的利润其实没有本质不同。澳大利亚证券投资委员会(Australian Securities and Investment Commission,简称ASIC)曾经估算,在澳大利亚股票市场,高频交易商为其他参与者提供流动性的隐含费用是0.7~1.14个基点,机构经纪商收的费用相当于 1~5 个基点，零售经纪商收取 20~30 个基点①。然而，澳大利亚证券投资委员会（ASIC）强调，这些成本需要与高频交易所带来的收益进行比较，这些收益包括总体交易成本的降低、市场效率的提高、市场波动的下降等。ASIC 否认了由 Industry Super Network 和个别市场认识提出的高频交易给投资者增加了成本的指控，指出"我们的分析并不支持这些指控②"。

同样重要的是，高频交易公司的收入和利润应当与那些被其取代的传统金融中介机构的类似业务收入和利润进行比较，可以发现高频交易商的利润比传统经纪商的利润低得多，因此，认为高频交易给其他市场参与者增加了额外费用的论点是站不住脚的。恰恰相反，相比很少或者根本没有高频交易的情况，市场参与者实际上因为高频交易的存在而获益匪浅。高频交易的盈利水平实际上可以看作市场价格在反映市场信息或其他因素方面较差的结果，而高频交易的功能是减少或消除这种低效性。高频交易公司可能获得了一部分来自科技创新的超额收益，但这些超额收益可能随着竞争的加剧、时间的推移以及算法技术和策略的推广运用而逐渐减少。高频交易盈利水平在一定程度上代表了企业家精神和技术创新的回报，也反映了高频交易带给金融市场的竞争动力。市场参与者之间利益分配本身并不应该成为决策者关注的重点，真正需要关注的是高频交易给全社会带来的经济效益。高频交易可能同时是市场流动性需求者和提供者，高频交易需要流动性时，它主动成交，而不是被动交易，它仍然承担了稳定市场的作用。当价差过窄时消耗流动性，当价差过大时提供流动性，抑制价差的扩大。实证研究发现，一般情况下，高频交易是净流动性的提供者，即使当市场经历大幅度波动时也是这样。为了适应高频交易而进行的系统升级经常被视为高频交易给其他市场参与者强加了成本支出。然而，从长期看，技术驱动的市场基础设施升级对于降低交易成本是必不可少的。高频交易驱动了金融市场基础设施的升级换代，使得投资者得以享受新技术带来的好处，这实际上是一种福利而非一项成本。

算法交易包括高频交易通过提高流动性、降低买卖价差、促进价格发现和降低金融资产价格波动等方式提高了市场的质量和效率。通过降低交易成本，高频交易提高了投资回报和资产价格。当然，高频交易对于不同参与者的成本收益分布影响不是中性的，高频交易导致了金融市场传统的中介业务的衰落，也可能导致某些市场参与者（包括高频交易公司）的静态交易成本的相对提高。在权衡高频交易的成本和收益时，重要的是区分市场参与者个体静态的成本收益和由于交易成本下降带来的、市场整体的和长期的动态福利。从公共政策的角度看，相对于高频交易给市场整体带来的经济福利（Net Economic Benefit），其对市场参与者静态成本收益影响

---

①② Australian Securities and Investment Commission, "Dark Liquidity and High - Frequency Trading"（Australian Securities and Investment Commission, March 2013），Page25.

显然是次要的①。

（2）增加流动性

高频交易向市场提供流动性，这对于市场运行尤为重要。流动性可以定义为市场参与者买卖金融产品或证券的容易程度。它通常以买卖价差（Spread）来衡量。当然，市场深度（买入或者卖出报答的数量）、交易执行时间（及时性）、总成交额和换手率等也都是市场流动性的衡量指标。通过向市场提供流动性，高频交易缩小了买卖价差，进而降低了交易成本。此外，高频交易公司本身并不能独享由其所致的全市场交易成本降低的全部好处，也不能获得因为更充分的价格发现而产生的全部社会价值。

（3）提高效率

高频交易通过降低交易成本，改善了市场运行效率。金融市场最重要的功能就是价格发现，由此引导金融资产在经济体中的有效配置。金融市场效率，是指资产价格反映了最新市场信息的速度。高频交易引领的交易速度的提高保证了市场价格可以更快地反映最新的市场信息。金融市场的创新都是基于将信息以更快的速度带入市场并从中获利的原始冲动。

怀疑者认为，高频交易对市场质量的影响总体上是正面的，有助于提高流动性、减少波动性，但是这些结论存在两个方面的不足之处：首先这些结论往往是基于大样本的总体判断，不排除其中出现个别例外情况。如果某些例外情况很明显，那么即使总体判断是正面的，其负面作用也不容忽视。其次，高频交易对市场质量的影响，很难判断说就是对市场质量的影响，因为高频交易是市场表现的一个方面，很大程度上是结果而不是原因。因此，这种市场质量的改进等，与其说是高频交易盛行带来的结果，还不如说是市场演进带来的结果。市场演进到一定阶段，就导致高频交易盛行，从而改进市场质量②。

（4）更高的投资回报

降低交易成本可以提高投资回报和投资效益，进而提升资产价格。高频交易通过技术创新使交易成本显著而永久性降低，必然会带动资产价格的永久性提高。而投资组合价值的增加，必然产生相应的财富效应。2010 年，Kearns、Kulesza 和 Nevmyvaka 研究了高频交易的获利能力，假设高频交易参与交易每一笔可获利的交易，那么基于 TAQ 数据，高频交易获利能力的上限是每年 213 亿美元③。2010 年 Cvitanic 和 Kirilenko 建立了第一个理论模型，以描述高频交易如何影响市场质量。其主要发现是，高频交易的存在将使得成交价格发生变化，成交价格的分布将呈现

---

① 虞瑾蒨、付迟、沙石译："高频交易：臆断与事实——是否该用金融交易税的大棒惩治高频交易"，《内部报告》，2016 年 8 月。

② 深圳证券交易所综合研究所内部报告："国内外高频交易发展现状、挑战与应对研究"，2010 年。

③ M. Kearns, A. Kulesza And Y. Nevmyvaka, Empirical Limitation on High Frequency Trading Profitability Working Paper, 2010.

更薄的尾部、更集中的均值区域,并且市场流动性有所提高①。

(5) 降低融资成本

资产价格的提高也是企业融资成本的降低,进而簇集投资和资本积累,提高劳动生产率,增加工资,提高生活水平。Charles M. Jones 指出,"这是高频交易创造社会价值的主要渠道②。"

(6) 盈利能力和市场效率

随着金融市场变得更有效率,高频交易公司可能获取的盈利机会反而会减少。高频交易商在交易技术和策略上的竞争,必然使高频交易和算法交易的利润逐渐下降。直至某一阶段,高频交易采用新技术的边际成本将超过高频交易策略所产生的边际效益。高频交易公司盈利水平不断下降的趋势正好体现了金融市场的运行效率的提高。

(7) 降低波动性

实证研究表明,高频交易可以提高市场质量,降低市场波动性。高频交易通过捕捉稍纵即逝的交易机会,使市场价格的波动(基于信息的永久性价格变化)更加平滑③。也有证据表明,高频交易的存在降低了收盘价(或市场)被操纵的可能性④。

2. 高频交易的负面影响

对于高频交易的担心,部分来源于 2010 年 5 月美国标普 500 指数期货的"闪电崩盘"。2012 年 8 月其实资本因交易程序错误下单招致巨亏。2014 年美国金融作家麦克·刘易斯(Michael Lewis)的《闪电小子》(《Flash Boys》)一书以真实人物和文学语言的形式将一向高深莫测的高频交易揭示于读者和政策制定者面前,极大地提高了市场对高频交易的关注。《闪电小子》一书指出美国分散的市场结构使高频交易策略获得了不正当收益,从而恶化了整个市场的质量。对于高频交易的众多批评和辩论聚焦于高频交易可能对价格的形成和市场流动性造成冲击。2014 年美国 CBS 电视播放的节目《60 分钟》向公众及市场参与者灌输了一些关于高频交易负面的观念。

(1) 高频交易是否提供了虚假的流动性(幽灵流动性)

对高频交易质疑之一是其较高的订单成交比,质疑者认为高频交易公司所提供的流动性是"飞逝的,因为是不真实的"。还有人指责,高频交易的流动性在市场

---

① J. Cvitanic and A. A. Kirilenko, High Frequency Trading and Asset Prices, Working Paper, March 11, 2010.
② Charles M. Jones, "What Do We Know About High – Frequency Trading?", SSRN Scholarly. Paper (Rochester, NY: Social Science Research Network, March20, 2013), 14, http://papers.ssrn.com/abstractt = 2236201.
③ See MacIntosh, "High – Frequency Trader: Angels or Devils" for review of some of the major studies of the impact of HFT on capital markets. See also the Appendix.
④ Douglas J. Cumming, Feng Zhan, and Michael J. Aitken, "High – Frequency Trading and end – of – day Price Dislocation," SSRN Scholarly Paper (Rochester, NY: Social Science Research Network, October28, 2013), 14, http://papers.ssrn.com/abstract = 2145565.

动荡时蒸发。有人提出，高频交易所提供的流动性是虚幻的（幽灵流动性），即投资者可以看到流动性的存在，但是由于其迅速消失，投资者的交易并不能得到撮合成交。

2013 年，澳大利亚证券投资委员会（ASIC）发现，高频交易公司"在 S&p/ASX200 指数的多个市场波动区间对市场深度贡献的差别可以忽略不计[①]。"

较高的订单修改或撤单率本身并不是虚假流动性的证据，从其他流动性需求者的角度出发，重要的是高频交易公司提供的报价中实际被成交的数量。高频交易公司的成交量在市场交易总量中所占的份额更能体现它们对市场流动性的贡献程度。较高的订单成交比体现了高频交易公司交易执行的速度和效率，即使许多订单都被修改或取消，高频交易总体上仍然提高了市场流动性。较高的订单成交比在价差和最小变动价位越来越小的市场环境中存在的合理性，高频交易商必须更频繁地更新订单以应对哪怕是十分微小的价格变动[②]。

Charles M. Jones 在文献综述中指出，迄今为止，大量实证研究证明：源自高频交易和自动化交易的市场竞争可以提高市场流动性，降低交易成本，并使股票价格更为有效。更好的流动性降低了企业的股权融资成本，这对实体经济产生了积极且重要的影响。部分监管政策的调整势在必行，但政策制定则需要特别谨慎。不应让过去 20 年流动性的提升出现倒退。如何排除市场中发生的其他变化，并用实证的方法来分析高频交易对股市的影响十分困难，那些市场结构的改革促进了高频交易的发展。研究者得出了一致的结论：每当市场结构发生改变而出现更多高频交易时，市场流动性和市场总体质量都得到了改善。由此看来，市场质量的提高是因为高频交易商和其他流动性提供者能够更好地调整自己的报价以应对市场的最新信息[③]。

2016 年 6 月，荷兰金融市场管理局（the Netherlands Authority For the Financial Markets，简称 AFM）发布了《针对高频交易质疑所做的案例分析》。该报告使用欧洲股票市场的数据，就麦克·刘易斯《闪电小子》中对高频交易提供幽灵流动性（或虚假）和流动性探测（抢跑交易）的质疑进行了针对性的案例分析。AFM 通过各类机构访谈和对五个高频交易案例数据进行的可视化处理，对高频交易者交易特征、动机和结果进行了实证和逻辑解析。AFM 的研究不支持高频交易在欧洲市场上提供幽灵流动性和通过流动性探测策略进行抢跑交易的指责[④]。

《针对高频交易质疑所作的案例分析》对高频交易与流动性的关系进行了分析。在单一交易市场交易的投资者通常会经历这种情形，即交易软件显示订单可能在某个价位上匹配交易，但是订单出乎意料地撮合失败了。根据投资者反映，由于速度

[①] Australian Securities and Investment Commission, "Dark Liquidity and High – Frequency Trading" (Australian Securities and Investment Commission, March2013), Page84.

[②③] Dr. Stephen Kirchner 著，虞瑾倩，付迟，沙石译："高频交易：臆断与事实——是否该用金融交易税的大棒惩治高频交易"，来源于深交所内部报告，2016 年 8 月。

[④] 沙石、崔熹："荷兰金管局针对高频交易质疑所作的案例分析及启示"，来源于深交所内部报告，2016 年 8 月。

超快的高频交易提供的是所谓的幽灵流动性,看似可执行的流动性可能会突然消失,甚至不存在。《针对高频交易质疑所作的案例分析》称,在多个交易场所进行大额交易的市场参与者也指控高频交易提供了幽灵流动性。在分散的市场结构中,市场参与者一般采用智能订单路由(Smart Order Routing)技术在不同交易场所中寻找流动性,以减少对市场的价格冲击。而事实上只有部分较大的订单在目标价位上能够撮合成交,而其他交易所相同价位的流动性会迅速消失。报告从两个方面研究了幽灵流动性,一是从单一市场角度来看幽灵流动性;二是从跨市场角度来看幽灵流动性。从单一市场角度来研究了,投资者的订单可能会匹配失效原因,一个解释是投资者的订单进入交易市场的速度较慢且不连续,而订单簿的变化又极为迅速。另一个解释是由高频交易做市商的做市策略造成的。高频交易做市商通常在最优价格附近提供双边报价,为市场提供被动流动性,而这种操作是有风险的。做市商必须根据市场情况的变化,不断以最快的速度更新其被高估或低估的报价。对于高频交易做市商来说,速度是其最重要的风险管理手段。由于订单簿的变化极为迅速,没有市场参与者能够完美并实时地观测到市场的全貌。如果某些交易软件更新价格的速度较慢,且投资者还要接受和处理不断更新的订单簿信息,然后再将订单发送到某一个交易场所,那么订单簿的最优价格极有可能在此期间已经发生了变化。这样一来,交易者看到的已经是过时的市场信息。因此也极有可能出现如下情形,即有人想与订单簿上的订单进行交易,但订单已经不存在了。这些订单并不是虚假的,他们是真实存在的,只不过市场在投资者订单被交易场所处理前已经发生了变化。从跨市场角度来看,高频交易做市商对幽灵流动性另一个的解释是他们必须在多个市场重复报单。这是因为投资者经常将大额订单拆分成若干小额订单并分别在不同交易场所下单。因此,在分散的市场结构中,高频做市商为了获得交易机会,就必须在所有这些交易场所中分别下单。而高频做市商向所有这些交易场所发送订单(就某一只股票而言)在数量上和价格上一般是相似的(或重复的)。这就是所谓的重复报单。《针对高频交易质疑所作的案例分析》指出,原则上,只要使用了恰当的执行技术(即所有经拆分的订单都同时到达所有市场),所有做市商的重复报单都是可以被撮合成交的。高频做市商的意图是这些重复报单都可以成交(他们不知道投资者的新订单将会进入哪个交易场所),但不是同时成交所有的重复订单,因为那样风险会很大。高频做市商的逻辑是这样的:一是当做市商的某个报价得以成交之后,他必须第一时间在其他地方平掉这些头寸,而不是建立新的头寸。二是在第一笔交易成交之后,做市商必须根据定价模型重新判断市场价格的高低,进而撤销或更新其在其他交易场所的重复订单。所以,从严格意义上讲,高频做市商提供的流动性不能被归类为幽灵(或虚假)流动性,因为交易意图在当时是真实存在的,而且原则上所有的订单都是可能成交的。在寻求大单成交的投资者和提供的流动性的高频做市商之间存在明显的利益冲突。从风险头寸管理的角度看,高频做市商撤销重复订单(或者准确地说,在微秒毫秒之内对新的市场信息做出的反应)的行为是可以理解的。但这种行为会增加买方机构"观察理解订单簿"的难度，因为流动性（最有报价）的不确定性增加了。因此，从买房公司管理价格冲击的角度来看，重复订单受到批评是可以理解的。

AFM 在《针对高频交易质疑所作的案例分析》中指出，这些由高频做市商发出的可能转瞬即逝的订单（Fleeting Order）不应被定性为幽灵流动性。这种订单是在分散市场结构中高频做市策略的逻辑结果。我们应进一步探讨在分散的市场结构下准确测量市场流动性，从而使得买方机构在当前环境下能更好地管理市场风险，而做市商也可以在积极做市的同时，满足自身风险管理的需求。

（2）高频交易是否造成"闪电崩盘"等风险事件

所谓"闪电崩盘"（或暴涨），是指在没有明显的基本面影响的情况下，短期内市场价格出现价格剧烈波动（上涨还是下跌）。"闪电崩盘"不是现代社会的产物，而是长期伴随金融市场的特征。1962 年 5 月 28 日，早在电子化交易出现之前，纽约证券交易所上市的大盘股在 12 分钟内暴跌了 9%。程序化交易特别是高频交易出现后在世界引发了多起的风险事件，"闪电崩盘"又引起了人们的注意。在美国，1987 年股灾、2010 年 5 月 6 日闪电崩盘、2012 年骑士资本事件、2013 年纳斯达克交易所"瘫痪"中，程序化交易及高频交易被认为是主要原因。在英国，2015 年 4 月 21 日，英国高频交易员萨劳被英国执法部门拘捕并被指控涉嫌利用大笔高额下单交易操纵股指，导致美国"闪电崩盘"，并被英国法院裁定允许引渡到美国受审。在我国，2013 年"光大 8·16 事件"高频交易魅影初现，2015 年股市异常波动期间，高频交易被市场认定为元凶。

一些针对"闪电崩盘"官方研究及非官方研究发现，高频交易不仅不会引起"闪电崩盘"，反而在此类情况发生时可持续地为市场提供流动性，并充当了市场价格的稳定器。在某种程度上，高频交易在市场波动中的交易活动，不仅可以缓解市场波动，而且还能从中获利。这使高频交易公司更愿意在市场波动时不断交易并提供流动性。也有证据表明，在极端事件发生时，高频交易公司有时会选择平仓离场，拒绝提供流动性。这通常出于公司内部奉行的要求和资本约束等原因。这与其他中介机构面对极短行情波动的处理方式没有不同。在面对极短行情波动时，传统的做市商的电话经常打不通，甚至不接电话来规避风险，CFTC 和 SEC 的关于"闪电崩盘"的联合报告指出，"闪电崩盘"的直接原因是某共同基金在下午 2 时 32 分，卖出总计 75 000 张标准普尔 500 迷你指数期货合约，且算法设置的下单比例始终保持在总交易量的 9% 左右。虽然这个订单造成了机构巨幅波动，但订单继续执行并最终在 20 分钟内全部完成。而几个月前，来自同一卖方的相似指令是用了 5 个多小时来执行的，可见 5 月 6 日的卖出交易确实太快了。联合报告还指出，一半以上的股票报价的卖出交易和成交信息的传输在闪电崩盘期间出现了迟延。NYSE 综合报价系统（CQS）的报价出现了平均长达 20 秒的迟延，纽交所的专有数据也出现了迟延。Kirilenko、Kyle、Samadi 和 Tuzun（KKST，2011）发现了高频交易的大量信息流量是造成交易系统信息迟延的原因。KKST 认为,对市场不确定性的担忧造成了市场参与者的恐慌,也是市场流动性提供者离场观望的主要原因。当大量卖单开始进入场内时,高频交易起初提供了流动性,但很快被卖压压倒,开始平仓离场,进而加大了价格的下跌。联合报告还调查了 17 家高频交易商在股票市场上的交易行为。这 17 家高频交易商跟随 5 月 6 日市场的交易趋势,无论从绝对值还是从净值来看,都从公开报价市场消耗了大量买方的流动性。Easly、Lopez de Prado O'Hara(2011,2012)印证了 KKST 关于高频交易商和其他中介因卖压过大而不堪重负的观点。Madhawan(2012)认为高频交易参与分散市场在极端市场情况下更容易导致流动性回撤。Mclnish、Upson 和 Wood 认为跨市场扫单指令(Intermarket Sweep Orders,ISO)在"闪电崩盘"时会消耗流动性。

SEC 和市场人士也认识到,5 秒钟的暂停足以使标准普尔 500 迷你指数停止持续下跌的趋势,因此"闪电崩盘"事件一个月后,个股熔断规则开始实施。最初的规定是,如果 5 分钟内某只股票的波动超过 10%,则暂停交易 5 分钟,然而由于个股熔断机制有时会被一个交易场所的错单交易引发,而此时其他交易该股票的市场仍在有序运行,为此,SEC 于 2012 年 6 月 1 日颁布了新的价格限制机制,即如果交易价格不在波动区间达到 15 秒才暂停交易 5 分钟。未经正式研究,熔断机制似乎安抚了投资者对流动性在短时间内集体消失的担忧情绪。从经济学角度看,交易暂停旨在保护做市商被极端逆向选择的可能性,当潜在逆向选择可能导致市场失灵时,交易暂停给了流动性提供者收集更多信息的机会,然后通过竞价来恢复交易①。

软件故障或设计不当的交易执行或其他算法程序错误也造成了若干风险事件(光大 8·16 事件),而这个问题不是高频交易独有的。人为错误如"乌龙指"曾经造成了多次市场事件。任何技术交易都有发生故障或错误的可能,完全避免是不现实的。市场交易限制措施和熔断机制可以用来应对软件故障等造成的风险事件,并为市场参与者提供修正算法的时间。这些手段对于应对曾经的风险事件十分有效②。

(3) 高频交易是否造成市场不公平

高频交易发展的后果之一是,进行高频交易的机构投资者从中获得高额收益,并且从进行高频交易所需要的各种软硬件条件来看,普通投资者很难具备这个条件,因而从结果来看,高频交易客观上进一步拉大了机构与普通投资者之间的差距,造成散户边缘化(Marginalizing of the Individual Investor),产生事实上的不公平。据估计,2008 年,美国高频交易获得利润在 80 亿~210 亿美元之间,这使得从事高频交易的机构投资者可以有充裕的资金购买硬件、设计软件,甚至采取主机托管等技术

---

① "What Do We Know About High-Frequency Trading?", SSRN Scholarly Paper (Rochester, NY: Social Science Research Network, March20, 2013), 14, http://papers.ssrn.com/abstract=2236201。转引自鹿波、郭孟旸、沙石,《我们所了解的高频交易》。

② Report of the Staffs of the CFTC and SEC to the Joint Advisory Committee of Emerging Regulatory Issues, "Findings Regarding the Market Events of May 6, 2010" (Washington, DC: CFTC and SEC, September30, 2010); Joint Staff Report, "The US Treasury Market on October15, 2014," July 13, 2015.

手段来缩短交易时延，以获得更快的交易信息和订单执行，处于市场优势地位①。

高频交易是否造成市场不公平是一个老问题，存在很大争议，2010年5月6日"闪电崩盘"后，SEC曾召集各交易场所及机构投资者讨论高频交易，有批评人士对其市场公平性提出质疑。主要观点是：一些投资机构依靠高速计算机和采取主机托管等措施，在数据抵达其他投资者之前就先人一步看到交易所数据和订单流量，据此推测最优的交易策略，进而调整和产生订单，在多次重复交易后，此类交易者可以获得较为稳定的投资收益。这些反对者把高频交易叫作"时延套利"（Latency Arbitrage），认为是一种被操纵的游戏，虽然合法，但是超越了公平界限。支持者认为，维护交易环境的公平是毋庸置疑的，关键是什么样的公平，应该是起跑线（行情）的公平而不是终点线（交易撮合）的公平。因此，中间环节只要是不犯规，剩下的是交易者及其交易策略和交易技术系统上的平等竞争。从效果上看，维护这种竞争的生态系统对整个市场健康发展利大于弊②。高频交易的超高交易速度公平与否，必须从逻辑、实证和比较等多维度进行分析。例如，资本市场应该秉持程序和机会的公平还是结果和收入分配的公平，如何解释交易速度的差异在传统的交易模式中也普遍存在但并无争议的问题。公平问题也涉及如何看待高频交易对市场整体效率和成本带来的好处等。

市场参与者和监管机构通过提供平等待遇和平等机会以确保市场的程序公平（Procedurally Fair）。但是，金融市场的目的并非提供结果的公平（Equality of Outcome）。在一个监管适当的市场环境中，高频交易在程序上是公平的，但可能会导致不同的市场参与者的成本收益结果不同。Angel McCabe指出"高频交易造成的结果并不比资本市场的已有机制造成的不平等结果更加突出③"，因为高频交易能够更有效地提供流动性，所以在激烈的市场竞争中更容易从其他效率较低的中介机构手中赢得市场份额。对于交易速度的追求是金融市场的核心要素之一，这样保证了市场效率。《闪电小子》认为美国股市被高频交易操纵，造成散户投资者的成本增加，但是并未提供任何证据表明这种"操纵"确有发生。Peter Kovac指出，Lewis所称的无处不在的"抢跑交易"几乎完全建立在三个事例表面观察和三个假设的例子之上，他的整个理论完全建立在某一大额交易报单入场后出现的新的报价。Lewis忽略了事件的真正内涵，即由于不同交易策略（包括高频交易）的竞争性报价产生的更优价格，虽然一定程度上牺牲了传统股票经纪商的利益，但有利于散户和其他交易者。高频交易公司通过提高交易执行的速度寻求相对于其他市场参与者的比较优势。典型的例子是主机托管（Co-location），即高频交易公司将服务器放置于交易场所撮合引擎的机房里。这不是专为高频交易公司提供的服务，买方机构和数据供应商

---

① 深圳证券交易所综合研究所："国内外高频交易发展现状、挑战与应对研究"，《内部报告》，2010年。
② 深圳证券交易所综合研究所："国内外高频交易发展现状、挑战与应对研究"，《内部报告》，2010年。
③ James Angel and Douglas M. McCabe, "Fairness in Financial Maiket: the Case of High-Frequency Trading," SSRN Scholarly Paper (Rochester, NY: Social Science Research Network, december21, 2010), 22, http://papers.ssrn.com/abstract=1737887.

也经常通过主机托管寻求速度优势。ASIC 认为，在澳大利亚，"我们并不认为市场参与者通过主机托管获得速度优势在本质上是不公平的[①]。" 寻求交易执行的速度优势并不新鲜。传统的公开喊价大厅一大特色便是争夺最佳位置以最快速度获得信息。自动化交易比实体的大厅更适合建立公平的竞争环境。大多数交易场所要求各托管主机到达交易撮合主机的电缆长度相等、宽带相同。只要这样的主机连接是非歧视性的，相较于取决于经纪商接电话或者系统速度等老式交易技术，自动化交易更有利于创造一个公平的竞争环境。还要注意的是，算法交易技术并非专业公司或大型金融机构独有，个人散户投资者可以设计和实施适合自身优势的交易算法。虽然一些高频交易技术可能超出个人投资者能够掌握的范围，但是这和投资者在其他资源资质等方面存在的初始差异是一样的，并不是程序上的不公。通过监管限制措施或者税收抑制高频交易是不公平的，因为许多市场参与者将因此无法享受高频交易带来的好处。Bell 认为，"没有监管解决方案能够真正实现交易优势或信息接收、处理和发布能力的均等。监管干预所能做的只是转移这些优势的分布[②]。"

（4）高频交易是否具有掠夺性和操纵性

自从资本市场诞生，市场操纵就存在了。高频交易就像任何技术一样可能被滥用。无论在全球哪个市场，市场操纵都是非法的。一个公平而有序的市场对于高频交易公司和市场其他参与者都一样重要。对高频交易造成市场操纵的指控远多于证据。英国政府科学办公室对以计算机为基础的包括高频交易的算法交易进行了三项实证研究后认为，"没有发现高频交易和市场操纵之间有直接履行的证据[③]。"有一些潜在的市场滥用可以通过高频交易的手段实现。所谓的"分层"和"幌骗"策略采用不真实的交易意图委托，这在许多地区是违法的。尽管相关技术可能被这类非法策略利用，然而这些策略并不局限于高频交易。"塞单"只是通过大量的订单淹没计算机系统，造成其他公司的价格调整速度过慢，但这种做法很难实施，并不常见。这些策略构成 ASIC 市场完整性规则下的市场滥用，是被严格监管和惩治的。这种违背市场诚信的行为极少，只占 ASIC 执法行动非常小一部分[④]。

一些交易策略利用高频交易检测机构大单并抢先成交，可能会增加机构大单的交易执行成本，而这些成本一般直接转嫁给了散户投资者。这种做法有时被错误地称为"抢跑交易"（Front-running）（《闪电小子》即是如此）。"抢跑交易"（也称"抢帽子交易"）有其特定的法律和监管方面的含义，它是指在客户订单之前交易，

[①] Australian Securities and Investment Commission, "Dark Liquidity and High-Frequency Trading" (Australian Securities and Investment Commission, March2013), Page88.

[②] Bell, "Beyond Regulation: A Cooperative Approach to High-Frequency Trading and Financial Market Monitoring," Page5.

[③] The Government Office for Science, "The Future of Computer Trading in Financial Market: An International Perspective-Final Project Report" (London: The Government Office for Science, 2012), Page12.

[④] 虞瑾蒨、付迟、沙石译："高频交易：臆断与事实——是否该用金融交易税的大棒惩治高频交易"，《内部报告》，2016 年 8 月。

或基于客户信息开展交易,该种行为是非法操作。基于公开信息,使用订单检测法的交易完全是合法的,有别于基于客户的信息交易。由于高频交易公司没有代理客户,他们不可能基于客户的非公开信息进行抢跑交易①。AFM 在《针对高频交易质疑所作的案例分析》中称之为"流动性探测策略"(Liquidity Detection,简称 LD)。AFM 通过一个虚构的大额卖单的案例具体描述了 LD 策略的假想过程。

第一步:投资者的大额卖单经过拆分被路由到不同的交易场所进行交易。其中一部分订单最先到达了某一个交易所,同时使用主机托管的高频交易商也在这家交易所对同一股票有一个小额买单报价。这可以确保高频交易商在第一时间成交并获得订单簿的最新信息。小额买单成交后,高频交易商会进行三个推测:第一,这个订单是否是一笔大额订单的一部分;第二,这个大额订单是否会被分拆到其他交易行所;第三,投资者愿意成交的底价在哪里?与此同时,被分拆的大额订单的剩余部分仍在路由到其他交易场所的途中。

第二步:高频交易商在投资者订单到达其他交易所之前在那里先建立空头头寸,抢先匹配该大额订单同样追逐的所有最优报价。换言之,高频交易商夺走了投资者目标流动性。

第三步:高频交易商再和目标对手方(大额卖方)进行交易来平仓。高频交易者希望以更低的价格(对自己有利而对投资者不利)买入成交,以此获利。

AFM《针对高频交易质疑所作的案例分析》研究了五个分散于欧洲交易场所的大额订单,其分析重点分别是高频交易在大型订单入场前后的交易行为,以及发起大额订单投资所受到的价格冲击。AFM 的实证研究通过将交易数据进行颗粒化处理,并进行了数据可视化操作,将 AFM 认为,没有发现高频交易通过流动性探测策略进行了"抢跑交易",并从大额订单交易者手中"获利"的情形。AFM 承认其研究案例数量有限,且这些案例也仅涉及市场中所有高频交易的一部分,因此没有对流动性探测及所有高频交易做出一个概括性结论。AFM《针对高频交易质疑所作的案例分析》提到,2016 年 4 月,英国金融市场行为监管局(FCA)一项题为"高频交易和流动性预期"的实证研究结论指出:流动性探测策略并没有在其监管的市场中出现②。

(5)高频交易是否造成了市场的系统性风险

高频交易是否引起股票市场结构完整性方面的显著风险,是 SEC 对高频交易重点关注的问题。一方面,自动化交易系统的高速度和巨量流量信息传递是否会威胁到各交易场所的完整性。众多高频交易者采用基本类似的交易策略,如果这些策略同时造成巨大损失,那么高频交易者是否会发生财务危机进而导致市场大波动呢?

---

① 虞瑾倩、付迟、沙石译:"高频交易:臆断与事实——是否该用金融交易税的大棒惩治高频交易",《内部报告》,2016 年 8 月。

② "Are high-frequency traders anticipating the order flow? Cross-vence evidence from the uk market", Occasional Paper16, April 2016. Financial conduct Authority, 25 The North Colonnade Canary Wharf, London, 转引自沙石、崔熹的"荷兰金管局针对高频交易质疑所作的案例分析及启示",《内部报告》,2016 年 8 月。

另一方面，高频交易者在困难的市场环境下是否会继续向市场提供流动性也值得关注。有人认为，高频交易者在困难时会退出市场或采取跟随策略，从而进一步加剧市场波动。例如，2010年5月6日美国股市"闪电崩盘"中，高频交易起初是作为大额卖单的对手方进行买入操作，但在达到持仓危险状态后，迅速转为激进的卖出者，而从进一步加剧了市场跌幅。更有人认为，高频交易者具有助涨助跌的放行投机特点，往往能跨大市场的恐慌情绪。因此，结论是高频交易实际上是放大了市场的系统性风险。

（6）高频交易是否改变了"市场生态"

高频交易中的套利策略等充分运用各市场间定价误差来获利，本质上是一种套利行为，而非投资行为。作为一种盈利策略，这类套利策略的重点在于分析短期内价格变化甚至订单流量的变化情况，这与传统的对公司进行基本面分析、筛选优质上市公司等"价值投资法"所秉持的买入持有（Buy and Hold）长线投资方法有很大不同，似乎越来越远离公司基本面分析及宏观经济前景分析，从而也远离发挥资源配置作用等。因此，有观点认为，高频交易的日益发展，所占市场份额不断提高，已经改变了"市场生态"，将股票交易演变为一种对赌，是交易策略之间的竞争，与公司的基本面研究无关。"当高频交易盛行时，金融系统就变成一个交易策略对抗系统，其反映经济信息的功能大大削弱。从另一个角度看，高频交易仅仅是交易者进行交易的策略游戏，而这种策略的基础是基于历史数据。如果计算机参与的交易成为历史数据，那么将影响历史数据信息的真实性"①。

有研究者认为，尽管高频交易所占比重很大，但其总头寸基本为零，在收盘时通常不持有净头寸，因此，在很大程度上它就是市场润滑剂，其收益来源于为市场提供即时性，这与长期投资者有很大不同。更重要的是，高频交易者的存在改善了市场质量，尤其是改善了长期投资者的交易环境。因此，高频交易者的存在并没有改变市场生态，只是导致市场运行机制发生了变化②。

（六）高频交易有利于经济基本逻辑

美国哥伦比亚大学商学院教授查尔斯·琼斯（Charles M. Jones）2013年撰写了《我们所了解的高频交易》文献综述报告③。报告重点分析了高频交易有利于经济发展的基本逻辑。

报告认为，根据已有的研究，高频交易能够改善市场流动性，降低交易成本并使股票价格更有效率。而流动性改善会提高股票价格。股票价格提升会降低公司的融资成本，提高投资水平，并最终增加GDP。这是高频交易创造社会价值的主要渠道。报告主要分析了高频交易对于流动性和交易成本的影响。

---

① 韩金柱："贡献流动性却损害有效性、高频交易不应成为期指市场主流"，《证券时报》，2010年5月12日，A09版。
② 深圳证券交易所综合研究所："国内外高频交易发展现状、挑战与应对研究"，《内部报告》，2010年。
③ "What Do We Know About High-Frequency Trading?", SSRN Scholarly Paper (Rochester, NY: Social Science Research Network, March 20, 2013), 14, http://papers.ssrn.com/abstract=2236201.

高频交易影响流动性的理论分析。流动性是一个十分复杂的概念，有三个维度：价格、规模和时间，不存在能够最好地描述流动性的单一指标，早期主要测量流动性的指标是买卖价差，但对于机构投资者不合适，他们一般使用"执行差值"（Implementation Shortfall）指标来测量价格冲击，即大额订单的平均执行价格与交易执行之前的股票价格差值。

报告指出，Glosten 和 Milgrom（1985）的文章分析了竞争性做市交易与知情交易者之间的交易关系，其模型表明做市商的买卖价差受处理交易的成本以及知情交易者相对于做市商的信息优势的影响。报告认为，该模型可以直接应用于自动化交易环境，如果高频交易做市商比传统做市商成本低，则高频交易做市的报价价差机会低于传统做市商，如果高频交易做市商能够获取更多的信息，那么就会减少信息劣势，这同样会导致更窄的买卖价差。随着高频交易的发展，也出现了一些明确针对高频交易的理论模型，这些模型通常假设买卖双方到达市场的时间不一致，无法互相进行交易，高频交易者通过在较短时间持有头寸促成了交易，创造了价值。但也有少数人质疑该理论模型，他们认为高频交易的不利影响来自于交易速度或者用来交易的信息，增加了其他交易者的逆向选择问题，进而降低了流动性。总的说来，质疑高频交易的理论模型没有一个正视了高频交易做市商作为更加高效的流动性提供者的事实。这种交易成本的降低太过于直观，以至于无法在这些模型中予以体现。这种成本的降低可能是高频交易改善流动性的最重要的证据。

高频交易影响流动性的实证分析。文章指出，过去几年有大量的关于高频交易和算法交易的实证研究，有的数据能够直接识别特定的高频交易，有的数据能够识别一笔交易是否是高频交易或算法交易，还有的研究能够随时间的变化从指令的提交行为推断出高频交易或算法交易的变化。使用特定或者全部高频交易的数据可以描述高频交易指令提交、撤销和成交的行为模式，也可以发现高频交易行为是否与买卖价差、临时或永久波动率、交易量和其他市场行为以及市场质量指标的相关变化。但是"相关"不代表"因果"，高频交易可能是市场状况变化的结果，而不是原因。高频交易与流动性关系的实证研究中，最有典型意义的是那些对于某些市场结构变化的研究，这些结构变化或有助于高频交易发展，或妨碍了高频交易的发展，因此可以作为高频交易的工具变量，这些研究得到了一致的结论：高频交易和算法交易改善了市场质量。

报告分析了特定市场结构变化的研究。Hendershott、Jones 和 Menkveld（2011）研究了纽交所 2003 年实施自动化报价的影响。自动化报价之前，专家做市商手动更新最优买卖报价，而自动化报价将场内交易状况更及时地展现出来，使高频交易和算法交易者更快速下单的同时，能够及时看到报价中自己提交和撤销的指令。HJM 研究发现，自动化报价的实施带来了电子化交易信息数量的增加和市场质量的改善。自动化报价实施之后，有效价差收窄，逆向选择减少，通过报价而不是交易产生了更多的价格发现。Jovanovic 和 Menkveld（2011）以及 Menkveld（2012）研究了

2007年7月高频交易做市商介入荷兰股票所产生的影响。特别是研究了高频交易做市商对于流动性和市场质量的影响。该研究只管展示了高频交易做市商的交易，并清楚地表明高频交易做市商的引入改善了市场质量。做市商之间的相互竞争使得买卖价差不断收窄，从而降低了投资者的交易成本。Riodan和Stprkenmaier研究了技术升级对98个德国活跃股票在市场质量方面的影响。实证分析的结论与HJM的结论相同。两个实证分析的结论还与高频交易硬者通吃的特征相一致。因为当市场延迟缩短时，最快的高频交易做市商能够获得更多的交易利润。Boehmer、Fong和Wu（2012）对2001~2009年期间39家股票交易所的电子信息数据和市场质量进行了分析，其中最有意思的实证分析是，为算法交易和高频交易者提供主机托管服务对市场质量产生的影响。他们发现主机托管服务增加了高频交易和算法交易，改善了流动性和股票价格的信息效率，但他们认为主机托管增加了市场波动。

报告分析了能够区分人工和机器交易的研究。一些研究使用了可以区分不同类型投资者的数据，这些不同的数据样本对于全面了解高频交易的交易行为提供了大量的直观证据，但是这些文章不太适合确定高频交易与市场质量之间的因果关系。

报告分析了几位学者的研究结论。Hendershott和Riordan（2012）使用德交所对人工交易和算法交易区分后的数据进行研究。Hendershott和Riordan以及Brogaard（2011、2012）对纳斯达克市场120只股票2008~2009年毫秒级别的高频交易数据进行了研究，Brogaard同时也研究了与BATS类似的交易数据。他们认为，高频交易在价格发现过程中起到的作用是积极正面的。高频交易处理信息是暂时的，一般在3~4秒一下。如果没有高频交易，这些信息的公开对市场总体福利影响甚微。在有宏观信息发布的时候，高频交易是流动性的净提供者。没有数据表明高频交易会增大市场波动性，而实际上无论是在低波动率还是在高波动率的交易日里，高频交易都会减少暂时性的价格偏差，从而有助于价格稳定。

二、程序化交易引发的风险及对监管挑战

（一）境外程序化交易风险事件

程序化交易出现后在世界引发了多起的风险事件。在美国有1987年股灾、2010年"闪崩"、2012年"骑士资本事件"、2013年纳斯达克交易所"瘫痪"，这些事件中程序化交易及高频交易被认为是主要原因。在英国，2015年4月21日，英国高频交易员萨劳被英国执法部门拘捕并被指控涉嫌利用大笔高额下单交易操纵股指，导致美国"闪崩"，并被英国法院裁定允许引渡到美国受审。在我国，2013年"光大8·16事件"高频交易魅影初现，2015年股市异常波动，高频交易被市场认定为元凶。

中美两国不仅在监管方式上不断地采取改进措施，而且对涉嫌违法的高频交易采取了刑事措施。2015年11月3日，美国伊利诺伊州北区法院一审判定Michael Coscia通过高频交易进行了幌骗交易，构成操纵市场罪。该案是《多德法案》通过

后美国第一例刑事起诉并定罪的涉及高频交易的操纵市场案。2015年11月1日，伊世顿公司利用高频交易涉嫌操纵期货市场被上海市检察机关正式立案，2016年8月4日，该公司被提起公诉。该案备受业界、学界及监管机构关注，审判的结果有助于认清高频交易在2015年股市异常波动期间的角色，为监管的改进提供了司法经验，对于行业发展具有警示作用。

（二）境内程序化交易风险事件

1. 光大"8·16"事件

我国市场对程序化交易的关注始于2013年的光大证券"8·16"事件。中国证监会于2013年8月21日表示，将对证券公司使用的程序化交易系统的风险隐患进行排查，证券、期货交易所已经开始着手完善业务规则，并在异常交易的认定和监管中关注程序化交易风险。2013年11月1日，中国证监会发布《中国证监会行政处罚决定书》[2013] 59号对光大证券进行了处罚。处罚决定书称，"经查明，2013年8月16日11时5分，光大证券在进行交易型开放式指数基金（以下简称ETF）申赎套利交易时，因程序错误，其所使用的策略交易系统以234亿元的巨量资金申购180ETF成分股，实际成交72.7亿元"。上述程序错误涉及程序化交易。

2. 2015年股票市场异常波动

程序化交易及高频交易再次进入公众视野是2015年股票市场异常波动，中国证监会及交易所开始采取了一系列监管措施，核查了部分具有程序化交易特征的机构和个人，对24个账户采取了限制交易措施。2015年7月31日中国证监会公开表态称，"程序化交易具有频繁申报等特征，产生助涨助跌作用，特别是在近期股市大幅波动期间对市场的影响更为明显"。10月9日，中国证监会为此颁布了《证券期货市场程序化交易管理办法（征求意见稿）》（简称《办法》），沪深证券交易所、中金所以及上海、大连、郑州三家期货交易所同时发布《程序化交易管理实施细则（征求意见稿）》，从定义到交易过程、费用等方面，对程序化交易进行全方位管理。11月新华社播发了伊世顿公司涉嫌操纵案，让"高频交易""程序化交易"进入普通投资者的视野。2015年9月22日，由清华大学国家金融研究院吴晓灵、李剑阁、王忠民牵头的课题组指出，"量化股票市场状况，是本次异常波动的最重要原因"、"今年6、7月份的股市大幅波动，总体而言与量化投资没有直接关系，只有个别高频交易策略（例如频繁报单撤单、趋势交易等）可能对市场形成了一定扰动，相关限制高频的措施采取后，市场流动性大幅下降。"

在股指期货推出之初，基于高频交易可能成为股指期货的重要组成部分，其影响将超出股票现货市场。中金所将高频交易纳入监管范围。2010年4月，中金所在《中国金融期货交易所交易细则》中增加会员、客户采取程序化交易方式应当事先报备的内容，第四十四条规定，"会员、客户使用或者会员向客户提供可以通过计算机程序实现自动批量下单或者快速下单等功能的交易软件的，会员应当事先报交易所备案。"中金所认为，会员、客户采取可能影响交易所系统安全或者正常交易秩序的方式下达交易指令的，交易所可采取相关措施。

（三）境外程序化交易及高频交易监管法律及政策的趋势

高频交易监管的法律制度是由事件推动的，最早可以追溯至1987年10月19日纽约股票交易所股市暴跌。暴跌后的1988年Brady报告认为，指数套利（一般设计为程式化交易）和组合保险两类交易在股票指数期货和现货市场相继推动，从而造成了股市暴跌。

2010年5月6日，美国股市的主要指数"闪电崩盘"引起了监管机构和行业的重视。一开始大家认为这是由"乌龙指（Fat Finger）"造成的计算机交易的混乱，但是很快就有证据表明交易规模和数量的异常并不是简单的"乌龙指"可以造成的。SEC立即采取行动寻找事件发生的原因，并开始建立适当的机制以防范事件再次发生。最重要的有：

①建立实时的"全市场指令数据审计跟踪记录系统"。

②征收"过度指令收费"，其主要是基于交易所能够处理高频交易和算法交易的订单，必须在技术上进行高昂的投资，额外的指令收费是弥补这些成本的一种补偿机制，但该项制度遭到市场的反对。

③最短指令停留时间。SEC在2010年发布的《关于股票市场机构的监管理念》报告提出了实施最短指令停留时间的可能性，但也遭到市场反对，被认为是往齿轮里撒沙子。当然，交易场所可以通过奖励从而鼓励限价指令停留较短时间，如给予返佣。

④固定间隔期的集合竞价机制。

⑤还有人提出征收证券交易税，但有人反对征税，认为交易税会增加市场波动，降低价格效率，恶化市场流动性，增加交易成本，促使交易转移到离岸市场，造成不可挽回的市场份额的流失。最重要的是降低股票价格，增加公司的股权融资成本，减少公司投资，损害国内生产总值（GDP）。

2012年8月1日，骑士资本（Knight Capital）使用的交易算法以每分钟1 000万美元的速度产生亏损，最后引发交易所148只股票的报价错乱，交易员无法终止程序，任由这种状况持续近45分钟，公司损失4.4亿美元。2013年8月22日，纳斯达克交易所"瘫痪"3个多小时，暂停了交易所2 000多只上市公司股票的交易活动，大约3个小时后证券交易恢复运营。其原因是技术故障，证券信息处理器（SIP）报价传输出现异常，导致SIP无法传播综合报价和交易信息。闪电崩盘、骑士资本及纳斯达克交易所"瘫痪"等事件暴露了高频交易系统的重要缺陷，人们开始认识到，程序错误（Bugs）是现代计算机一个共同的问题，会诱发广泛的潜在危机。从2012年起，SEC启动了新一轮的探索，有关高频交易监管和风险防范方面的措施日益完善。

这些事件不断地促使美国监管机构和世界其他监管机构开始构建对于高频交易的监管法律制度。

1. 美国
(1) 美国对程序化交易及高频交易的监管

美国对程序化交易及高频交易的监管可以分为三个阶段。

第一阶段：1987~2010年"闪电崩盘"前。1987年闪电崩盘发生后，公众和立法人士呼吁制定额外的监管来避免再次发生此类市场事件。于是美国引进了"断路器"作为市场基础建设的一部分被安装起来。断路器指的是交易限定，目的是当市场指数下跌超出某个百分点时停止交易，从而降低崩盘的风险。当标准普尔500（S&P500）下降7%或13%，则停止交易15分钟；如果下降达20%，则关闭交易一天。随即在2007年开始实施全国市场系统规则（Reg NMS），加强并促进国家市场系统的现代化。此外，Reg NMS还致力于提高市场信息的传播，因为在"闪电崩盘"期间高额交易量造成了技术定价问题，与各个交易所的价格无法同步。Reg NMS包含四个部分：

一是订单保护规则（通常称为穿价交易规则）要求交易中心确保报价的即时性与自动性。这是为了防止在一个交易通道执行的订单低于在另一个交易通道所显示的价格。该规则连接了所有交易所和电子通信网络（即对买卖订单进行配对的自动化系统），使得订单可以不受交易场所的限制以最佳价格成交。

二是访问规则规定了获取报价的公平性和非歧视性，以及对通道使用费的合理限制。

三是不低于美分规则禁止市场显示、排列或接受低于1美分变动的报价，除非股价低于1美元（在这种情况下，最小增量是1%美分）。这种最低的价格显示变动，被称为"最小变动价位"。但证券经纪人仍可在内部使用低于美分的价格，以此促进顾客订单的成交。当你要卖股票时，你的经纪人会给你一份比市场定价高一点的开价单，或者你以稍微低一点的价格买进一只股票。

四是市场数据规则旨在通过奖励市场中心的交易和报价，来加强市场数据系统。三大网络传播并汇总了市场数据，这些数据包括全国最佳买入价和卖出价、交易规模和各市场中心的识别信息。这些数据的网络使用费一旦结清，收益将分发给各市场中心。此前，奖励严重倾向于交易的数量和规模，而在新的监管下，交易和报价信息的权重相当。分摊给各市场中心的总收益预计每年5亿美元。市场数据规则下还设立了咨询委员会，并规定所有股票数据只能通过一个处理器进行汇总与分发。

对于Reg NMS来说，由于市场分割，引发对价格不同步和市场信息割裂的担忧是合乎情理的。然而，绝大多数交易是在纽约证券交易所（NYSE）和纳斯达克（NASDAQ）上进行的，主要是因为这两个市场规模所提供的流动性，使得交易各方不愿去其他场所。自从大部分买卖者都在这两个交易场所汇集，意味着这也是使订单快速完成的最佳之处。一旦实施了穿价交易规则，价格竞争和跨通道交易的流动性则会持续提高，将激励跨通道交易与新的交易通道。由此将进一步加剧市场竞争。这种日趋激烈的竞争好处在于提高了流动性，降低了交易成本，减少了价差。

更为重要的还有：

①禁止闪电指令（Flash Orders）。2009 年 9 月，基于市场公平性的考虑，美国证监会提议禁止能使高频交易商比其他市场参与者提前数毫秒看到交易指令的闪电指令。

②禁止无审核通路（Naked Access）。无审核通路是指经纪商在没有任何审查的情况下，将向交易所发布指令的席位和高速链路通道租用给交易者以提高交易速度。2010 年 1 月 13 日，基于指令错误会增加经纪商和其他市场参与者风险暴露的考虑，美国证监会公布了监管提案，要求经纪商实行风险监控流程，在指令到达交易所之前，过滤错误和超过交易者信用与资本金承受风险范围的交易指令。

③2010 年 4 月 14 日，SEC 提议为交易量符合一定标准的交易者（High – Volume Traders）分配识别代码，在交易发生后的次日，经纪商需要将交易记录上报美国证监会，以便分析与调查是否存在操纵市场等行为。

第二阶段：2010 年"闪电崩盘"后～2013 年纳斯达克交易"瘫痪"前。在"闪电崩盘"后，2010 年 6 月 11 日，CFTC 发布了对邻近（Co – location）的监管提案，包括对愿意付费的所有合格投资者提供托管服务、禁止为阻止某些市场参与者进入而制定过高费用、时滞透明公开、第三方提供托管服务时需要给交易所提供市场参与者的系统与交易信息。2010 年 9 月 30 日，CFTC—SEC 联合调查委员会发布结论性报告《2010 年 5 月 6 日市场事件的监管发现》，就事件与高频交易之间的关系进行阐述；2011 年 2 月 18 日，CFTC—SEC 联合调查委员会就 2010 年 5 月 6 日市场事件发布报告《关于 2010 年 5 月 6 日市场事件监管应对的建议》，有针对性、系统性地提出了 14 条监管建议，其中大部分与高频交易相关；2012 年 3 月 29 日，TAC 举行公开会议，其中一个议题即是"自动交易和高频交易（HFT）：交易所的监管及相关定义"，公开讨论高频交易。

容量一直都是交易场所需要考虑的重要问题，在"闪电崩盘"的下午，NYSE 就没有足够的容量来处理非常时期大规模的报单与撤单。2010 年所开始考虑限制指令成交比例（Orders – to – executions）和过度指令收费，以应对高频交易飞速发展带来的频繁交易给交易场所处理容量带来的压力。纳斯达克于 2010 年开始讨论是否将指令成交比例降至 10 以下，同时，针对 NBBO 之外超过总指令量 0.2% 的每笔指令收取 0.005～0.03 美元不等。在海外 NYSE Euronext 针对指令成交比例高于 100 时征收每笔指令 0.1 欧元。

在骑士资本事件后，2012 年 10 月芝加哥联邦储备委员会起草的一份标题为"在高频交易的时代如何保持市场的安全"的报告提出，限制在一定的时间内可发送到交易所的订单数量；设立"杀死开关（Kill Switch，亦称断路开关机制）"，让其可以在一个或多个交易水平停止交易等。

长期以来，美国没有制定允许 SEC 获取高频交易数据的规则，这导致 SEC 无法获得分析高频交易所必需的数据。为此，SEC 颁布实施了两项重要的数据收集新规。

一是综合审计追踪（Consolidated Audit Trail System）。SEC 的第一个信息收集规则是综合审计追踪（简称 CATs）。CATs 要求包括交易所在内的证券业自律组织（Self-Regulatory Organizations，简称 SROs）设计一套可以捕捉所有交易从订单生成到执行或取消的完整记录的系统。该系统在高频交易监管方面提供了史无前例的数据通道，实现了监管者的知情权。该规则在 2012 年 7 月 11 日获得通过，并已于 2012 年 10 月 1 日生效。实时数据分析才是对高频交易进行监管的最好手段。CATs 可以把现有的所有分散而零碎的数据集中到同一个地方，从而实现"实时监控（Real-time Surveillance）"。二是市场信息数据分析系统（Market Information Data Analytic System，简称 MIDAS）。SEC 针对高频交易信息缺乏所做的回应是采用 MIDAS。MIDAS 允许 SEC 获得全美 13 个交易所的所有买卖数据，以此监管高频交易公司及其活动。

在这个时期，SEC 还构建了应对高频交易错误的机制。2012 年 5 月 31 日，SEC 批准了美国金融监管局（FINRA）提交的以试用期为一年的涨跌停板机制（Limitup-Limitdown）取代已有的个股熔断机制的提案，该机制于 2013 年 4 月 8 日生效，分为两个阶段实施；批准了 FINRA 关于修改已有市场熔断机制的建议，针对整个市场的全市场熔断机制（Market-Wide Circuit Breakers），包含了 S&P500Index 和 Russell 1 000Index，以防止技术缺陷对整个市场的影响；批准了针对某个公司的 Kill Switches。涨跌停板机制针对的是个股，全市场熔断机制针对的是整个市场，而断路开关机制针对的是某家公司。

2013 年 5 月，CFTC 针对幌骗（Spoofing，也有译为虚假报单、价格引诱）等高频交易行为发布了《反市场扰乱操作指引》（Antidisruptive Practices Guidance）。

第三阶段：纳斯达克交易"瘫痪"至今。2013 年 8 月 22 日，NASDAQ 因技术故障暂停了交易所 2 000 多只上市公司股票的交易活动，大约 3 个小时后证券交易恢复运营。8 月 27 日，美国纽约大学金融系教授、高频交易专家埃德加·佩雷兹就此向 SEC 主席致信，敦促 SEC 会改善市场监督系统，为市场参与者创造公平有序的环境。他认为高频交易的世界需要相应的高频监管措施和领导者。如果说高频交易的世界是以速度为基础的，那么针对这种交易的监管措施就必须也围绕着同样的要求来构建。金融市场监管的目标是为市场参与者创造出一种互信气氛。如果一名市场参与者认为，他或她无法进行公平的交易，那么这名参与者就不会在市场上进行投资。同时，他还提出四点建议。

佩雷兹认为，8 月 22 日的事情并非事关纽约证券交易所与纳斯达克之间的对决，并非骑士资本集团与城堡基金之间的对决，也并非高盛集团（GS）与摩根士丹利（MS）之间的对决，而是事关美国作为全球最复杂、最精密的金融市场的竞争地位。2013 年 9 月 13 日，CFTC 发布征询意见《自动化交易环境中的风控和交易安全（Risk Controls and System Safeguards for Automated Trading Environments）》。

2014 年 5 月初，美国参议院农业委员会召开听证会正式探讨美国商品交易委员会（CFTC）是否要针对高频交易进行立法监管。自 4 月以来，美国司法部、CFTC、联邦调查局和 SEC 已相继对高频交易展开调查。2014 年 6 月 17 日,美国参议院下属常设调查委员会就逐渐引起业界争议的高频交易展开听证会,其中有关接盘(Maker - taker)定价机制与经纪商回扣问题成为焦点。2014 年 10 月 16 日,SEC 针对高频交易发布了市场操纵暂停并终止指令;2014 年 11 月 19 日,SEC 发布交易系统监管规则,要求交易公司等市场参与者对所使用的交易系统提前制定操作规范。

2015 年 1 月 7 日,美国金融业监管局(Finra)表示,将在 2015 年对券商和交易所之间提供回扣的交易是否造成投资者利益受损展开调查,券商在接受交易所提供的回扣和其他激励来交换业务的时候,存在有利益上的冲突。2015 年 1 月 13 日 SEC 通过了《监管体系的合规性和完整性(Regulation Systems Compliance and Integrity)》。SCI 的目的是加强美国证券市场的技术基础设施,以提高其韧性,提高委员会的监督能力,更广泛、更持续地努力加强和改革美国股票市场结构。2015 年 10 月,CFTC 主席 Timothy Massad 表示,该机构将出台对程序化交易进行测试与监督的规定,以保证这些程序在紧急情况下可以被关闭,可能还将强制独立交易公司在 CFTC 进行注册,限制 CME、ICE 等交易所的交易激励措施,以及限制高频交易公司在同一笔交易中同时作为买方和卖方的时间间隔。Massad 也表示,他并不是试图去限制自动交易的增长,他希望这些程序可以有序发展,不会扰乱金融市场安全。2015 年 11 月 CFTC 以 3∶0 的投票结果通过了一项计划。根据该计划,约 100 家交易公司将被要求在 CFTC 注册,并遵守一系列风险管控举措,降低这些公司的电脑系统发生破坏性故障的可能性。相关公司将必须实施交易前风险控制,比如对一段特定时间内其电脑可进入的交易数量设置上限,以及建立"指令撤销系统"。公司将必须在实施前对算法进行测试,以及提交年度风险控制合规报告。该计划意在抑制高频交易公司的"自我交易"(Self - trading)。2015 年末,美国民主党总统候选人希拉里·克林顿提出的一项旨在限制高频交易的税收措施,也建议对高频交易中过多的"取消买单"征税,以打击一些掠夺性的高频交易策略。

2015 年 11 ~ 12 月,美国 CFTC 颁布了 Reg. AT 提案及补充规则。该提案由七部分构成,第一部分"前言"介绍了美国自动化交易的兴起和发展,给市场带来的潜在的风险和收益,说明 Reg. AT 提案的目的在于减少自动化交易行为带来的风险,提高 DCM 的安全和透明。Reg. AT 提案没有特别定义和区分对高频交易的监管,对自动化交易的监管范围包括了高频和低频所有的自动化交易策略。第二部分是"监管机构对自动化交易做出的历次回应"。第三部分分析了负面典型事件,说明进行有效的风险控制的重要性。第四部分是 Reg. AT 的具体监管规则,包括"术语解释""交易前风控的多层次手段""特定主体注册要求"等 18 个部分。第五、第六部分是实施 Reg. AT 的成本收益分析。第七部分是公开征求意见的 164 个问题清单。

其中,第一部分"前言"介绍了美国自动化交易的兴起和发展,介绍了 CFTC 委员会正在通过拟议的自动化交易条例以实现一些目标。作为一个首要目标,委员会力求更新委员会的规则,以响应从人工喊价到电子交易的演变。在 NPRM 中提出的风险控制和其他规则主要关注市场参与者的算法订单发起或路径，以及 DCM 的电子订单执行。除了减少算法交易活动产生的风险外，拟议的规则旨在提高 DCM 电子交易匹配平台的透明度，以及在 DCM 上使用自我交易预防工具。此外，拟议的规则旨在促进 DCM 计划和活动的透明度，包括制造商和交易动机计划，这些自动交易成为主导市场模式而变得更加突出。

CFTC 委员会注意到，自动化交易条例一般不涉及掉期执行设施（SEF）的交易活动。委员会认为，在 SEF 市场上的执行或订单输入在此时都不足以构成自动化交易，需要在此提出一定程度的自动化保障措施。此外，自动化交易条例不提出在概念公告（Concept Release）中讨论的一些措施，例如，以下建议：实施各种交易后报告的建议（后订单拷贝、交易后拷贝和清算后拷贝）、对用于识别"相关"合同的自动化系统、政策和程序的公司使用的输入市场数据的"合理性检查"，以及标准化和简化订单类型的建议，每个建议都在概念公告中讨论过。

使用自动交易的市场参与者包括重要的自营交易者，虽然他们负责重要交易量和关键期货产品的流动性，但没有在委员会注册。这些未注册的自营交易者包括从事高频交易的多个交易者。然而，委员会注意到，拟议的自动化交易条例下的风险控制要求不应该因为市场参与者的算法交易策略不同而有所不同；在高频和低频算法交易方面，需要相同的风险控制。特别的，高频交易没有在所提出的规则下被特别地识别，并且不以与所提出的自动化交易规则下的其他类型的算法交易不同的方式来管理。相反，拟议的条例侧重于订单发起、传输和执行的自动化以及这种活动可能产生的风险。如上所述，在 DCM 处的几乎通用的电子订单匹配越来越通过市场参与者中的算法订单发起来补充。在这种背景下，委员会认为，在市场参与者、清算 FCM 和 DCM 方面，需要适当的前交易和其他风险控制，以确保委员会监管的市场的完整性，使市场参与者更有信心主观、真诚地执行交易。

市场参与者和清算 FCM 的自动化交易监管的主要要素包括：①整个自动化交易规则中使用的定义、术语的编纂；②没有以其他方式向委员会登记的某些实体的注册；③交易公司和结算公司的新算法交易程序，包括交易前和其他风险控制；④ATS 的测试、监测和监督要求；⑤要求某些人向 DCM 提交关于其 ATS 的合规报告。

DCM 的主要要素包括：①由 DCM 提供的直接电子访问的新风险控制（"DEA"）；②DCM 电子贸易匹配平台的透明度；③新的风险控制程序，包括交易前风险控制、合规报告审查标准、自我贸易预防工具要求、市场制定者和交易激励计划披露及相关要求。

如上所述，自动化交易规则不打算区分注册类别、连接方法，甚至高频或低频的交易策略。相反，自动化交易规则专注于降低风险，增加透明度和披露以及相关的 DCM 程序。

然而，有关各方将观察到，委员会选择不采用"概念公告"中讨论的某些措施（如上所述），同时还提出了一些在"概念公告"中未涉及的新措施。此外，自动化交易规则在某些情况下只寻求澄清现有委员会条例的范围，这些条款可能会受到自动化交易环境增长的影响。

在编制本 NPRM 时，委员会审查了相关行业惯例，美国和外国监管机构采取的措施以及其他知情人士提出的最佳做法或指导。在响应概念公告收到的这些来源和意见中，委员会已经确定了围绕针对自动交易和监管标准的交易前风险控制的新共识。委员会还注意回应概念公告的意见，支持在订单生成、传输、管理和执行的整个交易周期中分为多阶段风险控制（即在市场参与者层面、清算成员 FCM 和 DCM 层面的类似风险控制）。拟议的自动化交易规则试图平衡快速变化的技术环境中的灵活性，其需要一个监管基准，为交易前风险控制、监管标准和自动化交易环境的其他保障提供一个强大且足够清晰的标准。下文将更详细地讨论自动化交易规则提出的具体条例和修正案。

第二部分是"监管机构对于自动化交易做出的历次回应（Background on Regulatory Responses to Automated Trading）"。CFTC 在此次 Reg. AT 提案出来之前的一些规定中有一些单项规定，这一部分就是对于这些零散规定做出的一定的回应介绍。主要有 2013 年发布的《关于自动化交易环境下的风险控制和系统安全的概念公告》（Concept Release on Risk Controls and System Safeguards for Automated Trading Environments）[①]，该公告概括了自动化交易的总体情况，研究了交易前风控、交易后报告等自动化交易监管措施和实践。该公告从性质上看不是规则提案，它只是梳理业界现有的自发风险措施，在此基础上决定监管机构是否有必要出台自动化交易监管规则。第二部分的后半部分是对于世界各国其他机构已有的相关规定的一个梳理，主要包括美国证监会（SEC）、金融业监管局（FINRA）、欧盟证券监管局（ESMA）、德国《高频交易法》的相关规定。

第三部分是对近年来自动化交易负面事件的梳理（Recent Disruptive Events in Automated Trading Environments）。通过对于近年自动化交易系统失灵的案例梳理，表明对于自动化交易进行风险控制的必要性。这部分提及的案例都是近年来比较经典的事件，比如，2010 年的"闪电崩盘"，由于自动化交易系统设计的瑕疵对市场造成了极大的负面影响，2012 年骑士资本集团因为自动化系统上编码的错误，造成了巨额损失。

第四部分开始切入对 Reg. AT 提案的具体监管规则介绍（Overview of Regulation AT），共有 18 个部分，包括术语解释（Concept Release）、交易前风险控制的多层次手段（Multi-Layered Approach to Pre-Trade Risk Controls and Other Measures）、特定主体注册的要求（Registration of Certain Persons Not Otherwise Registered with Commission）、自动化交易和算法交易系统的期货行业协会标准（RFA Standards for Automated Trading and Algorithmic Trading Systems）、对于算法交易人的其他风控要求（Pre-

---

① Concept Release on Risk Controls and System Safeguards for Automated Trading Environments, 78 FR 56542.

Trade and Other Risk Controls for AT Persons)、算法交易系统的开发、测试、监控、监管标准（Standards for Development, Testing, Monitoring, and Compliance of Algorithmic Trading Systems）、对清算会员类期货经纪商的风险管理（Risk Management by Clearing Member FCMs）、算法交易人和清算会员类期货经纪商的报告和记录要求（Compliance Reports Submitted by AT Persons and Clearing FCMs to DCMs; Related Recordkeeping Requirements）、DCM 直接电子接入服务的风控（Direct Electronic Access Provided by DCMs）、DCM 交易配对系统的披露和透明度要求（Disclosure and Transparency in DCM Trade Matching Systems）、DCM 的交易前及其他风险控制（Pre-Trade and Other Risk Controls at DCMs）、防止自成交工具（Self-Trade Prevention Tools）、DCM 做市商和交易刺激方案（DCM Market Maker and Trading Incentive Programs）。

第五部分和第六部分是实施 Reg. AT 提案的一些成本收益问题和预估总成本。第七部分是对于公开征询意见的问题清单，共计有 164 个问题。

CFTC 在此次 Reg. AT 提案中主要以自律管理与信息披露作为基石。Reg. AT 提案的主要内容可以概括为"扩权、分层、明责、严控"四个方面。

第一，通过"强制注册"的方式，更多的市场主体被纳入监管范围。Reg. AT 提案要求所有从事算法交易或者对交易所等指定合约市场"直接电子接入"的交易者都必须用"场内交易商（Floor Brokers）"身份在 CFTC 注册登记。所以，除了在 Reg. AT 提案前已经要求注册的金融机构（合约市场 DCM、期货经纪商 FCM、商品交易顾问 CTA、商品基金经理 CPO、介绍经纪人 IB、掉期交易者 SD、主要掉期交易参与者 MSP[①]），现在所有的利用自动化系统进行交易的自营交易公司都要进行注册，被纳入监管。

第二，在多个层面提出了风险控制的要求。在交易中心的层面上，DCM 主要承担的责任是通过电子直连（DEA）进入 DCM 程序化交易者的监管责任，FCM 进行适当的调试。此外，DCM 在整个市场范围内实施风控措施，还要为程序化交易者提供程序化交易的测试环境等。DCM 还要对于程序化交易的信息进行披露。在结算会员层面上，FCM 是主要的承担主体。其不仅要承担要求通过交易者执行最大订单时的风控措施责任，还要履行报告备案的责任。在程序化交易者的层面上，其强调信息披露与风控措施的落实以防范风险出现。

第三，对程序化交易相关主体进行差别化管理。CFTC 根据程序化交易主体在市场中发挥的功能不同，将其分为四个层面，分别是程序化交易监管层、DCM、FCM 以及程序化交易者[②]。CFTC 针对不同层面的市场主体在风险防控中的职责进行差别化的要求。最上层是程序化交易监管层，主要包括 CFTC 和 RFA。按照 Reg. AT 提案，所有程序化交易者都要到 RAF 进行注册；第二层是 DCM，监督、开发、落

---

① Concept Release on Risk Controls and System Safeguards for Automated Trading Environments, 78 FR 56542.
② Concept Release on Risk Controls and System Safeguards for Automated Trading Environments, 78 FR 56 542.

实各类风控措施；第三层是 FCM，对风控措施进一步落实负责；第四层是程序化交易者，其在这四个层面中被视为重点监管对象。

第四，源代码数据库获取的准入制度。Reg. AT 提案提出，每个市场参与者都要维护一个自身的在线源代码数据库，数据库的作用主要在于管理市场参与者生产环境下的源代码的保存、修改等。根据 Reg. AT 提案，CFTC 在以监管为目的的前提下，可以不通过申请程序随时进入源代码数据库①。

《自动化交易监管规则提案》体现的美国对于程序化交易的新监管趋势。《自动化交易监管规则提案》中反映出美国对于程序化交易监管的态度发生了一定的改变。

第一，从 Reg. AT 提案内容来看，CFTC 对于自动化交易的发展不再采取遏制的态度，反而是允许程序化交易有序发展。此前，由于 2010 年"闪电崩盘"这类系统性风险事件的历史，很多美国监管层对于程序化交易持有谨慎的状态。但此次的 Reg. AT 提案更加强调程序化交易过程中的信息披露义务与风险防控。可以看出，美国的监管层已经开始重视程序化交易在市场中的积极作用，在允许其发展的同时，为了避免系统性风险而采取了更为严格的监管措施。

第二，Reg. AT 提案更加强调相关的市场主体在程序化交易等风险防控的责任②。根据提案，程序化交易相关主体被分为四个层次，并且明确了各个层次在程序化交易中应当分别承担相应的风险控制责任。由此可见，美国监管层认为程序化交易的责任主要归咎于人，而不是市场或者其他。

第三，Reg. AT 提案中更多体现了信息披露与自律管理这两大基石。通过风险防控来加强市场主体的自律管理，通过信息披露加强程序化交易的透明度。具体来说，CFTC 要求市场主体在交易前、中、后期都要落实各自的风险防控责任，并且要求程序化交易者、DCM、FCM 要增强披露与信息透明度。

《自动化交易监管规则提案补充规则》（Supplemental Notice of Proposed Rulemaking）于 2015 年 12 月 17 日由 CFTC 公布。《自动化交易监管规则提案补充规则》对于此前的提案，在吸收公众及业界的建议下，在多方面进行了较大的变化。最重大的变化主要有以下两个方面：

第一，补充规则对于 Reg. AT 提案中的注册制度进行了修改③，在与各种利益相关者、交易所和自营交易商以及金融改革倡导者参与讨论之后，为了更好地将注意力和法规集中在负责市场中大量自动化交易商。补充规则对注册规则做出了如下修

---

① 张孟霞：《自动化交易的隐忧与控制——CFTC〈自动化交易监管规则提案〉解读》，《金融期货研究（内部报告）》，2015 年 12 月 22 日。
② 韩冰洁：《从美国 CFTC 自动化交易监管新规看全球程序化交易监管趋势》，《金融期货研究》，2016 年第 6 期。
③ Concurring Statement Of CFTC Commissioner Sharon Y. Bowen On Supplemental Notice Of Proposed Rulemaking For Regulation，2016.11.4. at http://www.mondovisione.com/media-and-resources/news/concurring-statement-of-cftc-commissioner-sharon-y-bowen-on-supplemental-notice.

改。按照此前规则，交易商利用直接电子访问（DEA）连接到市场将无法再自动注册。相反，只有那些除了使用 DEA 之外，并且在 6 个月内每天平均有 20 000 或更多交易量的交易商才需要注册。此项修改的主要原因是，CFTC 认为，相对于每天只有较少交易量的交易商，那些大交易量的交易商应该受到更严格的监管。

第二，补充的规则修订改变了此前的总体的风险控制框架，要求在交易前进行两个级别而不是三个级别风险控制。第一级控制包括：①"自动化交易"对他们的算法交易和他们的电子交易的控制。②与期货佣金商（FCMs）一起对所有来自于监管人以外的所有市场参与者电子交易的控制。补充规则还替换了原先 Reg. AT 提案中拟定的要求，即自动化交易人和 FCM 结算成员需准备具有年度认证要求的某些年度报告。补充规则通过对关于源代码保存和访问的规定提出若干修改，来解决市场参与者对源代码的保密性和专有价值的关注问题，措施包括要求委员会自身对任何访问算法交易源代码的工作人员授权。③补充规则还为自动化交易人在使用第三方算法时提供了遵守自动化交易规则的某些要素的选项交易系统（ATS）①。

补充规则的框架结构。补充的规则包括是十个部分，第一部分是对于自动化监管规则提案（Reg. AT 提案）和补充规则的概述，包括 Reg. AT 提案和补充规则的基本框架结构；在两个公众意见征询期和业界人士的圆桌会议上公众对 NPRM 提案的评论内容介绍；收到的意见的概述，这些意见主要是基于 Reg. AT 提案最后一部分向公众征询的意见。

第二部分是自动化交易参与人的定位以及对于自动化交易参与人的要求。这一部分首先阐述了新规则中相关内容的概述与基本策略，然后对于补充规则中自动化交易参与者的实质要求要件进行了解释。这些要件主要是自动化交易参与人体积阈值测试、以场内交易商注册、反规避（Anti - Evasion）、成为期货注册协会的注册会员。这一部分的结尾部分还阐述了委员会（CFTC）的相关问题。

第三部分是对于 DEA（直接电子交易连接）的拟定义；第四部分是关于算法交易源代码保留和检查要求；第五部分是对于在第三方供应者环境中的测试，监控和记录保存要求；第六部分是总体风险控制框架的变化，这一部分作为补充规则的主要修改内容，篇幅较长，对于改变三级交易前监管为两级交易前监管做出了明确的解释；第七部分是报告和维持记录义务；第八部分是对于补充规则其他方面变化的总结；第九部分相关事项主要包括以下内容：成本效益考虑（Cost - Benefit Considerations）、灵活性监管的提案（Regulatory Flexibility Act）、减少文书工作提案（Paperwork Reduction Act）。第十部分是拟议规则的文本。

(2)《商品交易法》和《多德弗兰克法》对于市场操纵行为的规制

美国《商品交易法》（CEA）中对于破坏期货交易秩序的禁止性行为主要集中

---

① CFTC Supplemental Proposal to Automated Trading Regulation, 2015. 12. 17.

在内幕交易、虚假交易、欺诈和操纵市场①。其中，对于市场操纵行为的主要条款是《商品交易法》第6（c）条的规定。依据此款规定，只要CFTC有理由相信任何人正在操纵或者企图操纵，或者已经操纵或者曾经企图操纵属于洲际贸易或者依据任何登记实体的规则为了未来交割的任何商品的市场价格的，均属违法行为②。

然而，虽然在《商品交易法》中有对于市场操纵行为的规则，但是这一规则太过于原则性，没有具体的可以实施的可操作性，因此在这一法律规则下，CFTC难以发挥其应有的打击欺诈与市场操纵的作用。市场上的操纵行为自CFTC成立以来并没有得到有效的控制。

《多德弗兰克法》对于市场操纵行为的规制如下：

为了使原先《商品交易法》中的规则具有可实施性，CFTC于2011年7月7日发布了《多德弗兰克法》，这部法案不仅是一部独立的立法，也是对于美国已有的部分法律的增补，其中包括对《商品交易法》增补与修改。其对于市场操纵行为的规制做出了如下几方面完善。

第一，扩充了扰乱市场行为的规定。《多德弗兰克法》在第747条中增加了关于扰乱市场行为的禁止性规定，包括违反买卖报价规则（Violating Bids and Offers）、做尾盘（Making the Close）和谎骗或虚假报单（Spoofing），虚假报单也可以称之为幌骗。之后，在2012年5月28日生效的《"禁止扰乱市场行为"解释指引和政策说明》是CFTC对《多德弗兰克法》第747条和CEA第4c（a）（5）条的进一步解释。在解释指引中，CFTC列举了四个虚假报单操纵的行为方式：①提交或取消买单或卖单，使得交易设施的报价系统超负荷；②提交或取消买单或卖单，延迟他人的交易执行；③提交或取消多样的买单或卖单，制造虚假的市场深度表象；④提交或取消买单或卖单，意图制造人为的价格涨跌方向③。

第二，扩大了CFTC对反操纵的打击行为④。《多德弗兰克法》第753条是对于原先《商品交易法》第6（c）条规定的扩充，其对于反操纵行为的打击进行了较大的扩充，从此前在注册程序中的虚假陈述现已扩充到了"发行—买卖"的整个过程。从期货交易领域扩充到CFTC监管的全部场内场外衍生品。

第三，降低了CFTC反操纵打击的难度。在《多德弗兰克法》实施后，CFTC对于753条款进行授权制定了实施细则，这一实施细则被编入了《联邦法规汇编》（CFR）第108.1条和108.2条。其中，欺诈型操纵的主观要件从"故意"放宽到了"轻率"。具体条文体现在108.1的细则里面，CFTC规则180.1禁止任何人故意或者轻率地进行欺诈或操纵行为，包括：①使用或者意图使用任何欺诈策略；②做出或者意图做出任何关于重要事实的不实陈述（或者隐瞒重要事实以误导）；③从事

---

① 张孟霞：《美国近年幌骗案例的监管处罚与司法审判实践》，《2016年上海金融法治论坛论文集》，2016年11月15日。
② 张孟霞：《高频交易的频繁报撤单与市场操纵认定》，《证券市场导报》，2016年5月。
③ At http://www.cftc.gov/ucm/groups/public/@lrfederalregister/documents/file/2013-12365a.pdf.
④ 李明良、李虹：《〈多德弗兰克法〉期货市场反操纵条款研究》，载《证券法苑》，2011年，第5卷。

或意图从事可能欺诈任何人的行为。

(3) 美国对于高频交易涉嫌犯罪的司法认定

2015年11月3日，黑豹能源交易公司（Panther Energy Trading LLC）创始人Coscia被芝加哥联邦法院判定幌骗罪名和商品期货交易欺诈罪名成立。Coscia是全球第一个被判"幌骗罪"的交易员，其被判刑时正值我国股票市场异常波动，引起我国期货及衍生品行业的极大关注，因为在2015年11月1日我国媒体披露了类似的伊士顿公司案件。新华社新闻报道中指出，伊世顿公司的实际控制人及其境外技术团队设计研发出一套高频程序化交易软件，远程植入伊世顿公司托管在中国金融期货交易所的服务器，以此操控、管理伊世顿账户组的交易行为。伊世顿账户组通过高频程序化交易软件自动批量下单、快速下单，申报价格明显偏离市场最新价格，实现包括自买自卖（成交量达8 110手、113亿元人民币）在内的大量交易，利用保证金杠杆比例等交易规则，以较小的资金投入反复开仓、平仓，使盈利在短期内快速放大，非法获利高达20多亿元人民币。但是此案至今没有公开审判的资讯。

从2013年开始，Coscia分别为CFTC和芝加哥商品交易所及英国金融市场行为监管局做出过民事和行政处罚，罚款共计370万美元。2014年4月，芝加哥的伊利诺伊北区检察院专门成立了"证券和商品交易欺诈处"，Coscia"幌骗罪"是其提起指控的首例刑事案件。按照检方的起诉书，Coscia被指控在多个商品期货合约交易中进行幌骗交易，在2011年不到3个月内，其非法获利近140万美元。2015年10月26日开始进行庭审，经过7天庭审，陪审团闭门商讨不到1个小时即判定Coscia在所有指控的罪名成立，其中包括六项幌骗交易。2016年7月13日，Leinenweber法官判决Coscia有期徒刑3年，以及三年的监督释放（Supervised Release）。按照美国量刑指南，每项幌骗交易的罪名最高可判处10年有期徒刑和一百万美元罚款。目前，Coscia案仍在第七巡回法庭上升过程中。但是该案所涉及的幌骗型高频交易的司法认定，则是传统操纵市场罪的最新发展。高频交易作为程序化交易，通过不断提升的计算能力，进行高速的数据处理，形成一种实际意义上的"临时性信息优势"，借助以高速报单、撤单及成交的程序化交易，成为市场绝对的统治者。这就是为什么高频交易一旦被滥用，就会极大地然乱市场正常的定价机制，构成技术优势性的新型市场操纵行为。高频交易者的"临时性信息优势"至少包括两类：一是高频交易者可以即时探测到市场上正在出现的挂单，从而掌握几毫秒内的价格变动趋势。在美国，高频交易者通过付费行情，可以看到比公开行情更快更深的市场动态。这实际上构成了一种延时套利：即利用短暂的信息优势，预测市场走向（哪怕是微弱的趋势），并交易获利。二是高频交易者的大数据优势。所有高频交易的策略都是以过去交易数据的量化分析为基础而建立的统计学上的可能性预期。高频交易者所需要的预期判断时间仅以微秒或毫秒计，如果能预测毫秒之后的市场动向，就已经非常精准了，因此，高频交易的策略有效性完全取决于信息优势——比别人早知道一些信息。

高频交易存在，并不意味着只要是高频交易就涉及操纵或扰乱交易行为。恰恰相反，只有滥用高频交易、滥用程序化交易本身所具有的"临时性信息优势"和交易速度优势，干扰、影响或者扭曲证券期货市场的正常价格形成机制，才构成扰乱型交易行为，涉嫌操纵市场犯罪。

在传统的操纵期货市场中，美国司法实践依据《商品交易法》第6章（c）和第9章（a）（2）确立了认定操纵行为的四个要件：

①被告人有影响市场价格的能力；

②被告人特定的意图创造或者影响价格或者价格趋势，导致该价格不能合理地反映市场的供求状况；

③存在人为价格；

④被告人的行为导致了人为价格。一般而言，传统的操纵市场行为多为交易性和信息型操纵，但是随着网络技术和人工智能的发展，高频交易中产生了技术优势型操纵，其中最为典型的就是高频交易。

幌骗（Spoofing），又称虚假报撤，实为一种价格诱导，以前的《商品交易法》只是禁止非正式报价以及禁止虚假、误导或者明知不准确的报价。根据《多德弗兰克法案》，《商品交易法》增加了对幌骗的界定：即不以成交为目的的报撤单（Bidding or Offering with the Intent to Cancel the Bid or Offer before Execution）。按照美国 CFTC 的立场，虚假报撤单的行为使市场参与者产生高流动性的虚假印象，从而违反了《商品交易法》第6（c）、6（d）以及9（a），构成了意图操纵市场。2011年3月，CFTC 发布了有关幌骗交易的一个解释性指南，列举了三种幌骗交易行为：①报撤单超过了交易系统的报价能力。②旨在延迟他人成交的报撤单。③制造虚假市场深度之表象的报撤单。在2013年5月最终发布的解释性指南中，又增加了第四种，即报撤单是为了制造认为的价格向上或者向下波动。

界定幌骗，需要区分其于正常交易中的那部分成交。换句话说，如果是为了成交，哪怕交易者挂出大单而只有部分成交，也不会被视为幌骗。在确定特定交易行为是否构成幌骗时，CFTC 会"权衡市场环境、交易者的交易行为模式和特点以及其他相关事实和证据"。对于主观上的过错，CFTC 认为交易者必须具备超过轻率（Recklessness）的某种程度的"明知"（Intent），如果是刑事指控，则被告人实施幌骗行为应该是明知的。

芝加哥交易所在2014年9月15日实施的新的575号规则中也明确禁止幌骗，认为高频交易者通过提交或者撤销报价从而误导其他投资者对市场深度和价格走势判断。

在 Coscia 案中，其设计、实施并执行了一种高频交易策略，可以大量下单并在其被其他交易者成交前迅速撤回。这种策略的目的就是为了制造有关市场合约数量的假象，以便欺骗性地诱使其他市场参与者对其制造的市场虚假信息进行反应。在 Coscia 案中，其在市场一边方向下"成交单"，在市场的另一边下多个"报价单"，通过"成交单"获利。Coscia 的交易中，不管市场是否朝着有利方向移动，报撤单在毫秒间会被自动撤回，即便是"报价单"部分成交，其交易程序也会立即撤回这些欺诈性和误导性的报价单。陪审团认定，Coscia 交易程序的目的就是不希望"报价单"被成交，而是希望诱使其他交易者对其欺诈性和误导性的"报价单"产生的虚假信息和交易量做出反应。Coscia 确实误导了其他交易者，因为他的"报价单"显示出市场的重大变化。当 Coscia 通过欺诈性和误导性"报价单"来执行其"交易单"后，他立即在市场另一方向下第二个"交易单"，然后再通过前面的"报价单"方式，促使第二个"交易单"的成交。Coscia 通过第一个和第二个"交易单"之间的价差获得收益。

举例：按照起诉书中指控的犯罪事实，2011 年 9 月 1 日早上 4:54，Coscia 以 14288 点的价格在 EuroFX 市场下"交易单"，拟买入 14 个合约，这个报价低于市场上所有的卖单。大约 11 毫秒之后，Coscia 下了三个大买单：14291 点价格卖出 91 个合约、14290 点的价格卖出 99 个合约以及 14 289 价格卖出了 61 个合约，这是市场下跌。大约 7 毫秒之后，Coscia 的买单成交了，差不多 6 毫秒之后，Coscia 撤回了其所有的三个大卖单。取消卖单大约 5 毫秒之后，Coscia 又以 14289 点的价格下单卖出 14 个合约，该报价高于市场上的所有买入价。大约 22 毫秒后，Coscia 下了四个大买单：以 14284 点的价格买入 88 个合约、14286 点的价格买入 88 个合约、以 14288 点的价格买入 61 个合约。大约 9 毫秒之后，Coscia 的卖单成交。之后 5 毫秒后，Coscia 取消了其所有的买单。Coscia 下大单后又立刻取消，不希望其他交易者成交意图非常明显。检方则指控嫌疑人在 3 个月的时间里通过"诱饵调包阴谋（Bait – and – switch Scheme）"非法获利 140 万美元。

认定幌骗性操纵行为的关键是主观故意以及影响交易对手决策的证明。在 Coscia 中，法院认为，法条所界定的"虚假报撤（不以成交为目的买卖报单）"中主观故意的要件至为重要。只要控方有证据证明行为人的主观故意，就完全可以将幌骗与其他部分成交的下单行为区分开来。因为不管是否全部成交，都不存在将整个报单全部取消的主观意图。此案，检察机关提供了一个关键证人 Jeremiah Park，即软件工程师，其具体负责为 Coscia 开发涉案的交易软件。Park 出庭作证说软件的一个自带功能就是在成交前撤回大额的"报价单"，从而证明 Coscia 的虚假报撤的主观故意。不仅如此，检察机关还对 Coscia 的交易行为进行了认定，并请一些交易者出庭作证，证明其交易决策受到了的 Coscia 行为的影响。如此一来，主观故意加上客观上对交易对手的交易决策产生影响，最终法院裁定 Coscia 六项商品欺诈和六项幌骗罪名全部成立，并给予量刑。

2014 年 11 月，美国商品期货交易委员会（CFTC）发布公告称，芝加哥投资公司 3 Red Trading LLC 以及交易员伊格尔·奥斯塔赫（Igor B. Oystacher）涉嫌利用幌骗手段及欺诈设备操纵市场，CFTC 对其发起诉讼。据 CFTC 的指控文件，奥斯塔赫在 359 790 份交易合约中累计进行了 1 316 次幌骗交易。同期，芝加哥商业交易所

（CME）向奥斯塔赫处以 15 万美元的罚款和一个月的市场禁入，奥斯塔赫同意支付罚款并接受处罚，但对于违规行为既不承认也未否认。有评论认为，奥斯塔赫通过发现僵化的高频交易的市场漏洞，从而操纵了其他的高频交易者。

在 2010 年 5 月 6 日，美国证券市场的"闪崩事件（Flash Crash）"就显露出高频交易可能存在的巨大系统性风险。经过长达 5 年的调查，直到 2015 年 4 月 21 日，"闪崩"的"疑凶"——英国 37 岁的高频期指交易员萨劳（Navinder Singh Sarao）被英国执法部门拘捕并被指控涉嫌利用大笔高额下单交易操纵指数，从中牟利导致"闪崩"。2016 年 3 月 23 日，英国法院裁定，允许将萨劳引渡到美国受审。这至少意味着在英国同样也将高频交易涉嫌操纵作为一种刑事犯罪来处理。

2015 年 3 月 10 日，芝加哥一家交易商（HTG Capital Partners，以下简称 HTG）以"幌骗操纵（spoofing）"为由，起诉身份未知的一名或多名市场参与者。起诉书称被告为一己私利进行市场操纵，损害了 HTG 和其他市场参与者的权益。HTG 之前在 CME 的仲裁程序中无法获得满意结果，继而向北伊利诺伊州地方法院提起了诉讼。原告 HTG 公司是芝加哥期货交易所（CBOT）的会员，主要营业场所在芝加哥，从事美国国债期货交易多年。CBOT 是美国的指定合约市场，也是 CME 集团的全资子公司，Globex 是 CBOT 使用的期货期权电子交易平台。HTG 通过在 CBOT 国债期货（5 年期、10 年期和 30 年期）交易平台上持续的交易活动和主动观察，察觉出一种清晰的、可识别的、始终如一的扰乱和操纵市场的交易行为。由于 Globex 平台上的交易是匿名的，原告并不知道被告的真实身份和准确数量。但是，基于这种特别的交易行为模式，原告坚信有人极有可能应对这些违法行为负责。HTG 给被告取了一个名字为 John Doe（s），一旦查明被告的真实身份，HTG 将修改起诉书中的被告名称。同时，HTG 坚称 CBOT 和 CME 集团已经知道被告的真实身份。因为 CME 集团要求所有的 Globex 平台使用者提交独特的使用者标识，以区分使用者的身份，所以理论上 CBOT 和 CME 能够准确地追溯到被告的真实身份。HTG 的起诉书中写到从 2013 年 1 月～2014 年 8 月的 20 个月内，被告采用非法交易策略成千上万次地扰乱和操纵美国国债期货市场。这种非法行为使得被告获利，却让 HTG 和其他市场参与者遭受了损失，因此 HTG 诉请就因被告的违法行为所遭受的经济损失获得赔偿，数额至少为 100 万美元。HTG 的起诉依据是《多德—弗兰克法》的两条规则，即禁止进行扰乱市场的交易行为和禁止使用任何欺骗或操纵市场的策略。

HTG 认为被告违反了 CFTC 规则 180.1 中不得使用任何欺诈策略的规定，从被告实施一次完整策略的时间之短和反复进行同样策略的次数之多，足以证明被告的行为有主观的操纵意图。被告在 2013～2014 年期间虚假报单 6 960 次违反了《商品交易法》第 6（c）条的规定，HTG 据此提起诉讼。

2. 德国

2013 年 5 月 15 日《高频交易法》生效，德国正式将高频交易纳入监管范围。《高频交易法》实际上是对德国金融服务法律法规的修正案。德国法律法规的修正案是指本身包含多部法律或不同内容法案，此种类型的法案多被用于属于同一领域但散见于不同法规中的内容修订。

《高频交易法》共分七章，除了第七章对法案生效时间进行规定外，前六章分别是对六部法律法规的修正，包括《交易所法》《银行法》《有价证券交易法》《投资法》《市场操作行为定义规则》《存款担保和投资者补偿法》。

《高频交易法》核心内容提出了高频交易资质与组织结构的义务，用来控制风险。要求采用程序化交易技术的金融机构在自主交易金融工具的时候，首先需获得高频交易的资质，高频交易商必须取得执照（License），因为高频交易对自有资本规模有较高要求。对于组织结构方面的义务，要求相关的股票交易公司、资本投资公司以及自行管理的投资公司确保其交易系统能承受住压力、具备足够的容量以及不被用作操纵市场的工具。赋予 BaFin 及相关的交易所等监管部门更大的监管权力，如有权力获取交易商（包括适用高频交易的一般投资公司）具体的算法信息、对市场滥用进行定义等。

《高频交易法》要求建立有效的系统与风险控制机制：

①确保交易系统可以承受压力，并拥有足够的容量，保证其交易系统受合理阈值与上限的限制；

②不发生错误传输订单的情况，并且具备有效的运行机制；

③交易系统遵循市场运行规则以及交易所运营规则。此外，要求金融机构具备有效的救急措施，以便能应对不可预测的来自交易系统的干扰。当市场出现较大波动时，能够采取熔断机制，及时终止交易或暂时转换市场模型。熔断机制具有冷却市场的作用，通过使用熔断机制可以使整个市场暂时中止交易，套利者暂时停止投机、套利行为，以达到稳定市场的作用。法案同时要求交易所建立交易人员的阈值体系，必要时采取一定的限制措施，避免交易量的过度集中；过度使用交易系统将被收取额外的费用，特别是那些不合乎比例的大量输入、修改以及取消订单的行为。如果高频交易参与者输入或取消大额订单不是以交易为目的，而是为了影响交易体系的正常运行、给其他交易制造障碍，或者通过该交易向市场释放错误信号，则该行为将被认定为操纵市场行为，会受到更加严厉的制裁。

《高频交易法》要求高频交易者履行说明义务。在日常监管中，想识别单个订单是否借助算法交易产生存在相当难度，判断其究竟采用哪种算法更是难上加难。为了方便监督，更好地履行监管职责，《高频交易法》还要求高频交易者或者算法交易的参与者，向监管机构提供其具体算法以及采用的系统的相关信息，如交易策略、交易参数以及交易上限等描述材料。因为只有明确了具体的算法，才能准确排除错误设置或错误编程的算法，进而规避可能给交易所基础设施造成的风险。该法案同时授权交易所制定补充规则，要求交易者标记每一笔算法交易。

《高频交易法》增加了对交易行为的限制，要求高频交易参与者遵守订单/交易率与最小变动价位限制。前者是指发出的订单（包括输入、修改和撤销的）与实际完成的交易之间的比率，该比率将根据各个金融工具上一个月的表现分别设定；后者则是指在不破坏价格发现机制前提下由交易所具体确定的数值。该法案同时要求交易所对订单/交易率与最小变动价位做出更具体的规定。

《高频交易法》定义了试图操纵市场的行为：

一是通过输入或取消大额订单来影响其他市场参与者放慢交易过程，以便达到操纵市场的目的。

二是通过输入系列订单，用以消除或加强趋势，来鼓励其他市场参与者加速、扩大该趋势，以便以更优惠价格来购买某个头寸。

三是传输多个在账面上看不到的订单，以求在账面的另一面交易，并在交易结束时删除原订单。

监管机构明确表示借助于程序化交易的部分交易参与者，无论他们的交易策略是否是程序化交易方法，还是高频交易途径，只要其买入与卖出的订单被认为是错误的或是有错误导向的，都被认为是市场操纵者。《高频交易法》还设立了订单/交易比率与最低价格变动交易量，通过确定合适的订单/交易比率避免交易所交易的违规风险；还为程序化交易设立电子标识。为了确保监管机构能更好地监管那些借助程序化方式来交易的金融服务机构，还赋予交易监管机构拥有特殊获取信息的权力，要求采用程序化交易的机构提供其程序化交易的算法以及所采用的系统的相关信息，例如交易策略、交易参数以及交易上限等相关描述材料。

3. 欧盟

2012年10月26日，欧洲议会（European Parliament）全体会议批准了欧洲金融市场工具指令（Markets in Financial Instruments Directive，简称MiFID II）草案中的算法交易（algorithmic trading）特别对高频交易打出一套"组合拳"。该法案已于2014年通过。MiFID II第四条中，欧盟对于算法交易、高频交易以及与之密切联系的市场直接介入给出了自己的定义。MiFID II对于算法交易、高频交易给市场带来的若干潜在风险进行了描述，反映了欧盟对于加强算法交易、高频交易监管的一些考量。MiFID II认为：高频交易可能会引发市场混乱；高频交易可能会带来市场不公；高频交易可能会造成传统投资者流失。因此，MiFID II提出了对算法交易、高频交易的具体监管措施。

（1）对技术系统的要求

①保证交易系统的弹性。被监管的市场和投资公司的交易系统都应具备足够的弹性以应对算法交易、高频交易给交易系统带来的压力。一方面要求交易系统必须有足够的容量，能够及时处理高峰时的大量的报单，特别是在市场波动急剧放大的极端情况下；另一方面要求被监管的市场和投资公司必须建立业务连续性计划，当交易系统发生不可预见的故障时能够及时恢复交易。

②增加交易过程中的技术控制措施。被监管的市场应增加交易过程中的技术控制措施以减少算法交易、高频交易对正常交易的影响，包括：第一，设置报单至少

500 毫秒的强制有效期。所有进入被监管市场交易系统的报单在至少 500 毫秒内都是有效的，在此期间不允许被取消或修改。第二，引入"断路器"机制。当市场中某金融工具价格在短时间内发生巨大变化，被监管市场应能够暂停该金融工具的交易，在极短情况下甚至能够取消、修改或纠正任何交易。第三，预定义报单参数阈值。被监管市场交易系统中应预先定义委托报单量和委托价格的阈值，拒绝超出阈值的报单。同时，被监管市场交易系统还应能够对某一会员或者参与者的未执行报道比例继续限制，接近系统容量时能够减缓报单流量。

③加强对算法交易、高频交易的测试。被监管的市场应该加强对算法交易、高频交易的测试，通过测试环境供会员或参与者对算法交易进行测试，以检验算法交易或者高频交易系统是否会使市场产生混乱，并演练在算法交易或高频交易系统给市场带来混乱后的应对措施。

④禁止保荐接入。被监管的市场应该禁止会员或参与者即投资公司提供保荐接入服务。同时，被监管的市场应针对市场接入方式建立适当风险控制标准，设置使用市场接入方式进行交易的阈值，并能够识别在必要时停止所有通过市场接入方式的交易。投资公司在提供市场接入服务时必须建立适当性制度，与使用该服务的客户签订有约束力的书面协议，预先设置客户的交易和信用阈值，并监控客户的活动，采取恰当的风险控制措施以确保客户的交易不会给投资公司自身及整个市场带来混乱。被监管市场在提供联位服务时必须是透明、公平和非歧视的，即对所有愿意使用其联位服务的客户应一视同仁。

⑤实施时钟同步，所有交易所与其参与者应实施时钟同步，以便在记录所有应报告事件时能够统一记录日期和时间。

（2）对报告与记录的要求

从事算法交易的投资公司应至少每年一次主动向主管部门或应主管部门要求报告一下内容：使用算法交易策略的详细描述、交易参数和系统限制的详细信息、保证系统弹性的关键合规性和风险控制措施及系统测试的具体细节。主管部门可要求投资公司提供交易算法和系统的进一步信息。从事高频交易的投资公司应以批准的形式存放所有交易场所任何报价和交易行为的原始审计记录，以备在主管部门要求时提供。被监管市场应在主管部门要求时提供订单簿的相关数据或给予订单簿的相关权限，以便主管部门监控交易。

（3）对金融工具设计的要求

MiFID II 要求欧洲证券与市场管理局后续制定监管技术标准，指定各类金融工具的最小报价单位（Tick Size）或建立最小报价单位管理机制，能够反映金融工具在不同市场的流动性状况和平均买卖价差，在使价格和列宁的同时限制价差进一步收窄，确保市场的有序运行。

（4）对使用算法交易做市商的要求

被监管市场与该市场中使用算法交易做市商必须签署有约束力的书面协议，明确做市商提供流动性的义务。在任何市场情况下，做市商都要确保其做市算法在交易时段连续进行，通过提供有竞争力的报价为市场提供流动性。

（5）对收费结构的要求

被监管市场应确保其收费结构（包括执行费、配套费和任何手续费返还）透明、公平和非歧视性，不至于激发频繁修改或撤销报单以及可能扰乱市场的交易行为。特别是，被监管市场应对撤销报单征收比执行报单更高的费用，对于高撤单报单比和使用高频交易策略的参与者征收更高的费用以缓解对系统容量的额外压力。

4. 总结

美国及德国对高频交易的监管概括起来主要有下面几个方面：一是实行准入制度。根据 2015 年 11 月 CFTC 通过的一项计划，100 家高频交易公司将被要求在 CFTC 注册，分配识别码。根据《高频交易法》，在德国高频交易商必须取得执照。二是要求高频交易商将策略中具体的算法等信息向监管部门报备。三是赋予监管者享有信息知情权，美国建立了 CATs 和 MIDAS。德国赋予交易监管机构拥有特殊获取信息的权力，要求采用程序化交易的机构提供其程序化交易的算法以及所采用的系统的相关信息。这些做法明显能提高监管在市场重建和复杂情况调查、侦查和测试等情况下的实时处理和准确分析能力，从而实现实时监控。四是美国对巨量交易者分配识别代码，德国对程序化交易设立电子标识。五是建立高频交易错误应对的机制。美国制定了涨跌停板机制，修改了整个市场的全市场熔断机制和针对某个公司的 Kill Switches 机制，实现了个股—公司—市场全覆盖。六是对高频交易中的操纵市场进行界定。CFTC 针对 Spoofing 等高频交易行为发布了《反市场扰乱操作指引》，SEC 针对高频交易发布了市场操纵暂停并终止指令；德国定义了试图操纵市场的行为。此外，两国还要求高频交易公司履行做市义务、设置订单执行率等。

美国除了加强监管外，也对与高频交易有关的刑事案件展开调查和处罚。从 2008 年开始 CFTC 就将涉嫌操纵的澳帝桦公司移送给纽约法庭，2012 年该公司支付了 1 400 万美元罚款中止了这场诉讼，相关责任人被禁止进入美国大宗商品市场。2010 年《多德弗兰克法案》明令禁止幌骗交易。2015 年美国芝加哥陪审团裁定 Panther Energy Trading LLC 交易公司的一名期货交易员 Coscia 被指控的 6 起欺诈和 6 起幌骗操纵期货市场的行为全部成立。最终的判决已经于 2016 年 3 月公布。

这些制度和措施为监管高频交易奠定了基础，虽然美国还没有制定类似德国的《高频交易法》，但是其制度已经基本完备，这两个国家的做法值得我国借鉴。

5. 课题组的意见

课题组认为，程序化交易及高频交易是技术革命的金融科技迅速发展的产物，高频交易是一种交易技术。合法的高频交易允许，非法的高频交易应当被禁止。将高频交易纳入监管是正常的选择，制定完善的交易制度与监管制度是最佳的选择。应当不断地追踪程序化交易及高频交易的演变，不断地调整监管法律法规，提高监管水平，充分认识是市场主体而不是市场技术引发了风险。兴法去弊，在《证券法》修订及《期货法》制定的过程中，应将程序化交易及高频交易纳入调整范围，并明确授权交易所可以制定监管规则，履行日常监管规则。明确各市场主体的相关职责。

三、程序化交易监管体系构建

程序化交易及高频交易监管制度，必须基于现有的法律框架下建立，纳入现有的法律框架。在纳入现有法律框架基础上，强调自身制度的针对性。

（一）监管理念

监管者如何认识程序化交易对市场的影响、如何权衡市场相关主体的利益和保护中小投资者利益、如何在风险可控的基础上合法有序地发展程序化交易、如何认识金融科技与市场的发展关系等至关重要。程序化交易及高频交易监管制度和监管法律体系建立首先要正确认识高频交易的功能与作用，其次必须与国家层面的顶层设计和发展要求相符合。2016年颁布的"十三五规划"要求，"改革并完善适应现代金融市场发展的金融监管框架，必须通过改革保障金融安全，有效防范系统性风险。要坚持市场化改革方向，加快建立符合现代金融特点、统筹协调监管、有力有效的现代金融监管框架"。

程序化交易及高频交易监管应当：

①坚持依法监管、从严监管、全面监管。

②明确监管目标。程序化交易监管追求的是市场效率和市场公平与稳定的平衡。单纯追求其中的一个目标，可能对市场的发展有所偏废，不能发挥应有的作用。

③考虑到市场运行的效率，需要明确程序化交易的监管重点。由于程序化交易与传统的交易没有本质的区别，一般来说，传统交易的监管框架可以适用程序化交易。例如，已有的防止市场操纵等监管措施，可以纳入刑法的规定（增加类型化内容），可利用大数据分析捕捉违规交易等。对于高频交易，或频度较高的交易可以适当采用不同的监管措施，做到有的放矢和切中要害。因此，制定判断高频交易的标准、市场操纵的判断标准尤为重要，使其成为监管和司法认定的依据。

④监管需要平衡监管成本和监管效率。任何监管措施都是有成本的，在考虑监管措施有效性的同时，要考虑整个市场需要为此付出的监管成本。因此，监管措施的推出，需要建立在充分研究和论证的基础上，也需要在不断发展的过程中兼顾有效发展与合理控制风险的矛盾。

中国证监会在起草《证券期货市场程序化交易管理办法（征求意见稿）》时指出，程序化交易在境外证券期货市场使用较为普遍，交易量占比较高，既体现出改善市场流动性、提高市场价格发现效率的积极作用，也出现加大市场波动、影响市场公平性、增加技术系统压力等消极影响。境外监管机构陆续出台对程序化交易的监管法规，更进一步加大了监管力度，说明已经体现了监管的理念：兼顾有效发展与合理控制风险。

（二）监管体制

应当通过立法明确将程序化交易及高频交易纳入基础性法律调整范围，构建五位一体的监管体制。特别是需要在监管机构内部建立跨市场（现货期货市场）的监管体系，对监管机构内部部门进行合理制度安排。现有的立法很少关注现有监管机构内部部门的调整，应基于程序化交易及高频交易纳入基础性法律调整范围，应将监管机构内部部门及相关制度建立起来，保证监管机构有效实施监管。

（三）监管对象

监管者应该根据市场情况在市场、参与者和程序化系统等进行监管。

1. 监管市场

在交易所、结算会员等设置风险控制措施，目的是防止市场整体发生系统性风险。

2. 监管市场参与者行为

各国有两种做法：一是德国做法，在交易前，程序化交易者先要申请监管者牌照；二是美国做法，即要求市场参与者强制注册，监管者在特定情况下可对相关参与者进行检查。我国可以参照美国 Reg. AT 提案"扩权"亦即将更多的市场主体纳入监管范围的做法，这也符合十八大以来整个政府管理理念的精神。

3. 监管计算机系统安全，避免技术错误。

要求程序化交易者提供程序化交易所用的机器、交易软件、交易策略等信息，同时进行报备。

（四）监管方式

根据党的十八大相关精神，借鉴美国做法，建立事前、事中、事后监管体系如下：

一是实行注册准入制度。根据 2015 年 11 月 CFTC 通过了一项计划，100 家高频交易公司将被要求在 CFTC 注册，分配识别码。我国可以坚持交易所已有的"报备客户"，兼采"认定客户"做法，这两种做法实际上采取了形式认定和实质认定，形式认定实为机构监管，有利于提高市场效率，实质认定实为功能监管，有利于监管的统一。德国《高频交易法》要求高频交易商必须取得执照的做法会牺牲市场效率。

二是要求高频交易商将策略中具体的算法等信息向监管部门报备。

三是赋予监管者享有信息知情权，赋予其他市场主体报告义务。

四是借鉴美国对巨量交易者分配识别代码、德国对程序化交易设立电子标识，建立我国相关制度。

五是建立高频交易错误应对的机制。我国应完善熔断机制，用以应对高频交易异常情况。

六是在《证券法》《期货法》《刑法》及中国证监会行政规章中对高频交易中的操纵市场进行界定。

上述规定体现了事先、事中、事后各自侧重的监管理念和信息披露理念。我国监管机构需要借鉴海外市场的经验，详细分析高频交易策略的种类、理念和操作手法，及时识别并限制对市场和其他投资者有害的投资策略，尤其需要通过压力测试、计算金融等方法科学模拟市场出现极端情况时，由高频交易提供流动性的质量和对市场运行安全的影响，评估其对市场和其他投资者的影响，建立极端市场情况下的高频交易监管措施。

（五）监管标准

我国可先制定证券期货程序化交易监管规则，再授权交易所制定相应实施细则，规定识别高频交易的标准，规定利用高频交易涉嫌操纵市场标准。待时机成熟后制定法律规定高频交易及市场操纵的判断标准。

美国、德国、欧盟及澳大利亚等国家及国际组织颁布了识别高频交易的标准，我国可以借鉴相关实证研究，结合我国未来的实际情况，制定我国的相应标准，为采取相应的监管措施和司法认定奠定基础。

（六）风控责任

期货及衍生品市场是一个风险管理的工具和市场，但是其自身的风险经常被忽略。为了规范程序化交易，防范利用高频交易操纵市场的情形，我国可以参照美国 Reg. AT 提案"分层""明责"和"严控"做法，确定监管者、交易所、期货公司和证券公司及基金公司、交易者（商）四个层次的风控责任。

我国应建立监管机关及行业协会、保证金监控中心的监管层职责，证券及期货交易所、期货公司和证券公司及基金公司、程序化交易及高频交易市场参与者的风控体系，明确相关责任主体的相关责任，将行业内最佳风控实践正式化、标准化，覆盖整个程序化交易订单全周期。

（七）法律责任

法律责任包括：行政责任、刑事责任、民事责任和自律责任（如交易所和行业协会）。监管者必须履行相应职责，承担政治责任。市场中介机构包括交易所承担的责任有行政责任、刑事责任和民事责任。交易者法律责任包括监管机关采取行政责任、行业的自律责任、触犯刑法而承担的刑事责任，以及交易对手因其从事高频交易操纵行为遭受损失而提起民事诉讼要求承担的民事赔偿责任。

从我国现有的监管实践和司法实践来看，市场交易者（商）行政责任和自律责任应该主要的责任方式。而对于刑事责任的采取，因为市场发展处于初期，并未充分发展，很多事情还有待观察，所以根据刑法的谦抑性原则，对于相关行为入刑应采取慎重的态度。即使在美国也仅有个案，被采取刑事措施，且我国与美国市场化程度和市场结构没有可比性。对于民事责任，因为我国对于证券期货市场民事赔偿还有待完善，所以对于高频交易的民事责任承担更是遥望不可及。美国也没有出现涉嫌高频交易操纵行为造成交易对手损失而提起的民事诉讼的案例。

（八）监管与司法的协调

当然，对于构成犯罪涉嫌利用高频交易危害投资者的操纵行为仍然需要进行刑事制裁。这需要构建监管和司法的协调机制，即监管机关在执法过程中发现有可能涉嫌构成刑事犯罪的，应当由刑事侦查机关侦查再移送给检察机关，检察机关再决定是否移送法院。

监管机关应当秉承独立原则，不受市场及行业的影响，判断是否应当移送给刑事侦查机关。刑事侦查机关、检察机关和法院尤其是法院，应当坚持司法谦抑性定罪量刑，充分利用专家、证人作用，因为技术的发展和市场的情况超出了一般司法人员的工作经验和学识背景。

四、程序化交易的法律法规体系

（一）境外程序化交易的法律法规体系及内容

美国及德国对高频交易的监管虽然颁布了相关法律法规，但仍在探索过程中。美国主要采取自律监管和信息披露为主，而德国《高频交易法》不是一个真正的法律，而是修正案。美国及德国对高频交易的基本立法监管框架已经具备，为我国立法提供了非常有益的借鉴。美国及德国对高频交易的监管概括起来主要有以下几个方面：

一是实行注册准入制度或者行政许可制度。

二是要求高频交易商将策略中具体的算法等信息向监管部门报备。

三是赋予监管者享有信息知情权，赋予其他市场主体报告义务。

四是对巨量交易者分配识别代码；对程序化交易设立电子标识。

五是建立高频交易错误应对的机制。

六是对高频交易中的操纵市场进行界定并对操纵行为施加刑事制裁。

（二）我国程序化交易的法律法规体系

在我国，法律体系或者说法律渊源包括：立法机关制定的法律、国务院的行政法规、中央部委颁布的行政规章及规范性文件（中国证监会主席令和部分公告）、最高人民法院和最高人民检察院颁布的司法解释，以及在一些特殊行业基于法律授权的自律性规范（如证券市场和期货市场）。

1. 国家层面立法

（1）《证券法》和《期货法》

正在修改的《证券法》和正在制定的《期货法》可以探索将通过高频交易的操纵证券和期货市场的行为纳入调整范围。在我国证券市场反操纵领域，中国证监会一直以《证券市场操纵行为认定指引（试行）》（2007年9月，该指引没有公开发布，也不属于规范性文件，法律效力比较低，已废止）作为《证券法》框架内、中国证监会调查认定操纵市场行为的行政责任的工作参考。在2015年4月一读稿的《证券法》修改草案第94条中，也在禁止操纵证券市场行为的条款中加入了"不以成交为目的的频繁申报和撤销申报"这一"虚假申报操纵"行为的规定。期货市场的反操纵领域没有类似于《证券市场操纵行为认定指引（试行）》的规定，当然也谈不上对高频交易频繁报撤单等技术优势型操纵行为细化的行政责任认定指引。建议相关部门可考虑研究制定《期货市场操纵行为认定指引》，特别是细化关于技术优势型操纵的规定，包括技术优势型操纵的定义、判断标准和滥用的主要表现等，以此将具有较新技术（如高频交易、程序化交易）的市场交易者（商）纳入反操纵的监管范围，并对虚假频繁报撤单等操纵行为进行法律规制。

由于我国是先修改《证券法》，然后制定《期货法》，在修改《证券法》时必须与未来制定的《期货法》在市场操纵方面的规定统一。特别是跨市场操纵已经存在，所以制定法规时必须考虑跨市场监管的挑战。

（2）刑法

考察操纵期货市场的规制发展，期货市场操纵行为从传统的市场力量型已经发展到信息型操纵和欺诈型操纵，后者区别于传统的操纵期货交易价格行为在于：往往操纵者并没有制造一个人为价格，而是破坏了期货市场公平、公正的交易秩序和市场完整性，损害了市场参与者利益。这与高频交易的反操纵立法发展脉络相适应的我国《刑法修正案（六）》对《刑法》第182条的修订——以操纵证券期货市场罪取代原来的"操纵证券期货交易价格罪"，将原先的"操纵证券期货交易价格"修改为"操纵证券期货交易价格或者证券期货交易量"，均反映了对资本市场新型操纵行为的打击范围的扩张。

当然，基于刑法的谦抑性原则，对于通过高频交易行为涉嫌操纵市场入刑应采取慎重的态度，即使在美国《多德弗兰克法案》或《商品交易法》也只是做了原则性的规定，被司法机关定罪量刑的也仅有个案。刑法谦抑性原则，是指立法机关只有在该规范确属必不可少，亦即没有可以代替刑罚的其他适当方法存在的条件下，才能将某种违反法律秩序的行为设定成犯罪行为。从我国现有的实际情况，高频交易使用得比较少，高频交易对股票及期货市场的影响还没有显示出来，各种形态受制于技术并未显示出来，轻易入刑，不利于市场的发展。司法机关在定罪量刑时也不应该采取"兜底条款"进行认定。如果立法机关进行立法，必须经过科学研究与实证分析。行政监管可以采取"兜底条款"进行认定，不能在刑事案件审判中采取"兜底条款"。如果采取刑法中"兜底条款"进行认定，至少必须以最高人民法院或及最高人民检察院司法解释颁布为前提。因此，即使《刑法》可以将滥用高频交易操纵市场行为纳入市场操纵范围予以规制，也应对于高频交易行为入刑的标准予以明确，不应采取"兜底条款"。

2. 行政规章及规范性文件

由于对高频交易的规制仍在探索之中，有效的规则最早可以追溯至中国证监会2010年9月下发的《期货交易所业务活动监管工作指引第9号——关于程序化交易的认定及相关监管活动的指导意见》（简称《9号指引》）。由于市场发展不成熟，该指引并没有对程序化交易进行具体界定，只是从定性的角度，要求各交易所根据自身情况制定具体标准。目前，各期货交易所的量化标准基本相同，即同一客户编码在同一交易席位的委托频率在每秒 5 笔以上，并且当日发生 5 次以上的行为，即被认定为期货市场的程序化交易。

由于市场已经发生了巨大变化，根据《证券法》《期货法》或《期货交易管理条例》的授权，证券期货监管机关应制定相应的规则，对法律行政法规进行细化，或者对于法律行政法规没有明确的内容先行制定规则或者规范性文件，且授权证券、期货交易所制定相关细则。

美国 CFTC 针对 Spoofing 等高频交易行为发布了《反市场扰乱操作指引》，SEC 针对高频交易发布了市场操纵暂停并终止指令。根据我国实际情况，应完善 2015 年 10 月 9 日中国证监会公布的《证券期货市场程序化交易管理办法（征求意见稿）》。同时，在《证券期货市场程序化交易管理办法》基础上，颁布《证券市场操纵行为认定指引》和《期货市场操纵行为认定指引》，由于跨市场操纵（如操纵 ETF）的存在，也可以统一颁布《证券和期货市场操纵行为认定指引》。

参照美国 CFTC 的《自动化交易监管规则提案》及补充规则，证券期货监管机关应当制定《证券公司提供程序化交易服务管理办法》和《期货公司提供程序化交易服务管理办法》，对证券公司和期货公司提出具体管理要求。

3. 交易所的规则

2015 年前，我国在证券市场和期货市场上建立了一些对程序化交易具有一定作用的制度，如上交所《股票期权交易试点规则》对程序化交易报备与监管等进行了明确规定，《证券公司股票期权业务风险控制指南》进一步明确了期权程序化交易的报备范围及备案机制。《关于加强股票期权程序交易管理的通知》，对期权经营机构的接入管理、风险控制等方面进一步明确了要求。与此同时，上交所加强了对疑似程序化交易行为的核查。中金所的《股指期货交易规则》及《股指期货交易细则》也有相关规定。

基于已经具备的基础，期货交易所或证券交易所应当根据《证券法》《期货法》或《期货交易管理条例》《证券期货市场程序化交易管理办法》的授权以及在证券期货监管机关制定相应的管理办法的基础上，制定本交易所关于程序化交易的交易细则。2015 年 11 月，根据中国证监会颁布的《证券期货市场程序化交易管理办法（征求意见稿）》，沪深证券交易所、中金所以及上海、大连、郑州三家期货交易所同时发布《程序化交易管理实施细则（征求意见稿）》，等待中国证监会颁布《证券期货市场程序化交易管理办法》，即可以完成实施细则的制定。

上述实施细则主要是对《证券期货市场程序化交易管理办法》的细化，如上海及深圳证券交易所《程序化交易管理实施细则（征求意见稿）》主要内容包括：总则、申报及报备管理、接入管理、净买入额度管理、交易行为监督、交易异常情况处理、监管措施和纪律处分、差异化收费等。

4. 期货公司内控制度

在证券期货监管机关制定《证券公司提供程序化交易服务管理办法》《期货公

司提供程序化交易服务管理办法》基础上，各交易中介应当根据法律、行政法规及交易所的交易规则，制定《期货公司程序化交易及高频交易风险内控制度》，报监管机关备案，作为履行自身责任的有机组成部分。内控制度主要包括信息披露、客户识别等内容。

5. 市场交易者内控

除了前述规定外，程序化交易者（在我国还包括实际控制人）应当进行强制注册、接受监管机构检查、承担信息披露义务；程序化交易者通过自动化交易系统发出的订单都要实施信息与执行阀、价格限制，以及对大订单的规模、价格区间、连接监控与系统失联后的订单自动取消机制、订单取消机制、短路开关等风险防空系统；要求程序化交易者必须制定书面的规则和流程对程序化交易系统进行开发、测试、实时监控、规则执行检查等，并对程序化交易员工进行培训。最后，程序化交易者要对交易行为进行备案和留痕。按照《证券期货市场程序化交易管理办法（征求意见稿）》，证券期货公司应建立程序化交易指令计算机审核系统，自动阻止申报价格及数量异常的指令直接进入证券期货交易所主机。

（三）我国程序化交易法律法规的主要内容

我国程序化交易法律法规的具体制度应当包括以下几个方面。

1. 程序化交易定义

可以借鉴美国CFTC《自动化交易监管规则提案》和《自动化交易监管规则提案补充规则》对程序化交易进行定义。当然由于中国的市场与美国市场结构不完全相同、成熟度不一，完全照搬美国的做法未必合适。

2. 高频交易特征及滥用高频交易操纵市场类型和判断标准

美国《多德弗兰克法案》在第747条中增加了关于扰乱市场行为的禁止性规定，包括违反买卖报价规则（Violating Bids and Offers）、做尾盘（Making the Close）和幌骗行（Spoofing，有时也称"Layering"）。CFTC列举了4个虚假报单操纵的行为方式：

①提交或取消买单或卖单，使得交易设施的报价系统超负荷；
②提交或取消买单或卖单，延迟他人的交易执行；
③提交或取消多样的买单或卖单，制造虚假的市场深度表象；
④提交或取消买单或卖单，意图制造人为的价格涨跌方向。

我国可以借鉴美国《商品交易法》和CFTC的《扰乱市场行为的禁止性规则》规定，界定市场操纵行为构成要件，对"幌骗行为（Spoofing）""塞单行为（Quote Stuffing）""高速试探（High – Speed Ping）"或"试探订单（Ping Order）"行为做出前瞻性界定及规制。

3. 市场监管制度内容

根据《证券期货市场程序化交易管理办法（征求意见稿）》，市场监管制度主要内容应包括：建立申报核查管理制度、明确接入管理要求、建立指令审核机制、对程序化交易进行差异化收费、严格规范境外服务器的使用、监察执法、交易异常处置机制、净买入额度及开仓量控制。

4. 交易所日常监管内容

根据《证券期货市场程序化交易管理办法（征求意见稿）》，交易所应另行制定信息申报、核查及报备的具体要求及相关细则。此外有专家建议，交易所具体可以增加下列措施：

一是可在交易前设立一定标准的前端控制，主要控制下单的规模和频率；二是根据市场波动水平设定中止高频交易的节点，波动水平标准需要严格保密以防市场被操纵；三是借鉴海外市场的监管趋势，对准入机制、容量、指令成交比例、最小报价单位等方面加以限制①。

5. 期货公司、证券公司等中介内控制度内容

《证券期货市场程序化交易管理办法（征求意见稿）》规定，程序化交易者需要事先进行信息申报，经核查后方可进行程序化交易。具体内容应该包括：

（1）证券公司、期货公司的客户进行程序化交易的，应当事前将相关信息及变动情况向其委托的证券公司、期货公司申报，证券公司、期货公司核查后方可接受委托。

（2）证券公司、期货公司的自营或资产管理业务，基金管理公司参与程序化交易的，应当事前向证券、期货交易所申报程序化交易相关信息，经交易所核查后方可进行程序化交易。

（3）强化"了解客户原则"。证券公司、期货公司应当遵循"了解你的客户"原则，严格落实账户实名制和反洗钱制度，建立客户程序化交易账户的甄别机制。

6. 交易者义务要求

对于交易者（商），一是通过"强制注册"实行准入制度，把更多的市场主体纳入监管范围。根据中金所现有的做法以及参照美国的做法，对高频交易公司可采取注册制，分配识别码。在德国，根据《高频交易法》，高频交易商必须取得执照。二是要求高频交易商将策略中具体的算法等信息和软件向监管部门报备。三是赋予监管者享有信息知情权，交易者有义务向监管者报告的义务。四是对巨量交易者分配识别代码，对程序化交易设立电子标识。五是源代码数据库获取的准入制度。六是要求高频交易公司履行做市义务、设置订单执行率等。

（四）对《证券期货市场程序化交易管理办法（征求意见稿）》的建议

2015年前，我国在证券市场和期货市场上建立了一些对程序化交易具有一定作用的制度。

因2015年股票市场异常波动，中国证监会开始起草相关的规定。2015年10月9日，中国证监会发布《证券期货市场程序化交易管理办法（征求意见稿）》（以下

---

① 清华大学国家金融研究院（课题牵头人/吴晓灵、李剑阁、王忠民）："高频交易对市场的影响"，《清华金融评论》，2016年第2期。

简称《办法》)。该草案颁布后,市场有不同建议,如香港交易所称,新规"披露算法和交易策略"可能会威胁到沪港通的成功。除非给予豁免权,否则基本上所有进入上交所的指令都要服从该规定。如果自营交易的程序化算法需要披露,那么国际投资者可能会对参与这个市场有顾虑。

1. 《办法》的主要内容

由于高频交易是程序化交易的一种,我国将高频交易的监管纳入程序化交易监管之中。《办法》主要内容包括:

一是建立申报核查制度。《办法》规定程序化交易者需要事先进行信息申报,经核查后方可进行程序化交易。证券、期货公司应当遵循"了解你的客户"的原则,严格落实有关规定。

二是加强系统接入管理。《办法》要求程序化交易者审慎开展程序化交易,并对程序化交易系统具有的风控功能提出了明确要求;要求证券公司、期货公司建立程序化交易接入核查制度,与客户签署接入协议,对程序化交易系统接入进行持续管理;要求证券、期货交易所制定相关程序化交易系统接入管理标准,明确风险控制要求。证券业、期货业协会将就程序化交易系统应当具备的风控功能及相关的接入管理出台行业标准,并定期开展检查。

三是建立指令审核制度。《办法》要求证券公司、期货公司建立程序化交易和非程序化交易的风险隔离机制,对程序化交易账户使用专用的报盘通道,并分别设置流量控制。证券公司、期货公司和基金管理公司应当加强客户和自身程序化交易的指令审核,并适时进行人工复核。

四是实施差异化收费。《办法》授权证券、期货交易所针对程序化交易制定专门的收费管理办法,根据程序化交易的申报、撤单等情况,对程序化交易收取额外费用。

五是严格规范境外服务器的使用。《办法》规定,境内程序化交易者参与证券期货交易,不得由在境外部署的程序化交易系统下达交易指令,也不得将境内程序化交易系统与境外计算机相连接,受境外计算机远程控制,中国证监会另有规定的除外。

六是加强监察执法。《办法》明确列举了禁止的程序化交易,要求证券期货交易所加强对程序化交易的实时监控,并规定了程序化交易者以及证券公司、期货公司和基金管理公司违反《办法》的法律责任。

七是《办法》还对程序化交易的异常报告或公告、净买入额及开仓限制、档案保管及接入公平等其他相关事项提出了要求。

2. 《办法》修改的建议

第一,应当将《办法》规定的各项成熟的制度纳入正在修改的《证券法》及正在制定的《期货法》中。2015年的股票异常波动导致《证券法》修改停止,自然也影响到《期货法》的制定。课题组认为,股市异常波动打乱了《证券法》修改的议程,究其原因是正在修改的《证券法》及正在制定的《期货法》中未对程序化交易及高频交易做出前瞻性规定。

第二,《办法》应当明确申报和核查的法律性质,核查是否构成行政许可。是否与党的十八大以来坚持负面清单管理、坚持事中事后监管相违背。

第三,《办法》规定的指令审核制度及时进行人工复核是否会牺牲市场交易的效率,违背技术进步的要求,不利于市场发展。

第四,《办法》回避了高频交易的定义及认定标准,这不利于规范我国证券市场及期货市场已经初现端倪的高频交易行为。

第五,《办法》应当处理好与熔断机制的关系。2016年1月,我国股市熔断机制刚实行4天即告夭折。虽然我国熔断机制存在设计不合理等问题,但我们仍应充分认识熔断机制在应对程序化交易及高频交易的重要作用,在处理好与涨跌停板制度的关系基础上,考虑我国市场的特点,对现有的熔断机制进行修改,适时恢复熔断机制。

参考文献

1. CFTC: "Regulation Automated Trading", 17CER Parts 1.38, 40, 170.

2. IOSCO: "Regulatiory Issues Raised by the Technological Changes on Market Integrity and Efficiency" (Final Report), 2011.10.

3. SEC (2010a): Concept Release on Equity Maiket Structure.

4. CFTC (2013.9): Concept Release on Risk Controls and System Safeguards for Automated Trading Envirnments.

5. Michael Lewis, Flash Boys: A Wall Stress Revolt, First edition (W. W. Norton & Company, 2015).

6. Australian Securities and Investments Commission, "Review of High – Frequency Trading and Dark Liquidity," Report 452 (ASIC, October 2015).

7. World Federation of Exchange, Understanding High Frequency Trading 1 (May 2013).

8. U. S. Securities and Exchange Commission, Concept Release on Equity Market Structure1, 45 (Jan. 14, 2010).

9. See Jonathan Brogaard et al. "High – Frequency Trading and Extreme Price Movements, working paper" (Nov. 2014).

10. Michael J. Mcgowan, The Rise of Computerized High Frequency Trading: Use and Controversy, Duke Law & Technology Review, No. 2016.

11. Commissioner Luis A. Aguilar, Shedding Light on Dark Pools, U. S. SEC Publicstatement, https://www.sec.gov/news/statement/shedding – light – on – dark – pools.html.

12. Dr. Stephen Kirchner, Policy: A Journal of Public and Ideas, Vol. 31 No. 4, Summer2015 – 2016, available at: http//www. cato. org/publications/policy – analysis/beyond – regulation – cooperative – approach – high – frequency – trading – financial.

13. IOSCO (International Organization of Securities Commission Organization) 2011年10月:《Regulatory Issues Raised by the Impact of Technological Changes on Market Integrity and Efficiency》(Final Report).

14. Ferber, M. [2012] "DRAFT REPOERT on the proposal for a directive of the European Parliament and of the Council on markets in financial instruments repealing Directive 2004/39/EC of the European Parliament and of the Council (recast)" EUROPEAN PARLIAMENT.

15. Gomber. P, rndt. B, Lutat. M, Uhle. t [2011] "High – Frenquency Trading" Working Paper.

16. ESMA Consultation Paper [ESMA/2014/548] and ESMA Discussion Paper. [ESMA/2014/549]. http://wwwesma, europa. eu/system/files/2014 – 548 – consultation_ paper_ mifid – ii_ mifir. fdf.

17. http://wwwesma, europa. eu/system/files/2014 – 549 – consultation_ paper_ mifid – ii_ mifir. fdf.

18. European Securities and Markets Authority (ESMA), 2014. 11: High – frenquency activity in EU equity markets.

19. Brogaard, J, B. Hagstromer, L. Norden, and R. Riordan, 2013, Trading Fast and slow: Colocation and Market Quality.

20. Benos, Evangelos and Sagade, 2013, High – frenquency trading behavior and its impact on market Quality: evidence from the UK quality market, working paper.

21. Bershova, Nataliya and Dimtry Rakhlin, 2013, High – frenquency trading and long – term investors: a view from the buy – side, Journal of investment, Strategies, 2 (2).

22. Australian Securities and Investment Commission, "Dark Liquidity and High – Frequency Trading" (Australian Securities and Investment Commission, March 2013).

M. Kearns, A. Kulesza And Y. Nevmyvaka, Empirical Limitation on High Frequency Trading Profitability Working Paper, 2010.

23. J. Cvitanic and A. A. Kirilenko, High Frequency Trading and Asset Prices, Working Paper, March 11, 2010.

24. Charles M. Jones, "What Do We Know About High – Frequency Trading?", SSRN Scholarly Paper (Rochester, NY: Social Science Research Network, March20, 2013), 14, http://papers. ssrn. com/abstractt = 2236201.

25. MacIntosh, "High – Frequency Trader: Angels or Devils" for review of some of

the major studies of the impact of HFT on capital markets. See also the Appendix.

26. Douglas J. Cumming, Feng Zhan, and Michael J. Aitken, "High – Frequency Trading and end – of – day Price Dislocation," SSRN ScholarlyPaper.

27. "What Do We Know About High – Frequency Trading?", SSRN Scholarly Paper (Rochester, NY: Social Science Research Network, March20, 2013), 14. http://papers.ssrn.com/abstract=2236201.

28. Report of the Staffs of the CFTC and SEC to the Joint Advisory Committee of Emerging Regulatory Issues, "Findings Regarding the Market Events of May 6, 2010" (Washington, DC: CFTC and SEC, September30, 2010); Joint Staff Report, "The US Treasury Market on October15, 2014," July 13, 2015.

29. James Angel and Douglas M. McCabe, "Fairness in Financial Maiket: the Case of High – Frequency Trading," SSRN Scholarly Paper (Rochester, NY: Social Science Research Network, december21, 2010), 22, http://papers.ssrn.com/abstract=1737887.

30. Bell, "Beyond Regulation: A Cooperative Approach to High – Frequency Trading and Financial Market Monitoring".

31. The Government Office for Science, "The Future of Computer Trading in Financial Market: An International Perspective – Final Project Report" (London: The Government Office for Science, 2012).

32. Concept Release on Risk Controls and System Safeguards for Automated Trading Environments, 78 FR 56542.

33. Concurring Statement of CFTC Commissioner Sharon Y. Bowen On Supplemental Notice of Proposed Rulemaking For Regulation, http://www.mondovisione.com/media – and – resources.

news/concurring – statement – of – cftc – commissioner – sharon – y – bowen – on – supplemental – notice/.

34. CFTC Supplemental Proposal to Automated Trading Regulation, 2015. 12. 17.

35. http://www.cftc.gov/ucm/groups/public/@lrfederalregister/documents/file/2013 – 12365a.pdf.

36. https://www.bridgingtheweek.com/ckfinder/userfiles/files/HTG%20v%20John%20Doe.pdf.

37. ［美］迈克尔·戈勒姆、尼迪·辛格著，王学勤译：《电子化交易所——从交易池向计算机的全球转变》，中国财政经济出版社2015年版。

38. ［美］费雷德里克·勒雷艾弗、弗朗索瓦·比雷著，李宇新、刘文博译，《高频交易之战》引言第Ⅴ页，机械工业出版社2015年版。

39. 姜海燕、吴长风："智能投顾的发展现状及监管建议"，《证券市场导报》，2016年12期。

40. 韩冰洁："从 CFTC 自动化交易监管趋势看全球程序化交易监管趋势",《内部报告》,2016 年 3 月 22 日。

41. 深圳证券交易所综合研究所："国内外高频交易发展现状、挑战与应对研究",《内部报告》,2010 年 12 月。

42. 上海证券交易所、复旦大学联合课题组:《高频交易及其在中国市场应用研究》,2012 年 12 月。

43. [美] 艾琳·奥尔德里奇著,谈效俊等译:《高频交易》,机械工业出版社 2011 年版,罗旭峰推荐序第 1 页。

44. 韩冰洁:"高频交易认定标准及最新监管趋势",衍生品研究网,2016 年 2 月 3 日。

45. 陈建平、卢庆杰:"CME 程序化交易监管研究",《期货日报》,2013 年 7 月 3 日。

46. 崔熹、姜涵、沙石译:"什么是高频交易",《内部报告》。

47. 任品:《程序化交易与交易监管》,2010 年 7 月。

48. 虞瑾倩、付迟、沙石译,"高频交易:臆断与事实——是否该用金融交易税的大棒惩治高频交易",《内部报告》,2016 年 8 月。

49. 沙石、崔熹:"荷兰金管局针对高频交易质疑所作的案例分析及启示",《内部报告》,2016 年 8 月。

50. 韩金柱:"贡献流动性却损害有效性、高频交易不应成为期指市场主流",载《证券时报》,2010 年 5 月 12 日,A09 版。

51. 张孟霞:《自动化交易的隐忧与控制——CFTC〈自动化交易监管规则提案〉解读》,《金融期货研究》(内部报告),2015 年 12 月 22 日。

52. 张孟霞:"美国近年'幌骗'案例的监管处罚与司法审判实践",《2016 年上海金融法治论坛论文集》,2016 年 11 月 15 日。

53. 张孟霞:"高频交易的频繁报撤单与市场操纵认定",《证券市场导报》,2016 年 5 月号。

54. 李明良、李虹:"《多德弗兰克法》期货市场反操纵条款研究",《证券法苑》,2011 年第 5 卷。

55. 邢会强:"证券期货市场高频交易的法律监管框架研究",《中国法学》,2016 年第 5 期。

56. 清华大学国家金融研究院(课题牵头人/吴晓灵、李剑阁、王忠民):"高频交易对市场的影响",《清华金融评论》,2016 年第 2 期。

57. 冯永昌、张建民、刘天权:"国外量化投资经典案例介绍与法律分析",《清华金融评论》,2016 年第 2 期。

58. 田汉卿:"量化投资与程序化交易",《清华金融评论》,2016 年第 2 期。

中期协联合研究计划（第十一期）项目

算法交易（程序化交易）在期货市场的应用及监管

课题研究单位：上海交通大学
课题研究编号：GT201608
课题负责人：周志中

一、算法交易概要介绍及其在中国的发展现状

(一) 算法交易概念

算法交易是使用计算机来确定订单最佳的执行路径、执行时间、执行价格及执行数量的交易方法。算法交易更多强调的是交易的执行,即如何快速、低成本、隐蔽地执行大批量的订单;程序化交易更强调订单是如何生成的,即通过某种策略生成交易指令,以便实现某个特定的投资目标。

算法交易产生的根本目的是通过订单拆分策略减小市场摩擦,有效降低交易中的冲击成本,以最优化的交易策略尽可能地减少交易中的成本。同时,订单拆分策略还有利于隐藏交易目的和意图。当一些投资者发现投资机会时,例如,利好或者利空消息、被低估或高估的股票等,必然通过交易操作的方式实现利润。但是,大规模交易很容易被其他投资者侦查出来,进而跟进,导致投资机会的盈利幅度和可能性降低。

算法交易可以提高交易执行的效率。伴随着大单拆分,不同的小单按照不同的价格进行动态成交,这些复杂而频繁的交易对于人工来说是非常繁琐的。一方面,交易员在进行交易时总是需要进行思考和判断的,这将有可能错过最佳的交易时机、增加等待风险或交易成本,而程序化交易的整个流程则仅需要计算机短暂的计算,就可以发出指令,并且在这一过程中可以避免由于人的不理性而出现的一些非正常交易。另一方面,拆分后复杂的下单指令容易使交易者下错单,而计算机程序化交易可以最大限度地降低失误率。

算法交易的出现很大程度上替代了交易员的交易执行工作,交易员不再需要盯着交易平台,不断地进行手工操作,只需要利用算法交易平台选择合适的算法,并制定交易参数,如交易对象、数量、交易速度、时机等,通过算法自动地执行交易操作。这一方面可以节省人力,使交易员将精力花在更能够产生附加价值的工作上,另一方面可以避免因为交易员的主观情绪而给交易带来影响。

最后,计算机强大的计算能力和快速的反应速率能够实现一些人工交易手段力不能及的交易策略和交易机会,如指数套利需要在非常短的时间内对指数基金的价值做出计算,以发现指数基金或期货产品跟成分股票价格之间的差异。

算法交易主要参与者包括:普通投资者、一般机构投资者、共同基金、保险基金、经纪商、对冲基金、自营交易机构、电子撮合平台、暗池等。

算法交易网络包括:算法交易引擎、FIX、EMS、证券交叉网络、电子交易网络、固定收益电子经纪商等。

(二) 算法交易在国内期货市场的发展历史

2004 年以前,国内市场算法交易主要存在于期货市场投资者使用计算机来对期货市场技术指标择时而进行的自动化开平仓。2004 年 8 月 27 日,光大保德信基金推出国内第一个量化基金产品——光大量化核心 (360001)。光大与英国保德信量

化研究团队协作，在全市场进行选股，批量开平仓，即对近 100 只股票同时进行开平仓交易，这必须使用算法交易。2004 年底，华夏基金上证 50ETF 成立，为减少市场冲击和跟踪误差，算法交易成为主要交易形式。深交所在 2006 年初也推出了深市第一支 ETF，即易方达深证 100ETF，算法交易是这些指数基金的天然交易方式。

国内市场算法交易发展的第二个重大时点是 2010 年 4 月 16 日。这天中金所推出了标的沪深 300 指数的金融期货，期现联动跨市场套利作为低风险业务获得了各类市场参与者的高度参与。同时，交易全部 300 只指数成分股对算法交易的发展起了极大的推动作用。股指期货的推出，使得绝对收益型量化基金在国内市场获得了巨大发展，这些策略包括期现套利、跨期套利、统计套利等。所有这些策略主要都是用算法交易来完成的。

期现套利，是指某种期货合约，当期货市场与现货市场在价格上出现差距，利用两个市场的价格差距，低买高卖而获利。期现套利主要包括正向买进期现套利和反向买进期现套利两种。期现套利交易对时间要求非常高，必须在短时间内完成期指的买卖以及许多现货组合的买卖，传统的报价方式难以满足这一要求，因此必需依赖算法交易系统。算法交易旨在长期获得稳定的获利，于市场中成长并达到财富累积的复利效果。经过长时间的操作，年获利率可保持在一定水准之上。

跨期套利，是指利用远期与近期的价差变化，在期货市场上同时买卖两个不同月份的同一品种期货合约，利用价差的扩大和缩小来获取利润。跨期套利策略包基本面套利和统计套利。基本面套利会考虑供需状况、消费库存比、注册仓单、现货报价、收储、抛储、持仓结构等。统计套利是指利用不同月份合约间的协整关系，建立一个具有均值回复特征的多空组合，当价差突破阈值时建仓，回归时平仓。Ganapathy Vidyalnurthy（2004）将配对交易分为统计套利和风险套利两部分，认为统计套利存在的依据是特征相似的股票的价格走势也相同，当价差过大或者过小时，可能存在套利的机会。罗江华和丁攀（2010）分析了我国期货市场上三个油品种期货合约价格之间的相关性，并且对价差的分布进行了统计，得出了套利区间，其属于跨品种套利，但是对价差的处理方法属于统计套利，对跨期套利有着借鉴作用。

新的期货品种的推出，不但促成了依赖于算法交易的投资模式的多样化，还极大地促进了算法交易软件的发展。国内常见算法交易平台主要包括：面向普通投资者的易用廉价算法交易平台、券商基金资管系统、商用 CEP 平台、高端定制化策略交易平台（见图 1）。市场参与者根据自己的需要可灵活选取在价格和性能上满足自身投资需求的平台。同时，国内的期货交易所都也推出了自己的算法交易接口，包括上期所 CTP 平台、郑商所飞创平台、中金所飞马平台。高端定制性算法交易平台的底层架构广泛使用了复杂事件处理架构。复杂事件处理是计算机处理和应对具有多重效应事件数据的能力，如应对市场冲击的能力，能够即时利用新闻、发现欺诈行为、管理风险的能力。复杂事件处理算法被编排成以事件为基础的多组规则。这些规则监管进入的数据流中的项目被定义为"事件"，系统内部对每一次事件按照既定规则进行连锁反应。

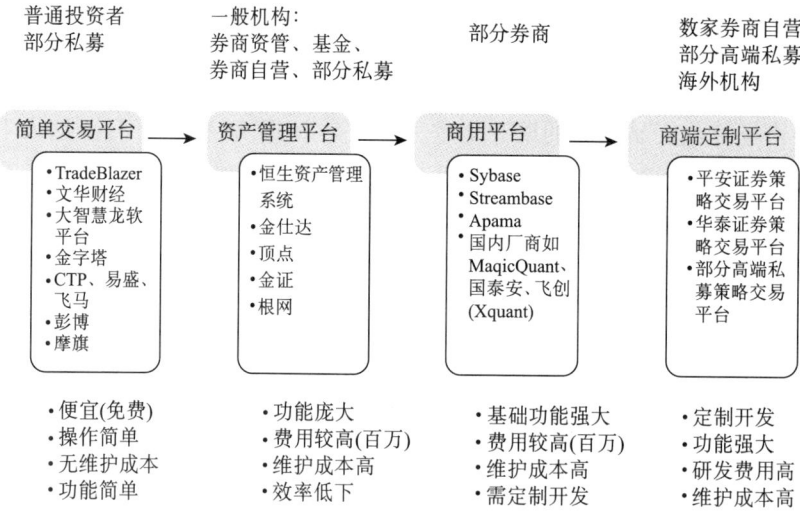

图 1　国内常见算法交易平台

(三) 国内期货市场上算法交易应用现状

算法交易应用于期货市场是从期货电子化交易开始的，其主要用途在于辅助投资者在商品期货市场进行技术指标择时，当信号触发时自动执行开平仓交易。算法交易的常见功能包括：指标公式自动计算与交易、自动买卖拐点监控与交易、自动止盈止损监控与交易。目前，国内很多常用期货客户下单软件都包含一定的算法交易功能，期货算法交易软件主要有文华、交易开拓者、金字塔、MultiCharts 等。

随着中金所推出标的沪深 300 指数金融期货——沪深 300 股指期货，国内市场出现了一个可以和拥有亿万中小投资者广泛参与的期货品种。股指期货获得了各类投资者的广泛参与，成交量逐步增长。

根据中国期货业协会的行业数据分析，2015 年全国期货市场累计成交量为 35.77 亿手，累计成交额为 554.23 万亿元，比 2014 年同期增长 42.78% 和 89.81%。其中，金融期货累计成交量 3.4 亿手，成交额 417.7 万亿元（见图 2）。商品期货方面，2015 年累计成交量为 32.37 亿手，成交额 136.47 亿元。股指期货成交量逐步上升，很快成为期货市场成交量的主力。

股指期货和股票现货市场的联动关系催生了一大批新的交易方式，如期现套利、统计套利、期货高频交易等。特别是随着交易量的飞速提升与市场容量的急剧扩大，投资者（包括高净值专业投资者、私募对冲基金、公募量化基金、券商自营等）开始从海外成熟市场引入了大量世界前沿算法交易模式来实施这些新的交易策略，算法交易在国内市场获得了巨大的发展。其中，最突出的代表就是广泛使用算法交易的量化基金的飞速发展。2004 年 8 月 27 日，光大保德信基金推出国内第一个百亿元级别量化基金产品——光大量化核心（360001）。截至 2014 年底，国内量化基金产品规模已经到达 5 000 亿元左右。

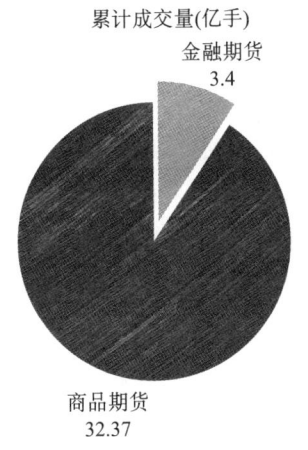
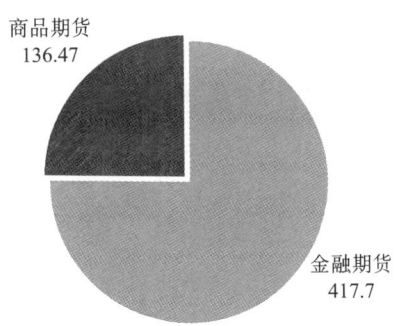

图 2

算法交易在股指期货市场的巨大成功,反过来又促进了算法交易在商品期货市场的飞速发展。在股指期货上检验过的交易策略开始被广泛应用于商品期货市场、国债期货市场和 50ETF 期权市场。投资者以算法交易为手段,打通了各个不同的期货品种,促进了期货市场套期保值功能和价格发现功能的逐步改善。

以沪深 300 股指期货为例,自其被推出以来,其成交量的逐步提升满足了股票现货多头持有者巨大的套保需求,同时,其期现基差整体呈下行态势,表明期货和现货的匹配度增强,价格发现功能逐步改善。当然,期现基差出现了多次异常放大,每一次异动,都对应着证券市场的某些特殊情境。如 2013 年 6 月中下旬的"钱荒";季度、年度银行存款考核时的资金紧张;2015 年 6 月中旬开始的股市异常波动对期货和算法交易进行的一系列限制所导致的期现基差异常等。

二、算法交易在国内期货市场的应用

(一)算法交易的分类

在执行交易清单的时候,交易员需要在互相冲突的目标之间进行取舍平衡。如果交易员执行得太过积极,也就是交易速率过快,将会带来很高的市场冲击成本。相反,如果交易员执行交易过于消极,会将交易指令暴露在很高的时间风险中,未来可能出现的不利的价格运动会导致更高的交易成本。因此,交易算法可以根据投资人的目标偏好进行分类,主要三种类别如下:

1. 市场冲击驱动型

市场冲击驱动型算法的目标是实现市场冲击最小化。市场冲击,是指由于某一特定交易指令所引起的股票价格变化,与订单规模和股票价格波动性有关。当投资者要进行一个大订单的交易时,会在短时间内改变市场上供需双方的平衡。这时,市场会产生两种情况。

①交易价格向不利的方向移动,即时买单的价格升高,或者卖单的价格下降,进而提升了交易成本。

②交易对手发现大订单后，会期待更有利的价格，从而减缓交易的速度，进一步降低市场的流动性，使得交易不能按计划顺利进行，产生机会成本。

针对这两种情况，通常的做法是将母单细分成较小的子单，逐渐发送到市场，以减小交易对资产价格的影响，并且会在持续较长的时间段完成全部交易。VWAP（Volume Weighted Average Price，即成交量加权平均价）是典型的市场冲击驱动型算法。

2. 交易成本驱动型

交易成本驱动型算法的目标是实现交易成本的最小化。需要进行最优控制的交易成本主要是指可变成本，即会受执行策略影响的部分，包括市场冲击、时间风险、价格增长、机会成本等。前面我们提到，为了减少市场冲击，交易员需要将订单分割成较小的部分，分步、逐渐地进行交易操作。但是，这样会使交易清单面临价格增长的成本，股票价格和市场环境波动的时间风险，以及订单不能完成带来的机会成本；快速的交易操作可以减少这些成本，但是会带来较高的市场冲击成本，交易成本驱动型算法致力于平衡两方面成本因素。

股票价格的波动、市场交易量的变化等因素为交易操作带来了风险，使得相似的交易清单和策略有可能产生不同的交易成本和交易表现，因此，交易成本（TC）应该被认为是一种随机变量。利用均值方差的分析框架，结合拉格朗日乘子法，可以将交易成本最小化问题表示为：

Min：$E(TC) + \lambda Var(TC)$

λ 表示风险厌恶系数，当 $\lambda > 1$ 时，表示投资者认为风险比成本更值得注意，那么他更倾向于进行积极的交易策略；当 $\lambda < 1$ 时，表示投资者认为成本比风险更值得注意，那么他更倾向于消极的交易策略。

类似于最优投资组合理论中的有效市场前沿，可以得到一个有效交易前沿（Efficient Trading Frontier，ETF），交易员可以根据不同的风险厌恶程度在有效交易前沿上选择不同的最优策略。哈佛教授 Perold 提出的执行落差（IS）是普遍使用的度量交易成本的指标，指的是账面资产组合和实际操作中收益的差别，IS 算法就是纯粹的交易成本驱动型算法。

3. 投机主义（流动性发现者）

有效市场假说认为金融市场是有效率的，股票的价格信息反映了公司的价值。价格随着新信息进行动态的调整，市场不存在套利机会。进一步，一旦市场出现套利的机会，有信息的投资者会进行套利交易，将股票价格带回合理的水平。投机主义算法正是希望利用市场上的一些无效率的机会进行交易，实现交易。

投机主义算法的交易执行操作完全是动态随机的，根据市场条件随时调整执行策略。其中市场条件包括价格增长、流动性及其他因素。当市场表现好时，投机决策者表现积极；当市场表现不好时，投资决策者表现消极。因此，相较于其他两种类型的算法，投机主义算法更接近执行策略。

算法的分类见表1。

表1 算法交易的分类

类型	关注点	算法	基准		敏感度	
			动态	预先决定	价格	数量
市场冲击驱动	时间	TWAV	✓			
	数量	VWAV	✓			
		POV		✓		△
	市场冲击	MI	✓		○	○
交易成本驱动	价格/风险	IS		✓	○	○
		AS		✓	△	○
		以收市价做盘	✓		○	○
投机主义	价格	PI		✓	△	○
	流动性	流动性导向		✓	○	○
	比率	配对交易		✓	△	

注：△经常，○偶尔。

(二) 算法交易的交易策略

针对上述分类，各选择一种典型交易策略进行详细介绍。

1. VWAP 策略

VWAP（Volume Weighted Average Price），即成交量加权平均价格算法，是目前市场上最为流行的算法交易策略之一，也是很多其他算法交易模型的原型。首先定义 VWAP，它是一段时间内证券价格按成交量加权的平均值。

VWAP 是对一段时间内市场上所有交易活动平均价格的衡量。

$$VWAP = \frac{\sum_t P_t \cdot V_t}{V_t} \tag{1}$$

其中，P_t 和 V_t 分别是某个时点上证券的成交价格和成交量。

VWAP 策略即是一种拆分大额委托单，在约定时间段内分批执行，以期使得最终买入或卖出成交均价尽量接近该段时间内整个市场成交均价的算法交易策略。这就需要对市场分时成交量（成交量比例）进行预测。

通常来说，VWAP 策略会使用过去 M 个交易日分段成交量的平均值作为预测成交量，这里就要涉及 M 和平均权数的确定，我们将在后文进行讨论。更为严格地说，假设需要在某段时间买入或卖出一定数量的股票，采用算法交易将这段时间分为 N 部分，并预测每部分时间的成交量比例（占当天所需交易量）为 vp_i，而市场真实的分段成交比例（占当天市场真实成交量）为 vm_i，市场在每个时点的成交价格为 P_i，则可以定义跟踪误差为：

$$TE = \sum_t P_t \cdot (vm_t - vx_t) \tag{2}$$

其中，$xv_t = vp_t$，$if\ vm_t > vp_t$；$vx_t = vx_t$，$if\ vm_t < vp_t$

从 TE 的定义（2）式可以看出两点：①跟踪误差与成交量预测的关系非常紧密，预测结果的好坏直接影响到 VWAP 算法交易的结果。②当某段时间的 vp_t 超过市场真实 vm_t 时，有可能造成订单无法全部成交，这样就会造成算法交易执行效率下降，因此，更为常用的是被称为"带反馈的"VWAP 算法交易策略。

所谓"带反馈的"VWAP 算法交易策略，是指在 VWAP 策略的基础之上，将每个分段未成交的订单按分摊至后面的时间段中，这样可以有效提高成交执行率，使流动性相对较弱的股票的成交比率大幅提升。

2. IS 策略

IS（Implementation Shortfall，即执行落差交易策略），是以执行落差为决策基础的一种算法交易策略。执行落差被定义为目标交易资产组合与实际成交资产组合在交易金额上的差异。IS 策略的目标是执行落差最小化，或者说是在综合考虑冲击成本和市场风险后，通过寻找最优解来跟踪价格基准的一种策略。假设目标交易价格为 P_0，实际交易价格为 P，则 IS 策略的最终目标为：

$$\min: \sum_i x_i(P_i - P_0)$$

（1）IS 的基本流程

①确定目标交易价格 P_0，作为交易基准，这个价格可以是到达价、开盘价、前一日收盘价等。再设定一个容忍价格 P_r，作为交易的边界条件。

②当市场实际价格低于或高于 P_0 时，按一定的策略下单进行买入或卖出交易。

③当市场实际价格高于或低于 P_r 时，不进行买入或卖出交易。

④当市场实际价格处于 P_0 和 P_r 之间时，可以按照介于积极和消极交易策略之间的策略进行交易。

（2）使用 IS 的优点

①IS 策略较为全面地分析了交易成本的各个部分，在冲击成本、时间风险、价格增长等因素之间取得了较好的平衡，更加符合最优交易操作的目标。

②IS 策略根据目标价格对交易过程的优化，更加符合投资决策的过程。

③IS 策略多用于组合交易，而对于组合交易来说，该算法能够利用交易清单上股票间的相关性更好地控制风险。

3. PT 策略（Pairs Trading，配对交易）

股票市场投资不变的获利方式就是买入被低估的股票，卖出被高估的股票。在无法准确估计股票价值的时候，很难分清哪只股票是被低估的，哪只股票是被高估的。配对交易选择规避了这一问题。这种交易方法采用相对估值的方法。具体来说，如果投资者选择两只类似的股票，则两只股票的价差应维持在一个稳定的数值范围内。当价差偏离稳定值较远时，价差倾向于回归到稳定值，那么投资者可以在价差较大时买进价格较低的股票，同时卖出价格较高的股票，在价差较小时进行相反的操作。因此，从本质上讲，配对交易是一种均值反转的交易策略，均值反转策略的基本观点就是股票价格最终会反映公司的基本面价值。如果股票价格出现意外的上涨或者下跌，那么在未来还会被拉回到内在价值水平。因此，在没有新的利好或利空消息的情况下，股票价格一般会表现出均值反转。

对于这一思想背后的理论基础存在两种观点：一种是遵从 APT 理论。根据 APT 理论，当两只股票有几乎相同的风险因素时，则这两只股票的预期回报应该大致相同，所以由噪音或个别事件引起的回报偏差最终会消失。另一种观点认为，这一现象是基于资金的轮动。这一观点认为，资金在相似的股票间是轮动的，当一只股票相对于一只相似的股票价格上涨过大时，则资金持有者会认为上涨的股票相对被高估，因此他会抛售上涨的股票并购买相对价格较低的相似股票，使得价差回归稳定数值。

（三）算法交易的执行策略

执行策略指的是微观层面的交易决策，包括订单拆分策略和交易成本管理。执行策略和交易算法的区别在于考虑的时间频率不同，交易算法针对的是全部订单几个小时内的交易执行方法，而执行策略偏重研究在几秒或者几分钟的时间间隔内的执行操作。执行策略通常随着市场条件变化而动态更新，当市场条件好的时候，积极的执行策略被采用；反之，消极的执行策略被采用。

针对上述算法交易的分类不同风格的执行策略，表 2 分别阐述了不同风格的执行策略。

表 2

市场冲击驱动型	交易成本驱动型	投机主义
订单拆分策略	分层	寻找流动性
订单隐藏策略	盯住	狙击手
	捕捉	订单智能路由
		配对策略

1. 市场冲击驱动型——冰山算法

为了隐藏投资机会，投资者不希望向市场显示全部委托数量，而是希望利用冰山订单隐藏真实订单规模。冰山订单由可见的最高揭露数量和隐藏部分组成，只有披露数量向市场公开。在披露数量全部成交后，带有小于或等于披露数量的新订单才会进入主订单簿，并且当有对应隐藏量的交易发生时，交易所才会通知其他人，这就避免了别人利用显示订单的信息来做交易。

除了冰山算法，投资人可以根据个人偏好选择隐藏固定数量或比例的订单，甚至全部隐藏。但是，要注意：即使是最优秀的订单隐藏策略也有被发现的风险，比如冰山订单就可以通过取消限价单的方式追踪到隐藏订单的存在。

2. 交易成本驱动型——分层执行策略

分层执行策略实际是一种对价格进行分层成交的策略，目标是在买入（卖出）

交易中尽可能地压低（提升）成交均价。简单来讲，Step 就是在不同的价格区间进行不同成交量比例的配置。例如，在 VWAP 或 TWAP 策略中，通常按照预测成交量的一定比例进行实际下单。假设在开市前预计要买入某只收盘价为 20 元的股票，则对其进行成交量分层设定：

$$k = \begin{cases} 0, & price > 21 \\ 10\%, & 19 < price \leq 21 \\ 30\%, & price \leq 19 \end{cases}$$

开盘后在 VWAP 或 TWAP 的基础之上，当价格在 19~21 元浮动时，按预测成交量的 10% 进行成交；当价格超过 21 元时则不做任何交易；当价格小于等于 19 元时，按预测成交量的 30% 买入。更为激进的一种策略是称为 Aggressive Step 的策略。这种策略在价格低于最优交易区域边界时会将所有市场上的订单统统吃掉。具体来说，Aggressive Step 策略同样在买入（卖出）交易中进行分层，例如，在上述交易方案中，前两个区域的策略不变，当价格小于等于 19 元时，不管市价跌到多少，都按 19 元的限价报单成交，直至价格回升至 19 元以上或拟交易订单全部完成。不过，这种策略不容易对交易量进行控制，并且容易造成价格异动，增加证券交易的隐形成本。

3. 投机主义——订单智能路由

欧美的金融市场上存在着很多的交易所，ENC 以及其他的交易市场，因此，同一只股票在这些市场上可能会同时存在着不同流动性条件。订单智能路由的目的就是持续监视不同市场下的交易环境，试图获得最好的买卖报价和流动性。投机主义的执行策略可以减少交易成本和买卖价差，更好地利用流动性，甚至是减少市场冲击。

一些交易所和交叉网络会提供一些隐藏的流动性，并不在传统的公开平台上交易，而只在大的投资机构者和经纪商之间交易。这些流动性被称为流动性暗池，瑞士信贷开发的狙击手算法就是专门用来发现这种隐藏的流动性的。

（四）算法交易的应用受限制如何影响国内期货市场

从 2015 年中开始，股票市场大幅动荡，截至 2016 年 12 月初主要有三次。以上证指数为例，分别为：2015 年 6 月中旬从 5178.19 点开始的第一波调整，2015 年 8 月中旬从 4003 点开始的第二波调整，2016 年 1 月 4 日因熔断机制引起的第三波调整，如图 3 所示。截至 2015 年 11 月，以南华商品指数为例，商品期货市场整体延续下跌趋势。但是 2015 年 12 月中旬开始，商品指数开始触底反弹，盘中应为暴涨导致监管干预，在 2016 年 4 月出现较大调整，而后指数以惊人的速度快速上行，涨势直到 2016 年 11 月下旬才开始出现扭头的态势。期货指数在 2015 年 6 月中旬之前波动幅度并不是很大，但是之后出现的快速暴涨暴跌行情，在很大程度上来自于股票市场波动的传导、资金的溢出，其中也包括了波动和资金通过算法交易的方式传导到商品期货市场。

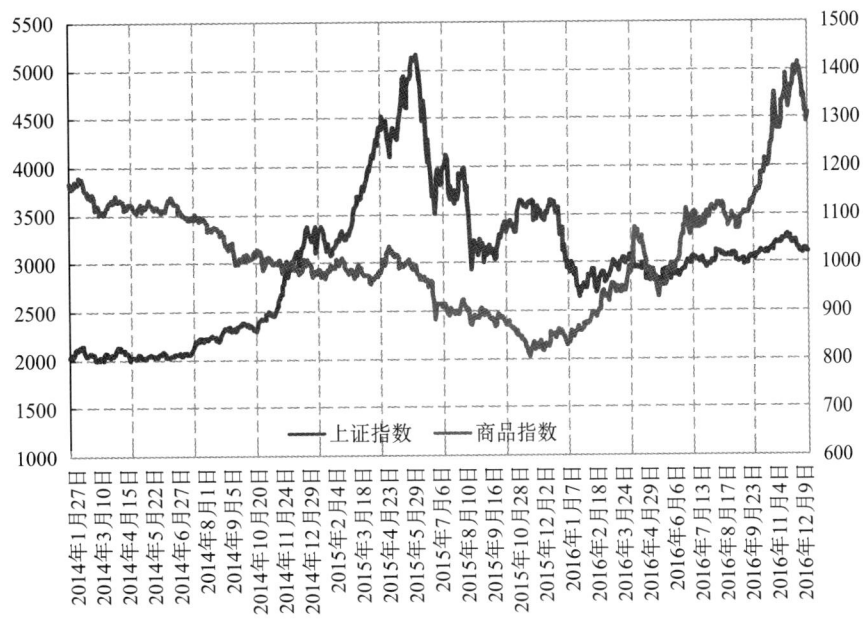

图3　上证指数和南华商品期货指数走势

南华商品指数主要是通过对单个商品指数赋予相应的权重而合成的。单个商品指数主要是通过剔除各品种换月时因前后合约价格不同而产生的价差所形成的指数，从而达到跟踪和反映投资者在商品期货投资中的真实收益。因为指数的计算中主要是以收益率来计算的，因此，也将其称为收益率指数。显然，商品收益率指数最大的优势在于体现了投资者的真实收益。南华商品指数中各个品种的权重配置主要考虑了各个商品在国民经济中的影响力度及其在期货市场中的地位，这样就将商品在现货市场和期货市场中的重要度联系起来，从而使得指数的设计功能得以有效实现。

算法交易在证券市场的应用受到了较为极端的限制，虽然首先受限制的是在股票、ETF领域，但是很快扩展到股指期货和商品期货等领域。短时间内，算法交易从此前的蓬勃发展到突然被踩急刹车，为研究算法交易及其突然受限对国内期货市场的影响提供了极佳的对比试验。表3和表4分别为股指期货和商品期货与算法交易相关限制实施时间表。

表3　　　　　　　　　　　股指期货与算法交易相关限制实施时间表

时间	内容	备注
2015年7月8日	中金所自2015年7月8日结算时起，将中证500股指期货卖出持仓交易保证金提高至20%（套期保值持仓除外）；自7月9日结算时起，将中证500股指期货卖出持仓交易保证金提高至30%（套期保值持仓除外）	这一次只调整了小盘股，在股市的第一波下跌过程中，政府各个部门加大救市的时候，中金所基本没有政策的调整

续表

时间	内容	备注
2015年 8月26日	自2015年8月26日（星期三）起，沪深300、上证50、中证500股指期货各合约平今仓交易手续费标准调整为成交金额的万分之一点一五。调整沪深300、上证50和中证500股指期货日内开仓限制标准。提高股指期货日内平仓手续费标准。8月26日起，将股指期货当日开仓又平仓的平仓交易手续费标准调整为按万分之一点一五收取	这个政策对股指的限制是巨大的，股指期货的贴水加大
2015年 9月7日	1. 中金所决定，自2015年9月7日起，沪深300、上证50、中证500股指期货客户在单个产品、单日开仓交易量超过10手的构成"日内开仓交易量较大"的异常交易行为	调整股指期货日内开仓限制标准，日内开仓交易量，是指客户单日在单个产品所有合约上的买开仓数量与卖开仓数量之和。套期保值交易的开仓数量不受此限
	2. 自2015年9月7日结算时起，将沪深300、上证50和中证500股指期货各合约非套期保值持仓交易保证金标准由目前的30%提高至40%，将沪深300、上证50和中证500股指期货各合约套期保值持仓交易保证金标准由目前的10%提高至20%	提高股指期货各合约持仓交易保证金标准，也是为切实防范市场风险，通过降低资金杠杆抑制市场投机力量
	3. 自2015年9月7日起，将股指期货当日开仓又平仓的平仓交易手续费标准，由目前按平仓成交金额的万分之一点一五收取，提高至按平仓成交金额的万分之二十三收取	大幅提高股指期货平今仓手续费标准，也是为进一步抑制日内过度投机交易
	4. 自2015年9月7日起，长期未交易客户在参与金融期货交易之前，应知悉交易所现行交易规则及其实施细则，做出账户本人使用，不出借、转让账户或将账户委托他人操作，合规参与交易等承诺，并将承诺书通过会员单位报送中金所后，方可参与金融期货交易	加强股指期货市场长期未交易账户管理。为严格落实投资者适当性制度，强化实际控制关系账户监管，中金所要求会员单位进一步加强客户管理。对于长期未交易的金融期货客户，会员单位应切实做好风险提示，加强验证与核查客户真实身份

表4　　　　　　　　　　商品期货与算法交易相关限制实施时间表

日期	交易所	品种	内容
2015年 12月3日	上海期货交易所	石油沥青	自2015年12月8日起，石油沥青品种的交易手续费从成交金额的万分之零点五调整为成交金额的万分之零点八
2015年 12月28日	大连商品交易所	聚丙烯	自2015年12月30日起，聚丙烯品种交易手续费标准由成交金额的万分之0.5调整为成交金额的万分之零点七

续表

日期	交易所	品种	内容
2016年3月9日	大连商品交易所	铁矿石	2016年3月9日结算时起,大商所将铁矿石品种涨跌停板幅度调整至6%,最低交易保证金标准调整至7%
2016年3月11日	上海期货交易所	石油沥青1606	2016年3月15日收盘结算时起,石油沥青期货1606合约交易保证金标准调整到10%
2016年3月11日	上海期货交易所	螺纹钢	自2016年3月15日起,恢复收取螺纹钢品种当日平今仓交易手续费
2016年3月25日	上海期货交易所	螺纹钢	自2016年3月29日起,螺纹钢品种的交易手续费从成交金额的万分之零点四五调整为成交金额的万分之零点六
2016年4月14日	大连商品交易所	焦煤焦炭	2016年4月18日结算时起,大商所将焦炭、焦煤品种涨跌停板幅度调整为6%,最低交易保证金标准调整为8%
2016年4月20日	大连商品交易所	焦煤焦炭	自2016年4月22日起,焦炭、焦煤品种同一合约当日先开仓后平仓交易不再减半收取手续费,手续费标准恢复至成交金额的万分之零点六
2016年4月21日	大连商品交易所	豆一、豆粕、玉米、玉米淀粉、聚氯乙烯、聚乙烯、聚丙烯、铁矿石	豆一、豆粕、玉米、玉米淀粉、聚氯乙烯品种涨跌停板幅度调整至5%,最低交易保证金标准调整至7%。聚乙烯、聚丙烯最低交易保证金标准调整至7%。铁矿石品种最低交易保证金标准调整至8%。对同时满足《大连商品交易所风险管理办法》有关调整涨跌停板幅度和交易保证金标准规定的合约,其涨跌停板幅度和交易保证金标准按照规定涨跌停板幅度和交易保证金数值中的较大值收取
2016年4月21日	大连商品交易所	铁矿石、聚丙烯	自2016年4月25日起大商所铁矿石和聚丙烯品种手续费标准调整为成交金额的万分之零点九
2016年4月21日	上海期货交易所	热轧卷板、螺纹钢、石油沥青	自2016年4月25日起,恢复收取热轧卷板品种当日平今仓交易手续费。热轧卷板品种的交易手续费从成交金额的万分之零点四调整为成交金额的万分之一。螺纹钢品种的交易手续费从成交金额的万分之零点六调整为成交金额的万分之一。石油沥青品种的交易手续费从成交金额的万分之零点八调整为成交金额的万分之一
2016年4月22日	大连商品交易所	焦煤焦炭	自2016年4月26日起大商所焦炭和焦煤品种手续费标准由成交金额的万分之零点六调整为成交金额的万分之一点八
2016年4月22日	郑州商品交易所	棉花	自2016年4月26日起,郑州商品交易所对棉花品种恢复收取平今仓交易手续费
2016年4月22日	郑州商品交易所	棉花、菜粕、动力煤	自2016年4月26日结算时起,棉花期货合约交易保证金标准由5%调整到7%,涨跌停板幅度由4%调整为5%;菜粕、动力煤期货合约交易保证金标准由5%调整为6%,涨跌停板幅度由4%调整为5%

从时间上来讲,商品期货受限晚于股指期货受限,商品期货受限更多来自于监管层对于商品期货炒作的限制。虽然期间商品期货也出现多次暴涨暴跌,但是,其

整体幅度远小于股市异常波动期间指数和指数期货的波动。

下面从行业整体、股指期货、商品期货、国债期货、50ETF 期权等方面进行深入分析。着重分析股市动荡前后交易所新规对算法交易的影响,其中重点讨论的是股指期货持仓量/成交量与算法交易的相互关系。

1. 算法交易的应用受限制对全行业的影响

期货行业大致以 2015 年中股市异常波动前后算法交易受限为分水岭,期末客户权益呈现先扬后抑的态势,期末为 3 829.77 亿元,年内的 8 月份曾上冲至 4 388.97 亿元的历史新高位置;1~8 月份总体保持快速上升格局,9 月份则快速缩减近 1 000 亿元,主要受股指期货交易限制性规定出台引发期货保证金锐减,9~12 月期货客户权益受此影响保持在 3 600 亿~3 900 亿元的水平。2015 年月均的期末客户权益为 3 689.76 亿元。2015 年下半年,期指市场成交降温,但商品期货成交量和成交额显著增长,有色金属、贵金属等工业品板块成交放量明显,11 月、12 月工业品期货的成交额均占比过半。

期货全行业的手续费收入,经历了上半年的上涨之后,在 6 月份达到了 15 亿元,随后从 7~8 月份开始大幅度缩水,在 9~10 月份不足 5 亿元,跌到最低点,11 月份和 12 月份上涨到 10 亿元左右(见图 4)。随着 7~8 月份股市泡沫的破裂,引发监管层对金融衍生品交易的严格限制,导致了期货市场无论是客户权益规模还是交易量都有不同程度的下跌。随后,部分 T+0 交易的算法交易和资金可能由此进入期权、商品期货市场,带来市场规模上升和成交量的上升,对波动性的影响将在后面的分析中说明。

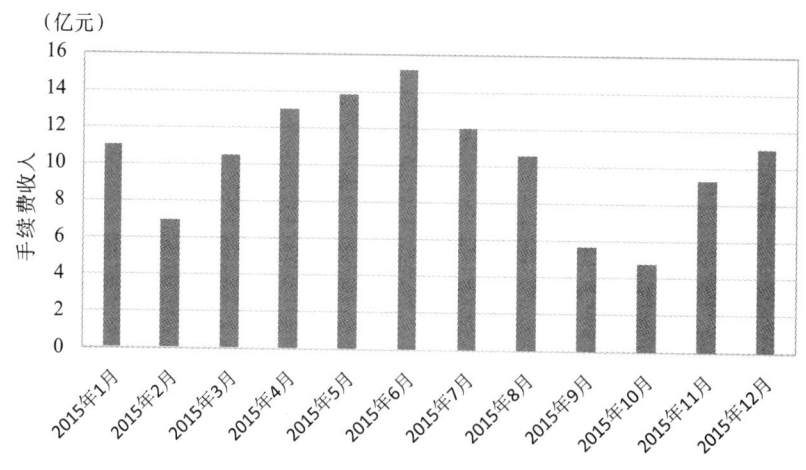

图 4　2015 年期货行业月度手续费收入

2015 年的中国期货业协会年报指出从 2015 年 7 月份开始,由于受到股市冲击 5000 点后大幅回落,股指期货交易规则受到较大暂时性修订,金融期货市场的交易量、交易额出现回落,成交量下滑。2015 年下半年,金融期货成交量和成交额将出现相比上半年的较大下滑。因此,下半年期货公司经营指标不会出现像上半年一样的大幅上涨,部分指标可能出现大幅下滑,比如期末客户保证金回落,其他指标将保持平稳增长。但是,我们也调研了部分期货公司,发现在股指期货收入大幅萎缩的同时,因为商品期货业务的井喷,各路资金蜂拥而入。整个市场规模的场内保证金从2 000亿元左右跳增到5 000亿元以上。期货公司的经纪业务收入赶上了2015年有股指期货的时候。同时,期货公司的资产管理业务收入、场外业务收入、风险管理业务收入,还有海外业务收入一起在其他的金融伙伴的支持下,包括券商信托银行保险得到了迅速发展。一些商品期货业务比例较高的期货公司在2016年的业务收入不但没有减少,反而比2015年增加了一倍。

期指市场成交和持仓量的剧烈萎缩,使得对冲基金、期货资产管理受到很大负面影响。据期货资产管理网相关统计,在有持续业绩记录的329只单账户管理期货策略产品中,132只量化交易策略为主的产品9月平均收益率为-0.56%,自股市震荡以来首次跑输主观策略产品。

2. 算法交易的应用受限制对股指期货市场的影响

(1) 对交易量和持仓量的影响

沪深300股指期货自推出以来,其成交量的逐步提升满足了股票现货多头持有者巨大的套保需求。同时,其期现基差整体呈下行态势表明期货和现货的匹配度增强,价格发现功能逐步改善。监管机构在股市异常波动发生后,大幅修改交易规则并且不断加码,如提高交易手续费和保证金,同时限制频繁开平仓,限制了金融期货交易,特别是金融期货算法交易。

图5展示的分别是沪深300股指期货(IF)、上证50指数期货(IH)、中证500指数期货(IC)当月合约基差和成交量数据。图6为相应的持仓量数据。图中每月出现一次的尖刺来自于期货合约到期时移仓换月带来的统计现象。其中,沪深300期货最早在2010年4月16日推出,而50期货和500期货则是在4年之后的同一天推出。在2015年9月之前,三者同样经历了一个成交量逐步扩大,基差在0附近波动的正常发展历程。但是,中金所在第一次股市异常波动发生后,特别是2015年9月7日推出的严厉的管控措施:"单个产品单日开仓超过10手即构成'日内开仓交易量较大'的异常交易行为;非套保保证金由此前的30%提至40%、套保由10%提至20%;平仓手续费标准由0.015%提至0.23%。"直接导致股指期货高频交易失去市场基础。中低频交易者的手续费大幅增加,对收盘或者流动性大幅减少。大批在金融期货市场上使用算法交易的机构选择离场或者因为被调查而中止交易。金融期货市场的成交量不足股市异常波动之前的1%,流动性极度匮乏,买卖价差扩大,期现基差出现大幅贴水。2015年9月前后,IF、IH、IC当月合约贴水分别在-6%、-5%、-10%,幅度惊人;同期持仓量也大幅降低,接近前期高点的1/10左右。交易规则改变对算法交易、高频交易的负面影响显示得淋漓尽致。

当然,在股市异常波动之前,金融期货期现基差也出现了多次异常放大,每一次异动,都对应着证券市场的某些特殊情境。如2013年6月中下旬的"钱荒";季

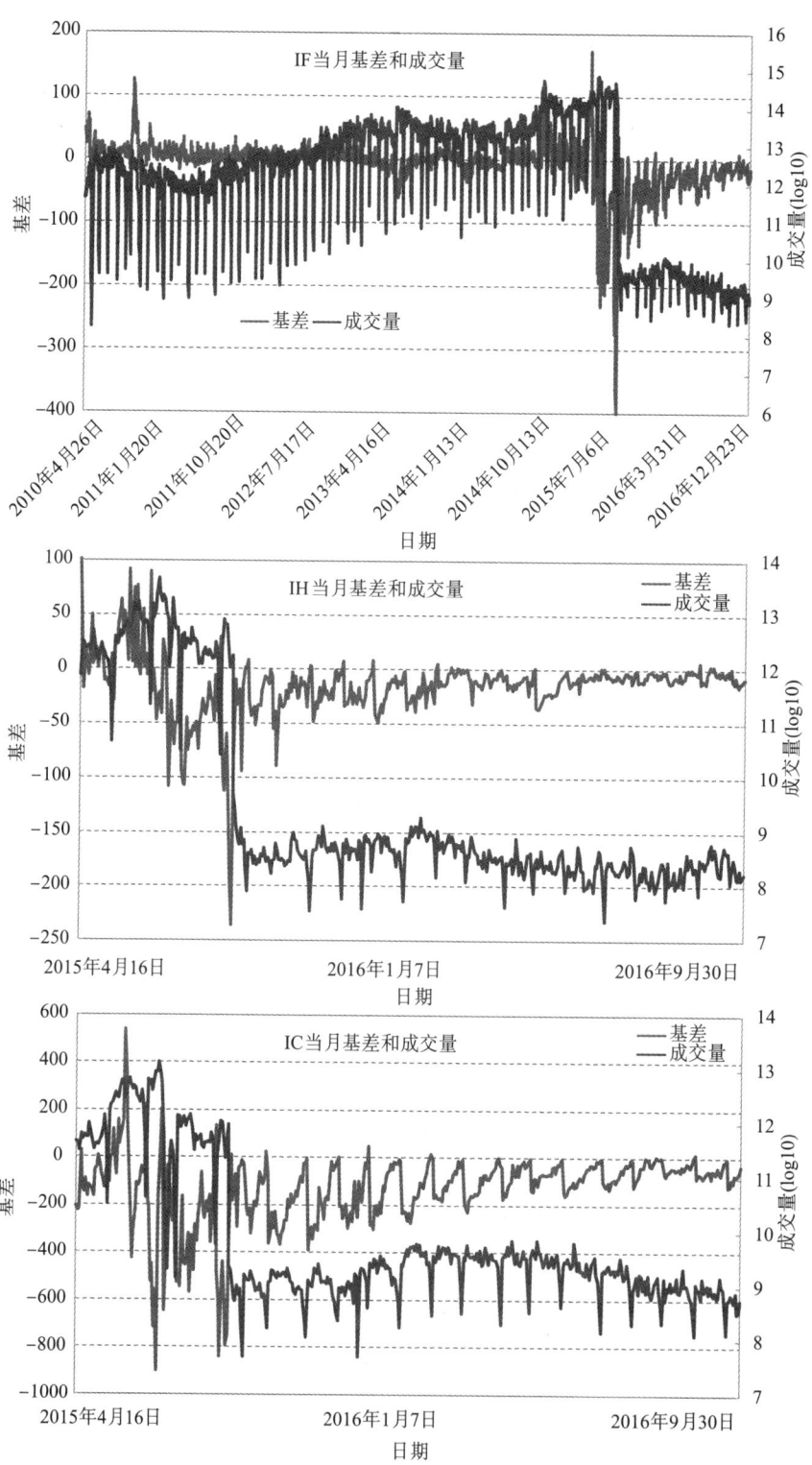

图5 沪深300股指期货（IF）、上证50指数期货（IH）、
中证500指数期货（IC）当月合约基差和成交量数据

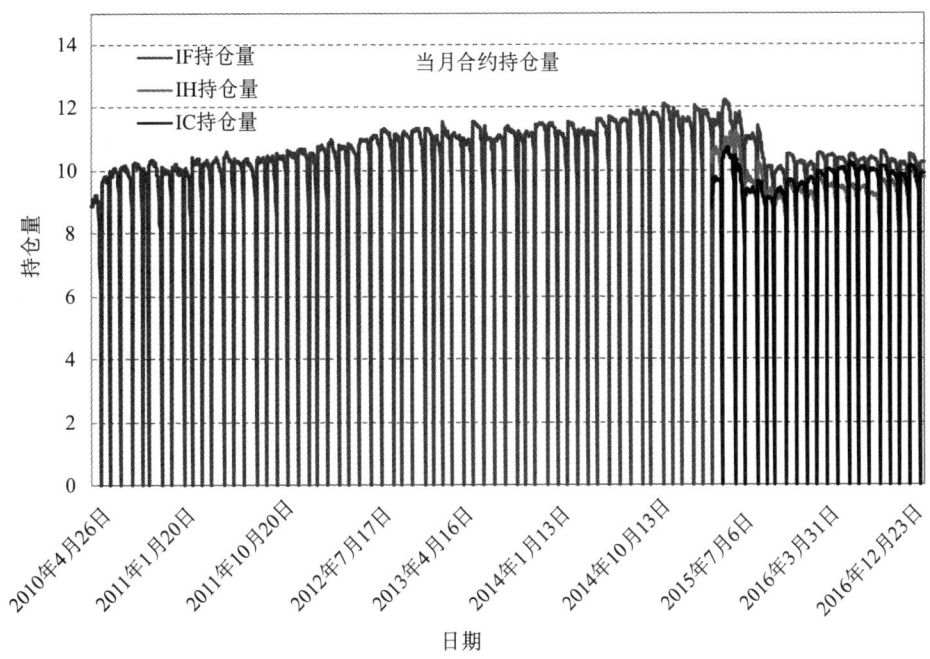

图6 沪深300股指期货（IF）、上证50指数期货（IH）、
中证500指数期货（IC）当月合约持仓量

度、年度银行存款考核时的资金紧张。但这些异常对应的幅度和周期都远小于2015年9月前后对期货算法交易的限制。2015年9月之后股指期货的异常表现，可以说完全归因于期货交易规则改变所导致的算法交易缺位。

如果说成交量和持仓量自身还只能间接说明中金所新规导致算法交易大幅减少，同时也导致了普通中低频交易的减少，那么研究持仓量/成交量比值的变化就可得出更有意思的结论。一般来说，对于中低频交易，持仓量/成交量大约在1附近。交易的频率越高，持仓量/成交量比值越低。举例来说，高频做市策略在成交后一般会立即进行对冲避险，而后在收盘前平仓大部分持仓甚至全部持仓，高频交易可以有极低的持仓量：成交量可以小于1∶10甚至1∶100。因此，可以从持仓量/成交量的变化推测中金所新规对算法交易（包括高频交易）的影响。我们将IF、IH、和IC当月合约的持仓量/成交量展示在图7中。数据起始时间为IH和IC上市时间：2015年4月16日，而截止时间为2016年12月29日。

三个品种每月一次移仓换月所导致的持仓量/成交量为0，图7显示为每月一次的数据点归零，如2016年12月16日周五、2016年11月18日周五等特殊数据。另外，图7有两个突兀的尖刺，分别对应2015年7月10日和2016年1月7日。其中，2015年7月10日IC当月合约开盘后快速涨停；2016年1月7日IC当月合约开盘后快速熔断导致两天IC持仓量/成交量分别为1.04和6.42。而这两天附近的持仓量/成交量双周均值分别为0.31和1.96。两个特殊日期比值远大于双周平均值，这是涨停机制和熔断机制扭曲正常市场行为的表现。

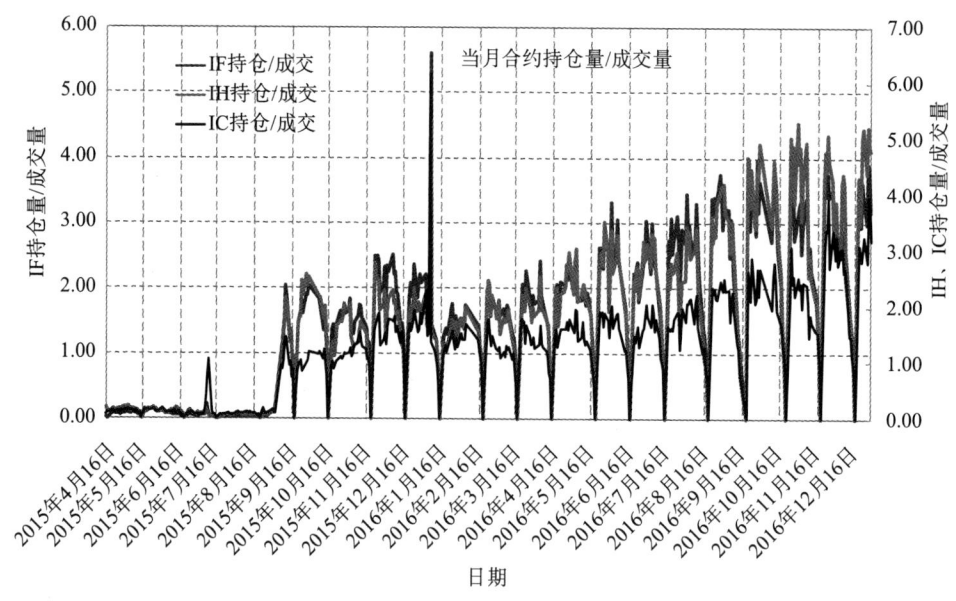

图 7 沪深 300 股指期货（IF）、上证 50 指数期货（IH）、
中证 500 指数期货（IC）当月合约持仓量/成交量

整体来讲，IF 因为上市最早，参与度最广，在持仓量最大的同时，也有最大的成交量。同时因为 IF 的流动性和投资机会，吸引了更高比例的算法交易者参与。因此，IF 持仓/成交量几乎总是小于 IH 和 IC 持仓/成交量。从 2015 年 4 月 16 日开始至在股市异常波动之前，IF、IH、IC 的持仓量/成交量均值分别为 0.082、0.145、0.120。这些数值的相对大小符合算法交易在 IF 里面更大比重的论述。股市异常波动期间，随着交易所从交易费用、报撤单笔数、保证金比例等角度限制期货交易，算法交易特别是高频交易受到严重限制，持仓量/成交量比大幅分别上升至 1.087、1.176、0.907。忽略期货交易新规对中低频交易或者非算法交易的影响，近似用持仓量/成交量的变化来衡量新规对算法交易的影响，则可得到新规导致的算法交易规模降低分别为：-92.5%、-87.7%、-86.8%。

IC 当月合约 2015 年 7 月 10 日开盘后快速涨停和 2016 年 1 月 7 日开盘后快速熔断，导致两天 IC 持仓量/成交量偏大（见图 8）。

第三股市异常波动之后，大致从 2016 年 3 月 15 日至 2016 年 12 月底，期货交易员、投资者情绪逐渐在新规下趋于平衡，大家在新规之下更多地进行持仓套保交易，而不是之前的频繁开平仓、频繁报撤单的算法交易和高频交易。中低频交易规模开始上升，持仓量/成交量进一步加大，均值分别为 2.269、2.693、1.774。算法交易相对占比分别进一步降低为：-92.46%、-87.67%、-86.77%，如表 5 所示。

（2）对波动率和市场风险的影响

无论是金融衍生产品的定价、金融风险的测定，还是资产组合的分析波动率，

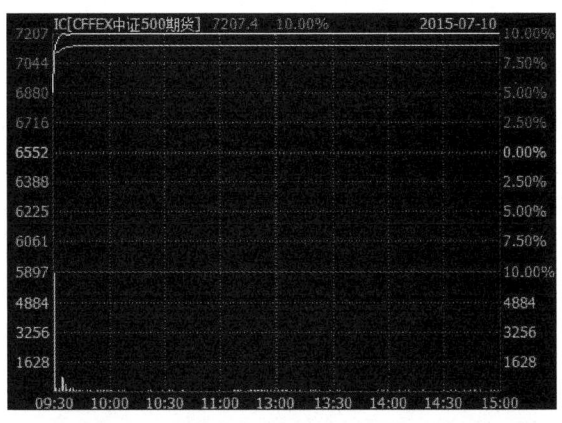

图 8　开盘后快速涨停和熔断

表 5　中金所交易新规导致算法交易受限情况分析

持仓/成交	IF	IH	IC
股灾前	0.082	0.145	0.12
股灾期间	1.087	1.176	0.907
受限情况估计	-92.46%	-87.67%	-86.77%
股灾后	2.269	2.693	1.774
受限情况估计	-96.39%	-94.62%	-93.24%

在测度金融资产的总体风险中都扮演着很重要的角色。测度市场风险价值的模型都需估计、预测波动参数。目前，测量波动性的方法有四种：一是历史波动性；二是隐含的波动性模型，通过期权价格倒推隐含波动率；三是通过随机波动率（SV）模型进行估计；四是通过 GARCH 类模型进行估计。这种方法目前成了主流。

GARCH 类模型以收益和方差来度量波动性，以此测度金融资产的总体风险。"波动丛集性和聚集性"是 GARCH 类模型的特征。丛集性描述资产价格大（小）的变化（正或负的）后往往也会有大（小）的变化，即：波动的当期水平与它最近的前一段时期水平有正相关关系，波动是自相关的。基于金融时序的波动有聚集效应,即波动的时变性。诺贝尔奖得主 Engle 于 1982 年首先提出了自回归条件异方差模型(Autoregressive Conditional Heteroskedasticity Model),即 ARCH 模型并使用该模型研究英国的通货膨胀率。由于 ARCH 模型具有持续的方差和处理厚尾的能力,能较好地描述金融资产的价格波动特征,在过去几十年中得到了广泛推广和应用。现 GARCH 模型已发展成为一个家族体系,主要有 EGARCH、GJRGARCH、APARCH、FIGARCH、FIEGARCH、FIAPARCH、FIAPARCH、IGARCH 和 HYGARCH 等。

①GARCH 模型。Bollerslev 于 1986 年在 ARCH(p)模型中增加 q 个自回归项,推广成 GARCH(p,q)模型,该模型设定为:

均值方程:$R_t = E(R_t | I_{t-1}) + \varepsilon_t$

条件方差方程:$h_t = \alpha_0 + \sum_{i=1}^{p} \alpha_i \varepsilon_{t-i}^2 + \sum_{j=1}^{q} \beta_i h_{t-j}$

其中,R_t 是金融资产收益率,使用以往的信息 I_{t-1} 进行预测,ε_t 为误差项,同时 $h_t = \sigma^2$。

②EGARCH 模型。1991 年,对于 GARCH 不能反映非对称性的问题,Nelson 提出指数 GARCH,即 EGARCH 模型:

$$h_t = \log \sigma_t^2 = \alpha_0 + \sum_{i=1}^{p} \alpha_i \frac{|\varepsilon_{t-i}| + \gamma_i \varepsilon_{t-i}}{\sigma_{t-1}} + \sum_{j=1}^{q} \beta_i h_{t-j}$$

③GARCH – M 模型(均值 GARCH 模型)。金融学中大多模型都假设投资者应为承担额外的风险而获得更高的收益,处理这一概念的一种方法是,假定证券的收益可部分由它的风险决定。这样资产收益的条件方差就进入了均值方程中,即它同时考虑到了收益率与风险性的关系。GARCH – M 模型的均值和方差方程为:

均值方程:$R_t = \mu_t + \delta \sigma_{t-1} + \varepsilon_t$,$\varepsilon_t \sim (0, \sigma_t^2)$

条件方差方程:$\sigma_t^2 = \alpha_0 + \alpha_1 \varepsilon_t^2 + \beta_1 \sigma_{t-1}^2$

方程中如果 σ 是正的且具有显著性,那么由条件方差增加所给定的风险增加将会导致均值收益的上升。

图 9 是基于 EGARCH(1,1)模型推算出来的算法交易受限前 1 个月(7 月 26 日~8 月 25 日)的上证指数方差。我们使用了分钟级的高频交易数据。下面则是 EGARCH 模型的拟合结果,GARCH(1)和 ARCH(1)的系数显著。

EGARCH(1,1) Conditional Variance Model:

Conditional Probability Distribution: Gaussian

Parameter	Value	Standard Error	t Statistic
Constant	0.154538	0.0646639	2.38986
GARCH{1}	0.964657	0.0115519	83.5066

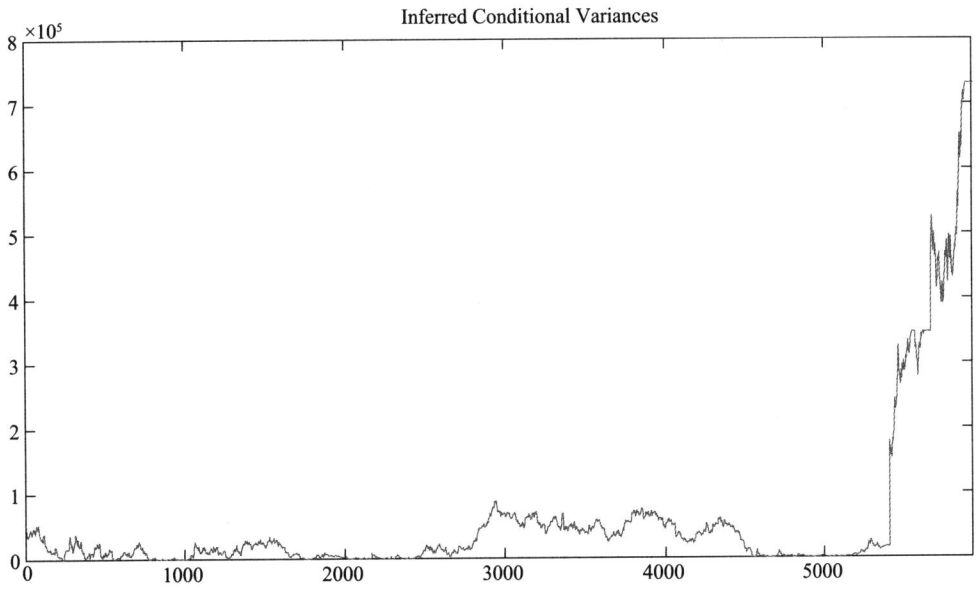

图 9 算法交易受限前 1 个月基于 EGARGH（1，1）模型得到的上证指数方差

ARCH{1}	1	0.0590097	16.9464
Leverage{1}	-0.00961962	0.0354845	-0.271094
Offset	3770.44	0.182904	20614.3

图 10 是基于 EGARCH（1，1）模型推算出来的算法交易受限后 1 个月（8 月 26 日～9 月 30 日）的上证指数方差。

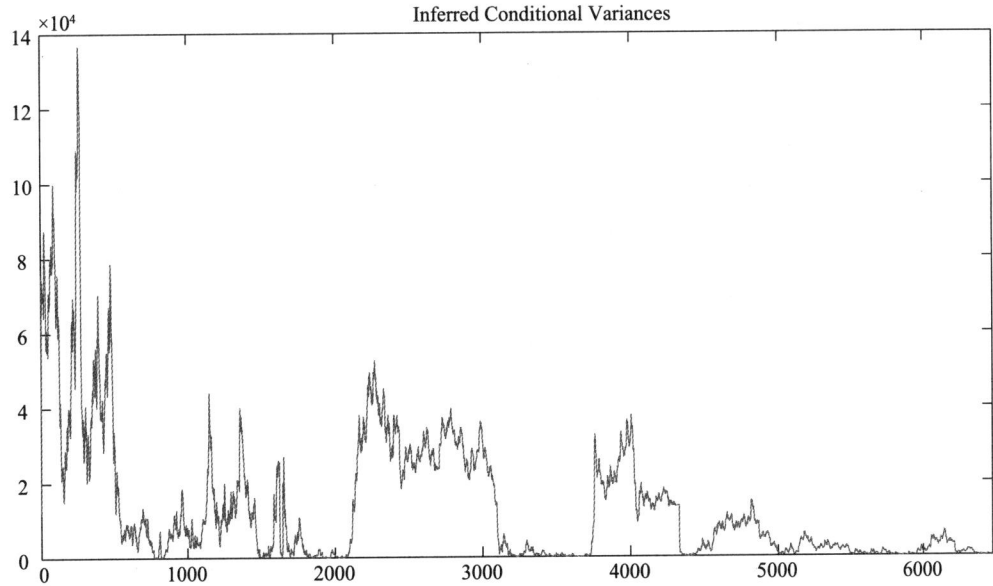

图 10 算法交易受限后 1 个月基于 EGARGH（1，1）模型得到的上证指数方差

下面是 EGARCH 模型的拟合结果，GARCH（1）和 ARCH（1）的系数显著。

EGARCH(1,1)Conditional Variance Model:

Conditional Probability Distribution: Gaussian

Parameter	Value	Standard Error	t Statistic
Constant	0.160236	0.0451633	3.54792
GARCH{1}	0.959205	0.00934481	102.646
ARCH{1}	1	0.0548186	18.242
Leverage{1}	0.00837938	0.0336805	0.24879
Offset	3136.33	0.121409	25832.9

将方差视为波动率，则我们可以研究算法交易受限对波动率的影响。做波动率对比前，我们需要去掉算法交易受限前后几天的数据，这是因为算法交易受限事件发生前几天可能存在信息泄露（有人提前知道算法交易即将受限），而后几天存在市场过度反应。这都对波动率有很大冲击，但这种冲击不能长时间持续，因此不能体现出算法交易受限之后的较长时间的影响。从图10中可发现，算法交易受限前后几天波动率非常高，可能存在信息泄露和市场过度反应。将这几天的数据去掉之后，我们发现算法交易受限前的大多数时间内，上证指数波动率处于较低水平。而算法交易受限之后，上证指数的波动率加大。交易受限前方差在1000以下，而交易受限后方差超过2000成为常态。因此，算法交易受限之后金融市场的风险反而上升。

使用GARCH模型和GARCH-M模型得到的计算结果类似，在此不再赘述。

3. 算法交易的应用受限制对商品期货市场的影响

在算法交易在股指期货大幅限仓之后，市场上投机的力量和高频交易的焦点转战到了商品期货上，原来属于"僵尸"品种的上期所沥青期货和大连聚丙烯期货率先成为资金和算法交易的新宠，而后很快扩展到铁矿石、螺纹钢和焦煤焦炭、农产品等。下面按照三个不同交易所分别讨论算法交易受限对商品期货市场的影响。

（1）上期所商品期货——螺纹钢、橡胶、沪铜

图11是2015年全年上期所所有交易品种累计成交量和持仓量的变化，其中螺纹钢的成交量并列列出，便于比较。

首先，我们发现2015年上半年和下半年商品期货的成交量均值分别为75.7百万手和99.9百万手，下半年均值比上半年高，也就是说在第一轮股市异常波动过后，商品期货市场渐渐超过股市对投资者的吸引力增加。同时股指期货投机和算法交易方面受到了监管层的严厉限制。这样有利于挤压投资者和资金转入商品期货市场，导致成交量放大。

股指期货算法交易特别是高频交易受限制后，上期所商品期货成交量增加明显。但是，从上期所持仓量/成交量方面观察，该曲线整体波动幅度在0.025~0.06之

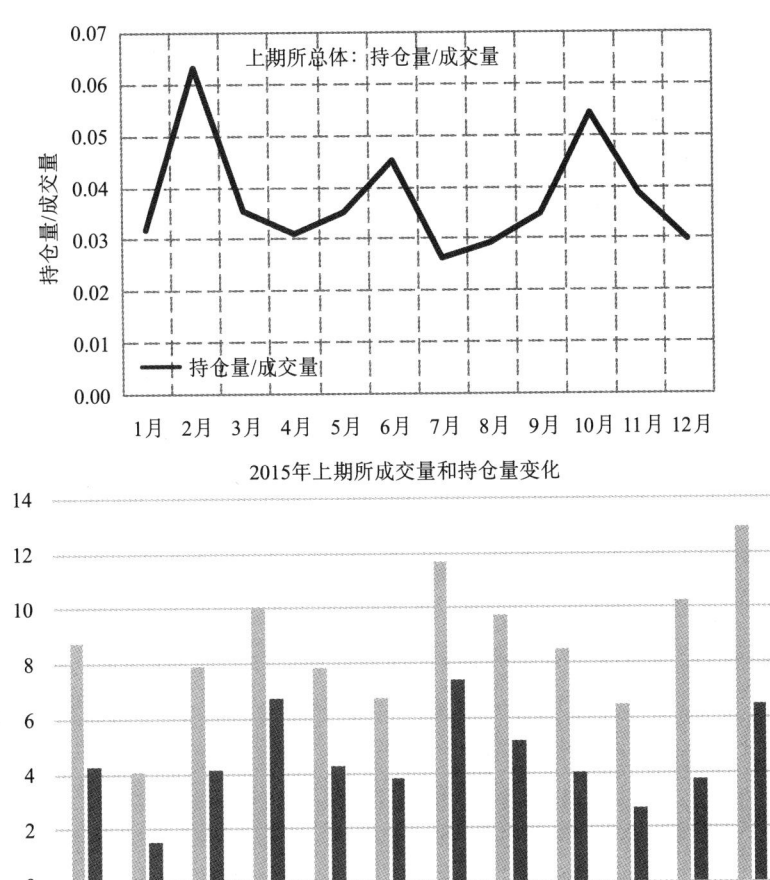

图 11

间，远小于股指期货持仓量/成交量波动幅度，这是因为商品期货交易所并没有实施像中金所那样对算法交易进行罕见的持续严厉限制。该曲线在 2015 年 7 月至 10 月也经历了一个上行过程，同期，上期所通过期货公司对高频交易、算法交易、炒单行为也做出了一系列"窗口指导"，导致算法交易量相对交易量下降，从而带动持仓量/成交量比值上升。而 2015 年 10 月以后的持仓量/成交量下降则属商品期货经过多年调整，大宗商品终于迎来久违的反转。再加上供给侧改革、去产能，导致商品企业补充库存，也导致了商品期货出现一波大幅上涨行情。期间，投资者热情大幅增加，日内投机交易、算法交易和高频交易活跃度相对增加，导致持仓量/成交量下降。

上海期货交易所的螺纹钢与上证指数走势的高度相关性由来已久。因为我国的GDP 增长，在过去甚至包括未来很长一段时间内，很大程度上依赖于"土地财政"，或者说是大兴基建，因此对螺纹钢的需求非常旺盛，而螺纹钢作为基本的工业生产零部件，其产业链包括银行、钢铁、煤炭、重工机械、水泥等其他细微相关行业。

上证乃至深成指数的主要成分股其实很大程度上分布在上述相关行业中，所以，螺纹钢与上证指数的走势高度正相关也就不难理解了。事实上观察螺纹钢与上证指数的 K 线不难发现，大部分时间二者同涨同跌。除 2014 年下半年到 2015 年上半年之外，二者走势基本吻合，相关系数达到 0.879，高度相关。我们选取了上期所成交量较大的三个品种螺纹钢（RB）、橡胶（RU）和铜（CU）做进一步分析（见图 12）。

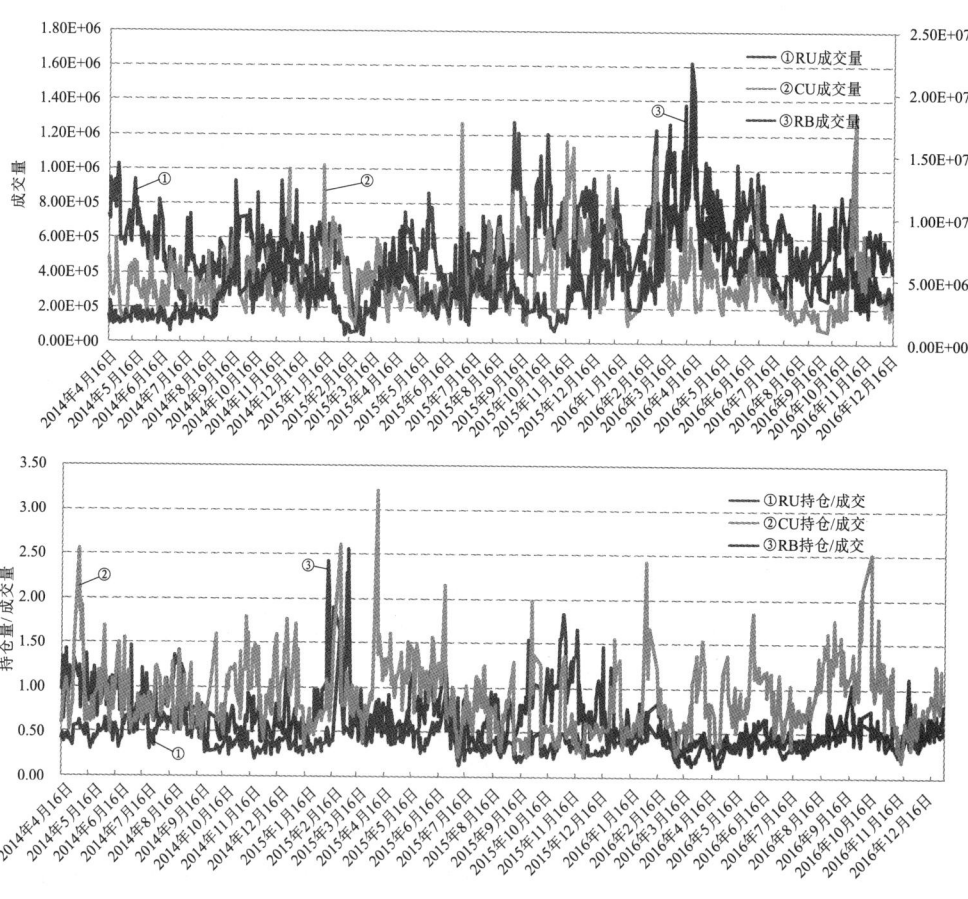

图 12　螺纹钢、天然橡胶和铜的相关关系

从上期所这三个品种的成交量时间序列和持仓/成交时间序列来看，虽然成交量和持仓/成交波动都很大，但是我们并没有发现类似与股指期货持仓/成交数据清晰分成三个区间的现象。即使是发生股指熔断的 2016 年 1 月 4 日和 1 月 7 日，从持仓/成交的角度，三个期货品种并无异常表现。当然，螺纹钢因为和上证指数的高度相关性，在 2015 年 9 月之后出现了持仓/成交数据的上升，进入 2016 年后下降较为明显。众所周知，螺纹钢进入 2016 年后涨幅惊人，吸引了大量的投资者和资金，算法交易和高频交易相对天然橡胶和铜更为活跃，但是变化远小于股指期货三个品种（见图 13）。

我们也尝试从商品期货交易跨期策略和波动率角度考察算法交易股市异常波动前后的变化。图 13 显示的是天然橡胶、螺纹钢和沪铜基差数据跨期基差（近月合

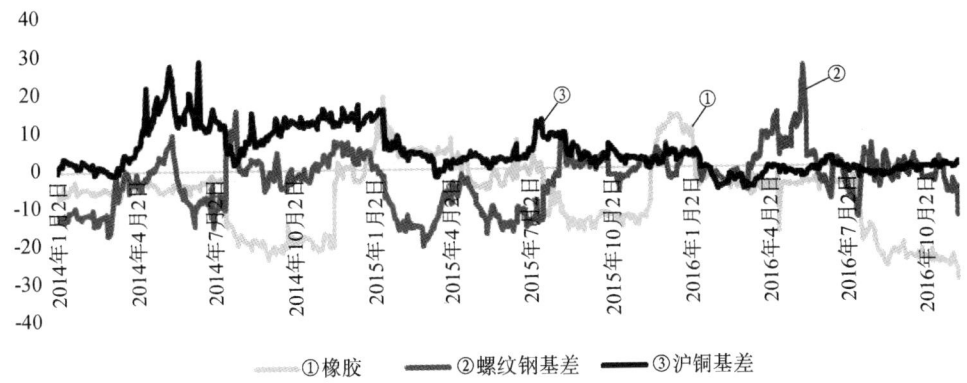

图 13　2014～2016 年上期所橡胶、螺纹钢、沪铜基差

约 – 远月合约）数据。可以明显看出，三个品种之间的基差变化规律是有区别的。首先，很明显，对于天然橡胶品种来说，存在着固定的季节效应，即每年上半年基差在零附近，下半年会突然下降，每年的幅度略有变化，在 2015 年 7 月前后基差走势向上，随后回落。其次，长期来看，沪铜的基差有变小的趋势，我们关注的时间点是 2015 年 7 月份，沪铜期货的基差短期内变大，然后又持续回落。我们认为这是由股指期货市场影响的，资金的进入使得短期内不同到期月份合约价差扩大，随后又在套利的作用下缩小。螺纹钢与铜期货一样没有明显的季节效应，但是同样在 2015 年 7 月份，基差大幅波动，先缩小后又扩大，最后趋向于 0。通过上面的基差分析我们认为，三个合约在 2015 年 7 月份前后的基差短期均有一段向上的走势，所以股指期货市场对算法交易限制所带来的负面效应也传导到了上期所的商品期货市场。

算法交易理论上有助于市场流动性改善，使成交量、流动性、市场深度放大的同时，也可能导致波动率变化。Garman 和 Klass（1980）等提出了度量股市日内波动率的方法，该方法同时考虑了开盘价、收盘价、最低价和最高价，被认为是最小方差的无偏估计。我们这里在估算商品期货的波动率时可借鉴此方法，价格波动率的估计值为：

$$\delta^2 = 0.511(u-d)^2 - 0.019[c(u+d) - 2ud] - 0.383c^2$$

其中，u = 最高价 – 开盘价，d = 最低价 – 开盘价，c = 收盘价 – 开盘价，最高价、收盘价等均为标准化之后的数据。

对于价格波动率和持仓量，成交量的关系我们借鉴 Bessembinder 和 Seguin（1993）的方法建立。

$$\delta_t = \sum_{i=1}^{m} \rho_i \delta_{i-1} + \alpha \ln TV_t + \beta \ln OI_t + \varepsilon_t$$

其中，m 为滞后的阶数，$\ln TV_t$ 为成交量的对数，$\ln OI_t$ 为持仓量的对数。我们从 Wind 是选取了 2015 年 1 月～2016 年 11 月螺纹钢（RB. SHF）、沪铜（CU. SHF）、天然橡胶（RU. SHF）的分钟级别数据。标准化后计算日内短期波动率见表 6。

表6　描述统计

	最小值(M)	最大值(X)	平均值(E)	方差	偏度		峰度	
	统计	统计	统计	统计	统计	标准错误	统计	标准错误
volume-cu	-0.79	46.64	0.0000	1.000	5.014	0.011	110.231	0.022
oi-cu	-2.50	2.84	0.0000	1.000	0.117	0.011	-0.490	0.022
volatility-cu	-0.83	95.41	0.0000	1.000	61.347	0.011	4 905.209	0.022
volume-rb	-0.74	20.45	-0.0002	1.000	2.977	0.011	17.592	0.022
oi-rb	-2.34	2.98	0.0034	0.997	0.160	0.011	-0.310	0.022
volatility-rb	-1.64	139.08	-0.0002	1.000	85.111	0.011	10 274.133	0.022
volume-ru	-0.81	11.05	0.0000	1.000	2.077	0.024	7.195	0.049
oi-cu-ru	-3.33	2.61	0.0000	1.000	-0.318	0.024	0.239	0.049
volatility-ru	-0.413	97.683	0.000	1.000	93.515	0.024	9 110.797	0.049

从这些数据的统计特征可以看出，波动率和成交量偏度为正，说明这些序列有一个较长的右尾。持仓量偏度在零左右，不存在厚尾现象。波动性、成交量的峰度远大于3，具有明显的尖峰特征，这些序列都不服从正态分布。检验序列平稳性最常用的方法是单位根检验，ADF 检验是常用的单位根检验方法。分别对波动性时间序列进行平稳性检验，结果见表7。

表7　ADF 平稳性检验结果

	Dickey-Fuller	Lag order	p-value
volatility-cu	-24.565	37	0.01
volatility-rb	-29.635	36	0.01
volatility-ru	-2.5509	21	0.345
volatility-ru-一阶差分	-24.656	21	0.01

沪铜和螺纹钢的 P 值均小于 0.05，对于天然橡胶进行一阶差分后也满足标准。接下来分别对模型进行估计（见表8）。

表8　对模型进行估计

	螺纹钢 RB				沪铜 CU				天然橡胶 RU			
参数	估计值	t 值	p 值	R square	估计值	t 值	p 值	R square	估计值	t 值	p 值	R square
ρ（波动率）	0.10	22.99	2.2E-116	0.0639	0.26	62.31	0	0.1356	-0.40	-43.45	0	0.1607
α（成交量）	0.22	50.70	0		0.23	54.41	0		0.07	5.91	3.5E-09	
β（持仓量）	-0.07	16.26	2.8E-59		-0.04	-8.43	3.4E-17		-0.01	-0.73	0.464	
c（常数项）	0.00	0.03	0.978		0.00	0.00	0.998		0.00	0.01	0.992	

我们分别估计了滞后一阶和滞后二阶两种情况，拟合优度 R square 略微提高，表8提供了三个期货品种的滞后一阶的估计结果。我们可以从中发现，虽然拟合优

度不高,但是各项变量的系数的回归结果非常显著,除了天然橡胶的持仓量系数 P=0.464 不显著外。

成交量系数 α 的 P 值均小于 0.01,且全部都是正数,说明价格波动率与 5 分钟内的成交量存在显著的正相关关系。成交量放大将导致价格波动加剧。

通过比较波动率的走势我们判断,在股市异常波动后,商品期货市场的价格波动率并没有明显的变大或变小,所以通过波动率模型和成交量变化的比较,我们认为,股指期货受限后,资金流入了商品期货市场。作为与大盘上证指数相关性最强的螺纹钢受到影响最大,天然橡胶与沪铜期货是国际商品期货,有自身的行情周期,受到波动较小。

算法交易受限在上期所商品期货上的影响从跨期基差和波动率角度看有一定影响,但是从成交量和持仓/成交的角度看,无明显量化证据。这可能是由于商品期货存在一系列品种自身的运作规律,包括自身的供求关系,季节效应,供给侧改革驱动的自身反转行情,以及与国际其他交易所联动等原因,算法交易在上期所三个较大交易量品种上表现的变化不如在中金所股指期货上的变化。

(2) 大连商品交易所的玉米、淀粉、铁矿石品种

①玉米。相对于大豆等农产品,我国的玉米生产具有相对独立性,每年进口量较低,出口量相对稳定,每年的国内产量成为影响国内供给的主要因素。一般而言,国内玉米在 10 月底开始陆续上市,上市时正是玉米现货价格走低的时候,到来年五六月份玉米开始走向紧缺,价格开始走高,到七八月份价格达到顶峰。从国内情况来看,玉米消费主要来自饲料和加工业,由于受国际市场和疫情的影响,历年来畜牧业一直处于不稳定的波动中,直接影响了对饲料的需求,影响了对玉米的需求,从而左右了玉米的价格走势。近年来玉米深加工的发展使玉米需求增加,供给趋紧,成为其价格上涨的直接推动力。其他影响因素有相关商品(饲料小麦、饲料稻谷)、气候影响、货币汇率影响以及国家相关政策影响。首先我们来看一下 2015 年玉米每日的波动情况以及成交量(单位万股)的情况。

②淀粉。淀粉的成交量从 9 月底开始大幅增大,算法交易减少对其间接影响是有延后性的。说明此前的几个月份并无明显成交量放大,2015 年 9 月放大应属股指期货算法交易受限影响。淀粉的成交量随政策间接影响反应迅速,价格依旧维持震荡走势,交易量也随各影响因素维持波动情形。

③铁矿石。铁矿石成本受一系列因素影响,如矿山开采设备价格、人工成本、开采所需水、电价格、相关税费以及海运费用等,从而对矿石市场价格造成影响。铁矿石是国际大宗贸易商品,其价格受各种政策因素影响,如产地国的进出口政策、进口国关税政策,以及消费国的钢铁产业发展政策等。铁矿石的产能及产量的增长与减少对市场价格有影响。在生产企业由于设备检修、自然条件等原因造成停产或减产时,铁矿石价格也会相应变化。宏观经济的健康快速发展,对铁矿石市场具有很强的支撑和拉动作用。宏观经济主要是通过影响下游产业的需求,

进而影响铁矿石市场变化。换言之，宏观经济表现是铁矿石市场需求的晴雨表，对其价格变动有重要影响。当宏观经济运行良好时，建筑业、汽车制造业等相关行业对钢材的需求较为强劲，相应会带动铁矿石的需求，支撑其价格在高位运行（见图14）。

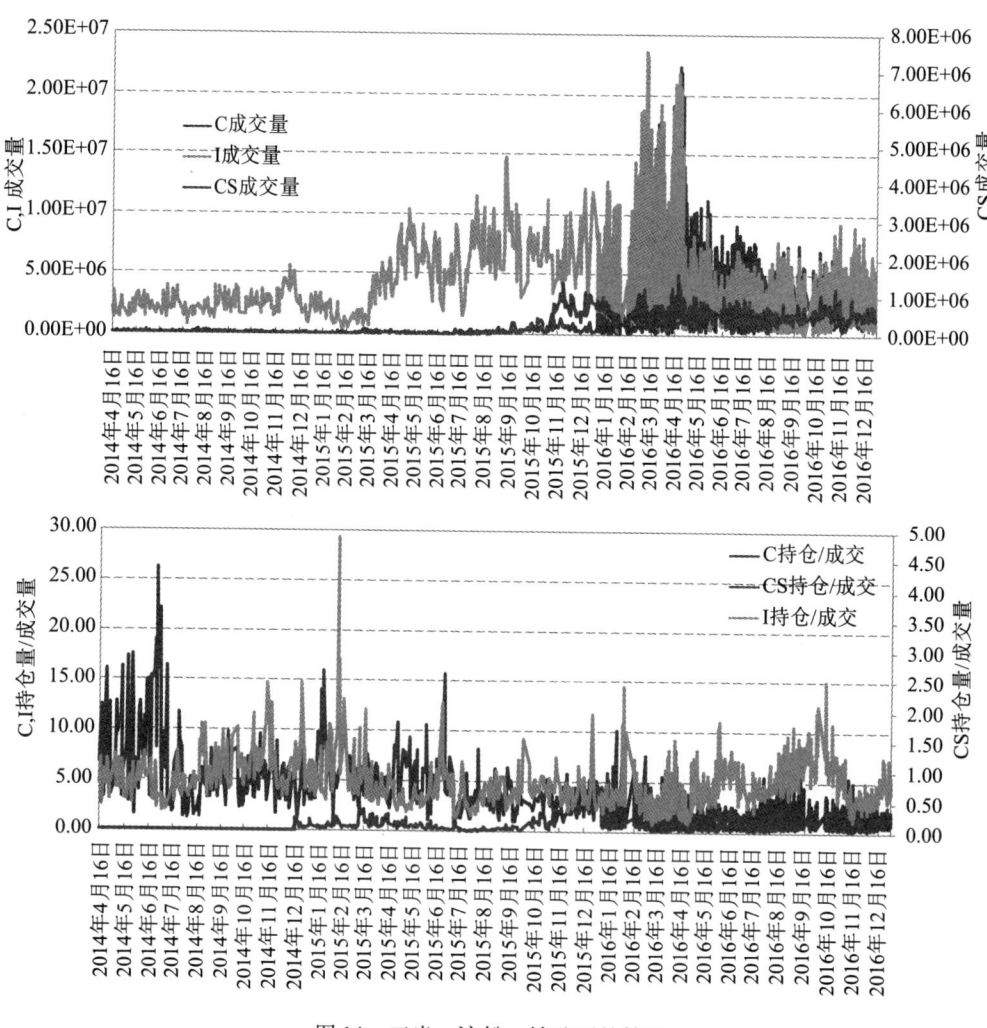

图14　玉米、淀粉、铁矿石的情况

（3）郑州商品交易所的白糖、动力煤、甲醇品种

从成交量角度，甲醇几乎没有受政策的间接影响，成交量维持往年的震荡走势。动力煤、白糖价格不受政策影响，但是2015年底开始走强，走强原因包括内部供求关系以及外部全球汇率、利率的影响。

算法交易受限对跨期基差和波动率有一定影响，但是从成交量和持仓/成交的角度看，白糖、动力煤、甲醇三个商品交易所代表性品种受算法交易限制影响的量化证据并不明显（见图15）。这可能是由于商品期货存在一系列品种自身的运作规律，包括自身的供求关系、季节效应、供给侧改革驱动的自身反转行情，以及与国际其他交易所联动等原因,算法交易在三大商品交易所共 9 个品种上表现的变化不如在中金所股指期货上。

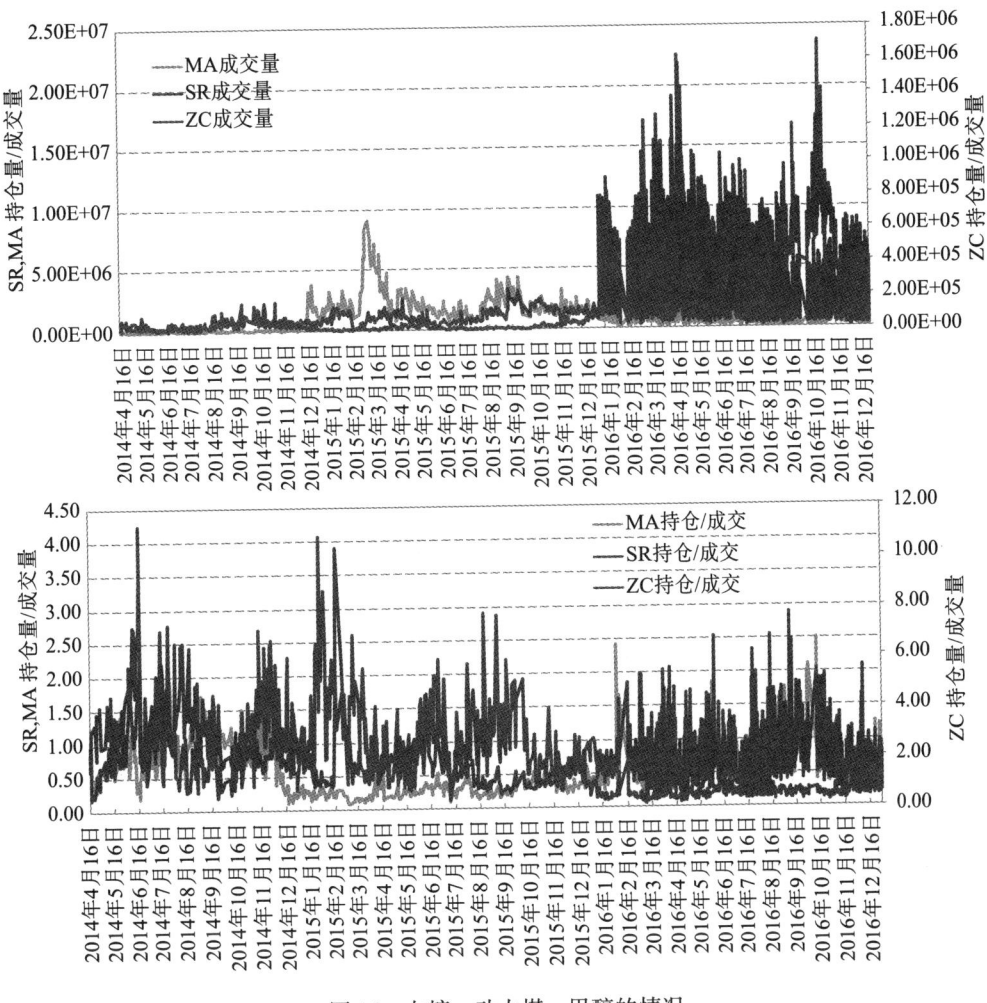

图 15 白糖、动力煤、甲醇的情况

4. 算法交易的应用受限制对国债期货的影响

国债期货(Treasury Future)是指通过有组织的交易场所预先确定买卖价格并于未来特定时间内进行钱券交割的国债派生交易方式。国债期货属于金融期货的一种,是一种高级的金融衍生工具。它是在 20 世纪 70 年代美国金融市场不稳定的背景下,为满足投资者规避利率风险的需求而产生的。美国国债期货是全球成交最活跃的金融期货品种之一。2013 年 9 月 6 日,国债期货正式在中国金融期货交易所上市交易。机构参与国债期货交易的规模大,因此需要对冲的国债数量也大,算法交易的减少直接导致手动同时下单量庞大,使冲击成本增大,进而影响市场。

从图 16 中可以很直观地看到,自 2015 年 10 月开始国债期货的交易量大幅增大,而持仓量并没有相应增加,导致国债期货持仓量/成交量在 2015 年 10 月前后大幅降低。当我们把视线转到算法交易限制股指期货的时间点，发现7、8、9月正是政策密集出台的时间段，而国债期货对于市场反应是有滞后性的，这从我们之后的研究中可以进一步体现出来。再从资金面的角度分析，股市异常波动之后的市场资金由股市退出寻找避险的情绪加强，因此带动了债市的走强，国债期货也正是在此阶段获得交易量的大幅增长，两方面的原因共同促成了这一局面。

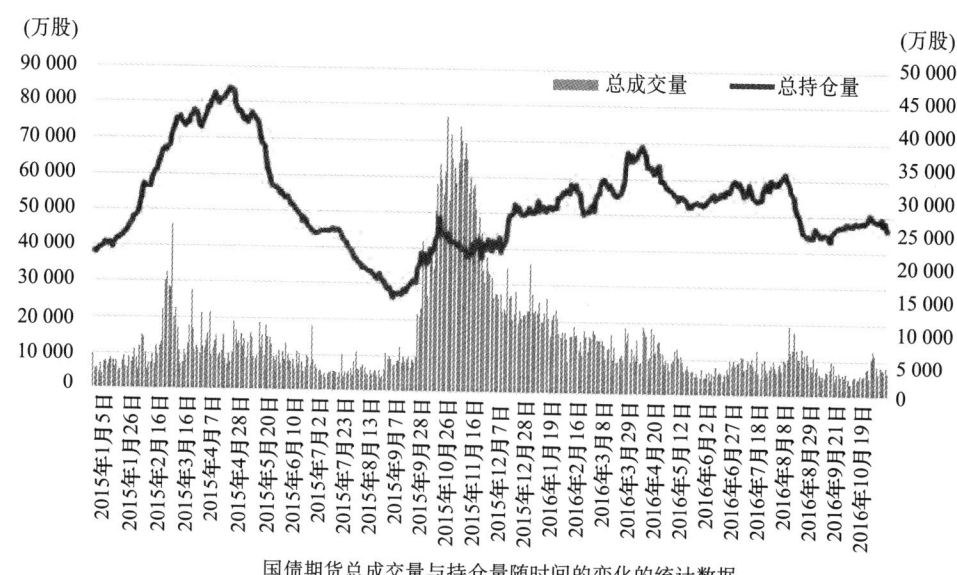

国债期货总成交量与持仓量随时间的变化的统计数据

图16 TF持仓量/成交量

我们再深入看这个问题，在看成交量的时候我们发现在有一天发生了骤变，并且效果着眼在一小段时间，说明政策面的效果作用在有限的时间内，这可以通过以上的分析佐证（见表9）。

也就是说，2015年10月9日单日成交量竟然放量到前一交易日的两倍还多，这是由于一方面整个股市基本面的颓势导致资金出逃至债市，从而推动国债期货市场受热捧，另一方面则是政策限制产生的延后效应。

表 9　　　　　　　　　　　　　TF 持仓量

TF	20150929	8 846	17 220	1
TF	20150930	8 118	17 030	1
TF	20151008	9 554	16 883	1
TF	20151009	21 637	18 921	1
TF	20151012	20 807	19 792	1
TF	20151013	23 489	21 474	1
TF	20151014	41 819	20 895	1

我们可以从图 17 中发现六七月份时国债期货的买卖价差有一定的上升，应该是限制刚出台机构不适应的情况，导致交易价格偏离市场有效价格的程度增大。但其后机构步入正常轨道，买卖价差持续走低（见图 18）。

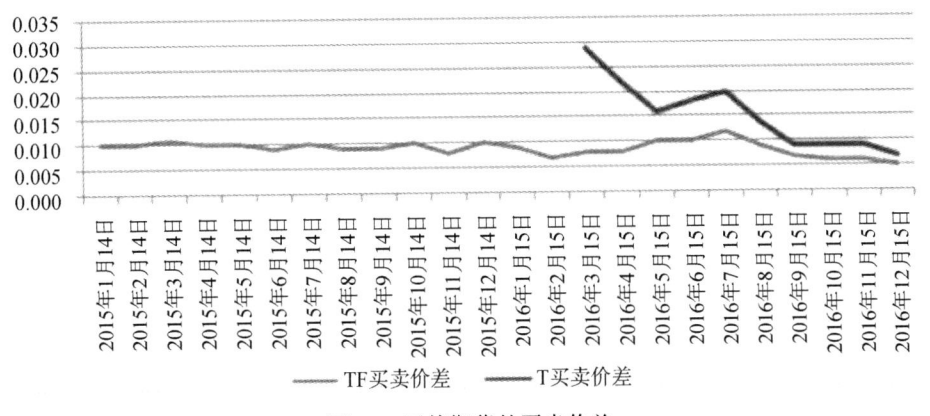

图 17　国债期货的买卖价差

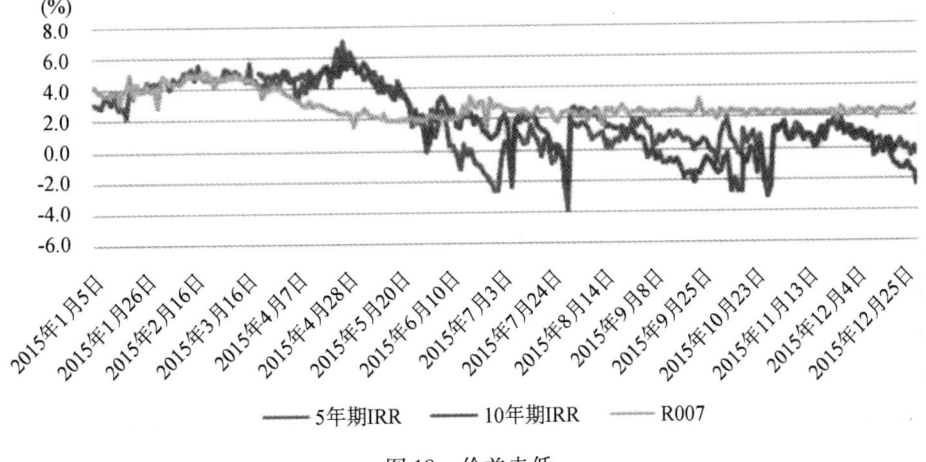

图 18　价差走低

隐含回购利率 IRR 是指投资者买入国债现货，同时卖出相应国债期货合约，并将国债现货用于期货交割后获得的理论收益率。2015 年 1~5 月，IRR 在 4% 左右波动，总体上高于 7 天回购利率（R007），存在一定的期现套利空间。6 月之后，随着融资成本降低、参与国债期现货套利交易的投资者不断增多，国债期货 IRR 有所下降，总体上低于 7 天回购利率，甚至一度出现负值，期现套利空间收窄。特别是 7~8 月两个月份，国债期货 IRR 低到一年中的最低点。

总的来看，机构需要对冲的国债数量大，算法交易减少直接导致手动同时下单量庞大，使冲击成本增大，进而影响市场。从流动性上看，算法交易量减少并没有引起很大的变化。拿股指期货的例子来看，成交量随着算法交易的限制会减小，以 7 月 2 日为界，前后 10 个交易日为对比区间，IF、IC 和 IH 合约日均成交量依次减少 21%、49% 和 20%。交易价格偏离市场有效价格的程度也会随着增大。以 2015 年 7 月 2 日中金所暂停算法交易账户为界，前后各 10 个交易日为对比区间，IF、IC、IH 全部合约日均最优买卖价差以此增大了 36%、73% 和 43%。订单总数也在锐减，同样的情况，IF、IC、IH 全部合约平均十档买卖订单数量依次减少 36%、73% 和 43%。国债期货从理论上来看，作为与股指期货有弱相关性的指数期货，成交量会上涨（股指期货成交量下降的时候投资者避险将资金投入国债期货的这个影响抵消了算法交易减小的量），价差基本保持不变，订单总数受影响也不大（与成交量同理）。从价格发现来看，影响不大。一是期货合约价格同现货指数之差绝对值缩小；二是波动率会小幅收缩。国债期货交易情况除在 2015 年 10 月份左右有个短期成交量放大，整体受股指期货限制影响较小，因此，算法交易在国债期货上受到的冲击也只是短暂的，没有看到长期巨大影响。这可能还与国债期货的参与者都是固定收益类投资者倾向于使用手动下单、场外交易的习惯有关。

5. 算法交易的应用受限对跨境指数期货的影响

我们重点比较新加坡交易所 A50 指数期货与中金所 50 指数期货，芝加哥 300 期货指数、香港 A50 指数期权和上交所 50ETF 期权等、波动率维度的影响。可以从流动性与价格发现来讨论中金所股指期货、新加坡 A50 指数交易股数以及芝加哥 300 期货指数交易量的变化与异同。三者的成交数据如图 19 所示。

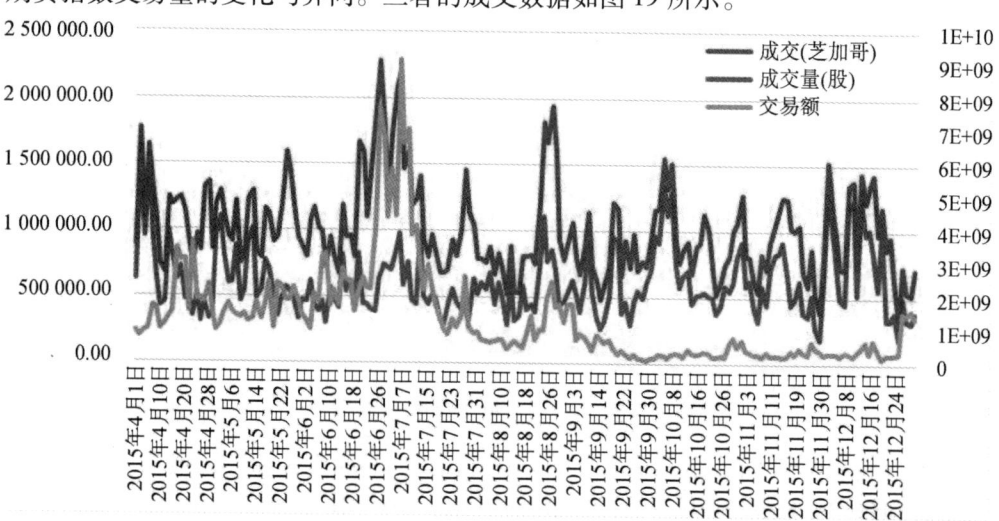

图 19　中金所股指期货、新加坡 A50 指数交易、芝加哥 300 期货指数交易数据

我们可以看到，当算法交易量受限的第一份文件颁布之后，三个指数交易量都有了非常敏感的断崖式下降，第二份出台后又是市场做出了非常及时的反应。我们可以看到，成交的减少来自于受限交易的影响。

6. 算法交易的应用受限对 50ETF 期权市场的影响

上证 50ETF 期权是 2015 年 2 月上交所推出的国内首只期权场内产品，其标的上证 50ETF 是上海市场最具代表性的蓝筹指数之一，是境内首只交易型开放式指数基金（ETF）的跟踪标的。上证 50ETF 期权与沪深 300 股指期货都是与金融衍生品的范畴，它们的标的都是跟踪大盘蓝筹股的指数，因此二者在金融市场上的作用存在一定的共性。当股指期货受限制之后，50ETF 期权可以用来套期保值和对冲，成交量有大幅的上升。从图 20 可以看出，经过 7、8、9 三个月的政策调整之后，50ETF 成交量涨幅巨大，一直维持至今。

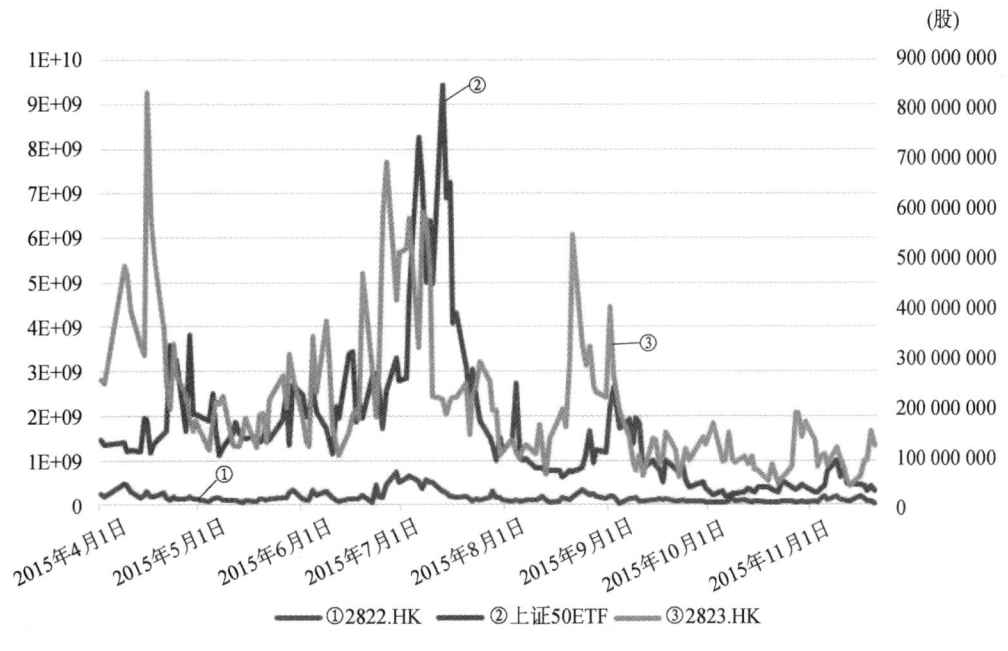

图 20　50ETF 成交量涨幅情况

从持仓/成交量的角度，我们并未发现明显的算法交易相对比例变化情况，这可从持仓/成交一直是在 3.5 左右波动看出。50ETF 期权持仓/成交图上 2016 年 1 月 7 日的异常值同样归因于市场开盘后很快就熔断导致的成交量异常偏低，而持仓量当日几乎无变化。

我们还研究了 50ETF 期权跨境品种股市重大异常调整前后的情况。总的来看，跨境交易所中，期货期权的交易量受算法交易的减少反而促进其成交量大增，这一点上可能是这样的大环境下，资金寻找安全的容身所所至。新加坡与中国香港是流动性很强的两个经济体，因此大量注资进入使得成交量处于震荡状态。

7. 算法交易的应用受限对期货市场的影响小结

算法交易受限在各个衍生品，包括中金所股指期货、三个商品交易所期货、中金所国债期货、上交所 50ETF 期权及其跨境相关证券上表现差异巨大。2015 年股市异常波动期间，随着中金所从交易费用、报撤单笔数、保证金比例等角度限制期货交易，算法交易特别是高频交易受到严重限制，忽略期货交易新规对中低频交易或者非算法交易的影响，近似用持仓量/成交量的变化来衡量新规对算法交易的影响。则可得到新规导致的算法交易规模降低分别为：-92.5%、-87.7%、-86.8%。使用 GARCH 族模型研究算法交易受限之后对上证指数波动率的影响发现，算法交易受限之后，上证指数在算法交易受限之后 1 个月内的波动率和风险比算法交易受限前 1 个月的波动率和风险更大。对于商品期货，上期所商品期货上的影响在跨期基差和波动率角度有一定影响，但是从成交量和持仓/成交的角度，三个商品交易所代表性品种受算法交易限制影响量化证据并不明显。股指期货算法交易受限对国债期货、上交所 50ETF 期权及其跨境相关证券的影响在成交量上得到了一定程度体现，但是持仓/成交数据并不支持算法交易相对比例增加或者降低。

这可能是由于商品期货、国债期货、50ETF 期权及其相关跨境衍生品存在一系列品种自身的运作规律，包括自身的供求关系、季节效应、供给侧改革驱动的自身反转行情，以及与国际其他交易所联动等原因，算法交易在这些品种上表现的变化不如在中金所股指期货上。

监管层打击投机力量抑制金融资产泡沫，防止风险过大的初衷是好的，但是做金融并非数学上的判断，非对即错，所以对于一个金融产品的发展成熟，采取抑制性甚至毁灭性的限制是不可取的。

我们认为适当的做法应该是完善整个金融体系制度的建设，将投机者的整体风险管理意识提高，同时应未雨绸缪，不应等资产过热时采取简单的提高购置成本的措施来监管。从整个金融市场的角度来考虑，整个市场就是一个资产组合，由我国金融发展不完善所导致，金融衍生产品单一，所以股指期货承载了过多的资金，其对我国金融体系的作用，在我们看来是不利的。从分散风险的角度来说，整个市场的资金过于集中在一个股指期货上面，所以对它的限制才会波及整个国内外衍生品市场。未来发展应该在取消对股指期货的限制同时，全面完善期权市场的发展，分担股指期货的对冲功能，分散风险。近期监管层贴近市场的会议讲话和调研，如中国证监会批准白糖和豆粕商品期权似乎预示着期货交易、算法交易即将逐步回归正常。

三、算法交易的风险和监管

（一）算法交易的风险

算法交易的风险主要来源于其执行过程中因自动化程度高、速度快所导致的风险事件。错误的策略算法、软件漏洞、硬件故障、操作失误以及不可预测的市场条件都有可能导致算法交易系统出现故障,而且有可能对市场造成巨幅波动,并引发系统性风险。风险包括市场风险、模型风险、流动性风险、操作风险等。其中,算法交易的市场风险主要讨论市场出现极端情况时,如何防范算法交易出现风险事件。模型风险是指算法交易如何防范因为交易模型出错所导致的风险事件;流动性风险是指算法交易在市场流动性不足时如何防范风险事件;操作风险是指算法交易如何防止操作过程中出现的风险事件,如"乌龙指"、软件漏洞、系统故障等。

算法交易的发展也导致了一系列重大风险事件,表10展示的是2012年~2013年国内外市场的代表性的算法交易风险事件。

表10　　　　　　　2012~2013年代表性算法交易风险事件

2012年3月26日	由于Bats交易员的失误操作引起苹果公司股票出现交易异动,触发了熔断保护机制,短短几分钟内苹果股价暴跌9.4%,并且导致苹果股票交易过后被暂时停止交易	在迫使苹果公司股票暂停交易后,宣布取消Bats首次IPO
2012年5月18日	纳斯达克交易软件出现的故障,导致在超过两个小时的股票交易过程中,这些经纪商无法计算它们在Facebook的准确持股数量 在事后发现持有的Facebook股票多于预料的数额后,许多券商慌忙减持多余的仓位,导致随后的交易日中Facebook股价下跌	由于纳斯达克OMX(Nasdaq OMX)的软件系统出现故障,包括Knight Capital和Citadel在内的批发经纪商可能蒙受了高达1亿美元的交易损失
2012年8月1日	因新安装软件中的故障而向市场发送空前数量的错误订单,做市商系统失控,百余只股票异动	亏损达4.4亿美元,最终骑士资本接受GETCO的出价,自己作为独立实体的存在宣告终结
2013年8月16日	当日大盘异动,系光大证券自营账户大额买入所致,就在上午11时5分8秒后的2秒钟内,来自光大证券的234亿元买盘扫光了大盘股的所有买单,实际成交达72.7亿元	中国证监会对光大证券事件中采取的补救措施定性为内幕交易行为,没收光大证券违法所得8421万元,处以5倍罚款,罚款金额总计约5.2亿元
2013年8月20日	高盛发出的错误订单,涉及代码开头字母从I到K的股票期权和ETF,大幅压低某些股票期权和ETF价格	潜在损失可能达上亿美元

算法交易将没有技术支持的普通投资者置于一种被动状态,而其中高频交易的风险也不仅仅包括计算机系统出现错误在短时间内给股市带来巨大冲击,也包括其他很多常用的恶劣行径,如幌骗、塞单和提前下单。幌骗是高频交易通过下单假装有意在特定价格买进或者卖出,制造需求假象,企图诱导其他交易者进行交易来影响市场,然后再取消订单,并以压低后的价格买入合约,然后在市场回升时获利。塞单是高频交易参与者通过对某些股票大量下单,然后随即取消交易,意在制造市场波动和干扰股票真实价格,从而获利。提前下单是高频交易参与者在一个地方探

知投资者的交易信息后,在另外一个地方抢在投资者前面通过一系列订单推高或者拉低价格从中获利。由此可见,如果不加强对算法交易合理有效的监管,这把双刃剑在带来巨大效益的同时会导致巨大的风险。

(二)国外对算法交易的监管

算法交易在美国法律上未被认为是违法交易,CME 和 CFTC 都没有对算法交易做出禁止性规定。CME 不断完善其相关的监管制度,主要采取的措施有以下三个方面。

第一,要求算法交易客户必须注册,有效识别算法交易根据。

第二,监控算法交易的成交量、指令信息流量指标。

第三,遵循公平原则,向市场提供同质化的主机托管收费服务。

CFTC 针对高频交易建立了专门的小组委员会,该小组职能主要是针对高频交易定义,监控和确认在电子平台上频繁交易所导致的潜在市场动荡。CFTC 成员 Scott O'Malia 在 2011 年归纳了高频交易的 7 条特征:①使用超高速的交易指令提交/取消/修改系统;②使用计算机程序或算法来自动化决策下单;③通过主机托管、直接市场进入等方式,最大限度地减少网络和其他类型的延迟;④在极短的时间内建仓并平仓;⑤每日高成交额以及(或)当日高比例盘中交易;⑥在大量下单后立即或在提交后毫秒内取消订单;⑦在交易日结束前尽可能平仓(不保留仓位过夜)。

2010 年 6 月 11 日,CFTC 发布对主机托管服务的监管提案,内容包括对愿意付费的所有合格投资者提供主机托管服务;禁止为了阻止某些市场参与者进入而制定过高费用;信息传输时滞透明公开,公布最长、最短和平均时滞;如果主机托管服务由第三方提供,交易所要能够获得与市场参与者系统和交易相关的足够信息,以便履行监管职责。

2016 年 3 月 CFTC 提出的算法交易规则,对我们有很重要的借鉴意义。算法交易带来的很多风险,在整个交易链中,参与算法交易的人员(Algorithmic Trading Person,以下简称 AT 人员)扮演非常重要的角色。

1. 对于 AT 人员的要求

AT 人员必须在交易前采取恰当的风险控制措施来预防由于算法交易导致的混乱。必需的具体控制要求包括指令信息和执行频率的最大值、指令规模和价格参数的最大值,以及指令取消系统。懂行的合格人员必须对这些控制措施进行连续实时的监控,并在必要时有权实行这些控制,如订单取消开关。

源代码库的维护和监管者访问。尽管维护内部的知识库来管理源代码的版本是软件维护的普遍做法,商品期货交易委员会可以要求访问 AT 人员的源代码库。

AT 人员必须有政策和程序,能使算法交易系统开发、检验和维护达到一定的标准。开发标准包括软件设计文档和与生产分离的开发环境。AT 人员需要对所有代码进行最低限度测试,包括逆向测试和压力测试。

每个 AT 人员需要向指定合约市场(Designated Contract Markets,以下简称 DC-

Ms）提交年度合规报告。报告中需要描述公司的交易前风险控制措施、相关的合规政策和程序。在提交前，AT 人员的 CEO 或 CCO 需要证明报告的准确性和完备性。

2. 对 DCMs 的要求

DCMs 必须有措施来预防和降低价格扭曲和市场中断的风险，并将这些风险控制措施应用到 AT 人员提交的算法订单中 DCMs 必须实行并行的控制措施。

接受 AT 人员的合规报告，审查其风险控制、政策、程序上的风险。基于此，要求文件提交者纠正缺陷。

DCMs 需要实施或提供工具预防自交易。一些行业参与者指出，现有的 DCMs 大大降低了不合法的自交易行为。DCMs 必须能解释说明吸引流动资金到他们市场的 600 多个程序。这就要求 DCMs 必须公开交易动机和市场制造程序是如何回馈参与者的。

美国还建立了综合审计跟踪系统（Consolidated Audit Trail System），要求各交易所披露完整并且格式统一的订单簿数据，对高频交易的订单进行合并监测和分析。

①对频繁交易量较大的投资者分配专门的识别代码，要求经纪商在交易发生后的次日，将交易记录上报监管部门。

②启用过滤机制：一是禁止无审核通路。二是对过度指令进行收费，提高交易成本。无审核通路又称为无过滤通路，是指经纪商将向交易所发布指令的席位和高速链路通道租用给交易者，并且完全不对交易者发布的指令进行审查。无审核通路可以为交易者节省数毫秒的信息传递时间，从而进一步提高了电子交易的速度。如果无审核通路发布了指令错误，将导致经纪商或其他市场参与者在几秒甚至几分钟内，突然暴露在巨大的风险之下。要求经纪商实行风险监控流程，在指令到达交易所之前，过滤错误指令以及超出交易者信用和资本所能承受风险范围的指令。过度指令是指高频交易者的频繁交易挤占了交易所的系统容量，可能导致无法有效处理非常时期大规模的报单和撤单。主要指标是限制指令成交比等。

③完善市场的应急机制，如熔断机制。

④禁止闪电指令，提供主机代管服务。闪电指令是指交易所或者经纪商不在第一时间将客户的买卖指令发送到公共交易平台，而是"扣压"最长 0.5 秒的时间。而在这短暂的不到 1 秒的时间里，相关指令会向一些支付费用的大机构公开，其中不少都是所谓的高频交易商。主机代管是指交易商通过将交易系统设置在某个交易所的数据中心，通过主机代管，交易机构可以让一笔交易的执行时间缩短数微秒。要求各交易所为所有合格的市场参与者提供主机代管服务，并且不允许从收费、信息透明度等方面对各类市场参与者进行差别对待，从而避免了交易所倾向为某一类市场参与主体提供主机代管服务，或者高频交易商独占主机代管服务的便利。

⑤取消错单机制，复合执行标准的将被取消订单。错单取消的执行标准是：（a）股票价格小于 25 美元，如果偏离熔断机制规定的触发价格 10% 以上的将被取

消订单。(b) 股票价格在 25~50 美元，如果偏离熔断机制规定的触发价格 5% 以上的将被取消订单。(c) 股票价格大于 50 美元，如果偏离熔断机制规定的触发价格 3% 以上的将被取消订单。

⑥限制无意向成交报价。做市商报价不能超过相应的标准。做市商在不想为市场提供流动性的时候可能利用无成交意向报价（买卖报价远远偏离真实市场报价）维持双边报价。对于在熔断机制适用范围内的证券，做市商的报价不能超过纽交所最高买价和最低卖价 8% 以上。熔断机制不适用的时段（早晨 9：45 之前以及下午 3：35 之后），做市商报价不能超过规定报价 20% 以上。

此外，美国市场上还出现了反算法交易技术，如 IEX 对交易订单施加 350 微秒延迟，可以阻碍高速交易策略，已被美国证监会 SEC 批准正式成为美国第 13 家股票交易所。另外一个技术是文艺复兴科技（Renaissance Technologies），它利用原子钟实现了不同交易市场中交易指令的同步执行。这两个技术都扼住了基于时间的高频交易的喉咙，让闪电小子策略无从实现。

在构建监管指标方面，Bethel 等（2011）主张利用超级计算技术测算同步知情交易者概率（VPIN）、赫芬达尔—赫尔曼指数（HHI）等指标，为市场极端事件预警，在价格异动出现之前减缓其变化速度，而不是暴跌爆发后紧急叫停。同步知情者概率 VPIN（Volume－synchronized Probability of Informed Trading）是在知情交易者概率 PIN（Probability of Informed Trading）的基础上变换时间刻度，以交易量时间代替物理时间，用来实时测算高频环境下交易毒性程度的一种指标。

其原理是：信息的交易者可以分为两类：一类是知情交易者，占比为他们知道风险资产期末随即支付的值。另一类是非知情交易者，占比为他们只知道的分布，并且知道市场中存在知情交易者，根据股价来理性地推断知情交易者所拥有的信息。当股价下跌时，非知情交易者理性地推断知情交易者一定收到了负面消息，因此他们就缩减自己的需求，这使得股票价格进一步下跌。模型认为暴跌可以在基本面很好的时候发生，并且暴跌的程度取决于非知情交易者的比例和市场中简单被动投资的数量。非知情交易者在所有交易者中所占的比例越高，市场发生暴跌的可能性越大，暴跌的程度越大。计算方法：通过交易方向判别法来确定主动买入量和主动卖出量，利用数学模型计算得知知情交易概率。赫芬达尔—赫尔曼指数 HHI 是将某行业各市场主体所占行业总收入或总资产份额的平方和加总，以测量行业市场集中度的综合指数（Herfinadahl，1950）。Madhavan（2012）分别以股票交易数量和成交价为基础计算股票市场的 HHI，发现 HHI 在闪电崩盘发生时达到异常高的值。

其他可以使用的指标还有以下三个。

①流动性供给预警 SPREAD 指标，即对一段时间内买卖差价的 N 个观测取平均值。

②流动性需求预警 PIN 指标，同步知情者概率，非知情交易者在所有交易者中

所占的比例越高,市场发生暴跌的可能性越大,暴跌的程度越大。PIN 很大的时候,产生持续性的有毒指令流迫使流动性提供者瞬间撤离市场,流动性瞬间蒸发。信息交易者的比例与买卖差价成正比。

③综合流动性预警 VENT 指标,用来表示一定价格波动范围内净指令流的大小。

$$VENT = \log \left| \sum d_i \, vol_i \right|$$

其中,d 是交易方向,vol 是交易量。

其他国家和地区方面,中国香港监管部门要求所有主要券商和基金的交易演算法均需设置相关控制,如发现股票价格短时间内出现巨大变化,则需暂缓,直至价格回归。同时量化交易的母单交易量不应超过该股票日平均交易量的一定比例。香港证监会对于类似案件的涉案人员向来予以严惩。

欧洲则有最优执行制度,它要求投资公司采取合理的方式为客户获得在价格、成本、速度、指令执行可能性等方面最好的执行结果。在监管指标体系方面,使用订单成交比(月度订单申报额与每月限制交易额的比值)作为监管指标。如果发现参与者当月订单成交比超过 1,则认为其存在违规逐股波动保护制度。所有股票根据规模大小或流动性被分为不同的组块,每一个组块有不同的交易机制。对于个股波动性较大的情况给予特别关注。

德国建立了市场准入机制,要求高频交易商向监管部门提供更多的信息。明确要求高频交易商建立有效的风险控制系统。界定了高频交易中的市场操纵行为。市场操纵行为的判定基于如下标准:第一,是否干扰或延迟了交易系统的正常运转;第二,是否使得第三方在交易系统中较难做出买入或卖出的决定;第三,是否对某些金融资产的供求关系造成错误或误导。

(三)针对不同市场主体提出的监管建议

基于对现状的充分分析和风险管理评估,我们对算法交易自律与监管提出了系统性建议,即将按照算法交易的不同市场参与主体分类进行,包括:算法交易软件开发机构、使用算法交易的投资者、中介公司如证券公司/期货公司、交易所、监管机构。同时,我们也将参照算法交易的不同目的如被动执行性算法交易和主动出击性算法交易提出不同的自律和监管建议,并且评估其可行性:

1. 切实维护市场"三公"原则,明确监管底线

公平交易是一个市场成功运行的首要条件。由于算法交易有可能引发市场对于公平交易的担忧,相关监管规定特别强调交易所应切实维护市场"三公"原则,防止会员及客户在获取交易行情、交易接入以及手续费等方面出现不对称现象。

2. 从定性的角度对算法交易进行解释,防止相关标准随市场发展而频繁更改

目前,我国对算法交易尚没有统一的量化标准,建议通过分析算法交易报备资料,并借鉴美国 CFTC 对高频交易的认定标准以及监管措施,对算法交易做出具体的定义。考虑到算法交易发展迅速、软件更新频率快的特点,相关监管规定不宜制定具体的量化标准,而是从定性的角度对算法交易进行界定。具体量化认定标准由各交易所根据自身市场实际情况分别制定。

3. 对不同性质、不同类型的算法交易实行分类监管,增强监管的灵活性

相关监管规定按交易速度和下单频率将算法交易分为两类:高频算法交易和非高频算法交易。经研究,后者往往是以套利交易和趋势交易为目的的算法交易。建议交易所重点关注高频算法交易对交易系统安全和市场交易秩序的影响,及时制止利用算法交易的违法违规行为。一旦其行为符合期货市场异常交易行为和异常波动的认定标准,各交易所要按照相关要求,对其采取相应监管措施。

4. 启动报备制度,增强对算法交易的研究认识

相关监管规定要求各交易所建立针对算法交易的报备制度,并定期(半年度、年度)向中国证监会期货一部报送算法交易客户交易情况。这些报备内容将有助于监管机构及时针对高频算法交易客户进行摸底测算,掌握参与群体的交易动态,严控市场风险。

5. 监控算法交易的指令信息流量、成交量等指标

密切跟踪并分析算法交易尤其是高频交易对市场可能产生的影响,使高频交易在为证券市场提供流动性的同时,尽可能将其危害降至最低,确保市场长期稳定健康发展。

参考文献

1. 李邸:"程序化交易策略研究",山东大学,2014年。
2. 陈琦:"对我国期货市场程序化交易的探讨",首都经济贸易大学,2012年。
3. 高杰英:"高频交易理论研究述评",《金融理论与实践》,2013(11):91~95页。
4. 胡天福:"高频交易在中国证券市场的应用研究",上海交通大学,2012年。
5. 郭朋:"国外高频交易的发展现状及启示",《证券市场导报》,2012(7):56~61页。
6. 王垚鑫:"沪深300股指期货程序化交易模型设计",西南财经大学,2013年。
7. 王俊杰:"量化交易在中国股市的应用",南京大学,2013年。
8. 王帅:"量化投资:从行为金融到高频交易",华东师范大学,2013年。
9. 李子睿:"量化投资交易策略研究",天津大学,2013年。
10. 彭乐:"螺纹钢期货市场价格发现功能与量化交易策略实证",江西财经大学,2014年。
11. 彭蕾、高春银:"中国证券市场程序化交易研究",西南财经大学,2005年。
12. 熊熊、袁海亮、张维等:"程序化交易及其风险分析",电子科技大学学报(社科版),2011(13-3):32~39页。
13. 张培培:"从光大'乌龙指'事件看高频交易监管",《金融发展研究》,2013(10):57~60页。

14. 刘伟："大数据时代下程序化交易研究现状及风险监测方案探讨",《当代经济管理》, 2015 (37-12): 65~68 页。

15. 蓝海平："高频交易的技术特征, 发展趋势及挑战",《证券市场导报》, 2014 (4): 12 版。

16. 李凤雨："高频交易对证券市场的影响及监管对策",《上海金融》, 2012 (9): 48~52 页。

17. 陈钢："高频交易对市场微观结构的影响分析及高频交易的监管建议", 复旦大学, 2014 年。

18. 潘楠："股指期货程序化交易法律问题研究", 宁夏大学, 2015 年。

19. 林登鹏："股指期货程序化交易风险管理及策略研究", 哈尔滨工业大学, 2014 年。

20. 武思达、王恒："股指期货高频交易下的金融监管探讨"。

21. 徐强："规范程序化交易难奏效",《董事会》, 2015 (11): 32~33 页。

22. 王桂堂、闫盼盼："金融市场中的高频交易与监管",《金融教学与研究》, 2013 (5): 42~45 页。

23. 熊理思："美国证券市场高频交易的最新法律监管动向——兼论'光大8·16事件'的防范",《西南政法大学学报》, 2014 (16-1): 25~30 页。

24. 孟辉："未雨绸缪: 高频交易监管的国际经验",《金融市场研究》, 2014 (1)。

25. 叶伟："我国资本市场程序化交易的风险控制策略",《证券市场导报》, 2014 (8): 43~45 页。

26. 徐信喆、杨朝军："证券市场高频交易与流动性监管",《上海金融》, 2013 (8): 70~74 页。

27. 刘文文、张合金："测量高频交易领域中的指令流毒性——基于我国沪深300指数期货的实证研究",《中国经济问题》, 2013 (1): 81~91 页。

28. 李达捷："股指期货高频交易的实证研究",《经济视角》, 2013 (1): 53~55 页。

29. 刘伟、封涌："我国量化基金同质化交易倾向研究",《上海金融》, 2015 (4): 83~86 页。

30. 郭建峰、张元芳、玄翔宇等："基于指令流毒性指标的量化交易监管实证研究——以'光大乌龙指'事件为例",《时代金融》, 2015 (36): 198 页。

31. 骆莹、胡海鸥："股指期货即日趋势交易模型研究",《科学技术与工程》, 2010 (29): 7363~7367 页。

32. 蒋勇："股指期货市场风险管理与量化策略研究",《中国科学技术大学》, 2012 年。

33. 罗江华、丁攀："油脂类期货价差统计与跨品种套利研究",《粮食科技与经济》, 2010 (35 -5): 13~15页。

34. Vidyamurthy G. Pairs Trading: quantitative methods and analysis [M]. John Wiley & Sons, 2004.

35. Hendershott T, Jones C M, Menkveld A J. Does algorithmic trading improve liquidity? [J]. The Journal of Finance, 2011, 66 (1): 1-33.

36. Hendershott T, Riordan R. Algorithmic trading and information [J]. Manuscript, University of California, Berkeley, 2009.

37. Chaboud A P, Chiquoine B, Hjalmarsson E, et al. Rise of the machines: Algorithmic trading in the foreign exchange market [J]. The Journal of Finance, 2014, 69 (5): 2045-2084.

38. Boehmer E, Fong K Y L, Wu J J. International evidence on algorithmic trading [C] //AFA 2013 San Diego Meetings Paper. 2014.

39. Kirilenko A A, Kyle A S, Samadi M, et al. The flash crash: The impact of high frequency trading on an electronic market [J]. Available at SSRN 1686004, 2015.

40. Menkveld A J. High frequency trading and the new market makers [J]. Journal of Financial Markets, 2013, 16 (4): 712-740.

41. Hagströmer B, Norden L. The diversity of high-frequency traders [J]. Journal of Financial Markets, 2013, 16 (4) 741-770.

42. Hasbrouck J, Saar G. Low-latency trading [J]. Journal of Financial Markets, 2013, 16 (4): 646-679.

43. Harris L. Circuit breakers and program trading limits: What have we learned [J]. Brookings-Wharton Papers on Financial Services, 1998, 63.

44. Harris L, Sofianos G, Shapiro J E. Program trading and intraday volatility [J]. Review of Financial Studies, 1994, 7 (4): 653-685.

45. Grossman S J. An analysis of the implications for stock and futures price volatility of program trading and dynamic hedging strategies [J]. 1987.

46. Sadoghi M, Labrecque M, Singh H, et al. Efficient event processing through reconfigurable hardware for algorithmic trading [J]. Proceedings of the VLDB Endowment, 2010, 3 (1-2) 1525-1528.

47. Gsell M. Assessing the Impact of Algorithmic Trading on Markets: A Simulation Approach [C] //ECIS. 2008: 587-598.

48. Brogaard J, Hendershott T, Riordan R. High-frequency trading and price discovery [J]. Review of Financial Studies, 2014, 27 (8): 2267-2306.

49. Brownlees C T, Cipollini F, Gallo G M. Intra-daily volume modeling and prediction for algorithmic trading [J]. Journal of Financial Econometrics, 2011, 9 (3): 489-518.

50. Kissell R, Malamut R. Algorithmic decision – making framework [J]. The Journal of Trading, 2006, 1 (1): 12 –21.

51. Bethel E, Leinweber D, Rübel O, et al. Federal Market Information Technology in the Post Flash Crash Era: Roles for Supercomputing [C]. Proceedings of the Fourth Workshop on High Performance Computational Finance, 2011. ACM: 23 –30.

52. Madhavan A. Exchange – traded Funds, Market Structure, and the Flash Crash [J]. Financial Analysts Journal, 2012. 68 (4): 20 –35.

中期协联合研究计划（第十一期）项目

期货经营机构
"了解你的客户"操作指引研究

课题研究单位：国元期货有限公司
课题研究编号：GT201609
课题负责人：邓衍辉

一、引论

（一）研究背景及意义

1. 研究背景

随着社会经济的发展，近些年资本市场在多方面取得了长足的进步。对于年轻的中国资本市场而言，"十二五"期间是一个重要的成长期，多层次资本市场体系初步建成，各项基础制度不断完善，市场活力得到释放，资本市场在服务实体经济中扮演了举足轻重的角色。在资本市场大发展的背景下，近些年期货市场也取得了跨越式发展。商品期货品种数量进一步丰富，品种体系由单一品种发展为产业链上下游品种，金融期货品种也由沪深300一个品种发展成为现在的3个股指期货、两只国债期货共5个金融期货品种。近一两年来，期货资产管理业务、场外期权业务等创新业务取得了突破性的发展，以上均表明期货行业服务实体经济的功能进一步得到了发挥。

然而，"投资有风险，入市需谨慎"，期货市场本身的杠杆特性及创新业务的多样性和复杂性，决定了高收益必然伴随着高风险。在期货行业影响力日益加深的当前，如何合理进行投资者适当性管理以加强投资者保护，把"合适的产品卖给适合的客户"，避免将金融产品提供给风险并不匹配的投资群体显得尤为重要。新"国九条"明确提出了加强和完善投资者适当性制度，坚决保护投资者尤其是中小投资者的合法权益。"了解你的客户"（即"Know Your Customer"，以下简称KYC）作为投资者保护最重要的一个环节，是做好一切投资者适当性工作的前提和基础。如何准确而充分地进行"了解你的客户"操作在当前期货市场大发展的背景下具有极为重要的作用。

2. 研究意义

在资本市场、金融行业及期货行业大发展的形势下，做好期货经营机构KYC操作指引研究具有非常现实的意义。

首先，做好KYC有利于加强投资者尤其是中小投资者的合法权益保护。期货市场与证券市场相比，规则更加复杂，杠杆交易风险更大，对投资者的素质水平、风险承受能力等要求更高。如果没有KYC，对盲目入市的投资者尤其是缺乏交易经验和风险承受能力的中小投资者不加甄别，必然会使得一大部分不适宜进行期货交易的投资者开户交易，不利于保护其经济利益，也为期货市场增加了不稳定因素。"了解你的客户"，把适合的产品销售给合适的客户，有利于从源头上控制潜在的风险，保护投资者的权益。

其次，KYC也是期货行业持续发展的必要条件。期货经营机构只有做好对客户的了解和分类，对不同的客户提供不同的产品和服务，才能更好地发挥期货行业服务实体经济和加强风险管理的作用，实现客户权益增长和期货行业繁荣共赢的局面，维系期货行业长久发展。

最后，本课题立足于操作指引的研究，有助于期货经营机构合理有效落实 KYC 的工作，期货公司操作层面遵循统一的指导意见，更加规范和易于实施，监管机关及自律组织也便于对期货经营机构进行监管和指导。

（二）KYC 的必要性和起源

KYC，最早由国外的银行业提出。商业银行的 KYC 问题由来已久，防止金融服务网络成为客户犯罪的工具，一直是国际银行业共同关注的问题。1988 年，巴塞尔银行监管委员会发布《防止银行体系成为洗钱利用的犯罪工具》（The Prevention of Criminal Use of the Banking System for the Purpose of Money – Laundering）。该文件提出，为了捍卫银行的道德准则和职业操守，必须"采取适当的措施确定所有要求该机构提供服务的客户的真实身份"，拒绝与"未能提供真实身份的客户"进行重大业务交易。1997 年，巴塞尔委员会在《有效银行监管的核心原则》（Core Principles for Effective Banking Supervision）中首次明确提出 KYC 这一概念，将 KYC 作为有效银行监管的核心原则之一，要求各国银行指定严格的"KYC"政策，"以促进金融部门形成较高的职业道德与专业标准，并防止银行有意或无意的被犯罪分子所利用"。1999 年《核心原则方法》（Core Principles Methodology）对"核心原则"进行了细化，提出了识别客户、监控可疑账户的具体标准和要求。

（三）KYC 相关概念和理论综述

本课题研究重点落脚于 KYC，但在研究和阐述过程中，涉及两个紧密相关但又有所区别的重要概念，即投资者保护和投资者适当性。为更好地阐明本课题的研究范围，维持文章的清晰脉络，有必要对以上相关概念和理论及三者之间的区别和联系进行论述。

1. 投资者保护

投资者保护在学术界没有统一的定义，但对其内涵的认识基本一致，即对投资者合法权益进行保护。投资者保护的适用情况最为宽泛，有投资者的行业即涉及投资者保护的问题。在法律角度和监管角度等方面，对投资者和投资者合法权益均有较多专业的界定和论述，因此投资者保护的理论和研究体系非常庞大，范畴最为广泛。

国外对投资者保护理论研究起步较早，经过不断的深入和完善，目前已形成了一个比较完备的体系。理论研究主要集中在契约论和法律论两个方面。契约论的学者认为，只要契约是完备的，监督执行契约的司法体系是有效的，那么投资者与公司签订的契约就可以保护投资者的利益，所以，政府只需保证契约的执行。与主张以契约制度保护投资者利益不同，法律论主张依靠法律来达到保护投资者的目的。法律论的学者代表首次提出了投资者保护的定义，即投资者保护是指法律对投资者的保障程度以及相关法律的有效实施程度。契约论和法律论在理论上都有完备的论述，但在实际应用中也有各自的弊端。在实践过程中，只有根据具体情况把两者有效结合，并以发展的眼光不断地调整二者的结合程度，才能够实现理论对实践的正确指导效果。

2. 投资者适当性

2008年4月国际清算银行、国际证监会组织、国际保险监管协会三家单位共同发布了《金融产品和服务零售领域的客户适当性》。文中,投资者适当性被定义为"投资者的财务需求、知识和经验、财务状况、风险承受水平、投资目标与金融机构所推荐或提供的投资产品或服务之间的匹配程度"。该定义明确了投资者适当性的三个要素:一是投资者;二是产品或服务;三是匹配。因此,做好投资者适当性管理包含了以下基本要求:一是了解投资者,收集投资者信息和投资者风险承受能力评估分类;二是了解产品或服务,在进行推荐和销售行为前,应当对产品或服务的性质、风险等任何直接或间接影响投资回报的因素进行充分的尽职调查;三是执行适当性匹配,在充分进行上述工作的基础上,将二者进行匹配;四是信息披露和风险揭示,在进行销售行为时及后续维护中,持续进行风险、收益、政策、费率等信息的告知;五是必要记录留痕,信息收集、评估、披露等工作过程要以书面、电话、电子等方式留痕,并保存规定的年限。

3. 了解你的客户

从投资者适当性的定义可以看出,"了解你的客户"可以看作是投资者适当性的一个环节,也是做好投资者适当性管理的第一道和最基础的环节。从概念性质的角度来看,二者也有一个较大区别。投资者适当性是适用于各种主体的概念,包括监管机关、自律机关、经营机构等,并非从某主体单方的角度提出。而"了解你的客户"则是从经营机构的角度,对经营机构提出的要求。从两个概念中使用的"投资者"和"客户"这两个词语也可以看出这个区别。本课题立足于对期货经营机构KYC操作方面的研究,通过对国外金融市场和国内其他金融行业的投资者保护、投资者适当性方面的做法和先进经验的比较分析,为国内期货行业经营机构的KYC操作指引提出了可行性的建议。

二、国际发达国家和地区KYC现状及分析

KYC最早源自于银行业的反洗钱工作,后逐步被引入投资者保护制度领域,并发展完善成为全面的投资者适当性管理制度。由于国外资本市场发展较早,投资者适当性管理相对也比较全面,且更加制度化。下面就以美国、欧盟、日本等国家和地区为例,简述国际上投资者适当性管理及KYC方面的现状。

(一) KYC制度在国际上的发展现状

1. 美国

(1) 客户信息获取

KYC在投资者保护领域主要作用是为客户适当性保护提供信息基础。美国是最早提出客户适当性原则的国家,最初主要是规范证券经纪商行为的商业道德。全美证券商协会(NASD)和纽约证券交易所(NYSE)制定的规则中均有涉及KYC制

度的相关规定。NASD Ruel 2310（a）规定，会员在向投资者推销某种证券买卖或交易时，要有合理根据认为这种推荐适合该特定投资者，对该特定投资者的判断取决于投资者向会员公开的其他持股情形以及财产状况和需求。Ruel 2310（b）规定，券商在向非机构投资人执行所推荐的交易时，除了交易金额有限的共同基金客户外，必须尽力获得客户的以下信息：客户的财务状况、客户的税务状况、投资目标、其他可以作为客户投资依据的合理信息。NYSE Ruel 405 是与 KYC 有关的主要规定，要求券商"勤勉地获得每位客户每项指令的关键事实（Essential Facts）"，该规则后来逐渐演化为交易所自律组织层面的客户适当性原则。

2007 年美国金融业监管协会成立后，逐步对原来全美证券商协会和美国纽约证券交易所的自律规则进行整合，逐渐形成统一的自律规则体系。Rule2090"了解你的客户（KYC）"和 Rule2111"客户适当性原则"成为美国 FINRA 实施投资者适当性的普遍原则[①]。

Rule 2090 要求每个会员开户和维护账户时，应尽力了解并保留每位客户或者按照客户名义行事的人的关键事实。虽然该规则对于在 KYC 的定期更新时间段没有硬性要求，但美国证监会《对于交易所会员及经纪商纪录留痕的规定》（SEC Rule 17a-3）中规定了至少每 36 个月更新一次客户记录。

（2）客户的分类

在 Rule 2111 和 Rule 2090 中规定，如符合条件，会员可以对机构客户的适当性进行豁免。在取得客户具体信息之后，能对哪些客户进行适当性豁免，就涉及客户分类的问题。在《1933 年证券法》《1934 年证券交易法》《1940 年投资公司法》《1940 年投资顾问法》《萨班奥克斯利法》等美国联邦证券法下，可对成熟投资者或专业投资者实行"有信誉投资者（Accredited Investor，也常翻译为合格投资者）""合格机构购买者（Qualified Institutional Buyer）""合格购买者（Qualified Purchaser）"和"合格客户（Qualified Client）"等分类。

①有信誉投资者（Accredited Investor）。认可投资者包括八种类型的客户（见表1），属于机构的有五类，属于自然人的有三类。从机构的情况看，主要是金融机构和投资公司，以及符合条件的信托理财和养老金。从自然人的情况看，主要是内部特殊关系人和富裕的自然人。

实行这项分类的目的是，一旦被确定为有信誉的投资者，那么为有信誉投资者提供产品和服务的金融机构所受到的某些监管要求将会被豁免，主要体现在以下五个方面：

第一，根据《1933 年证券法》要求，任何公司发售证券均需向 SEC 登记该证券，除非取得豁免。其中一项豁免是，如仅向有信誉投资者发售证券，不作任何公开推广或宣传且发行总额不超过 500 万美元，则无须登记。登记证券所需遵守的规定非常繁杂和严格（如制定招股说明书、关于宣传的限制等），成本较高，因此，该项豁免是一项较大的监管放松，对有融资需求的中小公司很有价值。

第二，如在最近 12 个月内发行总额不超过 500 万美元、不作公开推广，且发售对象是有信誉投资者和/或不超过 35 个非有信誉投资者，则无须登记。向有信誉投资者提供的资料可以简化，但购买依据此项豁免发行的证券的目的只能是投资而不是转售并有两年的锁定期。

第三，如发售对象是有信誉投资者和/或不超过 35 个非有信誉投资者（但非有信誉投资者需有足够的投资经验和知识），不作公开推广，则无须登记，但投资者购买的证券有一年锁定期。

第四，经纪人代有信誉投资者进行的交易，可免于遵守 1934 证券交易法对经纪人规定的低价股票（Penny Stock）买卖的要求。

第五，美国《投资公司法》对投资公司的设立、经营规范特别是披露义务进行了规定，但那些不发行可赎回证券，且其证券只向有信誉投资者发售的投资公司可不受《投资公司法》的约束。

表 1　　美国联邦证券法中有信誉投资者包含的八类客户

类别	八类认可投资者
第一类	机构投资者（Institutional Investor）：①银行；②注册的证券经纪商或自营商；③保险公司；④根据 1940 年《投资公司法》（Investment Company Act of 1940）注册的投资公司或企业发展公司；⑤小企业投资公司；⑥资产超过 500 万美元的退休基金
第二类	根据《1940 年投资顾问法》（Investment Advisers of 1940）注册的私人企业发展公司（Private Business Development Company）
第三类	根据所得税法享受免税待遇的机构，其总资产值必须超过 500 万美元，且其成立目的不是专门为了获得私募证券
第四类	发行人的内部人，包括董事或经理人（Executive Officer）及无限责任合伙人（General Partner）。501（f）规则定义的经理人范围，包括总经理（President）、副总经理（Vice President）、任何具决策权力（Policy Making）的经理人。如果发行公司子公司的经理人具参与发行人决策的权力，亦可视为合格投资人
第五类	拥有净资产超过 100 万美元的自然人。净资产计算应以认购证券的时点为准
第六类	个人最近两年年所得平均超过 20 万美元或与配偶最近二年合并所得平均超过 30 万美元，且当年度所得可合理预期达相同金额者
第七类	总资产超过 500 万美元的信托财产。除总资产额要求外，该信托成立的目的不得为认购证券，且该信托的投资决策者的资格必须符合 Rule506（b）（2）（ii）要求。信托除可符合第七类合格投资人外，还可作为第三类及第一类合格投资人。信托若要符合第一类合格投资人，其受托人必须为银行或其他机构投资人
第八类	任何全部由合格投资人作为权益所有人所组成的机构。权益所有人（Equity Owner）的类别因其组织而异。对股份有限公司而言，其权益所有人指公司普通股及特别股股东。而有限责任合伙事业的权益所有人指有限责任合伙人（Limited Partner）

②合格机构购买者（Qualified Institutional Buyer）。涉及合格机构购买者的最重

要的豁免是私募资金和美国证券法 Rule144A。美国证监会 1990 年采纳的 Rule144A 允许将某些符合条件的证券出售给合格机构投资人，而无须履行《证券法》的披露义务，即当经纪公司或交易商向合格机构投资者转售证券时，可无须遵守《1933 证券法》进行登记。Rule144A 大大简化了非美国公司在美国境内筹资的程序，降低了成本，已经成为非美国公司（包括许多中国公司）进入美国资本市场的主要途径。

Rule144A 中对合格机构购买者做出了规定，包括：

第一，多种类型的机构。管理自有账户或其他合格投资者的委托账户，持有和全权投资的非关联人发行的证券价值在 1 亿美元以上的下列机构：

A. 证券法定义的保险公司；

B. 依照投资公司法注册的投资公司；

C. 投资公司法或投资顾问法定义的业务发展公司；

D. 依照 1958 年小企业投资法注册设立的小企业投资公司；

E. 各州及其相关部门等为雇员建立的养老金计划；

F. 任何符合雇佣退休收入保障法规定的 Title I 类雇员养老金计划；

G. 银行或信托公司作为受托人的信托基金；

H. 任何公司、合伙企业和类似的信托企业；

I. 依照投资顾问法注册的投资顾问。

第二，证券交易商（Broker）。这些交易商可以使用自己的账户，也可以使用其他"合格机构购买者"的委托账户，这些机构所拥有并进行投资的金额应当不少于 1 000 万美元，而且其所投资的公司不能是其关联公司。

第三，证券自营商（Dealer），代表 QIB 从事无风险委托人交易。

第四，投资公司（Investment Company），管理自有账户或其他"合格机构购买者"的委托账户，所属的投资公司家族持有非关联人发行的证券价值在 1 亿美元以上。

第五，所有股东都是 QIB 的任何机构。管理自有账户或其他 QIB 的委托账户。

第六，本国或外国的银行、储蓄贷款协会或类似机构。持有和全权投资的非关联人发行的证券价值在 1 亿美元以上，其最近年度财务报表显示的经审计净值在 2 500 万美元以上的。

③合格投资者（Qualified Investor）。根据《1934 证券交易法》，合格投资者指符合条件的投资公司、小企业投资公司、银行、外国银行、外国政府、员工福利计划、信托、跨国公司，投资额不少于 2 500 万美元的公司、合伙、个人，以及投资额不少于 5 000 万美元的政府机构等。《1934 年证券交易法》第三章规定，在判断一家机构是否是交易商（Dealer）时，向合格投资者发行资产证券化产品的银行不被视作交易商，从而不适用关于交易商的规定。

④合格投资者（Qualified Investor）和合格客户（Qualified Client）。合格投资者（Qualified Investor）和合格客户（Qualified Client）这两大分类主要是针对美国基金

投资。合格购买者制度（QP，Qualified Purchasers）就是针对基金豁免而配套设立的。另外，按照《投资顾问法》，私募类的基金管理公司（例如对冲基金和私募股权基金）的客户不能是普通收入人群，必须是满足一定的条件的特定客户群体——合格客户（QC，Qualified Clients）。

如前所述，基金一般是要在证监会注册的，但是满足两种情况的基金可以享受注册豁免，这两种情况都和合格投资者相关联。

第一，《投资公司法》的第3（c）（1）条款。基金满足投资者总数不超过100人、不公开发售，则享受注册豁免。第二个条件不公开发售决定了为享受注册豁免，对冲基金一般不针对普通投资者。而按照第一条100人的限制，为了保证规模，对冲基金通常对投资者的要求更高，即要满足认可投资者（Accredited Investor）甚至是合格购买者（QP）的条件。如果这100个人里面"掺杂"了普通投资者，该基金可能会涉及公开发售，则违反了第二个条件。如果确认为公开发售，美国的《证券法》就开始发生效力，这时候的基金就得到证监会注册。所以，为了不和《证券法》起冲突，《投资公司法》针对第一种豁免的情形规定了不能公开发售的条件。

第二，《投资公司法》的第3（c）（7）条。基金满足（1）投资者全部由合格购买者（Qualified Purchaser）构成，（2）总数不超过499人，则享受注册豁免。关于第二个条件，我们的理解是如果超过了499人，则该基金（基金可以公司的形态存在）可能会变成公众公司。按照《1934年证券交易法》，公众公司要在证监会注册。因此为不起冲突，规定了499人的上限。

1996年的《投资公司法》修正案对合格购买者（QP）做了更为系统性的规定，并一直沿用至今。

一是拥有不低于500万美元投资的自然人，包括与其配偶共同拥有一个联合账户、夫妻共同财产或者其他相似共享所有权益不低于500万美元。

二是拥有不低于500万美元投资的公司。公司的直接或间接所有者必须为2个自然人以上，相互之间是兄弟姐妹或配偶关系（包括以前的配偶），或为直系后代，或者这些人所设立的，或为其所设立的基金会、慈善组织或信托基金等。

三是设立并非出于认购公司发售证券之目的的信托。该信托的受托人或被授权的信托事务决定人、每位清算人或信托资产的出资人是在前述一、二、四条规定的人。

四是为自身或为他人投资理财的人，合计投资不低于2 500万美元。

五是合格机构投资者（QIB），投资额不少于2 500万美元。

六是服务于该基金的有一定经验的雇员。

七是除此基金外的合格购买者（QP）继承资产的受让人。

合格客户（Qualified Client）主要指管理的资产值不少于100万美元或净资产超过200万美元的人士，符合《投资公司法》定义的合格购买者以及投资顾问公司中有丰富投资知识的内部员工等。《投资顾问法》禁止投资顾问以所管理基金的资本收益或升值为基础向客户收取报酬，但如客户是合格客户，则可不受该规定的限制。

2. 欧盟

《欧盟金融工具市场指令》是目前欧洲金融领域内最重要、涉及面最广的立法。关于 KYC 的规定，该指令一方面要求投资公司需在提供建议之前评估客户，包括适合性评估（the Suitability Test，对投资者的投资目标、财务状况、知识和经验进行评估）和适当性评估（the Appropriateness Test，仅针对客户的相关知识和经验评估）；另一方面，针对了解到的客户信息进行客户分类。

(1) 获取信息

在了解信息方面，《金融工具市场指令》在"投资者保护条款"中专设条款规定了投资公司在向客户提供投资服务时应履行的业务规则。其中最主要内容便是投资公司"了解客户"义务。这也是投资公司履行"最佳执行"义务和其他业务行为规则的前提。指令针对所提供的服务，要求投资公司履行相应的"了解客户"义务：

①当投资公司向其客户提供投资建议或投资组合管理服务时，投资公司应获得有关该客户对特定投资产品或投资服务类型的了解和经验、该客户的财务状况和投资目标等必要信息，以便向该客户推荐适合的投资服务和金融工具；

②当投资公司向其客户提供其他投资服务时，则应当要求该客户提供关于其对提供或要求的特定投资产品或投资服务的了解和经验的信息，以使投资公司能评估投资服务或产品是否适合该客户。

在投资公司基于上述所获信息，认为其提供的产品或服务不适合客户时，投资公司应警示该客户。而在客户选择不提供上述所列信息，或提供有关其知识和经验的信息并不充分的情况下，投资公司应警示该客户，因为据此投资公司将无法判断该服务或产品是否适合该客户。

实施指令将投资公司的"了解客户"方式细化，引入针对散户的全面测试以及针对专业客户的有限测试，以反映其进行投资的能力和经验，包括关于投资意见和建议产品的"适宜性测试"（Suitability Tests），以及非建议产品和辅助服务的"适当性测试"（Appropriateness Tests）。"适宜性测试"要求投资公司不只基于请求而从客户或潜在客户那里获得必要信息，以使其能够了解有关客户的重要事实。而该事实能够表明，考虑到所提供服务的性质和范围，有合理的依据相信，所推荐或在投资组合管理过程中进行的特定交易满足以下条件：符合客户的投资目的；客户在资金上可承受任何投资相关风险；客户具有了解风险所需的经验和知识。如果投资公司没有获取其认为评估适宜性所需的信息，那么就不能向客户推荐该投资服务或交易。而"适当性测试"要求投资公司根据客户或潜在客户是否拥有投资领域相关产品或服务的必要知识和经验，评估投资服务或交易对客户来说是否适当。不同于"适宜性测试"的规定，投资公司即使不能决定适当性与否，仍可以在向客户提出警示的前提下提供服务。

（2）客户分类

在客户分类方面，《指令》将投资者分为专业客户（Professional Clients）和零售客户（Retail Clients），专业客户被界定为拥有投资经验和知识，能够自己做出投资决策且能够适当地评估投资风险的投资者。在专业客户里面又细分出专业能力更强的"合格对手方（Eligible Counterparty）"，例如投资公司、信贷机构、保险公司、养老基金及其管理公司等。专业客户又可划分为"被视为专业客户的类型"和"根据请求可被视为专业客户的类型"。

被视为专业客户的类型被称为"真正的专业客户"，包括四类：一是经核准或受监管才能在金融市场上运营的实体，包括信用机构、投资公司、保险公司、集合投资计划及其管理公司、养老金及其管理公司、商品及其衍生品交易商，或其他类似的机构投资者；二是满足资产负债总额达 2 000 万欧元、净营业额达 4 000 万欧元或自有资金达 200 万欧元三个条件中任意两个条件的组织；三是国家和地方政府，管理政府债务的公共部门、中央银行、国际或跨国性组织及其他类似国际组织；四是以投资金融工具为主要活动的其他机构投资者，包括专门从事资产证券化或其他融资交易的实体。投资公司在认定此类客户时须在提供服务之前向其履行说明义务，告知客户被视为专业客户及相关信息。但是，双方可以签署协议就相关说明义务的内容进行约定，客户也有权请求修改协议条款，寻求较高水平的保护。最为重要的是，当该类专业客户认为自己不能自行正确适当地评估或管理相关风险时，可以请求获得非专业客户，即零售客户的待遇，并要求投资公司为其提供更高水平的保护。

根据请求可被视为专业客户的类型又被称为"可选择的专业客户"，是指除真正的专业客户类型之外、符合一定标准并履行一定程序，从而放弃某些保护措施的客户。成为此类客户必须满足一定的评估标准，履行必要的程序。首先，投资公司必须结合拟开展的交易或服务，对该类客户的技能、经验和知识进行充分评估。在评估过程中，至少要满足以下标准中的任意两项：客户已在相关市场上开展过较大数量的交易，四个季度内平均交易频率为每季度 10 次；客户包括现金存款和金融工具在内的金融投资资产超过 50 万欧元；客户在金融领域专业岗位工作满 1 年或以上。

其次，客户的认定必须依照一定程序：一是客户必须向投资公司书面声明，表明希望被视为专业客户；二是投资公司必须向客户提供清楚的书面警示，提请客户注意其可能失去的各种保护和投资者补偿；三是在接受客户申请成为"可选择专业客户"时，公司必须采取合理措施确保申请客户符合可选择专业客户认定标准。当然，成为可选择的专业客户并不当然地被认为其具有与真正专业客户相当的市场知识和经验。投资公司必须制定适当的制度规范和程序来对客户进行分类。专业客户自行负责向投资公司通知可能影响其现行所处分类的任何变动。如果投资公司知道该客户不再满足可选择专业客户的标准和要求，也必须采取合适行动。

此外客户所属的投资者类型并非一成不变，而专业客户认为不能自行评估或管理相关风险的,可以申请成为零售客户,从而享受非专业客户待遇,获得较高水平的保护。而专业客户中"可选择的专业客户"也意味着只要满足一定条件,零售客户就可以被归类为专业客户。如果零售客户主张作为专业客户的身份参与投资活动,即可以在投资公司开立账户并在指令规定的范围内不借助投资公司专业顾问而管理自己的证券投资组合,放弃了 MiFID 所提供的法律保护。值得注意的是,这些放弃零售客户地位的投资者并未被看作其拥有与真正专业客户相当的市场知识和投资经验。只不过投资公司对此类投资者的投资知识、投资经验进行了充分评估,根据其推荐的投资交易或提供的服务性质能够确认该投资者有能力做出投资判断,也理解投资风险。零售客户之所以实施放弃行为,主要在于其变更身份后交易成本将有所降低。此外,提供服务的投资公司也因投资者的"放弃行为"而免除了诸如"适当性评估"等义务。

3. 日本

日本资本市场的投资者适当性制度开始于 1974 年,随着《金融商品销售法》和《金融商品交易法》的陆续出台,日本从立法层面,对投资者适当性制度做了全面的规定。

在了解客户信息方面,《金融商品交易法》和日本证券交易商协会的自律规则提出,证券经纪商建立并使用"客户信息卡",记录投资者尽可能完整的个人信息;在提供信用交易、与衍生金融产品相关的其他产品时,需制定业务执行标准;证券经纪商在与投资者签署合同前,需获得投资者的书面确认,以确认投资者已完全知晓所签署合同内容及可能面临的投资风险。对客户信息进行全面了解的目的在于保证金融服务机构向任何投资者推荐和提供某种产品或服务时,投资者的风险承受能力与所推荐产品和服务的风险要素是匹配的。

值得一提的是,《金融商品交易法》还明确规定了对违反适当性义务的金融机构可采取强制措施,这是对金融商品销售方履行适当性义务的有效约束。

4. 加拿大

加拿大证券公司的适当性义务主要反映在产品创新上。加拿大要求证券公司事先建立新产品的审查批准政策和程序,从监管、风险管理和业务层面进行尽职调查后再将新产品推向市场(包括发行或销售新产品),同时采取适当的措施加强对这一过程的监督和监控。

5. 中国香港

中国香港的投资者适当性制度主要由投资者分类、产品适当性评估和适当性匹配等部分组成。

香港证监会将投资者大致分为普通投资者和专业投资者两类。第一类为《条例》(a)至(i)所列出的政府和专业机构投资者;第二类为《条例》(i)项非固定的授权条款指向的投资者。

中国香港《证券期货条例》附表 1 第 1 部分第 1 条的定义一共列出了由(a)

至(j)共10个类别的投资者,前9类[即(a)到(i)类]为固定的专业投资者,包括认可交易所、中介人、认可财务机构、保险公司、理财计划、中央银行等。

根据《证券及期货(专业投资者)规则》(以下简称《规则》)的规定,第(j)类的"法团专业投资者"包括:在有关日期拥有总资产不少于4 000万港元的信托法团、拥有总值不少于800万港元的投资组合的个人或联名户口持有人、拥有总值不少于800万港元的投资组合,或不少于4 000万港元的总资产的法团或合伙等。

除以上法定规则外,由香港证监会发布的《证券及期货事务监察委员会持牌人或注册人操守准则》(以下简称《操守准则》)第15章也详细列出了对任何人士被界定为专业投资者前,金融中介应考虑的实质事项包括该人的投资经验、投资频率、曾投资的产品种类、其对投资风险的认识等,之后,才能将有关人等定为专业投资者。

在对法团专业投资者进行评估时,应评估法团专业投资者是否符合以下全部三项条件:一是法团专业投资者拥有合适的企业架构和投资程序及监控措施(即投资决定是如何做出的,包括该法团是否设有专门的库务部门或负责做出投资决定的其他职能);二是负责代表法团专业投资者做出投资决定的人士具备充分的投资背景(包括该人士的投资经验);三是法团专业投资者对所涉及的风险有所认知(以负责做出投资决定的人士对相关风险的认知为准)。在评估方式上,证券和期货经营机构需保存在评估过程中取得的所有相关资料及文件的记录,以说明当时所采用的评估基准。此外,对于不符合上述条件的投资者,如果取得该投资者的声明书并充分揭示风险,也可依照专业投资者免去部分义务。

此外,《操守准则》还对客户资料的获取做了详细规定,必须明确客户的财务状况、投资经验及投资目标;经营机构必须确保所做出的建议或招揽行为是合适的。

对于衍生产品、高息投资工具和结构性产品等结构较为复杂或者风险较高的金融产品,监管机构分别制定了专门的规则,部分产品只允许专业投资者投资,对经营机构提供此类金融产品提出了更高的披露要求。

针对中国香港期货经营机构KYC制度的执行模式和操作流程,我们通过某香港证券公司进行了相关资料的收集和调研。总体而言,中国香港为原则下监管,规模不同的证券和期货经营机构可能存在不同KYC模式和流程,只要符合《操守准则》的基本要求,监管机构即认可。

证券和期货经营机构的开户过程与境内类似,先由客户填写开户书及问卷,问卷内容包括客户基本信息,如财政状况、投资经验、投资目标、税务信息等,经营机构客服收到开户文件后,先核对开户资料,后进行初审,在审查时可以选择通过第三方征信机构评估客户信用信息,初审完成后,由合规部门进行再审查。

在开户过程中,开户人员会关注两个方面:一是见证,需要有专业人员进行见证,确保客户填写的内容是客户真实意愿的表达;二是风险披露,需要有持牌人员向客户进行风险披露，确保客户知晓证券投资的风险状况。

对于比专业投资者和普通投资者更细化的分类，香港证监会没有明确规定，资本市场存在客户分类的做法，但并不是香港证监会强制要求的。这与香港证监会监管理念有关，香港证监会的理念是分级的目的在于决定经营机构需向该客户进行信息披露的程度，因为专业投资者的专业性相对普通投资者较高，对于专业投资者，经营机构可按照条例要求豁免部分信息的披露，所以对于不符合专业法团投资者规定的投资者，如投资者本人明确签署声明书，且经营机构对其已进行充分的风险揭示，则可以将其按照专业投资者进行程度较低的信息披露。

（二）国际 KYC 先进经验总结及分析

客户信息的获取和客户分类问题是投资者适当性制度的核心，也是难点。

1. 获取信息

（1）了解信息

信息获取是"了解你的客户"的前提。境外证券公司在了解客户信息方面一般包括基本资料、职业信息、财务和投资状况、投资目的和偏好、征信情况、家庭受养人等，在具体的细节上稍有区别。

美国证券公司对客户分类较细，对每一种账户都分别规定了需要核实的内容和采用的核对方法。投资者通过互联网开立账户时，需要填写姓名、身份证件号码、职业、工作单位地址、家庭住址、联系方式等基本信息，同时提供身份证件的复印件和由银行、水电煤气公司或工作单位出具的地址证明。投资者可以选择是否一并开通信用账户进行融资融券交易，无须另外申请。美国在线股票开户无须视频认证及线下见证，无须见到开户用户本人即可进行开户。美国开户股票账户需调查详细的职业信息，包括就职公司、职位、薪酬状况等。

中国香港的证券公司在客户进行投资产品交易前，要求客户填写客户风险特征分析问卷、风险揭示书、专业投资者投资知识测试表（针对高资产净值投资者）等资料。网上开户需要进行线下认证，用户资料填写可以在网上进行，提交基本开户信息后需到就近的营业厅进行当面见证，开户最重要的是需要提供身份证明文件和住址证明，住址证明包括最近三个月内水电费或信用卡账单等。

中国台湾的证券公司向投资者销售金融商品一般综合考虑客户征信数据、理财需求与目标、有关客户信誉资料、从事行业与资产来源。中国台湾通过对客户征信数据的调查来确定客户的信誉度以及客户提供信息的真实性、完整性。

新加坡证券公司的特点是要求了解客户的受养人数目及各受养人的受养范围和期限。

加拿大要求了解何时需要使用资金、大笔支出与税负情况、固定资产、流动资产与权益类资产等。

欧盟要求个性化了解客户，具体需要了解的信息范围视投资者参与的交易和产品复杂程度等因素确定，证券公司对不同类别的客户承担不同程度的适当性义务。

（2）客户信息的持续更新与后续评估

境外证券公司一般定期主动向客户询问其情况有否发生显著变化，以便进行更新，客户也有义务将其个人情况的显著变化通知其投资顾问。例如，美国一般间隔36个月就要主动向客户询问。证券公司在市场、客户的重要情况发生变化时也会主动对客户进行重新评估。例如，市场出现显著变化、产品发行人出现显著变化、客户更换投资顾问或证券公司等情况。

（3）客户不提供或未完全提供信息的处置方式

境外证券公司对投资者信息过时、不正确或不完整的情况，针对不同的业务有不同的处置措施，也存在拒绝为其进行交易或服务的可能。例如，欧盟与中国香港地区的证券公司向客户提供投资建议时，如果客户的信息过时、不正确或不完整，会书面向客户解释无法充分评估客户的风险等级，故无法提供投资建议。

（4）征信平台的应用

目前，就个人征信制度而言主要有三种模式：市场主导型模式、政府主导型模式和会员制模式。美国、加拿大、英国和北欧的部分国家采用的是市场主导型模式。政府主导型模式的代表国家是法国、德国、比利时、意大利等几个欧洲国家；亚洲的日本则采用会员制模式。

市场型以美国征信系统为例，美国征信业以商业性征信公司为主体，并由民间资本投资建立和经营，它们独立于政府和金融机构之外，是第三方征信机构。金融监管机构和州政府均通过利用评级结果，以确保所持有固定收入或证券组合维持在足够信用水平上。资产是否适合投资资本要求、保证金要求等，都要以信用评级为依据。公司、消费者要依靠评级机构所评定的信用等级来确立在金融市场作为借款人或担保人的可信度，并获取信贷支持。

以比利时、德国和法国为代表的一些欧洲国家，它们是以政府和中央银行为主导的公共征信模式并联合私营征信模式的征信国家，信用体系同美国相比，存在一定差异。公共信用登记系统是由金融监管机构设立的，更多地体现了监管者的意志和需要，主要为金融监管部门的信用监管服务。德国的征信信息主要供银行内部使用，服务于商业银行防范贷款风险和央行金融监管与货币政策决策。数据获取的强制性、信息来源的特定性和信息使用的限制性，是其显著特点。民营征信机构则为社会更广泛的信用需求服务。具有信用信息来源广泛、内容全面、服务规范、信息有偿提供的特点。在公共信用登记系统的数据使用上，多数金融机构内部为防范风险而进行信息互通；民营征信机构的信用报告则是商品，强调为需求者提供商业化、个性化服务。

由于行业协会在日本经济中具有较大的影响力，它的征信体系明显区别于美国和西欧国家。日本采用的是以行业协会为主建立信用信息中心的会员制模式，为协会会员提供个人和企业的信用信息互换平台，通过内部信用信息共享机制实现征集和使用信用信息的目的。在这种模式下，会员向协会的信息中心义务提供自身掌握的个人或企业的信用信息，同时协会信用信息中心也仅限于向协会会员提供信息查询服务。日本的信用信息机构大体上可划分为三类：银行体系、消费信贷体系和销售信用体系，分别对应银行业协会、信贷业协会和信用产业协会。银行、其他金融机构、信用卡公司、保证公司、商业公司以及零售店等都是这些协会的会员。三大行业协会的信用信息服务基本能够满足会员对个人信用信息征集考查的需求。例如，日本银行业协会建立了全国银行个人信息中心。信息中心的信息来源于会员银行，会员银行在与个人签订消费贷款合同时，要求个人义务提供真实的个人信用信息。但这些征信途径是否运用在证券期货经营机构了解客户当中，并没有系统的制度要求。

2. 客户分类

目前，我国并没有统一的投资者分类，相关分类规定散见于各市场、产品中，名称、标准也较为混乱，急需统一。而西方国家在投资者分类方面已有成熟经验，值得我国借鉴。

从客户分类的标准来看，如上文所述，各国客户分类的标准都大同小异。大多将客户分成普通投资者和特殊投资者，在特殊投资者中，一般又针对是否为专业机构进行进一步划分。对专业的机构投资者的准入和披露制度往往都会更为宽松，而对于普通投资者则主要在于保护和风险防范。

在认定客户身份、确定客户分类依据时，资产、投资经验及对产品的认知是主要的考虑因素。

（1）客户资产的多少是判定客户身份的首要因素

以美国金融业监管局的规则为例，其对三类客户的认定主要是通过客户资产的金额。这种资产数额可以是现有的总资产数额（包括个人资产净值、与配偶合计持有的资产净值及机构总资产），也可以是一定期限内能够合理预期将获得符合标准的收入来源（如个人年收入或与配偶的共同收入）。在认定合格投资者和机构投资者时，客户资产数额多少直接成为定义该类客户身份的依据，体现了客户资产对客户身份判定的重要性。

（2）投资经验

投资经验也是认定客户身份的重要因素。各国在区分投资者身份时，首先会区分自然人和机构。将自然人和机构区别对待的主要原因就在于投资经验的不同。自然人的投资经验具有人身属性，和本人的经历、能力等密切相关；机构可以通过聘请不同的员工提高自己的投资经验。因此，监管机构将机构投资者和自然人投资者区分开，对后者进行更严密的保护，以保护经验不足的投资者的利益。

（3）对产品的认知

不同的产品适合不同的客户，投资者适当性原则就是为了将适合的产品提供给适合的客户。在判断客户身份时，也需要考虑客户即将投资的产品的性质。例如，对结构较为复杂或者风险较高的金融产品，中国香港监管机构制定了较高规则；加拿大的投资者适当性管理则是直接从产品方向入手。

三、国内金融行业 KYC 情况

（一）国内各金融子行业 KYC 发展情况

目前，我国金融行业在 KYC 方面的管理和操作，主要出于两种情况：一是出于反洗钱角度的系列规定，如中国人民银行发布的一系列金融机构反洗钱管理办法，均对各金融机构及各项业务明确提出了要遵循 KYC 这一基本原则。反洗钱中 KYC 的重点内容是要求客户实名制、信息的核实及实际账户控制关系方面，目的是为了防控洗钱风险。另一种情况则是出于投资者保护角度考虑的投资者适当性管理中的 KYC。通常来说，投资者适当性管理办法中要包含了解客户、了解产品及二者之间的适配三个环节。处于第一个环节的了解客户的侧重点是要求金融机构更详细地了解客户的财务状况、投资需求、专业知识及交易经历等方面，目的是为了"将合适的产品推荐给适合的投资者"。

本课题主要研究第二种情况，即金融机构投资者适当性制度中的 KYC 情况。下面，我们从国内各金融子行业现行投资者适当性制度中的 KYC 现状说起。

1. 我国证券业 KYC 现状

目前，我国证券业关于投资者适当性方面的各项制度和规定相对较为齐全，制度的制定主体层次鲜明且体系完整，涵盖了国务院、中国证监会、交易所及中国证券业协会各个监管层面，各层面在投资者适当性管理制度中关于 KYC 方面的主要规定如下。

（1）国务院层面

2014 年国务院发布的《证券公司监督管理条例》对证券公司的投资者适当性管理提出了总括性的原则，明确要求证券公司从事证券资产管理业务、融资融券业务，销售证券类金融产品，应当了解客户的身份、财产与收入状况、证券投资经验和风险偏好，并根据所了解的客户情况推荐适当的产品或者服务。该条例并未对上述要求做细化规定，而是指定相关具体规则由中国证券业协会来制定。

（2）中国证监会层面

根据国务院发布的条例，中国证监会制定了关于证券资产管理、融资融券、新三板、经纪业务及金融产品代销等业务的系列规定。其中，不仅要求证券公司在从事上述业务时，充分了解客户基本信息、财务与收入状况、证券专业知识、证券投资经验和风险偏好、年龄等情况，还提出了风险承受能力评估要求，及至少每两年一次的后续评估以及客户分类管理要求。

在融资融券等风险较高的业务管理办法中（见《证券公司融资融券业务内部控制指引》），除了要求了解客户信息、客户分类及风险承受能力评估，还提出了客户信用评估和调整的要求，并明确规定了不符合指定条件如资金状况、交易经历及风险承受能力等的客户，证券公司不得向其开展该项业务。

(3) 交易所层面

深圳证券交易所和上海证券交易所根据本身拥有的特色业务及投资者特定对象，均发布了相关的投资者适当性管理实施办法。深圳交易所在中国证监会对创业板市场的管理规定基础上，又特别加上了"具有两年以上（含两年）股票交易经验的自然人投资者"作为创业板市场自然人投资者的准入条件。

上海证券交易所则对债券市场投资者的适当性管理提出了明确要求，不仅要求金融机构充分了解客户信息，还提出了对投资者要按照其对产品认知水平和风险承受能力，分为合格投资者和公众投资者，并对两类投资者的划分指标做出了详细规定。

(4) 中国证券业协会层面

2012年中国证券业协会发布了《证券公司投资者适当性制度指引》，该指引不仅要求证券公司与客户建立业务关系时应当了解客户的姓名（或名称）、身份、住址、职业等基本信息，还要求证券公司了解客户的财务状况、投资知识、投资经验、投资目标及风险偏好等情况。同时要求证券公司根据了解的客户信息，将符合客户划分为专业投资者和普通投资者，并对两类投资者的判定指标和转化程序做出了具体规定。

除了客户分类外，该指引还要求证券公司根据客户提供的信息，对其风险承受能力进行综合评估，并持续动态跟踪，及时重新调整客户风险承受能力等级。

中国证券业协会发布的指引，是目前证券市场最明确、可操作性最高的投资者适当性管理办法，无论是对投资者信息采集的维度设置和涵盖内容，还是对客户分类和相互转化的关键指标设置，都做出了详细规定。

综合来看，证券业各个监管层面发布的规定涉及的条文内容及详尽程度各不相同，其中以证券业协会及交易所发布的适当性指引具有较强的系统性和可操作性。概况来说，主要涵盖了三个方面的内容：客户信息采集；客户分类评级；业务准入门槛设置。

(5) 证券经营机构的执行现状

通过对国内排名前20位的券商的调研，我们得知目前证券公司的KYC工作主要是体现在两方面。一是投资者初次开立基本账户时的实名制审核及信息采集，证券公司设置的客户基本信息表分为自然人和机构两种，其中采集的信息主要是身份证明、地址、联系电话及账户实际控制人等基本信息，不涉及客户资产状况、交易经验等信息。

二是在客户购买理财产品或者申请开通创业板、新三板、融资融券、期权等其他业务时，证券公司会根据监管部门对相应业务的规定，要求客户出具资产证明等相关资料，并对客户做风险承受能力评估，得出客户分类等级。不过，由于现有的证券业管理制度中都没有对客户的风险承受能力等级以及评分规则做出具体要求，各证券公司的等级划分和评分规则存在较大区别，投资者等级有划分为三级的，也有划分为五级的,而评分规则的权重设置更是五花八门。

例如:某客户到某证券营业部了解购买基金的情况,证券营业部工作人员向客户推荐了一只封闭期1年的债券型基金,客户尚未看清具体条款就购买了该产品。封闭期满后,该客户发现自己购买的基金不仅没有盈利,还亏了本,于是到营业部讨说法,希望营业部可以承担损失。而营业部认为,合同里说明了风险,并约定投资者风险自担,客户需求不合理,随即客户拨打"12386"热线寻求帮助。

经检查发现,该产品虽在公司内部风险评级中被评为"较低风险",销售对象为风险承受能力是"谨慎型"及以上等级的客户。但是,在实际销售中,认购较多的客户多为风险承受能力较低的保守型客户。

进一步探究原因,一是证券公司总部没有明确该基金风险等级,二是营业部在销售时也没有严格执行产品等级与风险承受能力等级匹配的义务。最后证券公司对客户进行了经济补偿。

2. 我国基金业 KYC 现状

目前,我国基金业关于投资者适当性管理制度较少,其中对 KYC 的相关要求,主要是规定金融机构必须给资金进行分类评级和管理,以匹配相应的业务准入门槛。

(1)中国证监会层面

中国证监会在 2013 年发布了《证券投资基金销售管理办法》,其中规定基金销售机构应当建立基金销售适用性管理制度,制定对基金投资人风险承受能力进行调查和评价的方式和方法以及对基金产品和基金投资人进行匹配的方法。

(2)基金业协会

基金业协会在 2016 年发布了《私募投资基金募集行为管理办法》,要求基金募集机构应建立科学有效的投资者问卷调查评估方法。问卷内容包含投资者基本信息、财务状况、投资知识、投资经验及风险偏好,要确保问卷结果与投资者的风险识别能力和风险承担能力相匹配,同时募集应根据问卷调查及其评估方法在线确认投资者的风险识别能力和风险承担能力。

(3)基金公司及相关经营机构的执行现状

基金行业对 KYC 的要求相对较少,通过我们对国内几家知名基金公司的调研,得知基金公司对投资者的 KYC 主要体现在对客户风险承受能力的评估和分级上,因为基金业务存在着客户风险分级和基金产品风险级别的匹配要求。不过,基金经营机构同证券经营机构一样,都存在着风险承受能力划分等级和评分标准不统一的问题。

3. 我国银行业 KYC 现状

目前,我国的银行业监管法律中,几乎每一项业务制度中均有关于 KYC 的相关规定,但主要都是出于反洗钱风险角度的管理规定。目前,银行业的各项业务规章制度中,并无直接以适当性制度为核心内容的部门规章或规范性文件,银行业中适当性原则的适用也仅仅针对商业银行理财业务。

(1) 中国银监会层面

中国银监会在 2005 年发布了《商业银行个人理财业务管理暂行办法》与《商业银行个人理财业务风险管理指引》，其中，规定商业银行利用理财顾问服务向客户推介投资产品时，应了解客户的财务状况、投资目的、风险偏好、风险认知能力和承受能力，评估客户的财务状况，提供合适的投资产品由客户自主选择，并应向客户解释相关投资工具的运作市场及方式，揭示相关风险。

2008 年中国银监会再次发布了《关于进一步规范商业银行个人理财业务有关问题的通知》，其中明确提出了商业银行应按照 KYC 原则，充分了解客户的财务状况、投资目的、投资经验、风险偏好、投资预期等情况，并建立客户评估机制。

2012 年中国银监会发布的《商业银行理财产品销售管理办法》又追加了客户风险承受能力的评估规定，并明确提出由低到高至少包括五级，并可根据实际情况进一步细分。同时，商业银行应当定期或不定期地采用当面或网上银行方式对客户进行风险承受能力持续评估。

(2) 中国银行业协会层面

中国银行业协会根据中国银监会发布的系列政策，在 2010 年发布了《商业银行理财客户风险评估问卷基本模板》等两个指导性文件，非强制性地要求各银行在具体销售理财产品的过程中，以指导文件为蓝本，制定风险评估问卷和理财产品的宣传资料。风险评估问卷模板主要涵盖财务状况、投资经验、投资风格、投资目的和风险承受能力等方面，客户分类评估标准要求分为五个及以上的客户类型。

(3) 商业银行及相关经营机构的执行现状

根据银行业的 KYC 政策，我们主要调研了几家商业银行在销售理财产品时的 KYC 做法。目前，国内商业银行主要是根据银行业协会发布的上述两个指导性文件进行操作，基本都能按照其中要求对客户明示产品风险，但同样的在对客户风险承受能力评估问卷和等级划分上，表现不一，执行情况参差不齐。虽然各银行都按照中国银行业协会的要求将客户风险承受能力的等级至少划分为五个类型，但不同银行对待客户分级的重视程度和操作方式并不一样，即存在执行力和有效性的问题。

4. 我国信托业 KYC 现状

目前，我国信托业的投资者适当性管理制度较少，现有业务制度中仅强调"合格投资者"的概念，以作为相应的业务准入规则，且均为中国银监会发布。

(1) 中国银监会制度

中国银监会在 2009 年发布了《信托公司集合资金信托计划管理办法》，其中对合格投资者的财务状况设定了具体的判定门槛。

2011 年中国银监会又发布了《规范信托产品营销有关问题的通知》，规定信托公司从事信托产品营销应当建立严格的合格投资者甄别制度，并且对投资者进行风险适应性调查；在 KYC 基础上，应根据投资者风险承受能力及风险偏好，适当推介及营销相应信托产品，引导投资者审慎做出投资决策。

(2) 信托公司及相关经营机构的执行现状

基于信托业务的特性，国内信托公司对 KYC 的侧重点在于对投资者资产状况的确认上，客户风险承受能力评估的执行则视所投资产品的情况而定。因为对投资者资产的要求是由中国银监会统一规定的硬性要求，所以在这一点上各信托公司均能很好地执行。而客户风险承受能力的评估，则是各个公司自行设定，标准不一。

（二）国内各金融子行业 KYC 比较分析及借鉴

1. 各行业 KYC 做法优缺点分析

（1）优点

①国内证券、银行等金融子行业的业务制度体系较为完善，尤其是证券行业，从国务院到中国证券业协会，发布主体层次架构井然，内容清晰完整。

②信息采集维度的设置较为全面，上述业务制度中对 KYC 的指标基本都包括了客户基本信息、财产收入状况、投资经验、投资目标、专业知识、风险偏好等重要维度，对投资者的信息采集较为全面。

③对特定的高风险业务项目，均要求设置投资者业务准入门槛。此项举措不仅是对投资者的一种保护，更有利于相关业务市场的稳定运行。

④提出了对投资者进行风险承受能力评估的要求，为投资者适当性管理中"将合适的产品推介给适合的投资者"这一主要目的奠定了基础。

（2）缺点

①客户分类比较简单，标准不一。国内证券、银行等金融子行业的现有业务制度中，虽已提出对投资者分类的概念和规定，但还是比较粗糙，且不成体系。现有规定主要都是根据投资者的资金规模、交易经历等维度，将投资者粗略划分为专业投资者和普通投资者，或合格投资者和大众投资者两类。

②客户分类和风险评级仅出于业务准入门槛的设置。国内金融监管部门发布的各项制度中提出的客户分类规定和风险承受能力评级要求，主要是对部分高风险业务项目设置投资者的业务准入门槛，或者是投资者风险承受能力与金融产品的适配，考虑的都是产品销售环节。而没有考虑将投资者分类和客户风险评级结果的用途进一步扩展，运用到客户的后续服务和维护环节上。

③缺乏对通道服务需求的投资者适当性的管理制度。上述国内金融行业的各项制度中，即使是内容最详尽、操作性最强的《证券公司投资者适当性制度指引》，也仅针对证券公司向客户销售金融产品，或者以客户买入金融产品为目的提供投资顾问、融资融券、资产管理、柜台交易等金融服务，而不包含证券公司仅执行客户买卖公开市场交易的股票、基金、债券等交易指令的业务，即通常所说的"通道服务"。但实际上，通道服务的需求对象如股民等才是金融市场的主流投资人群。

2. 各行业可借鉴经验总结

（1）信息采集的维度设置

综合以上分析，我们认为国内证券、银行等金融子行业的业务规定中关于KYC的信息采集维度设置较为全面，可供国内期货市场参考借鉴。在客户信息采集上，应当充分了解与核实客户的姓名、身份证号、年龄等基金信息，以及客户的财务状况、专业知识、投资经验、投资风格、投资标的、风险偏好等情况。

（2）客户分类管理

客户分类管理的概念，应当引入期货市场的管理体系中。一方面客户分类管理可以作为部分特定业务的准入门槛设置依据，另一方面也有利于期货金融机构更好地给不同类别的客户提供相应的服务和指导。

（3）风险评级和后续跟进

客户风险承受能力的评估和分级，以及后续的定期及不定期跟进和重新评估规定，应当引入期货市场的管理体系中。客户风险评级的结果与客户分类的结果作用基本相同，二者相辅相成，可共同促进期货市场投资者的管理和服务质量。

四、国内期货市场的现状和存在的问题

（一）国内期货行业现状

1. 商品期货现状

目前，我国商品期货尚未形成有关"了解你的客户"的理论依据及具体制度。现存在于商品期货开户环节中的KYC基本可以分成三个层级：一是监管部门发布的各项管理办法，比如中国证监会发布《期货市场客户开户管理规定》要求，期货公司在为客户办理开户手续时，对客户进行实名制审核，并按规定采集客户影像资料。期货公司不得与不符合实名制要求的客户签署期货经纪合同，也不得为未签订期货经纪合同的客户申请交易编码等。中国证监会于2014年10月修订发布《期货公司监督管理办法》第五十四条"期货在为客户开立期货经纪账户前，应当向客户出示'期货交易风险说明书'，由客户签字确认，并签订期货经纪合同。"二是监控中心通过全国公民信息查询服务系统应对客户身份进一步校验和核对。三是期货会员按照规定，要求投资者必须提供合法有效身份证件，并知悉期货交易杠杆原理，认知其自身情况是否具备期货市场风险承受能力。

综上所述，我国商品期货市场形成了从规章制度、外部监管到落实实操的完整链条。就目前而言，期货公司认真履行实名制要求，完成开户环节。部分会员公司对60岁以上的特殊人群，提供特别风险揭示。有些会员公司为进一步了解客户，设计客户信息调查表，内容包括客户年龄、交易习惯、投入资产比例等，综合评估客户的风险承受能力。

2. 金融期货市场现状

经过不断实践，中国证监会于2010年发布《关于建立股指期货投资者适当性制度的规定（试行）》，2013年进行修订并予以发布《关于建立金融期货投资者适当性制度的规定》，中国金融期货交易所发布《金融期货投资者适当性制度实施办法》

《金融期货投资者适当性制度操作指引》。至此国内金融期货市场形成单独的投资者适当性制度体系。制度体系中对客户资产、相关知识、交易经历、诚信记录等维度进行明确要求：

①申请开户时保证金账户可用资金余额不低于人民币50万元。

②具备金融期货基础知识，通过相关测试。

③具有累计10个交易日、20笔以上（含）的金融期货仿真交易成交记录，或者最近三年内具有10笔以上（含）的期货交易成交记录。

④不存在严重不良诚信记录；不存在法律、行政法规、规章和交易所业务规则禁止或限制从事金融期货交易的情形。

总体来讲，金融期货在"了解你的客户"这方面进一步细化了指标，明确要求准入市场条件。另外，对于客户提供的资料，也是有相应要求，有关机构必须加盖印章证明其真实性，使得资产证明和交易经历等证明资料都是有据可循，总体评估情况较为合理。

3. 国内期权市场现状

期权交易在我国尚未正式上市，大连商品交易所、郑州商品交易所相继开展白糖、豆粕期权仿真活动，供广大投资者熟悉期权交易规则及风险特点，为日后期权品种上市交易奠定基础。另外，期权投资者适当性管理办法已在行业内征求意见，总体框架基本参照金融期货投资者适当性制度，也对客户资产、投资经验、诚信记录做出具体要求。

期权交易比期货交易略显复杂，按照不同的原则分为现货期权和期货期权、看涨期权和看跌期权、美式期权和欧式期权等。期货期权合约包含的要素与期货交易也有不同之处，主要有权利金、执行价格、合约到期日。

另外，期权交易与期货交易最大不同之处就是买卖双方权利义务不同。在期货期权交易中，买方有权在认为合适的时候行使权利，但不负有必须买入或卖出的义务，而不必征得卖方的同意，所以在交易过程中，买方也不必缴纳保证金，所面临的最大损失就是期权保证金。对于卖方来说，只有义务满足买方的要求，他所面临的风险同期货交易风险是一样的，所以必须缴纳一笔保证金，表明其履约的能力。

郑州商品交易所的征询意见中只对客户准入市场做出约定，但并未体现对因期权买卖双方权利义务不同而对双方的具体执行标准。由于买卖双方在期权市场上承担的风险不同，应该明确不同的适当性要求，进一步落实了解客户的责任。

4. 资产管理业务现状

除上述内容外，期货行业涉及一类创新业务——资产管理产品。期货市场资产管理产品了解客户部分，根据中国期货业协会发布《期货公司资产管理业务投资者适当性评估程序》的相关要求，除了制定具体要求外，还包括《资产合法性及投资者适当性承诺书》和《期货公司管理业务投资者调查问卷》两部分。问卷内容包含了解客户交易目的、投资经验、投资年限、金融资产或年收入等情况，有助于了解客户背景。这类产品主要配比对象为高净值客户的资产管理。就现阶段而言,对客户的摸底情况,包括资产等信息,全部由客户自行填写,期货公司尽职调查稍显片面,对客户了解略有不足。有部分期货公司采取按照私募基金产品管理模式,对投资者承诺符合合格投资者标准是通过客户提供相关资产证明认定的,进一步了解客户资产的合法真实性。

5. 其他期货产品

其他期货产品,比如能源期货现处在前期筹备中,由于涉及国内外各种类型的投资者和中介机构,情况较为复杂,目前国内尚未出台有关规章制度。

(二) 国内期货行业存在的问题

1. 期货市场起步较晚,制度尚不完善

与美国、日本、欧盟等发达国家相比,我国期货市场起步较晚。我国期货市场从20世纪80年代开始,经过研究准备和理论积累时期,至90年代初成立了我国第一个商品期货市场,迈出中国期货市场发展的第一步。

随后,各种期货交易所和期货经纪公司相继成立,期货市场陷入无序状态。后经长达5年的整顿清理工作,加强法规建设和监管力度,逐步形成现代国内期货市场雏形。

从2000年开始,国内期货进入规范发展阶段。国务院修订了《期货交易条例》,中国证监会相继出台各种配套法律法规。期货交易所不断推出期货品种。2006年,中国金融期货交易所正式成立。

经过精心准备,股指期货这一交易品种顺势而生,2010年中国证监会公布了《关于建立股指期货投资者适当性制度的规定(试行)》,其他监管部门相继公布了相关实施办法和操作指引,以及股指期货交易特别揭示书等一系列适当性制度,初步落实投资者适当性的实操问题。

随着期货市场日臻成熟,根据市场发展需要,中国证监会及时修订了《关于建立金融期货投资者适当性制度的规定》,为今后适时推出金融期货新品种提供基础条件。

综上所述,我国期货市场发展至今不过30年,总体来说发展时间较短,制度体系尚不完善。目前,我国期货市场仅有一项关于投资者适当性制度——金融期货投资者适当性制度,只是体现在开立金融期货账户的过程中。"了解你的客户"未在其余各项业务的规章制度中体现。我们认为,"了解客户"应当在整个期货市场有明确的要求,并根据不同的业务制定具体标准,这也是保护投资者利益的基础要求。

2. "了解客户"工作落实不到位

首先,对于国内商品期货,"了解客户"大部分内容体现在开户环节中签署合同、揭示风险等过程。在现实做法中,客户大都走形式,按步骤完成开户要求,但其实并不了解期货市场杠杆特点和交易规则等情况。在客户开发过程中存在重视交易利益、轻视市场风险等特点,适当性制度落实不到位。

其次，国内期货市场尚缺乏持续了解客户的操作办法。由于期货市场特有的杠杆原理及风险特点，有相当部分客户在进行期货投资时，经常会触发监管条款，发生风险事件。

例如，2015年9月11日中国证监会在每周的例行新闻发布会上表示：有四家证券公司及一家期货公司外部接入系统时，未能确保客户终端交易信息真实性，也未有效了解客户身份信息进行回访等程序，对此中国证监会对上述公司实施行政处罚。

我们认为，"了解客户"的工作不应仅仅存在开户环节，应该贯穿于整个期货交易投资过程。当客户进入交易等环节后，仍要充分了解客户信息，继续判断客户是否符合入市要求，合理将这类客户进行分类，有效纳入监管体系，并加强管理和引导。但是，对于这些，我国整个期货市场尚未有可持续评估投资者适当性的制度要求，缺乏行之有效的管理办法。

3. 了解内容过于简单

国内对客户分类研究起步较晚，基本是从2010年落实股指期货适当性开始的。制度体系较为简单，评估重点为投资经验和客户资产两个方面。可以说，评估内容较少。由于客户情况均由客户自行提供，同时缺乏外部提供的核实客户信息的渠道，导致期货公司对客户情况的了解不够深入，实行过程过于简化，对投资者分类不够翔实。

4. 缺乏信息核实系统

另外，现在国内征信系统包括中国人民银行的征信系统和中国期货业协会的风险信用数据库。中国人民银行的征信系统，提供客户供职情况、工资水平、信贷情况等内容，一般是验证商业银行等机构在为客户办理信贷业务时提供的核实信息的系统。中国期货业协会的风险信用数据库可供期货会员查询客户穿仓记录、客户资产查封或冻结情况、是否为市场禁入者等信息。以上客户情况是否在数据库中及时有效反馈，目前尚不清楚。

在申请开立金融期货账户时，一般由客户自行提供征信报告作为补充材料，但期货会员现是无权查询，也由于中国期货业协会的风险信用数据库提供资料有限，两个信用数据系统尚未起到真正核实作用。

（三）国内投资者适当性制度带来的影响

相对国外来说，由于我国金融期货的市场需求和理论准备存在不足，我国的投资者适当性制度起步较晚，始于2008年国务院发布的《证券公司监督管理条例》。在证券经纪业务和基金销售的开户环节上，开始进行对投资者的能力测评和风险测评，同时进行投资者适当性管理的初步尝试。之后，经过多方共同努力，我国金融市场的投资者适当性制度建设日渐完善，在创业板、金融期货、融资融券、股转系统、私募投资基金等市场、产品或业务中，依据各自特点，都建立起了有针对性的投资者适当性管理办法和制度，并取得了一定的成效，在健全投资者保护制度和提升投资者保护力度方面发挥了积极作用。

一是投资者适当性制度的推出,完善了中国资本市场的基础制度。投资者适当性制度是我国资本市场一项重要的基础性制度,是对投资者教育和保护投资者利益工作的深化,有利于进一步推动形成良好的资本市场文化和培育成熟的投资者队伍,是金融市场平稳运行和健康发展的重要保障。

二是投资者适当性制度的推出,保障了创新性金融产品、市场或业务的稳定上市运行。随着市场的发展,近年来国内推出的金融产品均具有专业性强、杠杆高、风险大等特点,客观上要求参与者具备较高的专业水平、较强的经济实力和风险承受能力,并不适合一般投资者广泛参与。因此,对每项高风险业务制定投资者适当性管理制度,通过硬性的业务准入门槛设置等手段,将部分抗风险能力低的投资者阻拦在市场外,使金融创新与金融监管及投资者的认知水平结合起来,将有效的金融工具提供给适合的投资者群体,使得金融创新能够在风险可控、可测的大背景下稳步推进。

三是加强了投资者保护力度。投资者适当性制度的推出,是为了更好地保护投资者合法权益,尤其是对中小投资者的保护,将投资有风险的理念根植入投资者的心中。同时,将对投资者保护的方式逐渐由监管机构被动保护,变为引导投资者主动进行自我保护,引导那些不适合的投资者远离风险,认真衡量自身是否拥有足够的风险意识和资金实力,从而评估自己是否适合参加到这个市场中。这不是设置投资壁垒,而是让投资者知道哪些才是适合自己的投资产品。

四是强化了金融经营机构的责任。国内监管部门越来越重视 KYC 这一环节,对金融经营机构责任的要求也越来越高。"Costumer"原本是从金融经营机构角度出发的术语,投资者适当性制度中的主要环节都集中在金融经营机构的操作上,如信息采集、客户分类、产品分类以及后续的适配和跟踪,都是对金融经营机构业务流程的要求,并且设置了相应的监管检查及罚则内容。

可以说,建立系统、全面的投资者适当性制度,对国内金融市场的发展及投资者保护机制的完善都具有深远的意义。但是,因为我国资本市场的发展年限较短,金融经营机构的风险意识、内部控制制度等方面尚不够完善,尤其是在具体的实施环节上,执行标准和力度的把握上颇有欠缺。而国内的市场投资主体结构又不够优化,市场以中小投资者为主,他们对产品的认识和风险的控制能力上相对较低。因此,虽然国内的投资者适当性制度已日渐完善,但是依然存在着诸多问题,如上文中提出的国内金融子行业在执行 KYC 操作时出现的种种问题和不足之处。这些问题令国内的投资者适当性管理在实践中的积极作用大打折扣,无法发挥出尽有的效力。例如,在 2015 年股市异常波动期间,部分金融产品的适当性匹配不妥当、一些经营机构执行时的"走过场"等问题纷纷暴露,造成了部分投资者参与了不合适其风险承受能力的金融业务,遭受了巨大的损失。

KYC 是投资者适当性制度的首要原则,是履行客户分类、适当性匹配等其他适当性义务的基础和前提，也是将投资者适当性制度的效力真正落实到位的必要保障。因此本课题组认真研究了上述国内金融经营机构在执行KYC时存在的问题，并结合国内期货经营机构的现实状况，提出了具有针对性的改进建议和措施。

五、国内期货行业KYC改进建议

（一）完善立法，加强期货经营机构执行力的监管

从上述调研结果来看，一方面，我国的证券业、期货业、银行业、信托业等行业都分别颁布了适当性制度，但内容分散，存在标准不一、内容冲突的情况；另一方面，我国现行的投资者适当性制度，主要是由监管机构和自律性组织发布的，属于行业监督管理措施。尤其是期货行业，没有建立起制度层级。此外，针对规则本身，只描述了相关规则，缺乏违反规则后果的表述，不利于发挥规则的约束力。因此，我们提出以下建议。

1. 建立统一的投资者适当性管理制度

到目前为止，我国在股指期货、创业板市场、证券投资基金销售、交易所债券市场、中小企业股份转让系统以及信托计划等方面均初步建立了投资者适当性管理制度，但这些制度比较零散，相互独立，未覆盖部分高风险产品，而且提出的要求侧重设置准入的门槛，对经营机构的义务规定不够系统和明确，也没有从对投资者进行统一分类，未建立起统一的投资者适当性制度。

中国证监会日前已正式发布《证券期货投资者适当性管理办法》（以下简称《办法》），《办法》定位于部门规章，旨在构建适当性管理制度的框架，确立普适于证券和期货行业的投资者适当性制度。《办法》从投资者分类管理、产品分级和差异化服务等方面落实投资者适当性管理。《办法》明确了：

①投资者分类，依据多维度将投资者分为普通和专业投资者，并在一定条件下允许相互转换；

②明确经营机构应当了解产品或服务信息，根据风险等级实行产品分级管理；

③要求经营机构在适当性管理各环节履行义务；

④向不同类型投资者提供差异化产品，并突出对于普通投资者特别保护。

《办法》旨在引导证券期货经营机构全面落实适当性管理工作。

我们认为，这是对于建立起统一的投资者适当性制度及KYC制度的极好尝试。

2. 完善监管制度层级

广义而言，一个完整的规则体系主要包括由人大及人大常委会制定的基本部门法、国务院发布的行政法规、监管机构制定的部门规章及自律组织制定的相关规则，此外还包括最高人民法院的司法解释等。

不同于已出台的证券市场基本法《证券法》及一系列行业监管和自律规则的证券行业，目前期货行业在监管制度上更需要梳理、完善。结合国内外各金融行业的经验，我们应完善期货行业KYC规则，建立多层次期货投资者适当性制度。

第一层级是部门基本法层面。在日、德等市场，有关投资者适当性的内容主要规定在证券市场基本法律（如日本《金融商品销售法》、德国《证券交易法》）中，不仅具有最高的法律效力，而且投资者还可直接援引相关规定寻求法律保护。如日本于2000年颁布的《金融商品销售法》明确规定，金融商品交易业者应事先获得客户的知识、经验、财产状况及缔约目的，销售的金融商品应适合于客户，禁止不请自来之劝诱行为。此外，还规定金融商品交易从业者违反上述说明义务，应向投资者承担赔偿责任。与此不同，美国、欧盟主要以自律规则、监管规则或者指令这种"软法"的形式规定适当性的内容，而对投资者的保护最终仍需要落实到法院的判决中。美国证券业独特的发展历程决定了其自律组织实际运作的效率和职能权限，可复制性较差，欧盟指令又对其成员国的投资公司不具有直接约束力，相比之下，前种模式对构建我国市场投资者适当性制度意义更重大。但考虑到我国期货行业目前尚不存在规范期货市场和期货交易的基本法，新设立一部《期货法》或《期货交易法》，并将KYC及投资者保护相关规定上升到法律层面，要经历提议草案审议等漫长过程，在此不谈。

第二层级是国务院出台的行业管理条例。因为我国尚没有专门的期货及期货交易立法，国务院颁布的《期货交易管理条例》作为行政法规，属于目前期货专门领域除同行法律外效力最高的法律文件，但现行中并没有涉及KYC乃至投资者适当性管理制度的相关规定。可在《期货交易管理条例》中引入投资者分类机制、对期货公司施加"投资者适当性"义务以及不履行"投资者适当性"义务的法律责任等规定，以加强期货公司履行投资者适当性制度的监管，确保期货公司开展投资者分类、适当性评估等工作，目前来看，是规范投资者适当性管理最有效可行的方案。

第三层级是监管层面出台的行业管理办法，即部门规章。目前，我国期货行业乃至整个金融业，对投资者适当性制度做出明确规定的文件都是部门规章。我国期货行业的监管机构为中国证监会，中国证监会在2010年发布的《关于建立股指期货投资者适当性制度的规定（试行）》是唯一针对期货行业出台的有关KYC及投资者适当性的规定。《证券期货投资者适当性管理办法》是一个好的尝试，作为期货行业从业者，我们希望这一办法能有尽快得以实施。

第四层级在法律监管之外，自律性监管也应发挥作用。中国期货业协会、上海商品期货交易所、大连商品期货交易所、郑州商品期货交易所、中国金融期货交易所是期货领域的自律性机构，在规范期货市场和期货交易方面发挥着不可替代的作用。期货业协会可以通过细化《证券期货投资者适当性管理办法》，制定期货公司实施适当性管理工作的规则，引导其会员期货公司在提供投资服务过程中执行满足投资者适当性义务。而期货交易所可通过制定期货投资者适当性制度管理办法或操作指引，直接规范期货公司履行适当性管理义务。

第五层级是期货经营机构，各期货经营机构应当在其内部业务规范中就KYC以及投资者适当性制度的具体操作办法做出规定。

3. 强化各法律法规、制度规则本身的约束力

金融监管的执行力、受损害投资者权益的保护、违反 KYC 规则及投资者保护义务责任的承担，都有利于加强各法律法规、制度规则本身的约束力，将投资者适当性保护落到实处。

首先，对投资者进行合理分类，是有效投资者保护的前提和基础。

其次，法律责任。条件假设、行为模式和后果三者是组成完整法律规范的逻辑结构。在法律或其他规则规范中明确规定人们在做出符合或者违反规范行为时，会带来什么法律后果，才能构成完整的有执行力的制度规范。

要使 KYC 制度及投资者适当性义务的相关法律法规、制度规则本身具备约束力，应当明确规定期货公司或其从业人员未履行适当性管理要求时，应当承担的法律责任。

（二）KYC 具体做法上的改进建议

1. 完善客户信息采集

根据中国证监会发布的《证券期货投资适当性管理办法》第六条：经营机构向投资者销售产品或者提供服务时，应当了解投资者的下列信息：

①姓名或者名称、住址、身份、年龄、资质等基本信息；
②收入来源和数额、资产、债务等财务状况；
③投资相关的学习、工作经历及投资经验；
④投资期限、品种、预期收益等投资目标；
⑤风险偏好；
⑥诚信记录；
⑦实际控制投资者的自然人、机构和交易的最终实际受益人；
⑧法律法规、自律规则规定的投资者准入要求相关信息；
⑨其他必要信息。

综合国内外其他金融机构的经验，我们建议按照客户基本情况、财务状况、交易经历、风险承受能力、诚信记录、其他方面六大类逐步细化以上信息，具体情况见表2。

表2　期货投资者信息采集维度设置

选择的维度	涵括的内容
基本情况	年龄、学历、职业、行业
财务状况	收入证明、资产证明、债务情况、资产负债表、利润表
交易经验	交易目的、交易品种、交易年限、交易策略、交易偏好、投资占比、投资收益、投资学习等情况
风险承受能力	所能承受的最大亏损限度、期望产品收益情况等
诚信记录	央行的征信记录、交易所的监管函、中期协的信用风险记录（禁入者）等
其他	实际控制关系报备情况等

2. 投资者信息核实方面的建议

期货经营机构在客户的基本信息上，应继续落实实名制要求，认真核实客户身份，对于特殊情况的人群予以特殊对待，充分进行风险警示和信息告知。

而对财务状况、交易经历等情况则需进一步核实客户情况，要求客户提供加盖有效印章的证明财务状况、交易经历的文件。

应要求期货经营机构核查客户的诚信情况，要求其登录央行征信系统、中期协的信用风险数据库，全面核实客户基本信息、诚信信息、风险信息等情况，并结合实际控制关系报备情况，做好对客户情况的深入了解。

但由于央行征信系统暂未对期货公司开放，中期协的信用风险数据库存在查询客户情况不尽翔实的情况，我们建议：

①授权期货经营机构在央行征信系统查询客户基本情况；

②将监管部门的监管措施以及风险情况整合，提高信用风险数据库使用效率，使期货经营机构可以查询到客户的信用风险情况。

3. 期货经营机构操作流程上的建议

综合国内各金融子行业的政策及执行现状不难发现，虽然各项业务政策均对KYC 提出了程度不同的执行要求，但是却都没有提出标准化的操作流程。各金融机构在执行的时候均是各自为战，版本繁多，且因为缺乏明确的责权规定，许多金融机构对 KYC 的执行更像是一个"走过场"。

金融经营机构作为"经济人"，以追求利润最大化为经营目的，因此在业务利益与监管要求上必然存在一定冲突，有部分从业人员会为了业绩而不惜"铤而走险"。例如，曾经发生过的客户表示其不会写字而让业务开发人员代其签名，不久后该客户又以期货合同非其本人签署为由状告期货公司令其财产遭受损失的真实案例。

还有此前《金融时报》记者在暗访各银行后发布的《记者暗访：6 银行风险评估草草带过客户分级近乎形式》一文中称，某行的一位客户经理向记者表示，如果购买理财产品的话，风险分级一定要做。但当记者表示，持有的资金额度比较大，希望购买高风险高收益的理财产品时，该客户经理则开始"自降门槛。""通常这样的产品只对资产在 500 万元以上的私人银行客户进行销售。但是我们银行的目前做法是，如果客户购买 100 万元高风险产品的话就可以操作，并能够获得多项私人银行客户才能享受的专有服务。"这位客户经理说。调查中，某行的一位客户经理更是向记者表示，客户评级打分和最终结果将被录入系统，这将影响客户可以购买的理财产品。但是，假设客户被评为"稳健型"却需要购买高风险、高收益的理财产品，她可以"指导"客户重新再答一次风险分级问卷，从而达到系统要求；或者干脆指点客户直接选所有题目的最下面的答案，这样就可以购买所有类别的理财产品了。

我们建议，监管部门应对期货经营机构的 KYC 操作流程上提出统一执行标准，规定期货经营机构按照要求建立标准化的 KYC 操作流程,覆盖到客户来源、信息采集、客户风险承受能力评估以及持续监督等全过程,并明晰各个环节的义务和责任以及相应的罚则,制定相应从业人员的行为规范,并落实到投资者适当性管理办法中。

行为规范的内容应包括但不限于期货经营机构的营销人员在业务开发过程中的信息宣传和引导行为是否有存在欺骗和误导;开户人员在客户开户过程中的信息采集、信息核实及对客户风险承受能力评估的执行是否严格按照相关规定执行;是否存在投资者分类不清晰或者任意变更的情况;期货经营机构信息复核人员的审查工作是否执行;客服人员的后续监督及数据库更新工作是否进行。

同时,建立标准化的操作流程,不仅对期货经营机构执行 KYC 时具有更强的指引性和可操作性,而且对监管部门来说,也有利于对期货经营机构 KYC 情况的后续检查和持续监督。

4. 客户分类管理上的建议

(1) 建立统一的客户分类标准

当前,我国期货市场的合格投资者制度尚处于初级阶段,仅在股指期货、商品期权等品种上初步建立了投资者适当性管理制度。但是,整个市场的法制环境相对还不够完善,也没有从法律上对投资者进行统一的分类划分管理。根据中国证监会最新下发的《证券期货投资适当性管理办法》,其中是将投资者统一划分为两类——普通投资者和专业投资者。

对于专业投资者,征求意见稿给出了较为明确的划分条件,方便证券期货经营机构依据此条件进行划分。但是,对于普通投资者的划分却显得比较粗糙没有明确的细分标准,《办法》仅提出期货经营机构应当对普通投资者进行细化和分类。但是,当下我国期货市场投资者的机构特色是散户群体占据主导,按照《办法》的划分法,大部分客户都将归类为普通投资者,而这部分的投资者也是投资者保护制度体系中需要重点关注的对象。因此,对占主导地位的普通投资者再次进行细分,是把投资者适当性制度在期货市场有效落实到位的基本前提。也就说是,要想更好地保护主流投资者的权益,更有效地将合适的期货产品提供给适当的投资者群体,那么建立统一、有效、科学的客户分类管理标准就显得尤为重要。

(2) 客户分类的具体划分建议

在期货客户的分类划分管理上,我们参考和借鉴了国内外成熟行业的经验和操作方法。目前,包括银行、证券等金融机构在向客户推荐金融产品时均需要客户填写风险评估问卷,根据问卷的得分情况将客户风险承受能力有低到高排列,基本是分为保守型、稳健型、平衡型、成长型和进取型五个类型,以此决定是否向客户销售一些特定的产品。但是,不同经营机构在对待客户分类管理上的重视程度和操作方式并不一样,甚至将此类调查作为应对监管的一个形式而已。例如客户被评为"稳健型"却需要购买高风险、高收益的理财产品时,客户可以选择重新再答一次风险评估问卷,从而达到要求;或者干脆有些从业人员直接指导客户选择最佳答案,就可以购买所有类别的理财产品。因此,我们在对期货客户进行分类划分时需借鉴其他行业在划分客户时采用的方式方法外,也要认识到其中的不足之处,从而改进在对制定期货客户分类划分时更加科学、统一和人性化。

根据国内期货市场产品和服务的特色,综合中国证监会发布的《办法》,我们建议将期货市场投资者划分的重点落实到普通投资者的细分上,专业投资者的分类和要求则按照《办法》要求执行。

我们建议,通过制定一套合理完善的投资者信息采集和风险承受能力评估表,根据投资者在中国证监会要求的财务状况、投资经验两个硬性指标的达成情况,结合投资者在其他相关维度上的综合得分,要求期货经营机构对客户进行统一的客户分类划分及后续管理。

根据期货市场的特色,我们建议将期货市场投资者统一分为四类:专业投资者、成熟型普通投资者、成长型普通投资者、初入型普通投资者。根据这四类客户的划分,要求经营机构为不同种类的客户推荐不同风险等级的期货产品或服务,客户后期如需购买更高风险级别的金融产品,必须重新作答风险评估问卷及补充相关证明材料,或签署相关风险责任书。

(3) 建议对特定类型的投资者提供豁免权或优惠政策

在上述美国及欧盟在投资者分类上的做法上,我们能看到其均有对特定类型的投资者提供部分豁免权或是业务成本上的优惠政策,这也推动了部分投资者主动提出转化身份的意愿。目前,我国的投资者结构显著表现为抗风险能力较低的中小普通投资者,虽然监管部门对期货经营机构在开发机构客户方面的成就给予了分类评价上的监管优惠政策,但是对机构客户本身来说,却并未有获得任何明面上的优惠政策。

我们认为,国内期货市场可借鉴美国及欧盟的做法,考虑给予特定类型的投资者如专业投资者、成熟型普通投资者给予一定的监管豁免权或优惠政策,并建议期货经营机构在对待此类客户时可适当给予保证金或手续费方面的优惠,以推动国内期货市场投资者结构的进一步优化,同时也让投资者分类这一要求变得更有吸引力和意义。

(三) KYC 成果运用上的分析和建议

1. 特定业务的准入门槛设置

投资者业务准入门槛,是指对一些特定市场、产品或者服务等金融业务,考虑到风险性、复杂性以及投资者的认知难度等因素,从资产规模、收入水平、风险识别能力和风险承担能力、投资认购最低金额等方面,规定投资者的业务准入要求。

投资者业务准入门槛设置这一理念和操作在境内外不同市场均由来已久,在欧美等成熟市场,在金融产品销售、信托产品发行、私募基金募集过程中,都对销售及认购对象有着明确的要求,主要目的是保护中小投资者的合法权益,同时也是为了维护相关市场的稳定运行。

目前金融市场 KYC 的操作和结果除了最基本的实名制审核外，主要都是运用于部分特定业务的准入门槛设置上，根据执行力度及操作流程的不同，又可分为监管部门规定的市场准入门槛要求和投资者与产品的风险匹配环节两类。

这两者的区别在于，监管部门要求的准入门槛属硬性规定，不符合条件的投资者坚决不允许进入相关业务市场，相关规定通常较为简洁、明确、指引性强。而投资者与产品的风险匹配，则是在符合了监管准入门槛之后的进一步细化管理，相关管理办法通常只规定经营机构不得主动对投资者推介超出投资者风险承受能力等级的产品，且对不符合产品风险评级的投资者在了解风险后，仍坚持要购买高风险产品的情况，在投资者签署风险责任承诺书后，可购买相关高风险产品。同时，在产品的风险评级和投资者的风险承受能力评级划分上，并无管理办法提出明确划分准则，主要由经营机构自行设置和执行（具体可参见中国证券业协会 2012 年发布的《证券公司投资者适当性制度指引》、中国基金业协会 2016 年发布的《私募投资基金募集行为管理办法》、中国银监会 2012 年发布的《商业银行理财产品销售管理办法》等）。

目前，国内期货市场设置了投资者业务准入门槛的有金融期货业务及资产管理业务。中金所发布的《金融期货投资者适当性实施办法》中对客户资产、相关知识、交易经历和诚信记录等维度方面做了要求，将投资者在这几个维度上的综合得分必须在 70 分及以上作为金融期货业务的市场准入门槛。而中期协对期货资产管理业务的投资者除了有监管机构规定的资金不低于 100 万元（个人投资者）的硬性要求作为市场准入门槛外，还要求期货经营机构对投资者进行风险承受能力评级，使投资者与相对应风险等级的资产管理产品进行适配。

综合上述内容可见，目前各金融行业对投资者业务门槛上的设置规则和标准不一，且在客户分类的准则和等级划分等规定上较为笼统，以致相关经营机构在操作时各有标准和侧重点，执行情况参差不齐。为解决这种情况，综合中国证监会发布的《办法》，本课题组建议应由监管部门统一制定客户分类标准、统一制定业务准入门槛、统一制定客户和产品的适配标准，具体如下：

（1）根据课题组的客户分类情况，按照四类客户对风险的可承受能力等级，分别设定期货市场业务准入门槛

专业投资者：风险承受能力等级评定为最高级，符合期货市场所有业务的准入条件，可投资期货市场的所有产品和服务。

成熟型普通投资者：风险承受能力等级评定为高级，可投资期货市场所有风险等级为高、中、低的产品和服务。

成长型普通投资者：风险承受能力等级评定为中级，可投资期货市场所有风险等级为中、低的产品和服务。

初入型普通投资者：风险承受能力等级评定为低级，可投资期货市场所有风

等级为低的产品和服务。

（2）建议对期货市场所有产品和服务，都进行统一的风险等级评定

根据中国证监会发布的《办法》规定，应由期货行业协会统一对期货市场的业务、产品及服务做出风险等级评定，并负责对期货经营机构进行后续的监管和执行督导。一方面，对期货市场现有的产品和服务均进行风险等级评定，如商品期货投资、金融期货投资、投资咨询业务，资产管理业务则因其产品的不同本身已具有不同的风险等级。另一方面，对后期要推出的期货产品和服务，均要求在推出的时候，定下风险等级，再由期货经营机构，根据不同投资者类型的市场准入条件，推荐给符合的投资者。

2. 提高对客户的管理和服务质量

我国期货市场的发展时间相对国外来说相对较短，期货产品和服务的业务种类也相对较少，投资者结构以"投机散户"为主，按照中国证监会发布的《办法》规定，即期货市场的投资者主体中大部分都是普通投资者。在监管部门公布的期货诉讼案例和违约事件中，发生主体也多为此类客户，通常都是由于投资者对期货市场的规章制度、交易规则和市场风险认识不足导致。因此，我们认为，期货经营机构应当充分利用 KYC 中的客户分类和风险承受能力评估结果，加强对客户进行后续服务和管理。具体建议如下：

（1）强制性的监管要求

对客户分类评级为初入型的普通投资者，期货经营机构应当保持高度关注，在充分揭示期货投资风险的基础上，加强对该类投资者的投资者教育工作。要求期货经营机构应当对此类客户定期进行回访，并定期重新进行风险评估，直至该类型的客户风险承受能力评级有效变更为止，同时期货经营机构应做好相关资料的留痕工作。

（2）非强制性的建议

对客户分类评级为成长型的普通投资者、成熟型的普通投资者及专业投资者，建议期货经营机构建立科学动态的客户分类管理机制，提高对客户的服务水平，对客户进行有效的差异性分析，并根据这种差异来区分出不同价值的客户群体，依据客户价值来策划配套的客户关怀项目，针对不同客户群的需求特征、风险偏好、期望值、信誉度等制定不同的营销策略，以便更合理地配置不同的产品、服务和管理资源，实现客户价值和企业投入回报的同步最大化。

六、国内期货行业 KYC 操作指引

（一）期货经营机构"了解你的客户"操作指引（仅供参考）

第一章 总 则

第一条 为指导期货经营机构建立健全投资者适当性制度，维护投资者合法权

益,根据《证券期货投资者适当性管理办法》,制定本指引。

第二条 期货经营机构向客户销售金融产品,或者以客户买入金融产品为目的提供投资顾问、资产管理等金融服务,应当按照本指引的要求,制定投资者适当性制度,向客户销售适当的金融产品或提供适当的金融服务。

本指引所称销售金融产品,包括公开或者非公开转让的期货及其他衍生产品或者为投资者提供相关业务服务的。

第三条 向投资者销售期货产品或者提供期货服务的机构(以下简称经营机构)应当遵守法律、行政法规、本指引及其他有关规定,在销售产品或者提供服务的过程中,勤勉尽责,审慎履职,全面了解投资者情况,深入调查分析产品或者服务信息,科学有效评估,充分揭示风险,基于投资者的不同风险承受能力以及产品或者服务的不同风险等级等因素,提出明确的适当性匹配意见,将适当的产品或者服务销售或者提供给适合的投资者,并对违法违规行为承担法律责任。

期货经营机构应当建立健全内部控制,确保公司投资者适当性制度得到有效执行。

期货经营机构应当明确公司管理层、金融产品或金融服务的设计、评审、销售等部门(或机构)及其工作人员各自的适当性工作职责。

期货经营机构应当要求公司履行内部控制监督职责的部门加强对公司投资者适当性制度建立及执行情况的监督和检查。

第四条 投资者应当在了解产品或者服务情况,听取经营机构适当性意见的基础上,根据自身能力审慎决策,独立承担投资风险。

经营机构的适当性匹配意见不表明其对产品或者服务的风险和收益做出实质性判断或者保证。

第五条 中国证券监督管理委员会(以下简称中国证监会)及其派出机构依照法律、行政法规、本指引及其他相关规定,对经营机构履行适当性义务进行监督管理。

证券期货交易场所、登记结算机构及中国证券业协会、中国期货业协会、中国证券投资基金业协会(以下统称行业协会)等自律组织对经营机构履行适当性义务进行自律管理。

第二章 客户信息获取

第六条 期货经营机构向投资者销售产品或者提供服务时,应当了解投资者的下列信息:

(一)自然人的姓名、住址、职业、年龄、学历、联系方式,法人或者其他组织的名称、注册地址、办公地址、性质、资质及经营范围等基本信息;

(二)收入来源和数额、资产、债务等财务状况;

(三)投资相关的学习、工作经历及投资经验;

（四）投资期限、品种、期望收益等投资目标；

（五）风险偏好及可承受的损失；

（六）诚信记录；

（七）实际控制投资者的自然人和交易的实际受益人；

（八）法律法规、自律规则规定的投资者准入要求相关信息；

（九）其他必要信息。

第七条 期货经营机构应当要求投资者对以上各项信息提供证明材料。客户不提供信息或提供的信息不完整的，期货经营机构应当告知客户无法确定其投资者类别或风险承受能力等级，由此产生的后果由客户自行承担。告知过程应当留痕。

（一）基本信息：除第六条第一项所述基本信息外，针对自然人，期货经营机构应当按照实名制开户的要求核实投资者身份和年龄。投资者应当提供有效身份证明文件及复印件。投资者提供的学历或者学位证明的应当为毕业证书或者学位证书等证明文件及复印件。

期货经营机构将符合本指引第十条条件的客户划分为专业投资者，应当要求其提供营业执照、经营金融业务许可证等身份证明材料。

（二）财务状况，包括收入来源和数额、净资产、资产数额（包括金融类资产和不动产）、未清偿的数额较大的债务。

投资者应当提供本人的年收入证明文件或者近一个月内的金融类资产证明文件作为财务状况证明。投资者同时提供上述两类证明文件的，期货经营机构应当结合各类资料对投资者财务状况进行综合评估。

投资者金融类资产包括银行存款、股票、债券、基金份额、资产管理计划、银行理财产品、信托计划、保险产品、期货及其他衍生产品等。对于符合金融资产特征的其他资产，期货经营机构应当在其制定的实施办法中明确其具体类型和证明材料要求。

投资者提供的银行存款证明应当为加盖中国境内银行业务章的本外币定、活期存折、存单等证明文件。

投资者提供的股票、基金、期货权益证明应当为加盖证券营业部专用章的对账单、加盖基金公司专用章的基金份额证明、加盖期货经营机构结算专用章的交易结算单作为相关资产权益证明文件。

投资者提供的债券资产证明应当为加盖银行或者证券公司专用章的国债、企业债、公司债、可转债等证明文件。

投资者提供的黄金资产证明应当为加盖银行业务章的纸黄金证明文件。

投资者提供的理财产品（计划）资产证明应当为与商业银行、证券公司、信托公司等机构签署的相关协议或者由上述机构出具的资产证明文件。

投资者提供的本人年收入证明应当为税务机关出具的收入纳税证明、银行出具的工资流水单或者其他收入证明。

投资者提供的税务机关的收入纳税证明应当为税务登记部门出具的最近年度个人所得税纳税单。

投资者提供的工资流水单应为银行出具的最近连续三个月以上的代发工资银行卡入账单、代发工资活期存折流水等证明文件。

投资者提供的其他收入证明应当为当前就职单位人事部门或者劳资部门出具的加盖公章的收入证明文件。

（三）投资相关的学习、工作经历及投资经验：

投资相关的学习，包括曾经参与的期货及相关金融产品的培训与学历经历。

投资相关的工作经历，包括曾经从事与金融产品投资相关的职业、对相关市场与产品、服务的理解及认知程度。

投资经历包括期货交易经历与金融现货交易经历两个方面。投资者应当提供加盖相关期货经营机构结算专用章的最近二年内的期货交易结算单，作为期货交易经历证明；投资者应当提供加盖相关机构业务专用章的最近二年内的股票、债券或者外汇等交易对账单作为金融现货交易经历证明。

（四）风险偏好及可承受的损失：

期货经营机构应当在首次向客户销售金融产品，或者以客户买入金融产品为目的提供投资顾问、资产管理等金融服务时，对客户进行风险偏好和风险承受能力评估，评估后应当将风险承受能力评估结果告知客户，由客户签名确认后留存。

评估内容可参考《期货经营机构客户风险承受能力评估模版》编写说明。

（五）诚信状况：

期货经营机构应当通过中国期货业协会的投资者信用风险信息数据库，查询投资者相关信息。

投资者可以自行提供近两个月内的中国人民银行征信中心个人信用报告或者其他信用证明文件作为诚信记录的证明。

期货经营机构应当通过多种渠道了解投资者诚信信息，结合投资者个人信用报告等信用证明文件和中国期货业协会的投资者信用风险信息数据库的信息，对投资者的诚信状况进行综合评估。

（六）实际控制投资者的自然人和交易的实际受益人：

实际控制是指行为人对他人（包括个人、单位）期货账户具有管理、使用、收益或者处分等权限，从而对他人交易决策拥有决定权的行为或事实。

根据实质重于形式的原则，行为人对他人期货账户的交易具有实际控制关系，包括但不限于以下几种情形：

1. 行为人作为他人的控股股东，即行为人的出资额占他人资本总额50%以上或者其持有的股份占他人股本总额50%以上的股东，出资额或者持有股份的比例虽然不足50%，但依其出资额或者持有的股份所享有的表决权已足以对股东会、股东大会的决议产生重大影响的股东；

2. 行为人作为他人的开户授权人、指定下单人、资金调拨人、结算单确认人或者其他形式的委托代理人；

3. 行为人作为他人的法定代表人、主要合伙人、董事、监事、高级管理人员等，或者行为人与他人的法定代表人、主要合伙人、董事、监事、高级管理人员等一致的；

4. 行为人与他人之间存在配偶关系；

5. 行为人与他人之间存在父母、子女、兄弟姐妹等关系，且对他人期货账户的日常交易决策具有决定权或者重大影响；

6. 行为人通过投资关系、协议、融资安排或者其他安排，能够对他人期货账户的日常交易决策具有决定权或者重大影响；

7. 行为人对两个或者多个他人期货账户的日常交易决策具有决定权或者重大影响；

8. 交易所认定的其他情形。

交易的实际受益人由客户在《客户基本信息表》中自行填写。

第八条 期货经营机构应当告知投资者，其根据本办法第六条规定所提供的信息发生重要变化、可能影响分类的，应及时告知期货经营机构。期货经营机构应当建立投资者评估数据库并及时更新，充分使用已了解信息和已有评估结果，避免重复采集，提高评估效率。

投资者不按照规定提供相关信息，提供信息不真实、不准确、不完整的，应当依法承担相应法律责任，期货经营机构应当告知其后果，并拒绝向其销售产品或者提供服务。

第三章 投资者分类和管理

第九条 投资者分为普通投资者与专业投资者。

第十条 符合下列条件之一的是专业投资者：

（一）经有关金融监管部门批准设立的金融机构，包括证券公司、期货公司、基金管理公司及其子公司、商业银行、保险公司、信托公司、财务公司等；经行业协会备案或者登记的证券公司子公司、期货公司子公司、私募基金管理人。

（二）上述机构面向投资者发行的理财产品，包括但不限于证券公司资产管理产品、基金管理公司及其子公司产品、期货公司资产管理产品、银行理财产品、保险产品、信托产品、经行业协会备案的私募基金。

（三）社会保障基金、企业年金等养老基金，慈善基金等社会公益基金，合格境外机构投资者（QFII）、人民币合格境外机构投资者（RQFII）。

（四）同时符合下列条件的法人或者其他组织：

1. 最近一年末净资产不低于 2 000 万元；

2. 最近一年末金融资产不低于 1 000 万元；

3. 具有 2 年以上证券、期货、黄金、外汇等投资经历。

（五）同时符合下列条件的自然人：

1. 金融资产不低于 500 万元，或者最近三年个人年均收入不低于 50 万元；

2. 具有两年以上证券、期货、黄金、外汇等投资经历，或者具有两年以上金融产品设计、投资、风险管理等工作经历，或者属于本条（第一项）的高级管理人员、获得职业资格认证的从事金融相关业务的注册会计师和律师。

前款所称金融资产，是指银行存款、股票、债券、基金份额、资产管理计划、银行理财产品、信托计划、保险产品、期货及其他衍生产品等。

第十一条 专业投资者之外的投资者为普通投资者。

期货经营机构应当根据其财务状况和交易经历等重要指标，将普通投资者划分为成熟型、成长性、初入型等三类投资者。

（一）符合下列条件之一的普通投资者为成熟型投资者：

1. 最近一年末净资产不低于 1 000 万元，最近一年末金融资产不低于 500 万元，且具有一年以上证券、基金、期货、黄金、外汇等投资经历的除专业投资者外的法人或其他组织；

2. 金融资产不低于 300 万元或者最近三年个人年均收入不低于 30 万元，且具有一年以上证券、基金、期货、黄金、外汇等投资经历或者一年以上金融产品设计、投资、风险管理及相关工作经历的自然人投资者。

（二）符合下列条件之一的普通投资者为成长型投资者：

1. 最近一年末净资产不低于 1 000 万元，或者最近一年末金融资产不低于 500 万元，或具有一年以上证券、基金、期货、期货、黄金、外汇等投资经历的法人或其他组织；

2. 金融资产不低于 100 万元或者最近三年个人年均收入不低于 10 万元，或具有一年以上证券、基金、期货、黄金、外汇等投资经历或者一年以上金融产品设计、投资、风险管理及相关工作经历的自然人投资者。

（三）下列条件均不满足的普通投资者为初入型投资者：

1. 最近一年末净资产不低于 1 000 万元，或者最近一年末金融资产不低于 500 万元，或具有一年以上证券、基金、期货、期货、黄金、外汇等投资经历的法人或其他组织；

2. 金融资产不低于 100 万元或者最近三年个人年均收入不低于 10 万元，或具有一年以上证券、基金、期货、黄金、外汇等投资经历或者一年以上金融产品设计、投资、风险管理及相关工作经历的自然人投资者。

第十二条 普通投资者和专业投资者根据客户风险承受能力综合各评估分值，可购买相应或其他风险等级的产品或服务。

期货经营机构应当根据产品或者服务的不同风险等级，并根据投资者的不同分类对其适合销售产品或者提供服务的投资者类型做出判断。

第十三条 期货经营机构告知投资者不适合购买相关产品或者接受相关服务后，投资者主动要求购买风险等级高于其风险承受能力的产品或者接受相关服务的，经营机构在确认其不属于风险承受能力最低类别的投资者后，应当就产品或者服务风险高于其承受能力进行特别的书面风险警示，投资者仍坚持购买的，可以向其销售相关产品或者提供相关服务。

第十四条 专业投资者可以书面告知期货经营机构主动选择成为普通投资者，期货经营机构应当对其履行相应的适当性义务。

成熟型普通投资者和专业投资者在一定条件下可以互相转化。转化时应当以书面形式向期货经营机构提出申请，并确认自主承担可能产生的风险和后果，提供相关证明材料。

期货经营机构应当通过追加了解信息、投资知识测试或者模拟交易等方式对投资者进行谨慎评估，确认其符合前条要求，说明对不同类别投资者履行适当性义务的差别，警示可能承担的投资风险，告知申请的审查结果及其理由。

第十五条 期货经营机构应至少每年一次根据投资者基本信息、资产状况、交易状况、盈亏情况等因素，对投资者重新评估，划分为不同类型普通投资者，并根据不同分类，对其适合购买的产品或者接受的服务再次作出判断。期货经营机构应当建立投资者评估数据库并及时更新，充分使用已了解信息和已有评估结果，避免重复采集，提高评估效率。

第四章 其他规定

第十六条 期货经营机构通过营业网点向普通投资者进行本办法第十三条规定的告知、警示，应当全过程录音或者录像；通过互联网等非现场方式进行的，经营机构应当完善配套留痕安排，由普通投资者通过符合法律、行政法规要求的电子方式进行确认。

第十七条 鼓励期货经营机构将投资者分类政策、自查报告等在公司网站或者指定网站进行披露。

第十八条 期货经营机构应当按照相关规定妥善保存其履行适当性义务的相关信息资料，防止泄露或者被不当利用，接受中国证监会及其派出机构和自律组织的检查。对匹配方案、告知警示资料、录音录像资料、自查报告等的保存期限不得少于20年。

第十九条 期货经营机构应当制定"了解你的客户"内部管理制度，明确投资者信息获取、投资者分类等的具体依据、方法、流程等，严格按照内部管理制度进行客户分类，并对每名投资者提出匹配意见。

期货经营机构应当制定并严格落实与适当性内部管理有关的限制不匹配销售行为、客户回访检查、评估与销售隔离等风控制度，以及培训考核、执业规范、监督问责等制度机制，不得采取鼓励不适当销售的考核激励措施，确保从业人员切实履行适当性义务。

第二十条 期货经营机构应当妥善处理适当性相关的纠纷，与投资者协商解决争议，采取必要措施支持和配合投资者提出的调解。期货经营机构履行适当性义务存在过错并造成投资者损失的，应当依法承担相应法律责任。期货经营机构与普通投资者发生纠纷的，期货经营机构应当提供相关资料，证明其已向投资者履行相应义务。

（二）操作指引相关附件

操作指引相关附件包括：客户基本信息表（含自然人和机构）、客户风险承受能力评估模板（含自然人和机构）、客户风险评估结果告知及确认书、专业投资者申请表（普转专）、普通投资者申请表（专转普）、期货业务/产品/服务不适当警示及客户确认书。

附件1：

客户基本信息表（自然人）

填表日期： 年 月 日 资金账号：

客户基本信息（申请人填写）

姓名		性别		出生日期		国籍	
实际控制客户的自然人				交易的实际受益人			
职业	□党政机关工作人员 □企事业单位职工 □农民 □个体工商户 □学生 □期货从业人员 □无业 □其他						
工作单位						职务	
学历	□博士 □硕士 □大本 □大专 □中专 □高中 □初中及以下						
身份证件类型				身份证件号码			
身份证件有效期限							
固定电话				手机号码			
联系地址							
邮政编码				Email			

本人保证资金来源的合法性和所提供资料的真实性、有效性、准确性、完整性，并对其承担责任。

申请人签名： 日期： 年 月 日

经办人签章： 复核人签章： 期货经营机构盖章：

日期： 年 月 日

备注：因目前各期货经营机构的开户申请表中已包含类同信息，且更包含了期货客户开户环节时的针对性信息，因此本表仅作为参考，并非强制性要求。

客户基本信息表（机构）

填表日期：　　年　月　日　资金账号：

客户基本信息（申请人填写）			
机构名称		控股股东或实际控制人	
住所			
经营范围			
组织机构代码		税务登记证号码	
证明该机构依法设立或者可依法开展经营、社会活动的证照类型		证明该机构依法设立或者可依法开展经营、社会活动的证照号码	
证明该机构依法设立或者可依法开展经营、社会活动的证照有效期限			
联系电话		联系地址　　　　　　邮政编码	
法定代表人姓名		法定代表人身份证件类型	
法定代表人身份证件号码		法定代表人身份证件有效期限	
授权代表人姓名		授权代表人身份证件类型	
授权代表人身份证件号码		授权代表人身份证件有效期限	
授权代表人电话		授权代表人手机号码	
授权代表人联系地址			
邮政编码		Email 地址	

本机构保证资金来源的合法性和所提供资料的真实性、有效性、准确性、完整性，并对其承担责任。

　　　　　　　　　　　　　　　　　　机构授权代表人签名：
　　　　　　　　　　　　　　　　　　机构盖章：　　　　日期：　年　月　日

经办人签章：　　复核人签章：　　期货经营机构盖章：

　　　　　　　　　　　　　　　　　　日期：　年　月　日

　　备注：因目前各期货经营机构的开户申请表中已包含类同信息，且更包含了期货客户开户环节时的针对性信息，因此本表仅作为参考，并非强制性要求。

附件2：

客户风险承受能力评估模板（自然人）

以下 10 个问题将根据您的财务状况、投资经验、投资目标、风险偏好和风险承受能力等对您进行风险评估，我们将根据评估结果为您更好的配置资产。请您认真作答，感谢您的配合！（每个问题请选择唯一选项，不可多选）

客户姓名：_____　　联系方式：_____
证件类别：_____　　证件号码：_____

一、财务状况

1. 您的收入状况是？（折合人民币）
   □ A. 金融资产不低于 50 万元，或最近三年个人年均收入不低于 5 万元（10）
   □ B. 金融资产不低于 100 万元，或最近三年个人年均收入不低于 10 万元（15）
   □ C. 金融资产不低于 300 万元，或最近三年个人年均收入不低于 30 万元（20）
   □ D. 金融资产不低于 500 万元，或最近三年个人年均收入不低于 50 万元（25）

2. 您的收入来源主要为？
   □ A. 无固定收入（0）
   □ B. 利息、股息、转让证券等金融性资产收入（4）
   □ C. 出租、出售房地产等非金融性资产收入（6）
   □ D. 工资或生产经营所得（10）

3. 您是否有尚未清偿的数额较大的债务，如有，其性质是：
   □ A. 有，住房抵押贷款等长期定额债务（-5）
   □ B. 有，信用卡欠款、消费信贷等短期信用债务（-3）
   □ C. 有，亲朋之间借款（-2）
   □ D. 没有（0）

二、投资经验

4. 以下哪项最能说明您的投资风格？
   □ A. 除存款、国债外，我几乎不投资其他金融产品（0）
   □ B. 大部分投资于存款、国债等，较少投资于股票、基金等风险产品（4）
   □ C. 资产均衡地分布于存款、国债、银行理财产品、信托产品、股票、基金等（8）
   □ D. 大部分投资于股票、基金、外汇等高风险产品，较少投资于存款、国债（10）

5. 您在投资证券、期货、黄金、外汇等方面的投资经验或者在金融产品设计、投资、风险管理方面的学习或工作经历？
  □ A. 没有经验（0）
  □ B. 不足 1 年（5）
  □ C. 1 年以上（10）
  □ D. 2 年以上（20）

三、投资目标

6. 您计划投资的主要品种是？
  □ A. 玉米、大豆等农产品期货（2）
  □ B. 化工产品、贵金属等商品期货（4）
  □ C. 股指、国债期货、期权等（6）

7. 您计划的投资期限是多久？
  □ A. 1 年以下（2）
  □ B. 1~2 年（4）
  □ C. 3~5 年（6）
  □ D. 5 年以上（8）

8. 您投资的期望收益是？
  □ A. 资产保值（2）
  □ B. 资产稳健增长（4）
  □ C. 资产迅速增长（6）

四、风险承受能力

9. 以下哪项描述最符合您的投资态度？
  □ A. 厌恶风险，不希望本金损失，希望获得稳定回报（-10）
  □ B. 保守投资，不希望本金损失，愿意承担一定幅度的收益波动（-5）
  □ C. 寻求资金的较高收益和成长性，愿意为此承担有限本金损失（5）
  □ D. 希望赚取高回报，愿意为此承担较大本金损失（10）

10. 您的投资出现何种程度的波动时，您会呈现明显的焦虑？
  □ A. 本金无损失，但收益未达预期（-5）
  □ B. 出现轻微本金损失（-3）
  □ C. 本金 10% 以内的损失（0）
  □ D. 本金 20%~50% 的损失（5）

评估结果：（客户风险等级）

［客户确认栏］
本人保证以上所填全部信息为本人真实的意思表示，并接受贵公司评估意见。
              客户签名：
              评估人：
              评估日期：   公司签章：

期货经营机构客户风险承受能力评估模板（机构）

以下 10 个问题将根据贵司的财务状况、投资经验、投资目标、风险偏好和风险承受能力等对贵司进行风险评估，我们将根据评估结果为贵司更好的配置资产。请认真作答，感谢贵司的配合！（每个问题请选择唯一选项，不可多选）

客户名称：＿＿＿＿＿＿＿＿＿＿　　法定代表人：＿＿＿＿＿＿＿＿
组织机构代码证号：＿＿＿＿＿＿＿　联系方式：＿＿＿＿＿＿＿＿

一、财务状况

1. 贵司的资产状况是？
   □ A. 最近一年末净资产不低于 300 万元且最近一年末金融资产不低于 100 万元；（10）
   □ B. 最近一年末净资产不低于 500 万元且最近一年末金融资产不低于 300 万元；（15）
   □ C. 最近一年末净资产不低于 1 000 万元且最近一年末金融资产不低于 500 万元；（20）
   □ D. 最近一年末净资产不低于 2 000 万元且最近一年末金融资产不低于 1 000 万元；（25）

2. 贵司目前的投资规模是多大？（　　）
   □ A. 500 万元以下（1）
   □ B. 500 万到 1 000 万元（2）
   □ C. 1 000 万到 2 000 万元（3）
   □ D. 2 000 万元以上（5）

3. 贵司面临的现金流压力如何？（　　）
   □ A. 现金流短期有一定压力，需要流动性较高的投资（1）
   □ B. 现金流长期有一定压力，需要一定的投资收益弥补现金流（2）
   □ C. 现金流长期较充裕，短期内不会有压力，长期压力较小（3）
   □ D. 现金流长期充裕，几乎没有压力（5）

二、投资经验

4. 以下哪项最能说明贵司的投资风格？
   □ A. 除存款、国债外，几乎不投资其他金融产品（0）

- [ ] B. 大部分投资于存款、国债等，较少投资于股票、基金等风险产品（4）
- [ ] C. 资产均衡地分布于存款、国债、银行理财产品、信托产品、股票、基金等（8）
- [ ] D. 大部分投资于股票、基金、外汇等高风险产品，较少投资于存款、国债（10）

5. 贵司在投资证券、期货、黄金、外汇等方面的投资经验？
- [ ] A. 没有经验（0）
- [ ] B. 不足1年（5）
- [ ] C. 1年至2年（10）
- [ ] D. 2年以上（20）

三、投资目标

6. 贵司计划投资的主要品种是？
- [ ] A. 玉米、大豆等农产品期货（2）
- [ ] B. 化工产品、贵金属等商品期货（4）
- [ ] C. 股指、国债期货、期权等（6）

7. 贵司计划的投资期限是多久？
- [ ] A. 1年以下（2）
- [ ] B. 1~2年（4）
- [ ] C. 3~5年（6）
- [ ] D. 5年以上（8）

8. 贵司投资的期望收益是？
- [ ] A. 资产保值（2）
- [ ] B. 资产稳健增长（4）
- [ ] C. 资产迅速增长（6）

四、风险承受能力

9. 以下哪项描述最符合贵司的投资态度？
- [ ] A. 厌恶风险，不希望本金损失，希望获得稳定回报（-10）
- [ ] B. 保守投资，不希望本金损失，愿意承担一定幅度的收益波动（-5）
- [ ] C. 寻求资金的较高收益和成长性，愿意为此承担有限本金损失（5）
- [ ] D. 希望赚取高回报，愿意为此承担较大本金损失（10）

10. 贵司的投资出现何种程度的波动时，会对贵司的投资态度有明显的影响？

☐ A. 本金无损失，但收益未达预期（-5）

☐ B. 出现轻微本金损失（-3）

☐ C. 本金10%以内的损失（0）

☐ D. 本金20%~50%的损失（5）

评估结果：（客户风险等级）

[客户确认栏]

本单位保证以上所填全部信息为本人真实的意思表示，并接受贵公司评估意见。

客户签章：

评估人：

评估日期： 公司签章：

《期货经营机构客户风险承受能力评估模板》编写说明

本次编制的《期货经营机构客户信息采集表基本模板》是遵照证监会【第130号令】《证券期货投资者适当性管理办法》（以下简称《办法》）的相关规定，结合期货经营机构实际情况，并综合考虑了客户使用的易读性与便利性、期货经营机构执行的统一性与有效性等因素，涵盖了客户财务状况、投资经验、投资目标和风险承受能力四大模块，对应10道问题。

根据中国证监会《办法》的规定，四个模块中以客户财务状况和投资经验作为核心指标，权重分别占35%和30%，投资目标占15%，客户风险承受能力占20%，10道问题的满分值为100分。分值越高表示客户综合能力可承受的风险越高，依照客户风险承受能力由低到高（对应得分由低到高），结合客户财务状况及投资经验这两个核心指标的情况，客户依次可被划分为初入型普通投资者、成长型普通投资者、成熟型普通投资者及专业投资者四个类型，并依次对应不同风险等级的期货业务或产品。

考虑到操作可行性与客户便利性，建议本评估有效期限为一年，即每年重新对客户进行一次风险评估。

一、财务状况

该模块主要评估客户的财务状况，自然人客户包括收入来源和数额、资产、债务等情况，机构客户包括资产状况、投资规模、现金流情况等。根据办法规定，金融资产不低于500万元或最近三年个人年均收入不低于50万元、拥有固定收入来源且无大额负债的自然人客户，以及最近一年末净资产不低于2 000万元且最近一年末金融资产不低于1 000万元的机构客户，财务状况较为理想。

对应题目为：1、2、3

对应分值合计为：35

二、投资经验

本部分主要评估客户的投资经验，包括客户以往的投资风格以及客户投资证券、期货、黄金、外汇等方面的投资经验或者自然人在金融产品设计、投资、风险管理方面的学习或工作经历等情况。客户的投资年限越长、投资产品的种类越广，投资经验越丰富。

对应题目为：4、5

对应分值合计为：30

三、投资目标

本部分主要评估客户的投资目标，包括客户的投资期限、投资品种以及期望的收益等情况。

对应题目为：6、7、8

对应分值合计为：20

四、风险承受能力

本部分评估客户的风险偏好及可承受的损失等情况，因期货业务或产品基本都为会出现本金亏损的风险业务或产品，因此在此模块中专门设置了较重的扣分项。

对应题目为：9、10

对应分值合计为：15

此次编订的《期货经营机构客户风险承受能力评估模板》是中国期货业协会根据证监会发布的办法，进一步推动期货经营机构做好"了解你的客户"工作，以保障期货经营机构有效落实"将适合的产品推荐给合适的投资者"这一投资者适当性制度核心原则，保障期货业务持续、健康、稳定发展，从行业自律的角度统一制定的操作指引和执行模板。

客户分类评估标准及可以参与的期货业务类型

客户类型	硬性指标	综合评估分值（参考指标）	适合的产品类型
初入型普通投资者	自然人客户以下两者均不满足： 1. 金融资产不低于100万元或最近三年个人年均收入不低于10万元 2. 具有一年以上证券、期货、黄金、外汇等投资经历或具有一年以上金融产品设计、投资、风险管理等工作经历 机构客户以下两者均不满足： 1. 最近一年末净资产不低于1 000万元且最近一年末金融资产不低于500万元 2. 具有一年以上证券、期货、黄金、外汇等投资经历	小于等于30分	低风险期货业务（如投资咨询业务、商品期货投资）
成长型普通投资者	自然人客户以下两者满足其一： 1. 金融资产不低于100万元或最近三年个人年均收入不低于10万元 2. 具有一年以上证券、期货、黄金、外汇等投资经历或具有一年以上金融产品设计、投资、风险管理等工作经历 机构客户以下两者满足其一： 1. 最近一年末净资产不低于1 000万元且最近一年末金融资产不低于500万元 2. 具有一年以上证券、期货、黄金、外汇等投资经历	31~60分	低、中风险期货业务（如投资咨询业务、商品期货投资、金融期货投资）
成熟型普通投资者	自然人客户以下两者均满足： 1. 金融资产不低于300万元或最近三年个人年均收入不低于30万元 2. 具有一年以上证券、期货、黄金、外汇等投资经历或具有一年以上金融产品设计、投资、风险管理等工作经历 机构客户以下两者均满足： 1. 机构客户最近一年末净资产不低于1 000万元且最近一年末金融资产不低于500万元 2. 具有一年以上证券、期货、黄金、外汇等投资经历	61~80分	低、中、高等风险期货业务

续表

客户类型	硬性指标	综合评估分值（参考指标）	适合的产品类型
专业投资者	自然人客户以下两者均满足： 1. 金融资产不低于 500 万元或最近三年个人年均收入不低于 50 万元 2. 具有两年以上证券、期货、黄金、外汇等投资经历或具有两年以上金融产品设计、投资、风险管理等工作经历 机构客户以下两者均满足： 1. 最近一年末净资产不低于 2 000 万元且最近一年末金融资产不低于 1 000 万元 2. 具有两年以上证券、期货、黄金、外汇等投资经历	大于 80 分	所有业务

1. 低风险期货业务或产品：经中国期货业协会评定为低风险等级的业务或产品。

2. 中风险期货业务或产品：经中国期货业协会评定为中等风险等级的业务或产品。

3. 高风险期货业务或产品：经中国期货业协会评定为高风险等级的业务或产品。

各期货经营机构在给客户评估分类的时候，以财务状况及投资经验作为硬性指标，只有满足硬性指标的才可归入相应的分类中，综合评估得出的分值作为第二参考指标。即某客户 A 符合成长性普通投资者的硬性指标，但其综合评估得分低于 31 分，则期货经营机构可考虑将客户下调为初入型普通投资者，或是在给客户推荐产品的时候，应重点强调其综合风险的承受能力不足的情况。同时，对于现有期货业务或产品已有规定投资者准入要求的，客户的情况应符合监管部门的业务准入要求。

如客户坚持要求超风险参与期货业务或产品（客户分类等级与产品风险等级不匹配），期货经营机构必须要求客户进行风险确认，风险确认的内容应至少包括"经期货经营机构测评，客户不适合参与该业务，但本人坚持要求参与，并自愿承担相应风险。"的字句或类似表述，并由客户签字确认。

附件 3：

客户风险评估结果告知及确认书

尊敬的客户（姓名/名称：资金账号：_____）：

根据您填写的"客户风险承受能力问卷"，本公司对您的风险承受能力进行了综合评估，现得到评估结果如下：

您的客户分类等级为：□初入型普通投资者　□成长型普通投资者
　　　　　　　　　　□成熟型普通投资者　□专业投资者

您的风险承受能力综合得分为：（得分）
　　　　　　　　□符合　□低于　□高于对应的客户分类等级

综合您的客户分类等级及您的风险承受能力综合得分情况，本公司建议您可参与的期货业务/产品/服务为：
□低风险的商品期货、投资咨询业务、期货资管产品
□中风险的金融期货业务、期货资管产品
□高风险的期货资管产品
（期货业务/产品/服务的实际风险等级以中期协的正式发布为准）

本公司在此郑重提醒，本公司向您销售的金融产品或提供的金融服务将以您的客户分类等级及风险承受能力为基础，若您提供的信息发生任何重大变化，您都应当及时书面通知本公司。本公司建议您审慎评判自身风险承受能力、结合自身投资行为，认真填写您的财务状况、投资经验、风险偏好，做出审慎的投资判断。

如您在审慎考虑后同意本公司的评估结果，请认真阅读下列内容，并签字以示同意。

期货经营机构签章：　　　　　　　　　客户签字（机构签章）：

签署日期：　　　　　　　　　　　　　签署日期：

附件4：

专业投资者申请表（普转专）

<table>
<tr><td rowspan="4">客户申请栏</td><td colspan="2">客户姓名/机构名称</td><td></td><td>资金账号</td><td></td></tr>
<tr><td colspan="2">身份证明文件</td><td colspan="3"></td></tr>
<tr><td colspan="2">证明文件号码</td><td colspan="3"></td></tr>
<tr><td colspan="5">本人/机构自愿申请成为专业投资者，已按要求提供财产状况、投资经验等相关证明材料，并承诺所提供材料真实、准确、完整。
特此申请。

客户（自然人签名/机构签章、授权代表人签名）：

　　　　　　　　　　　　　　　　　　　　　　　　　　　　　年　月　日</td></tr>
<tr><td rowspan="8">期货经营机构复核栏</td><td>类型</td><td colspan="2">复核内容</td><td colspan="2">是否符合</td></tr>
<tr><td rowspan="4">机构</td><td colspan="2">最近一年末净资产不低于1 000万元人民币</td><td colspan="2">□是　□否</td></tr>
<tr><td colspan="2">最近一年末金融类资产不低于500万元人民币</td><td colspan="2">□是　□否</td></tr>
<tr><td colspan="2">具有一年及以上从事证券、期货、黄金、外汇等投资经历</td><td colspan="2">□是　□否</td></tr>
<tr><td colspan="2">风险承受能力等级经评估为最高等级</td><td colspan="2">□是　□否</td></tr>
<tr><td rowspan="3">自然人</td><td colspan="2">金融资产不低于300万元人民币或最近三年个人年均收入不低于30万元</td><td colspan="2">□是　□否</td></tr>
<tr><td colspan="2">具有一年及以上从事证券、基金、期货、黄金、外汇等投资经历
或具有一年以上金融产品设计、投资、风险管理及相关工作经历</td><td colspan="2">□是　□否</td></tr>
<tr><td colspan="2">风险承受能力等级经评估为最高等级</td><td colspan="2">□是　□否</td></tr>
<tr><td colspan="5">经办人：　　　　　　　　　　　　　　　　　　　复核人：

　　　年　月　日　　　　　　　　　　　　　　　　　　　年　月　日</td></tr>
</table>

附件 5：

普通投资者申请表（专转普）

客户姓名/机构名称		资金账号	
身份证明文件			
证明文件号码			

本人/机构已知晓普通投资者与专业投资者的区别，自愿从专业投资者转化为：

☐ 成熟型普通投资者　☐ 成长型普通投资者　☐ 初入型普通投资者

并接受期货经营机构对本人/机构履行适当性管理。

特此申请

客户（自然人签名/机构签章、授权代表人签名）：

期货经营机构签章：

年　月　日

附件6：

期货业务/产品/服务不适当警示及客户确认书

期货业务/产品/服务与客户风险分类等级及风险承受能力不匹配警示函	尊敬的客户(姓名/名称：_____ 　　　　　资金账号：_____)： 您拟参与的期货业务/产品/服务，存在下列情况： □其风险等级为，高于您在客户风险承受能力评估中所显示的风险承受能力等级。参与该项期货业务/产品/服务，可能导致高出您自身承受能力的损失。 　　我司就上述情况向您做出提示，并建议您应当审慎考察该项期货业务/产品/服务的特征及风险，自行做出充分风险评估。 　　若您经审慎考虑后，仍坚持该项期货业务/产品/服务，请签署下附确认书。 　　　　　　　　　　　　　　　　　　　　营业部盖章： 　　　　　　　　　　　　　　　　　　　　日　　期：
客户确认书	期货经营机构： 　　本人/本机构已认真阅读了贵公司关于期货业务/产品/服务的相关提示，并已充分了解该业务/产品/服务的特征和风险，充分知悉以下情况： □其风险等级高于本人/本机构的风险承受能力等级。 　　本人/本机构经审慎考虑后，仍坚持参与该项业务/产品/服务，并愿意承担参与后可能引起的损失和其他后果。参与该项业务/产品/服务的决定，系本人/本机构独立、自主、真实的意思表示，与贵公司及相关从业人员无关。 　　　　　　　　　　　　　　　　　　　　客户签名或盖章： 　　　　　　　　　　　　　　　　　　　　日　　期：

参考文献

1. 尹振涛:"泛欧银行监管机制的职能和未来",《中国金融》,2012 年第 22 期。
2. 姜建清主编:《国际商业银行监管环境与体制》,中国金融出版社 2006 年版。
3. Hamburger M., 2011, The Dodd - Frank Act and Federal Preemption of State Consumer Protection Laws, in Banking Law Journal, vol. 128, part. 1.
4. 臧慧萍:《美国金融监管制度的历史演进》,经济管理出版社 2007 年版。
5. 鲁公路、唐婧、张黎、蒋畅:"关于美国投资者适当性制度介绍的报告",中国证监会网站证监会研究中心,2014 年。
6. 美国金融业监管局官方网站 http://www.finra.org/。
7. 美国商品期货交易委员会官方网站 http://www.cftc.gov/index.htm。
8. 王莹丽:"欧盟金融投资者适当性制度简介及其借鉴",《上海金融》,2012 年 9 期。
9. 陈勇:"德国及欧盟投资者适当性制度概要",《创新与发展:中国证券业 2014 年论文集》,2014 年。
10. Elliot Posner and Nicolas Véron, 2010, The EU and financial regulation: power without purpose? in Journal of European Public Policy, vol. 17, part. 3.
11. 中国香港法例第 571D 章,最后修订时间:2012 年 2 月 9 日。
12. 王伟:"多个国家和地区投资者适当性管理经验教训",《中国证券报》,2012 年 4 月 17 日第 A21 版。
13. 谢春凌:"欧美国家金融监管改革趋势及启示",《中国证券期货》,2012 年第 7 期。
14. 续红清:"我国商品期货投资者适当性管理问题研究",《山西财经大学硕士学位论文》,2015 年 5 月。
15. 周晗:"永安期货股份有限公司投资者适当性管理研究",《浙江工业大学硕士学位论文》,2015 年 12 月。
16. 张炜:"金融消费者权益保护问题探析",《金融论坛》,2012 年第 7 期。
17. 黄爱学:"论我国金融期货投资者适当性制度",《北方民族大学学报(哲学社会科学版)》,2016 年第 3 期。
18. DA Farber and AJ O'Connell, 2010, Research handbook on public choice and public law, Camberley, Edward Elgar Pub.
19. C. Oldani and P. Savona, 2010, Crisis, Response, and Innovation in Europe, in Ssrn Electronic Journal Global, vol. 7, page. 105 - 117.
20. 叶旺春:"论我国投资者适当性制度构想",《中国金融》,2015 年第 5 期。
21. 薛亮:"记者暗访:6 银行风险评估草草带过 客户分级近乎形式",《金融时报》,2010 年 3 月 27 日。

22. 张兴胜、胡婕:"银行新议题 KYC 一体化风险管理",《中国城市金融》,2005 年第 7 期。

23. 路德国:"完善'了解你的客户'制度执行的建议",《济南金融》,2005 年第 5 期。

24. 曹川:"金融消费者保护之适当性原则研究",《上海社会科学院研究生毕业学位论文》,2014 年 4 月。

中期协特别委托课题

中期协联合研究计划（第十一期）项目

钢铁产业利用期货市场的现状与问题分析

课题研究单位：中钢期货有限公司
课题负责人：陈东卫

一、课题概述

(一) 课题背景

英美国家衍生品市场已经发展了近百年，不论是市场规模还是市场影响力，以及交易所的相关交易规则和风控措施等，都远远走在世界前列，如 LME 交易所对有色金属的价格具有全球影响力。反观我国衍生品市场的发展可谓是一波三折，尽管起步初期借鉴了国外交易所的经验，但从初期的盲目发展到中期的政府治理整顿，再到形成当前较为规范的三家交易所已历经了 20 多年。

从国内衍生品市场的整体情况来看，我国衍生品市场主要以期货交易为主，规模还偏小。很明显的例证就是上市交易的期货品种仍然偏少，这说明我国国内的期货市场还不是十分成熟。但我国期货市场的发展已经取得了不小的进步，如上期所的螺纹钢期货成交量和成交金额均处于世界前列。考虑到我们经济发展的需要，通过期货工具来推动实体经济的稳健发展，应该是有巨大潜力的。

从国际经验来看，期货市场发展的初衷就是为了服务实体经济，若离开这一点，那么无论成交量多大、成交金额是多少，均意义有限。从目前的钢铁行业来说，通过期货市场助力钢铁企业的稳健发展任重而道远。钢铁行业在经过连续 5 年的大幅亏损后于 2016 年开始好转，但这种局面是否能够持续值得商榷，尤其是炼铁原材料——铁矿石对外的依赖度达到 80% 以上，这势必会带来诸多不可控因素，也将对企业的经营提出更高的要求。

虽然我国钢铁行业在 2016 年全面扭亏为盈，但不能忽视我国钢铁行业产能过剩引发的诸多问题，如国际市场的贸易摩擦、国内现货价格的大幅波动、产业升级缺乏动力、环境污染严重、资源消耗大等。习主席提出的"供给侧结构性改革"为产业转型指明了方向，钢铁行业如何运用期货市场来规避经营风险，提高企业的国内竞争力和国际竞争力显得尤其重要。在产业转型升级的过程中，金融市场的辅助作用必不可少，黑色金属期货交易就是协助产业完成转型升级的主要辅助工具之一。

但是，目前国内黑色金属期货市场的成熟度仍无法完全满足这一需要，因此我们研究的主要目的就是找到国内钢铁企业参与期货交易偏低的原因，加以分析并力图解决。在研究的过程中，我们发现通过对钢铁上下游行业定价模式的研究可以找到各品种间价格的影响规律，提高具有较强价格影响力一方的期货参与度，有助于提升期货自身的价格影响力，从而更快地吸引更多企业参与期货交易。

(二) 课题结构

基于钢铁行业本身的特性，通过对国外黑色金属期货发展的现状分析发现，现货市场交易的活跃度对期货交易的促进至关重要的作用。应该说，我国钢铁行业具有得天独厚的优势，同时我国有色金属期货的发展已经相对成熟，对本课题的研究也具有一定的启发作用。上海钢联针对本次课题进行的产业链调研，阐明了阻碍钢铁企业参与期货交易的问题所在，最后结合期货市场和现货市场各方意见形成了最终的对策。

本课题研究的具体结构如下：

第一，我们分析了钢铁产业链主要品种（铁矿石、焦煤焦炭、螺纹钢和热轧卷板）的定价模式，同时对这些品种的价格影响机制进行了分析和研究，找到了其中影响价格关键因素。

第二，对国际黑色金属期货交易情况进行系统的梳理。通过对比研究，分析其是否对国际黑色金属产业链价格有影响，得到了相应的结论和启示。此外，对国外铁矿石衍生品（掉期）的发展也做了部分研究，发现铁矿石的金融属性也越来越强，但其对钢铁行业转型带来的促进作用暂时还有限。

第三，在国际黑色金属期货市场影响力较弱的情况下，我们深入分析了有色金属（铜）期货市场的情况，对铜定价模式和影响体系进行了分析，发现铜期货市场对铜价格的形成具有决定性的作用，这种影响力不仅仅体现在价格上，更体现在对企业的产品质量提升甚至行业的推动层面。

第四，在发现黑色金属产业链价格定价模式和价格影响机制的基础上，受国外黑色金属期货市场发展的启示，借鉴有色金属行业期货市场发展的经验，我们对国内钢铁企业参与期货市场情况进行了调研并对相关问题进行了分析，对发现的问题进行了深入分析。根据钢铁企业调查分析情况对国内钢铁企业参与期货市场的风险以及期货市场如何促进钢铁产业转型升级做出了相应的论述，并对钢铁行业期货工具运用得较为出色的企业（南钢）进行了案例展示与分析。

第五，通过前面的研究，借鉴国内有色金属（铜）期货市场发展的路径，对比国内黑色金属期货的发展情况，对黑色金属期货的发展阶段进行了判断，对其今后的发展路径做了相应分析。

第六，得到相关结论，对如何促进国内钢铁产业利用期货市场提出了相关的意见与建议。

（三）创新点及意义

本课题的创新主要有如下几点：

①业内首次较为全面地审视钢铁企业参与期货交易的收益和风险，同时通过行业调研提出了紧贴参与者意见的改进方案。

②对比国内外钢铁行业期货市场的发展情况，借鉴有色金属期货行业的发展路径，对黑色金属期货市场的发展阶段和路径提出了具体看法。

③对如何促进钢铁产业利用期货市场工具，业内首次提出了较为明确可行的办法。

本次课题研究的最终目的，不仅是探讨如何利用期货工具来促进钢铁行业的转型升级，而且还研究了如何提高我国黑色金属产业在国际市场的价格影响力，这不论是对黑色金属产业还是对黑色金属期货市场都具有重要意义。

二、国内主要钢铁产业链品种定价模式及影响机制

(一) 钢铁产业链主要品种定价模式

钢铁的上游品种包括铁矿石、焦煤、焦炭、喷吹煤、废钢等,下游品种类别较多,流通量占比较大的有螺纹钢、线材、热轧卷板、冷轧板卷和中厚板等,目前已经在国内期货交易所上市的品种有铁矿石、焦煤、焦炭、螺纹钢、线材、热轧卷板等品种,由于各品种影响价格变动的因素不同,定价模式也有很大的区别,具体分析如下:

1. 铁矿石

铁矿石现货目前主要采用的是指数价格,相对于此前长期沿用的长协定价模式更贴近市场价格,但在定价影响力方面依然是以主流矿山和矿商为主。以指数构成为例,目前国际上主要的铁矿石指数有普氏铁矿石指数(Platts Iron Ore Index)、金属导报(Metal Bulletin)的 MBIO(MB Iron Ore Index)指数、环球钢讯(SBB)的 TSI 钢铁指数和上海钢联发布的进口矿综合指数。其中,普氏指数统计口径 50% 以上来自矿山,其他三个指数则是综合矿山、贸易商和钢厂采购价格。尽管近几年铁矿石供大于求的情况开始凸显,但由于矿山集中度远高于钢厂,四大矿商多采用价格采集偏向矿山的普氏指数作为结算依据,进口矿的价格影响很大程度上仍掌握在矿山和矿商手中。

2. 焦炭

目前焦炭定价体系较为混乱,国内还未形成稳定统一的定价模式。2008 年年底之前,焦化企业与下游钢厂主要由双方协议定价;2008 年 8 月 20 日焦炭出口关税上调至 40% 以及接下来的金融风暴荡涤之后,国内焦炭需求疲软,出口严重受阻,几近归零,使得焦炭行业产能过剩问题比较突出,导致焦钢博弈的天平最终倒向钢厂,焦化企业的议价能力不断被削弱,焦炭的定价逐步形成由大型钢厂主导、其他中小钢厂跟风的形式。大型钢铁企业往往由于企业利润稀薄、负担较重以及宏观调控、货币政策收缩造成的资金成本压力加大等原因,压低焦炭采购价格,而中小钢厂定价居于从属地位,虽然利润尚可,也不愿意在大型钢厂定价的基础上主动上浮焦炭采购价格。

2016 年国家进行供给侧改革以来,焦炭供给端出现收缩,供需失衡,导致焦炭价格大幅上涨,2016 年底的价格较年初的价格涨幅超过 100%。在此种情况下,焦炭的定价模式出现逆转,焦炭价格完全由焦化厂主导,而钢厂只能被动地接受焦化厂的提价以及提货附加条件(先款后货)。综合来看,焦炭现货贸易定价模式单一、僵化,缺乏依据具体、实际情况分层次、多样化的定价机制和体系,定价模式随着供需关系的变化在供给方和需求方间相机转移。

3. 焦煤

国内炼焦煤定价模式包括钢厂采购价、现货贸易价、协会指导价以及煤矿定价

四种，不过最具影响力的是煤矿定价。由于资源集中性，国内大型煤企掌握着定价模式，其焦煤产量的 80%～90% 为合同定价，一般根据行情按月度或季度进行调价，下游消费企业尤其是独立焦化厂处于相对弱势地位。由于我国焦煤资源分布不均，且焦煤质量标准存在差异，各地区焦煤价格高低不等，即便相近品质的焦煤，其价格也存在较明显的地区差异。

近年来，随着我国进口焦煤量增长，对外依存度接近 10%，尽管蒙古取代澳大利亚成为我国焦煤第一进口国，但优质焦煤的稀缺导致目前仍无法完全摆脱对澳煤的依赖。国际焦煤价格对国内的影响程度也在逐步增强，目前，国际焦煤价格影响力主要把持在必和必拓等大型矿山手中。

4. 螺纹钢

作为钢铁成品材中产量及交易量中占比最大的品种，螺纹钢的价格波动最为频繁，定价较为灵活。传统的螺纹钢定价主体是钢厂，且不同区域钢厂的定价还会受到主导钢厂的影响，例如三钢闽光的旬度价格会参照江苏沙钢的价格趋势来制定，不过随着螺纹钢产能过剩的问题越来越突出，流通市场的价格波动通常会领先于钢厂出厂价格，钢厂对价格的影响力已经被实质性削弱。但是流通市场贸易商主体数量较大，除了核心城市（上海、杭州）对其他区域的价格存在影响外，各地流通商并未形成有效的定价核心，正是因为螺纹钢现货缺乏一个具有明显影响价格波动的主体，所以在螺纹钢期货上市后，随着螺纹钢期货价格发现功能的增强，螺纹钢品种已经逐步形成现货价格与期货价格互相影响的定价模式。

5. 热轧卷板

热轧卷板在国内是钢材流通量仅次于螺纹钢的品种，由于热轧卷板厂家集中度高于螺纹钢，在定价方面钢厂的价格影响力也较螺纹钢更强，例如本钢、鞍钢、武钢、宝钢、柳钢、河钢等大型钢厂的出厂价格至今仍是市场风向标。但是热轧卷板的市场化定价的发展却早于螺纹钢，一是热轧卷板贸易商的集中度高于螺纹钢，大型贸易商对所在市场的价格制定方面有较强的号召力；二是热轧卷板在螺纹钢期货上市之前就存在类期货性的交易中心——上海大宗钢铁电子交易中心（以下简称"上海大宗"），因此在热轧期货上市之前该品种的定价基本遵循"出厂价格影响上海大宗远期价格、上海大宗远期价格影响现货日内价格"的特征。2014 年热轧期货上市后成交量不断放大，热轧品种的定价也更为多元化，市场参与的地域范围得到了有效的扩展，但是从活跃度、交割量来衡量依然弱于上海大宗，对长三角一带的影响力仍有待提高。

(二) 产业链各品种间价格影响机制

早期钢铁上下游各品种间的价格影响相对简单，主要在具有直接的上下游关系的"品种"之间，例如铁矿石与螺纹钢、热轧卷板与冷轧板卷、焦煤与焦炭。随着钢铁产业信息化的发展和期货的介入，钢铁上下游品种价格的相互影响已经由早期线性结构向更为复杂的网状结构转变，各品种间价格影响均体现出双向关联的特征，而在此之中最为核心的依然是铁矿石与螺纹钢、螺纹钢与热轧卷板、热轧卷板与冷轧及涂镀类产品间的价格影响。

不同品种间的价格的相互影响多取决于品种自身的供需机制和集中度情况。近几年,由于钢铁行业整体处于供大于求的状态,当行情不佳价格处于下行通道时,钢厂与贸易商出货压力较大,供应过剩的局面使下游用户议价能力相对较强,此时价格的影响遵循由下至上的顺序,即下游用户的影响力要高于上游的贸易商,从而进一步影响钢厂出厂价。此外,由于上游铁矿石生产商的集中度远高于煤炭类行业,价格影响力较强,铁矿石的价格下跌通常会滞后于煤炭类及钢铁成品材。2016年钢铁及煤炭行业去产能的行动使螺纹钢与焦煤焦炭在个别时段出现了局部供不应求的现象,螺纹钢与焦煤焦炭价格随之出现了短期快速上涨的现象,价格影响也沿着以螺纹钢和双焦为核心向其他品种辐射。

期货市场在2016年的行情波动中对现货市场的价格影响力有了明显的提高,例如6月份在环保限产和去产能提速的预期下期货率先反弹且领涨于现货,并通过螺纹钢的辐射作用影响其他品种,形成了淡季不淡的表现。

通过对钢铁产业链价格影响机制的分析,发现价格影响的规律主要有两点:一是价格影响力强的一方,波及价格影响力弱的一方,价格影响力孰强孰弱,主要基于供需关系的转换。比如2016年一段时间焦炭供给较紧张,价格大幅涨价,焦化企业较为强势,在焦炭提价的过程中钢厂被迫接受焦化企业的要求。二是活跃灵敏的市场影响信息反馈滞后的市场,这主要体现在期货的价格发现功能。比如螺纹钢期货价格相对现货活跃敏感,在价格上涨或下跌时要比现货市场的价格波动更为灵敏,期货市场的价格影响辐射到现货市场,可看成是现货市场价格变动的先行指标。

三、国际黑色金属衍生品市场发展情况及启示

在国外钢铁产业的发展过程中,钢铁产业衍生品的发展伴随其中,既有如钢坯期货、废钢期货等场内交易产品的推出,也有铁矿石掉期及远期等场外衍生品的发展。不论是场内还是场外钢铁产业链上衍生品的发展,其目的都是为了推动行业的健康稳定发展,规避市场价格波动的风险。

(一)国际钢材衍生品市场发展情况

国际商品期货市场已经发展了100多年,原油、农产品、有色金属、贵金属等大宗商品的期货交易规模巨大,市场影响深远。然而,作为消费最多、应用最广的基础材料,钢铁的期货交易却发展得十分缓慢[①]。2000年以来,在全球经济高速增长推动需求大幅提高、美元贬值、市场投机,以及美国金融危机演变成全球经济危机等因素的共同作用下,原油、农产品、钢铁和有色金属等大宗商品价格出现了大

---

① 陈晔,2009年。

幅波动。为了满足钢铁及其下游行业日益增长的风险管理需求，进而形成国际钢铁价格的影响力，世界各国先后推出多个钢铁类期货品种，见表1所示。

表1 全球钢铁类期货品种一览表

国家	交易所	交易品种	交易单位	计价方式	交割方式	上市时间
印度	印度大宗商品交易所（MCX）	热轧卷板	—	—	—	2004年3月
		方坯	—	—	—	
		铁矿石	100吨	卢比	实物交割	2011年1月
	印度商品交易所（ICEX）	铁矿石	100吨	卢比	实物交割	2011年1月
	印度国家商品及期货交易所（NCDEX）	海绵铁	—	—	—	2006年1月
		方坯	—	—	—	
日本	中部商品交易所（C-COM）	废钢	—	—	—	2005年10月
阿联酋	迪拜黄金与商品交易所（DGCX）	螺纹钢	—	—	—	2007年10月
新加坡	新加坡商业交易所（SMX）	铁矿石	100公吨	美元	现金结算	2011年8月
	新加坡交易所（SGX）	铁矿石	100公吨	美元	现金结算	2013年4月
英国	伦敦金属交易所（LME）	钢坯	65吨	美元	现金结算	2008年4月
		废钢	10吨			2015年10月
		钢筋	10吨			
美国	纽约商品期货交易所（NYMEX）	欧洲热轧卷板（普氏）	50公吨	欧元	现金结算	2011年4月
		热轧卷板钢材指数	20短吨	美元	现金结算	2008年10月
	芝加哥商业交易所（CME）	铁矿石	500公吨	美元	现金结算	2013年5月
中国	上海期货交易所（SHFE）	螺纹钢	10吨	元	实物交割	2009年3月
		线材	10吨			
		热轧卷板	10吨			2014年3月
	大连商品交易所（DCE）	铁矿石	100吨	元	实物交割	2013年10月
		焦煤	60吨			2013年3月
		焦炭	100吨			2011年4月
	郑州商品交易所（ZCZE）	硅铁	5吨	元	实物交割	2014年8月
		硅锰	5吨	元		

资料来源：各交易所官网、MRI。

虽然世界各国推出了钢材期货,但实际交易情况表明,现有国外钢铁类期货品种的价格波动、成交量、持仓量等基础性指标均远低于成熟商品期货,市场功能不足,部分交易所的钢材期货甚至已经关闭。国外钢材期货具体情况如下:

1. 印度

印度政府于20世纪90年代初取消了钢材行业的特许经营和对钢材行业的控制,旨在建立以价格引导需求的市场机制,国际钢材价格的波动会直接影响到印度相关产业链中企业的利益,这就在客观上要求推出相关期货品种的存在来引导相关企业规避价格风险。2004年印度大宗商品交易所(MCX)推出了第一个在交易所交易的钢材期货合约,MCX的钢材期货分为两类:一类是板材,另一类是方坯(轧钢原料)。2006年印度国家商品及期货交易所(NCDEX)又推出海绵铁(属于炼钢原料的一种)期货。由于MCX和NCDEX的钢材期货交易都不活跃,持仓量和交易量都不大,目前均已停止交易。

除钢材期货外,印度一方面考虑到出口至我国的铁矿石量较大,另一方面认为当时铁矿石价格上涨迅速。为谋求铁矿石更大的价格影响力,2011年1月,印度商品交易所(ICEX)和MCX共同推出以铁矿石指数TSI为结算价格的铁矿石期货(该指数跟踪62%品位铁矿石运至我国天津港的到岸价格)。但由于印度铁矿石期货合约以卢比计价,只针对印度国内贸易商,故存在一定局限性。另外,指数价格结算的科学合理性受到当时市场质疑,期货合约流动性差,交易日益萎缩。目前,ICEX和MCX的铁矿石期货合约已经下市。

2. 日本

2005年10月日本中部商品交易所(C-COM)率先推出废钢期货,其中期货品种选取最高规格(等级)的废钢(重废)作为标准。C-COM推出废钢期货的主要原因在于从2003年开始,日本国内炼钢需求持续走高,国内钢铁原料价格不断上涨,而下游产品价格基本不变。废钢期货推出最终目的是为了确保原料的稳定供给,完善市场机制。然而,C-COM废钢期货受到金融危机以及监管过度等一系列因素,导致交易量逐渐减少,流动性趋弱。目前C-COM已经关闭,废钢期货也停止了交易。

3. 阿联酋

由于中东地区正好处与两大长材贸易流(中国向西方和黑海向东方)的交汇点,外加当地的基础建设蓬勃发展,商业活动的活跃,使得阿联酋成为中东地区最大的螺纹钢进口国。考虑到影响阿联酋螺纹钢价格的主要因素是外部进口因素而不是当地生产因素,为增强对螺纹钢价格的影响力,阿联酋迪拜黄金与商品交易所(DGCX)于2007年10月29日推出其首个钢材期货合约,标的为螺纹钢(钢筋),采用实物交割方式,交割商品由交易所批准的生产商生产。符合交易所规定的质量参数,合约的交付地点设在迪拜的阿里山自由区内,但由于交易清淡,基本没有成交量,导致DGCX的螺纹钢期货下市。

4. 新加坡

2011年8月,新加坡商业交易所(SMX)推出全球第二个铁矿石期货合约,采用《金属导报》的铁矿石（MBIO）指数报价（该指数以62%品位铁矿石运至我国青岛港的价格为基准）。2013年4月12日，新加坡交易所（SGX）推出以TSI公司铁矿石指数进行结算的期货合约（以62%品位的铁矿石运至我国天津港口价格为基准）。目前，SGX铁矿石期货日均成交量维持在3万~4万手，持仓量维持在60万~70万手，对全球铁矿石价格影响力有限。

5. 英国

英国钢材期货主要在LME交易，其2015年10月新推出的钢筋和废钢期货，截至2016年9月，钢筋最高月成交量为860吨，废钢最高月成交量为2 900吨，而其早年推出的钢坯期货已经连续15个月没有成交（见图1）。

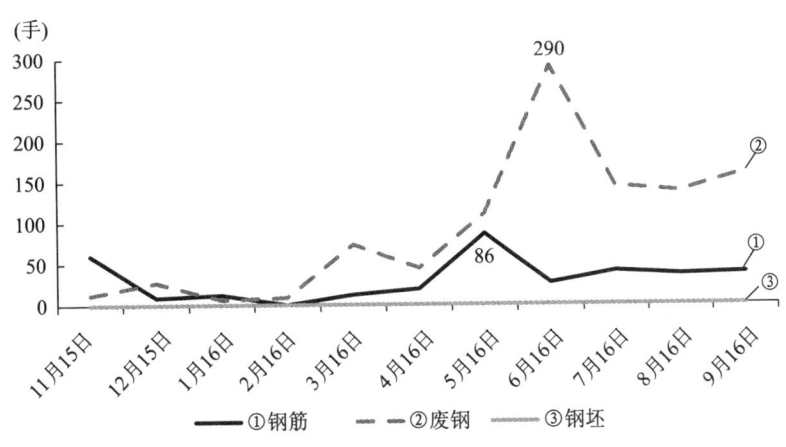

图1　LME钢材期货每月成交量

资料来源：伦敦金属交易所。

6. 美国

美国的钢材期货品种主要是热轧卷板期货。芝加哥商业交易所（CME）旗下的纽约商品交易所（NYMEX）于2008年10月19日上市了美国中西部热轧卷板钢材指数期货，以CRU（英国商品研究机构）公布的"CRU美国中西部热轧卷板钢材指数"为合约标的和结算依据，美元计价；而2011年上市的欧洲热轧卷板期货，以普氏能源资讯公布的欧洲直销至德国鲁尔工厂的热轧卷板价格为合约标的和结算依据，欧元计价，两个期货合约均采用现金交割方式。虽然美国热轧期货上市时间较早，但由于美国钢铁行业高度集中，市场基本上被少数几家特大型钢铁巨头所控制，产品销售方式基本以钢厂向消费加工企业直供为主，缺乏活跃的现货市场，现货价格无法通过充分竞争形成，也制约了相应期货市场的发展，导致目前NYMEX的热轧期货交易清淡，对钢材价格影响力较弱。

此外，2013年5月，CME上市了铁矿石期货，以TSI62%品位铁矿石价格指数为交易标的（该指数取所有62%品位铁矿石到中国的CFR价格评估后的均值），既符合了国际铁矿石市场贸易规则，也体现了CME在合约设计上的国际化思路，同时,其在 CME 的 Globex 上进行交易,满足了全球铁矿石交易者。但 CME 的铁矿石期货并不利于中国需求巨大的钢铁企业进行现货套保,在一定程度上制约了中国钢铁企业参与的积极性。目前,CME 铁矿石指数期货成交量日均 1000 余手,对全球铁矿石价格的影响力较弱。

相较于印度、日本和阿联酋等国的钢材期货品种的直接退市,美国热轧期货的清淡以及英国 LME 钢材期货每月最多仅有数千吨的成交量,我国主要期货品种交易规模明显更大。2016 年 4 月螺纹钢成交量一度突破 2 亿吨(2 000 万手)(见图 2),关注度较低的焦炭同样突破 2 亿吨(200 万手),铁矿石甚至接近 7 亿吨(696 万手)!即使是成交量最为低迷的 2015 年 11 月份,我国螺纹钢期货的交易规模也为 LME 钢筋成交量的数万倍。

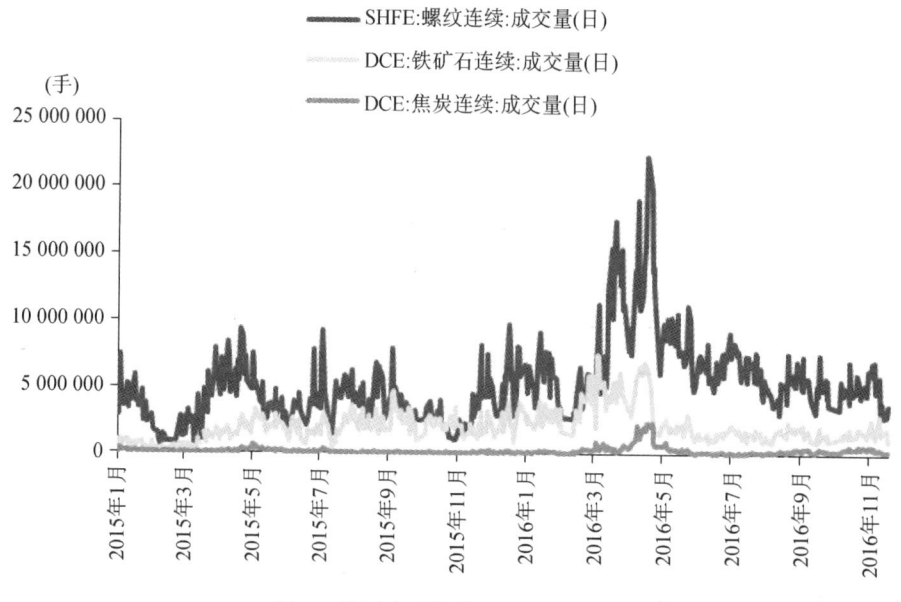

图 2 我国主要期货品种日成交量

资料来源:钢联数据。

通过国内国外钢材期货市场的对比不难发现,国际钢材期货市场交易普遍较为冷清;从期货价格的影响力看,当前国外尚不存在能在全球范围内影响现货贸易价格的权威的钢铁类期货市场;从套期保值功能看,国外现有钢铁类期货的交易规模都很小,能为钢铁供需双方提供套期保值的市场容量不足。

综合来看,各国上市钢材期货交易的出发点虽然不尽相同,但均想通过钢材期货市场的发展形成钢材价格的影响力优势,促进企业的发展,激发钢铁行业的活力,但由于各种原因,各国钢材期货或直接退市,或交易清淡,对本国的钢铁行业转型推动的作用十分有限。反观我国的钢铁行业,目前处于钢铁产能过剩,钢铁行业转型升级的关键时期,借助已经发展起来的钢材期货市场,对之合理引导利用,适度监管,对钢铁行业稳健发展不无裨益。

(二) 国外铁矿石掉期的发展情况

1. 铁矿石掉期的发展

铁矿石主要依据其原产地及铁含量百分比进行分类，最主要的生产地是澳大利亚、巴西、印度、南非以及中国，在掉期市场上流通性最好的品种是铁含量62%的铁矿石，最主要的消费地是中国。

在全球大宗商品市场中，铁矿石是金融化最晚的品种之一。2008年4月，来自荷兰的普氏能源资讯推出了铁矿石普氏指数，并开始在全球范围内推广，此时铁矿石的远期交易才进入人们的视线。同年5月，德意志银行基于铁矿石普氏指数和瑞士信贷共同开发了铁矿石的场外交易市场，推出了世界上第一份以现金结算的铁矿石掉期合约。该合约以一年掉期合同为准，每月结算，合同的基准是澳大利亚至中国的CFR价格和印度至中国的CFR价格，也就是基于海运指数和铁矿石价格变化而设计的产品。掉期合约的场外交易特性使得其类似于一对一的对赌协议，由于铁矿石掉期合约推出之初金融资本依然是主要力量，德意志银行在产品中既扮演中介商的角色，又扮演交易对手的角色。到2008年11月，形成了四大主要场外交易公司，分别是瑞士信贷、德意志银行、必和必拓以及嘉吉。2009年铁矿石长协价的难产使得季度定价、现货定价的呼声越来越高，在2009年5月，摩根士丹利、高盛和巴克莱三大投行联手推出了现金结算的铁矿石投机交易，其他很多金融大鳄也开始相继进入铁矿石这样一个未开垦的市场中。

随着铁矿石掉期交易的发展，一对一的对赌已不能满足市场的需求，私下进行、双边场外交易的掉期协议买卖双方，都承担着对手方违约风险，妨碍很多交易的顺利开展。铁矿石掉期合约的场外结算服务应运而生。2009年4月，世界老牌的航运期货交易所新加坡交易所（SGX）率先推出了基于钢铁指数（TSI）的铁矿石掉期合约场外结算服务。有了铁矿石掉期清算所之后，交易的方式变为可以任意选择对手进行交易清算。同年5月，同样以航运期货交易著称的另一家英国老牌交易所伦敦清算所（LCH）也宣布提供铁矿石掉期合约的清算服务；2009年年底，美国洲际交易所（ICE）宣布将参考普氏能源资讯制作的普氏指数来提供铁矿石掉期清算服务。2010年6月，芝商所（CME）也加入到铁矿石掉期的交易和清算服务中[①]。

2011年以来，尤其是欧美债务危机爆发以来，一些矿山和金融机构在掉期上做空，钢厂和一些贸易公司看到了投机和套保的机会，从而令新交所的铁矿石掉期交易日趋活跃，日均交易量达50万~60万吨，高峰时达到80万吨，芝加哥商业交易所的掉期交易也有奋起直追的动向。至此，铁矿石掉期交易价格的变化已成为整个铁矿石市场价格变化的风向标，随着铁矿石的掉期交易热度越来越高，交易的"金融化"倾向已经显现。经过几年的蓬勃发展，铁矿石掉期合约已经被越来越多的投资者熟悉并积极应用于铁矿石的套期保值以及投机活动中[②]。2013年以来，SGX每

---

① 新交所铁矿石掉期交易的运行模式 http://www.qhrb.com.cn/2014/1028/172943.shtml。
② 铁矿石掉期交易 http://blog.sina.com.cn/s/blog_4fb499ee01012jch.html。

月的铁矿石掉期交易量在 2 000 万吨上下,每日交易量场内加场外约为 100 万吨,在 2014 年 3 月更是创出了 3 485.5 万吨的最高月成交量(见图 3)。虽说铁矿石的价格在 2015 年的时候一直不断走低,但在新交所并没有看到明显的交易量萎缩,甚至在 3 月份的时候创出了单日成交量的新高,当天交易了 840 万吨。

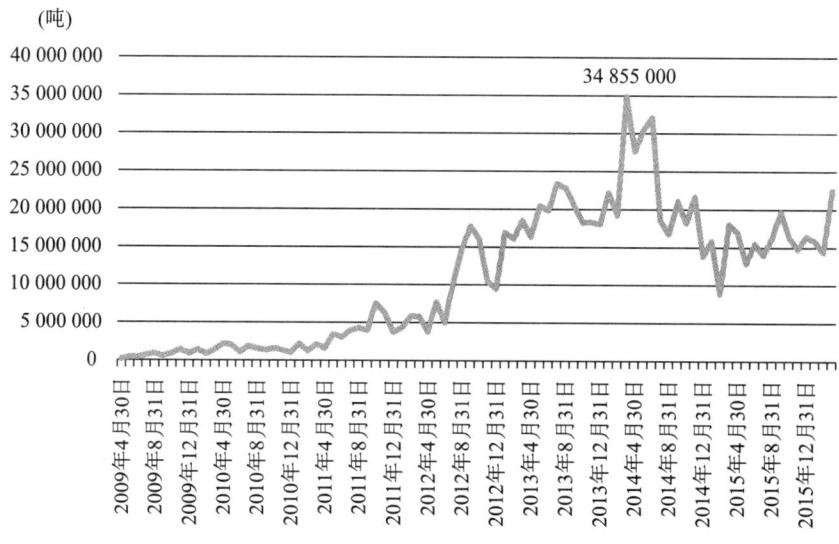

图 3　SGX:TSI62% 铁矿石掉期每月成交量

资料来源:新加坡交易所。

在 2014 年 8 月以前,全球只有 4 家交易所推出铁矿石掉期交易和清算服务,即新加坡交易所(SGX)、伦敦清算所(LCH)、美国洲际交易所(ICE)和美国芝加哥商业交易所(CME)。2014 年 8 月 4 日,上海清算所也终于推出了人民币铁矿石掉期中央对手清算业务,成交量见图 4。

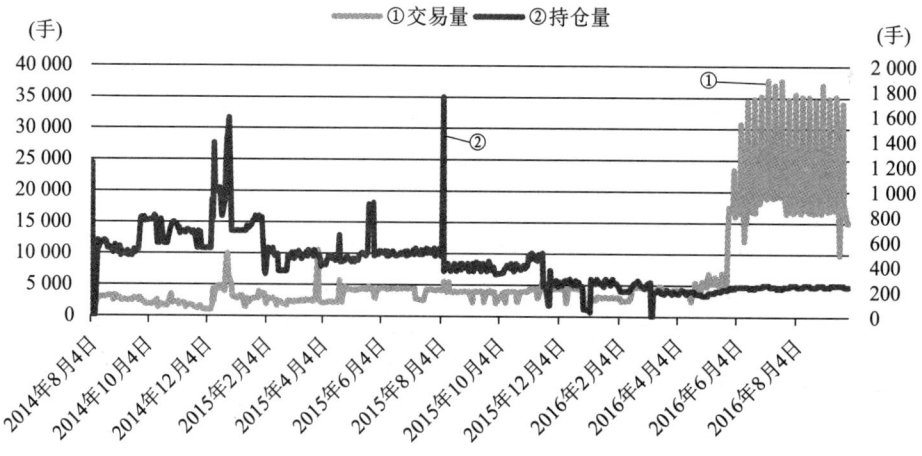

图 4　上海清算所人民币铁矿石掉期每日成交量和持仓量(手)

资料来源:上海清算所。

2016年5月之前,上海清算所铁矿石掉期交易量远不及SGX的铁矿石掉期,平均交易量在35万吨左右,但2016年6月份以来,其成交量快速增长,日益活跃起来,可以满足一部分市场参与者的需求,达到了在对冲铁矿石现货市场上的风险一种新选择的目的,也有助于提高国内矿价被动地位。

2. 铁矿石掉期与期货的区别

铁矿石掉期与铁矿石期货的原理非常相似,都是通过交易远期合约实现规避风险和价格发现两大功能,它们的主要区别在于成交方式、结算方式不同。期货是场内公开市场交易,采用电子系统自动生成结算价;而掉期交易属于场外交易(OTC),人工报价撮合成交,结算价为某一权威价格指数(SGX以TSI价格为主,CME以Platts价格为主),主要区别如表2所示。

表2 铁矿石掉期与期货的区别

区别	掉货	期货
成交方式	场外交易,非公开市场,人工报价询价撮合成交	场内交易,公开市场,电子撮合成交
结算价生成方式	最终结算价多依照市场上某一权威价格或指数	电子系统根据成交数据自动生成每日结算价和最终结算价
交割方式	现金交割	一般多为现货实物交割

资料来源:Mysteel。

此外,虽然铁矿石掉期交易在合约的设置和交易模式上比铁矿石期货要灵活,但同样也存在相关的风险。

(1) 信用风险

铁矿石掉期交易采用的是相对分散的场外交易模式,与场内交易(期货)的集中交易有较大区别。一方面,场外交易的市场信息公开程度较小,市场参与者更难评估其交易对手的信用风险;另一方面,场内交易是由交易所来保障双方履约的,而场外交易没有这种制度保障,因此,参与场外交易的投资者比参与场内交易的投资者承担了更大的信用风险。

(2) 结算风险

铁矿石掉期交易采用的结算价格是合约到期月TSI或者Platts等指数价格,而该结算价格不是基于集中公开交易价格,而是从各个现货市场采集、加工而成,其公正、透明和准确程度低于在交易所集中交易形成的结算价格,这将导致参与场外交易的投资者比场内交易的投资者多承担了一部分结算风险。

(3) 监管风险

场外交易受监管的程度远远低于交易所场内交易。世界各国对交易所场内交易均有一整套严格的法律约束、监管制度和风险控制程序,而对场外交易没有明确的法律和监管制度,出现违约风险后只能在合同纠纷的框架下解决。此外,与场内交易严格监管不同,在场外交易市场上,投机者没有持仓限制,也没有被要求在每天收盘后披露其持仓头寸,针对市场操纵行为的监管相对薄弱。

3. 铁矿石掉期对钢铁行业转型升级的影响

铁矿石掉期是在长协谈判机制破裂的基础之上发展起来的,而长协谈判破裂的主要原因在于 2008 年之后海运费大幅上涨,且现货价格高于长协价,矿山为谋求更大的利益,才决定抛弃长协谈判机制,转向更为灵活的铁矿石定价策略,从而以铁矿石指数为依据的现货、月度价、季度价逐渐成为主导,也慢慢被各方接受。所以,铁矿石掉期发展有其特定历史原因与基础,抛开铁矿石掉期的成因谈其对钢铁行业的转型升级的影响是没有意义的。

2008 年铁矿石掉期推出之初并不受欢迎,一些铁矿石进口大国甚至对铁矿石掉期的出现采取抗拒态度,当然也就谈不上对其国内钢铁行业转型升级的影响了,主要是担心资金实力雄厚且经验丰富的国际金融机构操纵铁矿石掉期价格的涨跌。

然而,随着铁矿石定价机制的短期化发展,铁矿石价格波动更加频繁,风险加剧,再加上铁矿石需求快速增长,市场参与者避险需求上升,铁矿石掉期交易的开始快速发展,金融资本的不断涌入显示铁矿石金融化趋势不可避免,而金融化趋势正不断影响铁矿石现货价格的走向。

从目前铁矿石掉期发展的总体情况来看,对钢铁行业转型升级的影响并不明显,一些铁矿石进口大国也只是试图去研究和少量参与铁矿石掉期。如 2010 年 6 月,日本三井商社与瑞士信贷签署该国首份铁矿石掉期合约,该合约涉及内容为 2010 年下半年每月 1 万吨铁矿石,虽然规模较小,但对于日本涉足铁矿石掉期交易市场无疑是一次重要尝试。

从铁矿石掉期交易投资者类型来看,目前钢厂的参与仍然有限。以交易最为活跃的新交所为例,铁矿石掉期交易最大和最主要的对手方仍然是银行,亚洲钢厂和贸易商占交易对手方的整体比例仍然不高,这说明目前铁矿石掉期交易最活跃的并不是钢厂,而主要是金融资本,同样也说明目前铁矿石掉期的对钢铁行业的影响较为有限。当然,铁矿石掉期发展的时间较短也是其中的一个重要原因。

(三)国外黑色金属期货市场发展启示

1. 期货交易活跃与否,取决于钢铁企业与投机客户的共同参与程度

纵观国外钢材期货的交易,交易量均不大,如 LME 的钢坯期货,虽然上市时间比我国国内的螺纹钢期货要早,但目前基本没有成交量,同样的还有阿联酋的螺纹钢期货,由于没有成交量,已经退市。这些钢材期货品种交易不活跃的主要原因没有具有价格影响力的钢铁企业的参与。钢铁企业参与度越低,则交易越不活跃,作为对手的投机客户参与的积极性也就降低了,进而为供需双方提供的套保价值就越小,从而形成恶性循环,最后成交量趋于零。而铁矿石掉期市场的发展,从另一方面给了我们一定的启示,在我国,钢铁期货市场的发展中要特别注意吸引钢铁企业的参与。

2. 期货市场的发展应适应本国国情,以服务实体经济为目的

通过对国外上市钢材期货交易的几大期货交易所的分析,可以发现,钢材期货的推出主要是基于本国国情的需要,稳定经济本国发展。比如日本,在其国内钢铁原料和钢材价格持续上涨,非常不利于日本经济发展和稳定,导致日本钢材企业风险增加,在出于稳定国内原料价格和供给的情况下推出了废钢期货;再比如印度,在政府的统一调配机制显现出不足,导致印度国内钢材供给不够,部分地区钢材严重失衡,影响了印度国内制造业的正常发展的情况下才推出板材类期货以及后期的钢坯期货。通过合理的利用钢材期货来避免影响国内经济波动,期货市场服务于实体经济,这应该是期货市场在各国不断推出的初衷。

3. 期货市场发展过程曲折,产品设计配套制度需持续完善

从英国、日本和印度等国家相继推出钢材期货交易的发展来看,钢材期货的发展都比较曲折,并非一蹴而就。如英国,2003年以前,LME就对钢材期货做了相关的研究,但发现当时的市场环境不适宜推出钢材期货,之后转向研究钢材指数期货,而钢材指数期货上市的难点在于选取市场能够接受的钢材价格指数体系,后来LME重新考虑需实物交割的钢材期货,经过反复验证首先将钢坯作为交易标的物,并且在后期的钢坯期货交易中对交割提货做出了相应的调整,以便更好地适应市场的需求。再比如美国的NYME推出钢材期货产品也是一波三折,虽然推出了钢坯期货和热卷期货产品,但期货产品与市场衔接不畅,交投清淡,发展缓慢。

4. 注重外资的合理引导和利用

虽然国外一些交易所很早就上市了黑色金属期货,如印度2004即上市了热轧期货和方坯期货,但其涉及的交易规则并不利于外资参与,2011年上市的铁矿石期货更是只针对其国内贸易商,最终印度黑色金属期货市场逐渐萎靡。再如,LME的钢筋期货等产品也未能很好地调整相关交易规则以吸引外资参与,特别是中国市场,目前其钢材期货成交量不大,市场影响也有限。对比我国黑色金属期货市场,在目前良好的发展基础上有必要对境外资金合理引导和利用,通过修改相应规则准许其进入我国黑色金属期货市场,只有吸引全球资本共同参与黑色金属期货,才可能进一步扩大黑色金属的全球价格影响力。

5. 铁矿石掉期的发展离不开其特定的市场环境

对比国际铁矿石掉期市场发展,虽然国内上清所推出了以人民币计价的铁矿石掉期,但其发展仍然相对缓慢,主要在于国内铁矿石掉期市场以人民币计价,且交易标的指数的市场认可度较小,同时国内铁矿石掉期交易规则也限制了外资的参与,这些均导致国内人民币掉期市场对海外矿山及贸易商吸引力不足,市场流动性较差。若后期要促进我国铁矿石掉期市场发展,则需要相应改进国内掉期市场的交易规则,如试行美元计价的掉期交易。

6. 黑色金属期货市场未来的发展更多倾向于板材期货或者指数期货

虽然目前国内螺纹钢期货发展势头良好,成交体量在世界期货品种中排名前列,但不可否认的是,未来随着我国城镇化率的逐步提高,螺纹钢的用量势必会减少,届时螺纹钢的产销也将下滑,缺乏现货贸易支撑的期货市场发展是不会长久的,这也是欧美黑色金属期货市场较少推出螺纹钢期货,而以板卷类期货居多的原因。对此种情况,一方面可以大力发展卷板类期货,如上市中板期货、不锈钢卷板期货等期货品种,另一方面可逐步推广国内钢材贸易的指数交易与结算,为黑色金属指数期货的发展打下良好基础。例如,在螺纹钢现货贸易大部分报价与结算均使用指数的情况下,可开发螺纹钢指数期货,即便将来国内螺纹钢产销量很小,螺纹钢指数期货对国内和国外的价格影响力仍可延续下去。

四、有色金属定价模式发展过程研究

(一)有色金属期货定价模式的形成及发展

1. 铜的现货供需贸易背景

目前,铜的国际贸易主要有铜精矿和精铜两种形式。铜精矿进口国家中,日本进口量占进口总额的1/3,居第一位;中国占1/6,居于第二位。主要的出口国有:智利、加拿大、美国、印度尼西亚,其中智利占1/3以上。精铜贸易中,西欧占据40%的进口份额,从进口国而言,我国已经超过美国成为精铜最大进口国,出口国主要是智力、俄罗斯、哈萨克斯坦和秘鲁等国,其中智利市场份额占据1/3以上。整体而言,在全球金属铜国际贸易中,智利占据绝对优势地位;而金属铜消费中,中国跃居第一,并将稳步增长,而美国、日本和德国等发达国家的铜消费增长则日渐趋缓。

2. 铜价格影响体系的形成

20世纪30年代以前,铜价主要是以厂家定价为主导,并伴有短期政府定价行为。在当时开采技术不发达的情况下,少数几个具有国际影响力的厂家对价格进行了垄断式的控制,往往导致价格远远高于其成本。但这种定价模式随着LME铜期货交易价格的公开而逐渐转弱。

尽管1877年LME就开始了铜期货的交易,但由于起初它并不公开发布成交价格,对国际铜市场的价格几乎没有影响力。随着LME开始公布其成交价格后,逐渐对国际铜市价格产生重要的影响。第二次世界大战后,LME由于吸引了大量的铜生产企业进行交易,在全球具有铜价格影响力的生产商和贸易商均在LME的铜期货上进行风险对冲,以便规避当时风云变幻的国际形势带来的价格波动风险,LME铜期货交易的价格发现功能逐步增强,交易价格的影响力愈加突出,逐渐被世界各国的投资者广泛接受。

在LME的铜期货交易价格逐步影响国际铜价的过程中,曾出现过行业协会定价,即铜出口国政府间委员会(ICCEC)对铜进行定价。国际铜市场在协会成立后出现过不小的波动,但十分有限。协会主要由世界主要铜出口国(智力、秘鲁、赞比亚和扎伊尔等)组成,然而ICCEC成员国各自完全不同的政治态度,在铜价格波

动时无法达成一致的政策，对铜价格的影响极其有限，因此协会定价的影响力逐渐减弱，最终 LME 的铜期货的价格发现功能，逐渐得到发展和巩固，成为国际铜价体系中最重要的影响因素。

虽然纽约交易所的 COMEX 分支也有铜期货与铜期权的交易，但其铜衍生品交易量要比 LME 相关产品小很多，全球范围内的影响力不及 LME。

纵观 LME 铜期货逐步成为世界铜价最重要影响因素的过程，有几个重要方面不可忽视。

(1) LME 交易历史悠久，交易机制和监管机制完善

自 1877 年 LME 开始铜期货交易以来，已经有 140 多年的历史，LME 铜期货交易的制度、交割方式与交割时间、交易监管等相关制度和规则发展得相当完善，铜期货年成交量更是在全球交易所中占领先地位。

(2) LME 铜期货产品设计以美元为交易单位

众所周知，美元是世界通用货币，全球的投资者可以很方便地以美元进行交易，不用担心汇率等风险给自身带来的不利影响，跨越了国别交易障碍。

(3) LME 铜期货有相关的配套期权交易

在 LME 铜期货的贸易过程中，铜期权无疑是对铜期货交易的极好补充。不论是铜生产企业还是投资机构，均可以利用铜期权来锁定相关期货头寸风险，有利于期货交易量的增加。

(4) LME 的投资者结构完善，铜生产企业与投机客户大量并存

LME 并没有对铜期货的投资者进行明显区分与限定，对于全球范围内的投资者，不论是具有价格影响力的铜生产企业和贸易企业、中小投资者，还是基金等大型投资机构，以及银行等金融机构，均可以在 LME 铜期货市场上进行交易，极大地扩展了交易者结构，利于铜期货的做大，从而提升全球范围内的影响力。

在国内，上海期货交易所 1992 年开始铜期货的交易，目前年交易量稳居世界第二，仅次于 LME 的铜期货交易量，但由于上期所受投资者结构和铜期货产品本身设计的缺陷，再加上监管制度、实物交割等因素，上期所铜期货合约在全球衍生品市场的地位还有待进一步提升。尽管如此，受益于国际有色金属衍生品交易的长久历史和氛围的熏陶，国内有色金属企业积极参与期货交易，充分发挥了国内有色期货市场的价格发现功能，使得上期所铜期货价格对亚洲甚至全球铜价的影响力正日益突显。

综上，目前世界上铜价影响体系主要由 LME 铜期货价格和上期货铜期货价格主导，二者互相影响，但 LME 铜期货价格属于主导地位，上期所铜期货价格影响力稍弱，是亚洲铜价最重要的影响因素。

(二) 有色金属期货市场对产业升级的作用

有色金属期货市场对有色行业价格的重要影响力，不仅让国内的有色金属企业开始积极参与、合理运用化解经营风险，大幅减轻了现货价格大幅波动带来的不利

影响，同时也促进了有色金属行业规模化的扩大和集中度的提升。

1. 有色金属期货推动产业集中与优化

有色金属行业产业集中度和集团化程度的提高有助于产业国际竞争力与影响力的提升。有色金属行业的规模扩张和集中度的提高，是伴随于期货市场的发展而实现的，主要表现在两方面。

第一，期货市场的品牌注册对企业生产规模提出准入门槛。例如，符合注册品牌要求的精炼铜年产量4万吨以上、电解铝10万吨以上、铅锌5万吨以上，客观上促进有色金属企业进入"品牌和规模"时代。设置注册企业的准入门槛削弱了小企业的竞争力，有利于大企业的规模化和行业的集中化。

第二，品牌注册以市场化手段落实了国家相关产业政策，提升了企业生产工艺水平，淘汰了市场竞争力差、污染严重、资源浪费的落后产能，如淘汰100千安及以下电解铝小型预焙槽，密闭鼓风炉，电炉、反射炉炼铜工艺及设备，采用烧结锅、烧结盘、简易高炉等落后方式炼铅工艺及设备，未配套建设制酸及尾气吸收系统的烧结机炼铅工艺等，提升了行业的环保水平，促进了优势企业兼并收购，加速了大企业集团化进程。

由此可见，期货交易所在合约标的的选择、规则设计和交割标准制定的时候，充分贯彻了国家的产业政策，制定注册品牌的生产规模、生产工艺和质量要求，在淘汰落后产能的同时，促进优秀企业做大做强。

2. 有色金属期货推动行业的技术进步与产品升级

对有色金属的注册交割产品，上期所对其品牌注册提出了硬性要求，对不符合国标的产品必然是不能进行注册交割的，以市场化手段落实电解铜、电解铝、锌锭、铅锭等产品质量国家标准的相关要求，从而提升相关行业的产品质量水平。如铜产业，在期货市场成立以前，铜生产企业产品是电解铜（阴极铜），不同企业的产品质量存在着较大的差异，但上期所对不同产品质量的产品进行升贴水操作（高品质铜给予升水，对符合标准但市场反应稍差的品牌给予贴水），有力地激发了一些未能享受升水待遇的企业加强技术改造，提高产品质量，以至目前上期所80%以上的铜品牌注册企业的产品质量达到了高纯度阴极铜标准，整个行业质量标准上了一个新台阶。下面列举两个例子。

案例1：江铜国际品牌的创立

江铜在1995~1997年参与期货市场，从而促进了国际品牌的创立。期货交易所要根据产品的特性、市场反应制定严格的交割标准，特别是期货交易所按检测标准和用铜企业使用状况将铜划分为一、二类等级，实行升贴水制度。当时江铜的"贵冶牌"电解铜含杂质较高，脆，延展性差，没能得到市场的普遍认同，被上海金属交易所判断为平水级电解铜，因此江铜的产品较其他注册企业的产品在交割时要少100元/吨的质量升水。在市场的压力下，江铜从1995年狠抓质量，投入巨资进行科技攻关，终于成功掌握了铜冶炼脱砷技术，使江铜的"贵冶牌"电解铜不仅在上海金属交易所达到了升水级，而且1996年在伦敦金属交易所（LME）成功注册，成为国内第一家取得国际通行证的铜生产企业，创出了国际品牌。

案例2：锌期货上市对锌产业的升级

在2007年锌期货上市以前，国内$0^\#$锌（含锌量不低于99.995%的未锻轧锌）的比例相对较低。上期所根据行业的发展趋势，将$0^\#$锌确定为交割标准。锌期货上市后，国内锌生产企业以$0^\#$锌为主导产品，$0^\#$锌的市场份额迅速增加。目前，在上期所品牌注册企业$0^\#$锌占其总量的比例已经超过了90%，充分说明了期货市场对行业产品升级换代有推动作用。

五、国内钢铁企业参与衍生品市场情况调研及相关问题分析

为进一步掌握当前国内钢铁生产企业运用衍生品工具的具体情况，本课题小组对123家样本钢厂进行了问卷调查，共回收有效问卷122份，调研对象为国内主要建筑钢材及热轧卷板生产厂家。123家钢厂中50家为国营企业，占比为40.3%；民营企业71家（回收有效问卷70家），占比58%；合资企业1家，占比0.8%，外资控股1家，占比0.8%。企业规模涵盖年产量100万吨的小型钢厂至6 000万吨的大型钢厂，样本企业具有较好的行业代表性。

（一）钢铁企业衍生品市场总体参与情况

在本次问卷调查中，122家样本企业有32家表示有通过法人身份参与黑色金属的衍生品交易，参与度为26.2%，考虑到部分企业通过旗下贸易公司或设立单独的法人机构间接参与衍生品交易，实际参与度估计在35%左右。以直接参与的口径来计算，在四大企业类型中（国营、民营、合资、外资）除合资与外资企业外，合资与外资企业，剩下的两种类型企业中，国营企业的参与度明显高于民营企业。具体参与情况见表3。

表3　不同类型企业的衍生品市场参与度对比　　单位：个

	国营	民营	合资	外资
参与	18	13	0	1
样本量	50	70	1	1
占比（%）	36	18.6	0	100

资料来源：Mysteel。

通过分析样本，我们认为民营企业参与度偏低的原因主要在以下两方面：一方面，部分民营企业虽然没有直接参与期货交易，但通过下设的分公司来参与交易，如江苏永联钢厂的期货交易为独立法人，与母公司的现货业务关联度并不高；另一方面，民营企业在钢铁产业链的整体实力上不及国营企业，如生产的产品可能不符

合注册仓单的要求,或者没有对应的期货相关交易品种来套期保值,这都导致了民营企业参与期货交易的顾虑。

此外,在综合分析不同性质的钢铁企业参与衍生品的情况,我们发现钢铁衍生品的钢铁企业参与度仍然偏低。钢铁企业参与度偏低主要体现在两个方面,一是国内钢铁企业整体参与度偏低,二是交易群体中法人客户的占比仍偏低。从本次调研可知,目前国内主要钢铁生产企业的参与度仅有30%左右,但是有色金属企业在2014年时就已经超过了50%,据交易所透露,2015年有色金属企业法人持仓占比为50%~60%,而螺纹钢仅为25%左右。当然,由于二者上市时间不同,在客户参与度方面必然会存在差距,不过螺纹钢生产企业在运用期货工具来提升经营效益方面仍存在障碍,这种障碍既有对期货工具的不了解、不会用,也有国有企业体制方面的制约。而法人客户持仓偏低的问题说明钢铁企业的参与提升滞后于参与群体总量提升的速度,散户及投机类型的交易占比较大会令价格出现偏离,也是诸如螺纹钢期货这种即便非常活跃的市场,其价格影响力仍不能取代现货市场,继而成为影响价格最核心因素的根源所在。

再者,结合有色金属期货市场对产业升级的启示,国内钢铁企业整体参与度偏低以及交易群体中法人客户的占比偏低,从侧面说明了国内钢铁企业并不善于运用期货交易这一金融工具来规避价格波动风险,钢铁行业需要进一步产业集中与优化,适当淘汰落后中小钢铁企业,促进产能向大型钢铁企业产业集中。

(二) 钢铁企业参与交易品种及交易类型分析

国内大宗商品的衍生品市场主要有期货、期权和掉期,从调研结果来看期货的参与度最高,主因是国内黑色金属期货交易较为便利。随着上下游主要品种的陆续上市,钢铁企业进行套期保值的操作也更为便捷。相对而言,国内期权和掉期市场发展较晚且参与门槛较高,期权交易目前仅有场外交易,因此参与度远不及期货市场,具体情况见表4。

表4 不同类型企业在三大衍生品市场中的参与度对比   单位:个

	国营	民营	合资	外资
期货	17	12	0	0
期权	2	5	0	1
掉期	7	4	0	1
样本量	50	71	1	1

资料来源:Mysteel。

另外,从不同类型企业在分品种的市场参与分布可以明显看出,螺纹钢、热卷、铁矿石依旧是主要交易品种,这也符合钢铁企业在上下游产品中进行套期保值的要求,在生产成本中占比较小的焦煤和焦炭目前参与度较低(见表5)。

表5　　　　　　　　　不同类型企业分品种参与度对比　　　　　　　　　单位：个

	国营	民营	合资	外资
螺纹钢	9	7	0	0
热卷	7	4	0	0
铁矿石	6	8	0	1
焦煤	1	2	0	0
焦炭	1	1	0	0

资料来源：Mysteel。

通过调研统计可知，不论是国有企业还是民营企业，大多还是以套期保值为主，毕竟对于企业自身来说对冲风险、锁定利润仍是第一要务。不过有企业表示2016年成品材一改往年单边下跌的走势，在供给侧改革的带动下市场出现持续数月的上涨，在成品材上涨行情较为确定的情况下套期保值交易有所减少，投机和套利交易有所增加（见表6）。

表6　　　　　　　　　不同类型企业主要交易方式对比　　　　　　　　　单位：个

	国营	民营	合资	外资
套保	10	9	0	1
投机	4	1	0	0
套利	4	3	0	0

资料来源：Mysteel。

综合上述的样本分析，结合钢铁企业实际参与的交易品种和交易类型，对铁矿石和螺纹钢交易品种，我们认为存在以下问题。

对于大连商品交易所铁矿石期货品种，虽然上市之后活跃度提升较快，但是在交割品的设置上仅有62%品位，尽管该品位为主要价格参考品位，但在调研相关企业和现货贸易商后发现，现货市场中62%品位的铁矿石的交易量占贸易量的比重仅为30%左右。较为单一的交割品位将主要产品为58%品位的第四大矿商FMG排除在外，阻碍一部分钢铁企业的参与，同时在期货价格大幅波动时会导致现货市场高低品位价差的异常，影响套期保值的效果。

对于上海期货交易所螺纹钢期货品种，螺纹钢交割为同品同价，但螺纹钢不同于铁矿石、电解铜等初级原材料，其本身的现货交易中同规格材质但不同品牌的产品存在市场价差，因此在螺纹钢期货的交割中，高质高价的品牌反而处于劣势，长期来看不仅会导致劣币驱逐良币的情况发生，还会阻碍企业购买交割资源。

结合有色金属期货推动行业的技术进步与产品升级的情形来分析，由于铁矿石来自国外，对价格影响力较强的国外矿山不太会因为国内期货品位的不同而提升品质，增加其生产成本，但螺纹钢期货则可以通过提高相关的交割及仓单入库标准，倒逼企业提高产品质量，从而削弱不同品牌带来的价差，减少"劣币驱逐良币"情况的发生。

(三) 钢铁企业参与期货交易的深度分析

期货交易的逐步成熟会对企业经营的各环节产生重要影响，其中包括原材料采购、制订生产计划、产品销售、财务成本管理、产品质量管理、存货的优化管理和销售人员的绩效考核。理论上，当一个企业能够合理利用期货市场工具，将对上述七个环节都产生积极的影响，例如在原材料采购上降低成本、参考期货交易头寸调整生产计划、通过期货交割增加销售渠道、通过套期保值控制成本、以交割标准为导向提高产品质量、通过期货市场的交割功能减少常备库存、以期货价格为基准激励超额销售的员工等。

从调研结果来看，期货交易对国有企业和民营企业的影响主要集中在采购和销售两端，而国有企业在生产计划环节更重视与期货交易的结合。另外国有企业中表示期货交易有助于存货管理的数量也高于民营企业，可见期货交易已经在国有企业的采购、库存和销售环节中产生了较大的影响（见图5）。

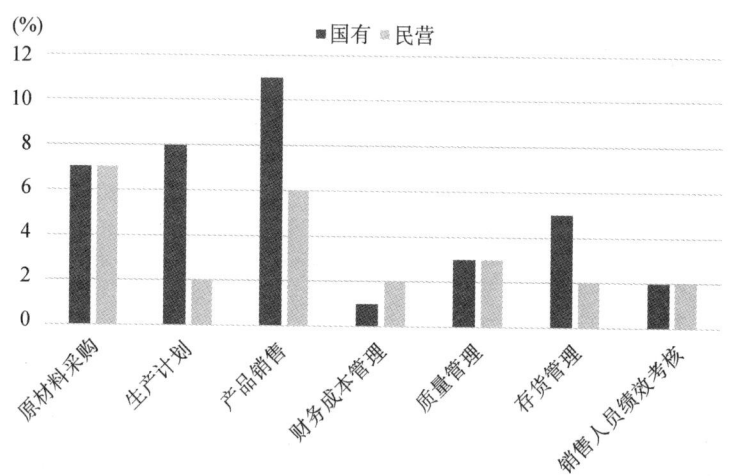

图5　期货对国有企业和民营企业中主要经营环节的影响程度

资料来源：Mysteel。

此外，通过调查期货在国有企业和民营企业中主要经营环节的影响，结合企业的实际情况，我们了解到，这些企业专业人才缺乏业务难以推进，或多或少对企业经营各环节有着不可忽视的影响。部分企业曾设立期货部门进行交易，但由于人才流失而致部门撤销。

这一现象表面看来是人才管理方面的问题，但深层次的原因是企业对期货部门的资源投入不足，或者是制度建设存在问题等。对于国有企业，主要障碍在于领导层对期货市场认识不够，对期货部门约束较多，决策程序较繁琐等，私营企业的障碍则是大部分企业生产经营规模较小且为非交割品牌，因此不够重视，或者是缺乏参与海外掉期市场的资质。

(四) 国内钢铁企业参与期货交易的案例与分析

1. 案例企业——南钢

南钢始建于1958年,地处经济活跃的长三角地区,经过50余年的发展,南钢股份 (600282.SH) 已成为拥有从矿石采选、炼焦、烧结、炼铁、炼钢到轧钢的完整生产工艺流程,是具备年产900万吨铁、1000万吨钢和940万吨线材的综合生产能力,以精品中厚板和优特钢长材为主导产品的现代大型钢铁联合企业。

由于传统的经营模式存在弊端,即传统的(即期采购—加工—即期销售)模式两端价格受市场左右,南钢对此种情况缺乏控制手段,导致原燃料采购价和产品销售价时间不匹配。例如,即期订单,生产成本确定,但产品价格不确定;锁价长单是产品价格确定,但生产成本不确定。此外,钢价上涨时,成本上涨幅度大于钢价涨幅,而钢价下跌时,成本下跌幅度小于钢价下跌幅度,这同样会吞噬企业利润。再加上汇率波动也会产生风险敞口,如进口原料用汇量和出口钢材结汇量存在差值,在人民币贬值的状态下出现风险。

考虑到国内黑色产业链期货品种逐渐完善,交投活跃,期货市场具备套期保值的容量,这无疑成为南钢转移经营风险的较好选择,更为南钢平滑利润曲线、取得合理利润奠定了基础。

2009年3月,螺纹钢期货上市,南钢即成立投资决策小组,组建操作团队,制定相关管理制度,这为南钢进行期货业务的操作打好了基础。此后,南钢进入实务操作阶段,从螺纹钢卖出套保入手,分析期现市场因素、选择期货合约并操作、动态跟踪管理头寸、尝试实物交割流程。2013年,南钢完成了螺纹钢产品在上期所的品牌注册。

2014~2016年,南钢的期货业务基础套保常态化,战略套保、基差套利、虚拟钢厂套利进入操作阶段,期现平台协同进行,人员网络化组合互相配合,期货业务过程模块化操作,实现了期货业务扩展化阶段的良好发展。

操作1 对锁价长单进行买入套保,锁定成本和毛利

2016年4月,南钢与客户进行了签单,交货期为8月~11月,此时现货原料端铁矿石价格为433元/吨(53美元),焦炭为900元/吨,折算吨钢成本为2100元/吨,订单毛利208元/吨。

为锁定成本和毛利,5月10日,南钢在1701合约建仓,买入铁矿石合约,铁矿石建仓成本354元/吨(42美元),焦炭903元/吨。

8月末南钢为客户订单排产,此时铁矿石普氏月均价上涨至61美元/吨;焦炭采购价上涨至1165元/吨。

同期,8月22日大商所铁矿石期货1701合约价格为445元/吨(53美元/吨),焦炭1701合约价格涨至1259元/吨,此时期货持仓盈利378元/吨。

最终南钢在期现对冲后,铁矿石盈利2美元/吨,焦炭盈利91元/吨(见表7)。

表7　南钢长单套保效果

	原料现货		期货
4月	铁矿石53美元/吨，焦炭900元/吨	5月10日	铁矿石42美元/吨，焦炭903元/吨
8月	铁矿石61美元/吨，焦炭1 165元/吨	8月22日	铁矿石53美元/吨，焦炭1 259元/吨
折算	铁矿石亏8美元/吨，焦炭亏265元/吨	折算	铁矿石盈利11美元/吨，焦炭盈利356元/吨
期现对冲后	铁矿石盈利2美元/吨，焦炭盈利91元/吨，锁定原料成本		

资料来源：Mysteel。

在上述操作中，南钢很好地把握了期现基差的有利时机，对锁价长单进行原料端买入套保，在铁矿石、焦炭期货价格涨幅大于现货的情况下，对冲了订单近50%的上涨成本，放大订单毛利，有利于公司下决心接毛利偏低的订单。但这种锁价长单套保也有不足之处，即公司营销模式和接单方式导致锁价长单套保总量偏小，对整个钢材产品销售成本影响有限。例如，2016年煤焦矿期货价格变化快、涨幅大，而现货锁价长单从投标到中标，到签订合同、支付保证金，存在时间差，容易丧失市场建仓机会或建仓价位不理想。

操作2　对钢材库存卖出套保，减少跌价损失

2015年6月，考虑到南京即将于8月召开青奥会，钢材需求会受到影响，南钢对螺纹钢进行卖出套保。6月份南钢的现货出厂价为2 344元/吨，随即在RB1510主力合约建仓卖出相关螺纹钢合约，建仓价为2 363元/吨。

2015年7月份，南钢螺纹钢现货出厂价为2 160元/吨，库存跌价184元/吨（即2 344 - 2 160），而此时南钢对所建期货头寸进行平仓，平仓均价为2 285元/吨，盈利78元/吨。

虽然库存跌价了184元/吨，但期现对冲下来，相当于只跌了106元/吨，减少了现货跌价损失（见表8）。

表8　库存卖出套保效果

	库存现货		期货
6月	钢材现货2 344元/吨	6月	RB1510合约卖出2 363元/吨
7月	钢材现货2 160元/吨	7月	RB1510合约平仓2 285元/吨
折算	钢材现货亏损184元/吨	折算	钢材期货盈利78元/吨
期现对冲后	钢材库存亏损106元/吨，达到减亏目的		

资料来源：Mysteel。

在钢材库存卖出套保中，南钢考虑了期货价格能否覆盖生产成本，并尽可能考虑交割成本；现货销售困难或后期订单不理想，库存高于正常值甚至可能继续增加；市场出现突发因素导致钢材价格的下跌。

操作3　战略套保

2016年8月中旬到9月初，焦煤市场现货供应紧张，公司现货招标采购困难，焦煤（一级冶金焦）的现货到厂价为1 460元/吨，而此时焦煤期货在1 200元/吨附近，期货价格大幅低于现货价格，期货贴水近260元/吨，公司经过慎重考虑后，决定对焦煤进行战略套保。

焦煤的现货到厂价为1 478元/吨时，南钢在焦煤期货1701合约上进行买入建仓战略套保，期货开仓价为1 207元/吨，以防焦煤价格过快上涨，吞噬企业利润。

10月中旬时，焦煤现货到厂价涨至1 727元/吨，南钢对期货头寸进行平仓，平仓价为1 412元/吨。虽然焦煤现货价格上涨249元/吨，但期货价格上涨了198元/吨，期现对冲后相当于焦煤成本上涨了51元/吨，战略套保锁定了焦煤的采购成本（见表9）。

表9　　　　　　　　　　　　战略套保效果

	现货		期货
9月	焦煤现货1 478元/吨	9月	焦煤1710合约建仓1 207元/吨
10月	焦煤现货1 727元/吨	7月	焦煤1710合约平仓1 414元/吨
折算	焦煤现货上涨249元/吨	折算	焦煤期货盈利198元/吨
期现对冲后	焦煤上涨51元/吨，战略锁定焦煤采购成本		

资料来源：Mysteel。

2. 案例分析

在期货工具出来之后，南钢在充分认识到期货工具的同时，围绕自身业务利用期货工具，极大地提高了企业适应各种不同风险的能力，在上述案例中，我们分析发现，南钢之所以能将期货工具运用得比较好，主要有以下几点因素。

（1）领导力作用

南钢在构建自身期货业务时，需要公司领导的支持，也就是说，企业一把手要重视期货工具，因为其是系统工程，对传统行业有挑战。南钢在进行期货业务时不仅多平台协同，整合公司资源，更是高度把握机会，决策效率高，这些无疑都需要企业领导对期货业务的大力支持。只有将期货工具的综合利用提升到公司战略层面，继而对期货业务予以大力支持，对业务所需要的各种人力、物力等资源调配整合，才可能打造成一个专业高效的团队。离开了领导的支持，期货业务的后续工作将很难展开，更不用说快速发展了。可以说，这是对所有钢铁行业领导力决策的一个挑战。

（2）不以营利为目的才是企业套保的精髓

企业需要区分套保、套利、投机，需要防范挂套保之名行投机之实，虚盘量大于实盘量，放大经营风险。企业的套保是为了熨平企业利润曲线，实现稳健经营。企业有需求，市场给机会，当趋势发生大的变化，有风险对冲要求的时候才做，没必要去频繁操作。

(3) 套保效果必须和现货盈亏联动考量

在期货市场的收益，原则上可以抵补现货市场价格变动的损失。同样，在期货市场产生的亏损，也可以通过现货市场上增加的收益来弥补。在验证套期保值效果的时候，不应只看期货交易的"盈亏"，而应将期货和现货两个市场的盈亏作为一个整体来进行评价。

六、钢铁企业参与期货交易的风险分析

（一）存在的风险分析

虽然在国际大宗商品市场，生产和贸易企业利用期货工具管理风险已较为普遍，但不可否认的是，部分钢铁企业在利用这一工具的时候，也会因理念、制度、操作等主客观方面的因素，形成风险。事实上，这也是部分钢铁企业初期盲目参与交易导致亏损后"谈期货色变"的主要原因。因此，在引导钢铁企业参与期货交易时，必须掌握正确的理念和方法，对参与期货交易的一些风险点有足够的认识和防范。课题小组整理了当前钢铁企业参与期货交易可能遭遇的常见错误和风险，归纳如下。

1. 操作风险

操作风险是由于信息系统、报告系统、内部风险控制系统失灵，或者是各系统构建存在缺陷而导致的风险。套期保值管理层在缺少有效的风险追踪、风险报告系统的前提下，超过了风险限额而未经察觉，没有采取及时有针对性的行动，最终产生了巨额损失。操作风险产生于两个不同的层次：一是在技术层面，主要是指信息系统、风险测量系统的不完善，以及技术人员的违规操作；二是在组织层面，主要是指风险报告和监控系统出现疏漏，以及相关的法律法规不完备[①]。

2. 合约不连续导致的流动性风险

目前，国内黑色金属期货的主力合约集中于1月、5月、9月/10月这三个时间段四个月份，与新加坡交易所铁矿石掉期的近月主力规则有所不同，但是现货交易是逐月进行的。某国营钢厂期货部门负责人表示，如果选择与现货销售时间同步的方式来选择期货合约，则会面临非主力合约的流动性风险，特别是热轧、焦炭等交易量偏小的品种的非主力合约，交易和交割都很有可能因为流动性风险而出现难以把控的状况。但若要避免流动性风险的发生而选择将非主力合约仓单折算到主力合约月份进行套保，又可能因时间上的错配而影响套期保值的效果。

3. 正常套保下的基差风险

我们在对钢铁企业和大型贸易企业的访谈中发现，即使严格按照套期保值的程序以及不考虑流动性风险的情况下操作，依然存在客观风险。第一种情况是基差扩大导致的。例如在价格上涨的时候，钢厂可以通过对原燃料产品套保来规避价格上涨的风险，但是当价格快速上行的时候可能因现货价格上涨快于期货形成基差扩大，

---

① 期货套期保值存在的风险，http://futures.cngold.org/qhzs/c363 9 709.html。

或者是如 2016 年 11 月之后，焦煤、焦炭期货在政策性调整影响之下快速回落，但是现货价格却保持坚挺，期现基差扩大以至于产生基差风险。第二种情况是，钢厂在进行套期保值时采用做多原燃料品种同时做空成品材品种来锁定总利润，即做空盘面利润。但是，因投机导致的上下游品种基差的变化，可能导致盘面利润大幅扩张但现货利润不变的情况，此时钢厂面临现货利润不变但期货盘面大幅亏损的可能。

4. 国有企业的制度风险

国有企业套期保值监管相对严格，主要体现在会计准则的严格执行上。尽管制定标准是为了防止出现国有资产流失的风险，但是企业在实际操作中仍有可能因为市场投机的关系而影响套保效果，甚至超出会计准则中规定的实际抵销结果范围而被判定为无效套期的可能。

此外，国有企业的经营制度也对其选择套期保值有一定的顾虑，当套期保值不能为企业获取适当利益时，或者说出现大规模套期保值亏损时，可能会对企业的经营业绩造成影响，企业负责人无疑是首要担责人，这会使得企业负责人产生一定的顾虑。

5. 企业参与交易的模式选择风险

从我们调研来看，目前国内代表性钢厂、贸易商、投资机构、下游的衍生品交易方式多种多样，较为普遍的有期货和现货的套期保值、期货不同合约套利、期货和现货套利、铁矿石掉期交易、期货投机交易，但并非所有模式都适合所有企业，不同的企业在参与交易时，应该根据各类模式的优缺点和企业自身特点，优选符合自身的操作模式。各交易模式的特点及风险分析如下。

（1）套期保值

套期保值的基本特征是在现货市场和期货市场对同一种类的商品同时进行数量相等但方向相反的买卖活动，即在买进或卖出实货的同时，在期货市场上卖出或买进同等数量的期货，经过一段时间，当价格变动使现货买卖上出现盈亏时，可由期货交易上的亏盈得到抵消或弥补。这种方式被钢铁企业和现货贸易企业广泛采用，如沙钢、南京钢铁、酒泉钢铁、河钢国际、杭州热联、远大物产、嘉吉等，套期保值是目前对冲现货价格涨跌风险最有效的手段。其特点是严格的会计处理规定，期货与现货头寸完全匹配，方向相反，目的是锁定成本或利润。其内在风险主要体现在基差风险和流动性风险，上文中已有详解，此处不再赘述。

（2）点价交易

点价交易指钢铁企业现货买卖合同价格利用期货市场价格来确定的交易模式，通常不算严格意义上的期货交易，只是把期货价格当作一个公允的参考价格基准来确定现货交易价格。但在实际操作中，点价交易通常与套期保值相结合，因为引入了期货价格，所以就可以更好地通过期货套保操作来锁定成本和利润。

（3）基差交易

基差交易其实就是钢铁企业将点价交易（基差定价）与套期保值相结合的操作模式。通过基差交易，现货贸易中绝对价格的巨大波动风险就变成了相对平稳的基差波动风险，期货与现货两个市场的互动就会日趋紧密，理论上基差平稳后，价格波动风险就可完全被对冲掉。从这个意义上来讲，鼓励钢铁企业进行基差交易是商品期货市场发展的重要一环，也是其主要目的所在。

（4）跨合约套利

跨合约套利包括跨品种套利和跨期套利，指利用相关品种或合约之间的价差变化，在相关品种或相关合约上进行交易方向相反的交易，以期在价差发生有利变化而获利的交易行为。该方式多被贸易企业和投资机构所采用，其核心就是寻找合约价不合理的价差并进行反向操作，其内在风险在于合约不合理价差的发现，需要对所操作的多个合约有较深的技术及基本面研究，一旦判断错误可能出现套利的多个品种均出现亏损，风险则可能大于单品种投机。由于其本质并非是套期保值交易，按照《企业会计准则第24号——套期保值》的规定，国有企业不能参与此类交易。

（5）期现套利

期现套利又叫作基差套利，与合约间的套利类似，只是操作对象为现货和期货的价差，通常为同一品种的套利或者是具有上下游关系品种的套利，例如螺纹钢现货与螺纹钢期货合约的套利，或者是螺纹钢期货合约与钢坯现货的套利，核心跟踪期现两个市场的基差变化，预期基差扩大时卖空期货做多现货，待基差扩大后平仓获利。跟期现套保的区别是，套利更加灵活，甚至不需要以现货交易作为背景，单纯地通过基差预测来买多卖空套利，其目的是投机获利而非管理风险，此模式风险除了判断的方向性风险外，还包括现货交易的风险。

6. 单边投机

广义的投机交易包含套利，此处特指以裸多、裸空形式进行单边交易的方式，特征是投机者根据自己对期货价格走势的判断，做出"多"或"空"的操作，投资机构、个人散户是交易的主要群体。该交易模式风险最大，相对应的盈利和亏损幅度也通常大于上述几种方式。

上述几类交易中，套期保值、点价交易、基差交易都可作为钢铁企业进行风险管理的工具，各类型企业都可根据自身情况学习和引用。跨合约套利、基差套利、单边投机都属于投机范畴，一般不鼓励钢铁企业引用，国有企业更是明文禁止。

具体而言，不同类型企业参与期货交易的操作思路和模式存在明显差异。以钢铁产业链为例，钢铁企业天然适合做多原材料及做空成品材的套保，且不论是为了防止原材料上涨或者成品材下跌所进行的单品种套保，还是为了锁定利润进行的多品种套保，严格遵循完全套保的原则是风险最小的。随着套保钢铁企业的经验积累，操作上已经变得更为灵活。例如，江苏某大型民营钢铁企业最初套保头寸都是集中在一个合约上建仓，但是在远月升水的情况下移仓换月的成本会明显增加，因此调整为分合约建仓。另外，若钢厂从事投机操作则必然面临裸露的风险敞口，因为钢厂主体首先应该以生产为本职工作，稳定经营为上，一旦投机操作造成亏损，则有可能对生产主体造成影响，风险会被进一步放大，所以才会通过会计准则对国有企业进行约束。民营企业尽管没有相关制度约束,但为了控制风险也不会进行投机操作。不过调查中我们也发现,钢铁企业并非完全不进行投机操作,而是通过成立独立的投资公司来隔离风险,投资公司并不参与企业主体的套期保值业务,经营管理上也与总公司相独立,操作上多以品种间套利或单边交易的纯投机为主。

贸易型企业相对钢铁企业来说通常更为灵活,但套期保值仍是应用最广且最有助于对冲风险的操作方式。贸易型企业套期保值通常用于对冲采购价格上涨、销售价格下跌以及出口订单的价格波动风险,不过当行情处于上涨周期中,贸易型企业也会选择同时在现货和期货上做多的方式来追求利润最大化,风险也相应被放大。尽管贸易型企业对于投机还是套期保值并没有严格的限制(国有贸易企业相对民营企业仍有国资委的监管而严格些,但也远不及国有钢铁企业的限制严格),但是裸多或裸空的操作因风险较大也并不十分常见,较为常见的投机操作模式是通过品种间价差波动的套利。与钢铁企业类似的是,贸易型企业在控制风险的同时也有追求利润最大化的意愿,因此也会成立独立的投资公司来进行高风险的操作。

我们对下游用钢行业的家电、机械、房地产企业进行调研时发现,目前该群体在期货交易方面的参与度远不及黑色金属产业供应及流通环节的企业,阻碍下游企业参与期货交易的原因主要有三点:

一是部分下游企业钢材成本占其经营总成本比例较低,通过期货交易对冲风险意愿不高。以房地产企业为例,据了解土地、各种税费在房地产开发成本中占比近半,而钢材所占成本仅有17%左右,设立专门的人员来进行期货交易取得的经济效益并不明显,因此参与积极性不高;

二是板卷类下游如家电、汽车、机械行业较为分散,除个别业内领军型的企业会重视采购风险对冲,其他大部分中小型企业并不具备相应的人才和经验储备,缺乏进行期货操作的基础;

三是目前上市的钢材期货品种仅有螺纹钢、线材、热轧,其他品种的下游企业不仅年采购量较小,而且规模通常不大,同样不具备进行期货交易的基础。总体来看,下游钢铁企业中以企业法人进行期货操作的可能性偏小,多为企业负责人以个人身份进行投机操作。理论上来说,目前多数下游企业因缺乏期货交易的参与而存在采购风险,同时个人身份进行的投机交易也存在较高风险,目前的障碍仍在参与意识和人才储备方面,是期货经纪公司后期需要重点培养的客户群体。

(二)期货套保利大于弊

可以说,在经济运行的任何环节,风险都普遍存在,对钢铁企业参与期货交易的利弊评判最终应该着眼于到底是否能有效管理风险。尽管钢铁企业参与期货交易存在上述风险,但不妨试想在缺乏期货交易工具的年代,不论是产业链上下游的任何一家企业,也不论是民营企业还是国有企业,均缺乏有效手段来对冲价格波动产生的风险,而期货交易正是减小这一风险最有效且可行的手段。另外,套期保值存在的风险而并非不可控,不论是主观因素导致的风险还是客观因素导致的风险,目前均有相对应的措施可以将风险降至最低。例如,操作风险可以通过不断完善的风险管理系统来控制;合约的流动性风险可以通过在主力合约上操作的优化来控制;基差风险本身发生的概率较小,且交割月期现价差的自然回归也可以消除一部分风险;国有企业随着自身期货操作水平以及财务管理水平的提高,其制度性风险发生的概率也越来越小。因此,总体而言,以可控的风险来对冲不可控的价格风险,钢铁企业参与期货交易显然是利大于弊的。

七、黑色金属期货市场对钢铁产业健康发展的作用分析

(一) 有利于规避价格风险,促进钢铁行业平稳发展

2008年金融危机发生后,钢材价格大幅下跌,国内钢铁企业从大幅盈利陷入大面积的亏损状态,仅仅在2008年12月份,71家大中型钢铁企业月亏损额就达到291亿元,部分大钢厂亏损额达百亿元。2008年第四季度,钢铁行业亏损额达到476.35亿元。2008年全年钢铁行业盈利大幅降低,同比2007年全行业盈利1 732亿元大幅下降20%左右[①]。

2008年钢价暴跌以及大量高价原料库存是大钢厂亏损严重的主要原因,但很多钢厂未能合理地利用期货产品来对冲行业风险,更加剧了亏损的程度,对行业的平稳发展带来了较大的负面影响。

2009年以后在国家"四万亿元"的刺激下,钢铁价格重回上升轨道,但持续时间不长。2012年以后钢材价格一路下滑,大多钢铁企业经常处于亏损甚至大亏的局面,但在行业环境不好的情况下,仍有比较优秀的钢铁企业获得了快速的发展。比如沙钢,2014年年初螺纹钢期货价格在3 400元/吨左右时,铁矿石期货价格为700元/吨左右,按此计算生产1吨钢铁的利润在200元左右,沙钢通过卖出上期所螺纹钢期货,同时买入大商所铁矿石期货,提前锁定利润,合理地利用期货工具来安排生产与对冲风险。抛开沙钢的经营策略因素,其合理利用期货工具规避了原材料和钢材成品价格风险,对企业自身合理安排生产经营起到了非常大的作用。

(二) 优化库存管理,合理安排生产,提升钢铁企业产品质量

在艰难的宏观经济形势下,钢铁上中游企业出现经营风险的概率增加。就企业个体而言,若将套期保值作为风险管理的工具,加入其经营活动之中,或能成为大浪淘沙中的胜者。

对于钢铁生产企业来说,原燃料和成品材价格的波动将直接影响企业的经营利润。一般来说,现货受市场价格波动影响较大,铁矿石、焦炭等原燃料市场价格上涨会导致企业生产成本增加,而成品材的市场价格下降可能导致企业销售端的损失。如果钢铁生产企业通过期货市场进行套期保值交易,则可以降低生产资料价格波动带来的市场风险,企业也可利用期货市场建立期货库存,有利于将企业全年生产计

---

① 资料来源:中国钢铁工业协会。

划的原燃料成本锁定在低位。如果操作适当，企业还可以在有效回避现货市场价格风险的基础上取得投资收益。最终，钢铁生产企业可以将主要精力放在提高生产效率、节约能源资源、提升钢材产品质量上。

对于钢材加工企业来说，安排生产保证持续经营是头等大事。在钢材价格的大幅下跌时，高成本的库存会让企业产生存货损失，而同时成品价格回落，又会让企业资金回流减少，经营受困。对此情况，部分钢材加工企业采取了快进快出，逐渐降低库存成本方法；也有企业直接从市场采购取代了从钢厂订货来降低成本。然而由于无法形成长期机制，不少企业在库存管理上疲于奔命，降低了运营效率。钢材加工企业主要面临存货风险和库存供应之间的矛盾，如能正确运用期货作为企业的套期保值工具，当企业在购进一批钢材的同时，在期货市场上对购进的钢材进行同等数量的卖出套保，由于期货价格与现货价格趋同，价格风险已经被规避，则可以解决这一矛盾。这样钢材加工企业可以将主要精力放在加工技术改进、加工质量提升上。

通过对期货工具的合理利用，不管是钢铁生产企业还是钢材加工企业，都可以较好地优化自身库存管理，合理安排生产，提升产品质量，带动整个钢铁行业的管理升级、质量升级。

（三）优化企业规模，助于化解我国钢材产能过剩困境

期货交易的参与者众多，市场上商品的供需、价格等信息经过充分的竞争后形成期货价格，因此，期货价格具有公开性、超前性和权威性。钢铁生产企业充分利用期货市场，有利于改善内部经营管理，使经营生产与市场实际供需情况结合得更加紧密，利用期货交易的供求和价格趋势，指导现货生产销售，调节生产资料与计划产量，避免盲目扩大生产造成行业产能过剩和价格波动风险。

近年来，我国钢铁行业出现了较为明显的产能过剩，粗钢产能从2010年的7.6亿吨增长到了2015年的12亿吨，增长了58%[1]。然而，产能的增长却伴随着产能利用率的下降。2010年，我国钢材产能利用率是82%，到了2015年则下降到了不足67%。同时，由于产能过剩，钢材市场的供给远大于实际需求，我国的螺纹钢现货价格已经从2011年上半年的5 200元/吨，下降到了2015年12月份的2 000元/吨以下，在4年间价格下跌了61.5%。虽然2016年钢材价格有所回升，但价格上涨幅度有限，全年均价为2 780元/吨，较2011年的钢材均价仍然下跌近40%[2]。

简而言之，随着我国经济发展进入新常态，GDP将维持在年增长7%以下，钢铁行业的发展表现为产能过剩、经营效益低甚至亏损、行业内竞争加剧以及内部整合加速等特征。所以，钢铁企业面对当前的发展困境，应该通过调整生产结构、转变生产经营方式，主动利用期货市场等现代化金融工具，弥补实业经营过程中的不足。这样，在确保效益的同时，企业可化解产能过剩的危机，促进整个钢铁行业的结构转型升级。

---

[1] 资料来源：国家统计局。
[2] 资料来源：钢联数据终端。

(四) 有助于对冲钢铁上下游周期性波动风险

由于经济发展的具有周期性,钢铁行业上下游产业也同样呈现出周期性波动特征。钢铁产业的上游企业,比如钢厂,在经济高速增长期会不断地扩大产能,加大生产力度来满足钢材需求,而在经济发展放缓时则会适当收缩产能,降低企业的生产成本与经营风险;对于钢铁需求的下游企业,比如房地产行业,会出现"复苏—繁荣—衰退—萧条"循环往复的四个周期波动,伴随着房地产的周期性表现,从而引发建筑和机械等行业钢材需求的变化。上下游的周期波动最终是以钢铁价格的周期波动为主要形式体现,在特定环境下可能引发剧烈的价格涨跌变化。若不能及时化解其引发的周期性风险,则极有可能导致行业危机,比如2012年的"钢贸危机",就是未能及时化解过剩产能带来的价格下滑冲击,导致诸多企业资金链断裂。合理的利用期货工具有助于释放钢铁上下游周期性的波动风险。

传统交易中钢铁行业上下游企业往往对价格的周期性变化束手无策,不论是签订长期协议还是协议锁价的方式都存在较大的弊端,期货交易则提供了一个十分便利且规范的风险对冲方式。当在钢材价格处于下行周期时,上游生产企业及贸易企业的待售产品面临价格下跌风险,此时进行卖出套保可以有效规避价格下跌造成的损失,而期货经纪公司此时向上游企业推广期货套保效果会较好;钢材价格上行周期时钢材下游采购企业面临涨价风险,此时若进行买入套保操作则能够有效控制采购成本,规避涨价风险,期货公司也应该将下游钢材需求用户做推广重点。由此来看,在供需周期变化时,期货工具可以有效缓解企业经营压力,对冲供需周期变化带来的风险。

八、黑色金属期货市场发展路径研究

(一) 我国有色金属期货的发展路径分析

我国有色金属期货市场的发展,以1992年深圳、上海有色金属交易所成立为标志,国内期货交易伴随着有色金属现货市场度过了30多年,有色金属市场也因此发生了巨大的转变,总体来看,我国有色金属期货市场的发展路径可以划分为以下四个阶段。

1. 期货市场初步建立与发展 (1992~1998年)

改革开放之后,随着计划经济逐步向市场经济的转变,国内有色市场在价格刚刚开放之时呈现"无序"的状态,有色金属价格的双轨制不能反映市场的有效需求,更不能反映商品的价值规律,市场价格易出现大幅波动,生产和流通不太适应市场化的需求,市场流通体系混乱,"三角债"频发。在此背景下,处于市场经济前沿的深圳经国务院批准,于1991年6月30日成立深圳有色金属交易所,开始了铜、铝、铅等六个基本金属的远期交易,这是中国有色金属期货市场雏形的开始。

受到深圳有色金属交易所成立的引导和借鉴,1992年5月上海市成立了上海金属交易所,同样是交易铜、铝和铅等六个基本的金属品种,并且是从远期合约开始。

不过，上海金属交易所在有色金属远期交易的基础上更大胆，也更具有冒险精神，于1993年推出了六个有色金属品种对应的期货标准合约，这是有色金属期货交易的真正开始。上海有色金属交易的起步虽然晚于深圳，但交易量很快超过了深圳，尤其是铜的交易，这标志着上海有色金属交易所对有色期货品种的推出是及时且成功的。

铜作为一个与国际市场密切相关的品种，当时受国际市场行情（比如LME铜价格）的影响较大，国内独立行情较少，这对于期货投机者来说缺乏吸引力。受限于期货交易所规模交易的特点，为更好地发挥期货市场的功能，1995~1998年，国务院对期货市场进行为期两轮的清理整顿，并对期货市场进行了相应的结构调整，上海期货交易所成为国内有色期货交易的唯一交易所，国内有色金属期货的发展才开始规范。

综合来看，不论是深圳有色金属交易所还是上海期货交易所，其成立初期的目标均是为实体经济解决客户、价格、信用三大问题，也可以说是解决资源和信息不对称的问题。当时我国有色金属内需小于有色金属矿产出量，即我国有色行业原料资源出口大于进口，进口资源基本以现货采购方式获取海外资源，如外贸企业先获取现货合同，再转卖国内生产企业。这导致有色金属的价格高，随意性强，无资源保障，源配置效率低下，毁约现象较多。

针对有色现货市场的种种弊端，整顿后的期货市场开始步入规范化的发展阶段，慢慢获得了市场的认可，企业也感觉到期货市场的作用，外加金融风暴后市场本身信心的建立，生产性企业实物交割较多，比如1993年江铜全年电解铜产量为9万吨，其中约有50%的产量是通过期货交易方式卖出的，通过在期货市场上的交易和交割，成功避免了"三角债"。上期所铜交易量从1992年的165万吨上升到1998年的2780.7万吨，铜交割量也翻了一番，1998年交割约24.3万吨。有色金属期货市场现货特征开始明显。

2. 有色期货市场规范化发展，国内外互动开始明显（1999~2004年）

随着国务院在1999年颁布实施《期货交易管理条例》，期货市场主体的制度日趋完善，管理水平有了较大提高，强化了国内期货交易者的信心，国内有色金属期货市场开始迈入规范化发展阶段。2001年我国成功加入WTO后，国内有色金属期货市场更是展现出了其相对适应的一面，在成功地借鉴国际有色金属期货市场的模式情况下，国内有色金属期货较高的规范化程度和较为完善的市场环境，有利于进一步与国际标准接轨，其价格与国际有色金属市场的价格关联性趋强，两个市场的融通性也趋强。

随着有色金属期货的交易稳定发展，投资者的日趋成熟，国内有色金属期货市场信誉愈来愈好，这使更多的投资者对有色金属期货市场充满了信心。在此背景下，有色金属企业更多地开始自主经营，在更大范围内运用价格体系，有效运用期货套保工具，市场透明度明显提高，有色金属产品的流通环节大大减少，配置效率提高，成本下降。有色金属市场开始发生质的变化,比如生产型企业运用期货市场价格产需衔接明显增多,交割减少,外贸企业交割明显增加,国内外市场互动特征明显。如江铜在进口铜精矿和粗杂铜等原材料时,与国外矿山签订长单合同进口铜精矿,价格按照未来某一个月 LME 铜的均价减去加工费,其价格风险来源于 LME 铜月均价的变化;而其从国内市场购买时作价方式类似于进口铜精矿,价格风险主要来源于上海期货交易所铜价的波动。

此阶段,中央企业与龙头生产企业开始同境外供应商以期货市场均价加点价方式直接签订长单,由于是长单,价格趋于合理,既可以满足本身生产需要,也提供给关联企业,资源稳定有保障,合同执行率高,资源配置相对优化。

3. 有色金属金融属性快速增强(2004~2012 年)

2004 国务院发布《国务院关于推进资本市场改革开放和稳定发展的若干意见》,简称"国九条"。"国九条"提到要"稳步发展期货市场,在严格控制风险的前提下,逐步推出为大宗商品生产者和消费者提供发现价格和套期保值功能的商品期货品种",同时还提到要"积极利用境外资本市场。遵循市场规律和国际惯例,支持符合条件的内地企业到境外发行证券并上市。支持符合条件的内地机构和人员到境外从事与资本市场投资相关的服务业务和期货套期保值业务"。

"国九条"强调期货市场为实体经济服务为特点的发展模式,标志着国内期货市场进入快速发展期,此阶段有色金属期货市场价格体系基本覆盖了整个产业链,不能有效运用期货工具的贸易型企业已很难生存。部分企业可熟练运用套保工具,建立了多样化风险管理模式,龙头企业开始运用更复杂的工具开展海内外并购,运用期货市场工具在全球优化配置资源,有了提升价格影响力的更高要求。

此阶段,生产型和外贸型企业交割大幅减少,融资性交割增加,比如上期所与商业银行合作推出的标准仓单质押融资在铜贸易中运用得较为成熟,有色金属期货的金融属性明显。

4. 有色期货市场走向国际化(2012 年至今)

2012 年之后,我国有色金属期货市场开始逐步向国际化,境外投资者开始以各种方式进入有色期货市场中的成熟品种市场,保税交割与不含税合约已经在监管者与市场间达成共识。市场组织者已经开始着手合约与市场规则制度的国际化。成熟品种国内外市场之间价格交叉影响更加紧密。亚洲有色金属期货中心开始向上海转移,国内保税仓储资源剧增,外资银行介入加快。此时,上海期货交易所有色期货市场额影响力开始辐射亚洲,国际运作特征明显。

(二)有色金属与黑色金属期货市场发展的异同点分析

通过分析有色金属期货市场发展的路径,我们不难发现有色金属与黑色金属期货市场发展的异同点。

1. 有色金属与黑色金属期货市场的发展均经历了从混乱到规范的过程

国内有色金属交易所有最多时曾有 10 多家,这极大地分散了交易者的资金,不利于期货的规模交易，更谈不上对价格的影响，市场混乱不堪，经过国务院的清理整顿，直至上海期货交易所的成立，《期货交易管理条例》的颁布，有色金属期货市场才从混乱走向了规范；而黑色金属期货（线材期货）在1993年到1994年经历了过度投机，价格暴跌暴涨之后不得不被国务院停止交易，直到2009年螺纹钢和线材期货才重新开始规范化交易。这二者发展中相似的过程说明政府对期货市场的监管和引导是十分必要的。

2. 有色金属与黑色金属期货市场的接受程度存在差异

国内有色金属期货经过了大概10年的发展就已经深入到有色产业链各个环节，而螺纹钢期货于2009年上市，其当今影响力并没能深入到整个黑色金属产业链中。抛开有色金属期货受到国外衍生品市场的影响不谈，国内黑色金属期货市场发展较慢的主要原因在于黑色金属期货品种有限，而现货市场品种繁复多样，难以保证期货与现货的一致性。此外，黑色金属期货国外没有成功的先例，缺少相应的对标交易所，国内的黑色金属期货市场属于"摸着石头过河"，发展虽慢，但重在安全；最后黑色金属期货宣传推广力度有限，许多大的钢厂和钢贸商在2012年之前是很少做套保交易的，风险无处规避。

3. 合约设置的不同，导致企业运用期货工具的动力不同

对比铜期货和黑色金属期货，不难发现，铜期货的12个合约每个合约都可以成为主力合约，按照交易的习惯，最活跃的合约是当月合约之后的第二个合约，比如时间是2月份，则铜期货最活跃的合约是4月份合约，依次类推；而黑色金属期货的交易上，只有3个合约是主力合约，1月份合约、5月份合约和10月份合约（铁矿和焦煤焦炭是9月份合约），这种做法虽然有利于黑色金属期货的初步发展活跃市场之需要，但也存在着不少弊端，比如套保时机有限，这会导致企业在移仓换月之际，不能合理安排生产与销售的情况出现，在一定的程度上削弱了企业套保的动力。

4. 有色金属与黑色金属期货相对应的现货市场所处的全球环境不同，从而导致二者影响力不同

目前，我国有色金属的产销量较西方发达国家有过之而无不及，而发达国家经过城市化进程后，建筑钢材需求少且相对稳定，我国则在大力推进城市化进程中要消耗大量建筑钢材，这是我国黑色期货发展的先天优势，但也为我国黑色金属期货的发展及影响走出国门制造了障碍。以铜为例，我国是世界排名第一的铜产量和消费大国，但我国铜出口却不存在众多的反倾销事件，而同样是产销量世界排名第一的钢材，却屡屡受到国外反倾销的制裁。这其中的重要原因在于国内铜产销量巨大的基础上，上期所铜期货的交易影响力已经远远不止于国内，对国际铜价同样具有很大的影响力。而反观螺纹钢期货的交易，目前影响力止于国内，难以走出国门，国际投资者偏少，具有局限性。

（三）我国黑色金属期货的发展路径借鉴

借鉴有色金属期货市场的发展路径，我们不难发现，目前我国黑色金属期货的

发展已经处于期货发展的第三阶段，但还不是很成熟。虽然目前黑色金属期货市场规章制度较为完善，参与者也日益趋于成熟和多样化，但是黑色金属期货的价格影响力并没有渗透到产业链的各个角落，许多贸易企业也没有将期货作为有力的避险工具，这均需要进行大力推进，任重而道远。黑色金属期货市场的发展路径有以下几点值得借鉴：

1. 提高国内钢铁企业的套保程度，增加期现互动

国内的钢铁企业在有效运用期货套保工具时，一方面可以熨平利润曲线，另一方面会让更多的价格变动影响因素（或者说预期）集中于期货市场。而期货市场的价格变动又会反馈到现货市场，期现互动愈加频繁，期货市场的市场价格影响也会愈大，黑色金属期货市场才能发生质的变化，为钢材价格的核心影响力从钢厂向金融市场的慢慢转移打好基础。所以，国内钢铁企业的套保程度需要不断地被推进，当然这是一个长期的过程，毕竟现阶段钢厂在钢材市场中属于较为强势的一方，短期来讲并不符合钢厂的直接利益。

2. 不断提高黑色金属期货市场的金融属性

虽然目前国内黑色金属期货市场的金融属性较之前有了较大的提高，但与有色金属期货相比，还远远不够。比如，注册的铜仓单可以便捷地进行仓单融资，而注册的螺纹钢仓单虽然也可以进行融资，但是实际上融资的过程并不顺利，因为螺纹钢本身属性的原因（不易存储、易生锈等），需要开发出适合其特性的融资环境和融资方式。故提高黑色金属期货市场的金融属性，则需从黑色金属的特性出发，在期现互动增加的基础上，逐步提高整个黑色金属产业链的金融属性。

3. 合理引导境外资金市场进入到黑色金属期货市场中

在有色金属期货市场的发展过程中，国外资金的参与力量也不可小觑。一方面国内国外有色金属期货市场存在一定的套利机会，另一方面国内有色金属期货市场的影响力较大，让外资企业不得不重视国内的期货市场。反观国内黑色金属期货市场，多是国内资金在交易，国外资金参与得较少，一方面在于国外的黑色金属衍生品市场并未发展起来，套利空间相对有限，另一方面在于国内监管相对严格，外资参与有限，进入的途径不多。所以，在提高黑色金属期货市场的金融属性和国际化价格影响力的同时，可以探讨适当放开对外资进入黑色金属期货市场的限制，鼓励其参与交易。

4. 我国黑色金属期货市场若要对国际黑色金属市场的形成价格影响力，则其发展不能仅仅局限于国内，更要走出去，与国际市场接轨，这是黑色金属期货国际化发展的前提

黑色金属期货市场的影响力可以先辐射到周边国家，比如东南亚市场（印度等），这些国家目前的城市化进程还较低，建筑钢材的用量巨大，对建筑钢材价格的敏感度更高，但这均需要国内黑色金属期货市场更加充分规范发展后，在国内黑色金属产业链各环节的影响力日益增强的情况下进行。

九、关于促进国内钢铁产业期货市场发展的意见和建议

综合以上分析,我们认为促进钢铁产业期货市场的进一步发展,不仅在微观面有利于企业管控经营风险,而且中观层面也有利于产业转型升级发展,还能在宏观战略层面有助于提高中国钢铁产品在全球市场的定价模式。

然而,由于国际黑色金属衍生品市场发展并不顺利,国内钢铁产业期货市场发展可供借鉴的经验非常有限,国内钢铁期货市场在近几年的快速发展中难免会有一些问题。总体而言,当前国内钢铁产业期货市场的问题可归为两个方面:推出的合约不够活跃,例如线材和焦煤期货等;合约虽然活跃,但还不能取代现货市场成为影响价格的核心,更别说对全球价格的影响,例如螺纹钢期货。

但是,如前所述,对于解决这些问题,我们已经从有色金属期货市场的发展中获得了许多有益的启示。不难发现,解决这两个问题的关键措施在于进一步吸引产业链上下游客户参与期货市场交易,同时利用期货和现货两个市场来开展经营活动,进而达成期货市场服务于实体经济的目的。因此,当前促进钢铁期货市场发展的重要着力点,就在于如何吸引产业链上下游企业的参与。具体意见和建议陈述如下:

(一)对钢铁企业开展全方位、多层次的期货市场宣传、教育与培训活动

1. 加大钢铁期货的宣传培训力度,形成正确认识和理念

相比与国外衍生品市场发展的悠久历史,我国钢材期货产品直接跳过了初级的场外交易阶段而进入到较为高级的场内交易阶段,不论是对钢铁企业还是投资客户,期货交易的观念都未能深入人心,甚至一度被妖魔化,因此,加大正面的宣传和培训是必需的。

首先,要加大对企业领导干部的宣传和引导。需要遵循自上而下的原则,先领导后员工,对国家钢铁产业管理机构、钢铁企业主要负责人进行概念科普和理念引导,尤其是一把手,提高他们对参与钢铁期货市场重视程度。例如,通过国资委组织国有企业负责人的金融培训班,甚至通过国资委出台国有企业经营必须利用期货市场进行套保的规定。唯有领导层面对钢铁期货市场重视起来,才能推动企业积极去尝试和运用钢铁期货工具,加大企业参与期货市场交易的力度,从而扩大我国钢铁期货市场的交易以及对钢铁行业价格的影响力。

其次,在宣传和培训方式上,可以通过多种方式进行,不仅是传统的课堂式教学,还可以利用社交软件群聊、网站论坛、培训视频网站直播等渠道提供更为便捷的学习方式,降低参与者的学习成本。

2. 多组织钢铁企业进行交流学习,提高钢铁企业参与市场交易的能力

由于我国钢铁行业集中度不高,在参与钢铁期货交易时,面对金融投机资本,钢铁企业整体的价格影响力还不是很强,同时有些钢铁企业参与期货交易的经验还不丰富,比较容易在交易中吃亏,非常有必要多组织钢铁企业交流,互通有无,分享经验。

在组织交流的机构层面，建议多由国家层面组织相关的钢铁期货市场交流会议，如可以由钢铁工业协会来组织相关的钢铁期货论坛，提升交流的档次和水平，吸引较多的钢铁企业进行参与，形成共识，抱团取暖，提高对抗投机力量的能力和水平。

在组织交流的参与者方面，建议多方合作，交易所、期货公司、钢铁资讯机构、知名投资机构等都应积极去参与或者组织钢铁行业交流，为行业客户参与期货交易出谋划策，提升我国钢铁企业参与期货交易的水平和能力。

3. 针对企业会计制度设计具有操作性的企业培训，扫除企业参与交易的技术性障碍

据我们对国有企业参与期货交易的障碍调查的了解，随着《企业会计准则》中对"套期的实际抵消结果在80%~125%的范围内"规定的弱化，以及其他不合理限制条件的调整，国有企业参与套期保值的政策性障碍已经有了明显的改善。目前，阻碍国有企业参与交易的主要障碍在于钢铁企业领导层，甚至是部分地区国资委在意识层面的保守以及内部制度建设的落后上，特别是因为对套期保值以及财会制度的不了解导致的政绩风险方面的担忧。对此，可以学习上期所的处理办法，即邀请地区金融办、财税局内财务方面的专业人士对钢铁企业进行有针对性的辅导，指导钢铁企业进行正确的财务制度设计，了解如何在合规的范围内规避套期保值产生的财务风险等。

（二）合理扩充期货上市品种，以吸引各环节钢铁企业共同参与

目前，国内钢铁类期货品种有螺纹钢、线材、热轧卷板、铁矿石、焦煤、焦炭、锰硅及硅铁八大品种，钢铁企业进行上下游套保、套利操作已经具有一定的规模。但期货上市品种还并没有覆盖到产业重要细分环节，未来需要进一步扩充钢铁产业链期货上市品种。当然，一个期货品种的上市不是一朝一夕能够成功的，较长时间的多方面调研和研究不可缺少。

1. 增加废钢期货

目前，在国内交易量较大且在国外已经有过相应合约的废钢和钢坯两大品种，在国内期货市场仍是空白。增加上述两个品种的理由有三个：一是废钢作为目前市场交易比较活跃的品种，其市场规模和容量较大，而且中国废钢储蓄量持续增长，将会成为钢铁产业原材料的新方向；二是国内废钢的现货价格主导权在钢厂，因此将废钢加入上市品种中首先可以完善钢厂的套期保值操作；三是因为废钢价格市场化程度不高导致价格扭曲的状况时有发生，而现货市场的扭曲又会进而影响期货上市品种价格，影响钢铁企业套保的有效性，所以将废钢加入上市品种能起到趋利避害的作用。

2. 合理扩充或调整现有合约交割规格

线材合约自上市以来成交量始终清淡，与螺纹钢形成鲜明的反差。主因是交割品级中的HPB235近年来已经逐步被HPB300所取代，HPB235流通量十分有限导致产业套保意愿低。而铁矿石期货在交割品的设置上仅有62%品位，而现货市场的

62%品位铁矿石交易量占贸易量比重仅为30%左右，阻碍了一部分钢铁企业的参与。同时，在期货价格大幅波动时会导致现货市场高低品位价差的异常，影响套期保值的效果。建议将线材合约交割品级调整为HPB300或者考虑调整为工业线材，而铁矿石期货合约交割品级增加58%的品位。

  3. 推进相关配套掉期和期权产品的开发

钢铁企业在进行套期保值的过程中，由于没有相关的期权配套产品，期货头寸风险虽然可以由现货市场对冲，但往往不及时且损失可能会很大。上市配套期权产品则能较好地解决钢铁企业期货风险头寸的问题，以最小化损失来获得最大的利益。

同时，期权的发展也有利于吸引更大金融资本的进入，有利于促进标的期货合约进一步活跃和国际化。

（三）完善现有上市品种合约设计，提高期现结合的便利性

对于已经上市交易的品种，我们认为有必要对上市品种的合约进行完善，提高期现结合的便利性，以吸引钢铁企业参与。

  1. 建议对不同的交割品牌设定相关升贴水

设定升贴水可以扩大交割范围，同时可以避免不必要的品牌溢价带来的影响。如螺纹钢期货目前的交割规则为同品同价，在现货交易中同样规格材质但不同品牌的产品存在市场价差，或者产品尺寸公差不一，大型钢厂存在现货溢价，交割时的同品同价不利于优质产品的交割，导致实际交割量很小。

  2. 建议优化交割库的布局，增加交割厂库

我国地域辽阔，货物流动半径存在一些阻碍，例如螺纹钢等钢铁产品由于物流成本价格占比较高，销售半径有限，如果交割仓库仅限于华东以及沿海一点，那么中西部地区钢铁企业参与期货交易的意愿肯定会受到影响，无形中降低了我国钢铁企业的参与程度。因此，有必要优化交割库的布局，同时增加交割厂库。

  3. 对相关期货产品，可以进行以美元为单位的试运行

LME铜期货价格之所以能够影响全球铜的价格，关键在于其交易单位是美元。我国由于人民币还未能成为国际通用货币，虽然相关期货产品交易量巨大，但影响力还不足以走出国门，比如螺纹钢或者铁矿石期货，在国内的影响力很大，但对全球价格的影响力还不够，可以尝试以美元计价交易，扩大国际化影响力。

（四）政策建议的分工与落实

促进钢铁生产企业合理运用期货市场不可能在一朝一夕完成，需要不断积累，不断督促引导，这个过程需要各方面力量的通力合作。

  1. 政府监督管理部门

适当加强对期货的宣传引导，如国资委对于国有钢铁企业适当加强监督和引导，鼓励国有钢铁企业合理运用期货工具；中国证监会可适当加快期货品种上市的审批速度，促进期货品类的增加；财政部可以适当修改会计套保的细则，方便企业套期保值的账务处理。

2. 中国期货业协会和中国钢铁工业协会

中国期货业协会和中国钢铁工业协会可以针对钢铁业参与状况进行适当指引，出台钢铁生产企业套期保值工作指引，加强舆论宣传引导，多召开培训班和座谈会。

3. 三大交易所

合理扩充期货上市品种，比如增加废钢期货；合理扩充或调整现有合约交割规格，以及推进相关配套掉期和期权产品的开发。此外，还可完善现有上市品种合约设计，提高期现结合的便利性，建议对不同的交割品牌设定相关升贴水，增加交割厂库，优化交割库的布局，对相关期货产品可以进行以美元为单位的试运行，如铁矿石期货。

4. 本课题承担者

可以继续加强对钢铁行业的期货市场、场外市场等的跟踪研究，经常与政府部门及期货业协会、钢铁工业协会沟通行业情况，提升研究的深度与广度。

5. 后期可以共同研究尝试方面

由于有色金属市场运用期货市场的点价交易已经较为普遍，黑色金属产业链市场是否也可以适当地加以借鉴和应用，目前主要的问题是黑色金属期货市场具有固有的缺陷。比如，螺纹钢期货有时基差波动较大，合约不连续，非主力合约成交量太少。此外，螺纹钢种类较多，存在一定的品牌差，不同地域交割库也分布不均等，这对借鉴有色金属期货的点价交易存在障碍和制约。后续可以共同研究，提出符合黑色金属期货市场特色的交易方式。

十、结论

期货市场对于我国黑色金属产业发展的作用是值得肯定的，尽管期货交易本身具有风险，但相对于其对冲现货价格波动风险的作用而言仍是利大于弊的。我国黑色金属期货市场具有得天独厚的优势，近几年的快速发展已经证明了这一点，但相对于有色金属期货市场而言仍有较长的路需要走。推进并完善钢铁企业参与黑色金属期货交易，对内有助于推动钢铁行业转型升级，对外则是提升我国黑色金属国际价格影响力的一次重要机会，因此需要政府及行业各机构提高认识、找准方向，继续推动黑色金属期货交易向前发展。

参考文献

1. 刘敬坤："我国企业参与铜期货交易的策略研究"，2011年。
2. 施亮："我国铜相关企业开展期货套期保值的研究"，2013年。
3. 陈晔、肖明："国际钢材期货价格与我国现货价格关系实证研究"，《价格理论与实践》，财经篇，第58页，2009年。
4. 王晓晓："螺纹钢期货与钢铁产业转型升级研究"，2015年。
5. 唐澍："大宗商品定价模式演变及国际定价话语权研究"，2014年。

6. 刘鹏:"大宗商品定价模式与期货市场的发展",2005 年。
7. 吴健:"首钢新钢联公司钢材期货套期保值项目研究",2010 年。
8. 杨光:"关于利用期货市场促进钢铁产业发展的研究",2011 年。
9. 龙云钢:"钢铁企业钢材期货套期保值研究",2012 年。
10. 李倩影:"焦煤、焦炭、铁矿石与螺纹钢期货品种套利策略研究",2014 年。
11. 苏柯:"我国企业套期保值的监管问题研究",2014 年。
12. 杨沁旎:"中国商品期货市场历史、现状及未来"载商 Business,《财经纵览》,2016 年,第 160 页。